中国雕塑年鉴

（2011）

ALMANAC OF CHINESE SCULPTURE

中国雕塑杂志社 编

中国轻工业出版社

图书在版编目（CIP）数据

中国雕塑年鉴.2011／中国雕塑杂志社编.—北京：
中国轻工业出版社，2011.5
ISBN 978-7-5019-8196-0

Ⅰ.①中… Ⅱ.①中… Ⅲ.①雕塑－中国－2011－年
鉴 Ⅳ.①J305.2-54

中国版本图书馆 CIP 数据核字（2011）第 069090 号

责任编辑：刘云辉
责任终审：劳国强 封面设计：范海民
版式设计：黄 洁 责任校对：文 山 宋笑玫 责任监印：吴京一

出版发行：中国轻工业出版社（北京东长安街 6 号，邮编：100740）
印刷：北京博海升彩色印刷有限公司
经销：各地新华书店
版次：2011 年 5 月第 1 版第 1 次印刷
开本：880×1230 1/16 印张：31
字数：647 千字
书号：ISBN978-7-5019-8196-0 定价：560.00 元
邮购电话：010-65241695 传真：65128352
发行电话：010-85119835 85119793 传真：85113293
网址：http：//www.chlip.com.cn
Email:club@chlip.com.cn

如发现图书残缺敬请直接与我社邮购联系调换
110442K2X101HBW

《中国雕塑年鉴》（2011）
编辑委员会

写在《中国雕塑年鉴》（2011）前面

翻阅两年一册的《中国雕塑年鉴》，得以让人生出一种危机感：历史大踏步向前，驻足不前的人们只会被抛诸脑后。

记录、梳理的意义除了作为历史资料存在之外，更为重要的是产生催人奋进的力量。雕塑工作者们通过年鉴可以从中看到自己在这个时代的某一阶段的位置，感受到群体创造力激荡所点燃的创作冲动。我以为，艺术工作者生命的长短并不取决于绝对年龄，而取决于创造力的长短。制约一个艺术家，尤其是一个相对成熟的艺术家创造力发展的重要因子，是他的固有成见和固定风格。我希望鼓励大家用“置之死地而后生”的心态去创作，抛却旧我，成就新我。

从 2009 和 2011 年的《中国雕塑年鉴》中，老读者们还可以发现年鉴编排方式的新变化，即按照艺术家所处的不同年龄阶段进行归类记录。可以看到，越年轻的艺术家群体，他们的创作就越发地多元化，创作心态就越发地开放——不拘泥于传统材料、技法和创作观念，不拘泥于从非雕塑的艺术形式中撷取菁华，这亦是我个人的创作理念。心态包容，眼界开阔，更用心地创作或发现更多更具文化深度和探索价值的艺术作品。这是我对所有孜孜不倦的雕塑工作者们的祝福！

2011 年 4 月

足迹，2009 与 2010

——写在《中国雕塑年鉴》（2011）之前

从 2001 年的第一卷到今天，《中国雕塑年鉴》偕着时代的步伐，已经出版到第六卷。过往的两年，雕塑艺术生态发生了戏剧性的变化，由金融危机所引发的风暴使艺术市场饱受寒流侵袭的窘态，转而是复苏后的艺术市场上天价成交记录的被不断刷新。随着城市化进程的加快，如雨后春笋般出现的城市雕塑等公共艺术成为我们身边触手可及的风景。同时，我们还看到在当下这个大众传媒极其发达的时代，媒介作为技术手段甚至直接改变了雕塑的呈现方式。所有的理论潮流演变、社会症结都有意或无意的反映到了雕塑作品中，形成了一条隐藏的轨迹，而《中国雕塑年鉴》正是以时间为经，以作品、事件、文献为纬，通过经纬交织，清晰立体地描述两年来中国雕塑艺术的发展脉络，打造集权威性、学术性、文献性、收藏性于一书的雕塑盛典，带领读者撇去那些浮躁的喧嚣，冷静而理性地思索雕塑艺术发展的所得所失。

作为一本完整记录公元 2009 年至 2010 年雕塑界动态的《年鉴》，它全面地回顾了这一发展进程中那些贡献新思维、具有文化内核和精神价值的优秀作品，梳理了雕塑理论研究的脉络，成为雕塑艺术发展的风向标。

坚持传统、关注当代、包容个性，在推出名家经典的同时，挖掘新人新作是《中国雕塑年鉴》编选所秉持的主体精神，纵观《年鉴》入选作品，在创作风格、艺术语言的追求上更趋纯粹，综合体现了入选艺术家的思维方向和艺术素养。《年鉴》的编选过程，本身就是一个与艺术家进行交流和对话的机会，多视角地呈现了当下中国雕塑界的发展动向，更为艺术家的创作活动提供了可资参考的第一手素材。

通常而言，一个重视自己足迹的人，大抵是善于在总结中提高的人。对一个人是这样，对一项事业也是这样。这是因为，“足迹”不仅仅是既往时光的记录，“昨日”的累积，它还蕴涵着孕育未来、引发未来的规律，由此可以产生指导未来的蓝图。这也正是《中国雕塑年鉴》（2011）编辑出版的意义之所在吧。

2011 年 3 月 18 日

凡例

一、本书记录了国内外优秀雕塑艺术家在2009年1月1日至2010年12月31日间创作的代表作品以及在此期间发生的重要艺术事件和重要文献资料。

二、本书记录以时间为序，艺术家出现顺序基本按出生年先后编排（因排版需要特殊调整除外），纪事和文献按时间先后，不做逐日记录。

三、本书按类别设为“人物”“纪事”“文献”三大栏目，每个栏目下分设子栏目。记录范围分别是：

人物

囊括了国内雕塑界具有代表性和影响力的雕塑家，刊载他们创作于2009年至2010年度最具学术贡献和实验探索精神的优秀雕塑作品。此部分以图录为主，辅以艺术家简历及艺术评论等少量文字。通过断代方式划分为“体制与艺术：新中国第一代艺术家”“形式与观念：50后艺术家”“传承与突破：60后艺术家”“越界与综合：70后艺术家”“探索与创新：80后新生代”五大版块，梳理了出生于不同历史时期的艺术家在2009年至2010年度所取得的艺术成果。另外，本年鉴对于2009年至2010年中外优秀高校毕业生优秀作品展的获奖作品也特别给予收录，以呈现雕塑界的新锐力量。

纪事

记录2009年至2010年度发生在雕塑艺术界，重点是中国雕塑艺术界的具有重要影响的展览、交流、研讨、拍卖等活动。此部分并非事无巨细，而是有侧重的纪录两年间对雕塑艺术发展有重大影响的事件，特别是一些重量级的展览活动，并辅以图片说明。

文献

记录2009年至2010年度对于雕塑艺术的发展和探索具有学术价值的重要文献索引。此部分以“个案 · 批评”“理论 · 研究”“教育 · 教学”“市场 · 文化”“域外 · 交流”“优秀硕博论文”六个栏目为纲，提供发表过的有关雕塑优秀的论文与雕塑热点，以索引形式编辑，便于检索，具有很强的参考价值，索引内容包括作者、作者单位、刊名、关键词以及摘要等等。

四、本年鉴书后附录人物索引，按人名汉语拼音字母顺序逐序排列。

五、地名，除必要外，一般不加省（市、自治区）、区、县等字样。

六、本书采用国家规定的标准简体字，特殊情况（如人名、地名）除外。

目　录

人物

纪事

文献

人物

体制与艺术：新中国第一代艺术家
形式与观念：50 后艺术家
传承与突破：60 后艺术家
越界与综合：70 后艺术家
探索与创新：80 后新生代

曹春生《萧公权》铸铜 2010

在作者的塑刀下，民国人物的气派——也就是我们所说的“范儿”，被拿捏得极为精到，使观者在了解人物，赏读作品的同时，领略了不同历史环境下，知识阶层不同的时代气象。

傅光大 《风雨红楼》 铸石、铸铜 100cm×80cm×40cm 2010

为曹雪芹造像：雕塑应用大自然中风化石的一些元素、塑造曹雪芹“青灯照壁人未睡，冷雨敲窗被已湿”，呕心沥血写成旷世《红楼梦》。梦未了，却在饥寒交迫中逝去。曹雪芹极为衷爱奇石、他用魂魄贯注其中而流芳百世。《石头记》是也！

何力平《桃花源》铸铜 136cm×65cm×25cm 2009（左图）

现代人类依靠物质文明和进步，凭借科学技术掌握着外部世界，然而渴望幸福和快乐的当代人心灵中的桃花源已消失得无影无踪了。尽管寻找桃花源源于一个梦想，这个梦想仍将永远继续下去。

韩美林《宇宙》铸铜 高 1000cm 2010（右图）

位于美国拉斯维加斯永利酒店。

李友生 《月儿》 铸铜 67cm×22cm×19cm 2009 （左图）

夏夜傍晚，一乡村少女倚坐在一个枝头挂着月亮的树上，悠悠地吹着一个民谣小调……作品试图以一种当下社会难觅的宁静、悠然、恬淡情怀抚慰人们的心灵。

李维祀 《终点上的鹰》 铸铜 高 880cm 2010（右图）

位于福建晋江。

搏

钱绍武 《教师的爱》 铸铜 45cm×42cm×23cm 2009

特大地震灾难降临时，女教师不顾自身安危，以瘦弱的身躯呵护着惊恐的学生，拼尽生命中最后一点力量在坚持着，胜似母爱的教师之爱，栩栩如生地展现在观者面前。

孙家彬 《渡江战役五大前委》 青铜 70cm×50cm×80cm 2009

作品以写实手法再现了解放战争渡江战役中，邓小平、刘伯承、陈毅、粟裕、谭震林五位总前委挥师南渡，决胜在即时的场景。人物塑造传神准确，五位总前委意气风发，各具风采。

唐大禧 《艺之门》 铸铜、花岗岩 2009（左图）

2009～2010之际，在广州建造雕塑园，园中有一座《艺之门》的作品，作品用雕塑家手记文字形式刻录了一段说明：战国时楚人屈原在《九歌》中创造了被称作东方女神的“山鬼”。历代文学艺术因袭这个题材创作不断。“美女与猛兽”蕴涵以柔制刚与刚柔相济的哲思和美学，使后来者思若涌泉，心慕手追。《艺之门》亦可说是艺之道的解读吧。

田世信 《王者之尊》 大漆 2009（右图）

田世信的历史主题雕塑作品， 显示出他通过历史的感觉（艺术家特有的直觉把握）表达历史主题和历史人物的过人才情，可以说在同代雕塑家中，这种才情是罕见的。虽然这是他带有个性特征的历史感觉和直觉把握，但今天的观者，去可以看到他的作品中，一种特定历史的情韵和可信的历史形象。在这个历史的形象中，艺术家的历史把握、美学评价、情感判断等三个层次使人信服地整合在一起，尽管带有明显的时代特征和个性特色，但通过历史感觉而还原历史的表达中，田世信的作品是非常突出的。

——邓平祥

者，私己而已矣。斥
一，而莫甚于不知人。
不足以存，況胡亥哉！

百家，表章《六經》，
修郊祀，改正朔，
號令文章，煥焉可
雄才大略，不改文
何有加焉！

太宗為人聰明英武，

終以一統天下，砥于大定。

滅國四十，遂
雲

王天任 《于右任》 铸铜 高 500cm 2009

"葬我于高山之上兮，望我大陆，大陆不可见兮，唯有痛哭。"于右任先生长髯飘逸，扶杖而立，怅然而悲悯的目光令观者肃然。位于陕西省三原县于右任纪念馆。

吴树华 张松正 宋文超 《毛主席视察燕庄》 铸铜、花岗岩 高 430cm 2010

1960 年 5 月 11 日毛主席视察郑州燕庄，从此成为燕庄人民的骄傲和自豪。2010 年 5 月 11 日在毛主席视察燕庄 50 周年纪念的日子，“毛主席视察燕庄”铜像在郑州燕庄原毛主席视察燕庄纪念亭旁落成。铜像由燕庄委托郑州市雕塑壁画院设计制作，形象依据著名摄影家魏德忠先生在毛主席视察燕庄时拍摄的历史照片为主要参考，表现了毛主席高瞻远瞩的伟人风采和可亲的纯朴形象。底座为整块花岗岩，四面雕刻麦穗浮雕图案。

王则坚 《女人与河》 铸铜 105cm×38cm×35cm 2009（左图）

作品表现一位壮硕的非洲少女在紧张疲劳的渔猎劳动过后，在独木舟上悠闲地小憩。此雕塑一横一竖，构图简洁，极具热带生活气息，诗情画意，充分表现了人与大自然的高度和谐。

叶毓山 《大禹》 铸铜 高1610cm 2010（右图）

绵虒古镇，岷江沿岸，石纽山腰，一尊高16.1m的人物铜像巍然伫立于半空。他方面阔口，鼻若悬胆，双耳垂轮，不怒自威；他头戴四方斗笠，身着皮袍，足蹬笮编芒鞋，既如帝王亦如平民；他目光坚毅，双眉紧蹙，似心系天下；他左腰挎网罟，左手执耒锸，左脚前跨如行进中，右手远伸如号令千军。

姚永康 《烂漫》 青铜 80cm×160cm×120cm 2009（左图）

作品是在本土对千年文化的领悟创作的世纪娃为代表卷塑陶艺雕塑系列的一种延伸至青铜雕塑的尝试。

张向玉 《失•蚀》系列 玻璃钢 78cm×26cm×20cm 2009（右图）

作品以扭动的人体动态和缺失变异的形体，揭示人们的生存状态。当今人们从他人和社会中，以正当和不正当的手段，获取了较多的利益。然而，与此同时在文化上、精神上、道德上等，也失去了很多，诸多的诱惑，肌体和灵魂受到了侵蚀。作品的内涵与造型手法，是引起观者更多的思考。

张大生 《邓子恢》 铸铜 高260cm 2010（左图）

邓子恢是闽西革命根据地和苏区的主要创建者和领导人。解放后，曾任国务院副总理，主要负责农村工作。邓子恢铜像高大挺拔，精神饱满，目光睿智，直视前方，夫人陈兰铜像则为坐姿，手持稻穗，寓邓子恢长期主持农村工作之意。

朱炳仁 《中国龙、中国红》 熔铜 2009（右图）

矫首回翔、红波腾荡，一片红穿空而起，一条龙飞流而下。炳炳麟麟，浩浩煌煌，雄风八面，空灵四方。身形架构，毫无规则，却规矩井然，穿插缠绕，章法有形，却法度无常。

朱成 《紫燕筑巢》 铸铝、不锈钢铸造 45cm×45cm×300cm 2009（左图）

伫立飞翔在四面被门闩紧锁着的方柱上衔泥的燕子，它要回家，但家门被闩上了，甚至自己一生也被门闩封闭。遥望前方的浩浩苍穹，燕子想念它从前的家，想念它刻画在方柱表面上的百家姓文字，记录了它和家人相处时的欢乐和离别时的痛苦，归者归在永久的归之途。

——再创作于 5.12 汶川大地震之后。

庄南鹏 《卢嘉锡》 铸铜 高 300cm 2010（右图）

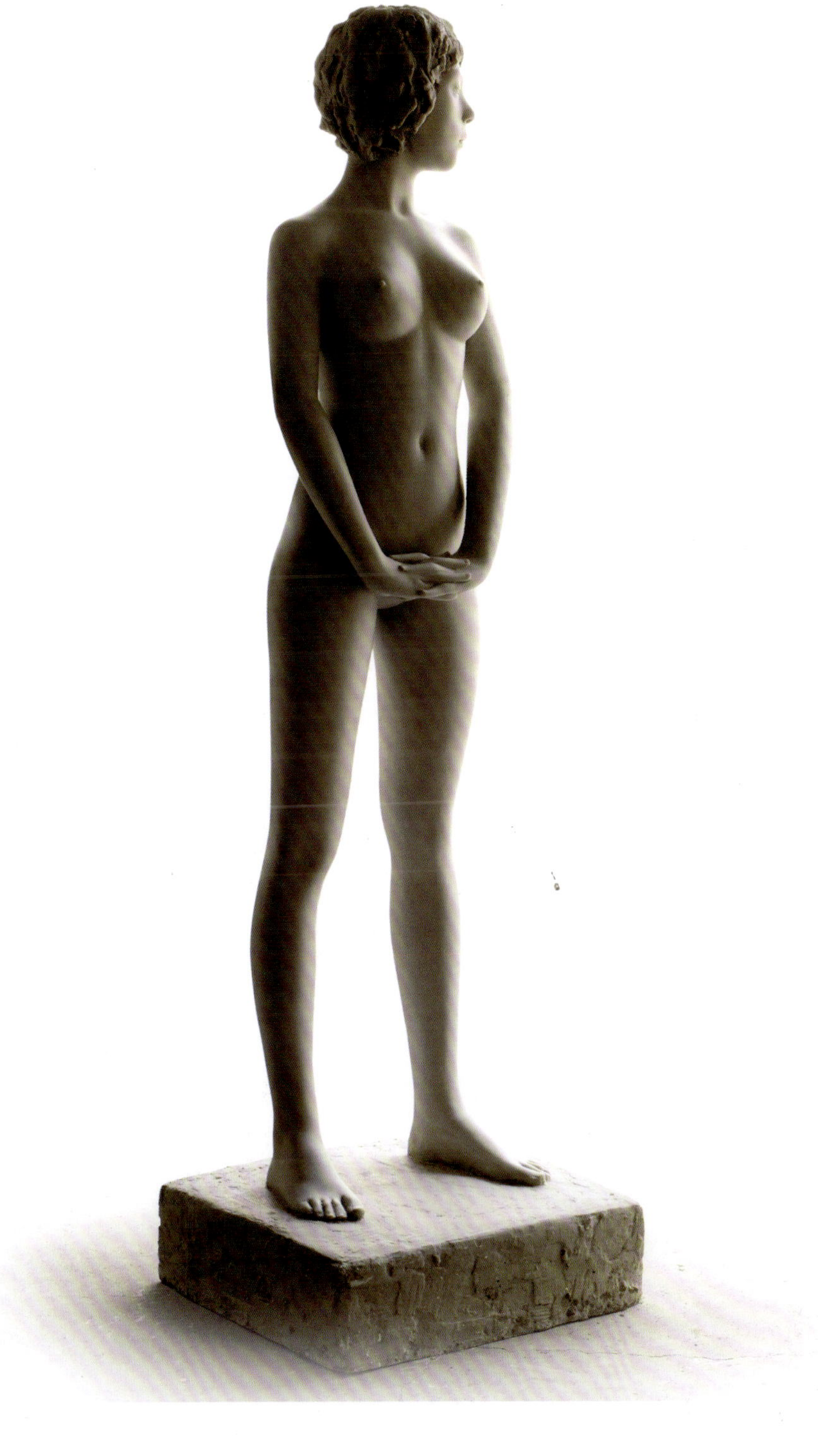

陈连富 《山之情》 铸铜 178cm×52cm×49cm 2009

远山之上，少女亭亭玉立，青春的胴体散发着神秘而柔和的光泽，赋予铸铜的作品以鲜活的生命。

人物

体制与艺术：新中国第一代艺术家

形式与观念：50 后艺术家

传承与突破：60 后艺术家

越界与综合：70 后艺术家

探索与创新：80 后新生代

陈云岗　《春江花月夜》 铸铜 500cm×480cm×350cm 2010

"春江潮水连海平，海上明月共潮生"。唐人笔下的离愁夜曲，在作者略加变形的抽象概括之后，给人以更多遐想。铸铜与金属丝的虚实组合，赋予作品更多的观赏和思考空间，回旋缠绕的线条给人以动感的旋律之美。

曹智勇 《节日》 鹅卵石 48cm×55cm×36cm 2010

《节日》觅该河中沉睡千万年经砂石碰撞，风蚀水琢的鹅卵石依其自然型态而进行构思与创作。《节日》表现的是苗族盛大而欢快的节日场景中的一个缩影（一角）。盛装装典了节日，烘托了气氛。作者采用适度的变型与夸张手法，紧紧抓住地域人物的个性特点及鹅卵石独有的质、型，刻划了一位居于大山拙朴、憨态的苗女节日盛装的一瞬。

程俊华 张文霞 《舞丹青》 仿铜 高 100cm 2009

画家激情澎湃的挥洒创作的时候，犹如起舞的舞者，作品化于无形之中。

邓乐 《另知界》纤维、光、传动装置、声音 180cm×160cm×65cm 2009

我们越过日常，向前后、横向和纵深，向不可知更远的时空遥想。宇宙时空中一个小点的我们，一粒微尘！在微尘中的我们常常在乎得与失，肉身与精神，空与无，如果越过这些纠结，开放知界，无数的微尘构成流变运动的宇宙世界，一个另知界是作品的原点。

迪里木拉提 《舞蹈》 花岗岩 高 250cm 2009

作品所表现的内容是新疆维吾尔族善歌善舞的民族特色。以组雕的形式，较大的动态造型，体现维吾尔族粗犷，奔放的性格特征。

付中望 《八方来仪》 不锈钢 900cm×1500cm×160cm 2010

作品是一组风动景观雕塑，每个单元由三个造型构成，一共 10 个单元，一字排开的阵势长达百米。每个单元的中间组雕可以在风的作用下或转动，或摆动。整个作品以车马和驼队的符号描绘了盛唐时期文化与商业交流的盛况以及社会的繁荣。位于西安大明宫遗址公园。

范伟民 《宠物》 景泰蓝 50cm×35cm×25cm 2009

都市生活中，人心寂寞，常养宠物。宠物温顺贴心，主人与它们之间的感情甚至胜过人与人之间的感情。作品以动物形态为基础抽象出一个似兽似人的形象，并装饰以色泽雅致、个性鲜明的景泰蓝纹饰，在吸引人抚摸的亲近感之中营造出高雅的审美情趣。从更深的层面讲，动物可谓宠物，人亦可为宠物，作品似乎又暗含着对于世态的洞察与调侃。

付新民 《大地》 综合材料 500cm×300cm 2009

大地留给人类折腾的空间已经不多了。

房中明 《琵琶与吉他》 玻璃钢仿铜 95cm×130cm×50cm 2009

两个不同时代的少女即同台而坐，又分各一方。琵琶和吉他是两件中西乐器，《琵琶行》与《吉他曲》又分别代表着中西和古今的两种艺术形式。传统与现代、古典与时尚、继承与创新，古为今用、洋为中用是我们永久的话题。北京传统的四合院与现代的火柴盒建筑并存，古典京剧和流行歌曲同唱，是我们这个多元时代的特点和社会现实。如何发扬传统，又体现时代精神是我们的肩负的责任。

高峰 《情趣罗汉系列》 陶瓷 30cm×28cm（8件） 2010

罗汉——尊者也，人们熟悉的罗汉被作者表现得情趣盎然，恣意随性。在貌似慵懒的躺卧、伸展间，彻悟后的佛性亦即人性跃然呈现在观者面前。

高蒙 《瓷瓶》 花岗岩 90cm×90cm×70cm 2010

瓷瓶的生产过程一般是由拉坯或模具注浆批量成型，再经烘焙干燥施釉烧制而成，它有华丽坚挺的外表，内藏幽隐的容积，同时它又是脆弱易碎的器皿，小心轻放切勿倒置是它适宜的待遇。用坚硬的花岗岩石材，复制这一料器生产过程中最软弱阶段的泥坯，通过材料转换，固化这一扭曲变形的瘫软泥坯，在容器胎壁质料和容积形态的变异，表现容积内外的空间关系和强弱关系，从而在操作技能上追随贝尼尼把石头揉成面团的初衷，也在空间的封闭和开敞的结构中，回顾古典和巴洛克的意义。

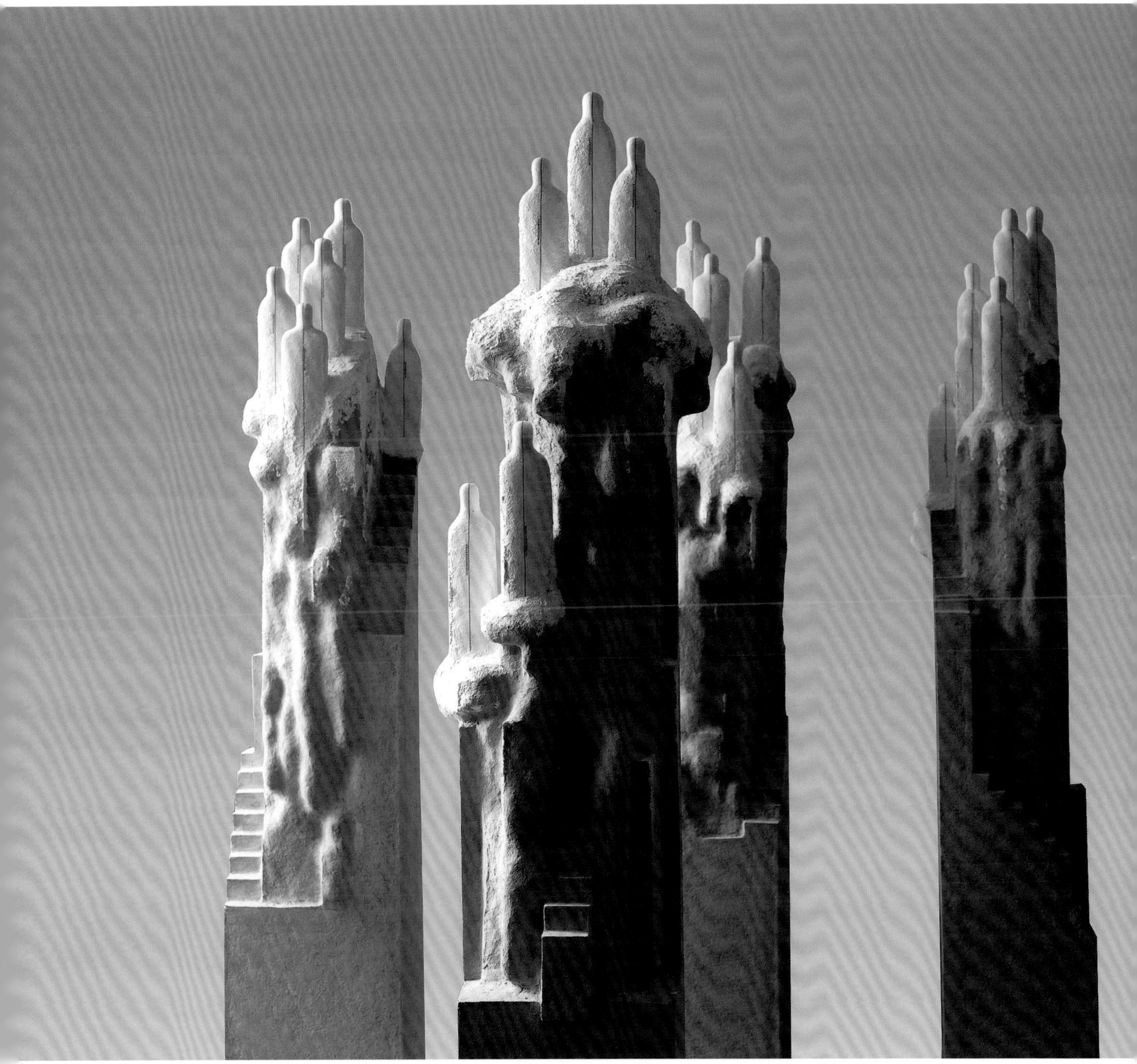

郭心聪　《国际孔子》 铸铜 38cm×35cm×72cm 2010（左图）

孔子的儒家思想影响着一代又一代中国人。在现当代，它在海外又有很大的历史意义和现实意义，国际上越来越多的"孔子学院"就是一个例证，作品采用诙谐幽默的手法，让孔子穿越时空走向世界。

霍波洋　《亦山亦水》 合成纸浆 200cm×30cm×30cm（4件） 2010（右图）

中国书法中的黑白两色，构成具有中国特色的抽象因素。无论中国书法的黑白两色的产生是由于书写材料所致，还是中国传统文化思想所致，黑白两色都成为代表中国艺术审美特征的主要色彩。抛弃书法笔墨书写的内容，黑白两色的审美取向构成中国抽象色彩的审美框架。我选择黑白两色是希望我的作品具有鲜明的民族审美特征。

——霍波洋

何镇海　《福寿门》 木、铁、喷漆 200cm×180cm×70cm 2009（左图）

该作品强调"方中有圆，圆中有方"传统门的符号。强化门的建筑感，红色方块向前后的空间无限延伸，烘托了门的主体，使其门的造型更加鲜明突出。即传统又现代。

胡汉平　《项南》 铸铜 140cm 2009（右图）

项南（1918-1997），福建连城人，20世纪80年代主政福建，是一位我十分崇敬的的倡导和施行改革的领导。雕塑根据搜集的大量照片，选取他经常的动态，服饰和表情予以塑造，其间邀请他的几任秘书和同事指导，力求真实准确地塑造项南的形态和精神风貌。位于福州人文纪念公园。

金国胜 《花季》 木 98cm×70cm 2010（左图）

简单概括的造型，花季少女形象在作者简捷明快的削砍之后，展现在观者面前。木头材质的自然纹理，使作品平添了几分质朴的美感。

景育民 《东归》 铸铜 270cm×120cm×145cm 2009（右图）

作品借用蒙古土尔扈特部民族迁徙的事件来阐述这样的思考：在西方后殖民文化被逐渐消解，世界文化格局重新整合中确立华夏文化的话语地位与应有的文化影响力，以及自尊、自信与自强。从个体角度来讲，这也是对当代人精神缺失的一种关注。其实我们每个人都是在寻找精神家园的漫漫旅途中跋涉，这也许是一种宿命。在无神的时代，拯救、引领我们的就是精神的力量。

贾濯非 《宫乐图》 铸铜、石材 2010

作品将古代所流传下来与唐代有关的绘画作品“宫乐图”进行了梳理，作为这个特殊的公共环境的雕塑作品创作的原始资料和题材。在将国际当代艺术环境中的后现代观念艺术和装置理念融入环境公共雕塑作品之中。我所想做的是，创作一批与中国古代文化有关，又吸收了现代艺术观念和手法的“长安雕塑”作品，这个地域性公共作品链接了古代和当今的时空，时空的错位直接给与现代人们的是跨时空的联想和文化传承。我以前的作品“镜像”也应该算是这类思考和作品。

蒋志强 《亲爱的孩子》 铸铜 高 150cm 2010

质朴的衣衫，平静如水的表情，这是作者对久已逝去的“那个”时代人们精神气质的追摹，孩子们澄澈的眼中透露出一种远离我们这个喧嚣世界的宁静，给人以不同的审美体验，作为观者，我们不禁要轻呼：“哦，亲爱的孩子！”。

纪连路 《大妇2号》 青铜 40cm×18cm 2009(左图)

其实最朴素最自然的便是我所要表现的目的，纯朴而委婉，隽永而宁静构成了作品的核心。

李学峰 《燧人氏》 铸铜 高350cm 2009(右图)

传说商丘市为远古燧人氏生活、钻木取火之文明圣地，古有“火神台”。雕塑人物造型意象为远古时期燧人氏赤身裸体、腰裹树叶为蔽衣，运用浪漫主义象征性构图，一手执石器，一手高举寓意文明之光的火炬，神情庄严，半蹲欲起的身姿，以传递华夏民族即将迸发掘起的创造力，预示人类文明新世纪的来临。人物刻划采用现实主义写实手法，通过对面部形象和巨大身躯浑厚发达肌腱夸张性的结构处理，着重表现雕塑的体积感、力量感以及蕴涵于人物身上生命的动感，力求使作品具有纪念碑的象征意义。位于河南省商丘市。

李先海　《斜阳》 乌木　高 58cm　2010（左图）

人到晚年如斜阳的余晖，闪烁生命最亮的光点。在经历漫长人生的长河，时光是多么宝贵，生命是如此短暂。但是人生的精神和追求是永恒的！

李秀勤　《扫描》 综合材料　装置　2010（右图）

意大利医学家韦德鲁齐奥，20 世纪初发明了一种能够捕捉人体内，微小恶性肿瘤的扫描仪。它将有助于早期诊断癌症，挽救患者生命。

刘炳南　《伴》 铸铜 34cm×24cm 2009（左图）

作品采用夸张写意的艺术手法，刻画了爷爷和奶奶老来伴的亲和特征，表现了他们与小青年一样，亲亲热热漫步庭园、游逛市井。龄虽老、心年轻，这些也正是我们所有的爷爷和奶奶人群应该去效仿的，更是我们晚辈们所想看到的，好哇！爷爷和奶奶赶时髦啦！漂亮啦！年轻啦！

刘威　《山高云低》 柏木 46cm×20cm×50cm（右图）

敬畏自然，回归自然，与自然互动的一种体悟。

黎明　《青年毛泽东艺术雕塑》 花岗岩 8300cm×4100cm×3200cm 2009（左图）

雕塑前后耗时 4 年，为钢筋混泥土框架结构，基座达 3500 平方米，由 8000 多块采自福建高山的永定红花岗岩石拼接而成，总重量约 2000 吨。立于湖南长沙橘子洲。

黎日晃　《一串河溪》 米黄大理石 100cm×70cm200cm 2010（右图）

作品是 2010 年 8 月参加意大利米兰 ORZINUOVI 市国际雕塑营现场创作的。当地满布河溪，夜间淙淙流水的声音在市内到处可闻。作者以此为创意，以大理石打制出一串流水，上下覆盖以两只手；象征人类要保护环境、爱护水资源。

闵一鸣 《我们》 铸铜 高 45cm 2009(左图)

试图以对方的精神世界为中心，相互渗透，雕塑上金色的沙砾是相互接触所产生的表面印记，随着一生中丰富的印记叠加，某些词汇似乎在提示着人的共性，如“向善”、“随缘”、“顺天意”等等，而作品上不可预见而生成的裂纹又在同时提示你我的“遭遇”，永远有着差异。人们不可能真正了解对方，也不可能真正地理解自己。但重复地提出这个问题，并为之努力正是进步的要素之一。如果明白以生命为中心的宇宙观的中国哲学特质，如果人们以自然为媒介，在应对人类共同生存环境下的活动中有着量变的过程，这个过程使人们共同进步，那么人们个性化的创造就有着积极的求同效应。

娜丽莎 《祈福》 粗陶 高 60cm 2009(右图)

作品表达了蒙古族中年妇女双手合掌向亲人祝福的形象。人物形象也象征着草原母亲，展示草原妇女博大的母亲之情，她们平时勇敢、坚韧、勤劳、纯朴，对家人、对亲人永远都是默默的无私奉献。每当亲人外出远行母亲都要向他们合掌祈求平安幸福。本作品头部形象采用了较写实的手法，身体部分运用了概括夸张的表现形式，以突出人物的体量感和饱满度，增强作品题材的内在表现力。

钱步辉 《乐土》 铸铜 60cm×20cm×68cm 2010（左图）

作品从当代回归了传统，又从传统复归民间，再从民间寻求当代艺术的表现形式。保留了剪纸和皮影戏艺术概括、夸张、简洁的特点，在自由舒展之中突出表现了舞蹈的动态之美，张扬了质朴之美，完成了由悲剧角色向喜剧角色的巨大转换。

秦璞 《林中胴体》 不锈钢 212cm×60cm×45cm 、120cm×86cm×90cm 2010（右图）

雕塑造型以站、坐两尊女人体躯干，构成一组动静结合、高低呼应的节奏关系形态。运用不锈钢抛光材质，与周围环境融为一体，隐喻了大自然之母是孕育万物有机生命的摇篮和生命的起点，进而激活了人们对自然的热爱、和睦相处的心灵，尊重自然、感恩生命的精神的境界。

任世民　《达摩》 錾银 高 230cm 2009（左图）

作者以精确的写实手法，对雕塑创作中极少见到的錾银工艺进行创新，突破了佛教造像的传统技法。塑造了达摩大师面壁禅定大德高僧形象，大师眼帘下垂，收腹提腰，含胸运气，进入禅定状态，给观者以强烈的视觉震撼。

孙闯　《厚土·命礼赞》 76cm×67cm×36cm 2009（右图）

在生生不息的人类演绎中，母性既肩负创造的使命，也担负着因创造必然产生的苦难，所有圣洁光辉都是在磨练与阵痛之后豁然闪现，一切坚强都源于承担的积淀。每次苦难降临后她都在废墟中挺起不屈的脊梁，涅槃重生，爆发出蕴藏的力量。在形貌粗拙大地面前，更会感受到母性的美。这种美打动我、我愿意一点点地将它汇聚，并用刀锋将它留在雕塑里。

石村 《昌硕赏蕉》 青铜 高 50cm 2009（左图）

吴昌硕是近代著名花鸟画家，其画作题材多为紫藤、琵琶、芭蕉等身边常见对象。可见昌硕先生清静闲适的文人生活情趣。雕塑以昌硕手执蒲扇（又曰芭蕉扇），逍遥地独步于庭园之中，悠静地观赏着身边的花木，进入一种“物我共融”情境之中，以此来展现这位花鸟画巨匠独特个性气质和精神境界。

沈建国 《互补》 锻铜、花岗石 240cm×400cm×150cm 2009（右图）

两种不同材质在结构上形成对比，又彼此关照，相互独立又相互依存。世间万物都在一种互补关系中寻求共生。人与自然，人与人，天与地都在互补中获取新的机趣，天人合一，万物共生。

师进滇 《长江 750》 不锈钢丝着色 260cm×170cm×120cm 2009

我想制作一种电脑式生成的东西，机械是最理想的，比如汽车、摩托车。我以手工的方式制造出虚拟的“工业制品”，刚开始，我做自行车，后来就做摩托车、汽车和小轿车。这些交通工具都带着我生活过的特殊时代的记忆，它们和当下的中国形成对比。《长江 750》的原型是一辆摩托车，最早由德国生产，是一种军事设备，“二战”后引进中国。改革开放以前，它也是军用品，一直伴随我们这代人，无论是在反映“二战”的影片里，还是在我们的现实生活中，它都具有鲜明的身份标识：战争机器。

隋建国 《运动与张力》 综合装置 2009

作为这个展览的主要概念，“运动”在这里具有多种含义，既是实体的也是声音的，既是主体的也是客体的，既是雕塑的也是建筑的。这种多重意义的交汇使我们重新思考作品、空间与观者的关系；这个展览的实验性也就在于提供这种交汇和反思的一个契机。从社会学的角度看，《运动的张力》有若一个巨大工地的压缩和抽象，凝聚了紧张建设的力度、嘈杂和危险，因此也可以被看作是飞速发展和变化中的当代中国的一个喻言。

——巫鸿

覃继刚 《那山那水那人》 樟木 180cm×200cm×80cm 2009（左图）

作品采用简洁、粗犷的表现手法，试图通过对木材自然形状的切削、组合来表达人与大自然的和谐关系。

田跃民 《仁 · 三纲五常之一》 铸铜 （右图）

在人们普遍关注传统文化的现代价值的当下，作者以长篇故事场景分镜头展示的形式，对儒家文化核心内容“仁”做了形象的阐释。具像写实的手法、准确的形态、生动的表情，对抽象的理念做了形象的表达。位于山东德州。

你让我幸福
我让我幸福

谭云 《纹饰系列——幸福指数》 不锈钢 高 200cm 2009（左图）

汉代击鼓说唱俑，被作者用现代不锈钢材料做了全新的阐释，俑人衣饰布满对幸福生活的祈颂，谐趣盎然。

唐满都拉 《从远古走来》 水泥、钢材 4500cm×1800cm 2010（右图）

作品力图通过巨轮和一头奋力向前的牛的造型，表现草原人民勇往直前的开拓精神，创造了草原源远流长的历史，象征着草原各族儿女一心一意、坚忍不拔，为实现美好理想不懈努力的奋斗精神和奉献精神！

吴信坤 《夏天的故事之十》 铸铜 75cm×61.5cm×50.5cm 2010

王洪亮　《老聂》 青铜 33cm×30cm×50cm 2010

作品通过具像艺术的表现形式，强调速写性，注重塑造的虚实、强弱、气韵的流转与畅通，尝试在具像雕塑创作中表达中国传统艺术精神。

王少军 《教养》 青铜着色 37cm×52cm×26cm 2010（左图）

作品人物简约概括，设色典雅，萦绕着浓郁的文人画的意境，多多少少的几分"忧郁"，体现着作者对"醇"与"纯"的美学追求。

王铁成 《融》 树脂仿石 85cm×50cm×20cm 2010（右图）

作品以意象语言的表达方式，通过简洁而富有节奏的近乎抽象形态之间的和谐构建，以及虚实空间的凸显，充分体现了生灵间沟通融合的愉悦。浑厚、质朴的的造型特征和粗犷的材质肌理有机地融为一体，使作品流露出古朴的原始意味。

王小蕙 《引领》 樟木、金箔 60cm×40cm×18cm 2009（左图）

西式正装衬衫，西式领带上凸显着中国龙戏绣球图案，标签“中国制造”。透露出作品蕴含的深刻的寓意。在中国“制造”已遍及全球的当下，中国“创造”能否引领全球？作者谐趣而略带调侃地对我们发出了一个追问。

王志刚 《雨过天晴》 青铜 22cm×33cm×68cm 2010（右图）

作品旨在表现中国人民经历了天翻地覆的改革开放之后，已经走过了社会发展过程中的各种暴风骤雨。此时，人民面对幸福安康的和谐社会，是一种感激之情。同时也认识到了与自然和谐相处的重要性。作品中呈现了以为牧羊女双手合十于胸前，面前的小羊羔抬头望着少女，雕塑线条流畅。作者通过刻画安详、虔诚的人物表情和动态，以及人与小羊羔之间微妙的感情交流，营造了一副平安温暖的画面。

魏小明 《贝拉》 青铜铸造 高 138cm 2010（左图）

雕塑作品《贝拉》以一种纯粹的雕塑语言在失衡与平衡之间辅以对人物形体美感的原本的超然想象力呈现出一个美丽，浪漫的女孩。在俯首瞬间，时空凝滞，心目愉悦，真和善超越功利，一种永恒的美感徜徉环绕间使你回归到自我深处。《贝拉》很美，作品中的古典情结，崇高，唯美，又宛若丛丛的风景一般沉静。

吴雅琳 《美好童年》 木、玻璃钢彩绘 120cm×62cm×40cm 2010（右图）

中国传统雕塑审美特质往往在民间艺术中得到很好的体现。潮洲“翁仔屏”的艺术样式和潮洲木雕的巧妙结合，是本人重温儿时旧梦的最佳表达方式。骑竹马、跳房子、斗鸡鸡、弹玻珠……我们这一代人儿时朴素美好的游戏，令人回味无穷。

吴祖光 《被搬动的老夫》 铜 127cm×78cm×58cm 2009（左图）

被搬动的“老夫”，当年也许是一位驰骋沙场的英雄，身体倍儿棒，武功高强！然而随着岁月的流逝、生命能量的消逝，如今竟然到了虚弱得需要被人搬动的地步；这里不存在任何批判或褒贬的含义，只是想向观者展示一下我们生命的无比脆弱和无常，进而引发了我们对我们生命内在含义的深入思考……。

徐伯初 《堂吉诃德》 耐候钢 1200cm×1180cm×320cm 2010（右图）

雕塑的符号揭示出“堂吉诃德”，而“堂吉诃德”引申出符号以外的意义。

徐国华 《童年的火车》 废旧金属 600cm×350cm×260cm 2010（左图）

《童年的火车》紧紧抓住“童年”这一主题，利用废旧金属——锅炉、钢管、各种阀门和形形色色的零部件，通过现代构成的理念把作为“线”的钢管横向、纵向紧密地构架出向前动感强烈、结实，并赋予秩序的整体造型，使蒸汽机车像顽皮的孩子一样健康活泼并逐渐茁壮成长，成为力大无比的巨无霸。在每个局部“点”的刻画上，通过不同部件的点缀，不同形状的组合排列使整个作品更加丰满和丰富。

徐光福 《飞逝》 树脂油彩 126cm×75cm×50cm 2010（右图）

在真实的生活环境中，与我们零零碎碎的日常生活及文化稍有相关的某一事物，都有可能以其微弱的力量在无形中牵制或影响我们的生活。如雕塑中情景，当失去比例和常态的鸡，蜕去本身的实用价值和文化中的附加成分，仅作为单纯的自身，并有着极端理想化的美，与自誉为万物之灵的人类，能有怎样的对话？

徐冰 《凤凰》 铁、轮胎、轮毂、风扇等综合材料 1800cm×1700cm 2010

《凤凰》是世博园中最大的一件艺术品。制作材料取自城市建设过程中的建筑废料、劳动工具和工人生活用品。创造手法显示出中国方式艺术创造的魅力。此作品展现在这座旧厂房的遗址中，与园中光鲜亮丽的现代场馆形成对比。此作品的反思性，与城市足迹、财富积累、现代生活产生着直接和隐喻的双重关系，可作为世博会“城市主题”更多维度的注释。世博关注的是城市的光彩和城市化的结果，而《凤凰》关注的是过程背后的实质。这两只凤凰既凶悍又美丽，通过它们的每一片翎羽散发着神性，这神性是通过每一个劳动者之手的触碰传递的。

夏和兴 《会眨眼的石头》 花岗岩 250cm×90cm×150cm 2009

模拟我随身携带的相机佳能 G9，用山西黑花岗岩精制成一架巨型照相机，因作品带着自己的体温，随将相机品牌篡写成“LAO XIA（老夏）”牌。取名《会眨眼睛的石头》，这一标题，使作品产生了画外之音，石头会眨眼，使观众从作品的直接形象中领略到它的间接形象——有生命的石头——有内涵的石头。石头相机安置在新建的杭州市政府大楼前，仿佛按着一只眼睛，有这么一只眼睛，突然向你闪光，又突然熄灭了；你有没有勇气看它，敢不敢承担它对你的信任。位于杭州钱江新城。

项金国 《天地人》 铜堆焊、钢板切割 115cm×64cm×24cm 2009

人们常常把父亲比作参天大树，因为孩子们能得到父亲的呵护。人们常常把母亲比作大地，因为孩子们是吸着母亲的乳汁长大。雕塑采用了沉重的堆砌手法堆焊了大地母亲的形象，而上部则用现代电子激光切割技术手段，用传统剪纸的艺术形式，表现有地、有天，万物生焉的人类生生不息。

俞畅 《苏东坡》 铸铜 260cm×180cm×180cm 2010

有记载称苏东坡“身长八尺三寸有余，为人宽大如海。”俞畅塑造的《苏东坡》，造型大气、洒脱，不拘泥于琐碎的刻画，技法连贯潇洒，将塑形的“泥性”和铸铜的“刚性”融为一身。雕塑形体转折顿挫流动，一气呵成，更有着旋律激荡的美感。雕塑彰显了苏东坡的豪放与不羁，正可谓是用“铜琵琶，铁卓板”弹唱着《赤壁怀古》；我们甚至可以猜想，雕塑家俞畅将自己性格中浪漫和豁达的气质深深融汇到这一尊雕塑里面去了。这是雕塑的豪放派！

杨建强 《时尚一族》 铸铜 80cm×41cm×70cm 2009

当代社会的进步伴随着时尚的足迹，时尚走进千家万户的生活，引领着时代的潮流，提升着生活的品质，促进了社会的繁荣。雕塑《时尚一族》塑造了一位悠闲状态的时尚女孩。她静静地端坐着，关注着大千世界的发展变化。她的周围环绕着纵横相叠的长靴，其形态各异，造型浪漫。这是都市生活的时尚一角，皮靴在时尚界具有典型的象征意义，它内涵丰富，造型优美，包容着经典与时尚，足迹与步伐，岁月和未来，雕塑真实地表现了现代都市生活的时尚足迹。

杨文会 《老哥们》 青铜 高 60cm 2010

这组雕塑表现的是典型的中国北方农村传统的音乐形式，这种自娱自乐的传统文化状态曾经在相当长的历史时期内是民间自发的娱乐活动。现在，文化活动十分丰富，然而当年受地方文化浸染的老哥们，还是要凑在一起享受与回味过去曾经的陶醉。这是地方民族文化的一种自然延续，也反映了老年人在现实社会中其乐熔融的生活状态。

于世宏 《铸剑》 铸铜 60cm×50cm×40cm 2009

作品主要运用写实手法，采用局部残缺与镂空的艺术手法雕塑出一组残破的秦兵士俑形象，追求一种肃穆、庄严和含蓄的深远意境。作品着力关注于“气韵”、“形神”、“虚实”和“风骨”等华夏美学特征的塑造。通过凝练秦兵士俑这一特定的艺术形象，使其表现出一种有意味的形式美，即在雕塑作品展现出如同中国书画艺术中“笔断意连”和“超以象外”的古典美学特征，给人以无限的想象空间与丰富的情感体验。

《铸剑》采用了秦兵马俑形象元素，透过独特的艺术视角，传达出自身有感于中国传统文化的震撼力，坚定国人弘扬中国传统艺术文化精神的信心与决心。

于小平 《炎帝像》 花岗岩 高 3160cm 2010

雕塑矗立于湖北随州厉山，此地相传为炎帝神农故里。炎帝神农手捧粟谷，威严而慈祥地远望着大地和众生，意喻为华夏儿女从此将获得生存的依靠；巍峨的身躯与山石融为一体。这是部分中国传统的造像元素结合现代人物造型方式，运用到室外大型雕塑创作中的一次实践。

朱尚熹 《上帝之吻》 青铜 高 210cm 2010（左图）

相拥与热吻，上帝也不例外。“爱”，天上人间是共通的；过去、现在、未来是永恒的。作品以三点支撑的架构，人物环抱一起的团块结构，造成了一种稳定建筑感，而光影的塑造手法又表达了生命的流淌与激情。作品以青铜的方式为爱情和情欲建构了一座纪念碑。

张琨 《婉风》 青铜 45cm×20cm×54cm 2009（右图）

作品以中国雕塑随形写意的特殊表现手法，展现了一位古代美女吟月抚萧，静夜幽思，长音当歌，诗情婉风的心界。艺术处理手法新颖，造型语言独特，颇具东方文化情韵。

张松正 《大车进行曲》 锻铜 276cm×860cm×180cm 2009

由五个直径 2 米的大车轮与长长短短的钢轨造型组合而成，既是抽象的艺术语言同时又是具体的铁路形象，表现了一往无前的铁路风貌和风驰电掣的铁路精神。位于郑州铁路文化宫。

张永见 《春雨无声》 汽车、太湖石、草等 装置 2010

象征现代工业文明的汽车，汽车前盖掀开，里面充塞着传统园林中最具代表性的造园元素——太湖石，石间绿色植物依然是生机盎然，作者的言说尽在其间。

赵萌　《时代方舟》　综合材料　120cm×80cm×200cm　2009

从写实、变形到抽象，是脱离了事物的表象而直达本质的一种认识过程。作品以抽象的形式表达出对当下世界的一种拯救的理想。

钟志源 《菲菲》汉白玉 60cm×42cm×30cm 2009

作品糅合了传统写实和当代表现主义的手法，利用汉白玉“冰清玉洁”的材质特性，截取人物充满遐思的瞬间，展现了现代女青年洋溢着朝气的独特时尚美感。

人物

体制与艺术：新中国第一代艺术家

形式与观念：50 后艺术家

传承与突破：60 后艺术家

越界与综合：70 后艺术家

探索与创新：80 后新生代

鲍海宁 《漂移的城》 综合材料着色 320cm×220cm×80cm 2009

人与人、自然、社会之间的关系，一直伴随着人类的历史和发展。而和谐地处理这些关系是每一个个体所必须面对的：对于历史、传统的继承发展彰显着生机和活力，对于精神、物质的思考与创造传达出文明的昌盛和进步。

白明　《风水石》 陶瓷　高约 37cm　2010

太湖石的瘦、漏、透、皱所呈现的光影、虚实和动静关系满足了中国人对园林造景艺术的深层心理需求。“瓷”更是特具中国文化身份的象征之物。《风水石》——正是借用瓷石的双重文化身份对中国园林造景的精神和视觉作一次独特的追慕和追问。

在整块瓷土上手工挖出通透的大小不一的孔洞，每天仔细而小心地在黏土上感悟和控制透漏的形成和穿插呼应，宛如身心化作工具在所有的孔洞中行走了一遍。除体能外，心神的牵挂和消耗更是陶艺创作中人与黏土融为一体的最独特最具魅力的体验。

陈刚 《智者之二》 枣木 33cm×20cm×57cm 2010（左图）

作品为木雕系列之一，主要通过不同的表现形式体现不同的生存状态。

陈克 《虎兔》 玻璃钢烤漆 130cm×60cm×70cm 2010（右图）

受陕西周老虎事件的启发，以兔与虎为角色，结合两个迥然相异的动物形象，造成混肴的观感，意借“虎兔”探讨人性的价值、诚信的本质问题。由虎兔的复合造假，凸显所谓“诚信”的荒谬，可“兔”、可“虎”因何而左右？虎和兔造型特征的嫁接，有点指鹿为马的意思，借着虎兔合体同时并现矛盾与统一，不但可疑甚至引人发笑。作品借动物探讨不同的角色与身份的一种思考，或是真实与表象常常呈现的两面性，它不一定是讽刺的，而像是一种真实的呈现。

陈文令 《悬案》 综合材料 装置 2010（左图）

将动物作为人类的象征形象，借此讽喻人类的动物性缺陷，是陈文令长期以来的艺术创作策略，但将生与死引入创作主题对他而言还是第一次，对生死课题的探究使这位年轻艺术家的创作超越了现实和人性的表层、骤然跃升到一个崭新而崇高的境界。通过这件作品，陈文令试图穿越生命的困境，抵达心灵自由之门；他迫使我们直面血腥与残酷，进而直面自己的灵魂与命运。

——朱青生

陈志光 《卷轴—花鸟》不锈钢镀色 240cm×50cm×20cm×4cm（4联） 2010（右图）

古典绘画的经典形式——花鸟卷轴，被用现代金属材料“拟像”之后，晶莹斑斓的色彩、虚实互现的空间给观者以新的审美愉悦，同时赋予雕塑艺术一种新的“可能”。

蔡沙 《面孔》 陶瓷、铜线 34cm×40cm×45cm 2010

"面孔"系列作品是对于人的生存情境及愿望的一种表达，这些头部造像不是具体的，带有个性特征的肖像，而是一种风格化的具有普遍意义的"类像"，近似于语言中所泛指的"人类"概念。"面孔"系列承载着这一古老的命题，试图去呈现面孔之间的对话与交流，进而完成观者与它们的沟通而彼此间的诉说却是跨越时间与空间界限的。

曹晖 《可视的体温——骨骼一号》 树脂、纤维等综合材料 395cm×106cm×108cm 2009

曹晖试图以"庖丁解牛"的方式将人和动物肌体或表皮夸张地给予解剖、揭开，其特征在于把血腥的东西转化为一种纯粹的形式感。他将外力留在躯体上的伤痕和拟像的形式美感发扬到刺激且炫目的程度。这种既"暴力"又"美学"的意味与冲突的直接性表达，或许都对应着根植于人内心的欲望——人类天性中的一对矛盾但是紧密相伴随的心理情结：对存在的焦灼与疼痛的深思；对历史文化、生命韧性、人格尊严与现实秩序的发现，以及作为一个艺术家对一切扭曲个人立场的世俗利益与物质欲望的必要反抗。

——冯博一

陈宗铭 吴树华 马亚非 张松正 《成功之路》 铸铜、花岗岩 700cm×1060cm×430m 2009

爱因斯坦将他的成功归纳为蕴含着深刻哲理的公式：A=X+Y+Z。雕塑《成功之路》由爱因斯坦铸铜胸像和花岗岩的“成功公式”楔合构成。“成功公式”为两块花岗岩整石雕刻，另有铸铜的爱因斯坦签名和“成功公式”的释义文字镶嵌其中。2009 年在郑州高新技术开发区科学大道落成。

崔立忠 《渔归》 青铜 180cm×50cm×140cm 2009

作品《渔归》运用了传统的塑造手法，表现了渔民出海归来收获的场面。画面中每个人物的年龄和心情都有所体现，男主人公步伐坚韧目视前方充满希望，同时也是一家人的希望。后面的老者步履有些蹒跚，低头不语，无疑历尽了人生的沧桑。年轻的妻子，时刻都关注着孩子。而孩子则抱着大大的鱼篓兴高采烈。此作品型态虽然复杂，但外形简练。主要初衷是想运用传统雕塑手法，来表现东方渔民的生活。作品中横竖的鱼竿子将会给观众留下深刻的印象。

董书兵　《梦魇》 不锈钢 120cm×50cm×50cm 2009（左图）

作品沿用写实传统，婴儿骑在一顶锃亮钢盔上啼哭，令人立即想到了战争、杀戮，重点突出了婴儿与周围环境之间的紧张矛盾关系。而在这种矛盾中，观众感受到艺术家制造艺术作品的内在张力。

邓善琪　《力挽狂澜》 山西黑花岗岩 250cm×60cm×150cm（右图）

磁场引动粒子间的动力，承载扩张的速率及速能。呈现无限的张力及动能，产生空间的能量及活力引发人类向前的原动力。

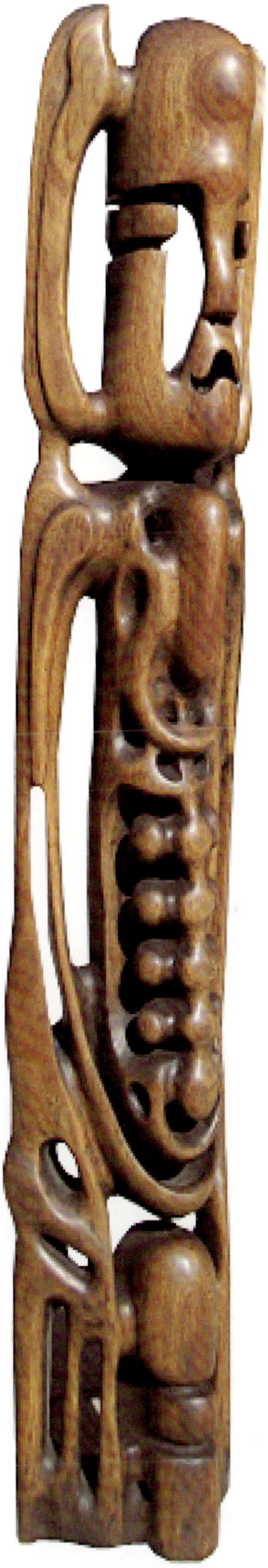

甘丹 《风和城市》 台湾苦楝 93cm×38cm×35cm 2010（左图）

“拟象”和“写意”以风为主题，冥想大自然的韵律感来表现“浪漫及诗意”，在属性上对大自然和谐与永恒的一种歌颂与礼赞。

高泉 《站立》 亚花梨 145cm×33cm 2009（右图）

站立的小人似佛非佛，空灵剔透的躯干外似乎挂着佛珠，小人面带悲悯，似乎在祈祷着众生的平安。

胡学富 《梳》 铜 89cm×100cm×38cm 2010

在贵州的六枝地区，那里的苗族妇女依然保持着祖先遗留下来的生活习俗。《梳》以苗族最普通的节日“梳头”的场景以苗族妇女为载体，体现了一个文化传承。试图通过现象的塑造来对这一民族文化的梳理，以唤起人们对民族文化的关注。

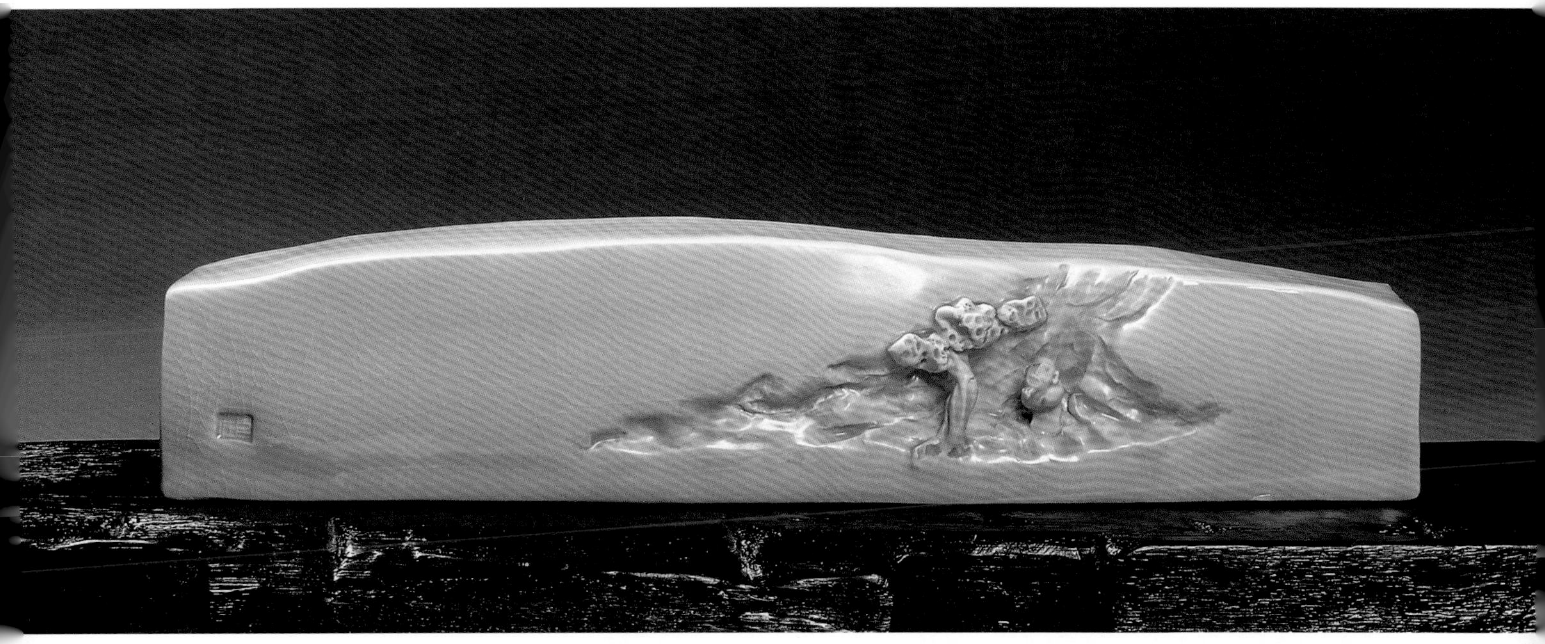

黄胜 《山水》 陶瓷 80cm×18cm 2010

作品以流畅而含蓄的轮廓展示了山水温柔而包容的宽厚之美，穿插其中的人物，听泉、对坐、行吟，表达了作者对人与自然“合一”的向往与追求。

黄剑 《簪花仕女图》 七彩金、铜 24cm×160cm 2010（左图）

唐人周昉作《簪花仕女图》，遗珠传世，丰瞻华美。今以雕塑呈其趣，并以七彩 金敷金设彩。且看春色明媚，姹紫嫣红，云鬓花颜，金步逍遥，扑蝶拈花，引犬戏鹤，悠游雅致，何其乐哉。

洪涛 《就地取材系列之泉》 木 85cm×45cm×24cm 2010（右图）

高山云翳贤人匿，自古圣人，仙人无不养身修炼其中，就像鬼谷子练就纵横，以智慧之泉培育出了像张仪，苏秦，庞涓，孙膑等叱咤风云的历史人物。

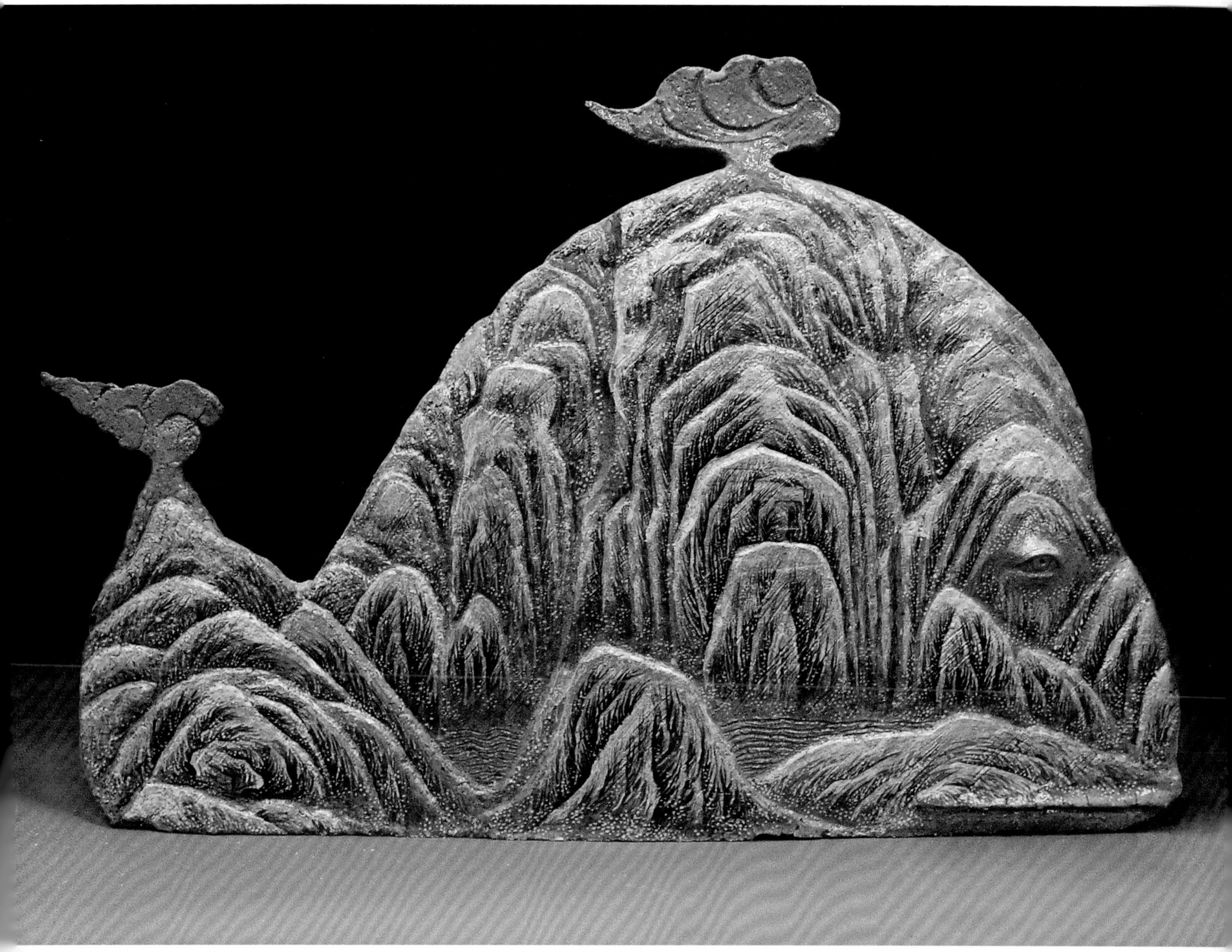

姜波　《伏尔加之旅——苏联卫国战争组雕之一》 铸铜 165cm×50cm 2009（左图）

二次大战曾在俄罗斯伏尔加河畔留下了隆隆炮声，人类在战场上所有的努力都无法澄清人类这一动因的是非。由孙子兵法到拿破仑之伐，从官渡大战到海湾战争，惨烈和壮烈只是战争的资讯不是战争的本质。我想挖掘出对于军事题材超常的精神实质和视觉触动，而非以战场上运动着的人体结构来定格，否则对战争事件的拆解只是沦落为一种陈述。

金文伟　《祥云飘过系列》 耐火土、泥板成型 109cm×81cm×9cm 2009（右图）

观山看云是我的喜好，一则静心，二则养眼。思绪也随之跨越时空，常常觉得它们都是生命的另外一种形式，过去、现在、将来的一切为之串联。鱼的题材和符号是我一直表现和借用的，它是财富、健康、吉祥的象征，也是当下三个关键词。《祥云飘过系列》是情感自然的流露，也是对美好时光的留恋。

孔庆坚 《体制 <1#. 食 >》 树脂 60cm×60cm×60cm 2009

黑格尔在《历史哲学讲演录》中曾阐明他对历史层次和功能的看法。他认为历史的第一层次是白描性的历史。主要回答过去“是什么”；第二层次是反思性历史，主要回答过去“为什么”；第三层次是哲学性历史，主要回答将来“干什么”。《体制 -<1#. 食 >》是对我国改革开放前的百姓衣、食、住、行历史细部特征的记忆与描述系列作品之一，封存着在计划经济体制下凭票供给的生存状态。这种记忆方式应该是白描性的，然而不可否认的是“白描”是一切认知和研究的基础。是进行历史反思和未来“干什么”哲学思考的基础素材。

李春华 《中国标准》 2009

中国古典建筑“木构”为多，结构精巧，抗震性能优越，历经千年不倒的应县木塔，气势恢宏的北京故宫和延绵万里的“万里长城”都无不体现着中国古人的超常智慧。《中国标准》雕塑作品巧用了代表我国古典建筑力学传递智慧和建筑审美结晶的构件“斗拱”作为元素，与来自西方工业文明，当今世界普遍使用的精准量度仪器“游标卡尺”作有机融合，艺术加工而成。

林春 《课间》 铸铜 300cm×120cm×210cm 2010

表现大学生课间常态。选择俩男俩女四个人物，四种动态构成组合。考虑高低、动静结合，注重不同角度的观赏效果。位于北京物资学院。

李树　《水袖山清》 综合材料 160cm×120cm×50cm 2010

水袖，川剧艺术之精华。行云流水，潇洒飘逸之间，秀丽风光，国色天香尽显袖底，不亦悦乎！

李红军 《游离之一——纸》 铸铜 36cm×48cm×8cm、36cm×48cm×17cm 、36cm×48cm×25cm 2009

在我看来，李红军的作品，通对纸媒的运用，探讨蕴藏其中的“物性”，从而表达他对这个世界的观察和感受。在这里，每一个单独的物的摹仿是写实的，但是不同的纸媒材料的组合是主观化的，作品显示出李红军活跃的独立思考，即对于人与自然、生活用品和艺术作品的差异的认识。在他的作品中，人的形象与自己的创造物交织在一起，我们在日常的生活中习以为常，不再去思考其中隐而不露的存在的奥秘。而李红军将“纸”这一人类文明史上最重要的发明，经过解构、错位和重组后，再现于我们的眼前，使我们在惊异之余，对其加以关注和思索。李红军的艺术，去掉既定的形式，回到感性的原点，尊重自我感觉，开放心灵的空间，达到了超越媒介的重构。

——摘自（在真实与梦幻之间——李红军的纸媒艺术）殷双喜

李江 《海藻与鱼》 镜面不锈钢 190cm×220cm 2010

飘逸而充满动感的海藻间，鱼儿在穿行，银光闪烁的雕塑在绿树成荫的背景衬托下给观者以另类的审美体验。

李思训　《囊系列》　玻璃钢　125cm×58cm×58cm　2009

红楼梦中宝玉说："女人是水做的骨肉，男人是泥做的骨肉"。流水无形，其融，其动，随遇而安。没有羁绊的女人是洪水，不是将你吞没，就是将你围困。所以：好的女人须有所收敛，有囊括之，无囊则无形，水性扬花，倾洒满地，覆水永难收。男人啊！人生是一次长途跋涉，带上你的水囊，就带上了温柔、带上了灵动、带上了激情……

在《囊系列》作品中，浪漫主义与理性交织，通过夸张、概括、修饰，水囊或气囊与女人体巧妙融合成简约而精美的形体，表现出了对女性、人体、生命及爱欲的诗意的理解。

李迅 《汶川惊魂》 铸铜 75cm×65cm×45cm 2009

作品运用象征和写意的艺术手法来体现当灾难降临时，不同的民族，人类与动物在大灾来临时的震惊、互助与关爱。仿佛听到那震撼人心的求救声，哭喊声……同时灾难也撼动着我们每一位生者的心灵！激发我们去质问生命的特质和意义，去关爱我们身边的人、动物和自然，重新审视生命的意义和伟大。

李象群 《顾拜旦》 铸铜 67cm×36cm×200cm 2009（左图）

作品基于写实而改造写实，运用具像而超越具像，所有的雕塑语言都服务于个体主体性的有机营造，着力表现人物具有性格特征的瞬间。把感性、理性和灵性有机地融入到具像表现雕塑中。

李紫晴 《蜕变》 大理石 220cm×130cm×250cm 2010（右图）

作品透过蝴蝶羽化的意象形式，表现对生命蜕变的感动。以圆形透洞暗喻通往过去、未来的入口，亦在不同的时间中，透过光的投射，影子的变化，看见时间的流逝。

刘国柱 《自然史》 花岗岩、不锈钢、鹅卵石 2009（左图）

运用材料、象征性形象以及解构性语言，阐释人与文明与自然的冲突关系。
自然之历史，非自然本身的历史，乃是被人以及人的文明所强迫的历史。

蔺宝钢 《盛世》 铸铜 130cm×70cm×70cm 2010（右图）

作品充分挖掘传统文化之精华，借唐代盛世的马球运动喻意当代社会昌盛的时代特征，三组腾空跃起的唐代仕女骑马挥杆击球围合成动感十足的饱满动态极具视觉美感，人与马的造型追求饱满而富有韵味。飘逸的披肩随风流动更显优美的韵律，圆满和充满张力的围合造型做到了四面多角度的视觉欣赏效果。整座雕塑追求一种唯美和雅俗共赏的艺术效果，动态感与围合感成为该雕塑的艺术追求风格。

刘艺杰 《香包》 不锈钢 高 1200cm 2010（左图）

庆阳香包，是民间艺术瑰宝，也是庆阳民俗文化的一大标志。作品运用了香包的原型，在组合上，大小不同的香包运用现代空间排列，不仅视觉效果强烈，而且使人们可以参与其中。在雕塑表面设计上运用现代手法，加强雕塑的构成感，不锈钢表面深深的蚀剪纸图案，充满建筑感，体现庆阳民俗文化的厚重与悠久；而表面用彩绘的形式来表现当地独特的民风民俗，生动活拨，艺术感强烈。位于甘肃庆阳城北广场。

罗小平 《会议的秘密》 瓷、装置 1500cm×300cm×60cm 2009（右图）

罗小平的《牌戏时代——博》、《牌戏时代——会议的秘密》用扑克牌的游戏桌椅，置换上当前大众流行的各个方面的各路人物，拼合成为一个实际的游戏场景。笑声是一场赌，哭声也是一场赌。成功者的游戏不是真实与否，不是美好与否，而是能不能帮助你挖掘低俗而又庸俗的快乐。一场赌局总是允诺给旁观者生命中的胜局。艺术家在这儿简单明白地告诉我们：一场赌局即是一场策划变局和洗牌的阴谋大战。

——马钦忠《解密行动》

刘文德 《那村那人那个调》 榆木 100cm×42cm×31cm 2009（左图）

作品表现家乡的民俗民风，一位喜欢吹唢呐的中年汉子，思念亡妻的方式就是独自到河边吹起妻子喜欢的曲调，忧伤的唢呐声诉说着生于死的爱恋，人世间的真情。

钱斯华 《红色4号》 树脂着色 170cm×65cm×35cm 2010（右图）

为了证明“我”的存在，所以“我”要秀，然而“我”可能会失去。

瞿广慈 《鸟儿问答》 铸铜 117cm×32cm×52cm 2009（左图）

作为中国雕塑界的中坚力量，瞿广慈从早期“革命浪漫主义”、“集体主义”到现在回归到人本身的“自然主义”，以自己的感悟化解一直以来中国对西方艺术的形式追逐，这种化解并不企图以自己的转化和现实的视觉符号做简单比照。“去政治化”的做法，并不代表政治性因素变弱，相反，政治性因素只是变得不再那么直接，而是渗透到日常生活中。艺术家在这个过程中，希望结合自身的生存境遇将政治性因素慢慢消解掉。

——孙佳音

乔迁 《原野》 青铜 50cm 2010（右图）

伫立风中的牛，承载着我的心跳，与大地对话。

任光辉 陶肖明 《物象出瞳》 综合材料

光，作为一种自然物，已成为当下重要的信息媒介。人的生理机能与光的互动经过千万年的进化，达成了一种完美的平衡。当物体的反射光到达瞳孔后，视像会在视网膜上形成并以电波的形式被送到大脑。人类感官所接受到的来自客观世界的信息，百分之九十以上是通过眼睛。因此，可以说世界是瞳孔里所折射出来的影像。而光导纤维的出现，让光和影像信息的传递也发生了根本的变化，科学家陶肖明与艺术家任光辉合作的光纤作品《物象出瞳》是科学与艺术的又一次实验性探索。

沈允庆 《祥云》 铸铜 280cm×126cm×150cm

作品单纯饱满，强烈而和谐。有浑圆柔和，体态健壮但不失优美的女人曲线。祥云寓意着吉祥和幸福，包含着追求吉祥如意的美好愿望。体现当代中国的发展理念，和谐共融。

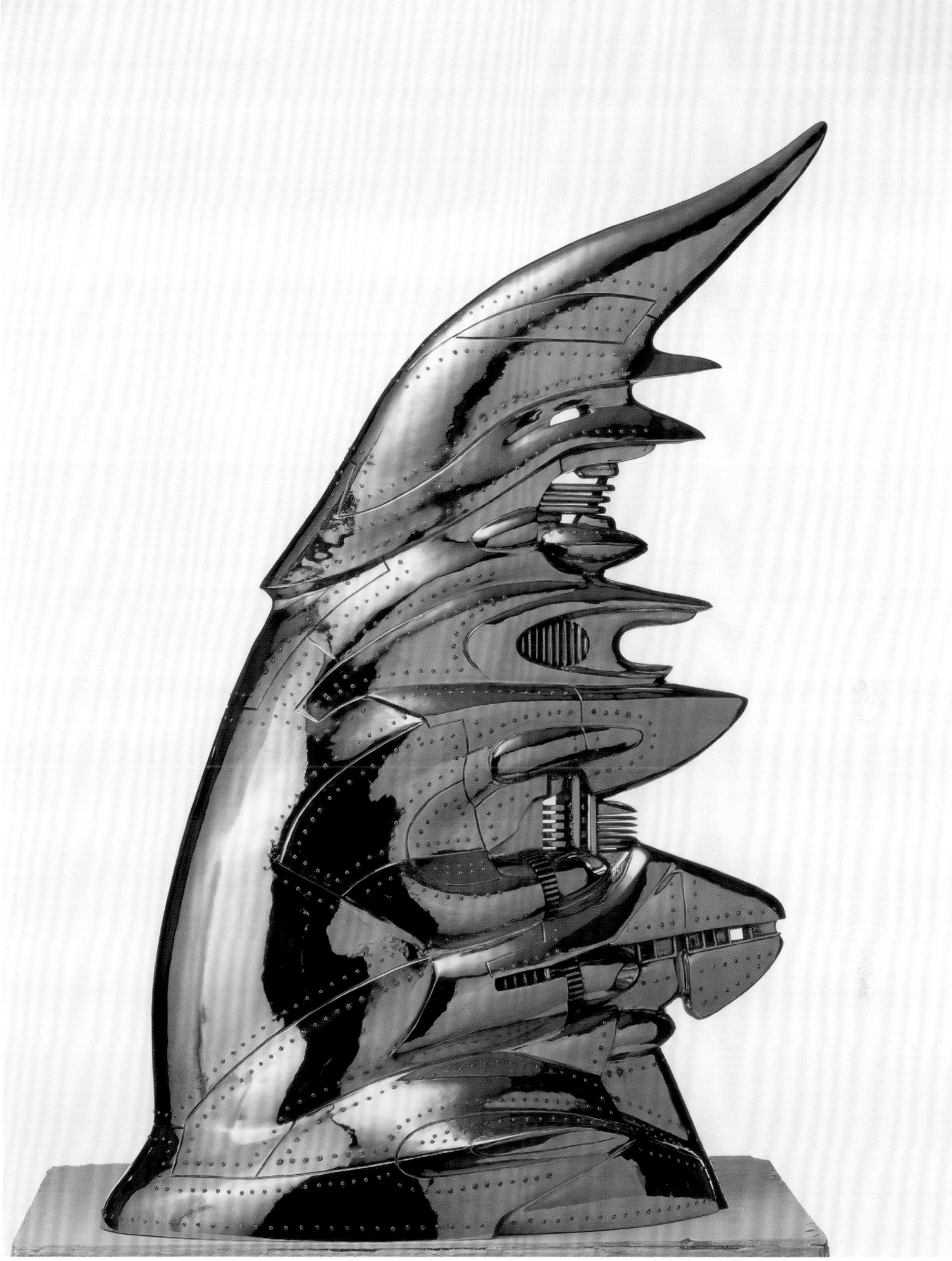

尚晓风 《拉奥孔》 铜 85cm×30cm×45cm 2009（左图）

作品借用拉奥孔这个传统题材，表现对雕塑语言新的探索。

孙璐 《鳍》 不锈钢 80cm×60cm×20cm 2009（右图）

作品利用抛光不锈钢材料高反射的特性，将环境吸纳进作品，并虚化了传统雕塑的体量感。利用工艺结合科技细节，来杜撰一种带有科幻意味的形式，暗喻科技与人性的关系。

谭正 《年年有鱼》 综合材料 高1900cm 2010（左图）

作品将汉字、陶瓷、建筑的斗拱结构、荷花和鱼等元素有机融为一体，创作出一种独特的形式——立体山水画，传递出一种清雅，幽静的中国风。

魏小杰 《母爱》 铸铜 高280cm 2010（右图）

作品塑造了一位饱经沧桑的母亲，正在为自己即将结婚的儿子剪大红色的喜字。勤劳善良的母亲，为了自己的儿女，她含辛茹苦、毫无怨言、无私奉献自己的一生，此刻她已是满头银发、满面皱纹、双眼昏花，但她是幸福的。

作品表现手法浑厚质朴、形体夸张，用浑圆的形体传达出母爱如山一般的厚重，面部与双手采用写实性手法来塑造，以烘托母亲的伟大及母亲内心深处对子女的不舍。

王中 《逃逸者》 青铜、不锈钢 107cm×63cm×20cm 2010 年（左图）

王中的作品熟练地运用现代雕塑的语言表达了后工业化时代的主题，这不仅在他的艺术发展中是一个重要的突破，同时也是中国当代雕塑的一个范。

——易英

温都苏 《曹雪芹》 铸铜 高 200cm 2009（右图）

作品是为中国少数民族文学馆创作的曹雪芹肖像雕塑，于 2009 年 10 月份落成。动作设计上根据曹雪芹的人生经历、文学作品进行思考，采用回眸的瞬间动作，表达曹雪芹回眸人生的精神状态、思想情感。

吴为山 《昙曜》 青铜 高 400cm 2010（左图）

昙曜雕像面容清癯，神情端肃，衣袂飘动，眼神低垂而淡定，似在沉思，但目光又表现出坚强的信念，流露出慈悲之色，充分展现出这位北魏复兴佛教的高僧及艺术巨匠的神韵。位于云冈石窟入口处。

吴永平 《天使的心情》 综合材料 110cm×60cm×50cm 2009（右图）

天使的心情是 2009 年开始创作的系列作品，和往常相同的是不管哪个系列作品我都会用不同的材料去表现，我喜欢去探索材料，用不同的材料去表现同样的题材，看看不同的材料在同一个题材下会有什么不同。天使的心情也被很多材料所表达，其结果也是不同的材料有不同视觉效果及美感。和往常不同的是，创作天使的心情的时间里，有很多自己心情的印记，其结果也能如是的反映在作品中。天使的心情系列作品还在构思，但很慢，这也和现在的心情有关。

徐健健 《和谐》 陶瓷 56cm×36cm×20cm 2009（左图）

作品以百姓三口之家在平常生活常见的戏玩作为题材的创作。从父亲举起宝宝到母亲亲吻宝宝的当中表现家庭的和谐，快乐生活中得到幸福。家庭幸福和谐就是社会和谐基础，对侧面反映社会发展，国家强大，百姓富裕。装饰图案景德镇特色青花图案，用写意花卉图案。

谢彬 《忘形》 铜 高 80cm 2009（右图）

表现无拘形骸、无须原由、随性翻越，让心灵回归天真的快乐。

许庚岭 《逝去的嘶鸣》 钢条焊接 高 470cm 2010

这件作品坐落于大明宫遗址公园。它将唐马的原型置换为钢条焊接的结构。造型的残缺感和材料的质地仿佛饱经岁月的侵蚀使然。它呈现给人们一种时光逝去亦真亦幻的心理感受。作品的意图并非再现历史画面而是邀请观看者参与对久远时光的丰富想象。

许正龙 《江南——流淌的记忆》 综合材料 40cm×40cm×25cm 2009

打小在江南长大，而今身居北国。凭借残存记忆，遥想往日时光：青砖黑瓦、炊烟袅袅、流水潺潺，间或夹杂田园牧歌，宛若诗画之景。斗转星移，此情此景业已成为浮云。

向京 《一百个人演奏你？还是一个人？》 玻璃钢着色 240cm×240cm×140cm 2009（左图）

艺术作品是对世界的摹仿和再现。作者融入自己儿时的生活经历，营造了一个公共浴池洗澡的场景。作品一反经典艺术作品中塑造柔美迷人的女性胴体的常例，刻画了一组平庸的女性裸体形象，这些身体道具围成的气场，表达着一种另类的言说。

夏水涛 《同心至境》 不锈钢、石材 高 1780cm 2010（右图）

雕塑以天地人合、三教合一、心如明镜为设计理念。正视如圆镜，侧视“1”，寓意三教合一。透过造型的虚空处，若大的圆镜框选出美丽的白佛山风景，是进入白佛山的山水之门。在材质肌理上，镜面不锈钢如一面世象之镜，是净化人心的镜子，也与自然环境融为一体。雕塑下部的坚硬粗糙的花岗岩表面与镜面不锈钢产生强烈的材质对比，在满足心理稳定的同时，更加强了雕塑自身的稳固。

薛骏猷 《竹林七贤》 青铜 120cm×70cm×60cm 2009

创作《竹林七贤》雕塑是我多年的心愿，因为竹林七贤的相聚活动地，就在我的家乡修武县境内。他们鲜明的个性和洒脱的生活，为世人所喜爱。雕塑作品溶入了中国写意画和自然山石纹理的元素，以流畅而富有动感线条，表现出人物肆意酣畅、旷达不羁的神韵。

许鸿飞 《春天的故事》 铸铜 120cm×60cm 2010

像春天一样充满生机和活力，在玩耍和嬉戏中演绎着春天的故事。

杨剑平 《生生不息》 铜 1200cm×800cm×600cm 2010

作品彰显“生生不息”的生命历程、尊崇“天人合一”的东方智 慧、强调“万物齐一”的文化态度、追求“共生、和谐、欢乐”的人生理想。作品元素取自中华民族的创世神话和《周 易》、《庄子》、《山海经》等展现中国哲学智慧与思想内涵的历史文化资源，构筑出兼具东方人文精神境界和象征“过去·现在·未来”的 当代雕塑叙事……作品底部以“水”为基 代表生命起源，并与人类古老的创世传说紧密相连；作品中部以“地”为本，对接了现实 表征了 人类社会的日新月异和生活的丰富多彩，以及人类百折不挠与伟大卓著的历史进程 作品上部用“天”的意向，伸向广阔无限的未来，并以欢 乐旋律与未来共鸣，由此，《生生不息》也寓意了众生的希望乐园。

杨学军 《地球村人之——纽约机场印象》 铸铜 高 50cm 2009

作品表达原本完美无暇的旅行计划只因机场航班的延误而无期地等待破灭的痛苦和无奈。揭示当代文明的惊人进程像一艘飞船，一次次地把原本朴素、虔诚的地球村人或送你去天堂，或送你到地狱的命运。

殷小烽 刘晔 王远鹏 《老上海印象》 钢板 500cm×200cm×350cm 2010

作品以钢板镂空的形式，制作工业框架的剪影，用压缩的空间语言表现那段虽然是历史洪流中短暂的一瞬，却留下了无法忘却记忆的年代。

俞峥 《混沌》 硬木、生漆、铝粉 30cm×28cm×16cm 2010

木胎漆器《混沌》由泥塑创作翻制到木雕制作、烘干，再进行髹漆装饰，历经多种工序。作品集木雕的厚重、漆器的华贵于一体将现代造型和传统髹漆技艺完美结合，使作品不仅具有观赏价值，还具备实用性、时尚性。

周存玉　《吉祥玉女》 紫铜　834cm　2010（左图）

云台山乃国家 4A 级景区，其玉女峰海拔 624.4 米，是江苏省的最高峰。在这样重要的山峰上建立标志物一定要在突出测绘主题的同时又要突出本土文化。玉女是云台山玉女峰的主题标志，吉祥是平安幸福之意，是当今和谐社会的具体体现，是构建和谐社会的另一种字义表达。造型要求："吉祥玉女"踏于祥云之上，双手托着如意，虽然她的裙带服饰并不华丽，全身上下也没有多少饰物，但她褒衣博带、庄重矜持、意志洒脱、神采奕奕、柔丽纤和、优雅飘逸。总之，以东方人的审美观，以中国人的传统表现手法，刻画出一个风骨气质完全民族化的仙女造型。位于江苏省最高峰云台山玉女峰广场。

张德峰　《西山维纳斯》 景泰蓝　114cm×56cm　2010（右图）

东西方不同的美学观念，在这个变革时代的另类结合，所产生出异样的审美体验。

张峰 《姐俩》 青铜 136cm×63cm×37cm 2009（左图）

作品中姐俩体态错落而生动，概括简约却极为精确，人物局部的抛光和青铜的斑驳陆离形成鲜明对比，成为作品标志性的符号。

张国军 《固伦和敬公主像》 汉白玉 高 300cm 2009（右图）

固伦和敬公主（1731-1792），乾隆帝第 3 女，雍正 9 年（1731 年）5 月 24 生。乾隆初封今位号；12 年（1747 年）3 月，嫁科尔沁博尔济吉特氏辅国公色布腾巴勒珠尔，留住京师。乾隆 57 年（1792 年）6 月 28 日卒于今公主岭市，享年 62 岁。位于公主岭市火车站广场。

张克端 《山水》 标准青砖 990cm×670cm×350cm 2010

作品是为钱江新城雕塑展而做。我创作时首先想的是它和新城环境的关系，怎样把杭州老城的元素引入新城。山（山水）当然和杭州有联系，青砖是杭州老建筑普遍采用的传统建筑材料。有一天，当我将青砖的垒砌和山体的形状结合起来之后，在作品上青砖竖砌，表现非几何的，有机的造型，一条条砖与砖形成的线条，随着“山”势的起伏，形成一种韵律感。最终让我决定去做《山水》。在大尺度，几何形，混凝土，钢，玻璃的新城环境中，《山水》显得朴素新颖，散发出一种淡淡的、人们过去熟悉的相关气息。我希望借助作品《山水》以一种新的形式，把杭州的文化信息引入到新城。

张松涛 《种植计划——草本》 铁丝 200cm×200cm×70cm 2010

用日常的廉价材料创作出美的视觉效果。

张永强 《漫步之二》不锈钢、铸铜 102c×33cm×54cm 2010（左图）

作品以近乎迷幻的视图表现个人的梦幻世界，将内心隐性的视觉来源展现为显性的视觉图式；梦幻中的漫步可以说较真实地反映了当今这个物欲横流的社会人们生存的现状和发自内心喷薄欲出的欲望、渴望，似梦幻中的漫步、迷茫中的游荡、欲海中的空虚与迷茫，这种白日梦般的艺术表现，真实与虚构之间的冲突与张力，可以使这种脱离现实而又高以现实的梦幻形象给人以全新的欲望满足。

郑玉奎 宋晓玲 《琵琶女、荞荞》陶 38cm×36cm×48cm、38cm×36cm×49cm 2010（右图）

作品以原色陶土表现了纯粹的中国传统情韵：娇蛮的邻家少女，她们纤长的俏眼和灵动的兰花指，塑性适度写意，意象化地塑造了风情万种的东方女子的灵秀、乖巧，率性、纯朴、乐观之态自然流露，观赏者无不跟随作品感悟那份独特的艺术韵味！

章华 《乐章》 铸铜 71cm×48cm×29cm 2010（左图）

作品人物面对大自然演奏着，憧憬着对未来美好生活及时代发展的赞美，作品从精神层面也表达了纯真，质朴，一种健康阳光积极的诉求，作品人体造型修长，具有一种东方的含蓄之美。

赵军安 《胜利在握》 铸铜 170cm×155cm×195cm 2009（右图）

1935年10月19日中央红军到达吴起，为了切断国民党的追击，毛主席在吴起胜利山杜梨树下指挥了有名的“切尾巴”战斗，毛主席运筹帷幄，预示着战斗必定胜利，部署完毕后，在行军床上睡觉，要求警卫员在战斗打得最激烈时不要叫醒他，等防冷枪时再叫醒他。经过一夜激战红军全歼了国民党骑兵团。作品表现了毛主席坐在床上右手拿烟，左手握作战地图，挺胸抬头，目光炯炯，预示着“切尾巴”战斗和中国革命必将胜利的远大胸怀。

赵莉 《山水》 花岗石 600cm×700cm×100cm 2010（左图）

翟庆喜 《戚继光》 铸铜 高320cm 2009 （右图）

“南北驱驰报主情，江花边草笑平生。一年三百六十日，多是横戈马上行”，作品突出了戚继光与战马横戈紧紧连在一起的特点，用战马来烘托戚继光的英武伟大。“身披战袍，勒马嘶鸣”的戚继光雕塑，似乎让我们回到了铁马金戈的抗倭年代。此作品为“浙江省重大题材美术创作工程”之一。

宗涛 《见证》 铁板 160cm×120cm×70cm 2009

作品以建设工地最常见的、破弃手套为载体，放大其尺寸，改变其材质，结合镂空的文字和数据，一起见证中国改革开放三十年翻天覆地的变化，同时，也表达出作者对透支资源，牺牲环境，超前发展等当代人类问题的关注和忧虑。

展望 《素园造石机》 装置 2010

一般来说，各种怪石的形成一般要上亿年才能完成，我发明了一个装置：它可以模拟自然现象“风、雨、浪、震、火”等，在一小时内完成制造有着天然形状的怪石的过程。

人物

体制与艺术：新中国第一代艺术家
形式与观念：50 后艺术家
传承与突破：60 后艺术家
越界与综合：70 后艺术家
探索与创新：80 后新生代

蔡志松 《玫瑰》 铅 122cm×122cm×20cm 2010（左图）

爱情像大自然中的花朵，无时无刻不上演着盛开与凋零，永不停息；就像我们的身体，从一出生就开始奔向死亡，犹如这铅玫瑰，总有一天会因保存不善而损毁，变成沉重的垃圾。

——蔡志松

陈宝国 《显态记——怒极》 铸铜 41cm×28cm×31cm 2009（右图）

人有七情六欲，有欲有求，则必然失之于衡，显态于形。当人降临这个世界时，盲然恐慌；当人步入成年时忧郁紧张，但人逐渐了悟时，思索清明。当人成熟时，怒于时光与现实的交臂。当人归于晚年时，豁然开朗，物我两忘。我们存在于这个世界上，只有这些外态才能赋予我们最真实的感受，才是真正属于自我的。所以露“态”了又何妨?

七届中国

陈辉 《花博会 · 花魂》 不锈钢 高 4200cm 2009（左图）

雕塑形似巨大花束的花博塔，由 5 瓣钢质“百合花瓣”组成竹笋造型，作品象征北京各项事业“节节高”。位于北京顺义。

陈松涛 《云上人间》 玻璃钢着色 90cm×30cm×115cm 2010（右图）

这件作品来源于我的一次真实感受，它主要是表现自然环境和人类之间的密切关系，地球的大气层在慢慢地被有害气体侵蚀着，人类梦想在云层以外生活，构图是以天平的形式呈现，但视觉感受又是不稳定失衡的状态，通过这种视觉的不平衡感，使观者能感受到现在污染的严重性，从而使更多的人能够从自身做起，关注环境、关注我们自己生存的家园。

中国昆山航空产业园

陈玮 《腾飞》 不锈钢着色 高1600cm 2010（左图）

设计灵感源自大飞机项目中的机型ARJ21-700飞机。运用了现代的雕塑语言呈现出一幅大飞机群起飞升空的景象。把群机起飞的壮观瞬间展现在人的面前。群机起飞的设计感念表现了航空产业的团队合作力！五种不同的颜色代表了航空特色产业基地的多元素，多样化与发展前景。同时起到了在特色产业基地空间标志性功能的作用。位于中国昆山航空特色产业园。

钞子艺 钞子伟 《毛泽东号机车》 综合材料 2500cm×30cm×55cm 2009（右图）

老蒸汽机车具有中国工业历史的肖像意味，它是一个超级特写，钞氏兄弟从工业废墟（同时也是红色乌托邦记忆）中萃取了蒸汽机火车头的特定形象，非再现性地通过体态、重量、色泽的变形，给出了那个时代集体主义的感性情态，与其说作品的震撼力来自形象的逼真，毋宁说，来自一种表现性的揭示，来自历史命运的自我反讽。

蔡增杰　《小憩的民工》 木 60cm×30cm×30cm 2010（左图）

作品表现的是在烈日下劳作的民工稍作休息的瞬间，他手扶镢头，扭头朝天仰望，微微张着口喘息，体现民工劳作的艰辛，深刻地揭示了民工生存状况。

邓柯　《风雨同舟》 铜 110cm×80cm×120cm 2009（右图）

我希望这件作品有着交响乐般磅礴的气势，同时在画面里又有着委婉亲切的旋律扑捉人们心灵深处最为脆弱的触点，那就是对一切美好事物的惋惜，应该是一种带着寒冷的温暖，一种由温暖而生出的疼痛，将悲剧演绎得含蓄而深刻。我选择了具象的手法表现这废墟中的场景。人物紧密围合在一起，雨衣遮挡了光线，掩盖了表情，所有的痛苦由这张干净的、无辜的、孩子的脸来承载，让这令人怜悯的孩子代表生命的脆弱与温暖，给以作品悠悠扬扬的音乐感。同时，险峻的残垣断壁和人物紧张的动态相互侧托，我想听见作品中铿锵有力的“声音”，用一种悲伤而又震撼的力量、一种美好而又顽强的信念来再现情绪的真实。作品参加第十一届全国美展。

戴耘 《属猪》 红砖、钢筋 水泥 280cm×120cm×170cm 2009（左图）

我是1971年生人，属猪。这也许可以算作自塑像吧。

高瑛石 《天问》 青铜 40cm×25cm×80cm 2010（右图）

高瑛石以自己的十数年的雕塑实践，创作出系列雕塑作品，不仅带有强烈的中国传统艺术风格，其创作内涵和创作过程本身也带有中国传统文人式的内省与观照。美国美术史学者 Jonathan 博士在评述明清文人画时谈到“绘画实践在自我表达方面，被视为具有自我观照的意义，等同自我形塑与构建的修行（praxis）。”从这个角度讲，高瑛石的《天问》也可称为“修行雕塑”。他将这件雕塑之所以取名天问，据说是向屈原致敬。这件雕塑，高瑛石凝聚更多精力于其中，仿佛要将全部的生命、情感凝于那“一画”。

宫长军 《融》 青铜、花岗石 900cm 2010（左图）

作品的造型是相拥的恋人，情感之热烈使情人融在了一起。作品柱式的造型，富有节奏的有机体组合使作品具有明显的生命和生长感。值得一提的是该作品与环境的关系，它既作为标志性作品点题了此处婚庆宾馆的所在地，而且还作为水面的主要景观，其柱式、其生命体、其雕塑倒影等等，等等，活化了雕塑建立地点的环境，使人受到美的感染。位于西安寒窑遗址公园。

郭其鹏 《吼》 铜 50cm×45cm×48cm 2009（右图）

作品中对孩子不同角色的“装扮”，通过化装和扮演，使儿童完全转换为成人，成为另一个人，另一个社会角色，另一种存在。从而成为一种现实的象征化，让蕴含的虚伪转换为象征意义的现实，即游戏者渴望某种未来的现实，使之游戏中提前实现了某种现实。这是我对现存社会的价值判断以及我理想中的社会状态。由此在艺术中置换艺术与生活的关系，将童年的状态以艺术的形式加以再现，一如我们在童年时经常遇到大人所提的一个问题：“你长大了做什么？”，我的作品中的孩子扮演了众多的角色，特别是扮演了众多成年人的角色，将成年人的严肃行为转换为儿童的游戏。将生活中不能的角色转换在艺术的创作中得到了实现。

姜杰 《粉色乌托邦之一》 青瓦、纱 2010

作品把一片片原生瓦当，装进一个个粉色丝绸口袋里，并且用粉色的丝带束紧唯一的开口。就这样一个、二个、三个……上千个装着瓦片的粉色丝绸口袋，摆放成整齐的长阵，如同一种肃穆的祭奠场景。观看的人，当然也可说是这个行为艺术的参与者，踏在一个个粉色的“躯体”之上，里面瓦片咋响，是脚下一个个粉色躯体的哀鸣，内心会产生一种绝望的毁灭感。丝的柔韧成就那粉色“躯体”的完整，也指向女性精神的坚韧。在女性原型意识里，“容器＝女性＝身体＝世界”，是来自女性原始秘仪的象征等式，粉色口袋作为容器的变形，当然是女性身体另一种形式的隐喻。女性身体承载了太多的苦难却被历史排除在外，如今在全球化的语境下，女性更是人类苦难的先知。作品试图引领观赏者，在体验破碎的疼痛里，寻找自我破碎的痕迹，形成自救与相互救助的一群。从而由女性视角达到一种超性别的艺术效果。

焦兴涛 《景之一》 玻璃钢、内墙涂料 240cm×580cm 2010

我们看不到真实本身，我们看到的只是某个人提供给我们的某种关于真实的解释。我所有的努力就是呈现我所生活的现实的某种特质：真实的“赝品”！在我的作品中，泥塑“塑造”的过程不只是一种写生的手段和方法，而更像一种仪式，以沉思默想的全神贯注，调动训练娴熟的技巧和持续投入的时间，希望在不动声色中，完成对物体的一次命名、一次点化、一次篡改。《景》是一组“浮雕”，对象是一面墙，一组水管、一组铸铁的灭火器，只不过它们都离开了它们原有的位置，站到了空间中。

李鹤 《清华大学——国学四大导师，从左至右：梁启超 赵元任 王国维 陈寅恪》 青铜 316cm×140cm×256cm 2010（左图）

作品选取清华大学1925年创立国学院时，在国学院任教的四大国学导师为创作对象。作品中的人物形象为四位导师最具代表性、且给后人留下深刻印象的面貌、衣着和体态。四位导师因其个人经历和研究方向的不同，其个人精神气质与性情脾气也不尽相同。四位导师均选用站姿，一如四座坚不可摧的山峰，象征着国学和科学精神的不朽，在瞻仰、怀念四位国学导师的同时，召唤今人对民族文化和民族精神的继承与发扬光大。

李惠东 《如梦令·梦》 铸铜 180cm×180cm×780cm 2009（右图）

《温故·词》系列创作构思可以追溯到对中国传统文学中诗、词、歌、赋的喜爱，追溯到对中国传统绘画书法中意境的体会，追溯到对中国传统美学中“澄怀味象”的渴求。艺术所追求的正是这种用空明虚静的精神状态去从自然本身得到审美享受。人体之美，千态万状，如闻天籁。造型艺术通过微妙的姿态来表现人类复杂的心理感受，“象由心生，境生象外”的意境为我所偏爱，非刻意而为之，实情思之所至。

李世伟 《往事随风》 木、怀表 160cm×145cm×30cm 2010（左图）

人的心事好像一颗尘埃。落在过去，飘向未来。曾经沧海无限感慨，有时孤独比喧闹实在。让心春去，让梦秋来，让我们离开。让往事随风。

李永康 《故城系列》 铸铜 52cm×26cm×28cm 2009（右图）

从文化学的角度反思现代城市的景观既尴尬又无奈，因为它是消费欲望无限累积的产物，而这种欲望是对消费社会产生幻觉的“伪需要”，并最终使人走向进一步异化。那些留存的古老建筑元素逐渐变成点缀在全球化的现代主义建筑中的古代盆景。有时它们像远古的圣贤，静默沉寂地注视着当今浮华的芸芸众生，对我们默默陈述着历史的变迁；而有时它们似乎又像被遗弃的伤残者，带着一种痛苦的“挣扎感”蜷缩在世界荒寂的角落处低声呻吟。

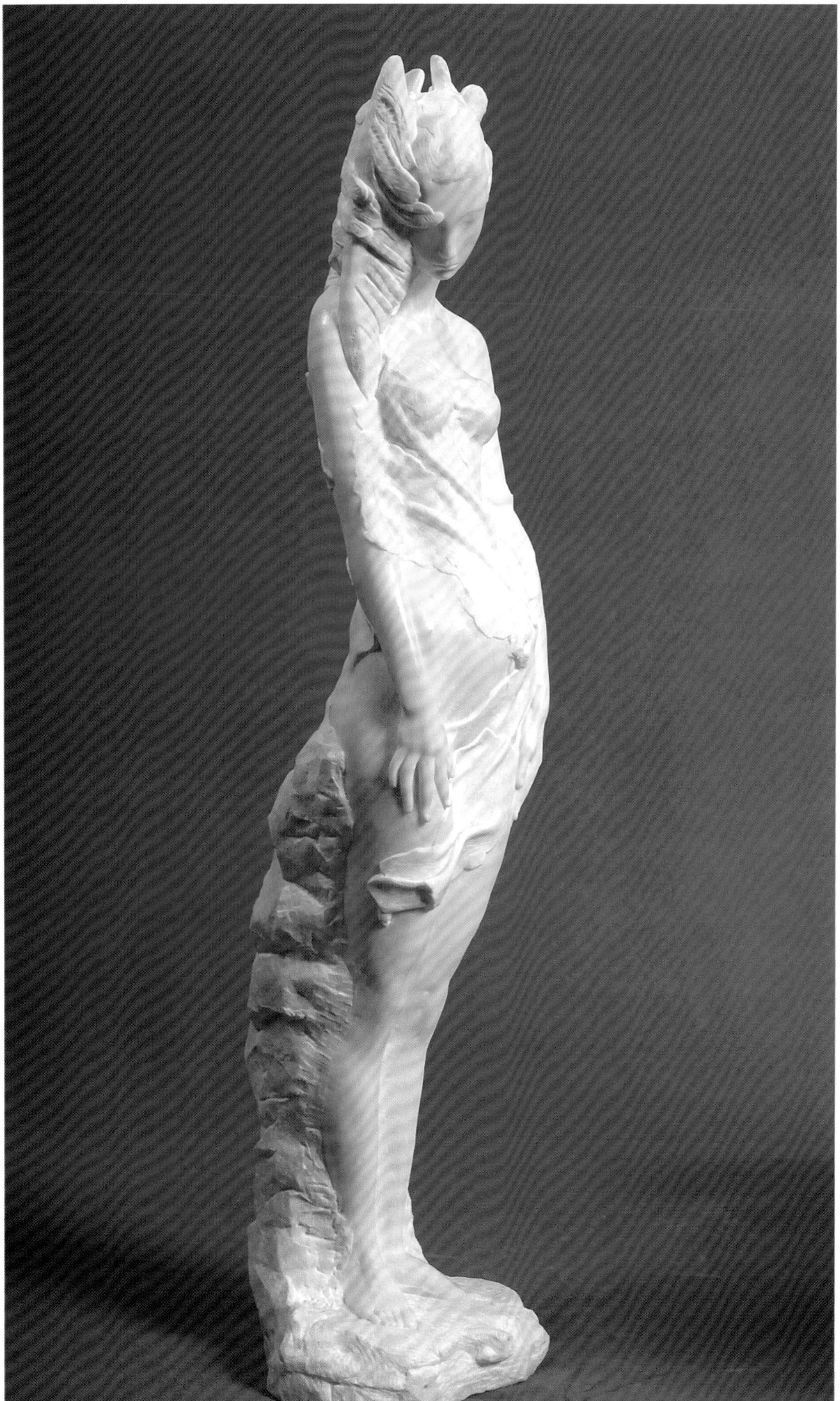

李仲如　《临渊》 汉白玉 35cm×30cm×90cm 2010（左图）

通过站在悬崖上的折翼天使形象，不仅希望引发人们对雕塑之外的悬崖绝壁、寒风凛冽的景象的感同身受，还试图表现人类身处险境，难以抉择的心态。在形式构建上：希望用雕塑表达"境外之境"即雕塑的意境应当延伸到雕塑之外，有更广阔的外延，这样雕塑不仅创造了雕塑主体，还引发了雕塑与环境的联系。

刘洋　《我的奋斗——跑得贼快》 铸铜 60cm×60cm×30cm 2009（右图）

生活在大城市，人们疲于奔命，作品借助飘扬的领带和如同动物一样奔跑的的姿态，形成人性和动物本性，社会和物竞天择的本质之间的关系，有些励志，有些心酸。

刘从韬 《东夷·源》 青铜 高1500cm 2010(左图)

雕塑以东夷文化中的太阳崇拜和擅长射箭的夷人为主要元素展开设计。"夷"字,说文解字中示 从大从弓,为"人"负"弓"合成,表示东夷人是善于射箭的部族。所有采用一手负弓,一手拿箭身材伟岸粗犷的夷人。后面以最早的伏羲八卦图为母体,运用现代的手法简练概括,在中间部分用火与环构成太阳的形象,充分表现出东夷人对太阳的崇拜。在整体上雕塑采用天圆地方的大构成形态,符合中国传统文化内涵,用极具历史感的青铜很好的向人们展示东夷文化中的经典。整体雕塑用丰富的雕塑语言展现了独特的东夷文化,结合公园主入口各个视角,既磅礴大气,又具历史文化感;既合理占用大空间,又通透而不堵视线。充分起到整个文化园主题画龙点睛的效果。位于山东省青州市东夷文化园。

刘春尧 《七彩》 不锈钢 130cm×160cm×190cm 2010(右图)

吹泡泡是每个人童年的最爱。让巨大的不锈钢泡泡映射出当代都市的七彩繁华和人们的喜悦,这就是我的创作初衷。

林胜煌 《功夫与中国》 不锈钢、铜 220cm×54cm×96cm 2010（左图）

法国 TRAMONT，FRAGMENTS'双年展特邀作品。

刘若望 《狼来了》 铸铁 210cm×90cm（120匹） 2009（右图）

《狼来了》群雕中，主体人物一个，恶狼110匹，这里包含简单的数字双关游戏，110究竟是身陷重围孤立无援者的呼救信号，抑或是对中国泛城市化社会变迁中盘根错节的"黑白红"利益共同体的绝妙隐喻？

洛鹏 《历史》 铸铜 50cm×40cm×60cm 2010

在穿越时空的追忆里，找寻历史所遗留下来的痕迹，将一种沉重却积极的情绪注入人的疲惫与战马的嘶鸣中。

马天羽 《亟待商榷的命名系列 07》 玻璃钢着色 2300cm×600cm×20cm 2009

雕塑，是否成立！蔬菜，是否健康！一切都亟待商榷！

在马天羽的艺术作品中，用短暂的、脆弱的而有富有自然生命的“白菜”作为雕塑艺术的语言，去质疑、去解构甚至去否定人类技术那种所谓的战无不胜，透过这种表现短暂和脆弱的艺术语言和充满张力乃至矛盾的形象，我倒感觉到了一种更深刻的思考：技术的进步在某种深刻的意义上不也正是一种对宁静天空的骚扰，一种强者的霸权，进而是一种对生命的蔑视吗？就此而言，作品体现了一种亵渎的审美或审美的亵渎。这种艺术思考的力量在于艺术就是一种悖论，一种等待着思考的现实或非现实，一种未可名状的等待着的并且还需要商榷的命名：我们已经知道它是什么，但我们根本不知道它会干什么。这是一种矛盾。难道这不就是我们“亟待的”，也是值得我们或者说人类应该“商榷”的命名吗？

——李建盛

马辉 《大唐西市伎乐骆驼》组雕 锡青铜 高880cm 2010（左图）

雕塑在弘扬大唐盛世的文化盛景的同时，以此来歌颂当代改革开放30年来的经济文化盛世景象！骆驼上面坐有各种动态的西域胡人的伎乐人物，手中各持有西域特色的乐器，伎乐人物的中间是一位正在跳“弧旋舞”的西域胡姬。为古城的环境建设，又平添一处人文景观。

马强 《影之渺》 透明树脂、碳钢、不锈钢 高85cm 2010（右图）

物像在水中的倒影。

彭娣 《我们？》 锻铜、不锈钢 72cm×86cm×38cm 2010（左图）

在黑夜与白昼的交替之间，我们存在于同一个空间里吗？你与我从未真正清晰的影子，不再完整和完美的脸庞，彼此遇见，静静地无言擦肩，我们，在一起？我们，不孤独？我们？……

潘松 《霓裳－21》 铸铜 高 96cm 2009（右图）

用唯美的造型与眼光去审视我们的时尚世界，去发现她们的内心。

钱大有（爱标） 《人间赛事、天堂有声》 可口可乐易拉罐 300cm×300cm 2010

作品以“呜呜祖啦”的声音作为依据（呜呜祖啦是一种古老的召集领导人在南非进行会议的乐器）。作品是由 15 个人历时三个月艰苦卓越的工作，制作完成。该作品使用了 20000 个易拉罐，经裁切、折叠、打孔，然后像蜘蛛网一样编织在一起，形成了原始的图画，安装后的作品共有三层。此作品描绘了天使被地上观众的吹鼓音乐所打扰情景。

邱启敬 《血色系列》 石 40cm×30cm 2010（左图）

繁华璀璨从未照耀进内心抑或它穿越了虚无，暂且留下了只是讶异，苍白，呆滞的时间的面目，些微的血色证明了生命迹象的零星生机。惊恐的眼神则反证了生命将睁大寻找一切可能并睡去，生存的绝望也从未干扰到身体的躁动与尖叫。我们终将目送这一切的流逝与离开。

冉光号 《回家》 铜 高 200cm 2010（右图）

作品《回家》的创作灵感源自于 80 年代的一首老歌。 雕塑运用简洁概括的现代雕塑语言，与叙事性的艺术表现手法呈现了一幅现代少数民族生活的景象：一位穿带传统土家族服饰的年轻妈妈，带着小宝宝购物回家。反映了中国少数民族生活水平在新时代的变化。前方小狗高兴的回头等着因山路崎岖宝宝吵闹而走在后面的主人！年轻妈妈两手领着大包小包，全是给宝宝买的各种名牌婴孩用品，一路走一边还低着头不忘哄着自己胸前的宝宝，再苦再累脸上始终露出微笑，《回家》通过对母子之间情景性的塑造，尽显人间真爱和母亲的伟大。

任雪梅 《爱滋林系列作品——（守候……）》 毛绒、皮革、钢筋 150 cm×130 cm 2009（左图）

作品灵感来源于艾滋病病毒，显微镜下的病毒原本是美丽的，但对于我们的行为来说却是沉重的……
禽类是病毒的宿主，也是病毒的传播者。作为食物链里的最底层，对于我们、它们，救赎只能是一种苍白无力的守候……
该系列作品源于艾滋病病毒原形，材料选用了常被用于制做各种玩具的毛绒布料，在材质上让人的感觉具有了一种亲近感，贴合了艾滋病毒的感染大多都是在无意识的状态下进行的，以及病毒感染者的故事经过和情感描写。

沈烈毅 《铁壳船》 铁、铜 57cm×156cm×225cm 2010（右图）

孙龙本　《生肖兔》 青铜 76cm×35cm×18cm 2009

“站宫捣药求长生，盛世临凡贺嘉年”，兔子仁慈、文雅，是美德的象征，也是与世无争的和平主义者。此作品则运用拟人化的造型语言，塑造了灵兔弯弓射箭的瞬间情态，赋予其更多的勇武阳刚之气。

申红飙 《海骝马》 锻铜 245cm×360cm×130cm 2009

作品源于内蒙古长调《四岁的海骝马》。蒙古族的形体像被强力压缩过，严寒、酷暑、白毛风、烈日、蚊灾、蝗灾等所有的自然之力都是烈性的，所以他们为了生存、为了抵抗这种强力而形成了柔和、浑厚的外形。

雕塑的张力是通过压力来表现的，在于凹点对凸点的跟随，如果没有这种跟随也就没有了张力，这也就是雕塑同行们经常提到的"把高点降低，把低点抬高。"雕塑中所强调的这种张力就是我们所说的内力，最杰出的雕塑家可以"以内力催动外形，随感而发。"

唐勇　《花——生命的欲望》 树脂烤漆 800cm×600cm×400cm 2010（左图）

生命力的膨胀预示着死之临近，涅槃后的重生抹不去凋零时的伤感，在绚丽与恐怖中幻想花的奇迹。

谭勋　《李明庄计划 · 博山炉 2》 汽车壳 高 150cm 2009（右图）

以中国的博山炉为造型依据，通过对废旧汽车壳表面的锻打、挤压，以意象的方式制作出类似中国山水、云纹形态的肌理。在现实中强加并改变着我们对所熟悉的工业品之视觉经验，冷漠的背后所隐藏的理想主义情怀是一种对工业化、都市化的质疑反思与对中国文化精神的眷恋与追寻。

温洋 《中国奥运第一人——刘长春》 铸造青铜 470cm×225cm 2009

雕塑为百米起跑飞离助跑器的一瞬间形象。这个瞬间刻画了运动的力量和速度美感，表现了刘长春作为中国奥运第一人跑出的历史性瞬间。雕塑采用了特殊的悬挑式结构，艺术表现同工程技术完美地结合在一起，使雕塑具有很强的视觉感染力，传达出中华民族迈向世界的勇气和信心。

吴金果 《童趣》 铸铜 72cm×56cm×58cm 2010

作品以写实的手法塑造两个农村小孩用力扳手的有趣画面，作品造型生动而富有活力，单纯而充满趣味，整体动态大方，姿态十分可爱。紧张的气氛恰到好处的道具，惟妙惟肖地刻画了乡村童年生活的瞬间。

王向荣 《和合》 山西黑 200cm×170cm×130cm 2010

石，天造之盒。浑然包藏着“和合”二仙，一持荷花、一捧圆盒，憨厚童真、悠闲洒脱、笑迎福到。意为“和（荷）谐和（盒）好”，“纳福（蝠）迎祥”。作品以民间的传说在刻画中力求世俗化、生活化。

魏华 《大光头》 陶瓷 110cm×90cm（单件） 2010

作品对传统的佛像做了极为简约的概括之后，形成了纯净澄澈的佛陀面容。魏华在现代传统之间，以自己独特的创作风格确立了自己的艺术取向，这是极难协调的两个层面，但他以超越年龄的智慧将其融入到生命境界和至情至真的艺术高度，把他的纯真之心幻化为深湛澄明的笔墨痕迹，始终守望着这份“人文情怀”并将其视为精神存在的终极家园。

徐悦翔 《新生活》（三件组） 玻璃钢着色 60cm×30cm×48cm、50cm×40cm×33cm、25cm×20cm×57cm

新科技产品的出现在城市和乡间都已不足为奇，但在边远的藏区晒佛节上，身着传统服饰的藏族人民从四面八方赶来，有的开着车，有的骑着马，更多的是骑着摩托车，在那么富有传统民族氛围的场景下，摩托车和人们手里新款的手机，照相机，摄像机让我们很新奇也很震惊，原来新科技产品已经渗透到了每一个地方，藏族人民在保有自己文化传统的同时也接纳着新生事物，用厚重的皮袍和富现代感的新科技产品的对比，这就是我眼中藏族人民的新生活。

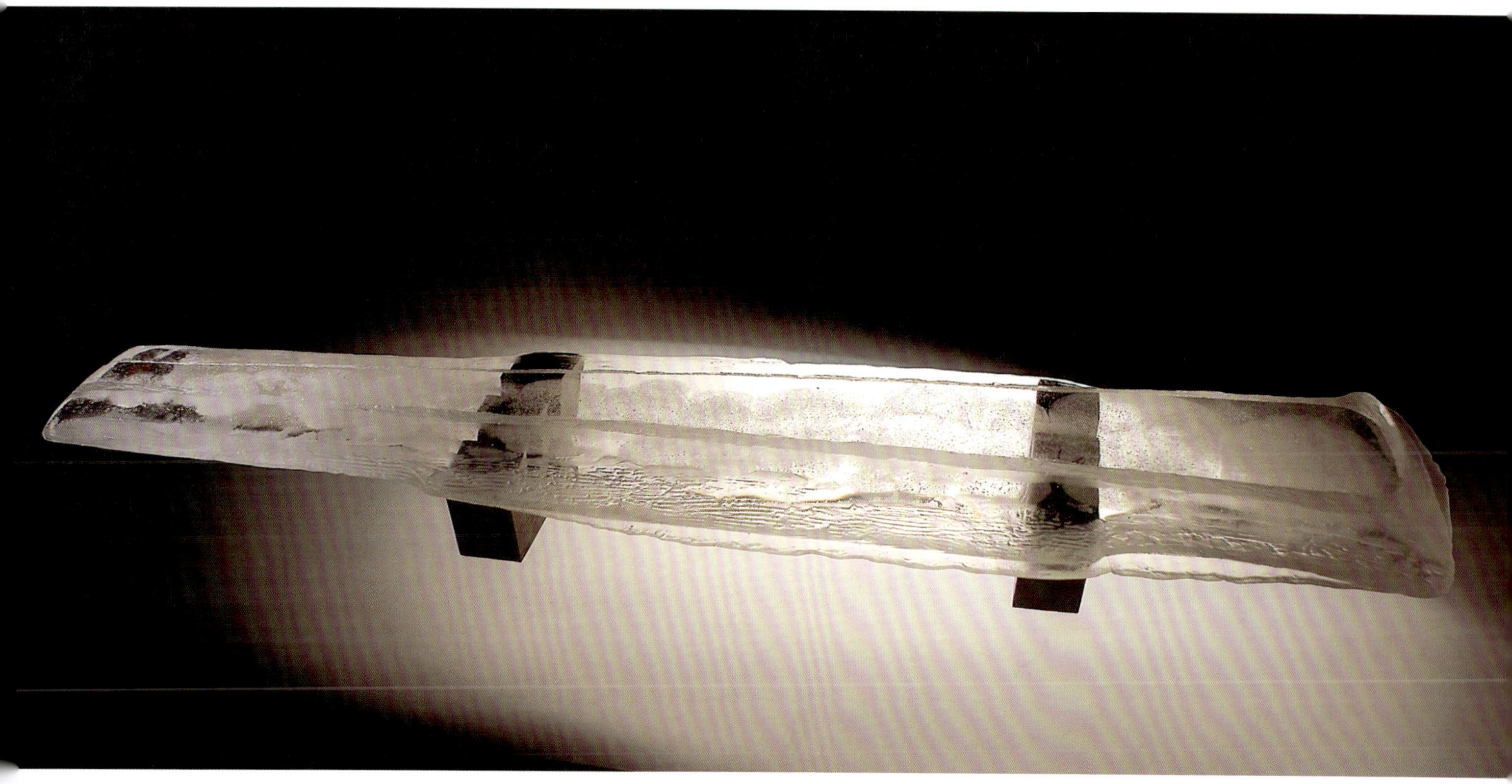

萧泰 《音》系列之一 玻璃 100cm×28cm×15cm 2010

作品以玻璃材料塑造，传递出琴瑟相和的清音与意境。水晶玻璃材质不仅展现透明折光，其另一特性就是声音——撞击后清脆缭绕的余音让人迷恋。玻璃是有生命的，在遇到知音时更会传出它特有的声音。

叶繁 《刀郎麦西莱甫》 铸铜 3200cm×2100cm 2010

作品以写实的手法，借一男一女的组合形式，艺术化再现传统麦西莱甫的歌舞魅力，动态夸张奔放，造型优美，通透而灵动。以反映新疆歌舞之乡，传达新疆人的热情奔放的个性，以及对美好生活的追求和赞美。

喻高 《消磨》 玉石 高 20cm ~ 30cm、直径 5cm ~ 10cm（108 件） 2010

108 塔的概念是讲人有 108 种烦恼，烦恼源于无明，由无明带来的贪婪、憎恨、愚痴是一切具体烦恼的根源。我用“消磨”，铁杵磨成针的方式，长时间的对抗、制衡来探讨这一终极话题——烦恼与快乐。这批作品延续了之前我的梯形系列，形态上似极简造型，但它不同于西方的极少主义，我反对纯粹的为艺术而艺术的追求，推崇并关注的是它所能承载的人类的普世价值。

杨小波　《十九秋》 铸铜 26.5cm×18cm×81cm 2009（左图）

遇到一个纯朴的彝族少女，毫不犹豫地塑造凝固住那一刻的美好，记录下她的第十九个秋天，也记录下自己在云南的日子。

杨志刚　《舟》 刺梨木 85cm×40 cm×30 cm 2009（右图）

8月份正在云南的维西县搞创作，当时设计并制作成木雕，寓祝奥运一帆风顺。后揣摩外形节节晋升有规律、周密、气势，势不可挡，在地下埋过，挖出来火烧过，一个国家的建立，一个企业的兴起——破釜沉舟之舟，胜利是无疑的。

易乐平 《玉臂云鬟》铸铜 49cm×82cm×25cm 2010（左图）

作品采用夸张的形体、性感的动作、有趣的形式、细腻的刻画，描写出传统而时尚的少女玩耍着西方绅士的体育游戏。在玉臂云鬟间，传统与现代对接，体育与时尚碰撞，东方少女与西洋游戏牵手。

印萍 《田野》紫铜锻造 45cm×42cm 2010（右图）

生命中曾经经历过的，是你的心路历程。
无论曾经的，得到与拥有，失去与放弃，
那都如生命中拣在手中的那一束让你欣喜若狂的小花。
绚丽消逝了，记忆却永恒。

袁侃 《桃子》 琉璃 150cm×80cm×100cm 2009（左图）

是一件歌颂生命表现精神实质的当代装置作品。由于琉璃烧制的特殊性，造成每一个作品在相同的外形下，拥有完全不同的气质，从而表现了生命的自然性和唯一性。

闫松岭 《勇者》 树脂 70cm×60cm×60cm 2010（右图）

勇者的荣耀，无畏的征程，对于每一位勇士而言勇者的气息与自信令勇士们无畏无惧。人生随时面临着各种挑战，我们需要踏上征程，追寻勇者的荣耀。

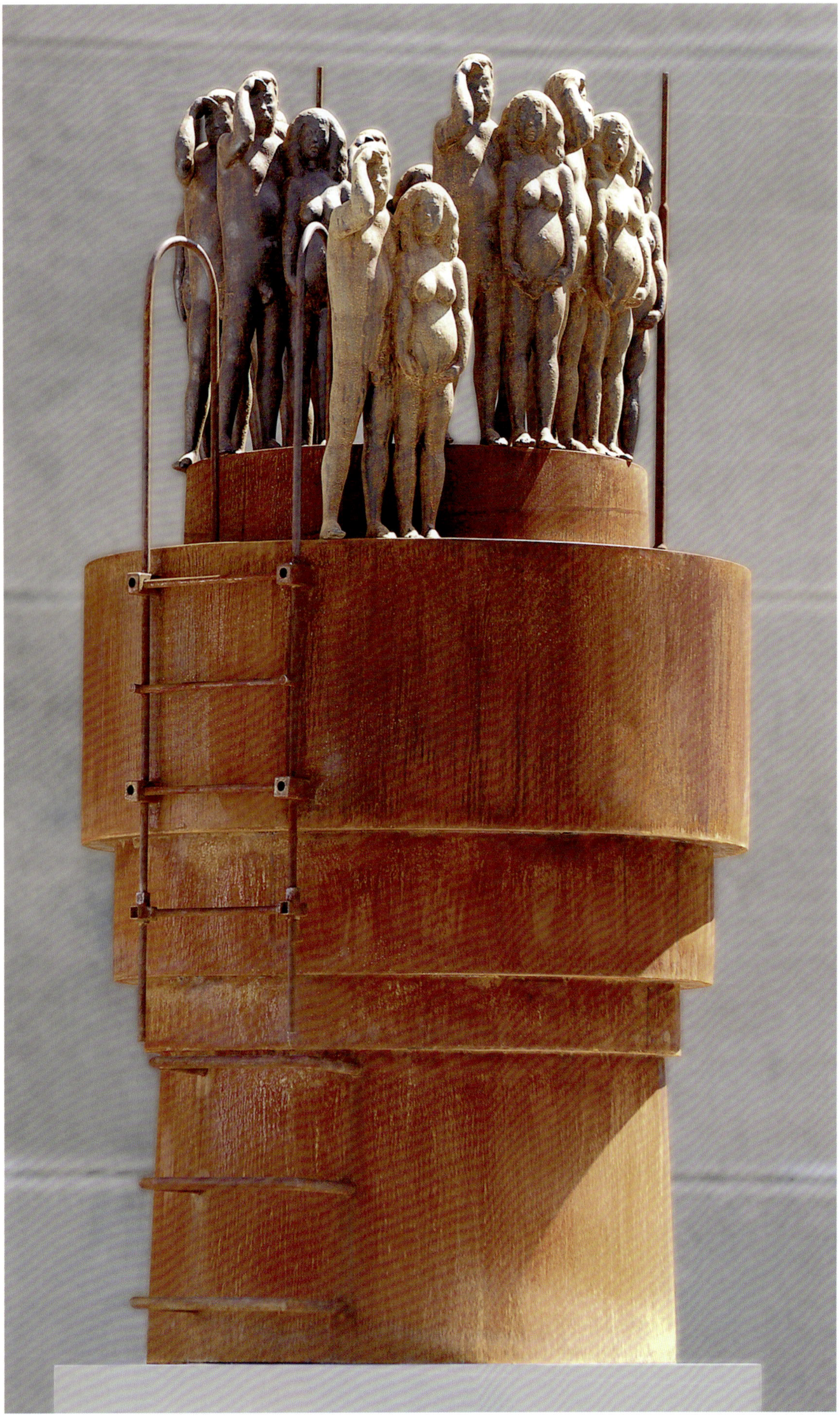

朱光宇 《囱上》 铁 高 200cm 2009（左图）

烟囱林立的景象逐步退出城市，但远未绝迹。记住，它们是大气污染、气候变暖的帮凶。整组造型夺人眼球，在“保护环境”主题的表达上也显得通俗易懂。

朱福临 《永恒的生命》 玻璃钢仿铁 高 78cm 2009（右图）

危难发生的瞬间，生死存亡的关键时刻，用意念将肉体化作永恒的支柱，构建起“生”的长城！

张玮 《鸡毛信》 西门子洗衣机滚筒、黑色鸡毛 110cm×110cm×70cm（12个） 2010

作品中构成的元素是洗衣机的金属滚筒与黑色鸡毛，两种丝毫不相干的材料的组合，看上去显得偶然和随机。
事实上它与1997年我的最初作品《慎》在创作思路上是一脉相承的，并且之间形成了互补关系。两组作品都使用了现成品，只是两个圆的交换，滚筒取代了轮胎，1000个铁锥变成了10000支羽毛。视觉上由内而外的强力穿透，被由外向内的力轻松穿过，作品间形成了两种力量的互换。十几个“鸡毛飞行器”在空气中有规律排列营造出一种轻盈的动态美感。这组容器同时也透出另一种紧急信号一 不断变异中的数字化、标准化的时代 -- 文明对我们整个生态圈的反挑衅变得越加紧张，人类社会发展过程中与自然环境的立体平衡能力受到质疑。

——张玮

赵勇 《蹴鞠》 不锈钢喷漆 250cm 2010

一群唐装妇女在蹴鞠，作品表现了唐代女性的活泼、风韵与优美，作者用动态和形体表达了盛唐社会的富足以及人民生活的美好。作品艺术手法生动而写意，具有民间意味，颜色响亮。位于西安大明宫遗址公园。

赵展 《大气云层系列》 铸铜 70cm×55cm×50cm 2009

当人遇到某种问题或者处在某个问题的交叉点时，总是设法寻求一种直接的答案，而避免对现实的一种失语，实际上你一直就不会有“安全感”。对于我来说作品只是面对现实做出的一个反映。

郅敏 《那片云天》 大理石 250cm×120cm×140cm 2009

本雕塑是宜兴徐悲鸿奖国际雕塑大赛的获奖作品，探讨了人和自然如何和谐共处，它的抽象形态和户外景观融为一体，创造了人化的诗性自然。

人物

体制与艺术：新中国第一代艺术家

形式与观念：50 后艺术家

传承与突破：60 后艺术家

越界与综合：70 后艺术家

探索与创新：80 后新生代

崔耀旭 《韵》木 30cm×30cm×60cm（获2010年中外高校优秀毕业生作品展优秀奖）

《韵》着重表现人类的文明存在，运用浮雕的手法雕刻了传统建筑形象及一些古文字，在历史的交错间，在时间的纵横起伏间，向人们诉说不论沧桑巨变，人类的文明将永恒地镌刻在历史之中。

查荣荣 《七月·空中的酸橙子》综合材料（获2010年中外高校优秀毕业生作品展优秀奖）

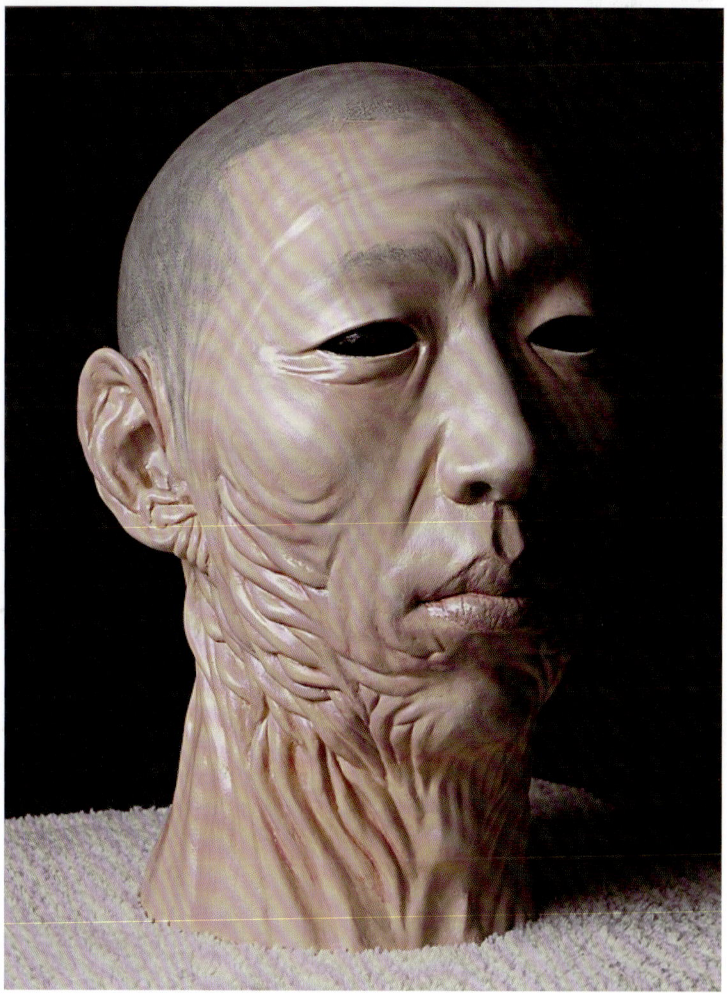

陈勇 《孤》 玻璃钢 120cm×150cm×200cm（获2010年中外高校优秀毕业生作品展优秀奖）（上图）

《孤》展示了现代社会人与人之间的一种关系，作者在表达上较为准确，金色的外衣是现代文明社会提供的各种可能性，然而华丽的外衣下，却是人们孤独的内心。作品勾画出作者的思考角度，竖直的构图扩大了作品所传达出来的情感的空间。

程坤 《皱纹系列——自塑像》 聚酯树脂 30cm×23cm×18cm（右图）

作品是“皱纹系列”的延续和发展。力图把皱纹和本人自己的头部完美的结合，形成一种不论是生理上还是视觉上都达到和谐的形象。同时也揭示了人为制造物种，改变大自然的这一人类特有行为。

董博泉 《沐》 青铜铸造 85cm 2010

作品以浪漫主义的创作手法表现了一名团坐的少女的形象，象征少女沐浴阳光，感受包围在自己的温暖，整个作品温馨清秀，灵动传神。

都岩 《米奇之爱》 树脂 100cm×45cm×50cm

记忆中的影像在时间推移过程中所呈现出的不同认识，分裂的也是整合的。

杜旭渤 《骁》 木、金属 195cm×98cm×98cm
（获 2009 年中外高校优秀毕业生作品展优秀奖）

作品以木材、金属为主要材料，以粗犷简洁的造型塑造了一位坚韧威武的古代武士形象。此作没有过多的表现语言，能够运用木材本身所含有的表现性来突出主题特征，因而更能接受到直观的艺术感受。

韩子龙 《畅游》 玻璃钢 100cm×80cm 2010

在快节奏的当今社会，人们有时候也想像鱼儿一样自由的畅游，幻想自己的那种无忧无虑的自在去充斥自己的烦恼。快乐总在幻想中一触即发。

胡毅 《孩子王》 综合材料
50cm×38cm×53cm (左图)

童年是美好的，是人的性格、精神养成的最初阶段，世界的癫狂与孩童的世界无关，他只是坐在那儿，用清澈的双眸看着这纷乱的一切一切；当童年的记忆成为一种久远的过去，就算是模糊的，记不清的，那记忆仍然在脑海深处。如今孩子王在哪儿？那份极其简单的快乐又在哪儿？

韩文华 《千年·解放》 房山青石
710cm×190cm×230cm 2009(下图)

解放汽车是根植于中国人民记忆中的一个文化符号，是国人的骄傲。这件作品以CA10型解放卡车为原型进行创作的，把国人熟悉的解放汽车的经典造型加以变化、扭曲、腐蚀、风化，并且在材质上采用了从钢铁到花岗岩的材料转换，使作品的气质更加凝练、厚重、苍茫、豪迈。作者力求在雕塑作品中加入丰富的观念元素。对解放卡车经受冲击和扭曲但依然屹立不倒的陌生化处理，暗示着中国汽车工业在新时期的嬗变，以及其在世界汽车工业潮流中通过抵触与融合的过程中所形成的吸纳和包容的态势。

江子迪 《断 · 流》 综合材料 200cm×450cm×60cm
（获 2010 年中外高校优秀毕业生作品展学术奖）

气体迅速冲击流体后瞬间凝固而成的激流被截断为数个部分，隐喻着文明进程中的连续性和阶段性。新材料和新技术的灵活运用，及其对于观念的完美呈现是这件作品当之无愧为学术奖的原因。

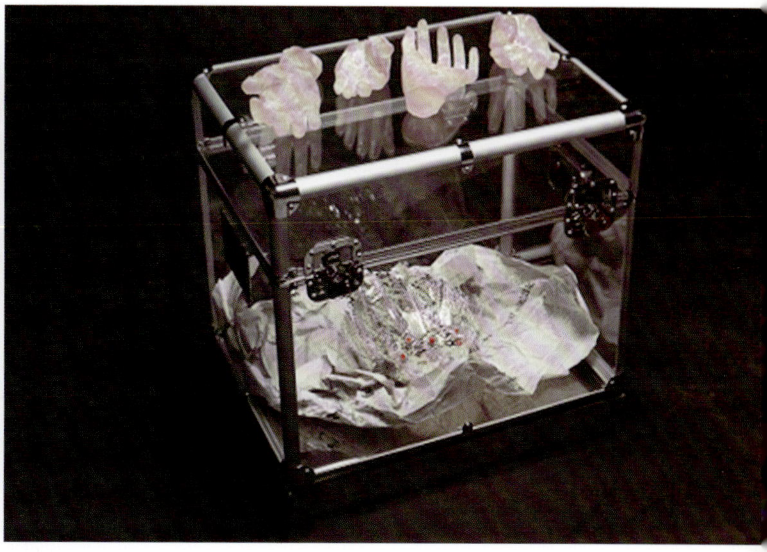

金彦秀 《女 · 冠 · 手》 银、亚克力、树脂、不锈钢 54cm×40cm×78cm 2010

作品以女性的手、凤冠、箱子为创作元素，通过对女性特征的描写来表现在当下社会中人们对女性主义的认识和女性在社会中的位置与作用的思考。

金薇 《晷迹》 综合材料 800cm×800cm 2010

用中国传统日晷与西洋机械表内部构造相结合，意表当今社会建设构造，社会迅猛发展，但随着时代的变迁，人们早已淡忘了当代生活的源头，作品将中西结合的同时寓意着提醒人们不要忘了中国悠久的历史。

康悦 《小花的世界》 综合材料 350m×160m×155cm （获 2010 年中外高校优秀毕业生作品展优秀奖）

作者在一针一线的辛勤劳作中，缝制了她的小世界，作品不仅体现了美的造型，也体现了美的观念，在长期的作品创作中作者明白了一个道理："妈妈说，手扎够一百下就会做针线活了，奔着这一目标，我果然学会了针线活。"人只有脚踏实地，本本分分，持之以恒，不怕困难才能成功。

梁治华 《梦想家》 玻璃钢 150cm×160cm×90cm 2010

《梦想家》是关于梦与记忆的重现。骑着作业本纸折的千纸鹤的小女孩，怀着自己的梦想，朝着天边飞翔，尾部的火焰象征着动力，悬挂的展示方式能够让作品更具有现场氛围，让之更具有诗意和梦幻色彩，介于梦境与现实之间。

李昕阳 《沉没的诺亚》 纸、有机玻璃（获2010年中外高校优秀毕业生作品展学术奖）

作者对“纸”的使用看似常规却塑造出令人耳目一新的造型。点、线、面的组合形式富有视觉节奏和韵律。几何裁剪黏贴而成的建筑模型和写意的岩石植物，呈现出和谐的美感。悬空装置所营造的影视化场景为观者带来丰富的想象空间和魔幻色彩，在诸多以生存危机为题材的作品中独树一帜。

李震 《失衡空间》 玻璃钢 120cm×90cm×200cm （获 2010 年中外高校优秀毕业生作品展优秀奖）

《失衡空间》表现人为世界在一定的时空中挤压、对抗的状态，形成矛盾冲突，体现了对古典美、古典精神的追溯，作品具像写实，对人体的塑造准确，是用古典的方式表现当代题材。

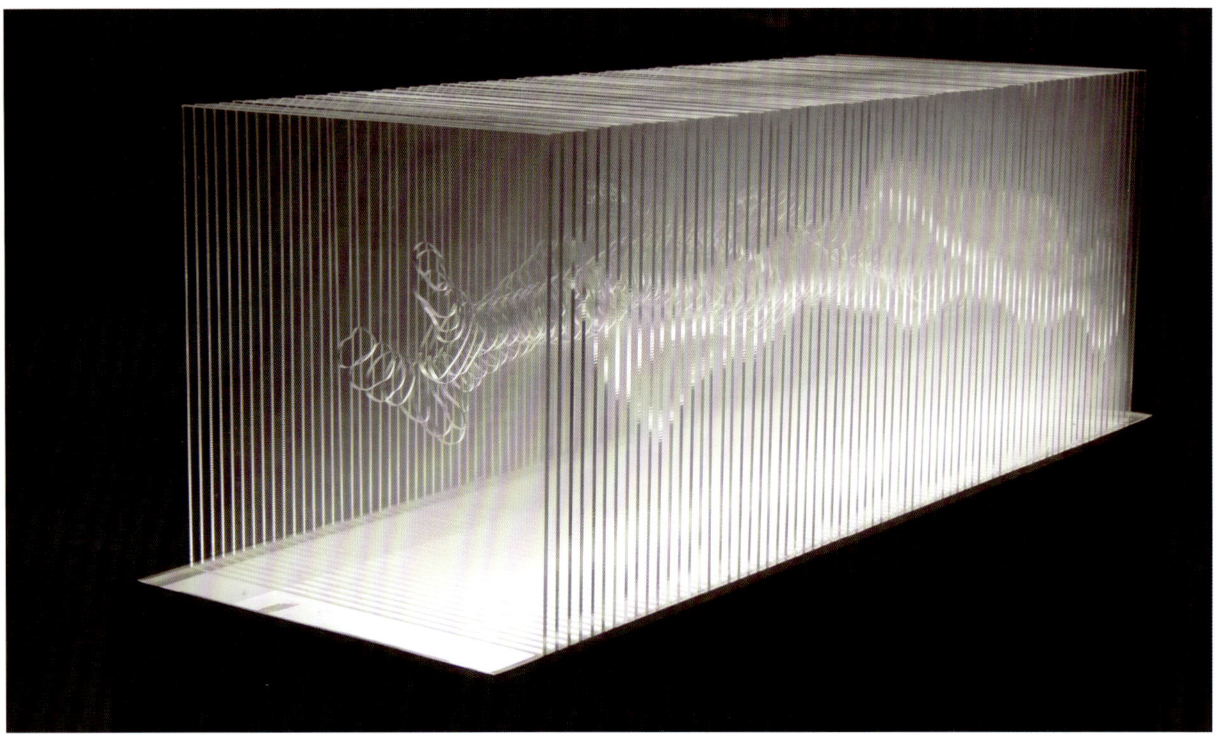

刘东旭 《雾露雲霞》 透明亚克力板 120cm×120cm×40cm （获 2009 年中外高校优秀毕业生作品展学术奖）

作者以透明的亚克力板作为对主题的阐释，旨在表现当代人在心理失重下的无助与无奈。作品有一种虚妄的梦幻感，这一视觉印象恰恰暗喻出当代人在物质极大丰富的状态下，内心世界的失衡与难以自持。透过透明板，人体在叠合和分割之中“笔断意连”。这是一件有益的形式实验之佳作。

柳青 《G4472》 玻璃钢、钢铁、综合材料 465cm×260cm×250cm 2009（右图）

《G4472》转换了地铁车厢的内在空间，这种空间转换看似是“挪用”了一个片段的场景，但实际上也正是这个“片段”场景浓缩了整个景观社会的全部，并在一个公共空间的场域之中，以另一种公共空间的方式展现了这个当下的景观社会。我把十四尊人物雕像有组织地放在真实尺寸的金属车厢里，人是进入车厢内部来看人物雕像，对于车厢外部的观众，里面的人也成为作品的一部分；车厢底部装有弹簧，当人进入车厢里会感到真实的晃动；而且金属车厢的尺寸我有意地设计得比真实尺寸略窄，是要使观众进入后觉得拥挤。这些处理都是为了使观者从视觉、触觉、心理上能更强烈更敏感地体会我想表达的“真实”。

刘宇航 《七个小矮人的危机》 综合材料 110cm （获2009年中外高校优秀毕业生作品展优秀奖）（下图）

作品显示了作者在洞察社会巨变中的心理状态，作品运用著名童话《白雪公主和七个小矮人》为创意背景，借代出人们在金融危机下的一种状态。七个小矮人是人类世界的缩影，这七个人物有的代表国家，有的代表地域，还有的代表种族。公主是一个模糊的概念，可能是人们追求的美好事物。白雪公主的死意味着这个美的概念瞬间即逝，到处笼罩着痛苦、悲伤、无助。作品中出现了一束金光，预示了圆满的结局。用写实的雕塑语言和综合材料结合来重新塑造这个故事，把它和现实联系到一起，作品立意新颖，塑造到位。

刘超 《山水异象》 木 230cm×57cm×38cm
（获 2010 年中外高校优秀毕业生作品展优秀奖）

《山水异象》系列作品采取木雕形式，在旋转的传统画轴形式上，将平面的山水画转为立体三维雕塑，体现作者对当代艺术的思考，作者在谨慎地选择传统符号的同时，能将其进行向现代涵义的转变，并在形式和技法上运用较为得当。

马文甲 《百年沧桑》 骨粉、树脂、木、金属
150cm×80cm×130cm

作品将人物与环境中的石头和树木都制作成躯壳的模样，而且层层脱落，好似一阵风就可将他们统统带走。作品中应用骨粉是将材料的语言寓意化，这不仅在于视觉效果而且在观念层面也有巨大的解读空间。

任哲 《武术系列之二》 混合材质 42cm×32cm×88cm 2010

作品具有史诗的崇高美感，而这种美感又非古典或写实主义的宏大叙事风格，突出的特点从古代思想文化资源中汲取价值，对于各种现代流派和时代风尚了然于心，但并不盲目从之，追随之。而是从更深的人文蕴涵中，从那些能够丰富完善自身灵性的内在能量中，倾力挖掘。当他挖掘得越深，个体生命就越丰沛，从而使艺术创造显现出神采，气度和风韵。因此明显地与当下时尚化雕塑疏离，其精到的作品沉稳地显露出自己的艺术个性。

申旭栋 《山水不玄》 透明树脂 380cm×45cm×40cm
（获2010年中外高校优秀毕业生作品展学术奖）

古代文人墨客的逍遥无为创作心态，与自然相生相融，乐山乐水的人生观，较今之一些急功近利、浮躁的心理状态，让我们愈加向往静穆平和的情景，《山水不玄》的创作本意便基于此，在人们紧张忙碌之余，为心灵提供一处平静港湾徜徉其间。

齐霞 《韵》 亚麻布、纸、绳、铁丝、透明珠 100cm×50cm 2010

《韵》是以天然材料纸绳，皱纹纸为主与铁丝和透明珠子结合，运用传统形式。创意是根据常见自然形态雪树为原型，将自然转化为抽象形态。诠释纤维艺术的全新多样性表现语言。在创作中要善于捕捉瞬间信息，为创作寻找新的切入点。

司建伟 《冰河计划 NO.3 封舟》 玻璃钢着色 53cm×20cm×15cm 2010

作品是作者“冰河计划”系列作品中的一件新作。关注现代人类生存环境的问题依然是作品隐在的主题，它传示着解救人类，世上没有“诺亚方舟”，只有不断的冰河计划。

宋艳 《秀·哉》 树脂
20cm×20cm×85cm
（获 2009 年中外高校优秀毕业生作品展优秀奖）（右图）

这件作品塑造了几位天真可爱的娃娃，他们动作各异，但神态却透出了一种美好的纯真，能够唤起人们对逝去的纯真童年的怀念，作者以此来留住记忆、留住幸福。

孙妍 《钟馗欢醉图》 综合材料
120cm×70cm （获 2010 年中外高校优秀毕业生作品展优秀奖）（下图）

钟馗系列是以民间神话中的捉鬼神仙钟馗为题材的雕塑创作。民间俗信钟馗能捉鬼食鬼，认为悬挂钟馗像能镇宅辟邪，祛恶纳福。我的钟馗系列作品借助钟馗的惩恶扬善的象征意义传达出带有强烈中国色彩的对精神理想——伸张正义、坚持真理——的追求和致福还祥的美好愿望。在艺术表现手法上我希望创作出带有民族特色的雕塑作品，在作品中加入了线条、色彩、意境和虚实空间等中国画元素。

谭旭 《有 CREAM 的油条》 综合材料
50cm×40cm×70cm 2010（右图）

作品运用了超级写实的手法，以雕塑三维与版画二维的综合表现为艺术语言。把中国的传统食品——油条与法国餐包对掉。两种食品的形式与功能基本相同，但呈现的方式又各自有着地域与国籍的差别。作品采用复数形式展现，以重复产生力量，强调当下社会，人们对外来文化的曲解，以及急功近利地对西方文化的对接心理，而产生的荒诞的黑色幽默效果。作品力图呼吁对本土化文化的保护与推广。

陶旭《逝舟》白钢 20cm×110cm×80cm 2010（下图）

作品采用意象的手法表现。作品思想来源全球温室效应下的冰川融化及给人类带来的影响。舟是在圣经中是人类“救赎”的符号。舟上的人似山非山，体现出一种簇拥而且流淌融化的状态。同时也体现了“水能覆舟”的思想。表现人类造成气候的恶性变化不仅影响的自然环境同时还影响着我们。作品采用白钢镜面效果更能体现出液体流淌的效果，还增加了与观众的视觉互动，发人深思。

吴庆永 《我变了》 不锈钢条 60cm×170cm×50cm 2010

罗丹作品的流动是一种高点的跳跃低点的回旋，那是一种进发的生命，一种大快淋漓却又让你能够感受到其中生命激情的流动；此件作品正是想通过作品材质的转换，运用现代具有镜面效果的不锈钢材料来体现现在的另外一种流动——冷的流动，他的跳跃是外泄的，是无情的。

王浩 《单行道》 综合材料 1000cm×60cm×40cm
（2010年中外高校优秀毕业生作品展优秀奖）

《单行道》是一件关注人类群体生存状态的作品，运用具像的表达形式和普通的材料，表现的是人生的“单行道”，人无论是何身份、地位、阶层……人生终究要走向同一个方向，作品与罗丹的“地狱之门”所反映的内涵颇有异曲同工之意，该作品是社会现实的写照，令人深思。

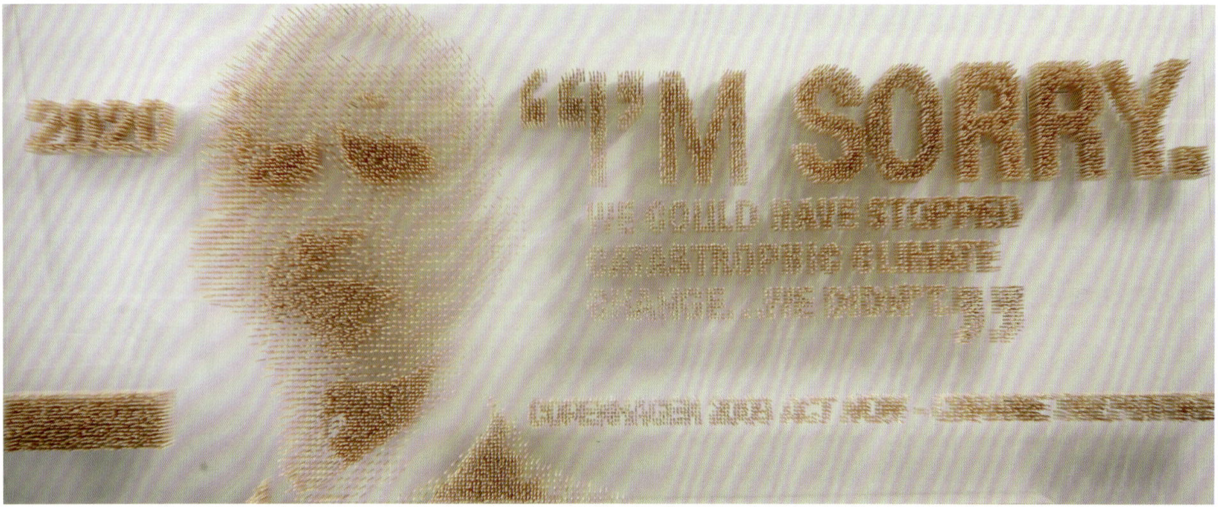

王维东 《我的几棵小树苗》 亚克力、牙签 725cm×1725cm
（获 2010 年中外高校优秀毕业生作品展优秀奖）

《我的几颗小树苗》源于作者关注环境问题的所想所思，用牙签和亚克力板两种材料，选择了哥本哈根世界环境会议的海报，通过艺术化的处理，把平面海报变成立体的形态，并运用牙签来暗喻树木，旨在突出环境日益严峻的问题。作品运用恰当的视觉效果，显示出一种内在的人文精神。

王嘉庆 《穿帮》 皮革 120cm×100cm×60cm
（获 2009 年中外高校优秀毕业生作品展优秀奖）

作品运用皮革为表现语言，其目的并非是以此作为“仿真”雕塑，而是透过“皮革”之事物表象，喻示出内中的某种隐含。在此，作者将奢华的女包与暴力性工具同构一局，目的是表达奢华的本性中隐藏着的是欲望膨胀，指代出奢华背后的现实真相。

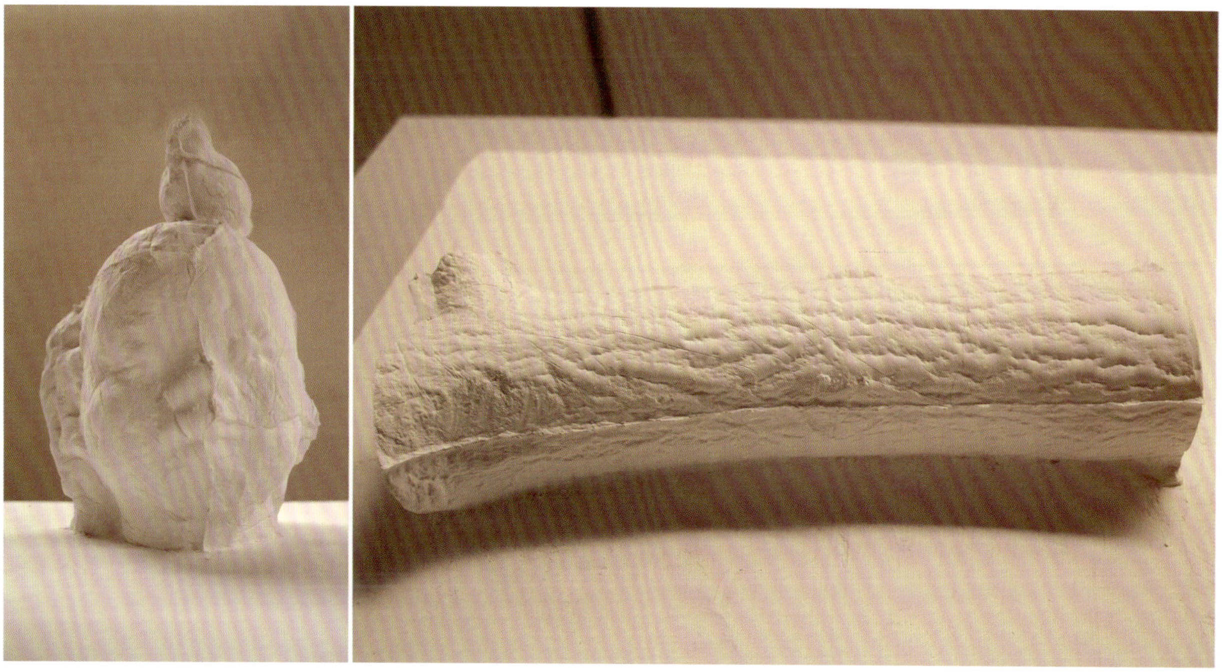

文豪 《幻相》 石膏粉 16cm×34cm×108cm、40cm×40cm×10cm
（获2010年中外高校优秀毕业生作品展学术奖）

作者对于石膏这种最为普通的翻模材料进行不同常规的运用。他直接用未掺水的生石膏粉，通过模具的挤压生成二维的形相。材质松散的特性使得眼前的这些形相并非展现给我们一尊永久的雕像而是向我们暗示一个不稳定的世界。它似乎将佛家哲学中“一切相皆为虚幻”和世事“无常”的理念以物质的方式阐述，使我们思考何为真实、真相、真理这些生命中最本质的问题。

吴永坤 《肃静·回避》 木 260cm×120cm×110cm
（获2009年中外高校优秀毕业生作品展优秀奖）

通过吸取中国传统民间艺术中的一系列元素，如：窗花、雕版、如意、家具等，重组了一辆具古典意味而又现代的木雕汽车。人们对印象中“车”的经验被解构，意义在于探讨以往经验与“它者”之间的差异与联系，同时又讽刺了当代权贵的某种状态。

吴卓 《炼狱之门》 玻璃钢、玻璃 180cm×120cm×60cm

《炼狱之门》以罗丹的经典雕塑《地狱之门》为原型，地狱之门描写的是但丁《神曲》三个部分中的地狱篇。《神曲》的另一部分之一是炼狱之门。炼狱共分七级，分别是傲慢，嫉妒，愤怒，懒惰，贪婪，贪食，贪色七种人类大罪。我把象征着现代生活气息圆胖的抽象人物所呈现的对"金钱"的这七种罪恶融入了《炼狱之门》。表现了生活富裕的现代人的生活状态。大门的主体部分描写的就是人对金钱物质的追求所表现的七种罪恶。有的人因为生活富足了而变的懒散了，而且目中无人等等恶习。带着对大师的敬仰创作了新鲜造型的卡通的似炼狱之门。

王晶 《二战盟军四巨头》 玻璃钢着色 50cm×50cm×100cm 2010

运用大气的雕塑手法塑造二战期间四位铁血将军。豪放的雕塑语言和四位盟军将军的性格相辅相成，达到一种自然的统一。

王勇 《木牛》 木 120cm
（获 2009 年中外高校优秀毕业生作品展优秀奖）

作品造型简括整体，从材料本身出发，但又不拘泥于其限制，对牛的形象进行意象化塑造，在似与不似间使形象变得生动。

吴彤 《心雨》 玻璃钢 75cm×55cm×25cm 2009

作品借用白蛇传游湖借伞这段故事将伞与人完成在一个统一的整体中，同时伞的位置既打破呆板的对称关系，又加强了对比，衬托出主体人物。对渲染作品的意境和传达人物内心矛盾关系起到了重要作用。

徐宏伟 《汉代毕加索》 铜 78cm×36cm×36cm
（获2010年中外高校优秀毕业生作品展优秀奖）

毕加索善于组合和解构原有事物的形体，而这件作品把《格尔尼卡》中人物的头像与汉代的青铜器造型放置一起，体现了一种不同时期、不同领域的对撞和回响。

许迪 《相·生》 石膏、丙烯 145cm×73cm×175cm
（获2010年中外高校优秀毕业生作品展优秀奖）

《相·生》体现了对人的价值的崇敬，作者用烛台承载不同的人体，预示着人的一生似小小蜡烛，赞扬了燃烧自我，照亮世人的无私奉献的高尚气节，作品静穆且生动。

徐殿彬 《心魔》 玻璃钢、木 300cm×250cm×180cm 2009

当今社会给我们欲望，带给我们压力和痛苦，致使我们表里不一。我的创作主题想揭示的是人的两面性，每个人的内心都有阴暗面，就是所谓的“心魔”。一个人的两面性，如同正义与邪恶，真实与虚伪，克制与放纵，爱和恨交织于一个躯体内。就像是一架天平的两边，总是在动态的过程中追求一种心理上的平衡和社会的认同。这件作品是想通过写实手法传达给观者对比的感受体现人们深藏内心的巨大反差。

徐永杰 《三元论的圈套》 综合材料 100cm×100cm×200cm（获 2009 年中外高校优秀毕业生作品展学术奖）

作者运用毛皮等材料作为表现语言，形式较为特殊，意在阐释对原始与当代、虚妄与真知的置疑。在此，平面上（画布）的人与站立在空间中的人之间虽同处一个时空，然而却未必存有必然联系，往往是心在此，意在彼，分不清圈套和真理，表现出了人们认识世界是在迷惘与清晰中交替的，是在伫立与冷静中进行的。

谢国发 《白云下的夕阳》 陶、综合材料 400cm×400cm×400cm
（获2010年中外高校优秀毕业生作品展优秀奖）

作品与其说是一件具像雕塑，不如说是一件带有社会研究性质的抽象雕塑。作者在对社会群体——老人进行长期采访，关注他们的生活，关注他们的心理，并最终以这些老者为雕塑对象，用陶的材质进行了艺术地创造，如工匠般勤奋地刻画、丰富了雕塑的内容。

殷双一《花》羊骨 150cm×40cm×40cm（获2010年中外高校优秀毕业生作品展学术奖）

象征死亡的尸骨被上色拼接之后成为鲜艳的花朵，生死之间的转换显得如此神奇而妖异。作者对于残败事物的关注指向了生与死之间的哲学探讨。

项一 《国际舞台》 树脂着色、铁板着色 80cm×80cm×80cm
（获2009年中外高校优秀毕业生作品展优秀奖）

作品形式采用多支聚光灯聚焦于一人的舞台视觉效果，人物选取当红焦点美国总统奥巴马。国际舞台聚焦一人，他的指向言论都成为话题，共同观看他的表演吧。所谓文化的国际化，全球化成为文化殖民者的舞台。

岳艳娜 《捂》 柏木 30cm×30cm×45cm 2009

自然给我们以许多启示，有的材料拥有一个不寻常的特征明显的外形，对你的想象或灵感有直接启发；有的则不太明显，需要深思熟虑，苦思冥想。因此在创作期间，构思过程往往比实际雕刻花的时间更长更多，而其中的乐趣也是无穷。在创作期间要与他们对话、交流，将它们想对你说的和你要说的话尽情地展现出来，并赋予他们新的生命。

姚富莹 《弱者的衣装》
木、铁钉（左图）
160cm×120cm×130cm
（获 2009 年中外高校优秀毕业生作品展优秀奖）

作品表现的是失去灵魂弱小的人类躯壳，在不断反省和追问中寻找到的一种赖以武装自己，像刺猬般钉满铁钉的衣裳。此作以抽象语言象征“弱者”，形式表现上富有想象力。

尹悟铭 《情动五月》 铸铜
60cm×150cm×55cm
2009（下图）

作品通过 5•12 地震期间灾区的孩子们手举感谢标语在路上迎接救援人们的真实感人情景，表现震灾中所体现出的人性光辉与全民抗灾的不屈不挠的精神。中国人民在每一次巨大灾难来临时，都能以百倍的信心，坚强的意志和一方有难、八方支援的爱心奉献精神，众志成城与各种灾难进行坚韧的抗争。

翟晓林 《梦商店》 综合材料 100cm×100cm×170cm

（获 2010 年中外高校优秀毕业生作品展优秀奖）

作品表达着强烈的个人情感，是一件发自内心，抒发对梦境这种人类熟悉而又对之研究较少的潜意识领域的众多感受：不可思议、纠结、欢乐、着迷等，作者将丰富的色彩赋予雕塑，不失为一件耐人寻味的作品。

张鸿飞 《角儿系列》 石膏、布等 42cm×32cm×32cm

此系列作品以京剧人物为原形，塑造中主要表现京剧角色的动态！写意概括，它表现出京剧的历史感，耐人寻味，似乎在时光回放定格的瞬间。

张华《日记》木 118cm×47cm×28cm（获2010年中外高校优秀毕业生作品展优秀奖）

《日记》是一件纯粹的木雕作品，作者通过雕塑作品记录了与女友之间的情感，对日常用品进行艺术的变形、概括和抽象，是对日记的主观呈现，无论是主观臆造，还是客观创作，都是一件为数不多的优秀木雕作品。

赵灵均 《E小调的随想》 综合材料 40cm×180cm （获2009年中外高校优秀毕业生作品展学术奖）

作品以拉长的人体四肢，增强了舞蹈动作"支条"般的运动感。在简洁的几何式造型语言中，使这组作品的主题表达得富有节奏，体现出作者在当下造型语言趋于某种雷同化状态下的独到视觉思考。

赵文 《潮》木 85cm×24cm×20cm（获 2009 年中外高校优秀毕业生作品展学术奖）

作品造型简洁、概括，以大的块面关系表现出了富有张力的体积感，有一种与空间联结的动势。恰当地把握住了雕塑语言的本体特性，体现出作者善于捕捉当下人物精神及外在状态的敏锐视角。

周安亮 《流光》木 60cm×25cm×25cm（获 2010 年中外高校优秀毕业生作品展优秀奖）

《流光》材质历经久远，作者最大地保留了自然所带来的时间刻痕，作品雕凿虽"逸笔草草"，但激活了材质本身，给人带来悠然的意境，有一种文人画的情趣，作品在材质、表现形式、内容及精神层面达到和谐统一。

张瀚文 《玩具熊》 综合材料 80cm×100cm×110×390cm
（获 2009 年中外高校优秀毕业生作品展优秀奖）

作品表现作者内心潜在的对于童年记忆的追忆，以物寄情是艺术常用的表现手法，作者以“熊”的形象引发出纯真记忆，即便它铁锈斑斑，即使它伪装得冷酷坚强但是还会面对现实，它象征着我们内心的成长。

张若愚 《丰饶之角》 青铜 110cm×80cm×50cm 2010

希腊神话中年幼的宙斯将有魔力的山羊角赠送给善良的仙女阿尔玛忒亚。 羊角可带来美味的食物，象征着生育与丰饶。作品中的形象以隐晦的相互关系呈现出古典、唯美的倾向，并使情感贯穿于形和体的往来穿梭之中。通过形体与光影的微妙变化，女孩儿与羊的形象传达出我对清新之美的追求，使我沉浸在让作品“存在于”流动的形体内的快感之中。就像恋人——她并不在面前，却依然能够感知她的存在。

张璐祺 《消逝的光年》 喷绘、树脂 200cm×300cm
（获 2009 年中外高校优秀毕业生作品展优秀奖）

雕像与照片里的形象形成了视觉上的联动，照片里的人物是记忆的象征，而这种象征又以站立在空间中的“人物”进入现实，使人们感到消逝的事物依然存在。站立的雕像表现的是一位有着典型特征的 80 后北京女孩，在大人们看来略微有些畸形的 O 型腿 80 后典型站姿，BOBO 头，蓝白相间条纹海军衫，帆布鞋，45 度角仰望微笑，美好而又青春地沐浴着阳光，让人感叹青春的短暂和美好时光总是那么快地消逝。

纪事

聚焦2009
聚焦2010

聚焦2009年

壹月

◎ “物界2”娑罗画廊学术邀请展

2008年12月20日至2009年2月20日，由苏州娑罗文化投资有限公司主办的，又一场名为“物界2”的雕塑展在北京娑罗花馆举办。“物界”是一个具有鲜明学术指向的邀请展。来自全国雕塑界16位活跃的中青年雕塑家们倾其对现实万物的感悟，以其各自独特的雕塑表达方式，借助于社会和历史属性以符号性、象征性语言传达出艺术之隐喻层面。物界即心界。

◎ 达利雕塑作品展

2009年1月2日至2月12日，“费利克斯·鲁林、萨尔瓦多·达利雕塑作品展”在宁波美术馆展出。费利克斯·鲁林是比利时著名的大师级雕塑家。他的作品在巴黎双年展上展出并获罗丹博物馆颁发的奖项。超现实主义绘画大师级人物萨尔瓦多·达利则与毕加索、马蒂斯一起，被认为是20世纪最有代表性的三位画家，“对20世纪的艺术作出了严肃认真的贡献”。达利这位具有卓越天才和想像力的画家，在多个领域均有成就，作品经常被卖出天价。此次展览是这两位大师的作品首次中国巡展的第三站，之前它们在常熟美术馆和福建省美术馆展出。展品全都是达利、鲁林的原件，具有很高的艺术价值，共展出达利的雕塑8件、版画8件，鲁林的雕塑15件、摄影作品12件、设计稿10件。

◎ 中国工艺美术大展——庆祝中华人民共和国建国六十周年

2009年1月10日至2月10日，2009年适逢建国六十周年，由中国美术馆和中国工艺美术协会联合主办的中国工艺美术大展在中国美术馆展出。此次展览遴选了300余件当代工艺美术精品，几乎囊括中国工艺美术各品类，包括玉雕、牙雕、木雕、石雕、陶瓷、漆艺、刺绣、染织等艺术品，将占用中国美术馆一层全部九个展厅，规模空前。

◎ “造物与空间——中国当代漆艺学术提名展”

2009年1月16日至3月15日，“造物与空间——中国当代漆艺学术提名展”在湖北省艺术馆开幕，展览展出了一批漆艺界中青年艺术家多年来潜心传承与努力探索的17件作品，分为古典、新古典和实验等不同风格。漆艺艺术家不仅继承了传统漆艺工艺，而且将新的材料语言和新的观念融入作品中，使传统漆艺焕发出新的光彩。本次展览对于当代漆艺的继承和发展有着重大意义，是漆艺这门传统工艺进入当代文化的全面展示。展览作品无论是在漆艺工艺制作家具器皿的“造物”上，还是在平面或立体造型的“空间”中，都体现出当代漆艺创作的复兴和发展。

贰月

◎ 墙美术馆举办中国现代艺术展二十周年文献展

2009年2月5日，在原清华美院旧址的墙美术馆，一场纪念“中国现代艺术展”20周年的活动拉开了序幕。展览基本上以作品图片、书稿和历史照片的方式记录着20年前，即1989年2月5日在中国美术馆举办的“中国现代艺术展”。这次的文献大多是策展人高名潞当年策划筹办展览过程中留存下来的一些历史资料，还有一些资料是当年参与展览的艺术家提供的。在“中国现代艺术展”上，展出的作品在当时较为前卫，几个行为艺术对当时人们的观念产生的冲击可谓不小，尤其是肖鲁朝自己的作品“对话”开了两枪，这被批评家栗宪庭认为是“新潮美术的谢幕礼”。

◎ 伦敦“上海周”开幕 大英博物馆办青铜玉器雕塑展

2009年1月30日，英国伦敦继去年举办在伦敦市民中引起轰动的中国秦始皇兵马俑展，大英博物馆又迎来60件中国古代玉器青铜器，标志着伦敦“上海周”暨“中国古代城市文明与礼仪文化”——青铜、玉器展开幕式举行，从而揭开了“魅力上海 精彩世博”——伦敦“上海周”系列活动的序幕。自此，伦敦将举行为期一周的特别活动以推广2010年上海世博。本次登陆伦敦的中国古代青铜器、玉器展均来自于上海博物馆的珍贵馆藏，它们反映了中国古代城市生活变迁与社会礼仪进程，传播中华文明，不仅是视觉盛宴 ，更是一国宝级大展。该展出历时两个月，是欧洲博物馆首次举办如此规模的中国古代玉器青铜器展。该展览在伦敦举办期间，恰逢大英博物馆的250岁诞辰。

◎ 达明·赫斯特自杀雕塑引发争议

2009年2月19日，33岁的西班牙艺术家Eugenio Merino最近在马德里展出了一尊塑像，在西班牙引发争议。塑像主人翁是英国艺术家达明安·赫斯特，他跪在白色玻璃箱里，穿着印着自己震惊世界的钻石骷髅头图案的T恤，举枪对准自己的太阳穴开枪自杀。有人认为这是对赫斯特的恶意人身攻击。Eugenio Merino则认为这是对当下艺术状态的一种隐喻。

◎ 圆明园鼠兔首铜像分别以1400万欧元卖出

2009年2月25日晚，在法国佳士得拍卖行拍卖中国圆明园流失海外的文物鼠首和兔首铜像，两个兽首分别以1400万欧元的价格被中国买家买走。中华抢救流失海外文物专项基金收藏顾问蔡铭超参与了圆明园兔、鼠首在法国巴黎的拍卖，并成为了最后竞拍者。虽然蔡铭超以总计3149万欧元的价格在法国巴黎拍下了圆明园兔、鼠首。但由于其宣称不会付款，因此拍卖能否最终成交尚属未知。

◎ 两部门将开展新中国城市雕塑建设成就奖评选

2009年2月26日，为展示60年来城市雕塑建设的成就，宣传、保护优秀城市雕塑，住房和城乡建设部、文化部于中国人民共和国成立60周年之际，组织开展“新中国城市雕塑建设奖”评选活动，并委托全国城市雕塑建设指导委员会具体承办。城市雕塑是城市文化和精神的重要载体。一座优秀的城市雕塑往往能成为一个城市、一个国家，乃至一个时代的标志和象征。通过评选活动，褒扬和凸显优秀城市雕塑，对推动新时期文化发展、繁荣，提升城市软实力具有重要意义。本次评选活动在全国范围内，按照自下而上，政府部门与专家相结合的原则进行推荐。在广泛听取公众意见的基础上，组织专家评选出“新中国城市雕塑建设成就奖”60个，提名奖40个，最后报住房和城乡建设部、文化部审定公布。

◎ 央美美术馆举办第三届AAC艺术中国年度影响力评选（2008）颁奖盛典

2009年2月28日晚，由雅昌艺术网主办，联合近百家专业媒体共同举办的堪称艺术界“奥斯卡”盛会的“第三届AAC艺术中国年度影响力评选（2008）颁奖盛典”在中央美术学院美术馆落下帷幕。现场，主席评委高名潞先生对本次评选活动以评委会的评审工作进行了总结，并针对此次活动的主题“艺术家的社会责任”进行了阐述，呼吁在深陷市场数据的当下，重新思考中国艺术健康发展的根本：坚持知识分子的独立性、学术性和社会责任感。独立、学术和责任作为当代艺术领域的杰出的艺术家和作品应当具备的核心品质，也成为了本次评选会评选的重要标准。

◎ 美、思想与心灵——潘鹤艺术展

2009年2月28日至4月19日，由广东美术馆·深联美术馆主办，将展出美·思想与心灵——潘鹤艺术展，作为代表新中国美术史辉煌成就的雕塑家，潘鹤先生的众多主题性雕塑创作凝练地体现了时代所赋予的内涵和力量，由此他的雕塑创作也对应了半个世纪以来中国人改造自身命运的精神历程。作为一个杰出的艺术家，潘鹤先生的才华也体现在多个艺术领域，除却在雕塑方面所取得的卓越成就，他在水彩、油画、中国画以及书法方面也独得造诣，这些随性而至的作品，以轻松的笔调展露艺术家深入生活的点滴痕迹，与艺术家的雕塑名作相辉映，构成了另一种历史性书写。本次展览将集中展示潘鹤先生从40年代至今长达半个多世纪的雕塑生涯的创作小稿，这些极少面世的实物文献，为研究建国后一代中国美术家创作的观念、思维方式、形式技法等，提供了具有代表性的实证材料。

叁月

◎ 埃及阿斯旺国际雕塑作品凸显中国元素

2009年3月11日，第14届埃及阿斯旺国际雕塑研讨会在阿斯旺露天国际雕塑博物院落下帷幕，在今年的雕塑作品中，中国元素成为本届研讨会雕塑艺术作品的一个亮点。本届研讨会为期7周，共有来自德国、法国、韩国和埃及等6个国家的11位艺术家在此进行花岗岩的雕刻创作和艺术交流。 在本次的雕塑作品中，中国元素成为一个艺术亮点。德国雕塑家乌尔里希·米勒的作品是一个重达9吨的长方形花岗岩石雕，在石雕一面的上下部他刻上了《易经》中“卦”的符号，来表现宁静的意义。韩国雕塑家黄承友的作品更是让熟悉中国文化的人一目了然。一个长约30cm的乌龟，驮着高达近3米的长方形石块，石块被雕成叠起来的报纸的形状。这是很典型的中国典故“天鼋驮碑”的形象。还有来自埃及开罗大学雕塑老师哈尼·费萨尔的石雕，灵感来源于中国的日晷，他用了40天才完成这件作品。费萨尔说，古埃及也有类似的记录时间的仪器，这是人类文化相通的体现。埃及露天国际雕塑博物院位于阿斯旺南部花岗岩采石场，用以存放和展示阿斯旺国际雕塑研讨会历届作品。目前，该博物馆已保存了来自欧、亚、非、美洲等地区国家雕塑家的169件花岗岩作品。

◎ 深圳雕塑院更名为“深圳市公共艺术中心”

2009年3月17日，深圳市规划局为加强城市规划设计管理的分类实施，进一步促进“设计之都”建设，提升城市空间的文化内涵并与国际接轨，深圳市政府决定将原直属深圳市规划局的事业单位“深圳雕塑院”更名为“深圳市公共艺术中心”。

◎ 岳敏君个展：公元3009之考古发现

2009年3月20日，由今日美术馆主办、林冠画廊协办，黄笃、旷卫担任策展人的《公元3009之考古发现——岳敏君个展》在今日美术馆揭开帷幕。本次展览集中展出了艺术家岳敏君最新创作的以“公元3009年之考古发现”为命题的系列观念装置作品。将作品本身的时间背景设想延至一千年后，作品的内容被设定为一个于未来发生的对于今日人类生活遗迹之考古发现时的情景。人们不再单纯的看到岳敏君作品中标志性的光头笑脸的符号。而是岳敏君作品创作在本次展览中表现出从架上绘画向观念装置转换的新方向。对此吸引了大批观众来到现场一睹艺术家新作的魅力，更引起了当代艺术界各方人士的普遍关注。展览以其新颖主题和重要的艺术家作品成为2009年春季艺术圈一笔亮丽的色彩。

◎ 无锡举办中国工艺美术大师佛教艺术珍品荟展

2009年3月20日，由中华宗教文化交流协会、中国佛教协会、中国工艺美术学会共同举办的第二届世界佛教论坛之“天花烂漫——中国工艺美术大师佛教艺术珍品荟展”在无锡灵山梵宫举办了开幕式。“艺术珍品荟展”展期为一个月，汇聚了国内百余位大师的130件（套）作品，囊括了玉雕、石雕、木雕、砚雕、陶瓷、漆艺、竹艺、金银花丝、景泰蓝、琉璃、工艺画、无锡泥人等各种工艺，风格多样，门类众多。20日下午工艺美术大师汇聚一堂举行座谈会，中国轻工联合会副会长、中国工艺美术学会理事长杨自鹏，中国工艺美术学会副理事长、雕塑杂志社社长范伟民出席了活动。

◎ 四地知青捐资筹建雕塑《知青岁月》

2009年3月21日，在内蒙古自治区通辽市园林处，来自北京、天津、浙江、通辽四地的60多位曾经在科尔沁草原下乡的知识青年，为筹建纪念上山下乡40年科尔沁知青雕塑《知青岁月》举行了捐款仪式。《知青岁月》雕塑以群雕的形式展现了20世纪六七十年代广大城市知识青年上山下乡，把一腔青春热血抛洒在边远贫困地区，把所学知识奉献给草原人民的生活状态与精神风貌，同时展现了草原母亲敞开温暖的怀抱，接纳并且关心这些城里孩子的深情厚谊与博大胸怀。

◎ “2009当代国际金属艺术作品展”在清华美院举行

2009年3月26日，“互动 · 倾向——2009当代国际金属艺术作品展暨学术研讨会”在清华大学美术学院开幕。本次活动由清华大学美术学院主办，日本东京艺术大学和韩国首尔国立大学美术学院协办，清华美院工艺美术系承办，共有5个国家的131名艺术家参加，是中国内地举办的规模最大的一次学院派金属艺术展。本届展览以“互动 · 倾向”为主题，旨在加强艺术院校间的国际交流与合作，探讨当代金属艺术教学、科研和创作中的新潮流与新思路。展览共收录142件作品，分为金属器物、金属首饰和金属艺术品三类，体现了技术、材料和观念上的创新，代表了各国金属艺术的最新发展趋势。

◎ 邓小平雕塑作者著名雕塑家白澜生先生逝世

中央美术学院原雕塑创作室副主任、研究员、原中国雕塑学会副会长、全国城雕委艺委会副主任、著名雕塑家白澜生先生，因病医治无效，于2009年3月22日上午9点45分，在北京逝世，享年69岁。2009年3月26日，白先生追悼会在八宝山革命公墓举行。雕塑家白澜生1962年毕业于中央美术学院雕塑系，师承刘开渠先生、滑田友先生。后为北京建筑艺术雕塑工厂研究室雕塑师。1991年入中央美术学院雕塑艺术创作研究所，一级美术师，历任中国雕塑艺术创作研究所副研究员。中国美术家协会会员。全国城市雕塑指导委员会副秘书长。作品有《方志敏胸像》《渔女》《接力赛》《山泉》等；《邓小平全身铸铜像》为中国革命博物馆 收藏，《海花》为中国美术馆收藏，1997年创作《邓公南巡》建在深圳市(邓小平全身铜像)。白澜生同志高超的雕塑艺术造诣赢得了党和人民的信任。

◎ 俄罗斯再掀“雕塑热”

2009年3月26日，苏联刚刚解体时，拆除雕塑在俄罗斯各地蔚然成风。如今，汹涌的雕塑创作热潮又东山再起。莫斯科是名副其实的雕塑之城，全城目前共有600余座雕塑。苏联时代的雕塑以气势恢宏和激情飞扬而著称，如今的俄罗斯雕塑，则或以匠心独运让人叫绝。

◎ 现代雕塑《南国》首次列入“国宝”

2009年3月27日，中国台湾“行政部门文化建设委员会”日前发布的公告中，列入“中华国宝”的文物有17件，“重要古物”37件。其中有一件现代雕塑作品——中国台湾老一辈雕塑家黄土水的《南国》(亦称“水牛群像”)，黄土水牛的创作题材多为中国台湾乡土景物，他的“水牛”系列尤为代表。俗称“水牛群像”的《南国》生动刻画了芭蕉树下，三个幼童与五只牛的悠闲农家乐。“文建会”古物审议委员认为，《南国》呈现出亚热带风情以及当年中国台湾的农村之美，成为中国台湾近代美术的“标杆之作”。

◎ 苏格兰雕塑家的“高压电线杆”在Jerwood雕塑奖中夺魁

2009年3月27日，苏格兰雕塑家Michael Visocchi赢得2009年的Jerwood雕塑奖。这次Michael Visocch是战胜了120个候选作品而获奖的，他希望这件由电缆和高压电线杆组成的作品能唤起公众对“可再生能源和全球气候变化”的思考。Michael Visocchi这件高达17m的作品将于2010年春季在Jerwood雕塑公园推出。 Jerwood雕塑奖奖项成立于2001年，主要为了“支持和鼓励中型户外雕塑的新兴人才”，该奖项每半年颁发一次，获奖的艺术家将获得25000英镑的奖金，获奖的作品都是为Jerwood雕塑公园准备的。曾经获得该奖项的艺术家包括特纳奖获得者Antony Gormley, Kenneth Armitage, Michael Ayrton等。

◎ 中意合璧当代艺术暨建筑展在意大利开幕

2009年3月28日至5月10日，主题为“地图游戏：变化动力”的当代艺术暨建筑展在意大利中部城市特尔尼开幕。这一展览从思考中国城市化的变化动力开始，探索艺术和建筑中的当代主题。在展览的空间里，那些从参与者脑海中浮现的关于这个巨大都市的不同“碎片”结合在一起，共同构成一个动态而具有活力的整体。展览展示由24位中外艺术家和建筑师共同探究这种变化的原因，并通过他们的作品对变化的诠释，展示北京的过去、现在和未来。这是一次集中外艺术家与建筑师作品的展览，共同探索了“地图游戏”在北京这个飞速发展和变化的大都市里的角色。

◎ 唐大禧雕塑展　广东美术馆

2009年3月31日至4月19日，雕塑家唐大禧“激情与经典——唐大禧雕塑展”在广东美术馆展出，雕塑家在超过半个世纪的时间里用激情铸就的一系列红色经典作品，把英雄主义的壮丽激越和浪漫色彩的诗性抒情融合在一起，在观众的眼睛和心灵里飘扬红的魅力。此次雕塑展共展出唐大禧从20世纪50年代至今的56件作品，其中包括《欧阳海》《海的女儿》《猛士》《启明》《未来属于我》等享誉艺坛的代表作。年逾七旬的唐大禧，伴随着新中国的风风雨雨，寻找社会、时代与心灵的契合点，1979年创作《猛士》，引发了全国范围乃至境外华文报刊关于中国改革开放以及人体艺术问题的评点和广泛争论，被称作中国雕塑史上的一座里程碑。

◎ 广东当代雕塑11+1展

2009年3月31日至4月19日，由广东省美协雕塑艺委会、广东美术馆、广东省美协理论委员会主办的“广东当代雕塑11+1展”将在广东美术馆的3、4号厅展出。中国当代雕塑在新的世纪迅速发展，形成了多层次、多元化的格局，区域性雕塑群体也随之崛起。广东无疑是当代雕塑的重镇，从业艺术家有相当的规模，而作品也具有一定的学术指向性。本次展览试图通过广东近年来活跃在雕塑领域的12位艺术家，共30多件新作呈现广东当代雕塑的多样面貌和可能性发展方向，并以此梳理本土雕塑现实价值和促进区域雕塑群体之间的交流。

◎ 厦门美术馆推出首个现代艺术展

2009年3月30日至2010年4月5日，在厦门美术馆展出了“艺术工程2009”现代艺术展览，这也是厦门美术馆第一次推出现代艺术展，国内现代艺术界的三只厦门籍“大鱼”终于在厦门“浮出了水面”——闵一鸣、闵一耀、周宏斌。这三位艺术家分别以雕塑、油画、观念摄影为厦门观众带来了酷酷的现代艺术展。他们都与北京著名的“现代艺术工厂”798有着深厚的关系，在中国当代的现代艺术领域享有盛誉。

肆月

◎ “被拯救的葵园：许江新作展”上海美术馆隆重揭幕

2009年4月3日至25日，由中国美术家协会、中国油画家学会、上海市文学艺术界联合会、浙江省文学艺术界联合会、上海美术馆、中国美术学院共同主办的“被拯救的葵园：许江新作展”在上海美术馆隆重展出。此次展览展出了许江近年来创作的百余幅绘画力作，是许江继中国美术馆、广东美术馆个展之后的又一次大型综合性展览。本次展览以油画、水彩、雕塑的综合形态构成丰富的视觉景象，立体地展现出许江在艺术道路上的最新探索。自2003年以来，许江的作品多以葵为题。对许江这位文化守望者而言，葵园即是家园。

◎ 《闪闪红星》当代艺术群展

2009年4月3日至5月20日，由方蕾策展的《闪闪红星》当代艺术联展在香港中环荷里活道90－92号地下Contemporary by Angela Li的当代画廊展出，本次展览描述香港和内地在文化取向上的分野，以及艺术趣味上的叠影关系。参与《闪闪红星》的知名艺术家包括：徐冰、隋建国、王轶琼、陈家刚、廖一百、颜磊、洪浩、彭弘智、刘治治等，展出的大多是艺术家的新作，有装置、雕塑、图片、录像及油画。

◎ 200英尺庞大雕塑亮相泰特美术馆

2009年4月7日，一件由Eva Rothschild创作的长200英尺的雕塑将在英国泰特美术馆展出。这是泰特美术馆第一次展出如此庞大的作品。Rothschild擅长运用大型材料，诸如钢管等制作类似于脚手架结构的各种雕塑和装置作品。

◎ 意味虚实——2009景观雕塑作品展

2009年4月8日至5月8日，由四川美术学院雕塑系主办“意味虚实——2009景观雕塑作品展”在四川美术学院A画廊展出。党委书记刘世杰，院长罗中立，以及设计艺术学院党总支书记余强、美术馆执行馆长冯彬、美术学系王林教授、王小箭等嘉宾应邀出席了开幕式。此次展览作为雕塑系景观雕塑专业的毕业设计教学展，较往年不同的是，今年首次探索性地引进了策展人模式来运行，并由指导老师朱尚熹、唐艳、徐慧敏组成的策划团队在学生的创作设计中通过策展文案的方式设定了若干规范，让学生在“规定性”的条件下创作，目的在于激发学生的创作灵感和创作激情。

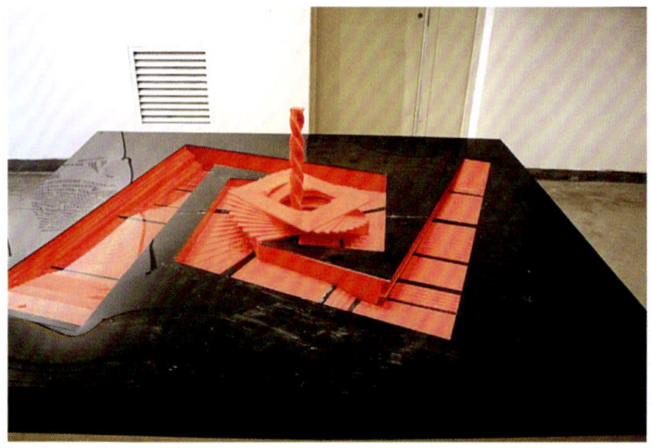

◎ 中国动力——2009中国国际雕塑年鉴展

2009年4月22日至5月18日，“中国动力——2009中国国际雕塑年鉴展”由中国人民对外友好协会（中华人民共和国外交部直属协会）、中国文化对外交流协会（中华人民共和国文化部直属协会）和中国工艺美术学会（国家一级学会）联合主办，由中国雕塑杂志社、北京蟹岛集团和浙江朱炳仁铜雕艺术博物馆承办，在北京国际雕塑艺术区（北京蟹岛）举办。本次年鉴展将展出近三百余件国内外造型艺术家在2007、2008年的代表作。这既是对这两年来当代雕塑创作的展示，也是对2009年作为中国建国60周年、澳门回归祖国十周年的一个贺礼。“中国动力——2009中国国际雕塑年鉴展”定位为一次公益性学术展览。“鉴”的意思是“镜子”。每一卷的年鉴，就是对过去两年内雕塑行业的发展状况、艺术家的创作情况、理论研究动态的忠实记录。以展为"鉴"，可以知兴替、知得失，明方向。通过参展作品，能够使人们很直观地了解这两年来雕塑创作的现状和趋势，为艺术家创造切磋交流的平台，使得他们对自己的发展方向有更为清晰的认识。

◎ 达利雕塑获青睐 《胜利之象》有望留沪

2009年4月21日，第七届上海春季艺术沙龙亮相的21

件达利雕塑，引起了沪上买家的浓厚兴趣。这是沪上最集中的一次达利雕塑联展，作品包括5件大型雕塑、8件中型雕塑及8件小作品。摆放在门口的高达6米的达利雕塑作品《胜利之象》，也已被买家铆牢。此次春季艺术沙龙上，除了达利作品备受青睐之外，拉美世界最著名的当代艺术家之一波特罗的一幅素描也被买家以50万元的价格收入囊中。日本著名艺术家奈良美智、村上隆、草间弥生等人的作品，也均有成交，显示了中国买家强劲的购买力。

◎ 越界解构座谈会在北京国际雕塑艺术区举行

2009年4月23日，在蟹岛温泉会馆会议室召开了“越界解构”学术座谈会。“越界解构”作为“中国动力——2009国际雕塑年鉴展”的一个展区，展示的作品是一批充满实验精神的、在材料和形式语言上有强烈的越界和重组特征的、观念性更强的创作。“越界解构”座谈会从雕塑创作中出现的新形式和新特点及其走向，和当代艺术创作中的观念庸俗化等方面展开讨论。会议由中国工艺美术学会雕塑专业委员会主任朱尚熹主持，与会的专家学者主要有：雕塑杂志社社长范伟民，副主编宋伟光、中国台湾雕塑学会会长杨奉琛、天津美院景育民教授、中央美术学院邹跃进教授、北京大学翁剑青教授、浙江的铜雕大师朱炳仁以及国内的雕塑家、陶瓷家等。

◎ 中国动力——2009 中国国际雕塑年鉴展城市再造专题学术座谈会

2009年4月，在蟹岛温泉会馆会议室召开了“城市再造”学术座谈会。吴为山先生主持了会议。雕塑界群体近几年在雕塑创作和推动雕塑理论发展，特别是在公共艺术方面做了大量工作。中国改革开放后的城市化进程非常快，带来了许多变化，包括艺术形态、文化的变化，生活方式的改变，个人的思维方式的改变，等等；另外改革开放30年中，西方文化从经济，从意识形态到城市的再造等等方面的介入，这也是一个热门话题。

◎ 曦城·第二届中国高等美院雕塑展活动盛大开幕

2009年4月28日，由国家一级美术馆——何香凝美术馆主办、华侨城投资有限公司倾力支持的曦城·第二届全国美术院校毕业生雕塑年展在曦城会所盛大开幕，主办方从全国十大美术院校中挑选出二十四位优秀应届毕业生、研究生，由其根据曦城别墅区纯粹的西班牙建筑风情，以西班牙文化艺术的最主要特征之一的魔幻现实主义为创作线索，以“幻景”作为展览主题提交原创作品参选。本届雕塑展活动是“曦城2009艺术季”的重要组成部分，曦城雕塑展，是艺术家们通过依据环境的艺术创作，把自身的艺术观念和对居住的理解，以及对空间的解构，渗透到雕塑作品里的活动。

◎ 百家雕塑联展　汶川大地震纪念展齐聚美术馆

2009年4月27日至5月8日，“雕塑百家联展”“5·12中国汶川大地震抗灾周年纪念雕塑展”同时在中国美术馆开展，展品共计200余件之多，堪称立体艺术盛宴。两项展览一为“雕塑百家联展”（由中国美术家协会主办）；一为“5·12中国汶川大地震抗灾周年纪念雕塑展”（由中国文联、中华慈善总会、中国美术家协会及中国美术馆主办），虽然两展主题不同，但却有着极强的关联性和互动性。前展重学术，展示专业探究的深进；后展行公益，追求艺术参与社会、影响时代、贴近公众的广度效应。两相结合，相得益彰。“雕塑百家”借喻“春秋百家”，象征本次活动的多元性及“和谐文化”价值观。旨在借助美术繁荣的推力和广泛的国际交流动力，提升学术标准，激励雕塑艺术的创作，进而促进中国雕塑艺术更臻精品化。

“5·12中国汶川大地震抗灾周年纪念雕塑展”是在5·12震后一周年呈现给人们的记忆，许许多多感人至深的人物和事件通过雕塑表现出来，组成了象征中华民族志气、坚强、团结、友善的一座座精神丰碑。

伍月

◎ 2009第二届前提行为艺术节 展出20余位艺术家作品

2009年5月1日至3日，2009第二届前提行为艺术节于北京草场地CCD300艺术区举行。来自6个国家以及中国各省市共计20余位艺术家，共同汇集在北京草场地艺术区。主办者采用展示资料、影像装置和现场创作等形式共同打造一个年轻的艺术活动。本届前提艺术节的主题为“青年的可能性”，本着挖掘和探讨青年艺术家们在创作思路和作品意义表达上的新的可能性的目的，艺术节邀请了多个国家和地区的青年艺术家。他们以行为为核心拓展延伸至各种艺术形式，以作品价值的深度为追寻目标。

◎ 第二届俄罗斯国际雕塑创作营评选揭晓

2009年5月7日，第二届俄罗斯国际雕塑创作营评选揭晓，经评委会评选，在从来自55个国家的460件应征稿件中，选出石雕创作35人，金属焊接10人，木雕创作7人，另外1人铸铜。我国雕塑家高蒙成为惟一入选本届国际雕塑创作营的中国雕塑家，参加石雕创作。在世界全球化的背景下，如何保存本民族文化底色，同时避免藩篱自锢地脱离世界文化的发展进程，这不仅是文化的先进性问题，还是文化生命力和文化生存能力的问题，任何局外的边缘化都有可能造成民族文化自立企图的被动缺失和失语状态。

◎ “继古开今”学术座谈会　北京国际雕塑艺术区

2009年5月5日，北京国际雕塑艺术区举办了继古开今学术座谈会。“继古开今”作为“中国动力——2009国际雕塑年鉴展”的一个展区，展示的是一大批处于中流砥柱位置的雕塑家，他们从传统文化中汲取灵感，再结合时代特征创作出一批既蕴含着古典气质，又不脱离现实生活的作品。继古开今学术座谈会围绕“古典精神的当代价值”“古典精神的必要性和可能性”以及“继古与开今的矛盾点和价值点”等几方面问题来谈。会议由中央美术学院雕塑系教授、雕塑家曹春生先生主持，由宋伟光先生作了会议总结。参与座谈会的有清华美院教授包林、北京大学教授李凇、批评家邓平祥以及石村、夏和兴、徐晓虹、王少军、翟庆喜等艺术家，和罗敏、盛葳、刘礼宾等批评家。

◎ 中国动力——2009中国国际雕塑年鉴展工艺复兴专题学术座谈会

2009年5月，北京国际雕塑艺术区举办了工艺复兴学术座谈会。我国的工艺美术历史悠久，但是建国以后在各个时期屡遭冲击。从本世纪初，国家把保护文化、保护传统工艺、保护非物质文化遗产，保护民间艺术提到了文化建设的高度来进行推动与发展。这给工艺的发展、复兴带来非常好的机遇。现在的整个形势对文化的推动，寻求艺术跟文化的创新有积极的影响，这是一个非常好的条件。

◎ 中国美院雕塑系举办纤维与软材料造型——空间思维教学成果展

2009年5月5日，中国美院雕塑系第五工作室，纤维与软材料造型——空间思维教学成果展在雕塑系天光厅开幕。雕塑系主任龙翔致辞，副主任班陵生，第五工作室学术主持人施慧等多位老师在开幕仪式上作了简要的发言，单增老师对这次课程的过程和成果做了指导性的归纳和总结。本次教学成果展集中展出了雕塑系本科四年级42名学生，历时四周对纤维与空间艺术的探索和创作成果。这些成果展现了同学们在认识和体验软材料形式与内容相关联的基础上，形成对软材料造型更具拓展性的专业化创作思维。四周的空间思维创作实验，更培养了同学们作为一个艺术家必要的工作方式、思维习惯和自信心！

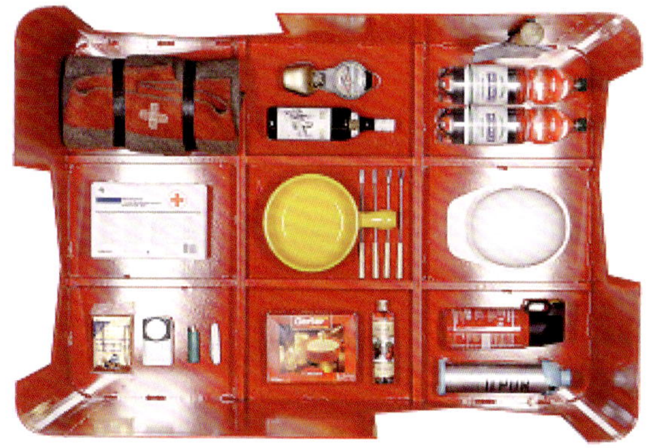

◎ **大型群雕《收租院》 上海美术馆**

2009年5月11日，由上海美术馆和四川美术学院美术馆合办“《收租院》大型群雕与文献展开幕。此展览将展出由四川美术学院于1974年在1965年创作完成的泥塑版本上重新复制的玻璃钢浇铜作品《收租院》，以及与《收租院》创作相关的文献艺术资料。《收租院》大型群雕由六个部分组成，总共约有103件作品。这组雕塑采用文学性、连环画式的叙述手法，串联众多人物组合，反映了旧中国农民深受剥削压迫的历史事实。

◎ **渡：展示应急建筑设计 体现人文关怀图**

2009年5月12日至24日，“渡：国际应急建筑设计展”在中国美术馆举行开幕。组织这次展览旨在引起社会对灾区重建关注，中国美术馆邀请了国际知名的16支优秀建筑设计团队参加展览。他们分别来自欧美和日本、中国。他们针对全球不同地域和气候中的典型性自然灾害（例如地震和飓风）或社会灾害（例如流行性疾病），设计了16件可行、快捷、安全和更人性化的应急建筑设计，向公众积极推广环境保护意识。展览不仅充分体现了应急建筑的环保节能、就地取材、运输便捷、搭建简易和造价低廉等实用特质，也体现了以人为本的人文关怀。

◎ **2009香港国际艺术展**

2009年5月14日至17日，2009香港国际艺术展在香港湾仔香港会议展览中心1号展览馆隆重举行。本届香港国际艺术展将有超过110家的画廊参与展出，主要来自澳大利亚、中国（包括香港和台湾地区）、捷克共和国、法国、德国、印度、意大利、日本、韩国、英国及美国等20多个国家和地区。其中欧美以及其他西方国家的画廊大约有30多家画廊，其余几乎全部来自亚洲，日本就有十多家参展。呈现来自当下世界各地最新鲜、最激动人心的当代艺术品和20世纪艺术大师的经典作品。作品类型包括素描、版画、摄影、油画，以及雕塑、录像和大型装置等各种艺术门类。最新的艺术创作方式、材料和媒介语言都将在那里一饱眼福。不少国际级艺术家也将展出个人作品，如艾未未、吉提斯(Jitish Kallat)、蔡国强、赫斯特(Damien Hirst)、Julian Opie 及Jean-Michel Basquiat等，可谓星光璀璨。这样的展览再次印证了香港一直以来都在努力成为连通东西方艺术交流门户的心愿和理想。

◎ **2009上海国际科学与艺术展开幕**

2009年5月15日，2009上海国际科学与艺术展在浦东展览馆开幕。本次展会仍以“展览-论坛-公演”为主线，全方位演绎“让科学走进大众，让艺术融入生活”的宗旨。展会设置了5大展馆，吸引了来自中国、美国、法国、马来西亚、韩国、瑞士、挪威等国家和我国香港、台湾地区的作品。“院士画廊馆”展现院士风貌，突出院士在科研探索中发现的蕴含神奇美感的科研作品；“世博中的科学发现馆”围绕世博科技领域，展示科学探索的发现与世博的发展；“创意设计馆”走进选材的创意世界领略社会的发展和人类文明的进步；“科学艺术教育在学校馆”运用寓教于乐的方式，呈现教育中的艺术之美、科学之路；“国际馆”则点燃观众互动乐趣的细胞，领略最新科技带来的全新体验，感受人类的和谐生活。

◎ 2009第二届艺术市场发展高峰论坛

2009年5月16日，在深圳市宝安中旅大厦·万悦国际酒店三楼宴会厅举办2009第二届艺术市场发展高峰论坛。本次会议有两个议题，一个是核心竞争力：中国艺术产业的创意动力与品牌推广；一个是市场一体化：亚洲艺术市场的整合趋势和推动背景。21世纪以来亚洲艺术越来越受到世人关注，它以一股强劲的姿态，冲出西方现代艺术20世纪长达几十年的称霸势态，在国际上崭露头角，形成一种新的势头。全球化所带来的开放性，既体现于亚洲针对全球艺术市场体系的不断融入，也体现于亚洲各国艺术市场间的彼此交互。寻求亚洲的价值共识，借助艺术产业形成市场一体化等变革的呼声越来越强烈。

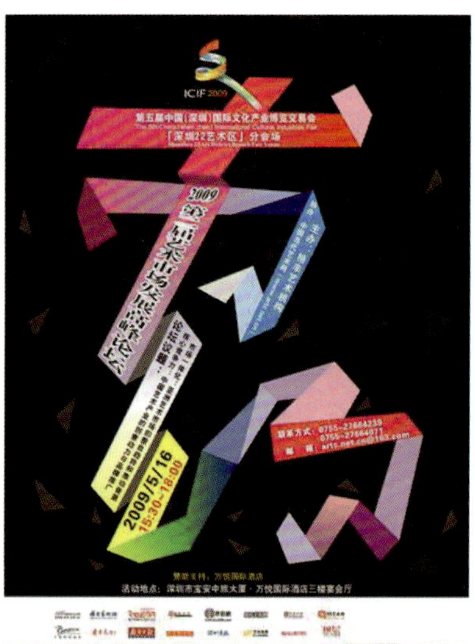

◎ “中国工艺美术文化创意奖”评奖揭晓

2009年5月18日，“中国工艺美术文化创意奖”颁奖仪式在文博会的主会馆深圳会展中心举行,《莉莉》(茶具)等12件作品从1210件作品中脱颖而出,获得“中国工艺美术文化创意奖”特别金奖。一套由原全国人大常委会副委员长、现中国工艺美术协会名誉理事长李铁映亲手制作的紫砂壶《铁映十八式》获得特别贡献奖。旨在检阅各地工艺美术最新成就,促进并引导创作和人才成长的文博会“中国工艺美术文化创意奖”评审,已举办了三届。评委会由中国工艺美术大师、高等院校及行业专家组成。本届活动收到来自全国28个省市的优秀参评作品1210件。经推荐、评审,本届共产生特别金奖12项,金奖112项,银奖136项,铜奖108项,授奖面达32%。

◎ 中国当代艺术国际论坛在京召开

2009年5月26日至29日，在北京珀丽酒店举行了为期4天的首届“中国当代艺术·国际论坛”——2009北京国际中国当代艺术理论批评研讨会。首届论坛由北京大学美学与美育中心、美国芝加哥艺术学院、美国匹兹堡大学、中国人民大学人文学院、北京墙美术馆主办。该研讨会讨论的主题为：“什么是中国当代艺术？——它的定义、特征、与西方当代艺术的关系及与中国传统艺术的关系”。研讨会有中西方学者参加，共同探讨世界艺术史视角中的中国当代艺术及中国当代艺术与中国传统艺术之间的关系等艺术理论的议题。并首次由中西学者共同撰写中国当代艺术理论和批评论文文集，并在会后结集出版发行。

◎ 潘鹤雕塑作品《坦赞铁路歌》 拍卖

2009年5月29日，中国嘉德2009春季拍卖会在嘉里中心大酒店开槌，首日拍卖即吸引众多收藏家和爱好者亲临现场，诺大的拍卖场内座无虚席，众多买家甚至站着参与竞投，轮番竞价，气氛热烈，中国雕塑系列专场“东南雕塑”专场中，现当代雕塑史上具有极高地位的潘鹤老先生的精品——1976年创作的《坦赞铁路歌》，以89.6万元人民币的成交价，拔得该场头筹。目前市场上很少有他的作品出现，尤其是精品更为难得，拍出此价，实至名归。

◎ 抽象美国：新绘画和雕塑展　美国当代艺术家

2009年5月29日至9月13日，抽象美国：新绘画和雕塑展在萨奇画廊展出，号称英国艺术界“时髦风尚之开创者”的查尔斯·萨奇在关注亚洲很长时间之后，又开始将精力专注起西方艺术界，这一次其举办的展览集中展示美国当代艺术。主题为“抽象美国：新绘画和雕塑”（Abstract America:New Painting and Sculpture）。展品来自30多位美国艺术家，他们大多来自纽约和洛杉矶，这些艺术家的作品从来没有在英国被展示过，而且也没有英国代理画廊。从这个展览中看到了纽约和洛杉矶艺术家的野心和他们正在进行的探索。

◎ "汶川周年纪念雕塑展"　上海

2009年5月30日，由中国文学艺术界联合会、中华慈善总会、中国美术家协会和中国美术馆联合主办，"5.12"中国汶川大地震抗灾周年纪念雕塑展组委会、中国美术家协会雕塑艺术委员会、五角场800艺术区（二期）和上海汉臻文化传播公司承办。钱绍武、陈瑞、陈克、朱成、项金国、钱斯华等百余位中国当代著名雕塑家为展会带来了为纪念"5.12"汶川大地震一周年而创作的精品力作，共计100余件。作品通过生动的雕塑造型，再现了全国和四川人民团结一心抗震救灾，重建美好家园的感人事迹，每件作品都凝聚着雕塑工作者心系灾区，情牵国运的社会责任感。

陆月

◎ "意派——世纪思维"展

2009年6月1日至22日，由今日美术馆、墙美术馆、红砖当代美术馆主办，四川美术学院高名潞现当代艺术研究所协办，高名潞策展的"意派——世纪思维"在今日美术馆展出。展览将包括约三十几位老中青艺术家的作品。"意派—世纪思维"不限媒介。绘画、雕塑、装置、建筑、影像都有。"意派"是一种表现社会声音、哲学思考和艺术批评的自由方法，它将打破美学和社会的分离。展览分长期陈列部分和正常展览两部分。将选取五位最重要的中国当代艺术家的作品作为长期陈列。正常展览将展示三十位左右的艺术家，包括大陆、港台艺术家的近150件各种类型的作品。

◎ 苏富比将拍卖罗丹及其情人卡密尔的雕塑

2009年6月2日，在伦敦开拍19～20世纪雕塑专场，本场拍卖将拍卖87件雕塑。其中不乏罗丹、吕德等大师的作品。其中还有一件罗丹情人卡密尔(Camille Claudel)的经典作品，正是这件作品反映了卡密尔对罗丹的苦恋。他们以师徒关系演变为情人、背叛者、艺术劲敌，十五年的感情瓜葛和伤害陪伴着卡密儿的一生。卡密儿1898年离开罗丹，成立自己的工作室，开始了独立的创作时期。这个时期的作品开始了一种对痛苦的宣泄和对死亡的表现，所有的疯狂、痛苦、忧郁、不得志，都被她糅进了大理石和黏土凝成的时空中，那些美丽的雕塑，默默陪伴她孤寂的艰难岁月。本次拍卖的铜塑《恳求》正是在这期间的创作。这尊铜塑是收藏在巴黎奥赛博物馆的青铜组雕"致命"(La Fatalit é)的一部分。女人跪着苦苦哀求，男人转身回到另一个女人身边。这次拍卖的正是苦苦哀求的那个女人的铜塑。

◎ 上大美院成立50周年 雕塑系在大棚"重启"

2009年6月5日，上海大学美术学院成立50周年庆祝活动正在沪太路的新校区内展开，上海与全国的美术界各路人士纷纷道贺。而1999年左右的上大美院雕塑系自筹资金建立的"上美沙龙"曾经做过许多活动，提供了难得的学术平台，活跃了当年上海当代艺术的整体气氛。这个曾经的当代艺术为数不多的“据点”又在各方努力下在上大美院雕塑系大棚空间内“重启”。现在的“大棚”空间原本是个仓库，挑高的屋顶在短短二十几天的时间内隔出了两层楼，23件师生作品看似不经意地摆放其中，多种材质在学生作品中的灵活运用让人感觉到雕塑的形式意义早已走出了宏大主题的限制，而是一种与环境对话的语言，首先追求物体的质感，保留材料本来的美质，不锈钢，金属焊接，石膏，海绵，矿物质材料，硅胶，甚至口香糖等材质组成的学生作品在尝试着艺术家与空间的讨论。

◎ 第53届威尼斯“双年展”开幕

2009年6月6日至11月22日，在双年展最早举行的场地Giardini中庭举行了第53届开幕礼暨颁奖礼。大会颁发了终身成就金狮奖给艺术家小野洋子（Yoko Ono）及John Baldessari。现场挤满了来自世界各地的艺术家、策展人及传媒等数百人。今届参与的国家及地区有77个，参展艺术家达90多位，数量是历届之冠。双年展分为主题展、国家馆展览和特别展3部分。本届双年展，中国当代艺术家参与了特别展的创作，参展艺术家包括被称为“中国当代艺术F4”的方力均、岳敏君、曾梵志、张晓刚以及周春芽、何多苓等中国当代艺术家。

◎ 雕刻木头和泥土：和 Nicholas Rena 作品展

2009年6月11日至10月4日，雕刻木头和泥土：和Nicholas Rena 作品展在法国巴黎装饰艺术博物馆展出，这是法国巴黎的装饰艺术博物馆首次将木雕塑同陶瓷雕塑同时展出。两位都处在事业巅峰的英国艺术家，Julian Schwarz（木雕塑家）和Nicholas Rena（陶瓷艺术家），通过他们对两种截然不同的材料的纯熟掌控进行空前的对话，交流他们对于“造型”“力量”和“静止”的探索。他们作品所展现出的强烈的构成主义风格，其灵感来源于具有上千年传统的实用器物，如有柄的小口壶、高脚杯和碗。

◎ 第5空间展——纤维与空间艺术展

2009年6月13日至7月15日，由中国美术学院与何香凝美术馆共同主办的“第五空间——纤维与空间艺术展”在何香凝美术馆举行。展览展出了中国美术学院雕塑系第五工作室（即纤维与空间艺术工作室）的教师、历届学生以及部分特邀艺术家的69件代表作品，参展人数达48人。参展作品皆为作者利用各种纤维与软质材料、结合空间创作的软雕塑，分为创作和实验教学两个部分。

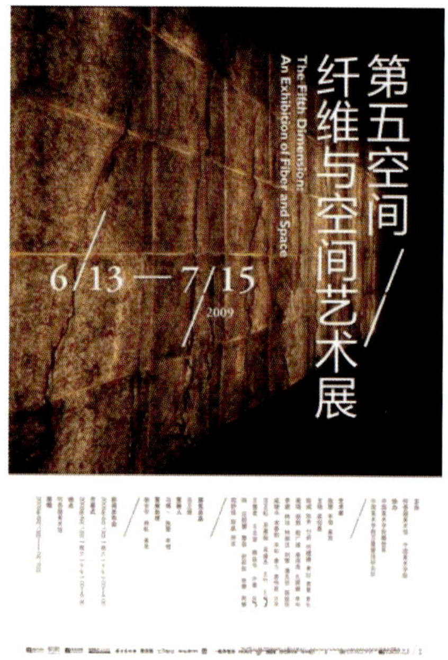

◎ “中国姿态——首届中国雕塑大展”北京总展

2009年6月20日至7月5日，由中国雕塑学会、中国农工民主党文化工作委员会、上上国际美术馆联合主办的“中国姿态——首届中国雕塑大展”北京总展在北京宋庄上上国际美术馆举行。这也是中国当代规模最大、参展人数最多、集专业性与学术性于一身的大型雕塑展。老中青三代雕塑家的作品集于一堂，这些作品中，有参考过去革命现实主义创作方法，并在新的历史条件下进行“再生性”创作的作品，有强调视觉审美、优雅抒情的作品，还有率性写意、体现东方美学趣味的作品等。本次展览是继厦门展、长春展、西安展、温州展、上海展、广州展后，在北京举办的总结性展览。展出作品近200件，代表了中国当代雕塑一流水平，完整呈现了中国雕塑的现状。

◎ 天津美术学院雕塑系“大飞机艺术计划”雕塑展　空中客车（天津）飞机交付中心

2009年6月26日，“大飞机艺术计划”雕塑展在空中客车（天津）飞机交付中心开幕。雕塑，作为一种久远的古老艺术，在一定意义上成为人类生活及历史的珍录。我们此时与空中客车（天津）飞机交付中心有限公司合作来实现大飞机艺术计划，以与飞机相关的创作元素和概念去定格雕塑的恒久与魅力。人类的物质生活和精神审美趋向丰富和多元，思维空间变得异常活跃。于是，我们期望用“大飞机艺术计划”开始探索当代艺术的存在方式，追求用“雕塑艺术”的气质去构建艺术化生活，借助大飞机艺术计划的创作和实施来实现我们的想象。

柒月

◎ 和谐空间——2009三溪塘国际雕塑艺术邀请展

2009年7月8日至9月6日，由北京美术家协会雕塑艺术委员会主办，在天津三溪塘3+3艺术空间举行‘和谐空间——2009三溪塘国际雕塑艺术邀请展’。天津卓达的三溪塘项目打造了一片世外桃源般的风景，定位在艺术与原创，通过生活与艺术相遇的途径旨在为未来在这里居住的人们塑造别样的生活品质。根据整个项目的规划设计，雕塑艺术将成为园区的造型要素之一，这次“和谐空间——2009三溪塘国际雕塑艺术邀请展”的举办无疑是一次实践雕塑艺术落户三溪塘的实战性演习；不仅如此，通过这次展览让来到三溪塘的人们欣赏到来自不同国家、不同文化背景下的艺术家的精彩作品。

和谐空间——2009三溪塘国际雕塑艺术邀请展

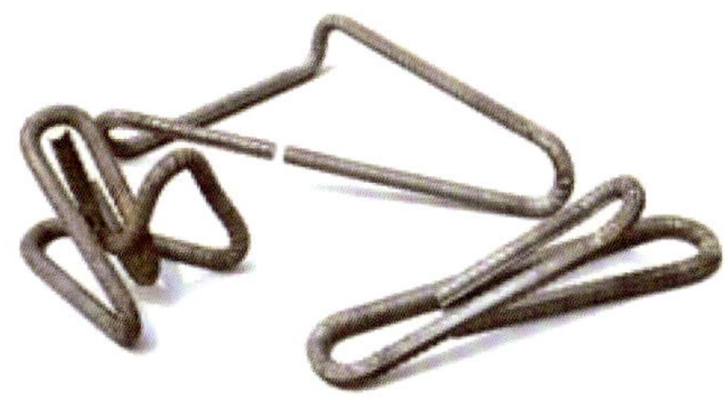

◎ 新疆乌鲁木齐国际城市雕塑创作营作品揭幕

2009年7月18日“2009中国新疆乌鲁木齐国际城市雕塑创作营”开营。作品揭幕仪式今天在乌鲁木齐市南湖广场举行，由国内外艺术家精心制作的60余件雕塑作品正式与乌鲁木齐各族市民见面。来自中国、美国、英国、法国、荷兰、瑞士、西班牙、捷克等24个国家和地区的艺术家，在雕塑营现场加工制作了62件雕塑作品。这些雕塑艺术家在世界享有盛名，他们选择了铸铁、彩钢、不锈钢、黏土、铸铜、石材等多种材料创作。经过几十天的努力，这些独具匠心的雕塑作品今天和新疆各族人民见面。随后，新中国成立60周年主题城市雕塑方案展也在乌鲁木齐市博物馆开展，共展出了千余件雕塑方案效果图。据了解，于今年3月启动的“和谐发展——2009年中国新疆乌鲁木齐国际城市雕塑创作营暨新中国成立60周年主题城市雕塑方案展”活动是新中国成立以来，新疆举办的规模最大、层次最高的一次大型国际文化艺术交流活动。

◎ 朱铭　“人间系列”　雕塑展

2010年7月19日至8月13日，由中国美术馆、朱铭美术馆共同主办的“朱铭人间系列雕塑展”于中国美术馆隆重揭幕。继四年前于中国北京展出“太极系列”雕塑后，今年再度于北京中国美术馆展出“朱铭人间系列雕塑展”。

众多美术界同仁纷纷到场致贺，中国美术馆馆长范迪安、著名雕塑家吴为山、中国台湾朱铭美术馆馆长吴素美女士等都做了精彩的发言，活跃了场上的气氛，艺术家本人的发言更为展览增光添彩。朱铭的作品向来表现东方之精神性，以人间百态为题材，深刻描绘其所见、所感的人间与生活；并以多元材质进行创作及尝试，叙说材质语汇之美。迄今，朱铭仍持续发展以人间为题之作品，在艺术道途上不断自我挑战，并落实“艺术即修行”之创作美学观。他也是华人艺术界的代表人物，相信首次亮相的“人间系列——囚”，必将为广大的艺术爱好者带来全新的视觉盛宴。

◎ 第十届中国长春(双阳)国际雕塑作品邀请展概况

2009年7月26日至8月29日，第十届中国长春(双阳)国际雕塑作品邀请展在长春双阳举行，本届邀请展的主题是自然 · 和谐 · 发展，定位为：国际性、艺术性、前瞻性。本届雕塑展共邀请来自17个国家和地区的国外雕塑家19位、旅居国外的华人雕塑家1位、国内雕塑家4位。本届雕塑展的作品以具像写实为主，材质以石材、铸铜为主，体量在3m左右。本届雕塑展秉持一贯的“长春模式”，通过县区举办雕塑展这一创新举措，为长春市雕塑展的举办模式进行有益的探索，为长春雕塑展丰富内容，提供借鉴。

◎ 以"叙事中国"为主题 2009成都双年展命题作画

2009年第四届成都双年展将于7月28日举行。本届展览由冯斌、贾方舟与邹跃进组成策展人团队，他们希望参展艺术家开拓思路，使用独特的创作方式和艺术语言，力求创新。与以往三届成都双年展不同的是，本届双年展将是一次“命题作画”：所有参展艺术家都将围绕“叙事中国”的主题，用作品来审视和思考中国30年来，特别是新世纪以来的变迁。本届双年展即将展出的作品包括油画、水墨、雕塑、摄影、影像、装置等。据介绍，肯定会有而且不止一件表现汶川大地震的作品参展。

捌月

◎ 纪念包豪斯建校90周年 柏林举办最大包豪斯展览

2009年8月1日，在柏林举办最大包豪斯展览，这一次回顾和纪念活动恰逢柏林墙倒塌20周年和包豪斯创立90周年。但对于展览而言，并不一定大就是好，特别是当它被如此多的政治意蕴所牵绊。本次柏林的展览，由包豪斯的3个分支合作举办，11月，还将赴纽约现代艺术博物馆（MoMA）展览。包豪斯如今在另一种状况下重归柏林。包豪斯的学生和教师的1000件作品集结在马丁-格罗皮乌斯（Martin-Gropius-Bau）博物馆，这个名为“包豪斯：概念性模型”的展览是历史上最大的对于包豪斯的回顾。展览地点处于柏林墙旁边和曾经的盖世太保总部不远处。

◎ “西岸风”第二届全国高校毕业生石雕创作营

2009年8月3日至13日，由中国工艺美术学会雕塑专业委员会、《雕塑》杂志社主办，泉州鼎立园林景观工程有限公司、西岸(福建)艺术研究有限公司、雕塑在线承办，惠安雕刻艺术研究会、艺术中国、雕塑中国以及美术同盟网协办的“西岸风”第二届全国高校毕业生石雕创作营在“中国雕刻之都”福建惠安拉开帷幕。主办方从25个院校的300余件来稿中严格遴选出来自中央美院、中国美院、湖北美院、鲁迅美院、天津美院、广州美院、东北师大7所院校的15件优秀雕塑作品参加本次活动。

◎ 陈志光个展“迷漫”在北京798开展

2009年8月8日至9月26日，陈志光“迷漫”个展在798艺术区别处空间开幕。此次展览旨在梳理陈志光2007年以来艺术创作的学术脉络，在作品的挑选和陈列上都力求表达展览的学术目的。在本次展览上，观众们也将看到新颖的蚂蚁群体是如何与别处空间本身就具有的别有洞天效果的空间巧妙结合的“迷漫”景观，把大家带到另一个迷幻的世界。

◎ 第二届中国工艺美术学会木雕艺术专业委员会会员大会在东阳召开

2009年8月21日上午，第二届中国工艺美术学会木雕艺术专业委员会会员大会暨第四届中国（东阳）木雕竹编工艺美术博览会预备会议在东阳召开。会议由中国工艺美术学会副理事长、中国工艺美术学会木雕艺术专业委员会秘书长黄宝庆主持，中国工艺美术学会副理事长兼秘书长赵之硕、金华市委常委、东阳市委书记张仲灿到会祝贺并发言。来自全国12个省和中国台湾、香港地区的105名工艺美术大师、学者专家和著名木雕企业负责人参加了会议。21日下午，与会代表听取了第四届中国（东阳）木雕竹编工艺美术博览会的筹备情况。本届博览会由中国工艺美术学会、东阳市人民政府主办，中国工艺美术学会木雕艺术专业委员会、东阳·中国木雕城承办。

◎ “向祖国汇报——新中国美术60年”大展开幕

2009年8月21日上午，由中华人民共和国文化部主办的“向祖国汇报——新中国美术60年”大展在中国美术馆开幕。该展览为了隆重庆祝新中国60华诞，向祖国和人民汇报60年来美术创作的成果。该展览是在研究新中国美术发展历程的基础上，围绕新中国美术创作不同时期的主要特征，遴选中国美术馆及全国各主要博物馆、美术馆等机构以及私人收藏的名家名作共计687件，囊括了1949年新中国成立至今的大部分重要创作成果。整个展览持续到9月14日。

◎ 文化部任命吴为山为中国艺术研究院美术研究所所长

2009年8月21日下午2点，“文化部任命吴为山为中国艺术研究院美术研究所所长会议”在中国艺术研究院举行。文化部副部长、中国艺术研究院院长王文章，文化部人事司司长高树勋出席会议，中国艺术研究院党政领导和美术研究所全体在职人员参加会议。会议由中国艺术研究院党委书记、副院长张庆善主持，高树勋司长宣读了文化部1112号文件——关于任命吴为山为中国艺术研究院美术研究所所长的任职通知。

◎ 2009年全国高校毕业生优秀雕塑作品展　长春

2009年8月23日至9月18日，由中国工艺美术学会雕塑专业委员会、中国教育学会美术教育研究会主办，并由长春城市雕塑规划管理办公室、《雕塑》杂志社、东北师范大学美术学院承办。“2009全国高校毕业生优秀雕塑作品展”在长春世界雕塑公园雕塑艺术馆展出，本次展览的作品精选自全国20所院校50件优秀的毕业生作品，展览还发展出配套的“网展”和“毕业生石雕创作营”，成为中国工艺美术学会雕塑专业委员会的一个重要活动。

◎ 第十一届全国美术作品展览雕塑展

2009年8月28日，由中华人民共和国文化部、中国文学艺术界联合会、中国美术家协会联合主办、长春市人民政府承办的第十一届全国美术作品展览雕塑展在长春雕塑艺术馆开幕。此次展览是全国美展雕塑展第2次在长春举办。展出作品309件，其中评委作品6件。

玖月

◎ 景德镇当代最高水平的陶瓷精品将在台湾展出

2009年9月，海峡两岸陶瓷精品展在台北和高雄展出。此次活动旨在推动海峡两岸经贸文化交流，加深台湾同胞对景德镇陶瓷发展水平的了解。从6月16日起，组委会面向全市陶瓷相关企事业单位、各专业院校、科研院所、艺术机构、民间个人以及在景德镇创作的省外、国外艺术家和收藏者征集陶瓷展品。由中国工艺美术大师秦锡麟等专家组成的评委会从中选出２５０件作品参展。参展作品涵盖了６０年来各个时期景德镇最具代表性和工艺特色的陶瓷精品，有传统的青花、青花玲珑、粉彩、颜色釉，也有现代陶艺、建筑陶瓷、高科技陶瓷等。

◎ 庆祝中华人民共和国成立60周年“《英雄赞歌》——中原雕塑展”

2009年9月,郑州市雕塑壁画院承办策划的庆祝中华人民共和国成立60周年“《英雄赞歌》——中原雕塑展”隆重开幕。本次展览参展作品以庆祝建国60周年、歌颂党的领导和改革开放伟大成就为主题。作品涵盖广泛的时空概念，既有先烈、英雄、模范，表达我们的缅怀和崇敬；也有“平凡英雄”——普通劳动者的形象。展出雕塑作品98件.特别是，开幕式上，还进行了别开生面的“原生态”人物“雕塑”展示。本展览以雕塑形式弘扬主旋律，讴歌新时代，是一次体现雕塑界庆祝建国60周年的主题文化活动，也为省会市民提供一次具有特殊意义的文化大餐。

◎ 第一届中韩现代雕刻交流展　韩国首尔展览馆

2009年9月2日，由中国雕塑学会与韩国雕刻家协会共同主办的“第一届中韩现代雕刻交流展”在韩国首尔展览馆隆重开幕。曾成钢会长在展会上做出讲话，这是中国雕塑学会与国外雕塑艺术团体首次合作举办的展览，展览以小型雕塑作品为主，采用中韩两国雕塑协会互派代表团携作品参展的方式。首次展览在韩国举办，本次中国雕塑学会采取了特别邀请的方式邀请了13名中国艺术家参展，韩国雕刻家协会展出作品160余件。这是中国雕塑学会和韩国雕刻家协会在雕塑艺术方面广泛交流和合作的开始，为中国雕塑学会走向国际交流与合作迈出了切实的一步。

◎ “运动的张力”隋建国个展今日美术馆开展

2009年9月5日下午17时，由中国艺术研究推广中心、今日美术馆主办，阿拉里奥北京协办的“运动的张力——隋建国个展”在今日美术馆主展厅开幕。展览由巫鸿担任策展人，展出了隋建国最新的大型装置作品——运动的张力。作品利用一个庞大的动力系统将室内外空间巧妙地连接起来，通过技术与艺术的完美结合进行了一次突破性的尝试。今日美术馆的墙体首次被打穿，馆内与户外同时成为一件作品的展览空间，给观众带来了前所未有的视听震撼。隋建国是中国重要的当代艺术家之一，是中国当代雕塑的标志性人物。隋建国的艺术实践从学院现实主义传统中汲取能量，并且不断突破和超越传统的制约。在这次展览中，艺术家又一次创新，突破性地将高精密的科学技术应用在自己的艺术创作之中，给观众带来了全新的艺术震撼。

◎ 2009第十三届上海艺术博览会在上海开幕

2009年9月9日上午，“2009上海艺术博览会”在上海世贸商城隆重开幕。有来自美国、法国、德国、韩国、日本等10多个国家的120多家画廊机构参加本次博览会。其中四川画廊推出艺术玩具消费概念，吸引了观众的注意。借助艺术玩具作为新媒介推广艺术作品，可以打开艺术走向大众的一扇大门。艺术玩具在欧美已形成一股蔚为壮观的潮流。不少世界闻名的当代艺术家纷纷投身其中。在国内，艺术玩具也开始受到艺术界的关注，民间收藏热方兴未艾。

◎ 读空：郑路雕塑个展

2009年9月12日至10月6日，举办“读空：郑路雕塑个展”。此次展览是郑路的首次个展，将集中而全面呈现他的艺术创作。本次展览展示的7件作品，是由两万余不锈钢汉字焊接而成，组成作品的文字或诗或文。在此，中国书法文字与雕塑意韵交相呼应，互相生成。汉字具有丰富的形态之优美，中国文学文字能够产生丰富的思想之意韵。

◎ 苏富比举办“超越极限”大型雕塑展

2009年9月16日至11月1日，英国德文郡的柴斯沃斯庄园正在举办一场名为“超越极限”的大型雕塑展，主办方苏富比拍卖行称之为“目前为止最大、最多样”的现当代雕塑展。苏富比已经连续四年举办类似的雕塑展，为大型作品在室外空间展示提供了一个很好的平台。今年重要的展品是Henry.Moore和Aristade Millol的铸铜雕塑，以及Antony Gormley、Marc Quinn、Subodh Gupta和Fernando Botero等艺术家的当代艺术作品。所有展品都对买家开放。

◎ 第十一届全国美展漆画、陶艺展厦门开幕

2009年9月18日，由中华人民共和国文化部、中国文学艺术界联合会和中国美术家协会主办，厦门市文化局、中国美术家协会漆画艺委会、福建省美术家协会协办，厦门市政府、福建省文联承办的第十一届全国美展漆画、陶艺展区作品展，在厦门美术馆开幕。本届漆画、陶艺展区最终入选并展出漆画作品 286件、陶艺作品 121 件，是从全国直接应征的4500多件漆画、陶艺作品中评选出来的。当天下午，漆画、陶艺艺术家将分别召开学术研讨会。

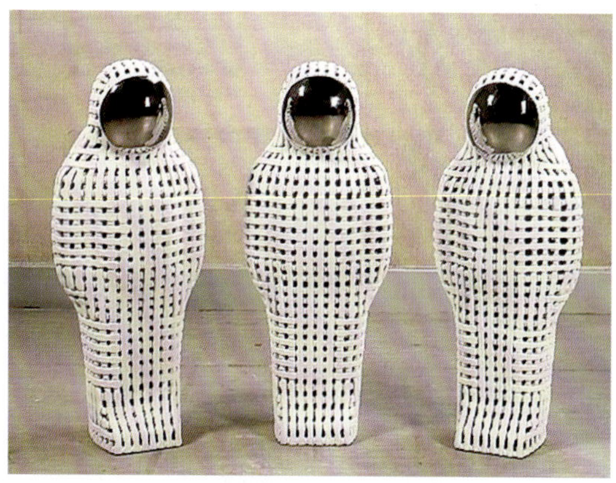

◎ 2009年798艺术节青年艺术家推荐展公布入围艺术家名单

2009年9月19日至10月25日，“2009北京798艺术节”在798艺术区举办，10月25日还将举行青年艺术家推荐展颁奖典礼暨798艺术节闭幕式，届时将颁出由艺术委员会评选出的特等奖、一等奖、二等奖、三等奖各1名，以及由众多知名主流媒体和艺术媒体评选出的3个媒体奖项。“玩·做艺术——再实验：智性与意志的重申”青年艺术家推荐展是“2009北京798艺术节”主题展，这也是798艺术节首次面向全国征集青年艺术家作品，共有800余位青年艺术家报

名，征集作品范围囊括中国画、油画、版画、水彩(水粉)、综合材料、雕塑、装置、Video、摄影等多种艺术形式。

◎ 香港2009当代艺术双年奖揭晓

2009年9月20日，由香港特区政府康乐及文化事务署主办、香港艺术馆筹划的大型公开艺术比赛“香港当代艺术双年奖2009”评选结果揭晓，摄影作品“香港影像：花园街”等14个项目获奖。香港艺术馆从1975年开始举办“香港艺术双年展”，至今已经是第16届。本届双年奖邀请了 9 位本地知名艺术家和学者，和6位来自内地及海外的艺术家担任评审。14项得奖作品及其余70项入选作品将于明年5月至10月在香港艺术馆展出。

◎ 大型雕塑 "祥云如意和谐盛世玺" 在朝阳公园揭幕

2009年9月22日，大型雕塑作品“祥云如意和谐盛世玺”在北京朝阳公园揭幕。“祥云如意和谐盛世玺”高3.6米，重26吨，整座雕塑为青石雕刻而成，由爱国人士、联合国教科文组织亚太区名誉理事、北京中加学校理事长彭建华博士捐资，书画篆刻家郑久康先生历时三年完成，为新中国60周年华诞献礼。

◎ 国家重大历史题材美术创作工程作品展开幕

2009年9月23日至10月20日，由中宣部、文化部、财政部主办的国家重大历史题材美术创作工程作品展览于2009年9月22日在中国美术馆隆重开幕。展览共计展出作品102件，其中国画33件，油画51件，雕塑18件。这些作品是经过国家重大历史题材美术创作工程艺术委员会严格评审出来的优秀作品，凝聚了众多艺术家数年的心血和努力，呈现了当前我国主题性美术创作的最佳水平。靳尚谊、詹建俊、全山石、吴山明、刘国辉、梁明诚、宋惠民、曹春生、冯远、刘大为、杨力舟、王明明、龙瑞、许江、施大畏、陈坚、曾成钢、程丛林、陈宜明、杨飞云、袁武、唐勇力、孙家钵、孙韬、陈科……老中青三代艺术家以强烈的责任意识参与到创作中来，把对于文化使命的思考和对精神品格的追求，贯注在对历史精神的追溯和创作技巧的探索之中。

◎ “穿行・裂变”傅新民现代艺术展

2009年9月22日至2009年10月21日，由全国公安文学艺术联合会、厦门市文学艺术界联合会主办，“傅新民现代艺术展”在北京798艺术区展出，它以“灵魂的栖居”为主题，展出《凝固的风景》《感悟》《穿行》《对话》《裂变》《织造》《蓝光》《感悟》《新生》等系列雕塑、水墨画作品。近年来，傅新民一直非常关注人的生存状态和生存空间。他将原始自然的材料（木头、树根）和现代工业文明的产物（钢铁、树脂），通过交织、糅合、挤压等手法，在灵感、智慧的涌动中形成了体量巨大、对立统一的雕塑作品，金木水火土相生相克的古老哲学思想与现代辩证思想贯穿于作品当中。

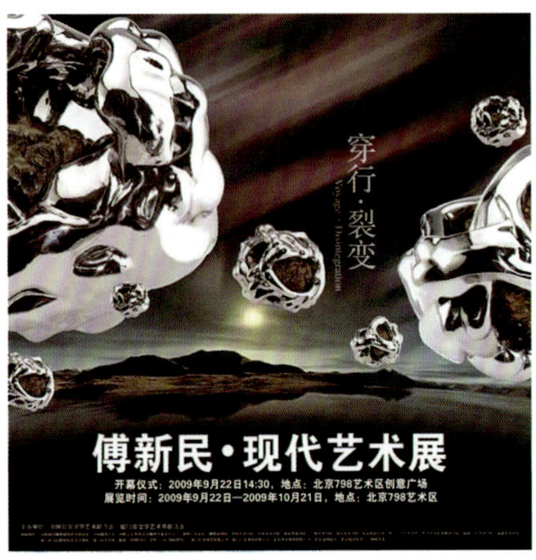

◎ 林家卫“变废为宝”环保雕塑国庆亮相青岛

2009年9月30日至10月4日，雕塑家林家卫利用工业废材及日常生活的废品制作出的99件作品在青岛宝龙城市广场展出。青岛文联副主席谢自强、《雕塑》杂志副主编宋伟光等嘉宾出席了展览开幕式，并对作品所倡导的环保意识予以肯定和赞扬。林家卫表示此次展览的举办也是他对于新中国60华诞的一份献礼。

拾月

◎ “不在现实”2009青年雕塑家邀请展

2009年10月2日至25日，由马文甲策展的“不在现实”2009青年雕塑家邀请展，在798艺术区0工场艺术中心开展，参加此次展览的29位年轻雕塑家的作品在现实的情况下创造出一种“不现实的真实性”，他们尽是自我专注地冥想和感悟，以自我劳作的方式在亲历中沉淀着自己的心灵。这种平静之下且可以看到他们现实中肉体上的担当和忍受。这是一种极具中国姿态的“修”而非“隐”的概念。正是他们的“修”让他们觉得需要重新构建自己的思想，升华自己的精神，在不现实的境界中营造现实。

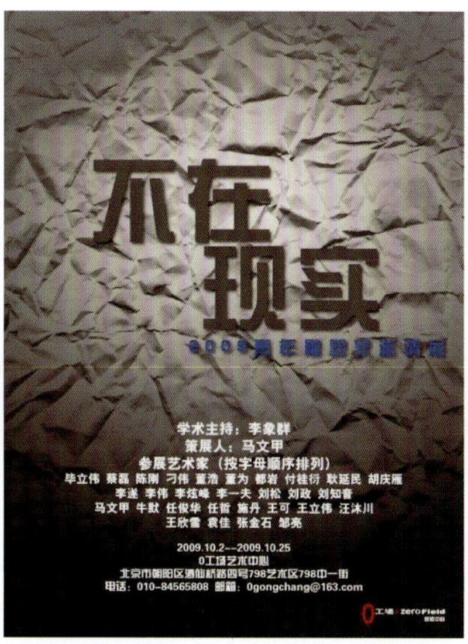

◎ 英国当红艺术家杰拉姆　病毒雕塑艺术品

2009年10月初，在伦敦展出了一组玻璃雕刻作品，由英国布里斯托尔市艺术家卢克·杰拉姆在病毒学家和玻璃吹制工的帮助下，制作了世界上这些最致命的病毒和细菌的玻璃雕塑，将病毒做成雕塑，甲型H1N1流感病毒、SARS病毒、HIV艾滋病毒……这些生物“杀手”让人闻之色变，几乎是丑恶和致命的代名词。所有人都没想到，这些病毒放大千万倍后，以透明的姿态出现时竟美得令人窒息，卢克·杰拉姆也凭借这个系列的作品在国际雕塑界声名鹊起。随即在国际当代艺术界和医学界引起巨大轰动，杰拉姆一跃而成国际当红艺术家。

◎ 轨迹——青年雕塑家新作网展启动

2009年10月9日至11月9日，由《雕塑》杂志社主办的“轨迹——青年雕塑家新作网展”在雕塑在线网站上正式举办。本次网展作为全国高校优秀雕塑作品展（简称高校雕塑展）的延续，持续关注和追踪历届高校雕塑展的获奖作者，考察他们离开校园之后的艺术发展之路。网展共展出47位往届毕业生的70件作品。通过对历届优秀毕业生近年新作的梳理，呈现他们融入社会这个大的艺术镜像后的百态人生。

◎ “专家杯”13位雕塑家作品落户北京

2009年10月10日至24日，“专家杯”国际雕塑创作营在北京开幕。此次雕塑创作营由专家国际花园开发商鼎嘉恒房地产开发有限公司携手北京市人文空间雕塑研究举办，由北京红炫广告有限公司全程策划。本次活动作为北京乃至中国，第一个非官方、以企业的力量，促进艺术事业的国际雕塑创作营，因为关注生活的主题，其艺术创作的氛围和主题更加自由，也由此产生了更多的交流与文化碰撞。

◎ 特纳奖得主、英国当代雕塑大师安东尼·葛姆雷：“我要摆脱皮肤的束缚”

2009年10月10日，安东尼·葛姆雷个展《另一个奇异》在北京常青画廊举行。这是继《亚洲土地》之后，他第二次在中国举办个展。本次展览最重要也是最壮观的作品《另一个奇异》占据了整座建筑的大部分，中间用封闭的多面体矩阵勾勒出一个虚无的人体形状，682根弹力绳连接到内墙。安东尼.葛姆雷以创作英国最著名的公共雕塑《北方天使》而蜚声国际，以一系列遍布全球的公共艺术项目引起巨大争议和讨论，以大胆前卫的现代艺术大奖特纳奖为自己加冕。葛姆雷是英国当代著名的雕塑大师。

◎ 东方遐思——安娜高美作品展　北京

2009年10月17日，国际著名雕塑大师，曾获意大利“普雷米奥·米开朗基罗”奖（意大利雕刻家最高荣誉）的安娜高美与老爷艺术中心合作，在香港马会举行她的个人作品展。这次北京作品展展出的作品主要为她早期的油画创作和现在的雕塑作品。其中有17幅油画，7幅素描和18座小雕塑，而备受世界关注的安娜高美代表作"心灵的外衣"也将在此次展览中亮相。

◎ “徐悲鸿奖·2009宜兴——中国城市雕塑大赛”揭晓

2009年10月18日至19日，由全国城市雕塑建设指导委员会指导，中国雕塑院、全国城雕委艺委会、宜兴市人民政府联合主办，以倡导“中国精神、中国气派、时代风格”为宗旨，著名雕塑家吴为山教授任艺术主持的“徐悲鸿奖·2009宜兴——中国城市雕塑大赛”系列活动在中国宜兴拉开帷幕。文化部副部长王文章、徐悲鸿夫人廖静文等领导和嘉宾出席了本次盛会并为新建成的中国宜兴雕塑公园揭幕。此次大赛获奖作品共计54件，成就奖作品共5件。此次“徐悲鸿奖·2009宜兴——中国城市雕塑大赛”构建了一个良好的交流平台，使人们对公共艺术和城市雕塑有一个更为完整的认识，并对中国的雕塑建设提供了有益的借鉴，同时它对江苏新一轮的发展及未来城市的演绎起到了抛砖引玉的作用，使艺术让城市更美好。

◎ 岸·月亮河首届学院雕塑展

2009年10月25日下午两点，由清华美术学院雕塑系、中央美术学院雕塑系、北京东润投资集团共同主办的“岸·月亮河首届学院雕塑展”在大运河畔的月亮河美术馆开幕。开幕式上，中央美术学院雕塑系副主任、著名雕塑家王少军、中国美协副主席、中国雕塑学会会长、清华大学雕塑系主任曾成钢、东润投资集团董事长戚春生、国际著名雕塑家、画家、首席设计师、艺术评论家司徒安，先后发表了热情洋溢的讲话，随后，四位致辞嘉宾与清华大学美术学院副院长赵萌、中央美术学院雕塑艺术创作研究所所长、中央美术学院附中校长孙伟一同上台为开幕式剪彩。此次展览汇集了来自两大高等院校师生及艺术家的百余件室内外雕塑作品，规模庞大，盛况空前。这些作品主要以巴洛克、写实主义和中国传统造型风格的雕塑作品为主，与园区内优美的自然环境产生了很好的呼应，是一个结合雕塑、环境与人文的典型成功案例。

◎ 首届惠安石木雕刻艺术精品展

2009年10月28日至11月8日，“首届惠安石木雕刻艺术精品展”在惠安西沙湾假日酒店举行，主题为“千年雕艺　世纪回眸”，意在将惠安境内近百年间的精品佳作做一次集中的回顾和展示。惠安雕艺融中原文化、闽越文化、海洋文化为一体；汲晋唐遗风、宋元神韵、明清风范之精华，使源于黄河流域，,的北派雕刻艺术逐渐蜕变成精雕细刻、纤巧灵动的南派艺术风格，并与建筑艺术相伴同在、生息共存，成为中华优秀传统文化的一朵奇葩。惠安有石雕、木雕、砖雕、泥雕、瓷雕，尤以石木雕品种居多。雕艺产品按其用途可分为碑石、城市园林雕刻、建筑建材构件、宗教雕刻、石木家私器具、工艺品等几大类；从工艺上主要分为沉雕、浮雕、圆雕、影雕、线雕、微雕几种。多有成千上万个品种，正在给中国、中国台湾、东南亚、乃至世界各地的雕刻艺术和城市公共景观留下时代的印记。

◎ “和平友好纪念雕塑”在中美8城互赠共建

2009年10月25日，由邹文策划，由北京市归国华侨联合会、佛山市南海区和美国大华府地区中国大陆大专院校校友会联合会、亚特兰大中华专业人士协会、美中雕塑联谊中心等共同举办的这项中美和平友好纪念雕塑活动，四件大型特制和平 友好主题雕塑运抵美国，并将陆续在美国华盛顿、新泽西、亚特兰大和堪萨斯落成。同时，四位美国雕塑家对等赠建的4件同主题雕塑，亦将分别落成于北京、上海、佛山和长春。这是中美建交30周年纪念活动中开演的一场文化大戏，象征着与中国改革开放同步的中美外交。

拾壹月

◎ 橘子洲毛泽东青年艺术雕塑　黎明

2009年11月1日，橘子洲头的毛泽东雕塑已经初现雏形。青年毛泽东艺术雕塑以1925年青年时期的毛泽东形象为基础，以强烈的视觉效果和艺术感染力，以及与橘子洲自然环境的完美结合，突出表现毛泽东当年胸怀大志、风华正茂的气概。雕像总高度32米，长83米，宽41米。雕像的基座设计成毛泽东的肩膀，寓意站在巨人的肩膀上，缅怀历史，放眼未来。毛泽东青年艺术雕塑获中国雕塑学会高度评价，是中国雕塑史上的新里程碑。

◎ 12革命烈士铜像在歌乐山建立

2009年11月，受重庆市有关单位的委托，四川美术学院雕塑系组织教员为重庆歌乐山烈士陵园创作了12尊革命烈士大头像，他们分别是：《叶挺》《杨虎城》《罗世文》《黄显声》《张露平》《江竹筠》《陈然》《许建业》《许晓轩》《车耀先》《宋绮云》《刘国志》。这些大头像雕塑统一高度为1.2米，加上台座有两米高，铸成铜像后呈围合状，建立在叶毓山创作的《歌乐山革命烈士群雕》广场的周围。参与创作的艺术家有：孙闯、许光福、谢兵、龚吉伟、彭汉卿、申晓南、龙德辉、曾岳、朱尚熹、刘威、张翮、彭娣。在泥塑创作期间，川美雕塑系的泥塑放大车间呈现出一种久违的壮观与气势，艺术家们发挥了极大的热情，在一个月内创作完了所有的作品。

◎ 悉尼海滩的最大户外雕塑展

2009年11月3日，悉尼的“Sculpture by the Sea”户外雕塑展近日开幕，来自澳大利亚国内外的114位艺术家的创意雕塑在邦迪海滩（Bondi Beach)和塔马拉马海滩(Tamarama Beach)之间展出，给美丽的悉尼海滩增加了一道独特的风景线。作为澳大利亚惟一的一个海滩当代雕塑展，它处于城市公共地界的特殊意味，暗含着此次展览具有两个交叉的主题——“公领域雕塑”与“非公领域雕塑”。公共空间应该如何呈现，成为此次雕塑展的主题之一，讨论会“活动的城市”将探讨今天城市空间中所存在的利益之争，并涉及到公共艺术的形式与雕塑语言应该如何应对城市空间。

◎ 王者之尊——田世信 作品展

2009年11月12日至16日，由邓平祥策展在今日美术馆展出，《王者之尊》主题雕塑，是雕塑家田世信近二年的倾力倾心之作。此次展览所展示的这一批作品，从主题思想到形式法则都是他的艺术的一次跨越性拓进，由此他的艺术表达进入了当代艺术的范畴。通过这一组作品他将历史性主题的三重可能——“纪念的”“好古的”“批判的”同时集于一身。于是他使自己的作品在叙述方式上进入了“宏大的结构”和“丰富的主题”的境界。田世信是一位富有成果且具有鲜明风格意义的雕塑家，但他从来不是一个形式主义者。他一直是以充溢的精神和丰沛的情感来支撑自己的形式大厦的。在语言和图式上，雕塑家是将中国古典线描人物造像的图典通过“大漆脱胎彩绘”方式换成一种当代观念性的空间雕塑语言。这就是所谓对经典图式的转释和再创造——显然这就是后现代的方式了。

◎ “米饭展”——奥地利艺术家的中国视角

2009年11月7日，主题为“米饭”的奥地利艺术家作品联展在北京安妮画廊开幕。参展作品是15位艺术家在中国生活了一段时间之后，根据自己对于中国社会的了解和理解在中国所创作的。他们从各自不同的角度、背景和兴趣，以多种媒介，创作了包含美学、文本等多种形式的作品。该展览由奥地利——中国艺术项目组（ASAP）主办。“米饭”在展览中影射着中国特定的生活方式、习俗乃至文化。图：艺术家骑着三轮车游走在北京的大街小巷，并不断地在车上添加路上捡来的东西，于是乎，三轮车成了一件独特的装置品。

◎ 内蒙古本土雕塑家联展在北京798开展

2009年11月14日至2009年12月3日，由内蒙古自治区雕塑学会3818库画廊主办北京美术家协会雕塑艺术委员会协办，由罗敏策划“飙风—内蒙古本土雕塑家联展”在798艺术区3818库开展，来自内蒙古草原的15位中、青年雕塑家们，带来的20件精品，这无疑给深秋中的798吹来了一股强劲的西北部的“飙风”。在展出的作品中，人与马和自然的关系已融入了人类的血和情，达到了高度的统一。

◎ “地契”毛同强个展在京举办

2009年11月15日至12月14日，毛同强在北京墙美术馆展出近期创作的《地契》。《地契》是一件由1400余件各个时期的“地契”组成的装置作品。在这件作品中，艺术家力图借用“地契”自身的文本价值、历史价值来言说20世纪中国社会革命、历史变迁与土地之间形成了内在而密切的联系。这种联系将会为观众重新考量与反思这段历史提供一个新颖的视角。正是从这个角度讲，“地契”展呈现出较强的文化学和社会学上的意义。

◎ 蔡国强展览《泡美术馆》在台北展

2009年11月21日至2010年2月21日，蔡国强回顾性大型个展《蔡国强·泡美术馆》在台北市立美术馆盛大展出，本次展览是蔡国强在台湾的首次大展，更是他近年来国际间展览规模最完整的一次。共计展出大型装置、火药草图、爆破录像等共35件作品，以及记录蔡国强人生和艺术历程的《大事记》，这些作品分别网罗自全球各大美术馆及私人收藏，以及3件特别创作的新作。纪录蔡国强各个创作阶段与历史记忆的《大事记》，可以看到艺术家最直接的点滴回顾与自我审视，而为中国台湾所做的3件新作：其一是赞叹中国台湾山水的《游走太鲁阁》；其二是首次开放观众参观并透过网络联机、连续两天的公开创作与爆破过程的《昼夜》，蔡国强延续中国文人画传统，以火药“绘出”时间流动中人物的情绪与古典人体之美；其三是专程从泉州运来的巨石雕塑装置《海峡》。

◎ “回顾与展望——湖北雕塑艺术展”

2009年11月21日至12月20日，由湖北省艺术馆、湖北省美术家协会雕塑委员会主办，湖北美术学院雕塑系、湖北省美术院雕塑创作研究室协办的“回顾与展望——湖北雕塑艺术展”在湖北省艺术馆隆重开幕。由项金国、李三汉，朗雪波策展。此次举办的“回顾与展望——湖北雕塑艺术展”，在回顾建国以来湖北雕塑历史的同时，力求呈现出目前湖北雕塑界的创作现状，更以期寻求湖北雕塑在未来发展中的无限可能性。展览共有70余位艺术家参展，这其中既有湖北老一辈的雕塑家，也有正处创作高峰的中青年艺术家，更有学院的新生代；既有执着于创作的留守者，也有曾学习、工作在湖北的旧友。

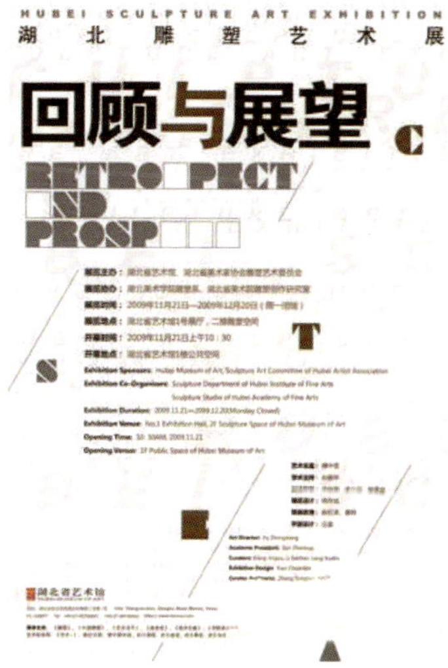

◎ 李可染塑像在江苏徐州落成

2009年11月21日，中国著名国画艺术家、美术教育家李可染塑像揭幕仪式在江苏徐州李可染艺术馆举行。李可染大师的夫人邹佩珠及子女参加了揭幕仪式。中国文联党组副书记、副主席覃志刚、市委书记曹新平为李可染先生塑像揭幕。李可染雕像高2.35米，由郑于鹤先生创作。

◎ 第四届北京文博会推介重点项目

2009年11月25日至29日，第四届北京中国文化创意产业博览会在北京举办。其主场馆设在中国国际展览中心，分展场扩展为9个并在区县设立，展会期间持续举办综合活动、展览展示、论坛峰会、推介交易、文艺演出、创意活动系列活动。据悉，本次展会主题为“激发文化创新活力，促进经济持续增长”，主办方面向国内外市场重点推介了北京崇文的前门传统文化产业集聚区、石景山的CRD（首都文化娱乐休闲区）、东城的雍和园国家网络游戏动漫产业（北京）发展基地、怀柔的影视基地、大兴的新媒体产业基地、顺义的国展产业园等数十个重大产业带动项目。

拾贰月

◎ 美国“艺术迈阿密”庆祝20周年纪念展

2009年12月2日至6日，“艺术迈阿密”举办庆祝其20周年纪念展。艺术迈阿密的资历和成功铸就了它作为年度最有威望的艺术大事之一的地位。博览会展示了来自国际的80个当代艺术画廊和著名机构的各种形式的艺术。其特别项目是举行视频艺术，策展人Julia Draganovic和Asher邀请了艺术家，博物馆，艺术机构和私人收藏家拿出明确的界定为“当地现实”的视频作品，这个视频艺术聚焦于像罗马尼亚、阿富汗、中国、南非和智利这些国家的“当地的现实”。

◎ 鲁迅美术学院雕塑创造奖

2009年12月9日在鲁迅美术学院美术馆举行“鲁迅美术学院雕塑创造奖”作品展及颁奖仪式。“鲁迅美术学院雕塑创造奖”由鲁迅美术学院主办，是鲁迅美术学院历史上第一个面向学生创作（不含毕业创作）的创作活动。它面向鲁迅美术学院雕塑系五年制本科生二至四年级、三年制研究生的二年级学生，作品参展范围为学生在课余时间创作的雕塑作品。旨在服务雕塑教育，从学术和艺术的高度褒奖、提携优秀学生，培养学生的创造意识。倡导和促成一种努力创新、勇攀高峰的积极向上、健康活跃的学术风气。

◎ 对角线——当代学院雕塑展

2009年12月9日，“对角线—当代学院雕塑展”在鲁迅美术学院美术馆举办。此次展览的形式别开生面，展览共分为两次。第一次已于10月21日在重庆美术馆进行展出，本次展览是“对角线——当代学院雕塑展”的第二站，以双方轮换主持的展出方式来体现双方的教学目的与创作主张。鲁美、川美分别地处东北、西南，地形上恰成对角之势，这种地域上的跨度也或多或少地影响着两校之间的不同教学主张与风格。两校具有影响力的雕塑作品呈现出了不同的雕塑语言追求与艺术表现方式。作为在全国有着重要影响的两所艺术院校，此次以对角线的方式携手举办联展，无疑对当下雕塑创作而言，起到了相互借鉴的作用，对于彼此的教学风格而言，也是一次很好的碰撞契机，将推动雕塑教育与创作向更开阔的领域拓展。

◎ 第十五届中国雕塑论坛　莆田

2009年12月13日，第十五届中国雕塑论坛在莆田工艺美术城举办。本届论坛由中国工艺美术学会雕塑专业委员会、莆田市经贸委、莆田市二轻工业联社联合主办，来自全国各地的专家、教授和工艺美术家等70余人参加，围绕“艺术与消费文化”等相关主题建言献策。

◎ 澳门中华民族雕塑园

2009年12月18日，澳门中华民族雕塑园开幕，该园将永久展示由内地56位著名艺术家创作的56座青铜雕塑，每座雕像连基座的总高度约为2.3至2.6米，基座上刻有各个民族的名称及简介。中国首个大型民族雕塑园落户澳门，意义重大，体现了祖国对澳门的关爱和支援。

◎ 唐大禧雕塑园　广州

2009年12月21日，一个以著名雕塑艺术家唐大禧名字命名的雕塑园在广州拉开帷幕，唐大禧雕塑园自2006年由广州市委宣传部倡议兴建，在广州雕塑公园拨地12亩，经过一段时期的筹划，于2009年初破土动工，于2009年底最终完成。唐大禧雕塑园从唐大禧从艺50年来创作的220多件作品中精选出31件摆放其中，既包括久负盛名的《欧阳海》《群山欢笑》《猛士》，又有其处女作《丰收之夜》，以及被各地文化部门收藏的精品复制，如《关汉卿》《海的女儿》《启明》等。

◎ 第十一届全国美展获奖展

2009年12月25日至2010年2月3日，由文化部、中国文联、中国美协联合举办的“第十一届全国美展暨首届中国美术奖创作奖获奖作品、提名作品展”在中国美术馆的全部展厅展出。中国文联党组书记、副主席胡振民，中宣部副部长翟卫华，文化部副部长王文章，中国文联副主席冯远，中宣部文艺局副局长汤恒，文化部艺术司司长董伟，中国美协主席刘大为，中国美协顾问及老艺术家廖静文、邹佩珠、哈孜·艾买提、尼玛·泽仁，中国美协副主席王明明、潘公凯、范迪安、许钦松、施大畏、何家英；中国美协秘书长刘健、总政艺术局副局长李翔、中国美术馆副馆长马书林等嘉宾、韩国美术家代表团、澳门美术家代表团、新闻媒体及社会各界人士参加了开幕仪式。全国美展全称全国美术作品展览，是中国最高规格、最大规模的国家级美术作品展览，每五年举办一次。第11届全国美展恰逢新中国成立60周年，作为“向祖国汇报系列活动之一”本次美展被中宣部列为新中国成立60周年重大活动项目，集中展示了一大批体现时代精神风貌的精品力作。第11届全国美展分为中国画、油画、版画、雕塑、壁画、水彩、粉画、漆画、陶艺、艺术设计、动漫、综合、港澳台10个展区，自2009年8月开始在各展区展开。中国美术界最高奖项首届“中国美术奖”也在第11届全国美展中评选产生，其中创作奖获奖作品同时同地展出。

◎ 西班牙雕塑家Jaume Plensa在世界第一高楼上做公共装置

2009年12月，西班牙雕塑家Jaume Plensa“世界之声”（World Voice）的作品正式揭幕。他是第一位在世界最高的建筑上做公共装置作品的艺术家，这件名为“世界之声”（World Voice）的作品，将安置在世界最高的建筑——迪拜塔高达800米的高楼上。这件作品将包括196个青铜，黄铜，及镀金材质的打击乐器钹，每一个钹的材料都来自一个不同的国家，它们合在一起会发出令人惊讶的柔和水声，那声音像是从天花板上滴下来的水滴的声音。Plensa最著名的作品是巴塞罗那城外三家相邻货栈的纪念碑式雕塑，另外一件位于芝加哥的千禧公园的雕塑皇冠喷泉也是他的著名作品之一，他是当代公共艺术创作非常多产的一位艺术家。

◎ 香港艺术中心雕塑展：艺术与日用品的趣味颠覆

2009年12月28日，艺术与日用品的趣味颠覆——香港艺术中心雕塑展在香港艺术中心包氏画廊展出。展览体现动感活力之都香港的多元文化及创意魅力。此次展览由18位背景各异的艺术家，包括巴西、日本、韩国、中国内地及香港，展出的作品涵盖多种艺术形式，并呈现统一的主题——以雕塑应用于日常生活，或指向日常用品。探索的课题包括传统人工制品与新材料的混合运用、传统价值与现今新科技之间的冲突，以及悠久工艺与新阐释艺术当中的化学作用。参与展览的艺术家，用驾驭丰富的想象力及幽默感重新演绎日常物品——时装、家具、工具等，颠覆其常规用途，以新手法将其塑造为雕塑艺术，同时引发人们雕塑作品于生活中的应用。

◎ 中国雕塑学2009年年会在南宁召开

2009年12月，中国雕塑学会常务理事会2009年年会日前在南宁广西艺术学院召开。中国美协副主席、广西艺术学院院长黄格胜到会祝贺。中国雕塑学会副会长、广州美院院长黎明、副会长隋建国、陈云岗、孙振华等常务理事20多人出席了年会。

◎ 澳大利亚雕塑家艾罗·布鲁斯·戴维斯去世

2009年底，澳大利亚著名雕塑家艾罗·布鲁斯·戴维斯教授去世，享年82岁。艾罗生于悉尼，1947年在悉尼大学获工程技术学士学位，而后在伦敦学习雕塑。回到澳大利亚后，他一直从事教育工作，在建筑制模方面很有独创。悉尼的麦格理大学的第一栋大楼就采用了他设计的模型。从1992年起艾罗开始创建麦格理大学的雕塑公园。2002年他又协助创办西澳科旺大学的雕塑公园，这也是西澳最早的雕塑公园。2002年，艾罗荣获澳大利亚政府颁布的勋爵，以表彰他对艺术公益事业的贡献。2004年获麦格理大学名誉教授。他的雕塑作品在意大利Ravenna第10届国际双年展中荣获金奖。艾罗·布鲁斯·戴维斯的作品在澳大利亚，日本，意大利，德国和美国被广为收藏。

聚焦2010年

壹月

◎ “塑”说新语：70后雕塑家群展

2010年1月2日在北京新时代画廊，举办“‘塑’说新语：70后雕塑家群展”。此次展览主题为“‘塑’说新语”，旨在强调这些70后雕塑家，在雕塑领域所进行的探索研究。他们结合自身中国文化审美及现实生存经验，敏锐地捕捉现代社会发展与视觉文化需求的关系，各自在创作观念、创作手法、创作材料等方面，体现出与传统雕塑不同的独特面貌，展现了新一代雕塑家的新语言。

◎ 60个雕塑项目获“新中国城市雕塑建设成就奖”

2010年01月04日，由全国城雕委组织开展的“新中国城市雕塑建设成就奖”在京揭晓。“人民英雄纪念碑浮雕”“侵华日军南京大屠杀遇难同胞纪念馆的大型雕塑”“宋庆龄像”等60个城市雕塑项目获得“新中国城市雕塑建设成就奖”；“丰收门”雕塑等40个项目获得“新中国城市雕塑建设成就提名奖”。 这些作品涵盖了新中国成立60年来各个历史时期城市雕塑的代表作品，它们散布于全国各大城市的公园、街道、广场，不仅成为城市的知名文化景观，也融入城市居民的日常生活环境当中，从一个侧面记录了社会发展的历史足迹，潜移默化地影响着城市文化生活，也彰显了鲜明的时代精神风貌。

◎ “不是雕塑”展览

2010年1月16日至3月20日，“不是雕塑”在798艺术区林大艺术中心展出，“不是雕塑”，基于对传统雕塑范式的思考和质疑，选择了七位在作品中独具个人语言的艺术家。参展艺术家有陈文令、黎薇 、史金淞、吴笛 、许亨、向京、张一等。通过将雕塑作品的延伸和再阐释，作品是“雕塑”也不是“雕塑”。此次展览将藉由让作品与空间发生变化与关系，将雕塑的精神从传统定义的框架中抽离出来，使作品和观者之间的沟通变得更加纯粹与丰富。

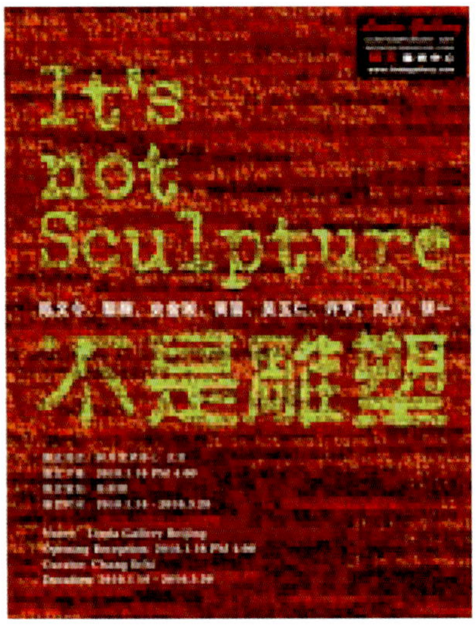

◎ 触·觉——卢浮宫雕塑触摸艺术展

2010年1月23日至3月7日，一场名为“触·觉——卢浮宫雕塑触摸艺术展”在湖北省艺术馆开展，首次打破“请勿触摸”的传统模式，观众“零距离”接触1 8件法国卢浮宫的原真复制雕塑作品。展览以“雕塑中的动态”为主题，分奋力、奔跑、舞蹈、飞翔和坠落五个单元，原真复制雕塑作品中包括《米罗的维纳斯》、米开朗基罗的《叛奴》等西方雕塑史上的经典作品。本地雕塑家的6件优秀作品也在展览中“对话卢浮宫”，共同构成此次雕塑触摸展。开展当天有100多名视觉残障人士“参观”该展览。本次展览由湖北省艺术馆、法国卢浮宫博物馆等单位联合主办。卢浮宫雕塑触摸艺术展迄今已在意大利、克罗地亚、哥伦比亚等国巡展。

◎ 美院毕业生召集14名雕塑爱好者雕制阿凡达

2010年1月25日，毕业于湖北美术学院雕塑系的郑贵被电影《阿凡达》中人物强烈的视觉冲击力激发出创作灵感，便召集14名雕塑爱好者，按照电影中人物的原始尺寸，花了10天时间，用了约4吨雕塑泥制成这两尊塑像。这对雕像还将被涂上颜色，穿上波丽材料的外衣。

◎ 清华大学成立张仃艺术研究中心

2010年1月25日，清华大学张仃艺术研究中心成立大会在清华大学主楼隆重召开。本次大会由中国文联副主席、清华大学美术学院名誉院长冯远主持，中共中央政治局委员刘云山发来贺电，清华大学党委书记胡和平、教育部副部长陈希、文化部副部长王文章分别致辞。据了解，张仃艺术研究中心是清华大学设立的校级学术机构，由清华大学美术学院和人文社科学院共同组建，张仃先生的夫人理召担任中心名誉主任，清华大学美术学院袁运甫教授受聘担任中心主任。其他受聘担任研究中心研究员的专家学者近百人。

◎ 报喜鸟新锐艺术人物评选揭晓

2010年1月27日，第一届报喜鸟新锐艺术人物在北京梅兰芳大剧院揭晓。报喜鸟集团作为中国服装领域男装品牌企业，有志成为创意产业的推动者，举办此次活动奖励年轻新锐艺术代表。根据新锐艺术大奖4大类别版块，分别颁发了表演艺术奖、文学艺术奖、空间艺术奖和视觉艺术奖。空间艺术奖的选拔对象是建筑、雕塑和装潢装置等艺术范畴的人才，最终得奖者是来自中央美术学院的王郁洋，视觉艺术奖包含了绘画、书法、摄影等带给人视觉享受的艺术领域的优秀力量，王斐的《五月天》终揽此奖项。

◎ 安尼施·卡普尔为伦敦奥运设计雕塑

2010年1月28日，英国著名艺术家和特纳奖得主安尼施·卡普尔设计的雕塑有望成为2012伦敦奥运会的纪念建筑。普尔的设计是不对称的钢结构，高度达400英尺(约122米)，外形像一串连在一起的断裂的圆环。该雕塑将与水上运动中心的曲线外观相呼应，同时也暗含着奥运五环的标志。

◎ 红岩烈士群雕获全国雕塑最高奖

2010年1月29日，经全国城市雕塑建设指导委员会组织评审，歌乐山烈士陵园《歌乐山烈士纪念碑》(又称《歌乐山烈士群雕》)获得“新中国城市雕塑建设成就奖”，这也是全国雕塑界级别最高的奖项。烈士群雕位于歌乐山烈士陵园红岩魂广场一期台阶与烈士公墓之间。由438块红色花岗石组成，共19层，高11米，四周各宽7米。

贰月

◎ 马德里当代艺术博览会(Arco Madrid)

2010年2月17日至21日，ARCO国际博览会在西班牙马德里的卡洛斯一世展览馆举行。届时，来自世界各地的画廊、收藏家和其他的相关人士将聚集到这里。本次的

ARCO博览会上，来自中国本土的北京空间画廊(Gallery Beijing Space)将带去3位来自中国不同时代背景的的作品，在前卫的全球艺术舞台上展示中国，这些作品将是对中国社会的各个层面的最真实的反映，我们可以看到广阔的地域和文化的多样化对的创作产生的巨大影响。

叁月

◎ 杨英风、杨奉琛的昨日今朝——中国美术馆为台湾父子雕塑大师办展

2010年3月，北京的中国美术馆，为已故的台湾艺术大师杨英风和现为台湾雕塑学会会长的杨奉琛大师，举办一场以台湾两代艺术大师“大器遇合”与“五行再生”为主题的艺术展。在杨奉琛的艺术生涯中，父亲杨英风圆融而深奥的艺术生命力，是他艺术创作中最好的导师。杨英风常说“为自己做小作品，为大众做大作品”，更提醒了杨奉琛在艺术创作上应该本着无我的精神。而已年过半百的杨奉琛阶段性完成未圆的梦，当然也是他遥望父亲杨英风不朽雕塑成就，在艺术创作上追求目标的新起点；这个起点将会一直引领他不断向前。

◎ 著名雕塑家李守仁先生因病在京逝世

2010年3月5日下午2：05分，中央美术学院研究员、著名雕塑家、原中央美院雕塑创作室副主任、原全国城雕艺术委员会委员李守仁先生因病抢救无效于北京逝世，享年77岁。李守仁1953年毕业于中央美术学院雕塑系，1955年毕业于该院雕塑研究生班。历任吉林艺术学院教师，中央美术学院雕塑创作研究室副研究员。作品有《小画家》《吉布提烈士纪念碑》《周总理胸像》(合作)等。《周总理胸像》获全国美展三等奖并为中国美术馆收藏，《吉布提烈士纪念碑》《杨虎城将军纪念碑》分获第一、二届全国城雕优秀作品奖。

◎ 国际雕塑中心　2010年的终身成就奖

2010年3月4日，国际雕塑中心（International Sculpture Center）宣布2010年的终身成就奖（Lifetime Achievment Award）将颁发给世界著名的英国雕塑家Phillip King和William Tucker。2010年4月的《Sculpture》（雕塑）杂志将对两人进行特别报道。国际雕塑中心董事会于1991年设立了终身成就奖，旨在肯定对雕塑领域做出杰出贡献的独立雕塑家。雕塑中心是成立于1960年的由成员支持的非营利组织，旨在促进雕塑创造和对雕塑的理解，以及其对社会独特而重要的贡献。中心成员包括雕塑家、藏家、顾客、建筑师、开发商、记者、策展人、历史学家、批评家、教育家、铸造厂、画廊及博物馆等。

◎ 雕塑：《心灵方向》指向世博

2010年3月10日，上海世博会园区之一以“工业记忆”为主题的雕塑创作征集，经中国雕塑学会组织，杭州市雕塑院院长林岗先生作品《心灵方向》成为来自国际、国内共30件作品中的佼佼者，将永久放置在世博会“江南造船厂旧址”的江南广场。简约的雕塑语言，向人们阐述工业化对人、城市生活、文化艺术的影响，领悟工业文明的历史步履和空间意象。正如每个人心中都有一把琴，我们也许要用一生的时间去寻找，也许要用一生的时间来弹奏。

◎ 安东尼·葛姆雷的公共雕塑项目启动

2010年3月23日英国艺术家安东尼·葛姆雷的公共雕塑项目正式启动。31个按艺术家本人身形打造的真人大小的人体雕塑出现在美国公共空间中。艺术家本次共有31座模型安装在纽约地标的屋顶上，其中包括帝国大厦、熨斗大厦及纽约人寿大厦。另外，4座人体模型安放在第五大道、麦迪逊大道及市中心其他地标的地面上。葛姆雷在谈到自己的项目时说：“这些雕塑是被错置的实体。我们都是存在于空间中的实体，但究竟哪里是我们归属的位置仍然是个开放的问题。”

◎ 冰山上的来客：一尊即将沉没的雕塑

2010年3月，荷兰雕塑家Ap · Verheggen计划在经历过巨大气候变化的地区推出四个艺术项目。第一个项目，设计一件巨大雕塑作品，表现了一只拉着雪橇行进的狗，它已被安置在格陵兰西海岸的冰山上。等冰山融化时，雕塑将在海中消失。从理论上来说，这件雕塑的变化将持续两年时间，并最终在美洲大陆东海岸沉没。Ap 希望通过这个艺术项目，能引起人们注意气候变化的影响，特别是此影响对当地因纽特人文化所产生的后果。Ap的下一步计划是将雕塑作品安置在加拿大北部的其他地方，还有西伯利亚正不断消融的冻土层上。

◎ 徐冰作品 《凤凰》在今日美术馆展出

2010年3月27日至4月8号，徐冰作品《凤凰》在今日美术馆展出。参加展览开幕式的有中央美术学院副院长、艺术家徐冰，中央美术学院党委书记杨力，今日美术馆馆长张子康，睿芙奥艺术集团徐莉女士，四川文轩艺术投资管理机构张达星等。此次展览由今日美术馆、徐冰工作室、睿芙奥艺术集团主办，广达电脑、四川文轩艺术投资管理机构赞助。《凤凰》是艺术家徐冰回到中国后，从中国现实中获取灵感和视角的最新力作。是他耗费两年心血、历经各种变化，倾心投入的杰作。该作品的制作材料取自北京建筑场馆建设过程中的建筑废料，包括了建材、建筑工程设备、劳动工具、民工生活用品等众多现场材料。作品让人们见证了劳动、发展与财富积累的深层关系，以及它们在今日中国的现实呈现。讨论了中国历史及现实的伤痕与美好梦想的关系，同时，也深切关注环保主题。

肆月

◎ “新中国城市雕塑建设成就展” 北京

2010年4月2日，“新中国城市雕塑建设成就展”开幕式暨“新中国城市雕塑建设成就奖暨成就提名奖”颁奖典礼在中国美术馆隆重举行。住建部副部长仇保兴、文化部副部长王文章、民盟中央常务副主席张宝文、中国文联党组副书记覃志刚等领导为开幕式剪彩。著名雕塑家、全国城市雕塑建设指导委员会艺术委员会主任吴为山在开幕式上致辞。

◎ 中国雕塑界情系玉树

2010年4月20日，“情系玉树，大爱无疆——抗震救灾大型募捐活动特别节目”在中央电视台1号演播大厅举行。据统计，这台募捐晚会共募得善款21.75亿元人民币，金额超过了2008年央视汶川地震募捐晚会募得的15.14亿元。中国雕塑学会会长曾成钢应邀参加了本次特别活动并以个人名义捐款10万元。玉树特大地震发生后，中国雕塑学会积极响应文化部社团办组织的抗震救灾活动并捐款两万余元。

◎ 2010年上海世博会园区雕塑落成典礼在世博轴举行

2010年4月6日，中国2010年上海世博会园区雕塑落成典礼在世博轴举行，它标志着园区四大雕塑项目已顺利完成。上海世博会事务协调局副局长黄健之出席落成典礼并宣布园区雕塑落成。上海世博会事务协调局副局长丁浩主持仪式。中国美院参加世博园雕塑制作的部分艺术家和其他各雕塑策划团队嘉宾及代表200余人参加了落成典礼仪式。世博园区雕塑主要可分为四大版块：世博轴雕塑艺术长廊、沿江景观带、主要入口广场和江南广场四大项目。

◎ 风格各异的世博园区雕塑

2010年4月7日，76件（组）雕塑在上海世博园区世博轴雕塑艺术长廊、沿江景观带、主要入口广场以及江南广场四大区域安家落户。这些风格各异的雕塑出自中国、美国、澳大利亚、日本、俄罗斯等几十个国家雕塑艺术家之手，堪称一曲多元文化的交响乐。

◎ 隋建国荣获AAC“年度艺术人物”大奖

2010年4月23日，“第四届AAC艺术中国·年度影响力评选（2009）颁奖盛典”中，艺术家隋建国获得雕塑类年度艺术人物大奖，朱尚熹先生代表《雕塑》杂志，与评论家殷双喜先生共同为其颁奖。评审团认为其获奖原因在于：他2009年的新作《运动的张力》为中国的雕塑实践开拓了一片新领域。颁奖典礼现场共揭晓包括书法类、国画类、油画类、雕塑类、摄影类、装置多媒体类年度艺术家大奖、年度青年艺术家大奖、年度艺术展览、年度艺术出版物，以及行业特别贡献奖、终身成就奖两个特别奖项，共计颁发11项奖项。其中，吴冠中先生凭借卓越的艺术成就和造诣，荣获“终身成就大奖”。

◎ 《雕塑》十五周年特邀艺术家展　国粹苑

2010年4月25日，由《雕塑》杂志主办，《雕塑》十五周年特邀艺术家展在北京国粹苑拉开序幕。参会嘉宾有中华人民共和国文化部副部长赵少华、中国文联副主席李牧、中国工艺美术学会理事长杨自鹏等人。参展艺术家皆为《雕塑》杂志顾问委员会、艺术委员会、编辑委员会委员中从事雕塑创作的委员，以及杂志社长、主编、《雕塑》杂志封面艺术家，还有长期关注杂志的艺术家钱绍武、安东尼·司顿斯、王天任、曹春生、田世信、朱尚熹、范伟民、霍波洋、殷小烽、吴为山等，共36人。每位艺术家的作品分别在各自的独立空间呈现，平均每人参展作品达十余件，独立空间面积从60至200平方米不等，展厅总面积近8000平方米。这是国内自建国以来最大规模的一次联合个展，也是首次以这样一种方式来充分呈现各个艺术家的艺术风格。

◎ “你西我东”中国当代艺术邀请展

2010年4月26日至5月5日，“你西我东”中国当代艺术邀请展在西安美术馆展出，此次展览由《当代美术家》主编俞可、深圳美术馆艺术总监鲁虹共同策划。艺术家们以油画、装置、雕塑、影像以及观念摄影等多种艺术表现形式来表达自己的观点，不论艺术家来自于哪个国家和地区及采用何种艺术手段，这些艺术作品，都是当下社会生活不同角度的反映和缩影，为理解和认识当下生活提供了视觉的解读，增加了艺术的维度。此次“你西我东——中国当代艺术邀请展”中的作品无论是在题材上还是媒介上都比较新颖且多样，他们向观众展示了在当前开放的价值体系下，艺术创作在政治、经济、哲学等多个领域的碰撞中所呈现出的新的价值倾向和全新状态。

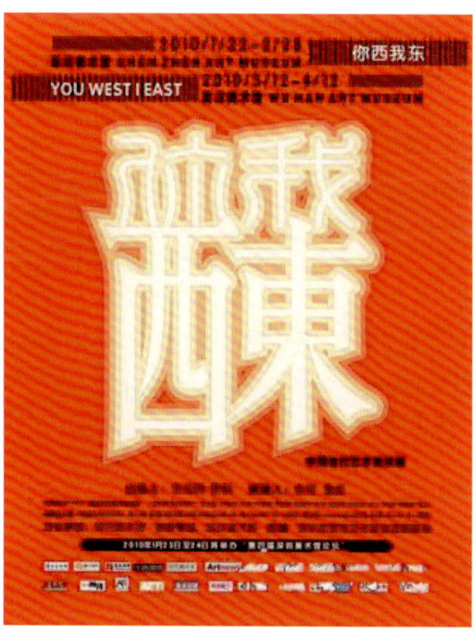

◎ 福州市美术家协会雕塑专业委员会成立

2010年4月28日上午，福州市美术家协会雕塑专业委员会成立大会在市文联召开，这标志着福州市雕塑艺术事业迈向一个新的发展时期。市文联主席徐杰、市文联副主席米伟、市美术家协会主席郭辉及雕塑界代表等50余人参加了成立大会。

伍月

◎ 两岸雕塑名家艺术展杭州首展

2010年5月2日，朱炳仁和杨奉琛，海峡两岸的两位艺术家在杭州举办其两岸艺术展的首展，中国国民党名誉主席连战、海协会会长陈云林共同为其剪彩。60余件艺术作品令参观者流连忘返。此次展出的两位艺术家的作品中，由两人共同创作的《富春山居图》格外引人注目，作品以熔铜锻铸为基座，以铸铜与蚀刻艺术将《富春山居图》收藏在台北故宫博物院的局部和收藏在浙江博物馆的局部，分刻制作在象征豆荚内的两粒金豆表面。两位艺术家希望借此暗喻两岸艺术家之间的大艺无峡，以及两岸人民血脉相连的深情。

◎ 上海世博会英国馆旁的红色“雕塑”

2010年5月5日，一位来自英国的女士在上海世博会英国馆旁进行行为艺术红色“雕塑”表演，为展馆增添了灵动的色彩。

◎ “新感觉”捷克雕塑艺术展 中国美术馆

2010年5月11日至6月30日，由中国美术馆、捷克布拉格国家美术馆联合主办的“新感觉——1960至1980年代捷克雕塑艺术展”新闻发布会在中国美术馆举行。作为中国“捷克文化节”的重要交流项目，此次的雕塑展在中国美术馆隆重举行。此展将展出雕塑作品61件。包括系列雕塑，玻璃雕塑，还有绘画作品和过去展览活动的照片等。展览着重介绍捷克雕塑界在20世纪60年代到80年代的艺术实践历程。重点放在对60到80年代捷克雕塑特点的表现上，即纯净的形象，透明的材料，意图同光影的实际结合。

◎ 张洹创作的巨佛雕塑“三头六臂” 旧金山

2010年5月12日，中国艺术家张洹的巨型雕塑作品“三头六臂”落成仪式在旧金山市政府广场举行，以纪念旧金山和上海结为姐妹市30周年。张洹希望这尊巨佛永久留在旧金山。“三头六臂”高度超过26英尺，重量近15吨，是张洹迄今为止创作的最大的雕塑作品。

◎ 董书兵“俯视原点”雕塑展开幕

2010年5月15日至6月15日，“俯视原点——董书兵雕塑个展”在798艺术区的中国雕塑学会雕塑沙龙开幕。中国美协副主席、中国雕塑学会会长曾成钢出席了开幕式。展览陈列了作者近四五年创作的“婴儿”系列雕塑作品。董书兵的“婴儿”系列作品沿用写实传统，造型简洁，颜色纯净，重点突出了婴儿与周围环境之间的紧张矛盾关系。而在这种矛盾中，观众感受到艺术家制造艺术作品的内在张力。雕塑家将婴儿形象表面化，但同时也可以看出，婴儿对周遭关系的反应也是现实生活中人类对所处环境的个人感受，对于所看的人来说，必定会产生一种莫名的共鸣，而共鸣的出现也成为艺术家作品成功的佐证。

◎ “1+1”湖北当代艺术作品展

2010年5月15至6月16日，由湖北省美术院美术馆、大楚艺术机构主办，韩洪东策展，在湖北省美术院美术馆展出此次展览有约90多位湖北年轻艺术家近百余件艺术作品集体亮相，向参观者展示他们鲜活的创造力和对艺术的坚持力。作品包括国画、油画、雕塑、新媒体VIDEO和装置艺术等多种艺术形式，并且绝大部分作品是首次公开展出。此展以一位艺术家及一件艺术作品“1+1”的组合模式展开进行，旨在让更多的、优秀的、年轻艺术家走向前台。这次大规模展示年轻艺术家的作品，重在让艺术“贴”近大众，让更多的民众和收藏者了解他们的艺术创造，为他们建立一个桥梁，之间还将举办互动性的艺术活动。

◎ “心血匠器” 雕塑展

2010年5月16日至6月16日，在北京林大艺术中心举办“心血匠器”雕塑展，由廖雯策展，此次展览广泛融合了西方古典写实主义、现代主义，中国传统艺术的多种语言方式，通过个人表达的实验路途，还原和梳理“雕塑”的概念，同时就中国古代雕塑语言转换中的个人理由，进行了着重讨论。

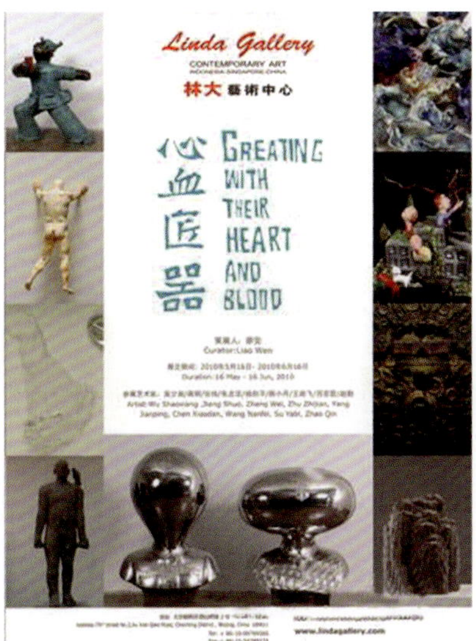

◎ 中国第一个孔子雕塑室在榕成立

2010年5月17日，闽江学院陈一帆教授孔子雕塑工作室”的银色牌匾，17日上午挂到福州市鼓楼区柳河路的陈一帆先生别墅大门上。中国台湾著名雕塑家陈一帆先生，也在当天收到闽江学院聘他为客座教授的聘书。这是海峡两岸共办的首个雕塑工作室，也是全国首个专门研究、设计、制作孔子塑像的工作室，陈一帆先生也成为首个在大陆高校拥有以个人名字命名工作室的中国台湾雕塑家。

◎ 世博轴雕塑展：交叉小径的城市

2010年5月19日，世博轴雕塑作品展蜿蜒、匍匐于世博会重要的永久建筑之一、长1.45千米的世博轴长廊两侧。20位来自国内11位、国外9位艺术家的作品，在某种程度上，已僭越出特定场所，转而在“城市嘉年华”的“非场所”给如潮的观者营造出了在交叉，有如街道逻辑般的园区，实现偶然遭遇艺术的意味——某种程度上说，这也是雕塑艺术大体量，集束完整植入街道、城市区域的实验场阈。

◎ 狼来了！ 2010刘若望雕塑个展

2010年5月22日至7月20日，由殷双喜策划的‘狼来了！2010刘若望雕塑个展’在北京798艺术区706北三街鼎峰空间展出，他以兵马俑似的语言，塑造草根化的英雄。刘若望“狼来了”雕塑艺术展，全面呈现艺术家数年来创作的整体面貌，作品囊括室内部分150余件、户外部分120余件的庞大体量与规模，凝结了艺术家在过去数年间孜孜以求、扎实勇迈的工作成果。

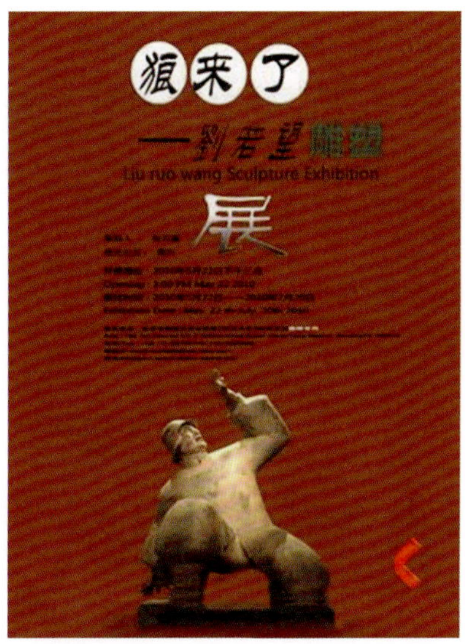

◎ 潘公凯观念作品“穿越杜尚”

2010年5月25日至6月20日，中央美术学院院长潘公凯的观念艺术展“错构·转念——穿越杜尚”在中央美院美术馆展出。展览主体部分是名为《宇宙飞行器》的装置作品，这件作品源于19年前，潘公凯在美国旧金山朋友家中诞生的一个想法。他用这件作品表达了“错构”是作为当代艺术区别于生活的重要标志的观点。展览以此装置作品为主要内容，分为《宇宙飞行器》《水墨荷塘》《世博会中国馆设计碎片》《中国现代美术之路文献展》四个部分。据潘公凯表示，此次观念艺术展目的在于促进中国当代艺术界的探讨，进而推动中国当代艺术的发展，在新的形势下，面对传统与未来，中国的当代艺术需要有新的建构。

◎ 香港国际艺术展10(ART HK10)

2010年5月27至30日，“香港国际艺术展10（ART HK 10）”展览在会议展览中心举行。29个国家、150余间画廊参与活动。展览中的活动有Stand Talks，29位参展艺术家来到会场与来宾谈创作动力及经验，提供第一手的亲身体验。由亚洲艺术文献库举办的官方座谈活动后室谈（Backroom Conversations）由包括来自纽约当代艺术博物馆（MoMA）、古根汉美术馆（Guggenheim）及东京当代美术馆（MoCA）的代表就艺坛的最新发展进行讨论。本次展览亦展示各类型实验性艺术作品，配合录像及装置艺术的展览，如日本艺术家山口典子尝试透过身体的转化及耐力，探索科技、神话学与女性主义的领域，大胆地采用不同物料掩饰身体。山口还在展览期间进行了“手机女孩（Keitai Girl）”的演出。

◎ 大型雕塑《玉树花开》

2010年5月29日，由中国民主同盟中央委员会和全国城市雕塑委员会办公室共同主办的大型雕塑《玉树花开》赠送剪彩仪式在北京举行。民盟中央副主席李重庵等领导、全国城雕委相关领导、《雕塑》杂志社领导、玉树孤儿学校校长和孤儿学校的20名孤儿以及《玉树花开》雕塑作者黄剑女士等社会各界嘉宾出席了赠送剪彩仪式。

◎ “静观奇变” 香港雕塑双年展2010

2010年5月29日至8月18日，“静观奇变”香港雕塑双年展在香港中文大学新亚书院许氏文化馆揭幕，以“雕塑与文化”为主题，让艺术家利用雕塑创作对这思潮转变的年代作出回响，透过展览反映当代社会脉搏。此次展览汇集了近50位本地艺术家展出各式立体创作，展现香港当代雕塑艺术的最新面貌。参展的著名本地艺术家包括张义、朱达诚、冯力仁、甘志强、林岚、林玉莲、李展辉、李福华、文凤仪、莫一新、戴尚诚、杜瑞明、黄国才及王天仁等。此次展览分为四部份，“静观奇变－当代篇”“静观奇变－中国篇”“静观奇变－经典篇”“香港雕塑学会会员作品展”，组成了丰富精彩的“香港雕塑双年展2010”展览系列。

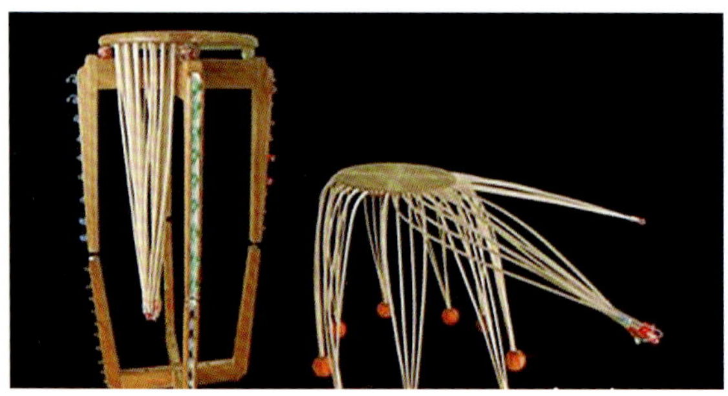

陆月

◎ 中外雕塑大师国际雕塑巡展开幕

2010年6月1日，“与科学·大师对话——广州科学城国际雕塑征集活动优秀作品巡展”在萝岗行政中心市民广场拉开序幕，广州市委常委、广州开发区党工委书记、管委会主任、萝岗区委书记薛晓峰等领导参观并对雕塑展予以高度评价。广州科学城国际雕塑征集活动由中国雕塑院、全国城市雕塑建设指导委员会艺术委员会及广州开发区管委会共同主办，英国皇家雕塑家协会参与协办，是目前华南地区规格最高、规模最大的公益类国际雕塑征集活动。共有100件雕塑参与展出。

◎ 中国美术学院雕塑系　李秀勤工作室开放展

2010年6月2日至7日，“工作室开放”是一个理念，艺术家个人工作空间的开放展，和艺术家的作品放在美术馆、画廊、博物馆展出有根本的不同。工作室是艺术家独立思考、艺术实践、读书学习的私人空间，这个私人空间相对来说是比较纯粹，比较朴素的。以这样一个空间向全社会开放进行思想交流，工作室开放“展”，强调的是“展”的理念：艺术家对当下的社会思潮、价值判断、生命状态、学术思想及国民的惯性思维等，通过“展”将所持的个人态度加以表达。

◎ 2010中国·黑龙江元丰国际木雕艺术节

2010年6月6日至25日，2010中国·黑龙江国际木雕艺术节将于在哈尔滨隆重举行。开幕式上，中国黑龙江造型艺术产业园区也将同时启动。木雕艺术节期间，除举办黑龙江元丰中国版画名家邀请展、黑龙江元丰中国古木家具菁华展、黑龙江元丰木雕艺术精品展、黑龙江元丰刻字艺术精品展等多项展览外，还将邀请来自美国、俄罗斯、日本、韩国、芬兰、中国的15位著名雕塑家在哈尔滨建筑艺术广场进行现场创作展示，让群众近距离了解木雕作品的生产过程，欣赏各国木雕艺术的独特魅力。来自国内外的著名雕塑家、雕塑理论家还将参加2010中国·黑龙江国际木雕艺术论坛，围绕“现代木雕艺术与城市生态和谐”主题发表精彩见解。

◎ 2010年艺术巴塞尔博览会

2010年6月16日，由环球财富达国际会议与展览集团（W W I）主办的世界顶级国际当代与现代艺术作品展——艺术巴塞尔开展，此次博览会将有300多家来自北美、拉丁美洲、欧洲、亚洲以及非洲的顶级画廊，带来2500位艺术家的作品前来参展。展会上展示的作品包括了当代艺术大师的精品之作以及新一代新兴艺术家的作品，有高质量的绘画、雕塑、素描、装置、摄影、录像以及印刷作品等。

◎ 希腊金融危机致"马丁·路德·金"雕塑滞留厦门

2010年6月22日，中国雕塑家雷宜锌接受美国马丁·路德·金纪念基金会的邀请，为马丁·路德·金雕塑石像，石像完成之后将矗立在白宫附近的华盛顿国家广场中心。为了表达对这位民权领袖的敬意，希腊曾提出免费安排船只将雕塑从中国运送到华盛顿。由于经济危机对希腊影响深远，导致马丁·路德·金的雕像滞留中国，今日准备开始运送工作。雕塑的核心部分是一个三层楼高的马丁·路德·金石像，石像完工后将是华盛顿最大的人物雕塑之一。该雕像被命名为“希望之石”，雕塑的核心部分和其他两个部件都由雷宜锌在中国雕刻完成。目前雕塑已经完工超过80%，自己将在9月去美国做最后的安装和修饰。整个运输过程需要30天。这些石块将先被运送至巴尔的摩的临时安置处，然后再被送到华盛顿进行组装。安装完毕后，雕塑最终将于明年展出。

◎ “永恒的主题——人间”国际文化交流雕塑展

2010年6月19日至7月18日，在位于二十二院街艺术区的北京红子兰艺术中心，举行了“永恒的主题——人间”国际文化交流雕塑展开幕酒会。此次展览是北京红子兰艺术中心在成立四周年之际，精心策划的国际性的雕塑交流展，邀请了国内外著名的雕塑家，中国的李象群、魏小明，英国的司徒安(Anthony Stones)，瑞典的理查德·布里克斯尔(Richard Brixel)。他们的作品以不同的创作手法和表现形式对此次展览的主题——“人间”进行最好的诠释。他们的作品或写实、抽象，或表现、夸张，但是他们都以丰厚的理论基础和扎实的基本功作为创作的基石，在寻求艺术理念和追求艺术创新的同时，以独特的表现语境述说对雕塑艺术的概念表达，在艺术性和审美性统一的形式下达到了很高的艺术境界。

◎ 国际雕塑大展进清华打造校园文化建设新模式

2010年6月25日，清华大学百年校庆——水木清华·国际校园雕塑大展今天启动。清华大学美术学院常务副院长郑曙旸称此举力求打造一个当代国际校园文化建设的新模式。该展览被纳入清华百年校庆年中开展的一项重要学术活动和校园文化建设工程。本次雕塑大展以开放性、国际性、包容性、前沿性为特色，倡导“艺术与科学”的完美结合与互动发展，高水平展示国际雕塑艺术，揭示未来校园雕塑发展的趋势，力求打造一个当代国际校园文化建设的新模式。本次大展共收到全球32个国家的近450名艺术家的897件雕塑作品方案。作品方案内容丰富、题材多样，既有以清华精神、历史人物、历史事件为主题的纪念性作品，也有展示艺术家个人艺术风貌的个性化作品。

◎ 2010中外高校毕业生优秀雕塑作品展　《雕塑》杂志社

2010年6月25日，由中国工艺美术学会雕塑专业委员会和中国教育学会美术教育专业委员会主办，《雕塑》杂志社协办的高校毕业生优秀雕塑作品展在北京国粹苑正式拉开帷幕。开幕式迎来了包括来自美国、德国、加拿大、澳大利亚、土耳其、白俄罗斯、韩国和中国院校120多位院校领导及师生。本年度的展览共有国内外40余家艺术院校200余件作品参加实物展。此次展览通过严格评审，评选出6名学术奖和18名优秀奖。作为展览辅助项目的“网展”也最终产生了40名网络人气奖。

◎ “艺术教育的责任与方向”——中外雕塑教育对话研讨会

2010年6月26日，由中国雕塑杂志社主办的中外雕塑教育对话研讨会在北京国粹苑1号馆展开，本次研讨会的主题是——艺术教育的责任与方向。由清华美术学院副院长赵萌主持，参会主要成员还包括国外艺术院校的院长，美国芝加哥艺术学院的Katherine Luise Ross女士、加拿大艾米莉卡尔艺术设计大学的Ruth beer女士、德国柏林艺术大学的Else Gabriel女士、澳大利亚新南威尔士大学的Bonita Ann Ely女士、白俄罗斯国立艺术学院的Svetlang Gorbunova、韩国弘益的禹宽壕先生、香港中文大学的陈育强、中国大陆的王中先生。这次展览是五年来规模最大的一次，并且首次有国际院校参与实物展览，这与国粹苑的鼎力支持有莫大关系。这也是首次举办国际性的艺术教育研讨会。在探讨中可以发现，雕塑教育在不同背景的国家及院校中，所处的发展阶段是有所差异的。

柒月

◎ 法国著名艺术家油画·雕塑大展

2010年7月2日至14日，上海多伦现代美术馆将举办

“多彩生活 Life In Color”——法国著名艺术家油画·雕塑展。本次将展出15位当今活跃在法国艺术界的著名艺术家的优秀油画和雕塑作品150余件，以此呈现法式的浪漫色彩生活。

◎ 千里之行—2010届中央美术学院毕业生优秀作品展

2010年7月2日，由中央美术学院主办，中央美术学院美术馆承办的“千里之行—中央美术学院2010届毕业生优秀作品展”在中央美术学院美术馆开幕，涉及研究生毕业展获奖者中108位同学的优秀创作，涵盖中国画学院、造型学院、设计学院、建筑学院及城市设计学院的27个专业方向，一则体现了学院艺术专业的教学水准，另外也是学生刻苦研习成果的集中展示。

◎ 雕塑学会沙龙举办“东方假设——雕塑六人展”

2010年7月3号，由中国雕塑学会沙龙主办，吴洪亮策展的“东方假设——雕塑六人展”开展，参加此展的六位艺术家，张德峰、刘永刚、 杰弗里·P·缪萨斯 、张伟、赵磊 、山本一弥，从他们的作品中我们可以找到些许深意。他们以一种“坐看”的方式观察世界，也许因为他们都过了“无畏”的年龄而未到“无语”的年龄吧，在他们的作品中还蕴涵着想去表达的态度，但呈现的结果已相对单纯。

◎ 城雕专家为台州台风地标建言献策

2010年7月4日，“卡努”台风纪念雕塑设计方案评审会在市气象局举行，来自北京的两位城雕专家，会同台州气象局、建设规划局等部门人员，一起对中国美院张海军教授牵头设计创作的雕塑方案进行评审。北京城市雕塑建设管理办主任于华云、清华大学美术学院副院长赵萌两位专家发表了看法，他们认为该雕塑设计方案有民族特色，与当地人文景观比较协调，但雕塑造型应该更加抽象概括，主题应紧扣“卡努”台风的特点，材质应选用耐腐蚀的花岗岩。

◎ 文化部艺术司副司长诸迪来中国雕塑学会进行调研

2010年7月9日，中国人民共和国文化部艺术司副司长诸迪在艺术司文学美术处处长安远远的陪同下来中国雕塑学会进行调研，中国雕塑学会会长曾成钢等学会相关领导将学会发展的各项工作及雕塑界发展的现状进行汇报，并就中国雕塑文化如何发展等问题进行深入探讨。

◎ 朱铭人间系列雕塑展 雕刻人间百态

2010年7月19日，由中国美术馆、朱铭美术馆共同主办的“朱铭人间系列雕塑展”在中国美术馆拉开帷幕。通过展览，朱铭回顾自己逾30年之“人间系列”创作。以人间百态为题材，深刻描绘其所见、所感的人间与生活；并以多元材质进行创作及尝试，叙说材质语汇之美。迄今，朱铭仍持续创作以人间为题的创作，在艺术道路上不断自我挑战，并落实“艺术即修行”的创作美学观。

◎ 田世信　雕塑艺术展

2010年 7 月27日，“田世信雕塑艺术展”在上海美术馆正式开幕，本次展览由上海美术馆主办，中央美术学院雕塑系及中央美术学院雕塑艺术创作研究所协办，著名策展人贾方舟策展。展厅面积约1200平方米，其中第一展厅展览主题性组雕六件一组的“王者之尊”，第二展厅作品包括雕塑及绘画共约50余件，全面反映田世信的艺术创作历程和精华作品。他在中国现代第三代雕塑家中，更深度地探索现代雕塑本土化。他在雕塑材质的使用上，他偏爱用漆、陶和木这些具有浓郁本土特征的材质探索中国雕塑的材质语言，以及这种材质的语言所形成的独特的雕塑形象，给人以温厚纯朴的东方情韵。

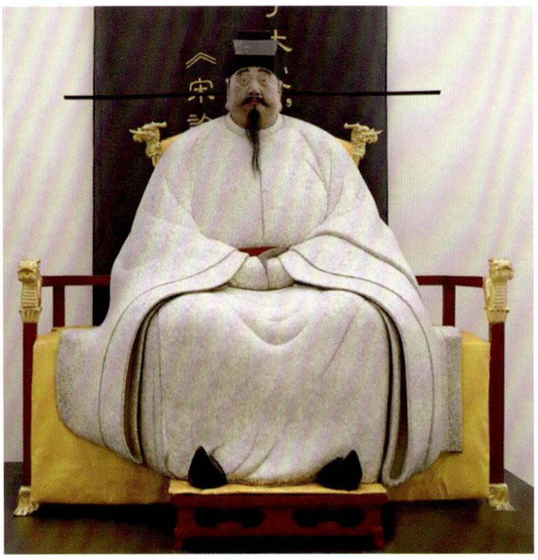

◎ “滑田友奖・淮阴中国母爱主题雕塑大奖赛”

2010年7月29日上午，由中国雕塑院、全国城雕委艺委会、淮阴区人民政府共同主办，中国雕塑院院长、全国城雕委艺委会主任、著名雕塑家吴为山教授担任艺术主持的“滑田友奖・淮阴中国母爱主题雕塑大奖赛”于中国雕塑院创作基地——南京“见山园”隆重举行评审活动。此次大赛自2010年年初正式启动以来，受到来自全国各地的雕塑家们的热切关注和积极参与，组委会将在这些做成模型的方案中选出28件获奖作品，制作放大，安装陈列，并评出金奖2名、银奖6名、铜奖20名。本次入选的雕塑方案题材多样，表现丰富。

捌月

◎ 展望新个展　制造太湖石

2010年8月3日至10日，展望新展“1小时等于1亿年——素园造石机”在今日美术馆举办，“异想天开”地创造出一台造石机，还原造太湖石的过程。展望称希望通过这种溯源的艺术活动，寻找到文人文化、当代艺术的源头。“假山石”系列是艺术家展望最重要的代表作。其中，他的《假山石》系列使用镜面不锈钢复制了天然太湖石，在“当代”材料和传统园林中找寻传承脉络。而今，这种寻找又生发出艺术家对造石这种自然过程的兴趣。

◎ 塑料公园—韩国当代艺术 2010

2010年8月7日至9月12日，由尹在甲先生策展的“塑料公园—韩国当代艺术2010”大型艺术展在上海民生现代美术馆展出。展览共展示了从35岁到65岁17名韩国艺术家的64组件作品，以期通过绘画、雕刻、摄影、影像、装置等当代艺术所有领域具有代表性的艺术家作品，深入认识韩国当代艺术发展状态，从而两国文化交流跃升到新层次。

◎ 第18届世界美学大会探讨艺术的多样性

2010年8月7日，“第18届世界美学大会艺术邀请展”开幕。世界美学大会由国际美学协会主办，每3年举办一届。在过去的一个世纪时间里，国际美学协会在欧洲、南北美洲和亚洲共举办过17次大会。2006年6月，北京大学美学与美育研究中心代表中国，在众多的竞办者中申办成功。此前亚洲国家只有日本主办过该会。作为世界美学界的风向标，“艺术的多样性”成为本届大会的主题，其中重要内容之一就是研究美学与音乐、绘画、雕塑、建筑、书法、设计等艺术门类的关系。中国艺术分场于8月9日－13日举行，共分为8场。参会者有潘公凯、朱青生、梅墨生、邱振中、陈传席、梁江、李崧、李砚祖、陈履生、邵琦等学者。

◎ 2010・曾梵志 作品展

2010年8月12日至10月12日，2010・曾梵志作品展在上海外滩美术馆展出，展览由三部分组成，分别为绘画、雕刻和空间艺术。《2010 · 曾梵志》包括了他从未展览和发表过的近作。展览通过集中呈现他最新、现在时态中的探索，提供了有关曾梵志现下艺术创作和当前中国艺术发展状态的一份重要材料。这种对“当时性”的敏锐捕捉，也就是作为展览题目的“2010”的含义。

◎ 利玛窦雕塑 现身世博见证中意文化交流

2010年8月中旬，上海世博会意大利国家馆展出了一尊高1.5米的利玛窦半身雕像。该作品由意大利雕塑家迪奥尼西奥（Dionisio Cimarelli）完成，整体造型简洁，注重面部刻画，眼神坚定执着，流露出这位中西文明使者的坚定信仰与追求。为纪念400年前来华的传教士利玛窦，借着上海世博期间对中西文明交流探讨的推动，社会各界纷纷在北京、上海等地展开的一系列纪念利玛窦逝世400周年的活动。这件雕像与意大利国家馆外由雕塑大师Arnaldo Pamodoro的《马可波罗之门》雕塑遥相呼应，共同见证着中意文化碰撞的历史与未来。

◎ 日本电影人北野武为儿童创作艺术

2010年8月16日至9月12日，北野武绘画和雕塑作品展出。日本电影人北野武在表演和导演方面都获得了法国公众和批评界的赞誉。北野武创作过一段时间绘画和雕塑作品，但一直拒绝将它们公开展出，直到不久前卡地亚基金会主席赫维 · 尚德斯建议以儿童为预设观众策划展览，他方才接受。在展览中他将表演“漫才”的艺名与导演身份相结合，用“彼得北野武”一名举办了展览。在展览图录中，北野武称他希望找到“‘艺术’一词的新定义，不那么守成规，不那么势利，更加丰富，向所有人开放”。许多作品中有明显的戏谑感，如《秀吉》，一台巨大的缝纫机，那些庞大而繁冗的技术构成只生产一条细细的绣花带。

◎ 中国雕塑院 “中国青年雕塑家创作中心”

2010年8月18日，中国雕塑院“中国青年雕塑家创作中心成立仪式” 暨“2010中国青年雕塑家创作中心作品邀请展”开幕典礼在京隆重举行。国家文化部副部长、中国艺术研究院院长王文章，中国文联党组副书记覃志刚、中国美术馆馆长范迪安、文化部艺术司副司长诸迪，以及中国艺术研究院领导和来自全国各地的雕塑家、理论家代表等出席了活动。

◎ 建构之维——2010年中国当代艺术邀请展

2010年8月18日，由中国艺术研究院 、中国美术馆主办，中国艺术研究院中国当代艺术院承办。“建构之维——2010年中国当代艺术邀请展”在中国美术馆展出。展览邀请了方力钧、 王广义 、刘小东、 汪建伟、岳敏君 罗中立周春芽、张晓刚、徐冰、展望、隋建国、曾梵志等20位在过去三十多年中各个时期与不同艺术领域具有代表性的艺术家参加。此次展览能较为全面地梳理、呈现中国当代艺术多元的创作格局与不同的艺术追求，而“建构”的意义则在于凸显当代艺术所创造的新的艺术价值、文化价值与精神价值。除了强调“建构”的意义外，本次展览还突出“之维”所具有的开放性与多元性。

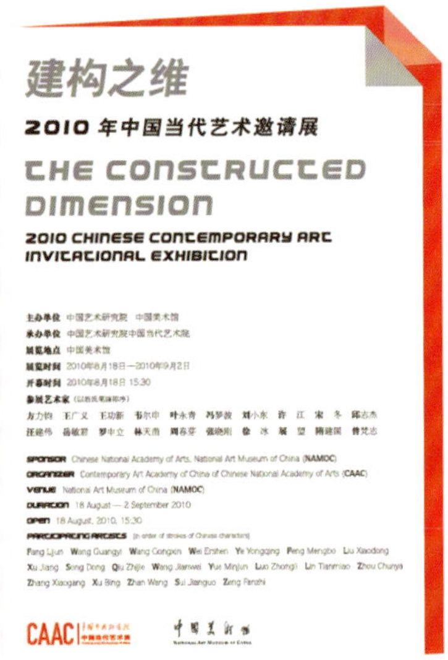

◎ 第十一届中国长春国际雕塑作品邀请展开幕

2010年8月18日，第十一届中国长春国际雕塑作品邀请展暨首届长春国际汽车公园汽车文化艺术邀请展，在长春国际汽车公园开幕。本届雕塑展由长春市人民政府主办，长春汽车产业开发区管委会与长春市人民政府外事办公室等共同承办。入选的中国24件雕塑作品与国外31件优秀作品将在长春国际汽车公园内现场制作。本届雕塑展以“超越·激情·未来”为主题，力求通过国际性、艺术性、参与性与前瞻性，进一步突出汽车文化与雕塑艺术的融合与发展，旨在彰显长春这座城市的个性与特色。

◎ 上海第十届南京路雕塑邀请展开展

2010年8月18日，上海第十届南京路雕塑邀请展开幕，展出以“关爱生命、关爱生活、颂扬美好前景”为艺术主题的系列雕塑作品。此次邀请展期间还举办雕塑艺术论坛、最喜爱世博雕塑作品评选、市民雕塑主题互动活动等。

◎ 欲望·痕——李玉端个展

2010年8月22日至9月22日，欲望·痕——李玉端展在北京空间画廊展出，李玉端是一个半途介入陶瓷材料的雕塑家，他的艺术从色情露骨的题材入手生发出令人深省的哲学内涵。李玉端像许多优秀的艺术家一样提出了许多二元对立的话题，如生命和死亡，工艺和意义的方式，即融合在他们的对象本身。他的技术是毫无疑问的，他的进程显然是与中国陶瓷艺术历史的成就紧密相连的。

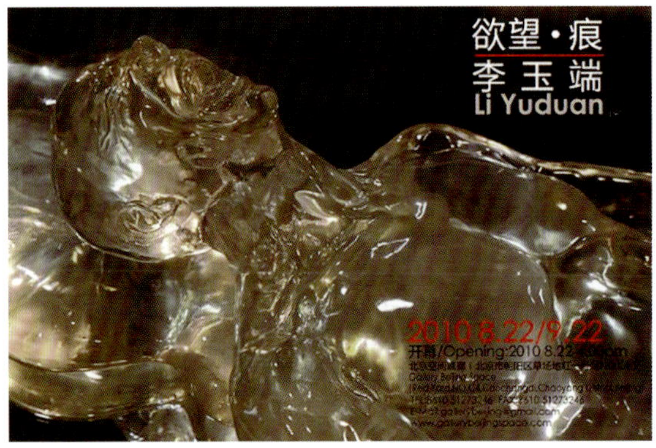

◎ 成都雕塑展彰显新锐艺术风采

2010年8月22日，青年策展人刘礼宾计划系列展览之四“雕塑——隋建国与他的几个学生”在成都双流麓镇A4画廊盛大开展。由著名雕塑家隋建国率领的11位艺术家带来的21件作品，其中包括装置、照片、雕塑和油画等类型。给成都艺术市场摆上了一桌少有的当代雕塑华宴。本次展览突破了以往在雕塑材质上对原石、青铜等传统材料的执着，转而广泛运用更容易在日常生活中寻找得到的材料，并将其附以艺术生命给予人们新的思考。

◎ 漂浮风景中的虚幻美学　刘建华

2010年8月27日，刘建华的个展“漂浮的风景”在上海张江当代艺术馆举行。20多年来，刘建华以雕塑和装置的方式进行着观念艺术的实验。“漂浮的风景”呈现的是一个繁华美丽的都市梦，占据展厅大部分面积的陶瓷城市风景《日常·易碎——浦江两岸》，是刘建华为此次展览特地创作的作品。暗喻当下城市化进程中潜藏着诸多的问题：物质文明与外来文化的泛滥，精神文明与传统文化的缺失。在自然灾害频发、社会问题激化的今天，寻找支撑城市美丽的源泉与根，显得尤为重要。

◎ 第12届威尼斯国际建筑双年展中国国家馆开幕

2010年8月29日至11月21日，第12届威尼斯国际建筑双年展在意大利水城威尼斯举行。8月27日下午，中国国家馆在固定馆址军械库处女花园举行了预展开幕式。中国建筑师和艺术家带来了5件参展作品。此次中国馆展览由中国文化部委托中国对外文化集团公司主办，唐克扬担任策展人，是中国第三次以国家馆的名义参加威尼斯建筑双年展。展览以“来此与中国约会”为主题。6位国内知名的建筑师和艺术家围绕“约会”这一主题，运用建筑雕塑、装置、影像及综合媒体等多种展示方式，各自从不同角度和理念进行了设计创作。

◎ 唐山 国际城市雕塑创作营

2010年8月28日，2010中国·唐山南湖国际城市雕塑创作营暨主题城市雕塑展开营仪式在南湖市民广场举行，来自20个不同国家和地区的40位知名雕塑艺术家参加了开营仪式，河北省住建厅副巡视员李贤明、唐山市委常委、常务副市长陈学军出席开营仪式并致辞。40位雕塑艺术家将在南湖市民广场开展现场选材、加工制作的互动性雕塑制作活动，市民可通过参观、与雕塑家互动交流等方式，亲身感受雕塑艺术。

◎ “伟大的表演” 佩斯 北京

2010年8月28日，佩斯北京再次推出群展，本次展览的主题是“伟大的表演”。展览汇集了三十多位当下最活跃的艺术家，以“行为”作为一个视角来阐释当代艺术在中国特殊环境中发生发展的状况。展览将展出20世纪90年代以来在创作中带有“行为意识”的一些影像、装置、绘画、摄影等作品，这种“行为意识”的形成与同时期中国人自我意识的觉醒有关。艺术家在创作中将这种自我身份认证的迫切需要转化为一种与身体有关，并带有表演、夸张、戏剧、甚至颇具荒诞性的艺术形式，其中所蕴含的这种行为意识是一种鲜活的、自动的、与本能相关的内在精神。并且，这种行为意识在表演、表现的过程中形成了一种仪式感，它既是严肃的，也是荒诞不经的。它演化成为一种非限定的、动态的、不确定的精神形式。这种仪式感具有一种独特的感召力，而这种感召力正在启示一种新思想的萌生。

◎ 当代雕塑进入英国格洛斯特大教堂

2010年9月1日，英国格洛斯特大教堂(Gloucester Cathedral)举办一场大型当代雕塑展。参展艺术家包括达明·赫斯特、安东尼·葛姆雷、马克·奎恩、莎拉·卢卡斯、爱德华多·包洛奇爵士和已故的林恩·查德维克等，参展作品有70余件，将分布在这座高耸的中世纪建筑的各个空间中。展览名为“苦炼”，作为格洛斯特主教尼古拉斯·白瑞(Nicholas Bury)的退休相关活动，他将其称为“十年雕塑大展”。参展作品中有达明·赫斯特纪念碑性的铜雕像《圣巴多罗买受难》，表现的是那位据说被活着剥掉皮的圣徒持着自己的皮的形象。这座雕像将被放置在供唱诗班用的圣坛正中。安东尼·葛姆雷的参展作品《Close V》表现的是一个四肢伸开，平卧在地板上的人。

玖月

◎ “万人谱”光州双年展2010

2010年9月3日至11月7日，光州双年展在韩国光州双年展展示馆展出，此次展览由来自25国拥有100年历史的120多作家和文化遗产作品而组成。《万人谱 10000 LIVES》将对人与肖像之间的关系进行广泛的探讨。参展作品除了20世纪初到目前活动的30多国家120多名作家的作品，装置《收租院》走进本届以“万人谱”为主题的光州双年展。光州双年展将以风格各异的文化创作品呈现人们对肖像作品的过渡执著。展示本身以临时博物馆的面貌运营。

◎ “胜利属于人民——纪念中国人民抗日战争胜利65周年美术作品展” 中国美术馆

2010年9月2日，由文化部主办、中国美术馆承办的“胜利属于人民——纪念中国人民抗日战争胜利65周年美术作品展”在中国美术馆与观众见面。本次展览，展出中国美术馆馆藏抗战主题美术作品以及其他艺术机构收藏的重要作品约80余件。包括版画、油画、中国画、漫画、雕塑等艺术品类。展览充分展示了1937年“七七事变”后中国人民毅然奋起，全民抗战的民族气节，表现了在中国倡导建立的抗日民族统一战线的旗帜下，以国共合作为基础，中国人民与凶恶的日本侵略者进行的英勇斗争。展览共有3部分组成，分别是“国难当头”“同仇敌忾”“胜利之光”。

◎ 向大师致敬——吴冠中、乔迁艺术展

2010年9月5日，由798艺术区白盒子艺术馆主办，北京青年周刊、航美传媒集团协办的”“向大师致敬——吴冠中、乔迁艺术展”在该馆2楼举办。展览集中展示了吴冠中经典作品的限量版画与乔迁的部分雕塑代表作，并且现场播放吴冠中艺术生涯的介绍，及乔迁艺术创作过程的画面。

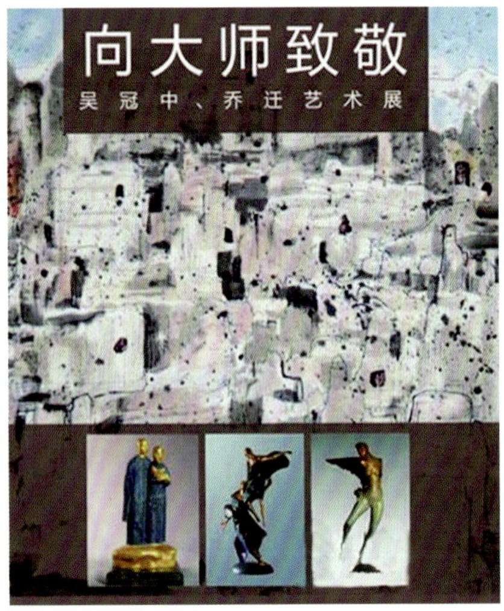

◎ 第二届中韩现代雕塑交流展 清华美术学院

2010年9月6日，由中国雕塑学会与韩国雕刻家协会共同主办的第二届中韩现代雕塑交流展在清华美术学院开幕。中韩两国的文化艺术交流史源远流长，作为东方近邻，两国在文化背景、生活方式、传统价值理念等方面有着很多相似的地方。然而由于一些历史原因以及当下信息时代的影响，中韩两国的现当代文化艺术，在与世界多元文化不断的相互冲击与碰撞中，各自走上了一条和而不同的发展道路，同时也衍生出了许多具有深层文化价值的学术问题。中韩现代雕塑交流展，旨在克服现有客观条件并超越单纯的国际交流，展开更深层次的对话与合作，从东方人的视角来探索现代雕塑。

◎ **中央美院教师节之际举办教师作品展**

2010年9月7日，“造型——中央美术学院造型学院教师作品展”在中国美术又一高地中央美术学院美术馆开幕，以中央美术学院的学术传统为经，以艺术语言媒介为纬，编织出造型学院教师创作的壮阔图景，从中可以获得在当代语境中造型这一学科大量的信息。展览汇聚了造型学院全体在职教师作品，靳尚谊、詹建俊、朱乃正、钟涵、杜键、钱绍武、靳之林、孙景波、袁运生、孙为民、谭权书、广军、孙家钵、潘公凯、谭平、徐冰、戴士和等108位艺术家作品集结亮相，囊括了造型艺术方向的博士生导师与中央美术学院学术委员会的顾问与常务委员。展览开幕现场美院师生及嘉宾聚集一堂，现场气氛热烈。

◎ **中国雕塑学会沙龙青年推介计划正式启动 首展“构”开幕**

2010年9月7日，中国雕塑学会沙龙青年推介计划系列展第一展“构”开幕式在798中国雕塑学会沙龙举行。策展人为中国雕塑学会唐尧，出席开幕式的有中国雕塑学会会长曾成钢，韩国雕塑家协会会长金永元，副会长申银淑及代表团一行18人，沙龙工作委员会项目总监潘松，学术主持唐尧，参展艺术家周长勇、陈政、陈融、马翔，以及在京学会会员和青年推介计划成员。2010年度推介计划将由6个系列展和一个总展构成。6个系列展的题目是《构》、《质》《身》《灵》《匠》《戏》，它们分别从构成，材质，具像，灵性，制作，戏谑六个方面展示出青年推介成员们丰富的创作成果和巨大的发展潜力。

◎ **2010年 第七届台北双年展　台北市立美术馆**

2010年9月7日至11月14日，由伊朗籍的提达·佐赫德(Tirdad Zolghadr)和中国台湾的林宏璋策展的2010年台北双年展在台北市立美术馆展出。“台北双年展”自1998年开始成为国际双年展浪潮的一员，也是中国台湾两年一次最重要的国际当代艺术展，与国际当代艺术发展紧密连接，在亚洲与世界的双年展版图中，具有其特殊性。有29位艺术家参展。这次双年展规划上有着下列五个展演主轴：双年展本身的历史观照、持续化脉络性介入、实验及开放的教育行动、前瞻性文化节目的规划、以及赋予艺术更主动及更广的参与权。尤其后者特别重要，因为在当代艺术工作者本身就具有多元的特性：艺术、策展、教育、知识、社会行动者等等。这不只意味着艺术工作者跨越其本身场域的能力，同时也是经由责任与能力赋予所形成的艺术政治姿态。

◎ **第十四届上海艺术博览会即将开幕**

2010年9月8日，上海艺术博览会在上海世贸商城开幕。宣布主题为“让收藏成为风尚”。本届上海艺术博览会展示面积达24000平方米，设不同规格的展位150个，再度成为亚洲规模最大的艺术品交易盛会。本届上海艺术博览会将有来自中国、德国、法国、瑞士、加拿大、葡萄牙、西班牙、波兰、美国、智利、乌拉圭、日本、韩国等14个国家的126家画廊前来参展。全场约有6000余件油画、国画、版画、雕塑、水彩、摄影、装置、陶瓷等作品供艺术品收藏者选购。在展出作品的作品中，不仅有我们耳熟能详的罗丹、毕加索、达利、莫奈、阿曼、朱德群等世界艺术大师的原作；还有收藏家梦寐以求的中国大师的精彩画卷，如张大千、林风眠、关良、齐白石、吴湖帆、陈佩秋、方增先等；当代艺术的名将陈逸飞、罗中立、陈丹青等的佳作也将纷纷登场。

◎ 第六届宋庄艺术节　100余座展览馆对外开放

2010年9月10日，第六届宋庄艺术节在通州区宋庄镇小堡村开幕，吸引了众多艺术爱好者。4000名长驻艺术家和1万多名国内外参观者同聚宋庄，让艺术节呈现出前所未有的热闹景象，也呈现出宋庄无时无处不艺术的状态，此次艺术节主打跨界主题，还提出了“农村让生活更自然、艺术让生活更自在”的口号。艺术节期间，宋庄地区100余座展览馆都对外开放，涵盖了绘画、雕塑、音乐、影视、广告、时装等多个艺术门类的展览、讲座、电影放映、演出等活动将让参观者目不暇接。

◎ 天津美术学院雕塑系　2010天津夏季达沃斯论坛雕塑艺术展　天津梅江会展中心

2010年9月12日至10月7日，2010天津夏季达沃斯论坛雕塑艺术展在天津梅江会展中心成功举办。本次雕塑艺术展上汇集了天津美术学院雕塑系老中青优秀的艺术家代表，让我们在梅江会展中心——夏季达沃斯国际经济论坛成功举办之际也共同欣赏感受此次艺术的盛宴。经济的蓬勃发展是推动一切形而上精神艺术的必然基础与动力，艺术作品的展示构建了我们共同的精神需求，也是天津与世界对话的另一种表达方式，是我们在不断发展与构建和谐社会的理想方式。夏季达沃斯国际经济论坛与雕塑艺术的相遇是与世界、与经济、与他人以及与每个相同经验或不同经历的人的相遇并通过雕塑艺术展以艺术的方式来重新解读分享我们身边那些美好的事物，艺术无国界并以此来让我们进行更为精神内心化的深入了解与交流。

◎ 河南省首届雕塑艺术作品展　郑州美术馆

2010年9月13日，由省美术家协会主办、省美协雕塑艺术委员会承办的“河南省首届雕塑艺术作品展”，在位于郑州高新技术开发区的郑州美术馆亮相。共展出作品150件，作品题材广泛，创作形式多样，使用材料丰实。既有歌颂主旋律反映现实生活的力作，又有极具现代艺术观念的探索求新之作；既有铸铜、锻钢、石雕硬质材料，又有综合材料交互使用的装置，令人耳目一新。

◎ 第十一届中国（铜陵）青铜文化博览会暨首届国际铜雕艺术展

2010年9月中旬至10月中旬，第十一届中国（铜陵）青铜文化博览会于今年9月中旬至10月中旬在铜陵市举行。本届博览会由安徽省人民政府主办，中国国际贸易促进委员会、中华文化促进会支持，安徽省文化厅、安徽省旅游局、安徽省贸促分会、铜陵市人民政府共同承办。本届博览会的办会宗旨是：以科学发展观为统领，紧紧围绕“弘扬铜文化，发展铜经济”主题，继续坚持“政府主导、社会参与、市场运作”的会展经济模式，按照“以铜为媒、依会造势、突出重点、务求实效”的总体要求，认真落实“隆重、热烈、高效、节俭”的原则，努力把本届青铜文化博览会办成一次提升城市形象、凝聚民心民力、承接产业转移、促进对外开放、丰富市民生活的综合盛会，进一步唱响“中国铜都、幸福铜陵”的城市品牌。

◎ 陕西向台湾捐赠陕西风情雕塑作品《乡亲父老》

2010年9月16日，作为“2010台湾陕西周”活动的一项重要内容，陕西省向海基会和中山纪念馆捐赠了陕西雕塑家李小超的《乡亲父老系列》。台湾海基会董事长江丙坤，陕西省副省长景俊海出席捐赠仪式，陕西历史文化资源丰富，希望通过这次台湾陕西周活动，更加密切陕台文化交流，提升两岸同胞文化素养，积极推动两岸广泛交流与和平发展。

◎ 陈宝国：一个798的故事——抗拒

2010年9月17日至10月31日，朱青生策划的“一个798的故事——抗拒”在798红石广场大库艺术中心展出。798的故事就是作者人生的记录。表面上这似乎是一个家庭奋斗的历史，但骨子里却是在表达一种精神，一种抗拒的精神。这种抗拒一部分是对贫穷、愚昧、落后的抵抗；是对社会的不公、压迫、城乡区别的抵抗；也是对受过教育与没受过教育的差异的抵抗，而这种抗拒的整个过程，就构成了中国的当代艺术。

◎ 2010北京798艺术节

2010年9月18日，2010北京798艺术节在798创意广场隆重开幕。本届艺术节青年艺术家推荐展“塑造未来＿作为全民教育的当代艺术”同期开幕。这是由北京文化发展基金会、朝阳区文化创意产业发展中心、北京798艺术区建设管理办公室联合主办，由798艺术基金、北京798文化创意产业投资股份有限公司、北京市朝阳区文化馆承办，参展的青年艺术家在地域上扩大，不仅限于大陆范围，更扩展到香港、澳门、中国台湾两岸三地艺术家积极参与。展览主题“塑造未来”把“艺术与教育”的关系作为问题抛给艺术家，促使艺术家走出边缘化的生态圈，对教育进行潜移默化的渗透作用。

◎ “过客”　吴祖光雕塑艺术展

2010年9月18日至10月13日，“过客”吴祖光雕塑艺术展在北京798红三房画廊展出。吴祖光的雕塑艺术具有独特的视觉语言和形式风格，它表现为人物形象的朴实和自然，情感的本真和内在，艺术语言的稚拙与纯朴，情节的怪异等。而我们如果舍弃其细节，只关注吴祖光雕塑艺术的整体视觉效果的话，那么就会发现在当代工业和后工业社会，以及都市文明的背景映照下，它们在人物形象，造型语言、审美趣味等方面所散发出来的中国本土气息：来自农耕文明的温情和智慧。

◎ **蓝色畅想2010雕塑展**

2010年9月19日，由中共山东省委宣传部、山东省文学艺术界联合会主办，山东省雕塑艺术家协会、青岛雕塑家协会承办的第三届山东国际大众艺术节——蓝色畅想2010雕塑展在山东省青岛图书馆隆重开幕。此次展览吸引了省内外大批中青年雕塑家的参与，共收到101位雕塑艺术家的126件入围作品。其中省内中青年雕塑艺术家占绝大多数，围绕“蓝色”主题，坚持创造、创新理念，创作了大批优秀的雕塑艺术作品，语言生动，内容多样，借助不同材质和多元化的艺术风格，对蓝色精神进行了深入的阐释。

◎ **艺术北京2010·经典艺术博览会**

2010年9月16日，第二届“艺术北京·经典艺术”博览会在北京农业展览馆拉开帷幕。国内外众多著名大师级的作品都在经典北京艺术博览会这个平台来展示，如：阿尔弗雷德·西斯莱、柯罗、达仰·布弗莱、赵无极、齐白石、徐悲鸿、关良、张大千、靳尚谊、吴冠中、艾轩、杨飞云、冯大中等的名作；另外还有法国古典家具、雕塑、东方典藏珠宝、12、13世纪的佛造像、精美玉器等。

◎ **2010·第四届中国北京国际美术双年展关注生态与家园**

2010年9月20日至10月4日，以“生态与家园”为主题、文化部为后援的第四届北京双年展举行，该展是中国文联、北京市政府和中国美协固定主办的国际美术大展。有85个国家的500余件绘画、雕塑、装置、影像以及综合类作品，在中国美术馆亮相，集中展示世界美术家对地球生态问题的艺术思考，多角度形象展示各自不同艺术风貌和共同关爱地球家园的热忱，较全面立体展现全球当下艺术生态。喀麦隆、哥斯达黎加、多米尼加、卢森堡、萨尔瓦多（Salvador）等国均是首次参展。主题展之外，另有智利特展和奥地利特展，将集中展示这两个国家风格鲜明的当代艺术。

◎ **第四届北京国际美术双年展**

2010年9月20日至10月4日，由中国文学艺术界联合会、北京市人民政府和中国美术家协会共同主办的2010·第四届中国北京国际美术双年展在中国北京中国美术馆展出。参展作品以绘画和雕塑形式为主，被誉为“当代国际绘画雕塑的中国支点”，在当代世界艺坛的影响力日益增强。本次展览将主题定为“生态与家园”，旨在表明中国与世界各国当代艺术家关注生态环境问题的文化立场和艺术担当。“人类只有一个地球家园”，这一命题超越了传统国际问题的性质，突显出全球共同应对难题、同舟共济的国际协作时代的到来。

◎ 第十六届中国雕塑论坛

2010年9月25日至27日，由中国工艺美术学会雕塑专业委员会、《雕塑》杂志社举办的第十六届中国雕塑论坛在北京国粹苑文化创意基地召开。论坛的主题为“雕塑与传播”雕塑论坛以一个主论坛二个分论坛的形式展开。分别由深圳雕塑院院长孙振华、北京大学信息管理系教授张浩达、中央美院教授王中、孙伟主持。主论坛由《雕塑》杂志社社长范伟民做论坛主题陈述。

◎ 心声木鸣——中国现当代木雕艺术展

2010年9月25日，由中国工艺美术学会雕塑专业委员会、《雕塑》杂志社举办的“心声木鸣——中国现当代木雕艺术展” 在北京国粹苑文化创意基地开展。作为首届中国现当代木雕艺术展，本次展览是一个以木雕为叙述主题的、研究材料在当代雕塑中的各种可能性的学术展览。展览意涵是在材料使用越来越综合、雕塑的边界越来越模糊的当下艺术创作中，对某种单纯的材料进行深入研究，更利于我们接近艺术的本质，探讨艺术与材料之间的本体关系。展览共展示了主办方精心遴选的150余件现当代风格的作品，我们从作品中可以发现“木”作为雕塑传统材料所承载的新的时代审美价值，看到雕塑艺术在当代语境中的技术与观念变革，并阅读到艺术家们独特的个体生命记忆。

◎ 《雕塑》十五周年特邀艺术家展-秋季展

2010年9月25日，由中国工艺美术学会雕塑专业委员会、《雕塑》杂志社举办的“《雕塑》十五周年特邀艺术家展-秋季展”在北京国粹苑文化创意基地开展。本次展览延续了今年春季展中“十五周年纪念”的主题，继续集合国内及部分国外重要雕塑家代表作品进行展出。参展雕塑家皆为《雕塑》杂志顾问委员会委员、艺术委员会会员、封面艺术家及《雕塑》杂志社长期关注的艺术家，其年龄覆盖老中青三代。展览形式的特点是点、面结合。其中，有70多位艺术家，每人均展出一至两件代表作；还有近20位雕塑家，每人均有10余件创作于不同时期的作品参展，其中钱绍武、韩美林、田金铎、田世信、范伟民、朱尚熹、董书兵、魏华、章华、沈允庆、张峰、陈连富、王熙民、谭勋、王小蕙、郑玉奎、李先海、程允贤、刘炳南、徐国华、任世民每人展出10余件作品。

◎ 奈良美智大型雕塑展　纽约

2010年9月到11月底，日本艺术家奈良美智（Yoshitomo Nara）大型雕塑展将在纽约著名的派克大街（Park Avenue）展出。展出的这两件奈良美智的雕塑作品高14英尺，做为艺术家在亚洲协会展馆（Asia Society)举办的回顾展的一部分。奈良美智是日本国内最著名的艺术家之一，他作品中充满孩子气的但有棱角分明的形象广为人知。

◎ “心声木鸣”——首届中国现代木雕大展专题研讨会

2010年9月26日，由雕塑杂志社主办的“心声木鸣”——首届中国现代木雕大展专题研讨会在北京国粹苑召开，木雕作为雕塑的一种形式，在人类发展的历史中早已出现，在这个雕塑概念泛化的今天，呈现出多样性。随着人类工具使用的进步，对木材的使用，“雕”的概念在当代艺术中占的比例越来越少。我们主要讨论木雕在当代艺术领域下的呈现，当然里面可能有限制，有扩展，在限制中悟到材料的拓展。还有各国、各地区的木雕艺术的技法，这里面有很多可以值得讨论的东西。再就是观念艺术的影响，即观念艺术对木雕这种传统材料创作的影响，这些都是我们应该考虑的问题。

◎ 中国雕塑院院长吴为山塑《高锟像》香港揭幕

2010年9月27日上午，诺贝尔奖获得者、“光纤之父”高锟先生的铜像在香港中文大学落成并举行隆重揭幕仪式。该雕像由中国艺术研究院美术研究所所长、中国雕塑院院长、香港中文大学荣誉院士吴为山教授创作。雕像由中国雕塑院院长吴为山教授、诺贝尔奖获得者高锟教授及其夫人、香港中文大学校长沈祖尧教授揭幕。

◎ 2010韩·中当代雕塑交流邀请展

2010年9月27日至10月3日，2010韩·中当代雕塑交流邀请展在韩国全州展出，中方参展艺术家共8人：朱成、谭云、沈允庆、钱斯华、赵莉、范文、闫城、李树。韩国全罗北道雕塑协会邀请四川雕塑艺术院及四川省雕塑家到韩国参加今年国际声乐艺术节韩·中雕塑邀请展做学术交流，展现韩中两国当代雕塑的最新创作成果和艺术风貌，促进中韩两国艺术文化的交流、合作与发展。这次展览意义重大，是四川雕塑艺术院第一次国际间的学术交流，也是四川省雕塑家首次集体的国际亮相，扩大了四川雕塑在国际上的影响力；是四川雕塑艺术品牌的国际化标志。

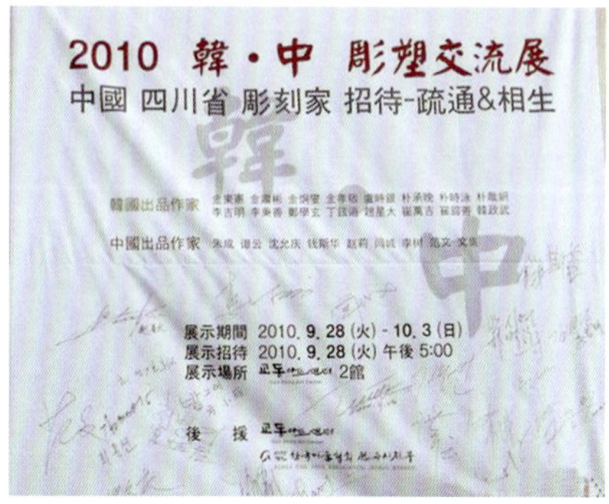

拾月

◎ 第15届柏林艺术论坛

2010年10月7日至10日，在柏林举办第十五届国际艺术论坛，在该论坛举办期间展示现代艺术世界的各个方面：高质量展览会和以讨论，旅游和新闻发布会等形式的辅助活动。来自全球18个国家的世界最重要艺术中心的130家著名画廊参加了该展览，此次展览展示了从1960年至今的艺术作品。来自世界各地的40000位艺术爱好者（收藏家、艺术家、艺术经销商、博物馆负责人和策展人）参加这次国际艺术博览会。所有的艺术表现方式在柏林艺术论坛上都能得到展现。展示的作品从油画、雕塑和摄影到装置，以及素描、制图、表演和视觉艺术。博览会期间，小组论坛（柏林谈话 Berlin talks）邀请有兴趣的公众与国际艺术界著名人物一起探讨关于收藏和展览艺术的当下热点问题。为了一睹这当代艺术的盛会，《雕塑》杂志社社长范伟民先生特组织国内艺术家前往考察。

◎ 四川美术学院建校70周年庆典

2010年10月16日，对于毕业于四川美术学院的校友们和中国当代艺术界来说是个值得关注的“大日子”——海内外享有普遍声誉的四川美术学院在今天迎来了70周年的生日。周春芽、何多苓、张晓刚、高小华、程丛林、张小涛、任小林等大批毕业于川美的当代艺术家及知名校友都亲临现场，为母校庆生。川美校庆的第一项，由四川美术学院院长罗中立主持的川美校友墙揭幕仪式在川美新校区东大门举行，刻有川美从建校至今的每届学生姓名的巨幅墙壁被揭晓，这一极具纪念意义的校友墙将永远地伫立在川美的土地上，亦成为川美新校区的一处别具匠心的新景点。

◎ 纵深的形——朱尚熹教学雕塑展

2010年10月16日至11月10日，由四川美术学院雕塑系主办“纵深的形——朱尚熹教学雕塑展”在四川美术学院雕塑系A画廊展出。展出作品分为具像雕塑与抽象雕塑两部分，近90件。这些作品都是朱尚熹在四川美术学院雕塑系教学期间，用课余时间制作，并在学生们的观摩下完成的，具有很强的针对性和示范性。从等大的学生头像到两米多高的具像人体写生创作，既规范严谨又细腻生动。这些作品和创作这些作品的过程对学生们雕塑语言的启蒙教育起到了很好的作用。

◎ 2010中国台州国际城市雕塑艺术创作营

2010年10月18日，“2010中国台州国际城市雕塑艺术创作营”活动开营，本活动为提升城市文化品位，推进台州“百分之一公共文化计划”深入实施，由台州市人民政府和全国城市雕塑建设指导委员会共同主办，台州市建设规划局和台州绿心生态区建设管理委员会承办。来自中国内地、保加利亚、加拿大、爱沙尼亚、德国、以色列、意大利、日本、荷兰、韩国、罗马尼亚、塞尔维亚、西班牙、土耳其、美国等15个国家和中国香港地区的雕塑艺术家，加工制作完成了33件雕塑作品。“2010中国台州国际城市雕塑艺术创作营”活动的举办和雕塑作品的展示，将进一步凸显公共艺术的公共属性，让城市雕塑走近公众、走进生活。

◎ 淮北市纪念刘开渠纪念馆开馆15周年

2010年10月19日上午，刘开渠纪念馆开馆15周年纪念仪式隆重举行。市委书记、市人大常委会主任毕美家，市委副书记、市长许崇信，市委副书记殷光临，市委常委、市委宣传部部长陈儒江，副市长王莉莉，市政协原副主席吴孝雨等出席纪念仪式。纪念仪式由陈儒江主持。著名雕塑家盛杨、曹春生、曾成钢、何颚、章永浩，澳门文联主席梁晚年，著名文艺理论家、画家吴应骑，刘开渠先生的女儿刘米娜及外孙刘刚、刘锋等亲属参加了纪念仪式。刘刚代表刘开渠先生亲属向纪念馆捐赠了刘开渠先生铸铜雕塑《童趣》《小松鼠》，何鄂女士捐赠了铸铜雕塑《程丽娜胸像》，刘刚代为捐赠了香港雕塑大师文楼先生不锈钢雕塑《风》，吴应骑先生捐赠了书画作品。刘刚、盛杨、曾成钢先后致辞，表达对刘开渠先生的缅怀之情和传承民族文化、繁荣文化事业的心声。

◎ 第三届“曾竹韶雕塑艺术奖学金”展览 中央美院美术馆

由中央美术学院、中国雕塑学会共同主办、中央美术学院雕塑系承办的“曾竹韶雕塑艺术奖学金”2010年度获奖作品展开幕式和颁奖仪式于2010年在中央美术学院美术馆隆重举行。来自全国各大美术学院的专家学者和不同院校的参展获奖青年与在京的雕塑界同行，齐聚一堂，气氛融洽、热烈。这次“曾竹韶雕塑艺术奖学金”作品展展出了包括获奖和入围作品共47件（组）。它们来自全国十大美术院校雕塑专业2010年应届毕业生的作品。

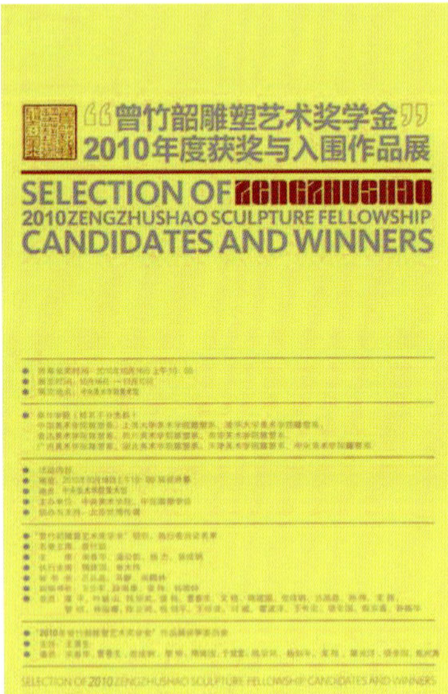

◎ 2010第八届上海双年展

2010年10月24日至2011年2月28日，第八届上海双年展在上海美术馆举办。本届双年展以“贴近世博，回应城市主题，优化双年展机制”为展览主旨。本届双年展中提出用流动性“巡回排演”的新模式来挑战固定的展览模式，并将本届主题定为“巡回排演”。这种新模式也让此届双年展跳出美术馆这一空间。47位（组）艺术家在巡回排演基础上构成了双年展的核心内容。本届双年展突出现场感及过程性，绘画、影像、装置、网络等不同媒介和形式在剧场中登台表演。

◎ 川上楚天——当代学院雕塑交流展

2010 年10月23日，“川上楚天——当代学院雕塑交流展”在武汉美术馆举行了开幕仪式，展览共展出50 件作品。四川美术学院雕塑系与湖北美术学院雕塑系师生之间的交流展除了展示各自的创作成果外，还以展览的契机，让两系的全体教师能够相聚在一起，以艺会友，面对面地切磋和沟通，这应当是雕塑界难得的一次雅集。今年恰逢四川美术学院校庆70 周年，湖北美术学院校庆90 周年，一个川上，一个楚天，一脉相通，一水相连。今天，他们相聚在一起，用不同的材料和作品方式，演绎着他们的历史，讲述着他们的故事。

◎ 湖北美术学院隆重庆祝建校九十周年

2010年10月28日，湖北美术学院建校九十周年庆典，在该校藏龙岛校区隆重举行。湖北省人大常委会副主任刘友凡，湖北省副省长郭生练和文化部、中国美术家协会等部门的嘉宾一起，见证湖北美术学院九十年的辉煌和荣光。庆典大会上，湖北美术学院院长徐勇民教授回顾了学院90年的奋斗历程，勉励全院师生团结一致，在承传武昌艺专艺术文脉，延续昙华林校风、学风的基础上，围绕藏龙岛校区的建设与完善，努力将学院艺术教育与科研事业办出特色。来自全国各地的500多位湖美校友、国内50余所兄弟院校、多所海外姊妹大学代表，共3000多人参加了庆典大会。

◎ 艺术与时尚的亲密接触“贾科梅蒂变奏曲”

2010年10月29日至12月26日，“贾科梅蒂变奏曲”（The Giacometti Variations）由美国概念艺术家约翰·巴尔代萨里（John Baldessari）创作的艺术项目，在策展人杰曼诺·塞兰特（Germano Celant）的带领下，在米兰呈献给大众。“贾科梅蒂变奏曲”是一个装置计划，包含9件由树脂、钢材制成的高度为4.5米的女人型雕塑。很明显，它是受到了瑞士超现实主义画家阿伯托-贾科梅蒂（Alberto Giacometti）那些瘦的像竹竿儿一样的雕塑人物作品的影响。这些有着模特身材的高挑纤瘦女人排成一行，被视作一个整体，看起来就像是在做时尚走秀一样。值得一提的是，这些“模特”身上穿戴的各种衣物，都由巴尔代萨里亲自设计。

拾壹月

◎ 纸之钻营——李红军个展

2010年11月5日至27日，由蒋岳红策划的“纸之钻营——李红军个展”在北京市798艺术区偏锋新艺术空间展出。李红军以其纸质媒介的装置艺术而异军突起。究其根源，是其30多年来的穿越不同艺术媒介的合理结果。是他在不同艺术媒介之间融会贯通的收获。是中国传统剪纸留给我们的宝贵遗产，李红军的纸质作品形式是将众多的纸张叠放在一起，然后从中挖刻出形象，而挖出形象后的负形也成为作品的组成部份。

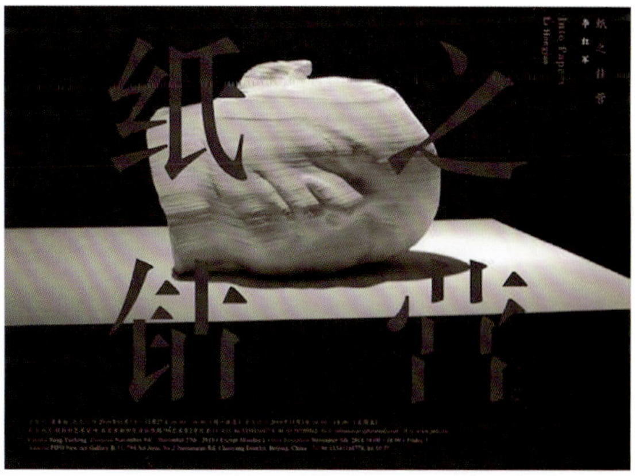

◎ 亚运城雕《启航》露真容 拟落座天河体育中心

2010年11月2日，广州亚组委在广州市新闻中心举行新闻发布会，由颐和地产提供设计、制作及安装经费、著名雕塑家潘鹤创作的亚运城市雕塑《启航》正式揭幕亮相，并将永久安放于广州新中轴线上的天河体育中心，供市民和全世界游客观赏。亚运城市雕塑《启航》长5m、宽3.5米、高2米，外形简洁大方，主题深远，寓意深远，无论是从雕塑本身还是其承载的意义上来看，都具备成为广州亚运城市名片的潜质。它将成为广州新中轴线最新人文景观。

◎ 翟庆喜策划并主持：“雕塑中国”——当代中国雕塑与美术院校创作教学研讨会

2010年11月8日至9日由翟庆喜策划主持的“‘雕塑中国’——当代中国雕塑与美术院校创作教学研讨会”在杭州中国美术学院南山校区举行。研讨会为期两天，以“当代雕塑与美术院校创作教学”为学术主题，各院校的雕塑系代表，分别就本系的教学规模、教学模式、学科建设、学术成绩及遇到的问题做了详细介绍，并结合优学生作品图片做了精彩展示。研讨会各议题分别由翟庆喜、孙振华和殷双喜老师担任主持，围绕当代雕塑艺术对学院教学的影响、当下美术院校雕塑创作教学、教师与艺术家双重身份的境遇等方面展开讨论，议题涵盖了我国当今雕塑艺术所面临的诸多问题，大家共同探讨了当下雕塑创作教学所面临的新问题，并提供了多样化的思考视角，达到了研讨会组织者的预期目标，收到了良好的效果。

◎ “悬案”2010陈文令新作展

2010年11月15日至28日，由朱青生策划的“悬案”2010陈文令新作展在今日美术馆展出，在这次个展中，艺术家试图通过多种物种之间的矛盾冲突与博弈，从而折射出自然与人类、国家与国家、族群与族群以及人与人之间的伤害与被伤害、制衡与被制衡的复杂而又充满危机的关系。这最后到底孰胜孰负、孰强孰弱、孰生孰死或是同归于尽，这都是难以一言道尽的，这也许是一个永远难解的悬案。从融化状的中国风景、到物欲横流的物神系列、再到被顶到墙上的麦道夫，陈文令从戏剧性的造型到戏剧化的场景都在传达对于这个现实世界的思考。

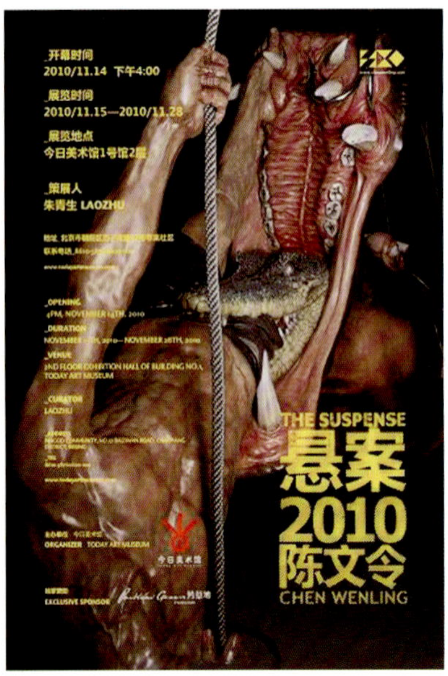

◎ 熊秉明先生作品捐赠仪式暨熊秉明作品学术研讨会在京举行

2010年11月18日，由文化部艺术司、中国艺术研究院共同主办，中国艺术研究院美术研究所、中国艺术研究院中国雕塑院承办的“熊秉明先生作品捐赠仪式暨熊秉明作品学术研讨会”在中国艺术研究院召开。文化部副部长、中国艺术研究院院长王文章、国家博物馆馆长吕章申、中国美术馆馆长范迪安、熊秉明夫人陆丙安女士等参加捐赠仪式。研讨会由著名雕塑家中国艺术研究院美术研究所所长、中国雕塑院院长吴为山主持。来自全国各地的五十多位知名艺术家、学者出席了活动。

◎ “性”元素的尴尬 “乳房”堆积雕塑引发争议

2010年11月19日，一件由“乳房”堆积而成的雕塑曾在奥运期间引发了社会广泛关注与争议，这是一件出自当代观念艺术家王开方之手的《烟儿》。2008年，在《烟儿》诞生之初，它曾是艳丽的桃红色，2009年的国庆，它变成了璀璨的果绿色，而今年，在这个深秋初冬的交际，它又悄然地变成了现在的金黄色。按照艺术家王开方的设想计划，它的外表每一年都会有不同的变换，并且将会不断地延续下去，就如同是一个生命在孕育，在成长，随着时光的流转，绽放出不同阶段的光彩与性感。

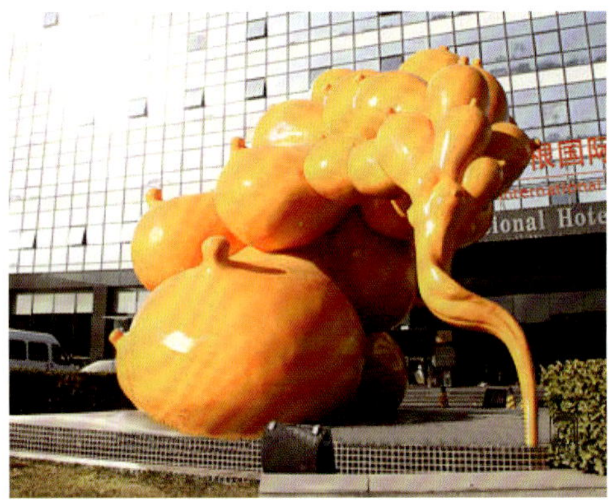

◎ 让艺术走进OFFICE 在写字楼里看展览

2010年11月22至27日，由成都市SO艺术空间方临组织，在成都市航空路上的丰德国际广场写字楼内展出了许多中外名家作品，吴冠中的“滨海楼红”、何多苓的“青春”、草间弥生的“南瓜”、陈逸飞的“水乡”、罗中立的“巴山农家”，这些让许多人熟悉的艺术作品很快吸引了越来越多人的驻足观赏。在这个完全开放的展示空间里，除了有安迪·沃霍尔、村上隆、赵无极、朱德群、王沂东等四十余幅中外名家版画之外，还有凭借“红色记忆系列”雕塑作品在中国艺术圈一炮打响的陈文令的“红人”作品，以及艺术家师进滇的装置艺术。

◎ “名人：一和多”展览德国开幕

2010年11月7日至2011年3月27日，“名人：一和多”展览在德国卡尔斯鲁厄ZKM 当代艺术博物馆与公众见面。这是ZKM首次在德国举办艾墨格和德拉格塞特的大规模个展。“名人：一和多”探索社会文化的各个层面，展览由一系列不尽相同又相互交织的叙事性作品组成，随意摆放的舞台灯光指引观众将目光聚集到无数的社会、政治和艺术层面。艺术家二人组迈克·艾墨格林和英格尔·德拉格塞特（Michael Elmgreen & Ingar Dragset，1961 /1969）一直被认为是在国际当代艺术舞台上，最具创新精神的一对。他们的雕塑，装置，表演始终挑战传统知觉模式。

◎ 卢浮宫藏意大利文艺复兴珍品展

2010年11月28日至2011年1月23日，由中央美院美术馆与卢浮宫博物馆联合主办的“卢浮宫藏意大利文艺复兴珍品展——爱德蒙·德·罗契尔德收藏”在中央美术学院美术馆展出。由爱德蒙·德·罗希尔收藏的专门负责人、卢浮宫博物馆铜版画研究专家帕斯卡·托莱斯先生担任策展人。该展览展出卢浮宫收藏的15至16世纪意大利文艺复兴时期的素描、版画、雕塑作品共121件，内容涉及人物肖像、创作手稿、羊皮书籍插图、建筑草图、纹样设计等多个方面。此次展出的作品是卢浮宫文艺复兴藏品中非常珍贵的部分，其中有几件版画作品是当今世存的唯一版本，并是首次“走出”卢浮宫，还有一些作品此前从未与世人见面。

◎ 弗朗索瓦·泽维尔·拉兰雕塑首度在美展出

2010年11月30日，迈阿密的费尔查德热带植物园举办了著名法国艺术家克劳德·拉兰与弗朗索瓦·泽维尔·拉兰的室外雕塑作品展。展览与“艺术巴塞尔迈阿密海滩展”同时进行，共展出30多件作品。据费尔查德热带植物园的主管Carl Lewis（卡尔·刘易斯）介绍：“这两位艺术家的雕塑吸收了植物与动物的超现实主义图像，开创了非凡的元素。艺术家们丰富的雕塑作品被安排于植物园世界级的稀有的热带植物精品中，这吸引了各个年龄层的参观者。”费尔查德热带植物园是世界知名植物园，植物园内的景观犹如博物馆的艺术品一样受到人们的关注。此次室外展是这两位法国雕塑家首次在美国举办展览。

◎ 许正龙《雕塑构造》获北京高等教育精品教材奖

2010年11月北京市教委持续推动实施以“精品教材建设工程”为重点的北京市高等教育教材建设工作。经专家学者评审，北京市教委核准，确认清华大学美术学院许正龙博士所著的《雕塑构造》（清华大学出版社）为北京市高等教育精品教材。

拾贰月

◎ 天津美术学院雕塑系 “意识与感觉”综合材料展 天津美术学院美术馆

2010年12月4日，“意识与感觉”——天津美术学院雕塑系综合材料展在天津美院美术馆展出。此次展览旨在探讨雕塑材料语言与意识“形态”的空间关系。我们的心灵与意识乃是不断进展的，或是跳跃的、或是缓慢的，这种进展是由于克服现实、克服经验而获得的。以我们创造的新意象来表现这个现实的本质及心灵与意识的感悟是艺术家最本质的当代精神。探求他们的形式、结构的单纯性与复杂性；有生命与无生命的结构关系。认识事物的多重性质；它们的软与硬、冷与暖、轻与重、松与紧、光滑与粗糙；认识物质之间的统一与类似，形式的关系及材料综合后所产生的差异；认识空间的多重特性，空间的组织结构及物质如何向空间渗透的过程；更重要的是认识自我，及思维意识形态的自由转换。进而使我们更好地去创造，在创造中寻找自我、表现自我。

◎ 白南淮回顾展于泰特举办

2010年12月17日至2011年3月13日，艺术家白南淮（Nam June Paik）大型回顾展在英国泰特利物浦博物馆举办。白南淮普遍被认为是国际上第一位用视频进行创作的艺术家，开创了艺术界“MTV时代“，并且身兼录像艺术家，表演艺术家及作曲家于一身。从早期的音乐表演和电视作品，到机器人雕塑和大型录像装置，本次展览将全面展现该艺术家的生平艺术创作。白南淮与日本录像工程师Shuya Abe合作开发出“录像合成器”，通过扭曲屏幕图像的颜色和形状，使录像艺术有了革命性发展。同时他对公共广播和卫星电视以及流行音乐和视觉图像的运用也具有重要意义。

◎ 自我画像：女性艺术在中国（1920～2010）专题展在央美开幕

2010年12月17日至2011年2月20日，由中央美术学院美术馆、北京大学视觉与图像研究中心、萧淑芳艺术基金主办，朱青生、王璜生策划的“自我画像”专题展在中央学术学院美术馆展出。本专题展以“自我画像”为主题词，对20世纪中国女性美术加以梳理和展示。具体以20世纪20年代成长起来的第一代现代女性艺术家的美术创作为时间上限，以21世纪至今女性美术创作为时间下限，横跨近一个世纪。本展览通过部分女艺术家画像作品分阶段、分类型的展示，辅以背景性历史文献资料辑录，呈现一个世纪中国美术女性自我摹写的情形及其形象图式变化的轨迹，揭示女性自我画像背后“个人”与“时代”互为纠缠和生成的复杂关系。

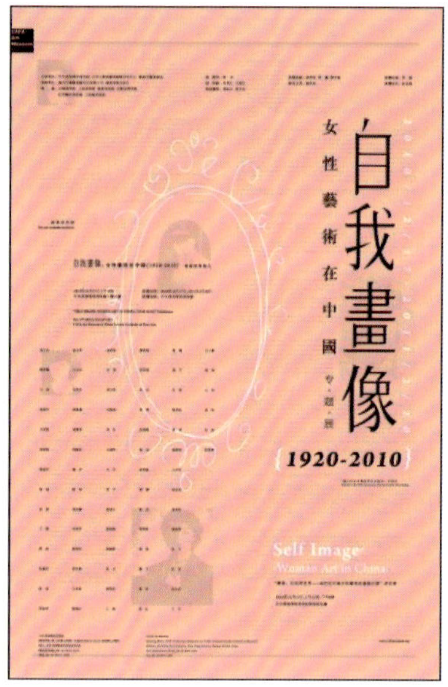

◎ 瞿广慈个展 “鸟儿问答” 偏锋艺术画廊

2010年12月18日，“鸟儿问答——广慈作品展”在偏锋新艺术空间内展出。本次展览共展出16件作品，是瞿广慈2009年年初来京二年的创作和心态记录，同样反映出艺术家本人在当下生存中面对的新问题：自身生态的交互关系成为人近中年的艺术家所面对和要解决的当下问题。艺术创作也由探究具体问题转换到关照具体的人自身以及人与自然的关系。中国古代画论中素有对“清水出芙蓉，天然去雕饰”状态的推崇，瞿广慈新作《鸟儿问答》《寒雀图》等正是对这种自身状态关系的视觉呈现。

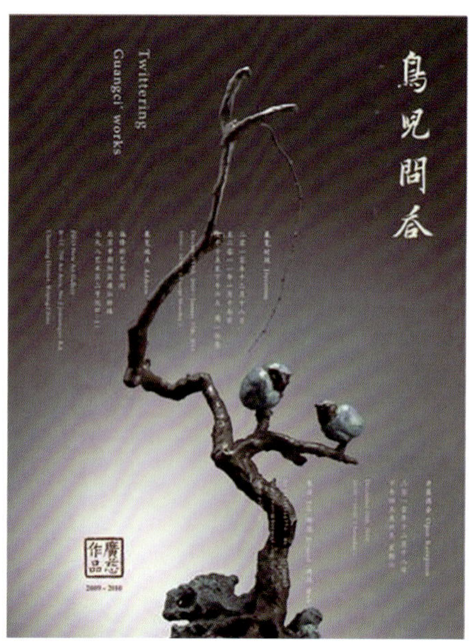

◎ 飙风——蒙古马雕塑展

2010年12月21日至31日，由内蒙古自治区文化厅主办，内蒙古自治区雕塑学会承办的“飙风-蒙古马雕塑展”在内蒙古博物院展出。在东北亚草原，剽悍的蒙古马，承载着北方游牧民族步入文明。为一代天骄成吉思汗立下汗马功劳，在辽阔草原上留下了可歌可泣的不朽足迹。

◎ 21组雕塑在济南森林公园落成

2010年12月26日，济南西部地区最大的综合性公园森林公园免费向社会开放。园内新落成的21组雕塑亦即成为公园的一大亮点，吸引游客驻足欣赏。济南森林公园雕塑建设（一期）项目由济南市城市雕塑办公室负责组织实施。该项目以“人与自然和谐相处”为主题，于5月份面向国内外公开征集，收到了来自俄罗斯、美国、日本及国内艺术院校知名雕塑家设计的528件作品方案。经专家评审，最终确定了俄罗斯列宾美术学院原院长恰尔金教授的《普罗米修斯》、美国学院纽约州霍巴特威廉姆史密斯学院教授的《无题》、日本东京艺术大学林胜煌的《和谐大家庭》、中央美术学院秦璞教授的《林中胴体》、山东艺术学院刘大力教授的《生命》、中国美术学院张海军副教授的《润》等21组雕塑方案。这些雕塑作品采用不锈钢、铸铜、石材、木等不同材质，风格迥异，形式多样，题材丰富，在森林公园特定氛围的烘托下，愈加生动而隽永。

◎ 重大历史题材群雕《风雨同舟共商国事》在重庆民主党派历史纪念馆序厅落成

2010年12月至2011年3月，四川美术学院雕塑系应重庆市委统战部委托，集体创作了重大历史题材群雕《风雨同舟共商国事》，并于4月在重庆民主党派历史纪念馆序厅落成。该作品以重庆谈判为背景，表现了1945年秋，毛泽东在重庆特园会见各民主党派人士的历史场景，雕塑塑造的人物包括毛泽东、周恩来、宋庆龄、王若飞、张澜、沈钧儒、黄炎培、许德珩、张治中、冯玉祥、鲜英、郭沫若、陶行知、柳亚子、史良、刘鸿生、邵力子、章乃器。参与该雕塑创作的人员有：焦兴涛、申晓南、朱尚熹、谢彬、徐光福、李占洋、张朋、龚吉伟、彭汉钦。

文献

个案 · 批评

理论 · 研究

教育 · 教学

市场 · 文化

域外 · 交流

优秀硕博论文

个案·批评

中国当代公共艺术之反观

【作者】翁剑青

【刊名】雕塑，2009年01期

【摘要】公共艺术的概念及相关实践在中国已经走过了约十多年的路程，以城市公共空间中的雕塑、壁画为主要表现形式的公共艺术建设在一定范围和程度上已涉及中国大多数大中型城市乃至乡镇。尤其是在20世纪末到21世纪初期，以“城市雕塑”为名目的公共艺术项目建设广泛进入公众的视野，成为城市景观的组成部分，似乎担当着城市形象及地方文化主题的视觉标识，其中也产生了一批为人们熟悉、接受和喜爱的艺术作品，这是中国改革开放以来艺术介入城市空间环境建设的成果之一。然而，以公民参与和公民受益为根本属性的公共艺术在当代中国的成长和发展，尚处于一个初级和缓慢的阶段，这是由多种现实因素所决定的。公共艺术的建设和发展，不仅是艺术本体的问题，也不仅是物质空间环境的美化问题，而是社会文化与公共管理的综合性、系统性问题，关系到国家、城市、社区及广大公民的文化形象、公共生活、美学品质以及民主制度建设等问题的战略性的文化建设。

“山寨”之害

【作者】孙振华

【刊名】雕塑，2009年01期

【摘要】“山寨”一词最初源于前些时候闹得沸沸扬扬的“山寨手机”风波，近来，“山寨”成为时下最为流行的网络用语之一，它是一种由民间IT力量发起的产业现象。其仿造名牌手机、数码产品，主要特点表现为快速化、平民化。“山寨”文化也深深地打上了草根创新、群众智慧的烙印，另一方面也因为行走在触发政策法规的边缘而引起广泛争议。文化艺术中的“山寨”现象越来越被人关注，那种复制、挪用别人的文化成果偷梁换柱式地成为自我品牌，是对文化成果的侵袭，也是缺乏文化自信的体现。就雕塑领域而言，“山寨”雕塑也不乏事例。山寨文化的兴起，契合了当下大众文化的勃兴，具有反权威、反垄断、反精英的平民化特征，然而它又带有对社会秩序的破坏性。

雕塑的复制与转换

【作者】王林

【刊名】雕塑，2009年01期

【摘要】雕塑因名利之欲而出现的模仿复制（所谓“山寨版”）和雕塑作品因市场之需而必须的件数复制，严格地讲，不是真正的学术问题。前者从来就被排斥于雕塑批评之外，后者则是一个行业自律、完善规则的问题。本人已有文章谈及，姑不论。本文作为学术笔谈，只谈雕塑与复制的关系。

消费时代的大众娱乐文化——山寨文化之我见

【作者】景育民

【刊名】雕塑，2009年01期

【摘要】“山寨文化”的兴起缘于低端消费文化和后现代文化的合力发作。商业文化是催生“山寨文化”的主要诱因，在当代消费社会，文化作为产品以直接或间接的方式与消费联姻。以市场消费为诉求，以大众心理为主导，成为“山寨文化”的生存法则。

喧嚣的大多数或嬉皮消费主义

【作者】大熟

【刊名】雕塑，2009年01期

【摘要】山寨文化一词的出现，一方面将山寨提纯成为一道文化景观，同时也是买方以及看客为卖方以及这场买卖行为做的一次合法化论争。山寨的合法化过程自有其观念积累，比如“恶搞”就为它扫清了价值判断上的障碍。

“符号与泛符号现象”——说创意与创形

【作者】宋伟光

【刊名】雕塑，2009年01期

【摘要】不能断然地将艺术中的创新立意与创立新的形式法则区分开来，因为所谓创意它是要体现在形式之中的，而新形式的出现往往又是创新立意的开始，问题是创意也未必导致形式的变化，这类创意往往是创新观念而利用已有的形式。还有一类是形式虽变异了，但未必是创了新意。有一种观点认为，审美价值即形式价值，审美价值即形式发现。这没有错，但道理在于有一些造形者变异了形式也不等于就有了形式价值，形变并不意味着艺术形态必然变化，因为艺术家的任务是在创造新形式中制造含义。

中国“仿像时代”的“符号”

【作者】郭雅希

【刊名】雕塑，2009年01期

【摘要】“仿像时代”对于模仿对象的选择、提炼与“模仿”，乃至超常的放大，应该说也是一种创造。任何一种语言形态的创造，既是艺术家的需要，又是观赏者的需求，也是时代的需要。事实上，感知方式与终极美学价值存在着相互渗透的关系；感知方式预设了终极的美学价值，终极的美学价值又决定了它所特有的感知方式——对艺术的根本态度。感知方式即艺术家对感官世界外在逻辑的主观感知，不同时代、不同民族、不同文化环境对待艺术的根本看法，即是特殊语境中的深层的上下文关系，这种“上下文关系”促成，同时又限定了不同时代、不同民族、不同文化的艺术的基本面貌和特色。

当代艺术的狂欢与符号的盛宴

【作者】蒋文博

【刊名】雕塑，2009年01期

【摘要】透过明净的空气，中国当代艺术的丰富表情被全景式摄入公众的眼帘。因为现代传媒是如此发达，导致艺术的含蓄之美不复存在，转而成为围绕着“艺术”无休止上演的肥皂剧：剧情引人陶醉，文化与金钱交织纠葛，艺术像神话般诱人。从“星星画展”到85思潮的美术英雄，直至中国当代艺术在国际市场上的走红，艺术品拍卖价格已经成为万众瞩目的焦点。在公众甚至某些评论家看来，当艺术转换成金融指数以后，其意义就是如此直白。在大众传媒的表述中，艺术是一场狂欢式的符号盛宴。对于严肃的评论家而言，金融股指的涨落不应成为艺术评判的尺码。可以说，英雄的情结与神话的乌托邦始终在中国当代艺术中挥之不去，艺术在经济法则下成为透明的符号，符号虚构的狂欢让人们逐渐忘却艺术的尊严。越是这个时候，越需要冷静地反观艺术本身，反省当代艺术用符号虚构狂欢盛宴的动力机制。

从有意味的形式到空洞化的程式

【作者】王忠林

【刊名】雕塑，2009年01期

【摘要】自瑞典语言学家索绪尔（Saussure,D.F.）和美国哲学家皮尔斯（Peirce,C.S.）奠定了现代符号学以来，符号学不断发展和丰富，研究对象也不再局限于语言符号和一般符号领域，文化符号和艺术符号也成为符号学新的研究对象。从某种意义上来说，艺术也由此进入了一个符号的时代——符号的创作与符号的欣赏时代。艺术家在新的语境中不停地寻找灵感，力求建立起个性化的符号。因为个性化符号的建立标志着艺术家的成功，这种潜意识一直影响着许多当代艺术家的创作。而从艺术欣赏的角度来讲，最吸引观众眼球的也是那些代表艺术家风格、思想、技法等个体的艺术符号。艺术符号中“能指”与“所指”的完美结合使欣赏者身心愉悦，沉醉于美的享受之中。

洞或口的看或听
——品味刘群的抽象雕塑

【作者】滕小松

【刊名】雕塑，2009年01期

【摘要】优秀的抽象雕塑对纯粹视觉美的精妙把握和对单纯秩序感的神性向往总是十分强劲的。它们仿佛是精雕细作的视觉音乐，其节奏和韵律显得丰富而简练，充实而单纯。刘群在“雕”和“塑”的漫长过程中“参禅悟道”，深谙抽象雕塑的妙理，并在不断地“雕”和“塑”之中浓缩丰富的内涵。

“李明庄计划”
——谭勋的雕塑艺术

【作者】孙婧

【刊名】雕塑，2009年01期

【摘要】“李明庄计划”系列作品表达的是与中国传统山水墨画相关联的主题。与严格意义上的模仿复制不同，在这些作品中形式超越内容占据了主导。那些具有图形象征意义的令人留恋的高山瀑布经过锻造，不可思议地呈现在逝去年代的旧物表面上，类似像脸盆，搪瓷茶缸、铝饭盒之类原本只有家居或工业用途的日常金属器皿。

东方情结
——旅美雕塑家闫玉昆

【作者】商颂

【刊名】雕塑，2009年01期

【摘要】当全球化意识正在弥漫世界的时候，闫玉昆身处当代艺术前沿的美国，却神清气定，不至失语，思索着当代艺术的表现精神，探索着中西文化交融下的表现形式，虽然他的作品从数量及艺术性上还有极大的探索空间，但他这种关注东方精神、关注社会的艺术态度是值得肯定的。

乐天陶社在景德镇

【作者】黄德荃

【刊名】装饰，2009年01期

【摘要】依托于景德镇千余年来积淀的丰厚陶瓷传统，凭借其多年来在当代陶瓷艺术方面探索前行积累的经验，景德镇乐天陶社架起了一座沟通古今中西陶瓷文化交流的桥梁，将传统制瓷工艺与现代陶艺观念、东方艺术思维与西方流行思潮完美结合，并将其传达给热爱生活、热爱艺术并为之不懈奋斗的人们。

当代景泰蓝的故事

【作者】周志

【刊名】装饰，2009年01期

【摘要】在天坛南门正南600米处的景泰路，坐落着我国生产经营景泰蓝最权威的专业企业——北京市珐琅厂。这是一家创建于1956年的老厂，是行业内唯一的一家中华老字号，现在是我国国家级非物质文化遗产景泰蓝制作技艺传承保护基地，集景泰蓝研发、制作、商贸为一体，同时也是北京市重点外事接待单位。

日用陶瓷的创新之路
——记松发陶瓷公司的新设计

【作者】杨永善

【刊名】装饰，2009年01期

【摘要】目前中国陶瓷生产的产品主要有这样几种类型：一种是在过去已有的产品基础上加以修改，没有什么根本的变化，还是老模样；另一种是依据国外陶瓷产品形成演化的，模仿性远远大于创造性，没有自己的特点；再一种就是来样加工，大多是普通产品或是单件产品的加工，还没见到过名牌产品的来样加工。

我的陶艺情结

【作者】周国桢

【刊名】上海工艺美术，2009年01期

【摘要】一千余年的世界瓷都古镇景德镇造就了自己在陶瓷艺术上的优势和特色，几乎每一个朝代都有它的创造和发展，但主要表现在工艺手段和材质的改变。景德镇的传统瓷雕，以佛教题材占主导地位，在表现形式上是白瓷加彩，即三分材质七分打扮。

谈林福照大师的石雕山水

【作者】林建茂

【刊名】浙江工艺美术，2009年01期

【摘要】石雕无古今，山水有消音。吾师林福照大师的石雕山水让我生发出许多感想．中国传统山水画源远流长，积淀丰厚，然而近百年来的风云际会，思潮激荡，给传统石雕山水带来了巨大的变化，尤其是世纪的交替和生活方式的改变，使得人们的价值观和思维模式、实践方法发生了很大的变化，在这样的时代背景下，石雕山水的变异似乎是顺理成章的事。

《泉》
——影响整个现代艺术的小便池

【作者】李南平

【刊名】美与时代—上旬创意，2009年01期

【摘要】20世纪开始的经济、技术的迅速发展深刻影响了人的自我思考，也影响到了传统绘画和雕塑的面貌，使艺术更加趋向表现艺术家内心的自我意识，艺术家热衷于表达对事物的观念，艺术渗透到日常生活中的每一个细节。杜尚就是这么一位将艺术家的自我表达放置在新的探索道路上最核心地位的人。1917年，杜尚送出的参展作品《泉》竟是一个现成品小便池，引发了人们对“什么是艺术品、艺术与生活之间的界限”的重新思考。从此，杜尚的《泉》撼动了传统的艺术价值体系，也深深地影响了整个现代艺术。

铜若有情
——记铜雕艺术家朱炳仁

【作者】梦佳

【刊名】雕塑副刊，2009年01期

【摘要】铜是一种古老的材料。它的横空出世，揭开了一页文明的新篇章，使人类从新石期时代过渡到青铜时代，成就了辉煌一时的青铜文明。在数千年的历史长河中，尽管出现了丰富多样的新媒材，它的历史价值却永远无法被取代。到了今天，铜依然是与光和热关系最紧密的一种金属，因为我们的电线里用的就是铜丝。不过当铜在铜雕艺术家朱炳仁手中时，它又呈现出新的实用价值和文化价值，焕发出时代的光彩与活力！朱炳仁是一株民间造化的奇葩，他与铜的不解之缘，既是血缘的延续，也是机缘的巧合。

王群“开竹雕”：开辟新路卓尔不群

【作者】吕茂盛

【刊名】浙江工艺美术，2009年02期

【摘要】从事竹根雕的人有两种，一种是工匠，一种是创作者。工匠制作产品，步前人后尘而按图索骥，批量制作随时出售：创作者则创作作品，他着眼于艺术的独创，每一件作品都是独特的个体，倾注着创作者的情感和思想。王群，无疑属于后者。

物华天工
——青田石雕技艺传承之兴替

【作者】郭艺

【刊名】美术观察，2009年02期

【摘要】近年来，延续很长时间的青田石雕技艺的传统家族承袭方式正在慢慢消亡，逐渐取而代之的是企业化的集体培训方式。我们通过对青田石雕技艺传承演变脉络的探访、了解传统手工艺在当今所面临的传习与变革的问题，对我们反思传统手工艺的传承以及制定相关的保护政策，均具有借鉴作用。

传统文化，在市场的严冬中复兴

【作者】杨小兰

【刊名】雕塑，2009年02期

【摘要】当人们在这突如其来的金融危机中掂量着中国市场遭受了多大的冲击时，聒噪的当代艺术市场保持了近些年来前所未有的观望态度。尽管如此，中国的艺术市场还是让人兴奋，市场如同一杯之前掺杂了水垢的白开水，在金融危机的过滤下，慢慢沉淀下来。

“世界”在哪里？
——关于文化的民族性与世界性的一点看法

【作者】邹跃进

【刊名】雕塑，2009年02期

【摘要】我们会发现，关于文化的民族性与世界性的关系的两种截然对立的立场和态度，来自于他们对世界是谁、世界在哪、世界性是什么有不同的理解和认识。作为一种观点和看法，我以为两者都有正义性和合法性，这就是近现代以来，在黑格尔的理念意义上，中国文化的悲剧性和喜剧性之所在。而从历史和现实的情况看，也就是从中国文化和艺术的西化程度看，把世界等同于西方及其强

势文化，显然占据绝对的主导地位。因为正是这种看法和认识，建构了今天中国文化和艺术的格局，而之所以如此，简单地说与我们意识到落后于西方之后，选择什么方式复兴中国有关。

不要再打鲁迅的幌子

【作者】聂危谷

【刊名】雕塑，2009 年 02 期

【摘要】若干年来，中国人在口头、文章和媒体上，举凡为中国的某一种地方文化、艺术乃至于乡土特产作推广宣传或者正名护短，动不动就有一句耳熟能详的辩护词脱口而出——“越有民族性就越有世界性”。

关于建立方法论的一点看法

【作者】宋伟光

【刊名】雕塑，2009 年 02 期

【摘要】首先应清晰什么是方法论，就是关于世界是什么的世界观，用这种观点去认识或改造世界就成了方法论，概言之，世界观主要解决世界“是什么”的问题，方法论主要解决“怎么办”的问题，它导致了认识观的确立。

“越民族就越国际”——丧失自信的伪命题

【作者】杭春晓

【刊名】雕塑，2009 年 02 期

【摘要】“越民族就越国际”，从语言逻辑看似乎很有道理，而且是充满了民族自信的表达。但深究一下，我们会发现：如此说话，骨子里并没有语言表达上的那份果敢与自信。我们在文化上是否足够自信！如果没有这种自信，我们就一定会抱着类似“越民族就越国际”这样的伪命题走向文化“自闭症”！

丝绸之路多元文化影响下的古代佛教雕塑

【作者】叶繁

【刊名】雕塑，2009 年 02 期

【摘要】关于雕塑的民族性与世界性，这是一个由来已久的话题，其实也不仅仅是雕塑，在中国近百年的美术发展史中各种艺术样式都时常面临这样的争论。这种问题的缘起在很大程度上应是源于西方艺术及创作思想对中国当代艺术发展方向和发展途径的冲击，这种争论其实也是面对各种思潮从自身立场出发去进行一个清醒判断的过程，也是深刻自省认识自身的一个重要途径。

静——说王小蕙的艺术特质

【作者】商颂

【刊名】雕塑，2009 年 02 期

【摘要】一般评论王小蕙的雕塑艺术，会从女性艺术或雕塑本身的空间形式（如有基座，无基座等）上评述，然而若能用心领会一下她的“图式”，便会显得上述问题并非问题的本质，本质性的应是对作品——创作者性格气质的解读，因为作品的形成，虽不可避免地要受到学术环境的影响，但最终决定其性质的还是人。她的艺术实践在不自觉中渗露出一种超越形体之外的意境——静，然而何谓“静”呢？是无言、冷淡还是孤寂？不是的，这些都不是，而是静观，是静观心态潜伏在作品形体之内的优雅、唯美。这种形与意的形成是由于秉性和经历所导致的心境。

出不去，回不来——读彭小佳的“书”

【作者】邵琦

【刊名】雕塑，2009 年 02 期

【摘要】彭小佳的“书系”的归去来，首先是文脉上的。中国书的样式，中国诗的意境，中国画的技法，画像石的手段……是挪用，也是再造。无论这些作品在欧美人的眼睛里是如何具有异域的新奇，在中国人的眼睛里又是如何具有怀古幽思，更紧要的是文脉的承传。牧童的记忆固然美好，但是文脉的诱引却是根本。因为源于根本，所以流畅自然。这自然在形式的表现上，也在意思的表达中。

“苍狼白鹿”雕塑记

【作者】乌日切夫

【刊名】雕塑，2009 年 02 期

【摘要】在当今时代背景下，创作“苍狼白鹿”雕塑对弘扬民族文化、倡导生态文明、发扬团队精神、探索艺术新路等方面都具有一定的艺术价值和现实意义。

缪晓春新作《坐天观井》解读

【作者】四味

【刊名】雕塑，2009 年 02 期

【摘要】艺术家缪晓春自去年在“合成时代·媒体中国 2008”中展出作品《虚拟最后审判》后，现在又一次在北京推出耗时一年创作的《坐天观井》。这是缪晓春以 15 世纪尼德兰画家希罗尼穆斯·博斯杰作《俗世乐园》为原型，运用计算机软件创作的一组综合媒介视觉作品。

融贯中西 竹韵琴心——雕塑大师曾竹韶访谈

【作者】李仲如

【刊名】美术观察，2009 年 02 期

【摘要】雕塑家需要对中西方艺术的发展史有一定的认识和系统上的研究，对生活要有感悟。在创作中要重视艺术作品的思想性，把雕塑作品所应传达的积极美好向上的社会主流艺术思想放在首位，技巧方面固然重要，但应放在第二位。

我看王朝闻先生雕塑美学观
——读《雕塑雕塑》杂感

【作者】吴为山

【刊名】雕塑，2009年02期

【摘要】《雕塑雕塑》是一部在雕塑审美、雕塑理论、雕塑创作、雕塑欣赏方面入木三分且令人折服的著作。在这篇杂感里我重点要阐述的是由《雕塑雕塑》而引发的几点思考。其一、内在精神的主线；其二、造型意识的纯化；其三、神性意造的象征；其四、肖像神形的妙得；其五、精神环境的虚拟；其六、雕塑风格与时代。

他比山花更烂漫
——说韩美林

【作者】梦佳

【刊名】雕塑副刊，2009年02期

【摘要】说韩美林，既容易也难。容易在于他的人生之路崎岖坎坷，艺术创作丰富多彩，有很多故事可讲。但是，难也就难在他的故事太多了，我要抽丝剥茧，从中提炼出我认为最贴切的、最具涵盖性的主题和要素，让大家听了之后真的理解了他或者从中获得一些对自己有益的启示。我这个做文章者总希望自己的文字不是空泛无力，让人读过便忘，或者兴味索然。于是，在完成对他的采访之后，我耽笔了好长一段时间，细心研读他的文章和作品，直到有一天，一个孩提时代的记忆从时间的沙漏中突然倒流回来。

踏着时代的步伐走来
——记叶毓山的雕塑人生

【作者】李仲如

【刊名】雕塑副刊，2009年03期

【摘要】叶毓山的城市雕塑作品伴随着中国社会经济的不断发展而行。其题材涉猎范围，既有反映革命历史题材、塑造革命领袖人物的国家重大题材作品；又有表现代表中国悠久历史、灿烂文明的大文豪、大诗人的肖像作品，也有浪漫色彩的抒情题材的作品。叶毓山先生是中国文人型雕塑家，他的雕塑人生每一步都坚实的踏着时代的步伐，每一次创作高峰都切中时代的脉搏。

艺术本无疆“越界”乃自然
——“中国动力·2009中国国际雕塑年鉴展”

【作者】翁剑青

【刊名】雕塑，2009年03期

【摘要】当代雕塑的价值目标不再仅仅指向传统的审美、叙事或纯粹意识形态的说教，也不仅仅是指向雕塑的造型价值本身，而是不断尝试着指向人的思想和心灵关切的各个角落，使雕塑成为不同生活及人生的体验、情感、思想的载体与阐释。从而实现雕塑对于其艺术本位及专业范畴的“越界”，形成对于其原有的学科（或职业）界线及价值结构的“解构”。

从哲学层面看当代艺术
——兼及艺术的越界与解构

【作者】宋伟光

【刊名】雕塑，2009年03期

【摘要】文艺复兴末期带有理性主义的唯理论和有着归纳法性质的实证论哲学产生之后，形成了以形而上学作为区别科学的哲学，哲学从而从古希腊百科全书式的体系中分离出来，而为形而上学，形成了主客体分离的近代哲学。到了19世纪末，这种方法又影响到艺术思维，体现在现当代艺术所具有的超越感性经验的形而上的特征中。当辩证法作为一种方法论影响学术时，便也就产生了对二元对立哲学观的消解。

自然主义的朴实
——记根雕艺术家刘小平

【作者】高聚明

【刊名】雕塑，2009年03期

【摘要】一般情形下，根雕作品创作前的构思，就是审视材料的自然形态和肌理中可以成为艺术美的部分，并在其非美的地方考虑创作的形式以及所要表达的文化内涵，进而尽可能地使自然之美与人工雕琢之美融为一体。一个根雕艺术家能否不断创作出好的令人耳目一新的作品，很大程度上就取决于对材料自然美的把握能力。刘小平的作品如果撇开其构图形式和表达的文化内涵，从整体中抽取出来的美的印象，是如此的自然、朴实和丰满，我想，这就是小平一以贯之的追求，是他的性格，也是风格。

读“西域罗汉”陈耘贵的疯马

【作者】任芷田

【刊名】雕塑，2009年03期

【摘要】欲火中烧、紧张痉挛是这些马匹的表情，也是它们的本质。而这正是竞争激烈物欲横流的这个时代的本质。剥开文明人时髦光鲜的外衣，你会发现里面有一头炙热的野兽。陈耘贵没有像很多时髦的艺术家那样以一种反讽的媚俗去嘲笑这个时代，而是满怀焦虑，直面本质，以其震撼人心的夸张手法一把揪出这头疯狂的野兽，展现在人们的面前。

乱花渐欲迷人眼
——香港国际艺术展印象

【作者】张一舟

【刊名】雕塑，2009年03期

【摘要】纵观此次艺术展，对一般的参观者而言，不啻为一席艺术的盛宴。尽管这是香港第二次举办的艺博会，就目前看来，第一届和第二届展览的好口碑，使得艺术展已成功跻身成为香港主要文化盛会之一，也成为国际艺坛上一项重要活动。相比较内地的上海和北京，香港作为继纽约和伦敦之后的当今第三大艺术品市场，是亚洲最有利的艺术品购买地之一。

对中国当代艺术及艺术市场的思考

【作者】范伟民

【刊名】雕塑，2009 年 03 期

【摘要】由于全球金融危机而正处于洗牌之中的当代艺术市场，其主导权正是群雄逐鹿的目标。从行业的概念来探讨这个问题，这是一场艺术市场各个环节关系的调整，从本质上而言是资本与学术的博弈；从地域概念来探讨，北京、上海和香港成三足鼎立之势。

法素朴，致玄同 ——读叶毓山系列石雕作品

【作者】李仲如

【刊名】雕塑，2009 年 03 期

【摘要】叶毓山的雕塑艺术，游离于雄浑与浪漫之间，既有表现重大题材的纪念性雕塑，又有富有抒情意味的架上作品，他的《八仙》、《李白》等作品，是一种以形写神的既充满中国传统审美精神又有形式美的当代之作。

刍议内蒙古雕塑艺术

【作者】国庆 包晓兰

【刊名】美术大观，2009 年 03 期

【摘要】伴随着改革开放和市场经济的不断发展，内蒙古的雕塑艺术有了长足的发展与进步。由于内蒙古自治区有着丰富的矿产和得天独厚的特有原材料，为创作极具地区特点和民族特色的草原文化雕塑工艺品创造了条件。根据原材料来划分，内蒙古地区的雕塑艺术有十多个主要品种，作品内容丰富多彩、各具特色。

浸润陶艺 ——读冯林华陶瓷作品有感

【作者】朱乐耕

【刊名】上海工艺美术，2009 年 03 期

【摘要】"我思故我在"法国大哲学家笛卡尔曾经用此高度概括了思维和存在的关系。看过林华先生的陶瓷作品，其意无不在诠释着这句至理名言的真谛。可以说，作为同行，让我耳目一新，甚至有在唯美的意境里享受，在辩证的哲学里领悟的冲动。

陶瓷世界里的苦行僧

【作者】甄陶

【刊名】上海艺术家，2009 年 03 期

【摘要】1972 年，杨青出生于景德镇一个普通的陶瓷工人家庭，正因为这个极其普通的因素，给了充满艺术灵性的小杨青一个得天独厚的机会，当时的陶瓷厂中有很多名师学者，常到陶瓷厂玩耍的他在耳闻目睹之间，潜移默化地将执着、严谨、灵动的艺术要求，在幼小的心灵上烙下了深深的印记。

海上玉雕艺坛三剑客

【作者】钱振峰 储有明

【刊名】上海工艺美术，2009 年 04 期

【摘要】中国玉文化正遭逢百年一遇的发展良机，倪伟滨这一海派玉雕教父，以及受他艺术影响的于泾和王平等一大批大师们，将以对玉雕艺术孜孜不倦的探索、创新，去努力发掘玉文化更加灿烂辉煌的明天。

雕塑人生

【作者】李京南

【刊名】上海工艺美术，2009 年 04 期

【摘要】记得多年前，在巴黎罗浮宫仰望着柔情的"维纳斯"在佛罗伦萨贴近着阳刚的"大卫"不免惊叹。后来在国外见过的雕塑多了，对于一些裸体雕像也就不足为奇，只是看过、拍过一搁了事。今年 8 月在挪威首都奥斯陆，见识了维格兰雕塑公园的大场面裸体群雕，真的叫我心施摇动，刮目相看。

将纸赋予"生命" ——洪新富的纸艺世界

【作者】苏琳

【刊名】上海工艺美术，2009 年 04 期

【摘要】洪新富 1967 年生于台北市，现为台湾中华纸艺创作协会执行长。洪新富长期致力于纸艺的创意设计与普及传播，一张普通的纸，可以在他手上变换出各种不同的造型，只要是能想得出来的动物、昆虫，他都变得出来。

关于"工艺复兴"

【作者】范伟民

【刊名】雕塑，2009 年 04 期

【摘要】今天我们重提"工艺复兴"，已经脱离了一般人固有意识中的语境，它不是特指独立的艺术概念和门类，甚至不拘泥在所谓传统与当代的纠结里，而是强调"工"与"艺"介入自由艺术领域的创新进程和其本身作为艺术媒材所延展的意味与作品内涵的对话关系是否构成新意。

当代雕塑艺术"现代性"三题

【作者】邓平祥

【刊名】雕塑，2009 年 04 期

【摘要】对于中国本土的雕塑而言，从文化性质上说当然是现代性的。中国从五四新文化运动之后引进的西方雕塑艺术，主体是西方文艺复兴和启蒙运动之后的雕塑，因此它的艺术法则（精神法则和形式法则）的核心思想是人文主义、人的解放和自由精神。西方的雕塑艺术在传入中国之后，"本土化"是一个自然的课题。

适者生存与识者生存

【作者】任世民

【刊名】雕塑，2009 年 04 期

【摘要】在改革开放30年的今天，传统艺术开始恢复它原本创造、经营的模式。漆艺、陶艺、金属艺术、首饰艺术等众多传统手工艺品在西湖博览会，上海、北京等地的精品展中不断呈现出更美好的艺术作品，在立意上、在工艺技能上都反映出高超的进步，同时恢复出不少被人遗忘的古老艺术技能，并表现出高超的手工艺技能的艺术价值。拿艺术家的社会地位变化而言，今夕不能相比。“艺术”不再被人为地分为上下九流。

对工艺复兴的几点思考

【作者】宋伟光

【刊名】雕塑，2009年04期

【摘要】固有的工艺美术不讲个性或少见个性，而当代的工艺美术与之相反。我们的眼界可以放宽一些，关注一下德国、英国、法国、意大利还有比利时，特别是芬兰。因为，当代的“工艺美术”应当是一种运用了思想原理，传承了宝贵的传统技艺而又不留样式痕迹的当代艺术。

“继古开今”渐成趋势——中国国际雕塑年鉴展观后感

【作者】韩小囡

【刊名】雕塑，2009年04期

【摘要】2009年5月4日，是五四运动90周年的纪念日，也是在这一天，“中国动力——中国国际雕塑年鉴展”的第三个专题座谈会在北京召开，而座谈会的主题为“继古开今”，此时此地，参加这样一个主题的座谈，尤令人深省。“继古开今”展区的作品数量最多，有近百件，参展雕塑家包括各个年龄层，可以看到目前中国雕塑界的生态剖面，以及他们面对传统的各自态度。

当代艺术如何自处于“越界”与“观念”中

【作者】王旭东

【刊名】雕塑，2009年04期

【摘要】“观念”如此的涵盖宽泛，以它为目的既不能形成有效的创作方法论，也不能作为品评作品的依据，那么不如索性就放开这条绳索，当“观念”成分自然进入到艺术家的个人创作逻辑之中时，只需要把它作为像形式、材料等一样的元素，经由观念，物化出更多可能，把艺术家的感性或理性体验延伸到作品及空间中。从目前的现实和状况来看，观念介入当代艺术遵循手段论的方式较为合理，但这不是恒定不变的，随着各方面条件的转化，“观念”还可能会出现更多的参与可能性，与“越界”交融促成当代艺术更丰富的面貌。

禅与道的现代生存：观中国台湾陶艺家李茂宗陶艺创作

【作者】仲如

【刊名】雕塑，2009年04期

【摘要】中国台湾陶艺家李茂宗是中国最早的现代陶艺家之一。他的现代陶作品融合了西方现代艺术观念和中国传统艺术意境。数十年来，他往返于中美各地，积极举办相关学术活动，对中国现代陶艺的发展起到了推动作用。

黄河铁牛的价值

【作者】吴为山

【刊名】雕塑，2009年04期

【摘要】唐代开元年间所铸之黄河铁牛雕塑群，位于山西永济市城西15千米外蒲津渡。它以其体量、构造及造型的巨大张力予我以震撼！其单体与群体的组合营造了一个凛然的艺术气场。

行吟诗人——雕塑家蒋铁骊的雕塑创作

【作者】李仲如

【刊名】雕塑，2009年04期

【摘要】纵观蒋铁骊10年创作历程，可以看出这是一位既有敏锐感性认识，又在形式语言方面有理性思考和规划的艺术家。形式上的抽离有很多方向。蒋铁骊在雕塑形式语言的探索过程中，逐渐倾向于使用中国古典雕塑中的形体抽离的方法。这种方法的独到之处是以形写神，尽量将与表达精神无关的细节省略，一切取舍原则都取决于作品内在精神的需要。对这个方向的探索是中国艺术步入当代的可贵尝试。

公仔精神——石湾公仔的再创造

【作者】魏华

【刊名】雕塑，2009年04期

【摘要】石湾公仔再创造的艺术实践，正是基于“弱势文化”、“民间文化”、“区域文化”、“本土文化”的自觉，创造出了具有独特审美观和鲜明“中国身份（或石湾身份）”的艺术作品，使自己的作品并没有在全球化背景下失语，充分体现了传统文化优势和丰富的语言资源，并找到了一个契合点，用最东方最具地域传统的视觉图式，表达并呈现了当代人最真实的生活与情绪，创造了合乎当代人审美趣味的艺术样式。

钞氏兄弟的心思

【作者】宋伟光

【刊名】雕塑，2009年04期

【摘要】如果把钞氏兄弟的作品划分到陶艺当中，表面上看似乎没错，但切实地有些不妥。因为一般“玩陶”者重釉色，重机变，求偶然，而钞氏的“陶”重“写实”，是少依赖于偶然，多依靠控制的费神之作，是把“制陶”作为“制艺”的手段，也就是说他们是把“陶”作为雕塑的手段，充分地发挥着陶的这种难以替代的语言功能。

中国动力
——2009 中国国际雕塑年鉴展继古开今专题学术座谈会

【作者】陈星

【刊名】雕塑，2009 年 04 期

【摘要】“继古开今”与“工艺复兴”是“中国动力——2009 中国国际雕塑年鉴展”4 个学术座谈会的后两个，与会专家就艺术创作的继承与发展和工艺的精神本质、复兴特色等焦点问题进行了深入探讨。他们角度不同、观点不同，其间必有争议、必有亮点，是一次有实质意义的学术座谈会。

雕塑的审美鼎立
——第十一届全国美展雕塑作品印象

【作者】滕小松

【刊名】雕塑，2009 年 04 期

【摘要】五年一度的全国美展就像是五味俱全的“千层糕”调弄着美术家们的胃口，也如同魅力四射的“风向标”引导着美术创作第十一届全国美展雕塑展以其独特的开放性和包容性，建构出一个汇聚不同文化视域的雕塑艺术观景台。从这里，不难领略到最近五年中国雕塑的三大亮点——姿势的设计、场景的营造和材技的妙用。也正是这三点使中国当代雕塑之鼎能以审美的维度三足立定。

试谈东阳木雕设计之创新

【作者】何梅芳

【刊名】浙江工艺美术，2009 年 04 期

【摘要】东阳木雕是中华民族艺术的一大瑰宝，是我国传统工艺美术领域中历史悠久、技术性强、艺术性高的一种雕刻艺术，是我国一份不可多得的非物质文化遗产。东阳木雕因地而名，为浙江三大名雕之一，居全国四大木雕之首。东阳木雕其历史悠久，始于唐朝。到元明朝，日趋成熟，装饰手法完整，形成了自己的艺术风格，且有很高的艺术水准，并应用于建筑、家具等装饰。到清代嘉庆、道光年间，雕刻形式由简到繁，由粗至犷。在东阳木雕漫长的发展历史中，民间艺人创造了薄浮雕、镂空雕、圆雕、半圆雕、半雕、明雕、阴雕等雕刻手法，形成了题材内容丰富多彩、创作构思娴熟有序、雕刻技法日益精工、观赏实用有机结合、家具装饰锦上添花等显著特点。

天地有大美
——傅新民现代艺术叙评论

【作者】王梦佳

【刊名】雕塑，2009 年 04 期

【摘要】傅新民实用的艺术价值观和辩证唯物主义自然观在他的艺术创作中呈现出一种张力的状态。对于形式美的本质性追求，有助于抵消由于艺术社会效应而可能导致的艺术本体价值的弱化趋势从而使艺术创作和审美心理渗入对宇宙终极结构的关注和沉思之中。两者的统一使他的作品在营造“气场”上几乎发挥到了极致。

永远的生命
——对孙龙本现实主义题材表现的图像分析

【作者】宋伟光

【刊名】雕塑，2009 年 05 期

【摘要】“现实主义艺术”似乎已落伍了，然而对现实主义艺术精神的延展，尚有巨大空间。现实主义有两个要素，一是真实客观地再现社会现实；二是典型性，它是指解决文学艺术所塑造的人物之特殊与一般的关系问题。第一个要素是现实主义艺术的根本，它要求艺术创作的手法首先是要对现实忠诚，要有写实的记叙性意义，第二个要素就是强调在一般中塑造典型，即所谓“出自生活而高于生活”，发掘社会的本质因素。孙龙本为沂蒙广场所创作的大型雕塑《热土》可谓是对现实主义题材的再一次成功运用，《热土》由“参军参战”、“全力支前”、“血乳交融”、“红色热土”4 部分组成。用雕塑的形象语言，叙述并歌颂了中国人民为争取独立、自由、幸福所作出的献身。

年轻化与“非主流”的主流化
——观全国美展雕塑分展有感

【作者】楚歌

【刊名】雕塑，2009 年 05 期

【摘要】第十一届全国美术作品展览的雕塑分展近日于长春世界雕塑公园展览馆拉开序幕。这个代表了官方审美标准和意识形态的重要美术活动，在举办时间上恰逢建国 60 周年，可谓主旋律中的“主旋律”，令不少艺术家心向往之，也令不少人持观望姿态。美展的年轻化和“非主流”的主流化提示了一个充满变化的、转型建构中的中国当代社会背景。我们有理由相信美展会有更多的积极发展，中国会朝着制度健全、思想自由和文化发达的文明社会走得更近。

让爱与艺术同行
——记林家卫与他的公益雕塑

【作者】王梦佳

【刊名】雕塑副刊，2009 年 05 期

【摘要】“艺术家内心的情感、智慧与个人的人生经历是息息相关的。从另一角度讲，正是从商的经历造就了现在的我，给予我很多创作的灵感，使我自然而然走上艺术与公益结合的道路。因为从商使我不得不深入地去总结企业管理上成功与失败的经验，而这些经验的提炼最后都成为我作品的内容。从商使我常常与工地打交道，每天面对着一卡车一卡车被拉走的工业废品，我这个山里娃真的觉得非常痛心，这也刺激我使用这些材料来进行创作。”

东方文化的暗示性与当代艺术语言的思维同性

【作者】宋伟光

【刊名】雕塑，2009年06期

【摘要】东西方文化虽是两种不同性质的文化系统，然而若能透过表象从形而上的思维上审视的话，便会看清两者在艺术思维之间有某种程度的同质性。这一点特别是在当代艺术中更能显现得出。讨论东西方文化思维同性之问题，就是从中国传统文化所具有的形而上思维特性与西方现当代艺术的语言方式中，比较出某种同性的思维特征，从此引发对中国当代艺术思潮的反思。

西方当代雕塑创作中的东方古代智慧

【作者】滕小松

【刊名】雕塑，2009年06期

【摘要】“万物并育而不相害，道并行而不相悖。”中国文化经典之一——《中庸》早就点醒了“天地所以为大”的疑团。在埃及文明、希腊文明、印度文明、中国文明的阳光雨露下茁壮成长起来的四大雕塑体系，都曾以各自独特的璀璨光芒照耀着世界艺术的浩渺星空。当地球村迈进全球文明的时空缩略时代，人们通常以“东西”约言“四方万物”，更加简约地将全球不同取向的雕塑传统归结为东西两个繁大的雕塑系统。在异质文化平等对话的时势下，无论是“东寻西找”还是“东奔西跑”，也无论是“东张西望”还是“东涂西抹”，东西两大雕塑体系各自的良性基因在“东来西去”的双向互流中都平稳地实现了优化，也有效地避免了因文化近亲繁殖所导致的退化。

游望中西的俯仰之眼——对于中西艺术之共性研究的省思

【作者】于洋

【刊名】雕塑，2009年06期

【摘要】游望东西，俯仰由心。中西之间的评判取舍，原来全在游弋于各种文化传统与当下艺术生态时所怀揣的心态，于是才有了面对西方艺术的源于自卑的仰视和出于自闭的漠视。至于中西艺术在价值评判和未来前途上孰高孰低、孰强孰弱，或者这个命题本身是否存在，乃至在全球化语境之下，不同文明如何对话和共处，这些问题都需就事论事、不宜泛化一概论之。时刻葆有对于审美意识和终极问题的永恒兴趣，以及对于自身艺术传统的不依赖外在参照的文化自信，也许才是超脱于各门派阵营壁垒之外、追求艺术真谛的大道。

永州古民居门窗雕饰的表现形式与艺术内涵——以周家大院为例

【作者】尹建国 谢荣东

【刊名】装饰，2009年06期

【摘要】永州古民居门窗雕饰主要承袭了明清两代的装饰风格，内容丰富，形式多样，质朴率真，充满着浓郁的地域文化特色。本文以周家大院为例阐述了永州古民居门窗雕饰的表现手法、审美特征及艺术内涵，提倡在现代环境美学以及室内艺术设计追求创新与个性化的同时，应当挖掘传统丰富的艺术语言。

视觉与权力的游戏——从陈志光个展说起

【作者】王梦佳

【刊名】雕塑，2009年06期

【摘要】一直以来，陈志光用不锈钢玩了一个个夺人眼球的视觉游戏，营造出光影“迷漫”的现场；而“权力的游戏”则成为他的观念的核心，围绕此，发生着渺小、伟大、进攻、退让、历史、现实、传统、当代等等的冲撞与交替。这位勤奋而多思的艺术家认真地游戏着，在诸多以不锈钢为媒材的创作者当中，他的作品显示出不同流俗的深沉。

从“紧急出口”寻找真相——访当代艺术家陈文令

【作者】陈星

【刊名】雕塑，2009年06期

【摘要】“紧急出口”、“你看到的未必是真实的”“如何逃离”串成了2009年陈文令大型个展的全部故事，展览呈现了一个来自非现实的真实世界，以一种荒诞的冷幽默方式把观众的欲望引向了对背后真相的追问。带着诸多疑问，采访了中国当代艺术家陈文令（以下简称陈），展开了关于市场回报、艺术创作、未来发展的话题。

以玉为谋——说施禀谋的玉石画

【作者】商颂

【刊名】雕塑，2009年06期

【摘要】观施禀谋的玉石画，首先感到的是自由，这是一种艺术的自由。他的作品运用的虽然是传统的材料——翡翠，然而却全然找不到恪守于传统题材、手法的玉雕样式了，这是一种以画为媒，以玉为画，以艺入工的创造，显示出施禀谋敢于破玉雕之固有语言，立新的且具东方文化情韵的“玉谋”。这种突破可以从以下几个方面得到证实。一、意想不到的构图；二、手法多变，题材广泛；三、如梦化境，意象再生。

从失态到显态——读陈宝国的雕塑系列“显态记”有感

【作者】彭锋

【刊名】雕塑，2009年06期

【摘要】陈宝国的“显态记”在释放这些情感的时候，并没有陷入歇斯底里，而是选取了“优雅”的艺术形式。长期的雕塑训练和多年的公共艺术实践，让陈宝国在实现自己想法和驾驭材料方面都显得游刃有余。有了这种艺术性的转化，“失态”就不再让人窘迫，而成为令人惬意的“显态”了。

青田石雕人物创作浅探

【作者】徐永丽

【刊名】雕塑，2009 年 06 期

【摘要】青田石雕这一根植于浙南大地的民间工艺美术奇葩，经过了千百年的风风雨雨，世代众多艺人的不断传承、创新、发展，逐渐形成了“随形布局，依势造型，相色取景，因景施巧”的艺术特色，以及凿法、刀法、洞法、刺法等独一无二的传统工艺技法，在中国工艺美术史上占有重要的地位。

“写意”知音

【作者】吴为山

【刊名】雕塑，2009 年 06 期

【摘要】本篇谈论的是油画家苏天赐与雕塑家熊秉明、安东尼在美学观和艺术创造方式方法上的文化认同。这不仅跨画种，还超越了民族、年龄的界限。它关系到油画的民族化问题，雕塑的价值评判问题，尤其是中国传统的写意精神与艺术创新问题。这些将会成为当代文化自觉的命题而深深融入我们的思考。

钱绍武访谈

【采访人】朱伟光【整理】彭越

【刊名】雕塑增刊，2009 年 06 期

【摘要】“我认为艺术艺术始终分为两大块，一块就是官方艺术，是文化层次比较高的，是高雅的艺术，这在任何时期都是主流艺术，比如，明代吴门派，元代的黄、王、倪、吴这都是主流，主流派的成就当然代表了它所处的时代的艺术水平。还有另外一派，它不是主流派，属于民间派。艺术的整体发展，特别是雕塑艺术发展，民间雕塑艺术始终占有较大的位置，假如民间艺术水平提不高，那么整个艺术水平也是不会提高的，真正的主流派，大艺术家，他会受到当时民间艺术的影响，吸收它的营养，只有两者结合发展，才能提高艺术的整体水平。”

同修殊途，小记“轨迹——青年雕塑家新作网展”

【作者】陈星

【刊名】雕塑，2009 年 06 期

【摘要】“轨迹——青年雕塑家新作网展”关注的艺术家多数曾经参与过由《雕塑》杂志社主办的历届毕业生优秀雕塑作品展，他们当中的大部分还在当年获得了奖项，另外他们基本集中属于 70 后和 80 后，其中以 1980 年之后出生的艺术家居多。“轨迹——青年雕塑家新作网展”不仅是为了整合毕业于 2004 年至今的优秀毕业生的雕塑作品，更是旨在直观立体地追踪他们在中国当代艺术版图中所处的位置和艺术生存境遇。从作品的创作风格和艺术观念上来区分，他们主要分为以下几类：一类：新具像写实雕塑；二类：观念雕塑；三类：装置和多媒体艺术。

从老子造像计划看雕塑与景观的关系

【作者】王展 马云

【刊名】装饰，2009 年 07 期

【摘要】景观雕塑作为一种环境造型艺术，与其所处的自然环境密切相关，它与周围的环境景观形成一种相互因借与点化的共存关系。本文从笔者参与的老子造像计划出发，试图探讨景观雕塑中雕塑与环境的具体关系。

雕塑动漫——对日本动漫手办热潮的思考

【作者】张帆

【刊名】装饰，2009 年 07 期

【摘要】手办是一种限量版的动漫模型，近几年在世界范围内掀起热潮，并进入了当代艺术市场，成为日本当代艺术的代表符号。本文从手办的雕塑造型语言和文化背景两个方面分析其特点，藉以了解现代玩具的发展方向和趋势。

洋材和魂——日本玻璃艺术家黑木国昭访谈

【作者】周容

【刊名】装饰，2009 年 10 期

【摘要】玻璃艺术缘起西方，整体成就也以欧美国家最为显著。日本的玻璃工艺虽然起步较晚，但却凭借其精巧的技能以及丰富感性的“日本的审美意识”在世界玻璃艺术界独树一帜。黑木国昭就是这样一位活跃在日本艺术界的工艺大师。

清

【作者】霍波洋

【刊名】美术，2009 年 10 期

【摘要】“清”与“浊”相对，八大山人的绘画，以“清”为美，代表了中国传统艺术的“尚清”美学思想。而雕塑在泛泛的追求材料的价值的同时，所产生的“卖象”与“清”是背道而驰的。虽然追求材料上的表现没有什么错误，如果过度的追求也是雕塑审美上的一种“浊”。我对于雕塑材料的“解构”，在某种意义上是作者创作中精神含量注入的提升。欣赏着在欣赏作品的过程中，材料的过分表现，削弱了人们对于作品精神内涵的品味。选择没有商业价值的材料，本身就是对于“浊”的舍弃。从这一点上讲：清贫的材料，更有利于欣赏着对作者精神世界的感悟。

非语言交流的语言方式——谈景育民的雕塑语式

【作者】宋伟光

【刊名】美术，2009 年 10 期

【摘要】艺术家大致有两种类型，一类是作品的风格始终保持着图像逻辑的连续性，一类则时常转换其“图式”，前者多带有顺向思维的性质，而后者表现出的是某种逆反心理。景育民的雕塑艺术反映出的是，虽在不同时期其形式法则和所关注的问题时有变化，然而却一直贯穿着对精神坐标、造型语境和社会问题的关注。在他的创作轨迹中显现出，虽然外部形态依照诠释的不同问题在进行变化，整合出的却是自我的语汇系统。在他的“图像”中找到了艺术信息（内容）与艺术符号（形式）之间的联结关系。这是一种超越现代主义意义之上的空间探讨，即对于有形（实体）空间和无形（虚拟）空间的预设。这个“预设”有时带有表现性的再现，有时带有表现性的暗喻。

我的创作随想

【作者】李先海

【刊名】美术，2009年10期

【摘要】我从事艺术创作多年，也总结出很多道理、艺术语言。我将一直遵循自己的信条，不追求时尚、不赶时髦并且始终关注身边发生的事物，将来自生活的真实感情融化到我自己的艺术创作中。

管窥改革开放中的中国雕塑

【作者】邹文

【刊名】美术，2009年10期

【摘要】影响当代中国进步和社会变化最大的事件，莫过于20世纪70年代末开始的改革开放。回溯中国雕塑走过这30年的步序，把中国雕塑和改革开放紧密联系起来审视和反观，在学术上是十分必要的。

从“痛苦与矛盾”到“革新与创造”——从罗丹作品看罗丹

【作者】范波

【刊名】美术大观，2009年11期

【摘要】法朗索瓦·奥古斯特·罗丹（1840—1917）是19世纪末20世纪初法国杰出的雕塑家，他一生经历坎坷，走的是一条艰苦不堪的艺术探索之路。他的早期作品风格写实，注重人物性格的刻画，进行了大胆的现实主义探索，后期则追求绘画上的印象主义，继续探索新的艺术风格。

中国陶艺期待更多的关注和扶持

【作者】吕品昌

【刊名】美术，2009年12期

【摘要】曾几何时，因与实用价值的历史联系，陶瓷艺术不被人们视为有着独立审美价值的现代艺术形态。在追求审美价值的过程中，中国陶艺家们走过一段艰难的道路。然而，陶艺家们以执着的信念和热情一直在中国的土地上进行艺术创作，他们在全国各地组织的丰富的展览和学术交流活动，为当代中国美术事业注入了巨大的活力。与时俱进的中国美术家协会，以开拓进取的战略眼光瞩目于当代陶艺的发展。

走向当代

【作者】殷双喜

【刊名】美术，2009年12期

【摘要】从本届全国美展入选雕塑作品来看，题材的广泛性是最大特色。雕塑家们开始自觉地关注当代社会，对各种社会现象进行文化思考，关注当代社会的变化和各种问题，强调作品的现实针对性。从反映汶川大地震到表现农民与矿工，艺术家的人文关怀深入到社会的弱势群体。从过去的侧重于宏大的主题，表现英雄与理想，转而关注日常生活和平民社会，从细小感性的事物中发现问题，近距离、纪实性地反映日常世俗生活的作品多有出现，例如城市发展中的高新开发区与超大型建筑，民居拆迁与传统建筑的保护问题。

王彩彩的核雕艺术

【作者】金煜

【刊名】收藏界，2009年12期

【摘要】古老的核雕技艺，传承至今，代有人出，历代圣手，皆有师承，又以借鉴而自化，年轻的工艺师王彩彩的核雕在精雕细刻中注重人物形与神的刻画，注重环境的烘托，更重视挖掘民族文学中的立意构思中的收与放，繁与简的巧妙经营，这就使其核雕艺术有了文学与艺术相结合的新境界。

雕塑中的青藏高原

【作者】赵昆

【刊名】美术，2010年01期

【摘要】新中国成立60年雕塑中的青藏高原和藏族题材的创作，尽管数量有限，但仍然创作出了一些新中国艺术史上的重要作品。从20世纪50年代到“文革”结束，藏族题材的雕塑创作以超越了民族的更大范畴的阶级为主要课题，并持续着革命与斗争、劳动生活为内容，农奴以及普通藏族劳动人民的形象构成这一题材创作的主体，并且成为新中国少数民族图像文化的开端。

消费文化审视下的艺术链条——从艺术被消费谈起

【作者】范伟民

【刊名】雕塑，2010年01期

【摘要】艺术一旦与消费或消费文化产生联系，或者说人们用消费的观点来对待文化时，它的经典性便被溶解了，因为艺术作为一种消费，便意味着它已不需要是一种具有永恒性价值的精神产品。它成为了一种满足人们生活的消费性功能。既然可以消费，那么它便可以被“消费掉”，因此，消费时代的文化艺术成为了与典范性背道的消费满足，这一点已在后现代艺术的反艺术性中表现得非常清晰。

公共艺术属于“大众文化”吗？——兼谈公共艺术与多元文化状态的关系

【作者】翁剑青

【刊名】雕塑，2010年01期

【摘要】从文化哲学的视角来看，文化的“大众化”的过程也是文化的“化”大众的过程，或体现着“普及”与“提高”的辩证发展关系。实际上，当代公共艺术是多样、多内涵和多层次的，其中包括严肃意义的纪念性艺术、体现国家意志与权力的艺术、承载精英意识及文化观念的艺术、反映地方文脉及社群利益的艺术，以及源自非城市化地区的民间及乡土意味的艺术，也有着重显现生态文明以及唯美或娱乐性的艺术。因而，不能由于公共艺术强调公众参与、服务市民大众，或采用某些易于贴近和沟通普通观众的表现形式，便把它们简单地归属于特定意义的“大众文化”的范畴。换言之，公共艺术不会由于注重公共性及社会文化效应而必然落入平面化、复制性或媚俗化的境地。

审美经济时代的雕塑创作

【作者】滕小松

【刊名】雕塑，2010年01期

【摘要】“审美经济”不是一种标新立异的言说，而是一个铁证如山的事实：人类经过漫长的农业经济时代和工业经济时代之后，正迈向经济发展的新纪元——审美经济时代。2002年美国普林斯顿大学卡尼曼教授就因研究审美经济的内在动因获得了诺贝尔经济学奖。在这个新型的经济形态中，“经济审美化”和“审美经济化”使得“经济”和“审美”如同阴阳两极相互依存又相互转化。已有不少艺术家深切地感受到，当下的社会经济建设不能小看审美的力量，而目前的艺术审美创造也不能忽视经济的效用。

手艺·娱乐·文化消费

【作者】李莉

【刊名】雕塑，2010年01期

【摘要】在当下现代工业发展进程中，从人类行为的维度，重新审视手艺维系与传承的绵延之度成为读解手艺核心价值的关键，同时也能厘清作为物质制造行为的手艺，其非物质性的特质如何构筑手艺人、生产工具、制造物、消费对象的社会网络关系以及文化、审美精神需求的特殊情境。基于这种对于手艺思考的视角，本文以寿山石雕刻工艺为案例研究，分析作为传统手工艺的寿山石雕刻艺术，怎样介入并作用于福州本土的生活习俗与文化习惯，如何形成具有福州地域文化情境的审美趣味。

身体的发现——陈连富雕塑漫谈

【作者】孙振华

【刊名】雕塑，2010年01期

【摘要】关注和表现中国女人的身体，也就是发现中国，研究中国的一种特殊的文化方式。只有把陈连富的工作放在历史中，放在中国女性身体艺术的发展链条中，才可以充分地发现他的作品的意义。

“甲子新旅”再造艺术乾坤——韩美林新作观摩及研讨

【作者】王梦佳

【刊名】雕塑，2010年01期

【摘要】“甲子新旅——韩美林新作观摩及研讨”于2009年12月26日在全国政协礼堂隆重举行。此次活动由全国政协办公厅、文化部、国家新闻出版总署、中国文学艺术界联合会、中国作家协会及中国美术家协会共同主办。活动期间展出了韩美林近年来创作的绘画、书法、雕塑等新作。2009年喜逢新中国60华诞，也是韩美林从艺60周年。60为一甲子，对于中国人而言，源于八卦的花甲干支历法，使得我们对“60”这个数字颇为敏感。它是轮回之数，是继往开来的节点，更是新生的起点。“甲子新旅”，既是对韩美林在过去60年里与新中国同呼吸共命运的艺术之旅的总结，也是他不满足于今日成就而渴望自我升华的印证。

文化穿越

【作者】宋伟光

【刊名】雕塑，2010年01期

【摘要】许鸿飞带着他的“胖女人”由原来所在的城市空间，跋山涉水奔向广东北部的扶贫县——“连南县瑶族山寨”，这种图像移位，带来了新的文化视域和质感以及艺术为公众思考的“场所精神”，他用这种精神去链接文化、经济、扶贫等问题，成为一次以艺术做公益的“事件”，表达了他的社会责任，这是值得提倡的一种当代人的精神。

前世今生

【作者】吕婧 朱翔

【刊名】艺术研究，2010年01期

【摘要】在我国古时候，大部分建筑的门外都习惯放置两只石雕狮子用来“守门”，在经过了时间的洗礼和文化的沉淀后，石雕狮子已经成为了我国民俗文化的传承产物之一。它们的数量和种类，均为世界罕见。本文从石雕狮子在我国出现的渊源、各种造型的石雕狮子所具有的特点以及石雕狮子与我国的民族精神之间的联系三个方面进行了简要的阐述，旨在揭示石雕狮子在华夏五千年的历史长河中形成的特有的文化精髓。

重大题材中的审美表现——说孙家彬“主旋律”雕塑中的艺术情感

【作者】宋伟光

【刊名】雕塑副刊，2010年01期

【摘要】雕塑艺术家孙家彬出生在旧中国，经历了日伪铁蹄下的东北那血雨腥风的岁月，心中自然涌动着对“自由”、“幸福”、“国家”的渴望，这种生存经历对于他的世界观和审美观的形成是起到主导性作用的，这种生存过程也是形成他心理趋向与价值选择的过程，作为艺术家他把这种心理趋向凝结、升华在他的艺术表现之中了。孙家彬的“国家意识”，促成了他在艺术表现中青睐于对凝结着国家、民族灵魂的事件和人物的表现。这种艺术热情体现在他的“造像”中，显现出的是他的审美理想，这种意识成为他审美赋形的心理基础。

孙家彬访谈

【采访人】宋伟光 【整理】彭越

【刊名】雕塑副刊，2010年01期

【摘要】现在新的观念和过去不太一样，现在往往不从内容和形式出发，往往只看形式。世界艺术多元化，进入国门之后，我们当然很新奇，我也支持年轻人大胆创新，只要是健康向上的艺术，就可以去探索，表达观念也很正常。各民族各有各的审美习惯和文化的传承，每个国家和民族都不一样，不同国家的艺术家，他在本国本民族成长，还是以本民族的位置作为他的基础，作为内核，这是他的本职。中国的艺术家，你再怎么变化，也离不开你本土的这个特征。但是要向西方的艺术借鉴学习，只要是人类创造的优秀的文化艺术，我们都可以学习借鉴，通过学习借鉴来提高。

“我是一片展示绿的叶子”——女雕塑家何鄂的雕塑人生

【作者】李仲如

【刊名】雕塑副刊，2010年02期

【摘要】作为一个雕塑家，何鄂创作了大量的优秀作品，取得了不凡的成就；作为一个女性，何鄂因她精彩的雕塑人生，散发出美丽的光彩。我们难以想象，以她清瘦的身影，何以有如此巨大的能量，不仅在雕塑创作上不断推陈出新，还能同时拥有艺术经营、管理、推介、策划等能力？使笔者感受最深刻的是她身上迸发出的蓬勃创造力和生命力，仿佛整个生命就是为了绽放，在阳光下绽放！

艺术消费与经济伦理六题

【作者】孙振华

【刊名】雕塑，2010年02期

【摘要】资本的脚步离艺术越来越近了。在金融资本的热情注视下，将艺术品开发成为金融产品已成为资本市场的一个新的生长点，当前人们热议的艺术按揭就是其中之一。

雕塑艺术与消费文化

【作者】刘晓陶

【刊名】雕塑，2010年02期

【摘要】人们对雕塑的功能性的关注越来越强烈，而人们对于雕塑艺术与大众的沟通和融合越来越重视，雕塑的创作与欣赏已完全离不开大众的支持，实践证明，只有被大众接受的雕塑才能最终实现它的社会价值与美学价值，这也是我们呼吁泛雕塑的重要原因。雕塑其实就是立体造型的艺术，实用艺术、工业设计、建筑设计、多媒体艺术等，都是雕塑的家族成员，这必然会拓展雕塑的生存空间与美学意境。随着中国综合国力的日益提高，我们即将迎来“消费雕塑”的黄金时代。

消费社会的“去经典化”与当代雕塑艺术的发展

【作者】韩小囡

【刊名】雕塑，2010年02期

【摘要】关于消费社会和消费文化，在文化艺术界引起颇多讨论，原因在于文化与艺术似乎在消费社会中获得了前所未有的价值凸显，除了它们自身成为时尚的“消费”，受到越来越广泛的追捧之外，一切消费也都需要利用文化和艺术加以包装，而由此带来的“文化泛化”与“审美泛化”，更深刻地反作用于文化艺术自身的发展方向。随着消费时代的到来，中国当代雕塑的发展有了更多的“生机”，同时也存在着“危机”。

雕塑吧！独立特行的女人们

【作者】王梦佳

【刊名】雕塑，2010年02期

【摘要】当我们回溯历史，女娲造人的传说里，女性是雕塑者。岁月的长河里，女性作为生命的“雕塑”者，却总是处于被“雕塑”的位置。当女性从被雕塑者，重新成为了雕塑者，从被动进入主动，从客体转为主体，她们将男人的专利转变为人的权利。这是人性的伟大胜利，而不是某个性别的胜利。雕塑必须从功利主义的地狱回归到这样独立的人性之中，每个人都是独立思考的人，每个人都是有坚持、有原则、有荣誉感的人，民族和文化的尊严必将油然而生，未来的雕塑必将容光焕发。

若即若离，是我非我——百年中国女性雕塑创作中的女性意识

【作者】李仲如

【刊名】雕塑，2010年02期

【摘要】女性在艺术创作中的长期的客体地位；试图通过艺术实践创立一个女性自己的艺术标准。在对女性社会境遇的反思方面，揭露了由男性审美趣味所主宰的整个社会把女性身体商品化的事实。反思女性身份的社会界定，把女性身份界定放在历史的语境下进行了反思与批判。在她们的创作中表现出女性意识的觉醒和张扬。

性别视角开拓了人类对自身的历史、文化和社会环境更宽广的视野。

少年心事当拿云
——刘若望雕塑解读

【作者】孙振华

【刊名】雕塑，2010年02期

【摘要】刘若望的作品没有左顾右盼的机敏，没有投机取巧的算计，它们是一种自然本色的流露，这些作品与作者生长的地域，与作者的生活经历，与作者的内心感受，与作者的性格志趣浑然一体，相随相生。面对这些作品，好比听惯了低酌浅唱的流行小调，听惯了插科打诨的“二人转”之后，突然听到了一曲高亢豪放的陕北信天游，听到了苍凉悲壮的陕西秦腔。

继古汇今
——说说林锋荣的大型雕塑作品

【作者】东土

【刊名】雕塑，2010年02期

【摘要】林锋荣的作品题材比较传统，主要是佛、道、儒三家造像和本土信仰造像，而以佛家造像为主。佛家造像的题材，既有释迦佛像、地藏王像、弥勒佛像、观音菩萨像等单尊造像，也有十八罗汉、五百罗汉等大型群雕和经变故事浮雕，体现了他布局谋篇、统御全局的掌控能力。莆田的本土信仰，就是宋代以来的妈祖崇拜，湄洲湾北岸的贤良港就是妈祖林媚娘的故里。妈祖现在已经形成了中国所有的沿海地区和南洋一带共同的航运保护神。林锋荣创作的《妈祖圣像》，就立在了新加坡。

雕塑草稿中的感性存活

【作者】滕小松

【刊名】雕塑，2010年02期

【摘要】雕塑草稿能存活感性实际上还有另一个原因：雕塑家大多是在具体的情境中直接用物质材料把亲身体验得来的感受和想法亲自画出和做出草稿来的。在这些草稿上不仅存留着表现对象的鲜活感性，而且存留着创作者手痕甚至体温。特别是一些小泥稿，由于处于草稿状态，它们上面的最直接的塑痕常常被保留着没作修饰，因而显得特别的生动。后来哪怕是全然依此翻模出来的作品也无法具有泥稿特有的新鲜感。潘鹤的《杨善深》泥稿显然要比铸铜后的效果好得多。

侵权还是合理使用
——雕塑复制图画问题的法律分析

【作者】赵书波

【刊名】装饰，2010年02期

【摘要】美国的罗杰斯诉孔斯案是一个很有代表性的雕塑复制图画侵权案。通过对此案的分析，结合我国法律实际，阐述雕塑及设计创作中“滑稽模仿”和“合理使用”的原理，提出对雕塑家和设计师创作中使用他人作品的法律建议，从而避免有关法律纠纷。

功夫在诗外
——由圆雕《三皇五帝》说创作心得

【作者】夏浪

【刊名】上海工艺美术，2010年02期

【摘要】木雕艺术作为中国非物质文化遗产，富有深厚的文化知识内涵。因此提高木雕创作水平，首先要提高自身的文化修养，具备较深的综合文化知识。木雕创作者应该自觉地丰富自己的文化知识，要对有关历史知识有了解，包括历史线索、历史人物、历史事件、历史故事以及包括历史上的风土人情和民众的审美倾向和价值观等内容。

周百均的牙雕艺术

【作者】刘家序

【刊名】收藏界，2010年03期

【摘要】周百均，中国工艺美术大师，高级工艺美术师。师从第一代老艺人、著名中国工艺美术大师、高级工艺师蔡健生先生。经过多年的刻苦钻研，周百均形成了自己的独特风格，尤其擅长人物雕刻，以构思新、造型美、雕工精而闻名。

挑战北京叙事
——关于中国当代艺术的历史书写

【作者】王林

【刊名】雕塑，2010年03期

【摘要】中国当代艺术是由民间力量来发动和推动的，这在1989年6月以后更为明显。有两三年时间，只有很少的传媒、机构和批评家、策展人以地下或半地下的方式在传播当代艺术。从产品到品牌，从品牌到明星的模式，正是北京叙事的特点。用自杀身亡的当代艺术家张盛泉的话说，就是“要么成为大爷，要么什么也不是。”正因为如此，中国当代艺术以波普和泛波普绘画在国内外所向披靡，也就不足为奇了。

哲学是艺术吗？

【作者】宋伟光

【刊名】雕塑，2010年03期和05期

【摘要】世界上任何细小的事物若从哲学层面上认识，都有一番道理，就拿我们当下的一些所谓当代性的艺术作品来说吧，其作品本身往往是实在没有多少思想成分，然而经评论家这么一“哲学”，于是乎，此作品顿时生成了许多道理与意义。

“复调”的再造与对象的解放

【作者】鲁明军

【刊名】雕塑，2010年03期

【摘要】就艺术的形态而言，毋宁说这样一种抽象绘画方式介于“复调”绘画与极少主义（或后形式主义）之间。在画面形式上，更接近于“复调”绘画，但是从话语方式及观看方式而言，显然更接近极少主义或后形式主义。

三位一体的共谋
——当代艺术思维之误区

【作者】王忠林

【刊名】雕塑，2010年03期

【摘要】自2008年金融危机爆发之后，当代艺术便很快走向了低谷——创作乏力、市场低迷。于是有人把这一切归因于受经济全球化的影响，艺术市场的资本断裂。实际上中国当代艺术的发展自“八五”思潮以来，就一直潜藏着深层的危机。这不仅仅是创作本体上的个体问题，更重要的是在思维上存在着的三位一体的共谋：即从艺术家自身来看，存在创新求异之误区；从艺术评价来看，存在诠释解读之误区；从艺术市场来看，存在价值判断之误区。共谋的合力消解了当代艺术正常发展的动力，也改变了艺术自身发展的向度。

何为当代性？
——谈当代艺术创作中的认识误区

【作者】蒲鸿

【刊名】雕塑，2010年03期

【摘要】中国当代艺术的创作存不存在误区？这等于在问，当代艺术是不是有一个正在偏离的标准。如果仅从风格、技法和观念看，中国当代艺术并不存在一个既定的标准，从诞生的那一刻起，它就弃绝了任何绝对的精神导师，有种独行侠决绝和锐利的气质。对这个个性张扬的野孩我们并不需要一个引路人牵引他返回家园，否则就像寓言里说的，“盲人领盲人，二者必皆落入坑中”。

用雕塑保留城市记忆
——关于上海世博园区江南广场“工业记忆”雕塑展

【作者】孙振华

【刊名】雕塑，2010年03期

【摘要】参加本次世博会的世界许多国家，都有过自己关于工业文明的记忆，在上海世博会举办期间，在江南广场举行国际性的以“工业记忆”为主题的雕塑创作，不仅有助于梳理上海的城市文脉，彰显上海的城市特色，增添世博会的文化气氛，还可以检视不同国家和民族关于工业文化的记忆和想象，加强各国人民的相互理解和交流，还是在中国工业文明的重要遗址上营造出浓厚的国际艺术氛围，为世博会观众提供可供观赏的优秀雕塑作品。

公共艺术与公权力
——从上海世博沿江雕塑策划谈起

【作者】韦天瑜

【刊名】雕塑，2010年03期

【摘要】公共艺术简而论之是公共场所的艺术。既然如此它就必然遇到公共场所的管理者。因此当策划或者安置一个公共艺术作品时，就不可避免地面临公权力的问题。一般来讲，首先公权力自身要姓“公”。公共权力虽然是全体共同体成员的共有权力，但它需要由某个个体或团体来具体执行。这就使得公权力内部的结构产生了自身“公”字的变数；如何保持这个“公”字纯度，使它代表共同体全体成员的意志行事就成了首先要解决的问题。上海世博会是有史以来首次以“城市”为主题的世博会，也是首次在世博园区内专门辟出公共区域进行公共艺术规划和布局的世博会。这对于今后我国城市公共艺术及相关公权力的运作确实是一次良好的示范性尝试。

苍桑中的浪漫
——说田世信的艺术气质

【作者】宋伟光

【刊名】雕塑副刊，2010年03期

【摘要】田世信的雕塑艺术有一种凝重的气质，这种凝重不是沉重，而是含有浪漫精神倾向的悲怆，这种悲怆体现出的是一种尘世的沧桑。同时，这种沧桑中又潜蕴着对理想的追寻、追问与追求。他的雕塑艺术，有一种对于形式语言的敏锐与自信。他塑形严谨，却收放有度，在他众多的肖像作品中，能够感受到他那种“心随笔运”的手感。这种手感散发出的是中国艺术中带有浪漫色彩的写意精神。

朴素的生活．灿烂的艺术
——田世信的艺术人生

【作者】刘洋

【刊名】雕塑副刊，2010年03期

【摘要】田世信创作了《王者之尊》。此作品的灵感来源于毛泽东的《沁园春·雪》。这系列新作把中国传统文化和个人对艺术的探索完美结合，通过一个传统的创作题材，借鉴中国古画的造型手段，用新的表现方法，运用新的材料，而这种所谓新的材料，又是中国几千年来宝贵的文化遗产。

从世博会国家馆看建筑的视觉与逻辑

【作者】王琰

【刊名】雕塑，2010年03期

【摘要】这次世博会的国家馆建筑，让很多人感觉越来越像雕塑，也让人联想到北京的CCTV大楼、鸟巢、水立方、国家大剧院等地标性建筑。每个国家为了使自己的建筑更具标志性，更富有视觉冲击力，使人们能记住这个馆、这个国家，采用了很多陌生的材料、奇特的造型和综合的科技。尽管如此，文化和理念的差异使得这些国家馆呈现出非常多元的形态。

一个雕塑家眼里的世博建筑

【作者】迪奥尼西奥

【刊名】雕塑，2010 年 03 期

【摘要】作为雕塑家，我的视角会和建筑师有所不同。我之所以对建筑感兴趣，是因为当下有不少建筑在形状、色彩、材料等方面都趋近于雕塑。建筑设计中对电脑的普遍运用也在一定程度上形成结构感的“雕塑”。在古代建筑中，尤其在西方国家，雕塑往往作为建筑的重要组成部分存在；但在 20 世纪的最后几十年中，雕塑却完全消失在建筑里；今日，雕塑又以全新的方式重新开始影响建筑——很多建筑物的造型如同抽象雕塑一般，这种现象在世博会中比比皆是。

贾科梅蒂雕塑草稿的“瞬间叠加”

【作者】滕小松

【刊名】雕塑，2010 年 03 期

【摘要】印象的捕捉与表现是在“神领意造”中完成的。雕塑草稿对印象进行捕捉与表现的艺术魅力也就在“神领意造”之中。所以，奥尔德里奇说：“如果你愿意的话，领悟也可以说是一种印象主义（impressionistic）的观看方式，但它仍然是一种知觉方式，它所具有的印象给领悟的物质性事物客观地灌注了活力（animating）”。从这一层意义上可以看出，雕塑家所捕捉到的印象是一种诗意的、审美的形象。雕塑草稿把这些印象记录下来，本身就带有一定的审美创造意味。贾科梅蒂雕塑草稿的“瞬间叠加”也就是他特有的一种雕塑创作方式，这在世界雕塑史上堪称是独一无二。

独孤求败的英雄
——读刘若望雕塑作品

【作者】王林

【刊名】雕塑，2010 年 03 期

【摘要】生活在一个功利优先的现代集权社会里，也许只有在艺术中，人才能对抗无所不在的权力操控和利益诱惑，保持个人的尊严、人类精神的尊严。刘若望的英雄雕塑由此而成为对公民理想的召唤，成为普通人精神自主的象征。狼来了，人还在，独孤求败的英雄留下的是精神气魄。有这样的坚持与坚守，当代中国还有艺术，还能有艺术。

传承与创新
——论当代海派玉雕的创新

【作者】常存

【刊名】雕塑，2010 年 03 期

【摘要】玉雕是一门传统艺术门类，在创新上，海派玉雕一直是全国玉雕行业的领军团队。传统的玉雕设计往往内容决定形式，给创作者带上了无形的枷锁，使玉雕艺术缺乏艺术个性。现代玉雕除了继承精良的传统工艺之外，更加强调“设计元素”，即着力于艺术的创造，追求创意的巧妙、风格的独特。海派玉雕是特定文化、地域因素结合的产物，一方面继承传统玉雕技艺，一方面吸收外来文化精髓，最终形成洵美且异的玉雕艺术特色。

中国传统的佩玉文化的人文内涵

【作者】刘雷倩

【刊名】雕塑，2010 年 03 期

【摘要】“佩绶制度”是中华礼仪制度的重要组成部分，它直观地体现了佩戴者的社会地位。组玉佩是佩绶制度的一个重要的特征。色彩斑斓、叮当作响的组佩，不仅使人产生视觉、听觉上的美感，而且是身份地位的象征。

浑厚与敦厚
——说王天任的艺术特征

【作者】宋伟光

【刊名】雕塑副刊，2010 年 04 期

【摘要】王天任的雕塑艺术释放出的是一种浑厚、朴讷的品质，他的这种艺术特征是与他的性格特征相吻合的。他为人谦和、敦厚，这与他艺术上的浑厚之风有着内因性的联结。因为艺术家的审美个性即是他的人格个性，两者相互作用，相持相长。他在艺术上崇秦汉、尚唐风，但并不排斥其他的艺术形式。他的艺术观点，即他所言“不偏食”，认为优秀的艺术，不管古今中外都应吸收。他不走偏激之路，比较折中，这与他早期所受导师的影响是分不开的，当然与他的性格也是分不开的，这体现出了一种包容精神。如他的作品往往在表现古代题材中运用一些当代的造型手法（如《后稷》《秦统一》等），而在当代性的作品中又会融进一些古代的理念（如《泉》）。

我看雕塑

【作者】唐大禧

【刊名】美术，2010 年 04 期

【摘要】建国初，我在香港读中学，有几位美术老师是我的启蒙。这些启蒙老师使我当时的思维被点醒而有所悟。美术是“静态的视觉艺术”。前辈师者林学大先生，早年在新加坡创办南洋美专，就曾用“眼、脑、手”设计学校的标志，究之与我国古代造物所言“心、眼、手、脑一成器之道”如出一辙。这竟成了后来我所恪守的艺术信条。

王天任访谈

【作者】宋伟光

【刊名】雕塑副刊，2010 年 04 期

【摘要】开始知道雕塑这门艺术，应感谢两位老师。一位是林士岳先生，他自 20 世纪 50 年代来到西北，是最早从事美术教育的工作者之一。还有一位是王子云先生，我 1955 年入西安美术学院附中，他当时代授中外美术史课。他是留法的，一谈起雕塑就眉飞色舞，那种感染力至今深印在我的脑海中。王子云先生学贯中西，不抱偏见，

因此，使我一开始便对中西方的美术没抱有厚此薄彼的心理。他们是我在西安美院附中学习时最早的启蒙老师。附中不分科，一开始课程有限，中国画、油画、雕塑均占有一定的课程比例。

让材料说话
——2010中外高校毕业生优秀雕塑作品展记

【作者】王文娟

【刊名】雕塑，2010年04期

【摘要】2010年高校毕业生优秀雕塑作品展已在北京拉开了帷幕。这是国内举办的第五届高校毕业生雕塑展，也是第一次邀请国外高校毕业生同台献艺的雕塑展。在宽敞明亮的展厅，在一件件作品前驻足，蓦然跳入我脑海的话题是材料：材料的多样化，同学们对材料的执着出新乃至出奇的追求是引人注意的问题。这是一个时代性课题，是一个极具现代性，也极具后现代性思潮的话题。

历史书写的三种方式，兼谈当代艺术批评的价值取向

【作者】冯原

【刊名】雕塑，2010年05期

【摘要】终极的问题肯定不再是历史对象或历史书写者，而是作为一种名声价值的历史产品，或是某种带来虚幻感觉的名声致幻剂之类的问题。有趣的是，名声的真实与虚幻本身就是一个历史性的问题，历史仿佛就是这么一场游戏，许多人终其一生都以历史之名而为之奋斗，然而，当我们知道我们所面对的是历史的书写方式而非历史本身之时，历史的本体论也就注定了要消亡。这样，只要我们把历史书写当成对象，就等于重新从终点回到了起点。

华人当代艺术发展的第三条路
——如何走出现代／后现代与东西方交流的迷思

【作者】曾长生

【刊名】雕塑，2010年05期

【摘要】欧美的艺术如今较关心生命价值、进化代价、环保共生等基本议题，而第三世界艺术家大多数仍在文化认同与异国情调的主题中打转，这似乎也凸显了前者的“第二现代”与后者的“另类现代”之间的差距。东方并未经历过完整的现代化过程，其现代主义是片面而断层的。在全球化趋势中后现代主义或后殖民主义盛行的今日，东方尚没有达到西方欧美先进国家的深层发展水准，也不同于具反省精神的第二现代自主演化境界，或许较接近第三世界的“另类现代”(Other Modernity)境况。

从workman现象看当代中国艺术创作之价值困境

【作者】陈小鸣

【刊名】雕塑，2010年05期

【摘要】艺术是文化的先驱，用视觉传达的直接方式反映着大众的价值观，时代的思想和节奏。现在的中国并未真正进入消费时代，大众所消费的只是对以往物资极端贫乏和无知年代的恐惧和疯狂攫取，就像饿极的人饥不择食一样，哪里出现利益的可能，消费就流向哪里，大多数基层创作者正在潮流中挣扎。当然我们并不需要所有的创作者承担时代的精神构造任务，艺术品自身也并非只此重任，但艺术是敏锐、感性的，她预示着一个时代发展最重要的精神态势，而且已经有意无意地引导了年轻一代文化的趣味，这是最值得重视的，也是我们对workman有所期望的最终原因。

雕塑草稿的“预先匹配”

【作者】滕小松

【刊名】雕塑，2010年05期

【摘要】雕塑创作的最终成品很大程度上就是对最满意的雕塑草稿的模仿制作，更确切地说应该是对雕塑的最后定稿的放大处理。尽管在模仿放大过程中也可能适当作出一些创造性的发挥，但基本上不会脱离已经确定的图样或者模型。因此，可以说，雕塑草稿是雕塑成品的“预先匹配”，雕塑创作的最后完成实际上就是对雕塑草稿的设想计划之最终实现。

围墙终会打破
——怀念吴冠中先生

【作者】吴为山

【刊名】雕塑，2010年05期

【摘要】30年前，我第一次聆听吴冠中先生的学术报告，被其质朴的形象和富有意境的语言深深吸引。一个诚恳、热情、执着、具有诗性与哲理的艺术家风范深深刻入我的心灵。当时，我在无锡读书，刚刚进入求艺的大门，他的报告，我未必全听懂，隐约中，他从莫奈的《睡莲》谈起，论述形式美的重要性，引发形式就是内容的观点。他的演讲很动情，30多年来，每念及此，总使我不禁产生奋斗的动力。

传统工艺与现代生活
——漆艺新语境

【作者】俞峥

【刊名】雕塑，2010年05期

【摘要】当传统媒材和技艺直面装饰绘画、立体造型、现代设计等当代艺术语境，靓丽色彩、新颖造型、材料环保已成为当今时尚的绚丽伏笔。在对历史的回望、传统的凝视、技艺空间的对话过程中；在与漆倾心交流、清静自我的创作旅历中，我们耐心解读天然漆的多重习性，怀着敬畏之心细细品读漆的神秘。在原创得以不断提升的欣喜里，在天趣人意交融的激情中，东方文化的感悟更加自觉与自信。

澄思呓语
——玻璃艺术创作记

【作者】韩熙

【刊名】雕塑，2010 年 05 期

【摘要】20 世纪 60 年代，工作室玻璃运动从美国开始，在世界范围内迅速蔓延，成就了现代玻璃艺术的开端。艺术家制作玻璃的技术条件得到改变，“独立工作”成为现实，玻璃作为一个“创作媒介”而不是“生产原料”在艺术家手中获得了新生，艺术家取得了绝对的主导权。与此同时，现代玻璃艺术教学也逐渐地形成系统与规范，作为一门独立的艺术学科，在西方国家发展并普及开来。20 世纪末，玻璃艺术传递到中国大陆，以美术学院为轴，初具规模的玻璃学术活动如火如荼，现代玻璃艺术在国内从无到有，历经十年，成绩斐然，人们对玻璃艺术的理解与认知越来越深入，玻璃艺术的研创成果也越来越丰硕。

在山风民俗中“慢”雕塑
——谈雕塑家胡学富的雕塑创作

【作者】王冬

【刊名】雕塑，2010 年 05 期

【摘要】对一个艺术家而言，成功不是偶然的，是日积月累的沉淀。生于 20 世纪 60 年代的雕塑家胡学富，1993 年毕业于天津美院，这些年他通过具像的方式，在当代雕塑的不同方向进行了丰富的尝试，体验不同作品在观念、技术、呈现方式上的不同特点，而他的“苗家系列作品”正是这种厚积薄发的成果。“慢生活”是古老山寨的姿态，是我们在嘈杂都市中的田园梦想。它不是支持懒惰，不是拖延时间，而是在生活当中找到平衡。在山风民俗中“慢”雕塑，艺术生命则纯粹而淡定，胡学富的艺术之路将走得更为扎实，更为悠远。

修行·雕塑
——谈高瑛石的雕塑《直指系列》

【作者】李仲如

【刊名】雕塑，2010 年 05 期

【摘要】在雕塑家高瑛石的近作《直指系列》中，明晰地体现了将现代艺术观念和中国传统艺术意境融合的创作追求。可以看出，高瑛石在对中国传统艺术的继承中更注重对其内涵的体悟。高瑛石以自己的数十年的雕塑实践，探索创作出《直指》这一系列雕塑作品，不仅带有强烈的中国传统艺术风格，其创作内涵和创作过程本身也带有中国传统文人式的内省与观照。美国美术史学者 Jonathan 博士在评述明清文人画时谈到“绘画实践在自我表达方面，被视为具有自我观照的意义，等同自我形塑与构建的修行（praxis）。”从这个角度讲，高瑛石的《直指系列》也可称为“修行·雕塑”。

李秀勤工作室开放展对话录

【作者】宋伟光

【刊名】雕塑，2010 年 05 期

【摘要】人的生命就是一个开放形态，一个人可以被遮蔽在某一个狭小的空间之中，但是他的思维空间是无限的。工作室开放展有两个概念。第一：“工作室开放”是艺术家作为私人的独立思考，学术实践，创作的个体化空间作为与社会直接交流的平台；第二：“展”是艺术家对当下社会、艺术、文化、时尚、生存状态的思考和判断，以最淳朴、本质的方式说出他的思想。工作室开放展是以艺术家的“真实”作为交流平台，面向社会发出最真实的声音！在我的工作室开放展中有两件作品《衡器》和《扫描》。

大巧若拙的朱铭雕塑

【作者】随喜

【刊名】雕塑，2010 年 05 期

【摘要】若说“太极系列”尚有定式在内，“人间系列”的作品便益发无拘无束、简朴野性，一切题材皆入法门，一切动静皆可雕琢，并且在取舍之间去细节取大势，留存无限想象空间。朱铭将最简单的元素点、线、面极大地纯化，以几何的形态呈现出来，雕塑极具块面感，面的转折处基本都是硬朗的直线，这种线条所带来的节奏感令人联想到康定斯基的抽象画。

技术复制时代的困惑
——谈展望的“素园造石机”

【作者】四味

【刊名】雕塑，2010 年 05 期

【摘要】从复制太湖石到人工制造太湖石，展望最新的艺术行为足以让人联想到一句话——人有多大胆，地有多大产。这听起来似乎有些无厘头。非也，实在是这句话挪用于此非常贴切地赞赏了艺术家的想象力、创造力与魄力，乃至于有那么些敢为造物者的狂妄。他的“胆大妄为”在之前的“公海漂流”“新补天计划”“园林乌托邦”“第八十六尊神像”“搜神机”等作品中便“昭然若揭”，到如今呈现“素园造石机”这样庞大而标新立异的机器，也不足为怪了。

纪念性艺术与当代中国
——橘子洲青年毛泽东雕像创作研讨

【作者】韩小囡

【刊名】雕塑，2010 年 05 期

【摘要】“纪念性艺术与当代中国——橘子洲青年毛泽东雕像创作研讨会”于 2010 年 7 月 3 日至 4 日在广州美术学院大学城校区隆重召开。此次研讨会由中共广东省委宣传部、广东省文化厅、中国雕塑学会、广州美术学院及广东省美术家协会联合主办，由殷双喜、孙振华、杨小彦、李清泉四位学者召集。此次研讨会，以广州美术学院院长黎明教授创作的橘子洲青年毛泽东雕像作为讨论的切入点，进而探讨关于纪念性艺术的历史语境以及作为文化表征的“毛泽东”对于当代社会的影响及意义，即分别在艺术创作层面、艺术史层面、社会文化层面渐次展开深入而广泛的学术研讨。

“禹道”千古——记叶毓山先生在汶川绵虒所造之大禹雕塑

【作者】王梦佳

【刊名】雕塑，2010 年 05 期

【摘要】叶毓山先生的雕塑通常大刀阔斧、流畅利落，极具气势和力量感，在浪漫夸张中不乏谨严有度，如以音乐作比较，则有德沃夏克《e 小调第九交响乐第四乐章》的恢宏大气，有拉赫玛尼诺夫《帕格尼尼狂想曲》的优美舒畅，有乔治·格什温《蓝色狂想曲》的率性不拘。“大禹雕塑”正是他个人风格的延续：注重大的动态和神态，营造宏大的气势；注重大的块面结构，对于细节提炼到最精的地步，以避免干扰整体。这座“大禹像”舒放而稳健，威严而亲切，既符合历史逻辑，又区别于以往的大禹造像，正是叶先生的独到之处。

神态各异妙趣横生——福建德化窑瓷狮子趣谈

【作者】孙艺灵

【刊名】收藏界，2010 年 05 期

【摘要】历史上，福建德化窑制作生产了各类神态各异、大小不一的瓷狮子，这些瓷狮子大多不拘于物象表面的摹拟塑造，而是在有意或无意中追求一种立意传神、形神兼备的效果。德化窑瓷狮子就材质而言：有陶或瓷之分，就材质而分：有青白瓷、白瓷和各种色釉瓷狮子等；就雕塑手法而言：有的简洁粗矿，拙朴遒劲，有的装饰繁复，富丽华贵。

悬挂的城——雕塑《城市剪影》的创作实验

【作者】潘毅群

【刊名】装饰，2010 年 05 期

【摘要】2008 年秋，北京清尚公司第一研究部邀请我加入他们为上海世博会未来城市馆的设计工作。我的任务是在场馆内创作一件悬挂的雕塑，具体要求是：用废钢铁和废旧日常生活用品组成一个城市造型，灯光照射后在墙上形成城市剪影。上海世博会选择了一个绝妙的主题：城市。它使人浮想联翩，它与地球上的每个人有关。

形式美中的诉求——说刘政德雕塑艺术的形式美

【作者】宋伟光

【刊名】雕塑副刊，2010 年 06 期

【摘要】刘政德的艺术之外观，建基于中国传统文化精神，是对传统形式法则的形而上的运用，使中国的寓言文化形成了具有强烈形式美的图像，也使得中国古代文化在当代性的文化结构中凸显了它的精神内涵，显示出了以形式美为叙意的当代性特征。从所谓美学意义上讲，当形式追求成为自我的表现符号时，便形成了独特的审美方式，刘政德的这种形式法则是表现内容在形式上的舒放，当然形式美本身在某种层面上也是含有一定内容的，它不是脱离表现内容的空乏的知觉形式，而是一种有意味的形式。

刘政德访谈

【作者】宋伟光

【刊名】雕塑副刊，2010 年 06 期

【摘要】我热爱雕塑艺术，因为它给我很多美的享受，我觉得这是一般人所感受不到的。人生啊，从享乐这个观点来看，无非是吃喝玩乐，但我认为最高层的享受是欣赏艺术，艺术的美给人的享受是最高层次的。所以我是生活在对艺术的追求，对艺术的享受当中，我总结出来雕塑有这么几个特点：一是民族特色，二是雕塑语言特色，第三就是个人风格特色。雕塑从艺术上来讲，也是有长短、高低的组合，和音乐是一样的。音乐是用音符，雕塑是运用体积的变化，组成一种美感、韵律。它是由不同的体积来组合的，比如说轮廓线，就是音乐当中的旋律，这种大小体块的变化就是音乐中的节奏。

雕塑与传播——第十六届雕塑论坛主题陈述

【作者】范伟民

【刊名】雕塑，2010 年 06 期

【摘要】媒介作为技术手段或载体甚至直接改变了雕塑的呈现方式，事实上，人类历史上每一次传播技术的改善或新媒介的出现都极大地拓展了视觉艺术生存的空间，也丰富了视觉艺术的表现力；另一方面，传播作为沟通方式既为创作提供了极大的信息资源，也成为一种不可避免的信息权力。本届雕塑论坛的主题是“雕塑与传播”，旨在探讨在艺术创作与文化传播以观念为主导的当下语境中，雕塑艺术在演变过程中主体与客体所发生的变化；旨在探讨时代背景以及技术进步对雕塑艺术自身的影响，以进一步认识雕塑艺术传播的文化形态和社会影响，并以此对当下泛文化境遇中雕塑艺术生存的状态及发展方向有一个理性的判断。

从佛教造像看雕塑的传播

【作者】孙振华

【刊名】雕塑，2010 年 06 期

【摘要】雕塑文化的传播，各民族雕塑的相互影响是一个涉及范围十分广泛的问题，这里仅想通过佛教雕塑的兴起和流播来说明雕塑文化在交流、传播中的一些问题。值得注意的是，佛教雕塑的产生和流传，涉及现在提到的世界三大雕塑传统，构成了复杂的世界文化交流的现象，

具有十分典型的意义。

传媒的言行
——《雕塑》的雕塑史

【作者】滕小松

【刊名】雕塑，2010 年 06 期

【摘要】《雕塑》杂志于 1995 年 1 月正式创刊，成为中国乃至亚洲唯一的雕塑专业刊物。15 年来，雕塑家们以及关心雕塑的人们在这方真正属于自己的“一亩三分地”上，不断地精耕细作。如今，《雕塑》杂志已茁壮成长为“国家百种重点期刊”之一。在过往的 5475 个日日夜夜中，《雕塑》的言行，即通过《雕塑》杂志发出的声音以及经由《雕塑》杂志策划的活动，极大地推动了雕塑的创作实践、理论研究和产业运营的进程。可以说，《雕塑》杂志 15 年的发展历程堪称是一部“《雕塑》的雕塑史”。

雕塑与传播：重回人类学的联系

【作者】夏娃、季芳芳

【刊名】雕塑，2010 年 06 期

【摘要】此雕塑已非彼雕塑，传播的目的在于交流，雕塑与传播之间，呼唤一种人类学意义上的联系。艺术作为人的生存状态的表现，其手段的拓展必将引起所传播思想的拓宽。而人类学意义上的雕塑创作呼唤着普遍人性的回归，同时关心着作为研究对象的人和具有独立人格的人的内在力量，并透视出人类生活所受到的约束与自由！

技术进步对于雕塑形式发展的影响

【作者】比利·李

【刊名】雕塑，2010 年 06 期

【摘要】技术进步对艺术领域的明显影响和改变贯穿于历史的长河中。艺术中的现代技术这一理念今天看来可能是本质上的革命，这从某种程度上而言是由 21 世纪技术的自然本质导致的，但是人们必定会好奇是否每一次技术的进步都会给人以相同的感受。艺术中的技术影响是否是一个全新的理念？

亨利·摩尔的“素描打稿”和“硬质加工”

【作者】滕小松

【刊名】雕塑，2010 年 06 期

【摘要】对雕塑草稿作“硬质加工”不仅体验了雕塑过程，而且升华了雕塑草稿——无形中将草稿的修改归入作品的创作行列。直接雕刻后的每一个雕塑草稿实际上也就是雕塑家亲手创作出来的作品，更何况“硬质加工”后的雕塑草稿（雏型雕塑和实验模型）因为雕塑家的亲手所为而更具有了不可重复的原创性，“因为它把更多人类努力的痕迹留在制作和塑造上。”这也合乎那句关于美的本质的很通俗的解说：“美是人的本质力量的对象化。”

古法塑孔子

【作者】吴为山

【刊名】雕塑，2010 年 06 期

【摘要】中国古代石窟雕塑，那体积的稳衡和精神的恒久，均是不拘泥于生理结构，注重整体体量对比所致，它有历史的遥远与静穆。这是“古法”，是我们文化中的生命音符，是古代匠师对天、地、人认识的朴素体现。以此法塑孔子会获得文化背景与文化符号的谐和——内容与形式的同构，就如同在古代的歌谣中寻找一个古代的人和事。

窑变青花：传统中绽放的创新之花

【作者】徐才提

【刊名】雕塑，2010 年 06 期

【摘要】“窑变青花”之美，就在于其艺术效果是不可预想的，它往往超出人们的意外。同是一个蓝色，有像蓝天碧水一般的天蓝色，也有雨雾般渐渐晕开梦幻一样的天青色，更有仿佛淡淡月光一般的月白色；另外，即使是同一种器型，同一种釉色配方，装在同一个匣钵内，窑工一旦将其放进窑内，要烧出什么样的色彩，什么样的纹路，事先都是无法预知的，一切取决于烧成时的温度、湿度、气候、燃料、气氛的强弱，升温的速度等等数不清的客观和偶然因素。

“胖女人”的别样情态

【作者】宋伟光

【刊名】雕塑，2010 年 06 期

【摘要】许鸿飞对“胖”这个现象的思考与想象是在对人体形态的失衡，人体与人生的不和谐的认识中产生的。当这些不和谐在许鸿飞的艺术中得以协调之时，便使这些“胖”的艺术生成出了可以咀嚼的空间，生成出了别样的赞美，生成出了内心的快乐，生成出了人生的宽慰，生成出了富有亲和力的艺术形象，当然也可能生成了多余的担心。

“当代文化语境中学院雕塑的状态和问题”学术研讨会

【作者】本报记者

【刊名】雕塑，2010 年 06 期

【摘要】“‘川上楚天’——当代学院雕塑交流展”于 2010 年 10 月 23 日下午 15：00 在武汉美术馆举行了开幕仪式，开幕式结束后我们邀请到了本次展览的策展人，深圳雕塑院院长孙振华先生在美术馆报告厅作了题为《当代文化语境中学院雕塑的状态和问题》的报告。这次展览可谓是雕塑学术交流中难得的盛事。所谓交流，是这样一种相互关系：共同驱逐自我中心和它我中心，相互间给予和分享自己所有的东西。

公共艺术的概念之争与发展策略
——“城市文化环境发展研讨会”摘要

【作者】本报记者

【刊名】雕塑，2010 年 06 期

【摘要】2010 年 9 月 26 日下午举行的“从城市雕塑到公共艺术——城市文化环境发展研讨会”，围绕着“如何界定、评价公共艺术，发展中国公共艺术”展开深入讨论。会议由王中、张浩达、任世民三位教授共同主持。

超越极限
——我的现代陶艺创作观

【作者】张婧婧

【刊名】美术观察，2010 年 06 期

【摘要】观念的极致表达是现代极限陶艺积极追寻的思维方向，符号成为作品表达观念的主要工具；作品的视觉形象已不再是刺激观众眼球的要素，重要的是隐藏在作品中的作者的真实情结与思想。作品材质的选择与应用成为艺术家生命感受与文化取向的表达媒介，作品具有强烈的实验性与前瞻性，亦投射出作者的创作背景、生活境遇与文化关注。

技术到艺术的升华
——谈热熔玻璃《海》系列的创作

【作者】王朝虹

【刊名】装饰，2010 年 06 期

【摘要】本文阐述了窑制热熔玻璃工艺中的熔合、热弯、层叠技术，从重构艺术表现和审美价值，寻找观念与技术之间的合乎逻辑的契合点着手，探索热熔玻璃艺术创作的思路。

我的命运谁来做主
——中国城市雕塑 20 年的呻吟

【作者】霍昕

【刊名】美与时代—上旬创意，2010 年 07 期

【摘要】进入 20 世纪 90 年代，随着社会的发展和生活观念的变迁，城市雕塑受到广泛的关注，步入了空前发展的黄金时期。但是，雕塑只被当作环境的装点，雕塑者盲目地对西方的模仿，对传统造型元素的复制，都使中国城市雕塑呈现出一种紊乱而缺乏文化内涵的状态。进入 21 世纪，面对更加多元的公共需求，当代文化意识形态需要城市雕塑作品以更多元的态度与城市文化生活进行对话。挖掘地域文化是当下雕塑家和市民大众的精神诉求，也是城市发展的必然走向。中国的城市雕塑应从中西方雕塑艺术的精华中吸取养分，并找到自己独特的艺术风格，才能逐渐走向独立和成熟。

空间的纪念：江小鹣与近代武汉的城市雕塑

【作者】李泽 张天洁 王天波

【刊名】装饰，2010 年 07 期

【摘要】20 世纪初中西文化碰撞下，保存公共和民族记忆的西方纪念雕塑被引入到武汉。本文结合武汉城市空间改造，近代中国美术发展和现代民族国家建设的宏观语境，剖析其主题、形态、服饰、题词、位置等，解读其政治内涵及空间纪念性的物化过程。

陈万宝庄园天井石雕的艺术特色

【作者】潘登福

【刊名】美术大观，2010 年 07 期

【摘要】陈万宝庄园内严谨的房屋布局，复杂的建筑结构和纯熟高超的雕饰工艺，不但全面表现了庄园主人的主体人格追求，浓厚的封建伦理思想和深邃的哲学境界，而且集中体现了传统民间建筑的基本特征和清朝中后期官宦、富豪之家建筑风格的审美取向。庄园装饰最典型的当数石刻雕塑，石雕中又以天井石雕最具特色。其设计新颖、造型美观，寓意深刻，雕琢精细，足可见当年庄园恢弘之一斑。

“新丝路”
——杭州钱江新城雕塑公园概念设计

【作者】张新宇 马骏

【刊名】美术观察，2010 年 08 期

【摘要】变化多样的场地为雕塑家提供了良好的展示平台，可以根据不同的地形量身创作作品。从更大尺度的意义上看，雕塑的丝绸无序自由的景观机理，柔化了钱江新城规整的城市机理，强化城市的空间轴线，以自然的地理轮廓与新城的城市构架相融合，形成了视觉兴奋点。

大象有形——李象群的雕塑艺术

【作者】胡东放

【刊名】艺术在线，2010 年 08

【摘要】在中国当代雕塑艺术界，李象群的作品和影响力已经展现得越来越明朗。从 20 世纪末至 21 世纪初以来，我们从国内外雕塑界的一些大型展览、博物馆的收藏、国内文史纪念馆的名人造像、及架上艺术创作和会展等领域之中，可以清晰感受到李象群雕塑艺术创作力的勃发和成果的丰硕。

现代文化视界和科技语境中的木雕艺术
——“心声木鸣——中国现当代木雕艺术展”述评

【作者】滕小松

【刊名】雕塑，2010 年增刊

【摘要】中国工艺美术学会雕塑专业委员会和《雕塑》杂志社从中国老中青三代雕塑家的木雕创作中精心遴选出一百五十余件作品，于 2010 年 9 月主办“心声木鸣——中国现当代木雕艺术展”也就具有“清算历史”的意味，而针对这个展览所举行的“木雕艺术在现当代语境下的多种可能性”的学术讨论也便带有“筹划未来”的色彩。令

人欣慰的是，那些散发着创作热情和木质馨香的木雕作品让人们感受到了传统木质材料在现代文化视界和科技语境中所昭示出来的独特魅力，更让人们领略到了中国木雕艺术在观念变革与技术拓新中所拥有的巨大潜力。然而，无论是木质材料的魅力还是木雕艺术的潜力都为“削木为”这个古老的寓言提供了富有现代意味的注解。更为重要的是，中国现当代木雕家所拥有的“深度发现”的能力和“宽泛表达”的技能还可以为“以天合天”的木雕创作规律作出更为全面的现代诠释。

现代木雕艺术与公共空间

【作者】殷小烽

【刊名】雕塑，2010年增刊

【摘要】木头原本是有生命的物体，自古以来，人们发掘出它们温和、感性以及纯朴的材料特质，艺术家们因材施艺，创造出了许多杰出的木雕艺术品。艺术家的技术纯熟程度与艺术修养的高下，更直接影响着作品的优劣。加之木雕作品工艺相对复杂，不易保养维修，很难在光照、雨淋、阴湿等自然环境中保存等等客观因素，长期以来，木雕艺术的展示局限于室内环境，作品也倾向于装饰性与工艺性。在艺术观念更迭频繁，表现形式极为更丰富的今天，较之其它雕塑艺术种类，木雕的发展相对局限和迟缓。

学院高墙外的景观：李先海木雕艺术风格简评

【作者】苏滨

【刊名】雕塑，2010年增刊

【摘要】李先海木雕作品中表现的世俗题材与人物形象，有的稚拙率真，有的神采飞动，多姿多态而形态夸张，丰富多彩而亲切感人，充分显示了一种留恋人生、关注现世的朴实无华的艺术精神。当这些作品映入眼帘时，我们不由得为其中所蕴涵的朴质而生动的民间审美趣味所感染，赞叹这些简约概括的造型竟把世俗生活表现得如此淋漓尽致。可以说，正是凭借着充满人情味的世俗题材，李先海游刃有余地表现了他熟悉的生活，直抒胸意地表达其独特的审美认识。

艺术不光是巧妙的问题

【作者】隋建国

【刊名】东方艺术，2010年11期

【摘要】有的艺术家不善于获取巧妙的东西，而是把身体和作品紧密结合在一起，你虽然说不出这个东西到底好在哪儿，但是你确实被感动了。我还是觉得感动很重要。其实艺术的根本在这里它不是只靠聪明来完成的艺术，也不光是一个巧妙的问题，它也要通过身体的感受来打动人．虽然艺术需要很多技巧，但到了一定程度，最原始的东西会起作用。

中国台湾漆器艺术家黄丽淑漆器艺术及艺术道路的启迪

【作者】董立军

【刊名】美术观察，2010年11期

【摘要】中国传统工艺美术与中国传统文化血脉相连，与各地区的历史文化状况密切相关，她的发展和成就与手工艺术家的生活状态、技艺水准、学识素养紧密联系在一起．本篇文章介绍了黄丽淑漆器艺术方面全方位的成就，从一个侧面反映了台湾省强调“创意、创新、创造”与“生产、生活、生态”的传统工艺保护思想。王非《“气”与“光”的纠结—关于中西方绘画体系之源流与变异的思考》从中国偏重于“气”与西方偏重于“光”的文明起源开始，梳理了中西方绘画理论的历史成因，对当代中国绘画理论有殷切的期许。张咏清《从“中国美术观”的缺失反思当代中国画发展现状》分析了当前美术界的流行现象，提出了自己主张的当代中国艺术家的时代与社会责任。

传承与创新——谈当代语境下具象雕塑创作

【作者】刘玉庭

【刊名】美术观察，2010年12期

【摘要】“越是民族的，就越是世界的”。这句话虽然是老生常谈，但它说明了一个道理，对于艺术的发展来说，民族文化的传承是其基础，否则所谓的艺术发展就是无源之水，就是没有依托和根基的空中楼阁。在全球文化思潮的冲击下，我们应该清楚地认识一点，文化的传承是艺术家确定文化身份的最重要的标志。立足于本土文化之上的勇于创新，才是艺术创作的本原和正题。

《1小时等于1亿年——素园造石机》和展望的艺术实验

【作者】巫鸿

【刊名】东方艺术，2010年15期

【摘要】《1小时等于1亿年——素园造石机》突出了“时间”作为当代艺术对象的意义。它所显示的是以艺术为媒介对漫长历史时间的浓缩，因此敏感地扑捉到当代社会特别是当代中国社会——的一个主要特点，即“速度”所具有的越来越关键，越来越主导的意义。

理论·研究

融合·方向下的多元视角——第十四届中国雕塑论坛综述

【作者】潇林

【刊名】雕塑，2009年01期

【摘要】2008年9月7日下午，“第十四届中国雕塑论坛”在东北师大举行，由中国工艺美术学会雕塑专业委员会主任朱尚熹和东北师范大学美术学院院长殷小烽共同主持。与会专家们从雕塑艺术的各层面进行了广泛深入的讨论。范伟民、王文娟、李学斌等，从中西方雕塑比较研究的宏观角度做了理论探讨。范伟民先生在《融合·方向》为题的演讲中，着重指出凡是具有独立文化意义的文化类型，都是以原发性的生命力在文化的碰撞、对接、纷争中传播，在交流中融合，在吸纳与变异中发展。

政治性、公众性、个性问题的户外雕塑——关于西湖国际雕塑邀请展引出的反思

【作者】龙翔 单增

【刊名】雕塑，2009年01期

【摘要】本届雕塑邀请展以“钱潮时刻，品质之源”为主题，2008年10月1日在杭州钱塘江畔新开埠的钱江新城举行。这里是杭州城市建设从“西湖时代”迈向“钱塘江时代”的地方，展览主题要求参展作品涵义深刻、造型优美、艺术性高，能展现钱江新城所具有的现代都市文化品位、幽雅生活空间、和谐生命形态、宜居休闲之城的城市特征和内涵，要充分体现时代性、开放性和未来性，充分体现“精致和谐、大气开放”的城市人文精神。

英雄交响般的重奏——观布德尔的系列贝多芬雕像

【作者】吴为山

【刊名】雕塑，2009年01期

【摘要】埃米尔·安托万·布德尔是与罗丹同时代的又一位伟大的法国雕塑家，他的艺术表达了对英雄史诗般恢宏的人之精神的歌颂，我们从他的雕塑作品中体验着悲壮、凝滞和壮美，这是西方自古希腊时期对崇高伟大精神赞美的又一例证。本文以流畅的文笔带我们走进了布德尔的雕塑世界，一睹其英雄交响般的重奏。

李象群访谈

【作者】宋伟光

【刊名】雕塑，2009年01期

【摘要】李象群的作品虽是写实风格的，但并不是对自然的模拟，其所关注、表现的重要历史人物之艺术切点，是以写实的表象表现出了更为深层的隐含，而这个隐含又以象征、意指等方式出现。因此，就李象群的艺术方式，本刊从作品所阐释的问题，出发点、思考方式，以及材料、教学等方面对李象群进行了访谈。

“擦擦”的佛塔主题

【作者】周安平

【刊名】雕塑，2009年01期

【摘要】藏地佛塔林立，形态多样的塔建筑为脱模浮雕艺术“擦擦”提供了制模的原形，同时也刺激了“擦擦”的发展，不仅有丰富多变的内容与样式，而且从古至今广泛流传。“擦擦”模拟着塔的外形，同时也容纳了塔的实质意义，并随着历史的发展及信仰的需要而不断地发展变化。

雕刻者的艺术——非洲木雕形式语言初探

【作者】李卫

【刊名】雕塑，2009年01期

【摘要】本文从对非洲雕刻独特的形式叙述方式的探索入手，在论述上，尽量对非洲雕刻的形式特征按其风格类型分门别类，并结合其对现代雕塑风格和雕塑家的影响，做进一步阐释在美学的发展历程中，形式美始终是一个富有魅力的课题。

舞耶·巫耶——马家窑、四坝彩陶中舞蹈纹饰之我见

【作者】陈永祥

【刊名】雕塑，2009年01期

【摘要】马家窑文化中的舞蹈纹彩陶盆、彩陶罐、彩陶壶已有大量的实物出土，曾引起国内众多学者的关注。这些彩陶上以“人”为表现主体的划符反映了我国西部原始先民生活中舞与巫的演变，特别是他们将巫术礼仪活动与描绘记事紧密地结合在一起，并且在长期的文化承传过程中形成了从写实到抽象的一个完整的文化艺术序列。

试论中国现代陶艺的创作方向

【作者】郑丰银 艾玉庭

【刊名】雕塑，2009年01期

【摘要】中国现代陶艺从20世纪70年代末开始以来，也有了近30年的历史。但是在中国现代陶艺发展的坐标上，布满了西方陶瓷的参照物，所以，面对着中国现代陶艺繁荣的表面，仍不断暴露出捉襟见肘的难堪和尴尬。同

时为了保持中国陶艺特有的民族性，不得不思考中国陶艺自身发展的空间和定位，以使中国陶艺创作得以健康有序地发展。

耀州瓷在现代发展中的问题分析

【作者】赵英 王家民

【刊名】美术大观，2009 年 01 期

【摘要】耀州瓷应该而且能够在保持自己原有特色的前提下，开拓创新，取百家之长，紧跟时代流行趋势，吸取有益的流行元素，进行符合现代人审美需求的造型设计，从而为耀州瓷恢复昔日的辉煌奠定坚实基础。

古希腊人体雕塑之和谐美

【作者】彭冬梅

【刊名】美术大观，2009 年 01 期

【摘要】希腊人赞赏人与人体美，认为人体本身就是一种美与和谐。他们以人体与古神庙等，体现出一种完美的黄金比例关系，体现出和谐之美以及庄严美与恬静美。古希腊的雕塑艺术，不管是和谐的美，还是庄严和恬静的美，至今仍然被世人所倾慕，也很好地保存了下来。那是古希腊人的伟大智慧与伟大创造，不仅为欧洲人民所珍重，也为世界人民所继承，它是西方文明的丰碑。

霍去病墓及其石刻的象征意义分析

【作者】祁自敏

【刊名】美术大观，2009 年 01 期

【摘要】从秦、汉时起，雕塑一般分为陵墓雕塑和宗教雕塑两大类，而霍去病墓石雕却独立于二者之外。由西汉少府属官“左司空”署内的石匠所雕凿的这批作品，树立了中国雕塑史上难以逾越的高峰。现代美学家对于它的评价是：深厚质朴，深沉博大。在中国的陵墓雕刻史上，霍去病墓石雕就像是一座突兀的山峰，就其技术性来讲，前无古例；就其艺术性而论，也是后无来者。

超越技艺的当代玻璃艺术

【作者】王檬檬

【刊名】美术观察，2009 年 01 期

【摘要】玻璃艺术的材料具有透明性、可延展性的特性，同时也具有硬度高和尖锐易断的特点，这是其他艺术材料都无法与之媲美的，也正是玻璃艺术这种复杂多变的迷人特性让许多艺术家对它迷恋不已，也是观赏者喜欢玻璃艺术品的重要原因。

新具像雕塑艺术并非复古回潮

【作者】王仁亮

【刊名】艺术研究，2009 年 01 期

【摘要】雕塑在人类文明史上几乎是最为古老的艺术形式，在石器时代便产生其萌芽。具像雕塑更是有着几千年的历史。从古罗马到文艺复兴，从罗丹和马约尔，到当代的新具像雕塑。在不同时期，具像雕塑以不同的面貌出现。虽然雕塑本质语言没有变化，但其形式、功能以及创作的动力和目的已经发生了转变。对于具像雕塑的研究，其目的在于更加准确地找到现代雕塑的发展方向，使雕塑创作找到更加准确的定位。目前学院派的雕塑教学，仍然是以具像雕塑为主，具像雕塑仍然是雕塑这门艺术的主体。新具像雕塑艺术的教学则是艺术教育的前沿和新的探索。其回潮并非是具像雕塑艺术的复古。

建筑构件中的木雕艺术——开封山陕甘会馆木雕装饰评析

【作者】凌士义

【刊名】装饰，2009 年 01 期

【摘要】木质结构是中国传统建筑的主要组成部分，功能性的构件在历史的演进中，被赋予了浓厚的人文主义色彩。建筑以物质的形式传递着人类文明信息，以符号化的视觉语言诠释了社会价值观与行为规范。古建中的木雕装饰，作为具有独特风格的艺术形式，浓缩了数千年的创作理念。木雕装饰与建筑的完美结合体现了“工”与“艺”的高度统一。研究传统建筑装饰有利于弘扬民族精神，挖掘传统建筑中的内涵对现代设计发展具有积极意义。

工艺美术发展展望

【作者】朱培初

【刊名】装饰，2009 年 01 期

【摘要】我国传统工艺美术遗产丰富，历史悠久，技艺高超。今天，工艺美术已经处在历史的新起点上。本文从国际国内大环境，经济建设以及文化发展等角度出发，展望了我国工艺美术的未来发展趋势，并指出了传统是基础，创新是灵魂这一工艺美术发展的重要思想。

中国当代纤维艺术中的全球化精神

【作者】邱蔚丽

【刊名】上海工艺美术，2009 年 01 期

【摘要】“纤维艺术”这个概念，是近几年被提出并逐渐得到国内艺术及设计界的认识。实际上，这一概念中的一些艺术形式很早就在我们身边存在，而这一概念的提出，使更多的编织艺术形式有了一个准确的定位。

浅析中国原始陶塑的艺术特征

【作者】李艾东

【刊名】上海工艺美术，2009 年 01 期

【摘要】研究原始陶塑的发生必须涉及原始雕塑的发生。远在旧石器时代末期的诸遗址中出土了我国最早的、尚不完全成熟的石雕。新石器时代早期裴李岗及莪沟遗址出土的新石器时代的陶塑，是我们目前可以断定的唯一的考古成果。我国原始雕塑的出现大约在旧石器时代末期到新石器早期这个时间段。

吴哥古迹的明珠
——女皇宫的雕刻和艺术风格

【作者】慕仰山

【刊名】上海工艺美术，2009 年 01 期

【摘要】女皇宫的石雕繁复却毫不琐碎，每一道门上的雕花都像女子头上的花冠，要如此不厌其烦地去重复。这是通往诸神世界的门，这是华丽的女神之门。女皇宫的图案像波斯的织毯，像中国的丝绣，像中古欧洲大教堂的玻璃花窗，像闪动的火焰，像舒卷的滕蔓，好似错综迷离的梦。

景观园林中的雕塑艺术

【作者】王培良

【刊名】浙江工艺美术，2009 年 01 期

【摘要】子曰“仁者乐山，智者乐水”孔夫子以山水之见阐述着人对自然生态、美好环境的向往与追求。构成人类精神寄托和文化审美的雕塑艺术，同时也是社会文化生态的有机组成部分。我们只有在雕塑的形态及与自然的和谐关系上进行变革的思考，才能创造出更多与自然生态环境相互融合共生的雕塑作品。

关于雕塑的守与变

【作者】钱云可

【刊名】美苑，2009 年 01 期

【摘要】雕塑艺术是最古老的艺术，由于材质的特性，使其在历经磨难后仍能见证人类的文明。雕塑制作者更多的是在民间，其庞大的受众群体不是几次展览或几个流派所能撼动的。在所谓现代雕塑成为时尚的年代，苏联的一些卫国战争雕塑仍可称得上是雕塑史上的经典作品。

选择向内去雕塑化潮流下的一种途径

【作者】阎安

【刊名】美苑，2009 年 01 期

【摘要】雕塑的去雕塑化问题，或者说是传统雕塑艺术所面临的解构，已经普遍地存在于当下的创作之中。创作中的个人性和私密性从来没有像今天这样得到强调和突出。当代艺术家们在相对宽松的环境中，表达个人声音的内心冲动变得不可遏制，于是这种当代情感和传统雕塑样式的冲突成为不可避免。

古典的余晖
——浅绛彩瓷文化观

【作者】季永

【刊名】收藏界，2009 年 01 期

【摘要】浅绛彩瓷器不同于景德镇传统的瓷绘，主要是因为它是以彩料直接写绘在素胎瓷器上，由于作者本身高深的文化素养和深厚的水墨书画创作功力，表现在瓷器绘画上则具有一种不同流俗的文人高致，瓷绘史上从未有过。

雕塑与中国书法的共通性研究

【作者】杜远 陈杰

【刊名】美与时代，2010 年 01 期

【摘要】书法艺术是我国传统文化的的瑰宝，它与雕塑在形体结构、空间和意境上有着微妙的联系与共通性。研究中国传统书法艺术的特点和经验，对于中国现代雕塑的创作，有着一定的现实指导意义。

解析景观雕塑符号

【作者】吴昊 詹秦川

【刊名】美与时代（上旬）创意，2009 年 01 期

【摘要】景观作为传播城市文化的重要媒介，就是借助一系列符号来完成的。景观雕塑是景观设计中的重要符号元素。研究作为符号的景观雕塑，有利于引导人们对城市文化的理解，建立起一套有利于景观雕塑设计发展的价值体系和文化取向。

信仰与民俗的雕造
——十六国北朝小型石刻造像

【作者】刘 雯

【刊名】美与时代（上旬）创意，2009 年 02 期

【摘要】十六国北朝时期的石刻造像具有不同的时代特色、地域特色，而且小型石刻造像较之石窟寺造像更具特有的质朴、世俗、自由的民间气息，是反映十六国北朝时期中下层经济文化、人情风俗、生活习惯的艺术作品。对这批造像的研究，亦是研究石窟寺造像的有益补充，使我们能够更全面地认识十六国北朝佛教石雕造像艺术。

汉俑雕塑的写意美及其当代性浅探

【作者】肖长生

【刊名】美与时代（上旬）创意，2009 年 02 期

【摘要】写意雕塑是中国最纯正最本土的艺术。汉俑则是我国雕塑史上的一朵璀璨的奇葩。汉俑中的件件作品更是涌动着蓬勃的生命力，它们是那么朴素、自然，那么古拙稚气，那么雄浑率真，那么痛快淋漓，即使在世界雕塑史上也是罕见的。浪漫写意的汉俑艺术体现了华夏艺术最本质最迷人的浪漫写意传统，也是东方艺术的神韵所在，无疑对我国当代写意雕塑创作有着重大的意义。

浅析环境雕塑艺术形式中的抽象和具像

【作者】赵俊璞

【刊名】美与时代（上旬）创意，2009 年 02 期

【摘要】环境雕塑艺术中的抽象雕塑和具像雕塑构成了环境艺术形式美的范畴，对环境起到了点缀和升华的作用。抽象的雕塑带给人们强烈的现代感以及感性思维，具像雕塑带给环境的真实性被人们清晰地识别和接受。它们将纯艺术和大众艺术既巧妙地结合，又有的放矢地分散于不同的表现形式中，从而给观者创造出不同的感官世界。抽象雕塑和具像雕塑将城市的文化精神浓缩成可视的符号

语言，将自然环境中的天然景物有机地重组为一个文化点缀，给自然一点情趣，给城市一座丰碑。

南阳玉雕人物造型艺术

【作者】寇燕

【刊名】美与时代（上旬）创意，2009 年 02 期

【摘要】南阳玉石资源丰富，玉雕作品和玉器销售遍及全国各地，民间雕刻艺术精湛。南阳玉雕人物造型艺术在南阳玉雕中最具代表，不仅具有很强的艺术潜力和市场开发力，而且对于南阳玉雕艺术品的学术研究和南阳经济建设与科技发展具有推动意义。

东阳木雕的文化历史渊源

【作者】金柏松

【刊名】上海工艺美术，2009 年 02 期

【摘要】东阳木雕，浙江省传统艺美术保护品种，首批国家级非物质文化遗产代表作。东阳木雕是国内主要木雕流派中唯一因地而名的流派，之所以因地而名，是因为东阳木雕独特的地域特色和艺术风格与东阳地域环境和民俗文化有着密不可分的历史渊源，是东阳“三乡”文化中互为因果的一个部分。

莆田石雕艺术风格探析

【作者】佘国珍、舒松伟

【刊名】雕塑，2009 年 02 期

【摘要】作者基于对莆田石雕工艺传统和发展态势的了解，扼要阐述了“注重神韵”、“讲求适形”、“精雕细琢”、“善于线描”、“不拘一法”、“题词丰富”、“巨细应手”等七大艺术风格，既可谓经验之谈，又堪称理论创新。

谈硬质环境和软质环境与城市雕塑的关系

【作者】刘虎、陈刚

【刊名】雕塑，2009 年 02 期

【摘要】中国近代的城市建设、环境布置设计一般是由建筑师独立完成的，他们往往对于雕塑作品的构思、构图和艺术处理缺少深入的理解，难以从雕塑艺术作品的角度来考虑环境因素。城市雕塑作为总体环境有机构成的要素，它与所处的环境有着不可分割的联系。处理好雕塑形式和内容与它们所处环境的关系，是影响雕塑与环境结合的成败之关键。

从雕塑艺术角度略论秦汉设计美学差异

【作者】祁自敏

【刊名】美术大观，2009 年 02 期

【摘要】秦，是嬴政以武力吞纳六国而建立的全球第一个封建帝国。秦兵马俑、铜车马和小篆是秦朝的设计文化的标本，汉画像石、汉隶、说书俑及霍去病墓石刻成为汉代设计思想的成功载体。我们可以清晰地从它们文化的光辉里感受到其设计思想的异同。本文旨在从雕塑艺术的角度对秦汉的设计思想作一些分析和比较，以之求教于专家学者。

生命之核

【作者】滕建志

【刊名】雕塑，2009 年 02 期

【摘要】雕塑艺术的目的在于对生命本身的表现与颂扬，运动与变化是生命存在的主要特征，生命的运动与变化是由于生命中存在着一种力，这个力由一个核心向外辐射，使生命体在生命的进程中不断地膨胀，从而产生了完整、结实、充满生机的形态。这种形态是雕塑家所追求的，而产生这种形态的“生命之核”对于每个生命的个体来说是唯一的，抓住了这个核心就抓住了雕塑的根本。

金代的雕塑艺术浅析

【作者】刘毅

【刊名】雕塑，2009 年 02 期

【摘要】女真族建立了强大的国家，也仿效中原王朝建立了自己的文化，创造了灿烂的文明，这个金戈铁马、纵横天下的马背民族留下了弥足珍贵的史料，为后人研究这一文化特征，提供了实证。

当剪影介入雕塑
——剪影艺术在雕塑中的应用

【作者】刘磊

【刊名】美术大观，2009 年 02 期

【摘要】剪影（Silhouette）作为一种独立的艺术形式有着悠久的历史。剪影的最初产生，据说是 17 世纪欧洲皇室宫廷御用艺术品之一，宫廷艺术家除了用绘画等手法记录皇族们的容貌之外，还创造了剪影以满足他们的要求。20 世纪以后，艺术家们在探索新材料，寻找新的表现形式时，有些雕塑作品开始强调单纯的平面感，追求轮廓和剪影效果，侧重于对雕塑本身空间和其周围空间的探索和研究，使剪影艺术逐渐走入雕塑领域，给剪影这种艺术形式赋予了新的意义，不仅使剪影从平面走向立体，而且色彩也变得丰富起来。直到今天，剪影艺术以其特有的美学价值和独特的艺术魅力仍受到各学科艺术家的青睐。

闽南传统宫庙建筑中的剪黏工艺研究

【作者】金立敏

【刊名】雕塑，2009 年 02 期

【摘要】剪黏工艺是中国南方特有的工艺形式，被广泛运用于闽南宫庙建筑的屋顶装饰上。通过对闽南大量地区的实地考察和深度访谈，本文将剪黏工艺从发展缘由到具体制作工序、装饰表现和剪黏名师、传承问题等做了梳理，希望剪黏工艺能够在地域性建筑文化的形成中彰显更为突出的作用。

汉画像石中“三鱼同首”图像的艺术造型辨析

【作者】韩永林 吴晓玲

【刊名】雕塑，2009年02期

【摘要】“三鱼同首”图像是中国传统复合鱼纹的重要代表，它因其独特的设计意匠和艺术造型被后世广泛借鉴和传承。汉画像石中的“三鱼同首”图像，不仅集中表达着汉代人的精神世界，也凝聚着他们的艺术智慧，特别是图像艺术中所蕴含的造型思想和规律，在时隔千年后仍值得我们去研究和借鉴。

田石与雕饰艺术审美的探索

【作者】潘尤龙

【刊名】雕塑，2009年02期

【摘要】在中国艺术史上有着两种对美的认知，即自然之美和雕饰之美，而寿山石雕刻艺术美正是这两种美感自然融合，完美的统一，而笔者所谈的田黄薄意雕刻艺术之美，正是达到“绚烂之极归于平谈”的境界之代表。

中国佛教寺庙探微
——解析我国佛教寺庙的现代特征

【作者】宁波 刘春枫

【刊名】雕塑，2009年02期

【摘要】佛教景观改造和重建的过程，不是纯粹的宗教活动。在这一过程中我们极其需要对佛教寺庙的建筑形式以及整体的布局、布景研究来指导我们现代化进程中的改造与新建。笔者拟通过对新建或重建的佛教寺庙的考察与分析并与中国古典佛教寺庙进行对比，从而总结出新时代下的佛教寺庙特征，为我国当前状况下佛教这一特殊精神活动场所的设计提供新的理论依据和参考。

“汉风乐舞”塑彭城

【作者】潘尤龙

【刊名】雕塑，2009年02期

【摘要】徐州古称彭城，是汉文化发祥地之一。徐州出土的大量文物精品中汉代“建鼓舞”的造型形象具有强烈的地域特性。“彭”是个象声词，指鼓声，与彭城有着紧密的联系，“彭”字又为鼓的象形文字。“建鼓舞”展现的祥和欢乐的情景，是人们的世代追求，也可以成为当今创建和谐社会的象征。

解读具像雕塑艺术中的“残缺”语汇

【作者】李卫

【刊名】美术大观，2009年02期

【摘要】具像雕塑中的“残缺”正以一种更为简明的隐喻来表达人类自身的冲突、灾难以及相互的调节，代表了我们与生活的谈判，假如可能，将有助于我们的生活方式之间的妥协。当人体被分解开以后，它能以一种特殊的方式打动我们的情绪。这一切在很大的程度上将成为艺术世界的重要语言。

独特的艺术
——刍议陕西炕头石狮艺术的造型风格

【作者】朱尽晖

【刊名】美术研究，2009年02期

【摘要】陕西炕头石狮不仅是中国民族民间艺术的重要组成部分，同时也是中国雕塑艺术中的一个独具特征的艺术类型。本文针对其不同的分布区域及造型各异的类型遗存，首次进行了较为系统的类型整理、艺术分期和客观描述，通过对大量的实物及图像的比较研究，运用典籍、考古图像资料，结合多次实地调查及综合运用多学科的理论与方法，对它的造型风格特征作了一定的探讨和论证，初步揭示出了陕西炕头石狮的艺术本质和造型风格特征。

城市环境雕塑的寓意美

【作者】吴昊

【刊名】艺术研究，2009年02期

【摘要】本文围绕城市雕塑这一主题深刻揭示了城市环境雕塑的重要作用，挖掘其寓意魅力，使雕塑艺术不仅具有美的欣赏和赋予人们人文滋养及心理愉快感的功能，同时可以成为有益于人们生理健康及净化空气保护环境及其他奇异功能的载体。

麦积山第44窟西魏佛的“女相化”

【作者】王一潮 张慧 杨昊

【刊名】装饰，2009年02期

【摘要】艺术作品是作为特定的文化赞助出现的，赞助者的审美趣好与地域特点决定风格的主流。麦积山第44窟佛的这种清新近人、温婉秀丽风格，既受到北魏晚期的影响，又有制作者与赞助者的共同创造。

建筑中的装饰玻璃艺术

【作者】苏娜

【刊名】上海工艺美术，2009年02期

【摘要】当代城市的建筑在玻璃的包裹下折射出现代化赋予城市的魅力，在光与影的变幻中，玻璃正慢慢地从室外空间渗透到建筑的内部空间，玻璃在改变光线的同时，其独特的装饰性也随之凸显。本文从建筑中装饰玻璃艺术的发展史，现代建筑装饰玻璃的艺术特质两方面，探讨建筑中装饰艺术玻璃艺术的发展状况和未来发展趋势。

雕塑素材与表现材料的探寻

【作者】刘炳南

【刊名】广东美术家通讯，2009年02期

【摘要】雕塑艺术是由浓缩的艺术语言和独特的艺术形式的呈现来表达作者的创作情感，无论是具像、意象、抽象的表现手法、或赞颂、讽刺的思想意念，其主观愿望是要达到人们通过雕塑作品的传达而受到启迪、升华或抑

制，同时使雕塑的表现手段不断创新。

“寻根”与“探源”——打造中国根艺美术博览园的意义

【作者】徐谷富

【刊名】浙江工艺美术，2009年03期

【摘要】中国根艺美术博览园，坐落在开化县入城口的向阳山坡上，占地360亩，如今初具园林规模，呈现青翠欲滴、花香鸟语景象。四幢在建的古典式“大屋顶”展馆，已于2008年底结顶：根据规划还将建一幢相同风格的展馆，全部完工后的展馆建筑面积达30000平方米，所有投资与展品由衢州醉根艺品有限公司提供。整个工程从构想到实施，旨在推出“一枝一叶总关情”的绿色艺术殿堂，使之成为浙江省“西大门”生态文化旅游景区。

从民俗符号学角度看浙西廿八部木雕文化

【作者】康君

【刊名】浙江工艺美术，2009年03期

【摘要】民俗文化是人类文明之源，它以口头语言和布形符号的形式世代相承，而有形符号作为社会文化形态具有的公众性、普遍性、传承性和扩散性等特征，具有传递、交流文化信息的功能，是负载各个人类群体生活经验，承继文化传统与习俗的一种行为载体。作为历史文化的符号化表现，是人类创造性的文化行为，是研究特定地域文化环填的重要物证，是时代文化的印证。运用图形符号解析和传承人类历史活动的种种经验和行为方式的意义，挖掘图形符号的社会学意义和人文精神价值重大。

从“有意味的形式”谈青田石雕创作

【作者】黄余呈

【刊名】浙江工艺美术，2009年03期

【摘要】在中华民族五千年的文明发展史中，民间文化、民间艺术组成了一条充满神奇色彩、厚重历史感的长河。而青田石雕犹如长河中的一条支流，凝聚着无数匠人、名家、艺术大师的心血。正是他们对这门艺术的深情和厚爱，并不断创新，才能成就今日这繁荣景象。

东阳木雕作品命名规范化问题的探讨

【作者】金柏松

【刊名】浙江工艺美术，2009年03期

【摘要】为了解决馆藏作品名称和史料整理过程中的规范化问题，笔者于2004年起草了《东阳市工艺精品馆馆藏作品命名、编号方法及计量标准》，收到了较好的成果。根据我们四年来的实践，本文试图对东阳木雕作品的命名问题作一点理论探讨并提出操作性方案，期待引起行家和业界同仁的重视和共鸣。

雕塑制作的发展与运用

【作者】池灏

【刊名】艺术研究，2009年03期

【摘要】雕塑艺术的制作作为作品完成的方式和过程，一直以来虽然必要，但处于辅助位置，几乎从未被展示，甚至消失过。当代雕塑超越了现代雕塑艺术的偏激，承认被现代艺术否定的文化传统，吸收、借鉴并综合从而走到了超越现代艺术的发展阶段。在当代雕塑艺术创作中，传统的艺术规范开始复苏，艺术家把对艺术本质的关注转移到对人性、自身及社会的关注，情感表达回到作品表现当中，并借助人工制作完成，制作的痕迹甚至会被艺术家作为人工情结回归并刻意保留至完成。

“霍去病墓”的再思考

【作者】贺西林

【刊名】美术研究，2009年03期

【摘要】本文对“霍去病墓”概念的生成提出一些疑问，并就其功能、思想性及属性进行了初步探讨。

雕塑公园规划设计研究

【作者】郭佳 李险峰

【刊名】美术研究，2009年03期

【摘要】雕塑公园是以雕塑为主体艺术欣赏为中心，以收藏和展示环境雕塑、城市雕塑、架上雕塑等各类雕塑作品为主要功能的雕塑集中摆放场所。本文从国内外雕塑公园建设的差异入手，结合国内雕塑作品的收藏状况和公众对雕塑艺术的认知水平，提出逐步替换的发展模式。在此基础上，分析雕塑公园与普通城市公园规划设计的区别，运用比较借鉴、演绎推理、总结归纳的方法，对雕塑公园设计的选址、规模、总体布局、雕塑的放置等方面进行了深入的探讨。

洪毅然美学思想在当代学术研究中的价值及意义

【作者】吴怀信

【刊名】雕塑，2009年03期

【摘要】洪毅然作为我们上一代著名的美学家，他在相关领域的探索给我们留下了很多成果和思索，对我国美学的建构和发展做出了贡献，尤其重要的，他的美学研究始终与美术学科紧密联系，而且身体力行地进行美术的实践与创作。洪毅然的美学体系的发生发展自成风格，并且很有系统性，对我们当代及未来的文化发展起到了一定影响和启示作用。

色彩的情感表现

【作者】许玉玲

【刊名】雕塑，2009年03期

【摘要】色彩是表达情感与氛围的重要手段。深入研究色彩，如色彩给人的心理感受、色彩的时代特征、色调的情感表现等，并进行创造性的运用，有助于加强艺术主题的表现，增强作品的艺术感染力，使观众在内心产生共鸣。

从传统的客观空间走入现代的意识空间

【作者】李由

【刊名】雕塑，2009 年 03 期

【摘要】真实而客观地塑造形体是传统雕塑中造型的根本语言，传统雕塑把塑造的能力发展到了一种超乎想象力的程度，其中对造型起到影响作用的是人的意识形态。传统的雕塑是塑造一个形体，而当代观念艺术是用实体来塑造一种思想。从艺术史发展过程来看，每次革命性的变化，都是人的意识发生了改变。人改变了传统的思维方式，进入一种更具有现实性和发展性的思维领域，这些变化同时影响了人们对创造的认识。由此，雕塑艺术从传统的客观空间之中走出来，进入到人的意识空间。

视觉力的情感表现

【作者】张若愚

【刊名】雕塑，2009 年 03 期

【摘要】视觉力是艺术形式与艺术情感的直接作用，是视觉形式引起的关于力的心理对应。文章以力学现象作为出发点切入对视觉力的分析，探讨视觉力原理、表现方式以及应用。

青铜时代的云南滇青铜器艺术

【作者】李艾东

【刊名】雕塑，2009 年 03 期

【摘要】滇青铜文化艺术的形成与古滇国的文化脉络有着清晰的确定性。云南古滇国的青铜器至商代以后，居住在云南古滇池、洱海、滇西北和红河流域地区的云南民族先民也同样创造了富有地方民族特色的光辉灿烂的青铜器文化，在这些青铜器中，完整而精美的造型包括了动物组合、人和动物的组合及圆雕、浮雕及直形体浇铸与焊接的工艺。其写实性之强，令人叹为观止。

木雕仕女形象创作浅谈

【作者】潘发清

【刊名】雕塑，2009 年 03 期

【摘要】本文主要谈笔者的木雕创作，对木材的选取和仕女形象的具体塑造过程。笔者认为，木雕这种中国传统工艺发展到现代，不仅需要从生活中汲取经验，也需要向传统学习，向古典文学学习如何表现形象，还要向西方雕塑学习如何塑造形象，以传统的技艺与现代的艺术手法相结合，表现和刻画中国古代和现在人物的形象和女性美。

以文塑质文质彬彬
——试析浙江民间玩具的特点

【作者】夏艳

【刊名】美术，2009 年 03 期

【摘要】民间玩具，俗称“耍货”、“耍杂”、“玩意儿”等，是一种民间消遣、休闲的工艺美术品，与民间剪纸、年画、雕塑等“大艺术”相比可谓不登大雅之堂，所以以往在民间美术研究中常处于边缘地位。然而随着近十多年来学术界非物质文化保护意识的增强，民间玩具也开始作为一个独立的门类而引起人们的重视。实际上，民间玩具体现出民间艺人的独特创造，包含着丰富的民间文化、民俗、审美等方面的内涵和意义，而这些都与各地不同的民间文化密切相关，因而也使各地的民间玩具呈现出不同的面貌和特色。

西汉霍去病墓石雕群的三个问题

【作者】林通雁

【刊名】美术观察，2009 年 03 期

【摘要】霍去病墓石雕是中国古代最早的一组具有纪念碑性质的大型群雕，它纪念抗击匈奴的年轻将领霍去病，同时彰显汉武帝的政治抱负，寄寓人们希冀国家强盛和社会安定的理想。列置在墓地上的立马、跃马，代表英雄率领的骑兵军团，象征国家强大的军事力量的人与熊和石人表现狩猎活动中猛士搏兽情景，用意向戎狄炫耀武功，表达战争与和平的主题思想。

简论现代陶艺产生的社会文化渊源及早期的理论指导

【作者】唐珂

【刊名】美术观察，2009 年 03 期

【摘要】现代陶艺是现代艺术中的一个分支。随着近年来现代陶艺的蓬勃发展，人们对于它的起源及早期的发展也投以更多的关注与思考。本文即是通过对现代陶艺最初产生的社会文化环境的整体分析与认识，系统揭示了现代陶艺出现的客观原因及发展的必然趋势，也为我们认识 19 世纪中期的艺术发展提出一些新的思考。

木雕在现代建筑中的应用

【作者】李斯民

【刊名】上海工艺美术，2009 年 03 期

【摘要】木雕应用广泛，历来与古建筑、寺庙、木结构装饰配件相得益彰。既起到木结构牢固的作用，也映衬出木雕装饰的艺术魅力。但随着经济发展，文化品位提高，现代建筑蓬勃兴起，现代建筑如何与传统木雕装饰艺术相结合时需要去积极的探索的课题。

当今牙雕技艺的创新

【作者】王伟丽

【刊名】上海工艺美术，2009 年 03 期

【摘要】在我国诸多手工艺术中，牙雕艺术是独具风华的一门，是艺术百花园中的一朵奇葩。牙雕作品的材质属于有机质、表面滑润莹澈光洁如玉，纹理细密规则、易受刀，用其雕刻制作精巧的器物，即成天然与人工斧凿之美的结合，加之耐用、珍贵勘与宝玉石媲美，因此牙雕材质又有有机宝石之美誉，而牙雕艺术品，以坚实细密、色泽柔润光滑的质地，精美的雕刻艺术，备受收藏界的珍爱，

成为藏品类别中独具特色的品种之一。

陶艺"京剧交响"的创意设计及制作技艺

【作者】蒋国兴

【刊名】上海工艺美术，2009 年 03 期

【摘要】"京剧交响"陶艺作品以上海工艺美术传统品种和技艺——陶瓷壁挂作为主要的创作形式，结合京剧脸谱的形式，艺术生动地表现一个音乐空间，一个让人的心灵休憩放松的艺术场所。

"有意味的形式"——对中国 80 年代不锈钢雕塑的回顾与思考

【作者】杨柳芳

【刊名】美与时代（上旬）创意，2009 年 03 期

【摘要】通过分析中国 20 世纪 80 年代城市不锈钢雕塑存在．发展、到今天被大量拆除的客观原因及影响，我们发现不能因为大部分劣质雕塑是不锈钢雕塑就否定其价值，我们应该端正态度，顺应时代文化的发展，创作出可以给公众带来精神和视觉愉悦的作品。

平遥推光漆器的艺术特征

【作者】张繁荣

【刊名】装饰，2009 年 04 期

【摘要】平遥推光漆器是中国四大名漆之一。本文从平遥推光漆的起源说起，通过对平遥推光漆器的渊源、工艺程序、工艺特点的历史探索与分析，充分发掘了平遥推光漆器朴素之美的艺术特征。

建构中国雕塑史的问题和方法

【作者】庄家会

【刊名】美术研究，2009 年 04 期

【摘要】本文以时间为线索简要勾勒了中国雕塑史的研究状况，提出了目前中国雕塑史学科存在的诸多问题，以及用西方形式分析的方法来解决中国雕塑问题的观点。

徽州木雕艺术的美学特征探析

【作者】邬红芳

【刊名】美术大观，2009 年 04 期

【摘要】徽州古建筑中的木雕、砖雕、石雕被并称为"三雕"，其中徽州木雕以其高超的雕刻手法和深厚的文化积淀，越来越成为人们研究的热点。徽州木雕是指徽州古民居木构件中的雕饰部分，那些隔扇、窗扇和拦板、梁、柱、斗拱、雀替等，到处都是精雕细刻的木雕艺术，构成徽州古民居别具一格的艺术韵味。

中国传统陶瓷捏塑艺术的审美特征

【作者】王铁城

【刊名】雕塑，2009 年 04 期

【摘要】中国传统陶瓷捏塑作为一种艺术形态，在发展过程中显示出了自身所独有的特质。生成源于自然的陶瓷捏塑，富有天性的真诚与朴素，显现东方艺术所崇尚的基本美学品格。陶瓷捏塑其特殊的材料及制作技艺在无意中保留了那个时代的形态特征与审美意向，因而具有特殊的艺术魅力。

刍议阴沉木因材施艺雕刻之价值

【作者】潘尤龙

【刊名】雕塑，2009 年 04 期

【摘要】阴沉木历代被视为镇宅之宝，避邪之物，明、清时期阴沉木属皇家的专用之材。阴沉木的形成要经历数千年乃至万年，不易再生尤其珍贵。本文通过雕刻家对阴沉木因材施艺，赋形式于材质，充分利用阴沉木独有的古奥神韵，创造出自然与人文的高度融合，成为具有观赏和收藏价值的雕刻艺术品。

关于长春市城市雕塑发展水平现状和未来城市雕塑建设的构想

【作者】于松涛

【刊名】雕塑，2009 年 04 期

【摘要】本文综述了近年来长春城市雕塑规划、管理和建设取得的成绩，对未来的城市发展提出了规划蓝图，并结合长春经济社会发展实际对当前和未来城市雕塑建设、发展制订了保障措施。

虚拟与真实的对话——雕塑造型语言在动漫角色立体造型领域的应用

【作者】郭亚男 高华云

【刊名】雕塑，2009 年 04 期

【摘要】自 20 世纪 90 年代开始，雕塑造型艺术领域呈现出了较多新的变化，衍生出诸如卡通、动漫角色造型等新门类，这类造型往往带有鲜明的夸张性和强烈的视觉感受，有别于传统意义上雕塑的创作手法和审美模式。本文从雕塑造型语言的角度出发，研究并分析动漫角色立体造型与雕塑之间的关系，探索雕塑造型语言在动漫角色立体造型领域的应用和潜能。

论当代漫雕的魅力

【作者】刘海峰

【刊名】雕塑，2009 年 04 期

【摘要】随着经济的发展，人们生活的水平的不断提高和审美多元化，艺术市场的逐渐完善，大众文化逐渐取代了传统精英文化成为主流。漫画这种独有的艺术形式也逐渐成为了大众喜闻乐见的文化载体，漫画艺术表现的内在精神（批判性）和审美思维逻辑（调侃性）也对其他艺术形式的表达产生深远的影响；而漫画雕塑是漫画表达形式的延伸之一，它融合其内在审美张力和雕塑于一体，体现了强烈的把玩性和娱乐性，同时更具有批判性和调侃性。

当代生活陶艺与现代生活方式

【作者】施茜

【刊名】美术观察，2009年04期

【摘要】当代生活方式表现之一，是生产从已经完全作为谋生的一种手段，逐渐演变为人实现自身价值的一种需要，人们开始根据自己的兴趣和爱好，选择谋生的手段。在这种生活方式的变化中，生活陶艺的制作与使用，不仅仅是出于物质需要，而是出于精神需要，这种变化同时也为当代生活陶艺的流行创造了更广阔的空间。

端砚雕刻的艺术特征

【作者】伍振锋

【刊名】美术大观，2009年04期

【摘要】端砚作为一种地方工艺品，深受西江流域民俗文化浸染，经历社会、地理和人文的熏陶，具有鲜明的本地工艺特色和浓郁的乡土气息，因而它从不同的角度反映了当地的民情风俗。

宋瓷美惑
——解读宋瓷艺术的审美意象

【作者】陈升起

【刊名】美术大观，2009年04期

【摘要】宋瓷艺术以其端庄典雅、清新质朴、含蓄隽永的美学特征著称于世，与唐瓷的恢弘富丽、恣纵豪放形成鲜明的对照，凸显沉着静敛、慎独幽思的人格化魅力，较之元瓷的俗情又多出几分文人雅士的矜持与高逸。

浅谈陶艺与展示设计陶艺是一种融入创作者思想观念与情感

【作者】张烮锋

【刊名】美术大观，2009年04期

【摘要】随着时代的发展，陶艺作品越来越多地显露出鲜明的艺术个性，形态上最终必将是以弱化使用功能而代之以纯粹艺术的崭新面貌出现在艺术百花园中。同时，现代陶艺作品也跳出了纯粹陶瓷材质本身的局限和狭隘的欣赏空间的范围，与区域文化背景、环境等功能相结合，更准确、更全面地传达作者的意图和想法，从而使陶瓷艺术的魅力更加耀眼。

谈现代城市公园设计与公众参与性

【作者】向燕琼 罗强

【刊名】美术大观，2009年04期

【摘要】公共空间或景观不仅是让人参观、向人展示的，而且是供人使用、让人成为其中的一部分；离开了人的活动、人的故事和精神，公共空间景观便失去了意义。公园设计过程是一个持续性的过程，我们要不断听取多方面的意见，调整我们的设计方案，迅速应对新出现的问题，切实做到从设计到建设都以人为本。

自然·人·艺术

【作者】肖惠样

【刊名】美术研究，2009年04期

【摘要】现代艺术完全是人的精神(心灵)之创造物。克利所说使之可见即是人的心灵创造物呈现出来，所呈现的不是自然的翻版，不是自然的摹写，而是完全不同于自然的形象(平面的、空间的、立体的)释然自由创造的形体。是以人的心灵(精神)为摹本创造出来的形体这种由人的心灵创造的形体，不论是一个点、一条线、一块色、一个体、一个形都是真正的艺术。

沿袭与发展
——新艺术运动中的玻璃实践

【作者】薛吕

【刊名】上海工艺美术，2009年04期

【摘要】本文主要介绍成就最为突出的新艺术运动艺术家们的玻璃艺术实践，以此揭示该材料在运动中呈现的面貌和特点。新艺术运动的玻璃实践主要产生于三个方面：对历史新的阐释，对象征主义的关注，以及对自然的迷恋。

现代纸艺的发端

【作者】周南

【刊名】上海工艺美术，2009年04期

【摘要】现代纸艺从发端到今天已发展了一百年的历史，纸艺的两大功能：即装饰、美化环境和艺术家表达个人思想的功能。在空间形式上分为：平面作品，包括剪纸和较平整的拼贴艺术。半立体作品，包括纸浮雕、编纸。立体作品，包括纸质容器、纸雕、折纸等。材料上除了各种单纯的纸以外，还有用竹、树叶、金银箔等的混合运用。

中国传统民间泥彩塑概述

【作者】李燕

【刊名】上海工艺美术，2009年04期

【摘要】民间泥彩塑作为具有中国特色的民间美术品类之一，流传已久。它扎根于民间，是民间文化的体现，是二维造型与三维造型手段相结合的典范。它以简单原始的材料表现丰富的形象，并且有着较系统的工艺制作流程。它体现的是人们对于生命与生活的理想的关注，表达出他们内心的喜好及对美好事物的向往与追求。

城市雕塑的生态性

【作者】徐跃东 滕小松

【刊名】上海艺术家，2009年04期

【摘要】人们异口同声地宣称21世纪是“城市化的时代”和“生态学的时代”。公共艺术设计与生态环境建设不约而同地在20世纪中后期相遇握手，并在21世纪紧密携手。事实上，公共艺术和生态意识有着与生俱来的必然联系，特别是作为公共艺术中主要类型的城市雕塑，更是与生态建设密不可分。

浅谈德化窑古瓷雕塑艺术

【作者】许庆欲

【刊名】上海艺术家，2009 年 04 期

【摘要】德化窑白瓷因其质地天然优雅，不须浓墨淡彩粉饰。但在雕塑工艺上下工夫，使每一件器物，犹如玉雕作品，不但没有影响陶瓷作品的主题发挥，更显她的完美和生动，起到了锦上添花的艺术效果。

城市公共艺术新材料比较研究——关于陶艺介入公共空间的探索

【作者】吴忠

【刊名】美与时代（上旬）创意，2009 年 04 期

【摘要】随着城市建设步伐的加快，显现独特历史、文化的城市建设作为一个完整的议题就自然地被赋予新的含义。公众对城市公共艺术的渴求无论从内容、形式追求上，或材料属性上都发生了积极的变化。承载着悠久历史的陶艺在现代文明背景下日益凸显其文化价值。

京剧雕塑思考——谭鑫培公园雕塑列阵创作笔记

【作者】严友人

【刊名】上海艺术家，2009 年 05 期

【摘要】在雕塑艺术从明清至今几百年来起起落落状态的当下，重振中国雕塑精神尤为必要。武汉江夏谭鑫培公园主题雕塑及组雕列阵的创作是用雕塑形式突现京剧的魅力，把京剧与雕塑结合，是从戏剧到雕塑的一个中国元素的艺术再创造的实践过程，是一次新的尝试和突破。

南岳佛教木雕审美欣赏

【作者】陈丽 孟宪文 阳先顺

【刊名】美术大观，2009 年 05 期

【摘要】佛教传入湖南，始于魏晋之际。在隋唐五代时期盛行，南岳衡山以南岳大庙为中心，已发展为全国著名的佛教圣地之一，我国南方规模最大、保存最完整的南岳古建筑群，为古代建筑之大成，并形成了自己独特的风格，特别是反映中国数千年传统文化的泥塑、木雕、石刻数量之多、品种之齐全、技艺之精湛，无不令人惊叹不已。早在明清时期，南岳庙就以它那出色的泥塑、木雕、石刻而被人们誉为“江南三绝”。

对会理古陶艺术的分析

【作者】何霞

【刊名】美术大观，2009 年 05 期

【摘要】会理陶瓷业历史久远，持续时间长，工艺独特，风格多样，影响范围较大。其独有的文化内涵、丰富的原材料和独特的烧制工艺为陶瓷艺术创作者带来了广阔的遐想和艺术创造空间。20 世纪 80 年代，四川美术学会、四川美术学院的专家、学者、师生先后到会理县考察、学习当地的陶瓷技术，利用当地优越的矿藏资源和悠久的烧陶工艺共同开发了新造型 300 余种，新创釉色 40 余种，收集了大量的教学科研资料，使之成为四川美术学院重要的实习、科研基地。

古代神话在西方现代雕塑中之变异

【作者】毛建雄

【刊名】美术，2009 年 05 期

【摘要】20 世纪的现代雕塑受到照相技术和各种新媒介的冲击，在经历了从具像到抽象的变化之后产生了与以往几个世纪完全不同的潜力。的确，雕塑在 20 世纪彻底更新了传统价值的艺术观念，开始了一种空前自由的创作方式。西方现代雕塑曾经出现过象征、表现和抽象等几种趋势，但是在现代艺术大潮的合流中，雕塑越来越倾向一种风格的扩散。不过值得注意的是，神话题材并没有像人们所预料的那样离开雕塑家的视线。

雕塑艺术在城市形象塑造中的文化趣味

【作者】李曼丽 韩添任

【刊名】美术大观，2009 年 05 期

【摘要】今天，时代赋予艺术家以使命，使他们有责任随着时代变化，记录这个时代人们对城市雕塑的理解，留住对艺术形式和理想的追求。城市形象的文化特征是一个不断积累的过程，文化环境决定了人的生存方式，文化氛围以不可抗拒的方式侵入到人们生活的方方面面，渗透在民众生活的潜意识中。城市雕塑成为城市风景线，或古典、或现代、或展示力量、或传达趣味，不一而足。雕塑艺术重塑环境空间，与建筑艺术一起，共同构成城市形象的文化趣味。

甘肃雕刻葫芦艺术传承述略

【作者】许林

【刊名】美术大观，2009 年 05 期

【摘要】葫芦本身并不珍贵，但中国人对葫芦的爱好却不同一般。从历史上看，新石器时代的彩陶就有了葫芦的造型，说明先民们早已使用葫芦或有所种植。汉代出土文物中也有漆葫芦的发现。在许多地方，葫芦更是古代医药界的幌子。过去，人们用它盛物、装酒、汲水，有的作为摩挲的玩物，有的供陈列摆设，有的开口装昆虫等活物玩耍，晚清宫廷里已出现葫芦鼻烟壶、蝈蝈葫芦等。雕刻葫芦是兰州的特产，一般都种在沙卵石铺成的旱沙地里，并以老沙为好，以种芝麻土地相邻为最佳。

小议青铜雕塑线条的审美特征

【作者】肖长生

【刊名】美与时代，2009 年 05 期

【摘要】威武赫赫的青铜时代已离我们远去了，然而青铜艺术的光芒透过历史的悠远依然闪烁，从青铜雕塑起中国雕塑就已形成了自己的民族面貌与古希腊为代表的西方雕塑拉开了距离，有意味的线条是中国古代雕塑的最具

民族性的特征之一，其自觉的追求是从青铜雕塑开始的。

宋代金银器高浮雕凸花和立体装饰

【作者】周卫星

【刊名】装饰，2009年05期

【摘要】高浮雕凸花和立体装饰诗宋代金银器的特色之一。今天所见的实物多为南宋作品，但仍有种种迹象显示，它们的出现可能会早到北宋，这种装饰在宋代的流行，既体现了工艺的演进，又代表了审美风尚的变迁。除了装饰器物，有时，它们还兼具实用，这应该是宋代的独创。

现代城市雕塑材料中肌理的表达

【作者】姜明

【刊名】美与时代（上旬）创意，2009年05期

【摘要】本文将现代城市雕塑材料中肌理的表达分为三种类型，即：1，强化肌理构成；2，逆向肌理构成；3，对比肌理构成。进而加以理论的分析、类化和梳理总结。研究现代城市雕塑材料中肌理运用的方式，可以帮助我们更好地用理论来规范我们的判断，全面地总结会让我们更清晰地认清当前面对的问题和努力方向，最终使雕塑艺术在材料自身的释放和表现中得到新生。

浅析广告创意——品牌诉求的利器——解读雕牌品牌诉求

【作者】孟莎

【刊名】美与时代（上旬）创意，2009年05期

【摘要】品牌诉求是关于品牌精神和内涵的一种责任语言。随着科技的进步，经济的发展，品牌的诉求点也要随之变化，只有这样才能使目标消费者为之所动。广告是传达品牌诉求的有效手段，同时，品牌的诉求定位对广告的创意也有着重要的指导意义。广告通过媒介向目标受众诉说，以求达到所期望的反应。只有好的广告创意，才能吸引消费者的眼球，从而达到预期的效果。雕牌是洗化市场的领跑者，这很大程度上得益于在其品牌成长的不同阶段不同的品牌诉求。

日照黑陶中传统图形的魅力

【作者】张玉梅

【刊名】美与时代（上旬）创意，2009年05期

【摘要】日照历史悠久，陶文化源远流长。日照黑陶是龙山文化最著名、最典型的陶器，被史学家称之为“原始文化中的瑰宝”。然而，目前日照黑陶的设计和制作中存在着诸多的问题：对传统图形的研究不够深入，在生产中没有将传统图形的形式和价值进行有效挖掘，造成黑陶纹样单一；很多不适合用于黑陶设计的图形被融合进黑陶设计中等等。解决这些问题的关键就是在设计层面上通过加强对传统图形的研究与开发，推动日照黑陶的整体设计理念的进步和设计产品的丰富。

畅翔下的责任

【作者】陆光正

【刊名】雕塑副刊，2009年05期

【摘要】木雕自古即为雕塑艺术的重要分支。其材质的平和，题材的宽泛，内涵的蕴籍，莫不体现着审美与实用的和谐；其阐述的天人合一思想，在千百年后仍令人折服。在满足了人类对物质生活的追求后，它实践着其作为美的载体之使命，使人充分享受精神的愉悦，领略到涅盘般的义理。

中国木雕几大体系的源流和特点

【作者】秋歌

【刊名】雕塑副刊，2009年05期

【摘要】在中国木雕艺术产生、发展的数千年过程中，逐渐形成了不同的流派，各个传统木雕流派因地理环境、生活方式、风俗习惯、当地材料、工艺技巧的不同，形成了各自的创作特点，在创作类型、风格、技法、用材、题材等方面都各有特色，它们当中有的侧重于实用型建筑木雕的创作，有的侧重于观赏型木雕的创作。在遍布我国大江南北的种类繁多的木雕流派中，最著名的有浙江东阳木雕、广东金漆木雕、温州黄杨木雕、福建龙眼木雕，人称“四大名雕”。

展望木雕在建筑装饰上的春天

【作者】李得浓

【刊名】雕塑副刊，2009年05期

【摘要】木雕，是我国重要的雕刻艺术门类之一，同时我国也是迄今在世界上木雕运用于建筑上最广泛、最集中的国家。经过艺术家长期的摸索、不断的创新、木雕通过其本身的社会认同和装饰艺术效应，满足了人们对美的愿望和追求，成为中国建筑上富有文化内涵的重要组成部分，也是中国文化中的一个载体，如皇权至上、唯我独尊的宫廷建筑文化；寄托了人们理想愿望的“福禄寿喜”和“吉祥如意”的家居豪宅题材，以及祠堂庙宇建筑的“超凡脱俗”“清雅高洁”的题材和万缘清净的精神寄托题材。

初探传统工艺美术产业发展之路

【作者】黄宝庆

【刊名】雕塑副刊，2009年05期

【摘要】中国工艺美术历史悠久，品类繁多，技艺精湛，形态丰富多样，是华夏文明园中的一朵奇葩，是人类文化的宝贵财富。凝聚着中华民族物质文明和精神文明的中国工艺美术，在国际性贸易和文化交流中，对世界文化的发展产生了深远的影响，为整个人类的文化创造史谱写了充满智慧和灵性之光的篇章。新中国成立以来，我国传统工艺美术的发展进入了一个崭新的历史时期，取得了长足的进步。新中国成立初期，在党和政府的直接关怀和重视下，传统工艺美术生产得以逐渐恢复，技艺得以传承和保留。

东阳木雕
——在继承与创新中与时俱进

【作者】金柏松

【刊名】雕塑副刊，2009年05期

【摘要】20世纪以来，中国现代化进程的提速给传统工艺美术带来了致命的冲击。自清中期以来几十个在全国各地各领风骚的中国木雕流派潮起潮落，到今天，只剩下东阳木雕等屈指可数的流派青春还在。我们通过疏理东阳木雕的发展脉络，回顾东阳木雕地域特色和艺术风格的形成和发展的历史，可以清楚地看到：与时俱进，在继承和创新中不断发展是东阳木雕传承发展的两大法宝。东阳木雕能有今天的辉煌，靠的是一种"给我一杯土我就能生根、给我一掬水我就能发芽"的自强不息精神，一种面向市场、审时度势、百折不挠的创新能力。

继承传统工艺和走向现代的木雕艺术之路

【作者】陈一中

【刊名】雕塑副刊，2009年05期

【摘要】中国的民族传统文化延续了几千年，在不同的时代中其文化艺术风格也不尽相同。传统文化在人们心底是根深蒂固的，人们对审美对象的创造和抉择，审美趣味的物化，来自老一辈人的言传身教，同时又来源于社会之间的交往和影响。传统文化从来没有一个固定的模式或审美的标准，可是在一代人的观念中，传统文化像一根无形的线，把他们紧紧连在一起，而后传承，影响到下一代艺人们。

浅谈东阳木雕创作之山水篇

【作者】王向东

【刊名】雕塑副刊，2009年05期

【摘要】东阳木雕的创作重在设计。设计一件作品，首先要布局，也称"构图"，或称"章法"。布局，即设计时根据题材与主题需要，将欲表现的生活，以适当的方式组成协调、完整的画面，包括制作工艺与结构。创作一幅好木雕作品必须要站在一定的高度上，创作源于生活，所以，对祖国的山水、草木皆要有特殊的感情去了解，要情有独钟。借助于一定的设计技法，将自己对生活的热爱与理解倾注于方案之中。惟其如此，作品才会有感染力、亲和力及种种积极的意义，否则，所作的东西便会平平淡淡，索然无味。

用根雕展现时代，让作品不断升华

【作者】郑兴国

【刊名】雕塑副刊，2009年05期

【摘要】用根雕作品去展现时代，不仅需要我们努力用当代的审美要求去指导自己的创作实践，用最高超的雕刻手法去追求"天人合一"，更需要我们自觉树立一个文化人乃至艺术家所应该具备的人文情怀，用艺术的眼光去感知时代、认知时代，再用艺术的手法去记录时代、展现时代，让个人的思想情感通过作品得到升华，让大众的情结心声通过作品得到表达和传递。

古沉木与古沉木雕

【作者】郑剑夫

【刊名】雕塑副刊，2009年05期

【摘要】古沉木又称阴沉木、乌木、沉木、炭化木、水沉木、东方神木等，系古时存于水土之中的木材。由于年代久远又迭经水陆变迁，在不同的地理地质构造中会有不同的化学元素，造就了不同的材质特征，再加上不同的材质因素产生了不同的木质结构。年代久远，材质密度高，色质高贵、典雅为上，材质较好之古沉木颇难寻觅，因而，素有沉木艺术之称的古沉木雕就更有了超群绝伦的魅力。

文化力＆硬实力
——东阳木雕传承、发展、创新之我见

【作者】徐经彬

【刊名】雕塑副刊，2009年05期

【摘要】在人类社会的发展中，文化是一种引导价值观念，规范行为方式的软实力，而于工艺，文化力则应该是硬实力。工艺木雕作为一种工艺品的艺术生产，其选材、构思、设计、施雕的整个流程，文化力是不可或缺的极其重要的因素。即使是产品经营销售，在营销博奕中，文化力就是竞争力。纵观东阳木雕发展史，传承、发展、创新，犹如生物链，环环紧扣，相辅相成。而文化力是其中的引擎。

建筑木雕装饰设计风格与制作技法

【作者】夏浪

【刊名】雕塑增刊，2009年05期

【摘要】中国传统文化讲求"天人合一"，崇尚自然，与自然相融相生，所以，几千年来，中国建筑一直以木构架建筑房舍宫府，形成了我国独特的木建筑文化。建筑木雕则始于对部分构件的装饰加工，使之符合于建筑审美的需要，久而久之，便成了建筑中不可缺少的部分，并融于整体建筑中，与白墙青瓦相呼应，构成了和谐统一的整体建筑外观。同时，木雕的形象与庭园草木、室内陈设家具相互映衬，体现了中国人特有的文化精神与审美情趣。

谈传统人物造型

【作者】吴筱阳

【刊名】雕塑副刊，2009年05期

【摘要】雕塑艺术是一种语言，是作者心灵的体现，它用"形"来反映一种思想，同观众交流。雕塑作品能否体现所需表现之人物，能否得到观众认可，这是作品成功与否的标准。制作出一件好的作品，作者必须具备扎实的造型基本功，对人体、骨骼、肌肉，以及整体到局部的线条，气韵的处理等方面要有深刻的理解。

展会归来话木雕

【作者】王丹凤

【刊名】雕塑副刊，2009年05期

【摘要】中国的雕刻文化历史悠久，源远流长。在人类历史发展进程中，先人们用智慧和双手创造出无穷无尽的生活和劳动器具。随着人们对美的认识的提高，人们在创造各种器具的同时，加入了对物品美化的需求。人们把对美的理解渗透到使用的金银铜铁、玉石、木竹、砖泥、藤柳等材料制作的器具上，从而产生了金属雕刻、玉雕、石雕、木雕、竹雕、砖雕等雕刻艺术。其中最具艺术性和普及意义的有木雕、石雕、砖雕。

莆田传统木雕的继承与创新

【作者】佘国平

【刊名】雕塑增刊，2009年05期

【摘要】莆田木雕艺术源远流长，具有丰富的传统技法和突出的地方特色，是中国木雕的主要品种之一。继承传统不是简单地模仿过去的作品，我们要不断寻根究底，研究它们的来龙去脉，剖析它们的精华所在，吸取其精华，剔除其糟粕，扬长避短，勇于创新，不断创作出既富有地区性、民族性又富有个性的木雕新作品，以不断充实传统，发展传统，使莆田木雕艺术更上一层楼。

“中国木雕之都”
——浙江东阳

【作者】楼秀民

【刊名】雕塑副刊，2009年05期

【摘要】东阳木雕是众多传统工艺美术品种中，产业化规模较大的行业。东阳市将以创建“中国木雕之都”为契机，把木雕产业作为新的经济增长点和重要产业来培育和扶持，打造一群具有规模实力、竞争力、辐射力的木雕产业区块和骨干企业，打造一个功能完善、特色鲜明、辐射力强的全国最大的木制工艺品市场，全面推进木雕产业发展。

家居设计的精神诉求
——浅析潮州木雕在室内设计中的运用

【作者】章慧珍

【刊名】美术观察，2009年06期

【摘要】在家居设计中恰当地运用潮州木雕这一具有地域特色的传统艺术，透过潮州木雕特有的艺术魅力能使家居风格具有地方文化底蕴。而这种设计是对于传统艺术的传承和超越，从而形成了家居设计的艺术升华，也赋予了家居设计更高的人文关怀和人性化因素，使我们能在家居空间中体会到强烈的时代脉搏和悠久的传统地域艺术精神。

论城市文化视觉生产中的心理基础

【作者】沈烈毅

【刊名】雕塑，2009年06期

【摘要】众所周知，公共艺术是存在于公共空间、并首先能够在现当代文化的意义上与社会公众发生关系的一种艺术类型，它所体现的是公共空间与民主、开放、交流、共享的人文主义精神，在充当历史性的文化消费载体的同时，必须有和当下时代更为密切的精神联系。因而为了能让公共艺术的发展与城市文化、城市精神更加协调一致，必须从更高的层面探讨公共艺术与城市空间的关系。本文从城市环境、人文精神、公众审美等方面针对公共艺术和城市文化的更为密切的结合提出了较为切实的观点。

意象造型论

【作者】李烜峰

【刊名】雕塑，2009年06期

【摘要】中国传统艺术的造型精神主张“立象以尽意”。人们在读意论道时经常谈“写意”“气象”，这是中国传统艺术的精髓所在，其“写”是技法，是达成“意”的一个途径。故“写意”重在“意”也，然人们也不能忽略了非“写”而传达，表现“意”的艺术形式方法论的存在。譬如先前历代石窟、壁画及陶、木俑等，甚至于工细严密的古代绘画，这些艺术珍品无不是立其象而旨在尽其意。那么此类则何谓呢？相对于“写”则可称为“工”罢，且称其为“工意”。

雕塑系公共艺术授课笔记

【作者】李世伟

【刊名】雕塑，2009年06期

【摘要】本文主要论述美院公共艺术课程教学的方法、特点、目的以及评判标准，认为公共艺术课程在开启学生智慧、激发创造性思维的同时应当进行跨学科跨领域授课，并认为“意境”是评判课程的标准。

谜样的三教合一铜人像
——“铜人”初探

【作者】李秋焘

【刊名】雕塑，2009年06期

【摘要】本文论述了铜仁城市名称的由来及城市名称与三教合一龛铜人像的紧密联系，三教铜人的来源、归属及在历史长河中所扮演的角色。远在新石器时代就已经有人在铜仁居住，从漾头镇出土的新石器时期的文物便可说明。铜仁城市名称的由来真正是在元朝，“郡控乌罗障玉屏，铜人出水铸三星。”旧时相传：元朝时有渔人潜入锦江大小江交汇处的铜岩底，“见岩足如鼎，中有铜范三教像”，“挽而出之”，铜岩以此得名，在此合二为一的河流也因此叫做铜江。“三教像”就是儒道释三家的祖师像。元朝初期，朝廷“以司治有古铜人三”，从此这个城市便有了自己的名称，谓：“铜人”。

浅析环境雕塑造型选择的要素

【作者】廖卫东

【刊名】雕塑，2009 年 06 期

【摘要】环境雕塑的研究与创作是改革开放以后随着中国经济的快速发展、城市建设进程的不断推进与发展而兴起的。“环境雕塑”的提法也是近几年对以往“城市雕塑”讲法的一个包容性说法。其范围更加宽泛。内容涉及各类环境、场所，也更加具有分门别类的针对性，消弭了“城市雕塑”即“城市标志”的简单模式。环境雕塑的发展是随着环境设计的需要而发展的，环境设计的风格、氛围决定了雕塑造型选择的模式。本文试图从造型选择的角度去探讨分析雕塑与环境、雕塑与视觉经验的相互关系。从造型演变的角度去解析文化与造型，以利于推进雕塑创作思路、发展雕塑的内涵和外延，使我们对雕塑艺术新的研究方向和创作方法有比较与启发作用。

乾陵石狮造型艺术分析

【作者】张静 张媛

【刊名】美术大观，2009 年 06 期

【摘要】唐代艺术家创造出来的雄强博大、神态威猛的陵墓狮子艺术形象，充分反映了唐王朝繁荣昌盛的社会现实，并一直作为宋、元、明、清各朝代，直至现代中国狮子造型的楷模和典范，使中国的狮子艺术，在唐代时就形成了中国民族形象和东方艺术的代表，是中国狮子艺术中最光辉灿烂的丰碑。

刍议城市科学与大型室外雕塑艺术的关系

【作者】陈佶生

【刊名】雕塑，2009 年 06 期

【摘要】随着现代城市、乡镇环境空间迅速发展，大型室外雕塑艺术已逐渐成为提高城市、乡镇生活质量和美化环境的重要构成要素。因为它涉及政府领导、知识分子、企业家以及每一个老百姓。我国室外雕塑艺术在公共艺术中占有重要的一席之地。它凭借着自身独特的表现形式，在美化环境中起到了画龙点睛的妙用。大型室外雕塑以其主题的内涵，三维空间的占有，独特的造型语言，色彩和艺术表现形式和材质的艺术处理，根据不同的城市结构、规划需要及发展规律的关系，创作出独具特色的纪念性雕塑和装饰性雕塑。

雕名城风骨，塑泰山之魂
——泰安城市雕塑浅析

【作者】时立强

【刊名】雕塑，2009 年 06 期

【摘要】随着城市化的快速发展，近年来，各地纷纷掀起了城市雕塑创作热潮。在山东省建设厅、泰安市委、市政府的正确领带下，泰安城市雕塑和规划工作取得了显著成绩。现就城市雕塑的功用、泰安文化的概况、对精品雕塑的需求，浅析在城市雕塑中应把握的几个关系，盼望城市产生更多更好的雕塑力作、精品。

论早期佛教造像中的神仙思想

【作者】曾莉佳

【刊名】美术大观，2009 年 06 期

【摘要】从现有的考古资料看，两汉魏晋南北朝时期就出土过很多的佛教造像，特别是四川、江浙、湖南等长江以南出土的如摇钱树、铜镜、魂瓶中的佛像以及单尊的金铜造像，都可以说是属于早期佛教造像，由于佛教传入中土时的特殊性，而让佛教造像披上了一层神秘的外衣。

论城市雕塑与环境的和谐关系

【作者】赵强 刘景龙

【刊名】美术大观，2009 年 06 期

【摘要】随着人们生活水平的不断提高，人们对环境的要求也越来越高，城市公共雕塑如何使建筑、环境与居住者和谐地融合在一起，从环境艺术的角度来看上述问题，美国的城市复兴运动可以给我们不少有益的启示：在建筑和城市规划中应当充分考虑环境艺术的要求，着力营造一种人、建筑与环境融合在一起的环境氛围，而现代城市雕塑正是这种有机联系的重要纽带和桥梁。

岳阳楼雕饰艺术造型探析

【作者】袁丽萍

【刊名】美术大观，2009 年 06 期

【摘要】岳阳楼雕饰艺术与其建筑艺术同样具有深厚的历史底蕴。从历代传世的《岳阳楼图》和现存的保持着清代原构史迹的岳阳楼建筑来看，岳阳楼雕饰整体显示出以灵秀为主的江南雕饰艺术的特征。楚地气象万千的自然风物与唯楚有才的人文精神的交汇，使岳阳楼雕饰获得了丰富的滋养环境。可以看出，岳阳楼雕饰兼容了雄健与清秀、硕实与空灵、粗犷与细腻的审美特征。

漫谈黑陶艺术

【作者】王立秋

【刊名】美术大观，2009 年 06 期

【摘要】黑陶是中国陶瓷艺术中的精品，当你平心静神品味把玩时，它就像突然间对你施展了魔力，将你深深吸引。这种土与火的烧结物体现了人与人的协作，人与物的链接，科学与艺术的交融，实用与审美的合一。我们可以说优秀的土与火的艺术其实是物质与精神或艺术与科学天衣无缝的结合或交融，这样才构成了它对人类文明的根本价值。以致中国陶瓷由于举世无双而震惊世界，国名也因之被外国人称之为 CHINA，即陶瓷之国。

论闽台“风狮爷”造像审美的象征思维

【作者】郑立新

【刊名】装饰，2009 年 06 期

【摘要】象征是民间艺术审美性表达的基本途径，是实现主观对客观超越的主要手段。原始思维对风狮爷造像的形成有着重大而深刻的影响，彰示着人类的最初智慧及思维方式，文章主要从象征性思维的角度来阐述闽台风狮爷造像的审美特征。

江青田石雕之生产性方式保护

【作者】郭艺

【刊名】美术观察，2009年07期

【摘要】浙江省东南部的青田县，以石雕技艺而闻名。由于当地盛产叶蜡石，使这里的人们以石雕手艺为生，解决了缺土少地的生存条件。随着清末通商的便捷，青田石雕行业逐渐兴起。青田石雕因其材质的特性以及精湛的雕刻工艺，备受收藏界的关注，无论国家经济处于何种结构中，青田石雕都能发挥其经济价值。从某种程度上说，青田石雕生产一直没有停顿过，而且随着市场经济的开放，生产性得到了前所未有的发展。

关于雕塑肌理语言的探索

【作者】吴福珍

【刊名】美术大观，2009年07期

【摘要】肌理效果作为雕塑语言的重要形式，其存在并不直接影响雕塑作品的优劣，但合理地利用雕塑的表面肌理效果，可以使雕塑实体更完美、和谐，气势更蓬勃，内涵更丰富，更深刻。从传统的雕塑肌理效果到超现实主义的超写实效果，蜡像效果，用特殊的工艺制造效果和化学反应制造特殊效果，随着时代不同，工艺效果和视觉效果的需求，雕塑肌理发生了质的变化。

日用陶瓷趣味性设计与情感表现

【作者】宁钢 何萍

【刊名】美术，2009年07期

【摘要】日用陶瓷趣味性设计，即通过产品的设计来表现某种特定的情趣，使陶瓷产品富有情感色彩，或高雅含蓄，或天真烂漫，或幽默诙谐，或淳朴自然。趣味性设计在体现日用陶瓷产品物质性内容的基础上，更侧重表现个性与创意，极富个人情感。

试论现代软雕塑

【作者】管新华

【刊名】美术大观，2009年07期

【摘要】“现代软雕塑”这个尚未被更多中国人熟悉的工艺美术领域的新形式，是由我深切怀念的老师、已故保加利亚艺术家万曼教授带入中国的。万曼先生先后在中央工艺美院和浙江美院培养了一批现代壁挂艺术家，创作出了许多优秀作品，在中国产生了深远的影响。

中国绥棱黑陶文化的发展和保护对策初探

【作者】王景怡

【刊名】美术大观，2009年07期

【摘要】黑陶的出现距今已有4000多年。1928年黑陶首次发现于山东章丘龙山，故称之为“龙山文化”。因其制作工艺复杂，烧制技术难以掌握而失传了3000多年；又因其制作的精致、造型的优美，被中外史学家称为“原始文化的瑰宝”。历史上，黑陶的出现竟然在彩陶之后，这一不同寻常的现象让学者们一时不得其解。随着研究的深入，黑陶制作工艺的繁复、先进，让世人惊叹这一古老的文明。

生殖崇拜与中国彩陶艺术

【作者】李智

【刊名】美与时代（上旬）创意，2009年07期

【摘要】生殖崇拜是世界各民族原始时期几乎无一例外的文化现象，这在考古学、历史学、民俗学、文学、神话学、语言学、美术学等方面都能找到大量的佐证。生殖崇拜作为社会现象，曾普遍存在于人类社会的童年时期。在原始社会，人类生存状况和生活条件极其恶劣，既要躲避野兽的滋扰和大自然的侵袭，又要不断地同它们斗争以获得充足的衣食。由于原始先民对自然现象与自身生理机制认识上的局限，在原始混沌思想和神话传说的共同作用下，为生殖和生命涂上了一层神秘又神圣的色彩。

凝重与张扬——一件汉代陶俑雕塑的审美鉴赏

【作者】徐锷

【刊名】美与时代（上旬）创意，2009年07期

【摘要】河南博物院藏汉代彩绘男俳优俑，此俑赤裸上身，歪头鼓肚，十分可笑，表现的应是俳优。此俑虽是小件，但以小见大，神气内含，气势恢宏。形式简洁又有古拙之势，既厚重、稳固，又恣意、张扬，有股贯穿的生命力在涌动。整个形态可以说达到了“形神兼备”的完美程度。

大足石刻观音造像考察：以北山佛湾为中心

【作者】王天详

【刊名】美术观察，2009年08期

【摘要】大足县境内七十处石刻，观音造像众多，而尤以宝顶山千手观音规模最大，北山观音造像最为集中。北山造像以佛湾为中心，跨越晚唐、前后蜀、两宋，佛湾造像如峰巢般密布于长达约一公里，高约七米的崖壁上，以雕刻细腻、精美典雅著称于世，被誉为“中国观音造像的陈列馆”。

从现代材料艺术到当代艺术

【作者】孙振华

【刊名】美术，2009年08期

【摘要】当代艺术面对现实社会，所要解决的核心问题仍然是人的问题，只是它在观念、角度、方法上与过去

有了不同。当代社会中人与人的关系、人与物质世界的关系、人与自然的关系、人与消费的关系，人与媒介的关系，人与视觉图像的关系等等，都可以在中国美术学院雕塑系第五工作室的创作中寻找到它们的踪迹，通过他们的作品我们已经看到了艺术家们对这些问题的应对和揭示敏感和机智。而只有建立在这样的人文背景上，这个学科才会在它的未来发展中，更加发挥出自己的潜力。

维吾尔族铜匠工艺略论

【作者】木尼热·阿不热都热合曼

【刊名】美术观察，2009 年 08 期

【摘要】本文以丝绸之路维吾尔族人独特的铜器及铜具手工技艺为背景，引用历史事例展示了炼铜、铜器在发展社会经济中起到的重要作用。

乌江流域民间雕花木床的艺术特色

【作者】刘媛

【刊名】美术观察，2009 年 8 期

【摘要】乌江流域民间雕花木床以其独特的艺术形式、寓意深刻的纹样，反映出劳动人民对待生命的积极态度；体现出人民追求平安健康、幸福美满的美好愿望；显示出乌江流域文化所具有的深厚浪漫的艺术感染力，在时空永恒循环转换中，诠释着生命存在的伟大意义，并将其付诸于艺术创作中。

中国神兽艺术
——狮子

【作者】李卫东 张静

【刊名】美术，2009 年 08 期

【摘要】中国狮子形象演变至今已经有两千年的历史。在这漫长的岁月里，中国人把狮子形象和本民族的传统审美结合起来，创造了无以数计的狮子艺术形象，并且在狮子造型风格上，不同历史时期呈现出不同的时代风格，同时又有民族、地区的差异性。

雕塑的生命形式
——雕塑的有生材料语言

【作者】王开彩 唐熔

【刊名】美术大观，2009 年 08 期

【摘要】新的时代应该追求的是物质和精神的平衡，经济与文化的平衡、科技与情感的平衡、人与自然的平衡，雕塑家应面向这样一个新的生态学时代，加强生态价值观，强化城市生态文明，为大众雕塑一个美好的城市生态空间，使人的精神生态与自然生态同样和谐，引导人去追求一种美的人生境界，获得一种诗意的都市栖居场所，真正实现公共雕塑艺术的审美功能。

南京地区南朝陵墓辟邪石刻探微

【作者】徐巧慧

【刊名】装饰，2009 年 08 期

【摘要】南朝陵墓石刻承袭了秦汉神兽的特征而又巧妙变化，形成了雄浑矫健、古拙挺拔的风格，是南朝时期的重要艺术表现之一。本文通过实考探究南京地区南朝石刻辟邪的细节表现和处理，分析局部的差异有其造型风格的原因也有创作环境的原因。

浅谈对立统一性原理在陶艺色彩中的运用

【作者】陈健毛 王聪

【刊名】美与时代（上旬）创意，2009 年 08 期

【摘要】世间万事万物的运动都在不知不觉中遵循着一定的规律，音乐、书法、绘画、设计等艺术形式也是如此，它们的形成和发展都遵循着对立统一这一基本原理，如中国绘画中的“虚实相生”，书法中的“计白当黑”，音乐中的“无声胜有声”等，都是对立统一规律的具体体现。在视觉艺术发展的过程中，尽管由于人们的思想观念、生活方式的变化，这一原理在运用时有所不同，但都无法超越这一原理的限制。陶瓷艺术作为视觉艺术，也必须遵循这一原理。

环境陶艺设计中的人本因素

【作者】姜明

【刊名】美与时代（上旬）创意，2009 年 08 期

【摘要】环境陶艺设计在中国是一门新兴的艺术。陶艺在环境艺术中的运用，是当代人对自然舒适、宜人环境追求的必然结果。将人本因素引入到环境艺术中具有积极的意义，它必然会促进中国环境陶艺向着更好、更健康的方向发展。

马踏无痕还是雁过留声
——谈淮安市高速公路雕塑《南船北马》的设计

【作者】沈军 王开彩 郭承波

【刊名】美术大观，2009 年 09 期

【摘要】本文借用对《南船北马》雕塑实例的分析，意在对中国高速公路网雕塑发展滞后的实际现象提出思考。城市发展是与整体城市文化的和谐同步发展的，城市建设与城市文化是现代城市的一把双刃剑，在高速公路神速蔓延的当今时代，我们期盼“雁过留声”般的中国高速公路网雕塑的同步发展。

杭州飞来峰第 68 号龛造像的人间意蕴

【作者】司开国

【刊名】美术，2009 年 09 期

【摘要】杭州飞来峰石窟造像是中国公元 10 世纪以后著名的晚期佛教雕刻。它集汉传佛教与藏传佛教艺术于一体，是我国东南地区多民族佛教文化交流的见证。唐宋以来，中国由于政治、经济、社会结构发生了很大的变化，佛教也逐渐世俗化。在众多世俗化的表现中，布袋弥勒和

十八罗汉是引人注目的题材。杭州飞来峰第68号完中布袋弥勒和十八罗汉造像组合出现，在飞来峰造像的佛国世界里凸显了人间世相。

从现实空间到想象空间
——试论雕塑艺术形象的审美张力

【作者】王海生

【刊名】美术大观，2009年09期

【摘要】在艺术创作过程中，艺术创作者创造了客观实在的艺术造型形象，实现了真正意义上的现实空间。在艺术欣赏过程中，艺术欣赏者依靠艺术造型形象，凭借自身的主观想象，来实现想象空间——这种想象的过程和结果共同构成了艺术欣赏。相对于艺术创作过程而言，艺术欣赏是艺术创作的再现。艺术欣赏要从实现现实空间到想象空间。

论水环境中的陶艺的语言特征

【作者】李慧文 张聿萍

【刊名】美术大观，2009年09期

【摘要】“水环境中的陶艺”是指艺术家在特定的水环境中进行设计的陶艺，它是以陶艺作品和水以及水营造出的周边环境相结合的，是以优化环境、美化生活，并反映大众情感、理想、审美趣味为目的的一种艺术表现形式。

谈浮雕的表现形式及特点

【作者】关涛 闻涛

【刊名】美术大观，2009年09期

【摘要】本文通过对浮雕艺术的解读，加强对雕塑概念的理解，提高对浮雕艺术作品的解读能力和对雕塑艺术作品的鉴赏力，了解浮雕的表现形式特点。

青州龙兴寺佛教造像研究

【作者】王卫华

【刊名】美术，2009年10期

【摘要】青州龙兴寺佛教造像虽然还有很多问题亟待我们去研究。但它的出土，如同一颗璀璨的明珠，大放异彩，再次照亮绚烂多姿的中华艺术殿堂，尤其是佛教艺术。那些具备变化多端的时代风格，独具特色的造型特点，丰富生动的形象塑造，华丽多姿的彩绘贴金的佛教造像，比之敦煌、云冈、龙门造像毫不逊色，成为东方乃至世界艺术的瑰宝。

乌江流域民间木雕艺术的形式美研究

【作者】刘媛

【刊名】美术，2009年10期

【摘要】乌江流域民间木雕艺术在乌江流域民间美术中占有重要的地位，雕刻技术精美、生动、韵味十足，在表现内容上擅长将人物山水、花鸟草虫及各种事物融人画面，达到内容与形式和谐的结合，富有独特的形式美感。

论当代陶瓷雕塑的格调与品位

【作者】赖双安

【刊名】美术大观，2009年10期

【摘要】陶瓷雕塑是陶艺的一种，一般是指具有独立性的立体陶瓷雕塑制品，需经模印、镶嵌及手工镂、捏、堆塑、雕刻等成型过程并经高温烧成。中国陶瓷雕塑的历史十分悠久，始自2000多年前的秦汉时期。近30年来，随着我国社会经济的快速发展，陶瓷雕塑艺术也得到长足的发展。本文对中国当代陶瓷雕塑的格调与品位进行了一些研究，并提出发展陶瓷雕塑艺术的两点建议。

论高速公路景观雕塑设计的文化理念

【作者】沈军 李铭 郭承波

【刊名】美术大观，2009年10期

【摘要】公共艺术的设计是整个高速公路景观设计的一部分，在景观工程招标之前必须制定一套完整的景观设计的文化理念，它包含了道路的绿化、灯光、水系、标志、道路导向系统、景观雕塑、桥梁等的设计理念，其中景观雕塑的设计理念必须遵循整个景观设计的理念。高速公路景观雕塑文化主要包括高速公路文化、道路所经过地区的地域文化，此外还有高科技文化、精英文化、大众文化等。

论技
——在陶艺创作中的一点思考

【作者】林梓波

【刊名】美术观察，2009年10期

【摘要】现代陶艺的创作，主要是通过作品之造型、材料、肌理、纹饰、釉色等要素来传达作者的艺术理念．也表达了回归自然展现个性的创造诉求。在现代陶艺创作中，技术不仅不会因为实用功能的消失而减弱，反而会由于艺术家个性的张扬使得对技术自身的要求变得更加多元和多向。

略析陕西炕头石狮艺术的写意性

【作者】朱尽晖

【刊名】美术观察，2009年10期

【摘要】本文针对陕西炕头石狮艺术不同的分布区域及造型各异的遗存，进行较为系统的类型整理和艺术分期，通过对大量实物及图像的比较研究，运用文献典籍、考古文物图像资料，结合多次实地调查及综合学科的理论与方法，对陕西炕头石狮的写意性特征作了初步的探讨和论证，进而揭示出陕西炕头石狮的艺术文化本质及学术价值。

从中国的石雕艺术看南朝石刻的艺术特点

【作者】张鹰 王沫

【刊名】美与时代（上旬）创意，2009年10期

【摘要】中国古代的石刻艺术源远流长，其中尤以南朝石刻在古代陵墓雕刻中最为典型，在我国古代石刻艺术领域占据着重要的历史地位，艺术形态上具有极高价值，充分反映了南朝的时代特点和民族气派，全面体现了南朝

文化走向成熟阶段的生动、泼辣、鲜活的时代风格。它们与石窟造像石刻一起成为中华文明艺术宝库的重要元素。

从陶器纹饰变化看自我意识的直觉性萌发

【作者】姜春媛

【刊名】美与时代（上旬）创意，2009 年 10 期

【摘要】通过李泽厚先生《美的历程》可以深刻地体会到，人类社会初级阶段在美学上的直觉性的无意识努力。纹饰设计体现了人类早期朦胧美学观和美的意识，也敦促着审美意识通过直觉性自我体认走进真正、纯粹的美学领域。

中国陶瓷与洛可可艺术之结——中国瓷器对洛可可艺术的影响

【作者】邬德慧 韩冰

【刊名】美术大观，2009 年 11 期

【摘要】艺术作为一种商品，具有商品的流通性。随着交通的不断发展，使得世界各大洲之间的联系更为密切，东西方各国之间各种商业贸易活动更为频繁，艺术文化也就在各个区域中相互作用、相互影响。从 18 世纪中国直接与欧洲建立贸易关系后，随着具有东方色彩的中国工艺美术品逐渐打开西方市场，这些具有中国元素的艺术品也影响了欧洲的艺术风格，东西方的文化艺术开始相互借鉴、相互融合。

装饰雕塑中的漆艺语境

【作者】徐静

【刊名】美术大观，2009 年 11 期

【摘要】公共空间中的装饰雕塑，作为人类一种精神需求，在公共文化中占有很重要的地位。装饰性雕塑能打破常规，具有抒情性与趣味性，更能吸引人并给人以美的享受，从而丰富人们的精神生活。而且漆艺也是用漆的语言来美化人们的生活空间，因为自古至今漆艺就丰富着人们的物质和精神生活，现在更强调它在环境艺术中起到的装饰作用。

中国状态下具像雕塑语言当代性研究

【作者】郑淼

【刊名】美术大观，2009 年 11 期

【摘要】时代在不停变化中决定着艺术的性格，艺术也在不停地紧随着时代的步伐前进。具像雕塑艺术凭借着悠久的历史积淀，吸取着时代精神的甘露，以时尚的视觉感受和内在传达彰显出当代具像雕塑艺术的新精神，它是历史发展的产物、是时代的象征、是传统具像雕塑艺术的新理念、是不可或缺的时尚状态。它在传统具像思维中脱壳而出，形成一种具有当代性的具像雕塑语言。

中外陶艺比较研究之我见

【作者】杨烨

【刊名】美与时代，2009 年 11 期

【摘要】陶瓷艺术是一门古老而现代的世界艺术，它始终紧随着人类文明演变的脚步，在不同国家、不同地域、不同文化、不同的民族习俗背景中，呈现着丰富多彰的艺术风格，在各国的艺术史中，陶艺都占有重要的位置。

试论哲学介入雕塑的可能性

【作者】冯且

【刊名】美与时代（上旬）创意，2009 年 11 期

【摘要】如今，雕塑被人们赋予了更多新的内洒。艺术作品不仅仅满足于视网膜的要求，更重要的是重建文化精神、智慧和思维方式。雕塑是思想的表达，而非雕塑形式的变换。从哲学的角度看，如果我们总是不停地复制那些唯美的、叙事性的雕塑作品，而不能给观者带来思考，那就真的成了视网膜艺术了。

论陶艺作为艺术治疗手段之可行性

【作者】解晓明

【刊名】装饰，2009 年 12 期

【摘要】作为一种艺术治疗的手段，陶艺创作在材料和工艺等多方面都具有特点。本文从多角度分析认证了陶艺创作作为艺术治疗手段的可行性，希望以此文章引起国内大学对艺术治疗专业的关注。

关中传统民居的石雕艺术

【作者】李琰君 阎娜 许岩

【刊名】美术大观，2009 年 12 期

【摘要】关中位于秦岭和陕北高原之间的渭河流域，散、函、武、萧四关之内，先后有十三朝在此建都。正是这种特定的地理环境和文化因素，影响了关中民居建筑中的石雕艺术，使其丰富多彩、与众不同。

浅谈制玉工艺对霍去病墓石雕造型风格的影响

【作者】邵磊磊

【刊名】美术大观，2009 年 12 期

【摘要】霍去病墓石雕一直被视为我国早期大型纪念性雕塑的典范。秦始皇陵兵马俑的造型手法和艺术特色很容易得到认同，因为它明显具有对先秦工艺技法的继承痕迹，而霍去病墓石雕则显得孤立而突兀，它相对奇特的造型手法看似与前代并无关联，由此引发了许多学者对其艺术风格之成因的持久争论。任何艺术作品的生成和发展，都离不开对传统的继承和吸收。仔细观察这些雕刻，不难发现其在造型手法、趣味追求等方面与传统工艺的共通之处，尤其是在当时已有几千年发展历程且相当成熟的玉雕工艺。

数码时代高速公路景观雕塑的新媒体构想

【作者】郭承波 彭涛

【刊名】美术大观，2009 年 12 期

【摘要】在当今数码化、网络化、同步化、虚拟化的大都会时代，高速公路日益构建起现代人的生活方式并融入为城市的一部分、一个片段，同时也作为一种较为新兴的媒介影响着现代人的思维模式，那么与高速公路共同具备对时代之叙述价值的公路景观雕塑，也相应地步入新媒体的阐释范畴，从材质、科技、形式、语言符号、观念等方面承载高速公路的新兴功能，从而触发时代特征。本文着重围绕加速的自动化、新媒体艺术、数码的胜利女神及新媒体的加速纪念碑四个部分来详细论述对高速公路的景观雕塑新媒体之构想。

浅谈我国城市景观雕塑艺术特征的发展方向

【作者】严茅

【刊名】美术大观，2009 年 12 期

【摘要】在世界范围内，雕塑艺术的创作实践与其他艺术门类一样，具有异常活跃的局面。21 世纪各专业学科之间越来越注重融合。从注重自然的秩序变化和概括的变形意识到融现代文化和艺术思维于雕塑设计之中，从单纯的造型设计发展到空间设计，并融入环境意识，各种艺术语言的互相融合导致了新的独立的艺术形式。

石膏雕花在新疆维吾尔族建筑中的艺术表现形式

【作者】石妙春

【刊名】装饰，2009 年 12 期

【摘要】石膏雕花是一种历史悠久的维吾尔族建筑装饰艺术，由于受多语系、多民族的影响，形成了石膏雕花多样性的装饰形式。它的造型独特，构图饱满，色彩丰富，以抽象的几何纹、植物纹、书法纹取代了人物及动物的具像描绘，成为了维吾尔族民族民间艺术的重要组成部分。

手工打坯是东阳木雕传承的核心技艺——东阳木雕打坯技艺经验谈

【作者】徐土龙

【刊名】浙江工艺美术，2009 年 12 期

【摘要】传统的东阳木雕师徒相授“三年徒弟，四年半作”设计制作不分家。当代的东阳木雕已经分化为设计、打坯、修光三大工种，打坯和修光的分工始于 20 世纪初工厂化生产之后，到了 20 世纪 50 年代，设计又从制作过程中独立出来。打坯，是东阳木雕技艺的核心。

论毛泽东公共雕像创作言语的演变

【作者】洛鹏

【刊名】艺术中国，2009 年 12 期

【摘要】毛泽东公共雕像作为中国雕塑史上一个特殊题材，从延安时期毛泽东浮雕像的出现，到文革时期大量红色“圣像”的涌现，发展到文革后及现今一批以毛泽东为题材的雕塑艺术作品的继续产生，其艺术语言特征经历了多次阶段性的嬗变。本文在全面搜集毛泽东公共雕像资料的基础上，分析和探讨其艺术语言的几次重大演变，并挖掘这些重大演变背后的艺术风格取向及观念的转变，揭示其与当时社会政治和社会生活的变化的内在联系。笔者认为，文革前毛泽东公共雕像的基本特征是强调理性的规范构图，淡化主观情感的自由奔放表达，并探索着对民族雕塑的一些形体处理手法借用到自己的古典写实体系中来。文革中，强化了雕刻者的主观感情，表现出“革命现实主义”和“革命浪漫主义”相结合的风格。文革后，多用“现实主义”的创作方法表现“亲切、自然、魅力”的毛泽东。

初探呼和浩特市大召建筑构件中的木雕艺术

【作者】王智睿 贺庆立

【刊名】上海艺术家，2010 年 1 期

【摘要】呼和浩特市大召寺建筑构件木雕装饰具有强烈的地方特色，但这不是孤立的文化现象，而是特殊场所与特殊地理环境紧密联系，是在传承传统文化和发展北方地域文化过程中，对某些特征的突出强调而形成的。

平遥古城晋商古宅院中砖雕艺术形式的审美心理

【作者】常晓君

【刊名】美术研究，2010 年 01 期

【摘要】砖雕是一种特殊的雕刻工艺，以砖为基本材料，工艺由陶艺、石雕等发展而来。砖雕是精致而又质朴的艺术，最易与砖砌建筑浑然一体，从而获得统一和谐的美感。中国砖雕艺术历史悠久，其起源可追溯到春秋战国时期，在其后的千年演化中，不断开拓技法，深化文化内涵，提高艺术品质，强化地域特色，最终以极其辉煌的成就享誉世界。

透“木”而出话感觉

【作者】陈钢

【刊名】雕塑，2010 年 01 期

【摘要】“木”可能是所有雕塑材质中最具有文人气息的了，雕刻家对于木材的认识，往往来自对木质材料由衷的热爱及浪漫的向往，付出真心深入挖掘“木”的特殊性情，而后你会发现木质材料其实是最易懂，也最难以割舍的雕塑材料之一。

当代造型艺术的空间异变

【作者】王风华

【刊名】雕塑，2010 年 01 期

【摘要】造型艺术中无论是雕塑还是绘画，始终要面临空间的问题，假如雕塑和装置本身就是空间的艺术，那么绘画对空间的描述一定是虚拟的，而当代绘画艺术对空间的表达又是多样的，由原先对物理空间的描述到暗示空间、心理空间、矛盾空间、虚拟空间的表达。这种视觉的异变经历了怎样的过程是本文所研究的主题，笔者通过具体案例试图理

出一条线索，来说明当代文化与审美对造型艺术的影响。

对当代海南城市雕塑的再认识

【作者】叶仄辉

【刊名】雕塑，2010年01期

【摘要】海南在农业、渔业、村落文明背景下曾经创造出了丰富、灿烂、独特的文化体系，但今天它们似乎都变成了“遗产”，没有融入到我们当下人的生活中。同时，随着社会经济的转型，新的文化体系却没有建立起来，在社会高度物质化的今天，文化却一步步地被沙漠化。我们需要在城市文明体系下，建构属于当下的文化体系，城市雕塑在这一过程中伴有积极的、不可替代的作用。

渗透着世俗化、地方化审美意识的佛教艺术——宋代大足宝顶山石刻

【作者】周安平

【刊名】雕塑，2010年01期

【摘要】大足宝顶山宋代石刻是别具特色的一处佛教造像场所，是在之前的石窟艺术的基础上与地方文化融合而演变发展形成的，是对中国古代艺术的继承与延续。在宋代社会政治背景的作用下，宝顶山石刻独特的以佛、儒、道三教结合的方式来表现宗教形象，并大量采用取材于普通布衣生活内容的连环画式的叙事性图解手段，以通俗化对其宗教意义的诠释，从而便于宗教经典的宣播。在现存遗迹中今人所能解读到的是，宗教形象被赋予了更多的市民阶层的视觉特征和思想意识，将老百姓身边熟悉的人和事几乎提升至与神同等的地位，世俗化、地方化的审美理想流露无疑，宗教法度和地位因历史的变革而发生的演变与衰落催生的却是无可争辩的民间艺术杰作。

中国民间彩塑中写意语言探析

【作者】韩军

【刊名】雕塑，2010年01期

【摘要】民间美术是劳动人民独有的艺术创造，它有着实用功能与审美功能的双重性，是原始艺术今天的延存，也是一切美术创作的渊源和基础。作为民间美术一朵奇葩的民间彩塑也已成为中国民间文化的物质载体。民间彩塑艺术的创作传统和习俗，有着共通的浑朴、稚拙、洒脱的写意艺术精神及美学上的表现特征，并通过健康的情趣、意象化多变的造型、象征性美丽的色彩纹饰及率真的恣肆纵横的表现手法，使这写意性的艺术风格特征更加魅力四射。

雕塑草稿的原创性

【作者】滕小松

【刊名】雕塑，2010年01期

【摘要】雕塑是一门原稿性（autographic）极强的艺术，而其他艺术并不特别讲究原稿性，比如贝多芬手稿的破旧不会影响到最后的演奏效果。阿恩海姆就曾经说到，陈列在美术馆的亨利·摩尔青铜雕塑复制品缺少了雕塑家亲手而为的“表面特征”。

环境雕塑的空间建构

【作者】于俊峰

【刊名】美术研究，2010年01期

【摘要】雕塑空间、环境空间是环境雕塑的物质属性，心理空间（审美空间、行为空间、文化空间）是其精神属性，具有各自的价值或功能。从景观生态上，环境雕塑空间的价值与功能是景观空间的场效应。前者，从微观展示其空间形态结构，是品质的表达；后者，从宏观上呈现其在整个精神与物质背景下的谐调景象，是艺术氛围的显现。

远古的舞动——青海彩陶的渊源及当代价值

【作者】李学武

【刊名】美术研究，2010年01期

【摘要】彩陶在人类社会的发展进程中，伴随着农业文明在新石器时代手工艺水平的提高和人们对物质以及精神需求的增长而产生，早在8000多年前，黄河流域已开始出现彩陶，是世界上最早出现彩陶的地区之一。

实验玻璃艺术研究

【作者】王沁

【刊名】美术大观，2010年01期

【摘要】实验玻璃艺术家有点像躲在实验室中的科学家，虽然实验的内容包括思想观念和形式语言，但他们不过分诉求艺术活动的社会、文化、历史意义，而更加强调玻璃艺术本体的自足性。对于玻璃艺术家来说，“实验”这个概念更强调的是一种自觉的、个体的、边缘化的态度以及多维度的探索和反思。

试论古典语境中的建筑砖石雕刻的审美嬗变及其当代美学意义

【作者】刘程

【刊名】美术大观，2010年01期

【摘要】中国砖石雕刻有着悠久的历史与审美文化特征，在我国建筑雕刻历史上谱写了辉煌绚丽的一章。从它的历史进程看，是传统的封建社会家庭思想意识导致了建筑装饰的“内涵表象化”与“内涵形象化”的审美性格，自然而然地也就把家族的思想观充分展示出来，内涵的表象化把建筑是砖石雕刻的物质与精神价值的载体作为直接的事物关联，凸显建筑的“人化”的生命理念心态，同时也是受到当时经济与文化的发展水平的制约，把我国建筑砖石雕刻的独特性反映得淋漓尽致。

浅谈数码交互技术在表现雕塑影子中的运用

【作者】武毅恒

【刊名】美术大观，2010年01期

【摘要】运用数码交互技术来丰富和延展雕塑作品的

表达方式和艺术特点，后者也相应地为交互作品的表现类型和创作领域提供了一个独特的发挥空间。创作这样的作品，需要结合多门艺术学科来进行研究实践，包括雕塑艺术、数码影像艺术、电子交互技术和动画制作等。这对于传承传统艺术特点和尝试传统艺术创作与计算机多媒体技术相结合，以及为以后其他艺术种类和领域的发展和创新都具有一定的积极意义。

冰雪艺术的地域性表达

【作者】张伟明

【刊名】装饰，2010 年 01 期

【摘要】冰雪艺术作为一种独具魅力的艺术形式和地域资源，对其进行表达策略和设计方法的研究，对我国冰雪事业的发展具有重要的理论和实践意义。本文从我国冰雪艺术的产生及其发展切入，将冰雪作为一种设计资源，从文化、商业、生态以及制作四个方面进行创作及产业化发展的研究，同时提出与之相对应的冰雪艺术创作在文化、功能、结构和采集方面具体的方法，为冰雪艺术作为一种文化产业带动我国寒地区域文化经济的发展做出积极的促进作用。

试论浙江先秦雕塑的工艺性特征

【作者】毛宁

【刊名】美与时代（中旬）美术，2010 年 01 期

【摘要】通过对浙江先秦时期青铜、玉石、陶瓷三类雕塑以及其雕塑性器物的梳理，基本勾勒出先秦时期浙江雕塑的大体轮廓。依附于工艺品的事实在某种程度上决定了浙江先秦时期雕塑强调象征性、装饰性和抽象性的工艺性特征。而且，相较于这一时期的中原雕塑，其工艺性特征更为鲜明，与中国古代雕塑的整体发展趋势不谋而合。

浅谈视觉艺术在陶瓷装饰中的应用

【作者】宋华

【刊名】美与时代（上旬）创意，2010 年 01 期

【摘要】陶瓷装饰艺术中视觉艺术所表现的特质，只有当它在特殊的艺术形式中被发现、挖掘的时候，才能发挥其丰富的艺术感染力。视觉艺术在陶瓷装饰中的生命力在于陶艺家将纹样艺术、色彩艺术与肌理艺术有机结合起来，融为一体。当这三者相互渗透的时候，便形成了完整的陶瓷装饰艺术。视觉艺术的表现能力实际上是陶瓷装饰家对个人艺术个性的探索、发现和培养，从而促进了视觉艺术个性的成长。

20 世纪 80 年代后中国雕塑审美样式的漂移

【作者】蔡增杰

【刊名】美与时代（上旬）创意，2010 年 01 期

【摘要】20 世纪 80 年代以来现实主义题材的雕塑在中国一统天下的地位被打破，雕塑的审美样式逐渐呈多元化趋势。这种审美多样化的具体表现是：传统的现实主义雕塑在表现形式与主题上出现了一些新的变化；现代实验雕塑开始风靡；满足城市居民精神生活需求的城市雕塑大量兴起。分析 20 世纪 80 年代后中国雕塑审美样式多样化的成因与具体表现，可以为当代中国雕塑发展提供思路和可供参考的依据。

金属焊接雕塑艺术语言初探

【作者】刘强

【刊名】上海艺术家，2010 年 02 期

【摘要】不同的民族、文化背景的人们，对材料本身就有着不同的想象和寄寓。故选用金属作为雕塑的基本语言，就要研究金属的物质和精神的属性，研究金属材料与当代文化的关系，研究金属作品与户外空间的关系。

米开朗琪罗作品隐含的精神意义

【作者】洪霞

【刊名】美术大观，2010 年 02 期

【摘要】米开朗琪罗，这位处于意大利文艺复兴盛期的天才巨匠，一个人就可以代表那个时期的雕塑；另外，他还是一位伟大的画家、建筑家和抒情诗人。他的一生是悲剧性的，充满了传奇色彩。他把这种痛苦转换成了一种力量，一种惊人的反抗力量诉诸他的作品中。从他的作品中，我们能感受到大师对艺术的执著的追求和作为一个基督教徒、一个纯粹的“柏拉图主义者”的虔诚。

玻璃材质介入到陶艺创作中的思考

【作者】刘鹏 郭琪美

【刊名】美术大观，2010 年 02 期

【摘要】当玻璃材质介入到陶艺创作中成为艺术家在表达情感、观念和视觉艺术氛围的一种载体时，对其艺术语言的思考成为一种必然。要探索玻璃材质完美地介入到现代陶艺的创作，必须首先对这种材质的材料特征、艺术语言作出理性的分析和论述，而“如何介入”、“以怎样的形式介入”也是本文着力阐述的重点。

缘木求艺
——谈对黄杨木雕创作的认识

【作者】吴尧辉

【刊名】雕塑，2010 年 02 期

【摘要】黄杨木雕是根植于传统文化土壤中的艺术，已形成了自身的表现方式，传承到今天若要使这一具有浓厚的文化积淀的传统艺术走向现代，则需要在表现形式、手法、内容上有破有立。传统工艺美术不应徘徊在技艺的层面，而应当追求艺境，要在充分掌握传统技法的同时与当代意识有机融通，产生出一个新的局面，这就要求工艺美术应当从以工为巧的层面走出，成为以艺入工的当代艺术。

佛教与中国及东亚地区的雕塑艺术

【作者】王全文

【刊名】雕塑，2010 年 02 期

【摘要】东亚地区在文化传统上与中国有着千丝万缕的联系，而这些古老久远的东方文化传统又太多地烙下佛教的印记。围绕佛教所展开的宗教心理与审美心理的交织，浸润并培育着中国及东亚地区不同的古代艺术。由于近现代西方文化对中国的强大冲击，中国传统雕塑在其发展脉络中出现明显断代，而东亚地区却更多地保留了中国传统雕塑艺术的精髓。以邻为师，更可催启文化回归和艺术传承的思考。

云冈石窟早期造像与麦积山石窟造像的渊源及对比

【作者】冷建军

【刊名】雕塑，2010 年 02 期

【摘要】中国北方的石窟寺艺术尽管由于地域的差异各具特色，其相互之间却始终存在着渊源与联系。云冈石窟早期造像受麦积山石窟等的影响，受佛教传播因素的影响，同时又受民族文化和地理环境等诸多因素的影响。仅从麦积山 74、78 窟及云冈昙曜五窟、20 窟的比对中，便可略见一斑。

庆阳民间鞋垫的艺术特色

【作者】王玉芳 胡小爱

【刊名】雕塑，2010 年 02 期

【摘要】庆阳民间鞋垫是庆阳女红文化的重要组成部分，也是中国民间的“软雕塑艺术”，以其独特的艺术造型和象征意味为人们所喜爱。本文通过对庆阳鞋垫的艺术特色的分析，提出其艺术特色来源于庆阳地区古老文化的积淀，来源于农村特定的社会结构和文化结构所形成的集体审美意识，来源于民间制作者独特的思维方式，表达了人们对生命、生殖的真情向往，对吉祥、幸福的执着追求。

具像雕塑的前世今生

【作者】李迅

【刊名】雕塑，2010 年 02 期

【摘要】在今天开放、多元的艺术环境中，对具像雕塑语言在当代艺术情境中生存和发展的探寻，几乎成了以学院派为代表的艺术家们的集体焦虑。随着当代艺术观念的介入，在经历了“凤凰涅槃”似的新生后，作为历史悠久的艺术语言形式，在当代文化背景下必然会确立其新的价值。

浅议罗丹雕塑的写意性

【作者】颜海强

【刊名】雕塑，2010 年 02 期

【摘要】罗丹是古典主义雕塑的最后一位大师，同时他又为现实主义雕塑开启了新的道路。罗丹的一些作品中体现出的写意性，是这位大师艺术创作的一个重要特征。首先写意符合雕塑的内在美学逻辑；其次，写意表现了他的诗性，而诗性又成为他雕塑的一种文化根基。写意性在罗丹作品中表现为不完整性、简约性、含蓄性、率意性和诗性。写意雕塑的代表作品是《沉思》与《巴尔扎克纪念像》，前者属妙手偶得，而后者则为惨淡经营，返璞归真，表现了写意的两极。

数字雕塑运用在雕塑专业教学中的重要性

【作者】邓威、温洋

【刊名】雕塑，2010 年 02 期

【摘要】数字雕塑是新鲜事物，植根于现代技术与艺术的土壤，作为一门全新的造型艺术有其独特的工具和方法，它对很多传统雕塑家而言存在一定的掌握难度。雕塑家虽然不需要像电脑工程师那样必须得掌握数学、编程等知识，但了解一些必要的理性思维、数学、逻辑的概念以及 3D 模型的基本原理还是必需的。

城市雕塑在城市大众文化消费中的核心价值研究

【作者】蔺宝钢

【刊名】雕塑，2010 年 02 期

【摘要】作为大众文化载体的城市雕塑，它所满足的是社会大众消费群体的需求。显然，在现实的社会发展状态下，雕塑艺术要生存和发展，就应打破原有的架上雕塑的创作观念，走进公共空间，走向大众消费群体，实现“普度众生”的社会价值。

试探陶瓷器坯体装饰的发展趋向

【作者】陈健捷

【刊名】美术观察，2010 年 02 期

【摘要】陶瓷坯体装饰不是为了装饰而装饰，也不是仅仅为了美化器物所做的纹饰，它是陶艺家表达自己内心的一种重要的语言形式。我们可以根据泥性和自己的审美追求创造新的坯体装饰方法，或赋予传统陶瓷器坯体装饰方法新的表现内涵，使陶瓷器坯体装饰在陶艺创作中发挥更大的作用。

浅析寿山石雕的主要特色

【作者】陈益晶

【刊名】雕塑，2010 年 02 期

【摘要】寿山石因受材料、颜色和形状所限制，创作者总是“惜石如金”，创作中强调“因材施艺”“巧取俏色”。作者从自己的两件寿山石雕代表作为例，探讨寿山石雕的主要艺术特色，以及对自己风格形成所起的作用。

从国外机场公共艺术看公共艺术对于我国机场开发的意义

【作者】钱锋

【刊名】雕塑，2010 年 02 期

【摘要】公共艺术的概念这几年从无到有，在国内发

展迅速，越来越多的人已经开始认可和倡导艺术的这种社会属性。公共艺术的目的不再是以往传统意义上放在公共场所，用来向大众进行说教的宣传工具，或为当局管理者"歌功颂德"的面子工程，艺术必须回归公共空间并服务于公众生活。而在机场，富有戏剧性的人生离别与重逢、对于一次新旅程的惴惴期待，以及延误航班后的急迫与无奈等等，日日上演。这个可能是人类极端情绪最为聚集的公共空间，它留给人们的体验与感受就不应该只是排队候机所带来的喧闹与烦躁，而是越来越多的空间形式与享受机会，去鼓励和帮助旅客获得更多的平等参与、公平介入以及新奇的美学感受。

换个角度再论城市雕塑的公共性

【作者】彭博

【刊名】美术大观，2010 年 02 期

【摘要】作为现代意义上的"公共艺术"的概念在中国的出现是在 20 世纪 90 年代以后，尽管对于许多具体问题至今还时有争论，但就目前来看，学术界已经形成一种共识，即公共艺术的基本属性是公共性。也就是说，不具备公共性的艺术不能称做公共艺术。由此便引发了一系列对当前中国"公共艺术"的抨击，而首当其冲被批评甚至反对的则是遍地开花的城市雕塑。

陶瓷艺术的文化思考

【作者】赖颖秦

【刊名】美术大观，2010 年 02 期

【摘要】陶瓷艺术是中国文明发展的组成部分，是传统文化发展的支柱之一，没有传统的"根"，就不可能创造出优秀的陶瓷文化。陶瓷史亦与历史、文明史、艺术史、考古学等史学研究关系密切。陶瓷艺术凭其特质具有恒久的文史资料特性，无论是暴露在外、沉入水底或深埋地下，它都可保持住当初人们赋予其的造型、色彩及各种信息。

浅谈现代雕塑中色彩的作用

【作者】张戈

【刊名】美术大观，2010 年 02 期

【摘要】越来越多的雕塑家把技术的实用性看做是现代雕塑的一个重要的发展标志，雕塑作品运用色彩是众多现代雕塑家选择的表现方式之一，它极大丰富了现代雕塑的表现力。雕塑作品运用色彩是指雕塑家在雕塑作品的形式材质的固有色上经过涂绘，强调色彩的表现性能和对客观对象模仿的描绘效果，或综合不同色彩的多种材质作为雕塑的媒介，使雕塑作品的空间形体和色彩完美结合。

浅析陶瓷艺术中的情感

【作者】詹伟 喻宏

【刊名】美术大观，2010 年 02 期

【摘要】作为古老的传统文化之一的陶瓷艺术，不但以其实用的器形在人类生活中占据了重要地位，同时也因其所展示出来的巨大情感魅力在人类精神交流中发挥着越来越大的作用。陶瓷艺术中的情感力量是一个宽广而深刻的问题。本文试从情感的表达方面讨论陶瓷艺术中的情感作用。

中西方雕塑中的裸体形象

【作者】李学斌

【刊名】美术观察，2010 年 02 期

【摘要】中国与西方，裸体与着衣，同时存在于世界各地的博物馆里。西方雕塑愿意通过裸体形象表现本质的美，而在中国古典雕塑中，裸体没有成为中国艺术哲学与创作的关注点，因此中国传统雕塑注重通过眼睛传达心灵，揭示精神层面的内涵。中西雕塑及其他相近的艺术门类，虽然各有各的理念，但在裸体与精神着衣之间仍然可以保持平衡，在美学之外，最终实现一个精神世界。

物性思维玻璃艺术中的实践

【作者】胡卫华

【刊名】上海工艺美术，2010 年 02 期

【摘要】对于材料本身的思考，也即对物性的探索。本文中物性论述的重点不在自然科学层面上，而是来源于德国伟大的哲学家马丁 · 海德格尔（Martin Heidegger，1889 ～ 1976）在《中路》中所谈的"物之为物，究竟是什么呢？当我们这样发问时，我们是想要认识物之存在（即物性，die Dingheit）。"即存在论层面上的物性。

重建中国陶瓷器皿文化精神之初探

【作者】张凌云

【刊名】美苑，2010 年 02 期

【摘要】在中国 8000 年的陶瓷历史长河中，实用性器皿形式占据着主要的地位。应该说一部中国陶瓷发展史，就是一部物化的浸漫着中国人文精神的文化史。追溯这部文化史，无论是事关中国人饮食习俗的茶、酒等生活习惯，还是事关中国人礼仪习俗的"席地而坐"，垂足而会的行为方式，大都与陶瓷器皿有着亲切而紧密的联系。

神秘古国的艺术瑰宝
——浅谈玛雅彩陶的艺术特点

【作者】朱卉

【刊名】美与时代（上旬）创意，2010 年 03 期

【摘要】肇始于公历纪元之初的玛雅文明堪与古希腊、埃及和中国文明比肩而立，共同构成世界文明丰富博大而又绚丽多姿的奇观。玛雅彩陶以其题材广泛、造型多样、手法高超、风格鲜明而独树一帜。作者在将其与中国彩陶文化的对比中深切感到：玛雅彩陶是研究玛雅文明不可或缺的重要领域。

试论浙江先秦雕塑的工艺性特征

【作者】毛宁

【刊名】美与时代（上旬）创意，2010 年 03 期

【摘要】现今的考古发现为出土实物一直较少的浙江先秦雕塑研究提供了很好的基础。通过对浙江先秦时期青铜、玉石、陶瓷三类雕塑以及其雕塑性器物的梳理，基本勾勒出先秦时期浙江雕塑的基本轮廓。依附于工艺品的事实在某种程度上决定了浙江先秦时期雕塑强调象征性、装饰性和抽象性的工艺性特征。而且，相较于这一时期的中原雕塑，其工艺性特征更为鲜明，与中国古代雕塑的整体发展趋势不谋而合。

海派玉雕中的“线”

【作者】立群

【刊名】上海工艺美术，2010 年 03 期

【摘要】“线”是玉雕的传统和特点，从起稿开始到雕琢的始终，纸上有线，料上有线，从头到底，玉雕艺术家心中追求的都是由面转折而成的线。传统玉雕的规矩在线，现代玉雕的突破也在线，体现了海派玉雕艺术生命力的正是那作品中或隐或现却与众不同的线。

“似残非残、有残至美”——论建水紫陶装饰艺术“残帖”美

【作者】孔明

【刊名】装饰，2010 年 03 期

【摘要】“残帖”是我国书法饰陶工艺中一种独特的以表现“残缺”为美的装饰艺术，形成于清末明初时期云南建水紫陶圆斗装饰上，它作为建水紫陶的一个特色亮点，是建立在我国传统文化与书法艺术精髓深度理解和阐释的基础上，对书法饰陶理念和工艺有较大突破和创新的一门饰陶艺术。“残帖”所展现的“残缺美”背后折射出的是我国传统哲学中“有无相生”的美学观念和思想。

首饰，以艺术的姿态

【作者】于敏洁

【刊名】美术研究，2010 年 03 期

【摘要】首饰是人类发现美、感受美、创造美的结果，它以形态多变、工艺精湛、材质闪耀，反映了人们对美的细节的极致追求，投射了人们对财富的炫耀，对身份的认同，对情感的期待。艺术首饰泛指不以销售和盈利为主要目的，更关注创新和突破的首饰创作。一切首饰皆可谓之艺术的结晶，而艺术首饰更强调其形态、工艺或观念上所达到的艺术高度。

从“卡通雕塑”的盛行看我国传统泥塑的现代转型

【作者】汤红兵

【刊名】美术观察，2010 年 03 期

【摘要】卡通雕塑是在“卡通漫画人物”的基础上延伸出的立体造型艺术，是运用夸张、变形等手法，对人物、动物等对象进行塑造的艺术样式。“卡通雕塑”的盛行，给我国传统工艺——泥塑的现代转型，提供了有益的借鉴。

从长安铜飞廉到洛阳石翼兽对中国古代有翼神兽问题的一个讨论

【作者】林通雁

【刊名】美术研究，2010 年 03 期

【摘要】中国早期两种样式的有翼神兽到西汉中期以后表现出融合及风格化的态势。山东滕州石翼兽“龙爵”（飞廉）题铭及苍山画像石的相关题记和图像，是我们确定东汉石翼兽乃至早期有翼神兽的重要物证。东汉首都洛阳应是石翼兽的兴起之地，并以光武帝原陵的石翼兽具有代表性，其范本可能来自东迁长安的铜飞廉，雕造契机与汉明帝推行上陵礼有着直接关系。

漳州民间手工艺剪瓷雕艺术研究

【作者】陈磊

【刊名】雕塑，2010 年 03 期

【摘要】本文针对漳州民间手工艺剪瓷雕艺术发展的现状、工艺技艺、材质特性、表现内容与特点以及传承等问题展开深入探讨，从传统剪瓷雕文化沿革与传承的脉络中获得利于当今工艺美术发展的启示，阐述工艺美术教育被弱化的现象，提出对民间工艺美术的开发与创新的设想。

为浮雕的左邻右舍鉴别亲疏

【作者】杨晓见

【刊名】雕塑，2010 年 03 期

【摘要】从视觉感受的角度谈，浮雕更接近绘画的平面语言，而不是圆雕的空间语言。绘画与浮雕之间最深层的关系是，它们都在有限的构图之内呈现正空间与负空间的稳定关系。

桥梁文化的溯源和发展

【作者】程晓平

【刊名】雕塑，2010 年 03 期

【摘要】桥梁文化有着悠久历史，蕴含丰富的文化渊源。从桥梁的建筑设计折射出人类的科学理念以及情感意识。一座桥梁建筑犹似一座大型公共雕塑，建成以后，就立刻融入了周边环境并形成千丝万缕的关系。桥梁本身承载着历史背景和岁月变迁，使我们可以看到民族风情、宗教信仰、审美情趣等文化的沉淀

东方美神——观音

【作者】王松

【刊名】雕塑，2010 年 03 期

【摘要】本文通过对东方美神观音和西方美神维娜斯的对比研究及观音形象的来由和变化、生动地阐述民族化和世俗化进程及东方审美和心境取向。观音是东方的美神。她不仅是美神，还是善神，表里俱美，是“大慈大悲”的

化身。维娜斯，是西方的美神，但她是喜欢偷情的风流女神，还惹出不少事端以致引起战争，谈不上心灵美，人们喜欢她，但不敬仰和崇拜，观音是受人崇拜和敬仰的美神。

解读陶院现象

【作者】于长敏

【刊名】美术大观，2010 年 03 期

【摘要】中央美术学院教授钱绍武先生首先提出了陶院现象。何谓陶院现象？陶院是景德镇陶瓷学院的简称，原中央轻工部部属院校之一。陶院现象指的是陶瓷学院美术系培养的历届毕业生中，人才辈出，在国内外艺术界崭露头角，成果显著，无形中形成了一种陶院现象，引起国内外艺术界的关注。

雕塑草稿的审美特征和研究价值

【作者】滕小松

【刊名】美术观察，2010 年 03 期

【摘要】艺术理论研究对“前文本”和“前过程”的忽视具体到雕塑理论研究上就是对雕塑草稿和雕塑草稿演变过程的忽视。毫无疑问，雕塑草稿是雕塑创作思维的物化，是雕塑生成过程中的实际存在物，它在一定程度上存留着雕塑创作的轨迹。

当代玻璃艺术工作室的构成形式与活动特征

【作者】周静

【刊名】装饰，2010 年 03 期

【摘要】当代玻璃艺术的蓬勃发展不仅依赖于其技术的创新和艺术语言的感染力，而且离不开扶持其发展的环境。各种形式的玻璃工作室已经成为主导当代玻璃艺术发展的中坚力量，它们取代了传统作坊在玻璃艺术发展史中的地位，将玻璃艺术引向一条全新的道路。

媒介、图像和当代陶艺

【作者】刘颖睿

【刊名】美术观察，2010 年 04 期

【摘要】从某一角度来说，人类通过媒介的改变来重塑主体的观察方式、感知方式和情感方式以改造自身的审美和艺术。从 20 世纪 90 年代起，当代陶艺的创作除了注重个体经验和个人风格的树立之外，还开始更多地考虑与社会、环境的融合、更加关注人性和心理问题，从而使陶艺创作异彩纷呈。

浅谈纤维艺术在建筑空间中的作用

【作者】刘晶

【刊名】美术大观，2010 年 04 期

【摘要】随着建筑设计科学的深入发展及人文思想的进步，人们意识到对于环境的要求不能仅仅满足于空气、阳光等生理需要，更重要的是能够使人产生心理认同感、归属感，能营造出丰富多样生活氛围的环境场所。纤维艺术作为建筑空间环境中的重要组成部分，以充满自然气息的软性材料和丰富多样的艺术形态，成为连贯建筑空间与人的情感纽带。

浅谈石材雕塑在公共环境艺术中的作用

【作者】乔治

【刊名】美术大观，2010 年 04 期

【摘要】雕塑作为古老的艺术形式，在公共艺术、环境艺术中起到非常重要的作用。而石材作为重要的材料之一，是艺术家、艺术工作者创作雕塑的重要载体。石雕艺术作品不可能完全成为非再现性的，就如同它不能成为完全写实的道理一样。它有自己的视角，与生活保持着一定的距离，也可以说这就是艺术与生活的距离吧。而且艺术品不能空有形式，它必须有一种试图解释这个世界、让人们了解到生活本质的意图。

观念、技艺、文脉——中国当代陶艺语境管窥

【作者】陈千

【刊名】美苑，2010 年 04 期

【摘要】在近现代西方艺术造型观念传入中国之前，陶瓷的制作母题和观念在一定程度上强烈受控于封建政治关系以及本身的文化惯例，一些烧制水平较高的作坊（官窑）为皇家提供了大量的陶瓷精品，皇家乃是陶瓷生产关系中最大的定制方，当然也有大量的外销瓷。封建国家制度的崩溃，使得此一传统逐渐脱离了政治关系，中国陶瓷艺术逐渐由传统走向现代艺术的行列。

从中国岩画和爱斯基摩雕刻看原始艺术

【作者】韩晖

【刊名】雕塑，2010 年 04 期

【摘要】爱斯基摩人的艺术是原始艺术在北极地区具有民间性的艺术创作，与原始艺术中岩画在中国地域内所呈现的内容与意义是有共性的。岩画艺术在原始艺术中表现的是先民们注重原型化对形式、图像的提炼、夸张和摹拟方式的重复等，是用“写实性”与“写意性”来完成对生命的顶礼膜拜。这种原始艺术也是现当代艺术中所追求的表现形式，对于爱斯基摩人雕刻的艺术特色、创作内容所形成的目的和情感概念、及其传达出的信息特点等涉及原始艺术的问题是与原始岩画艺术不同的。

东阳木雕与现代欧式装饰

【作者】黄小明

【刊名】雕塑，2010 年 04 期

【摘要】东阳木雕是中华民族的艺术瑰宝，弘扬传统东阳木雕，就必须与时俱进，为了使东阳木雕装饰与西方文化紧密结合，笔者进行研究和实践，并获得了巨大成功。本文就翠湖宾馆的室内装饰，浅谈东阳传统木雕与现代欧式装饰结合的成功做法与体会。

继承、发展和裂变
——艺术高校雕塑专业教学思考

【作者】董明光

【刊名】雕塑，2010 年 04 期

【摘要】每年的 5、6 月份《雕塑》杂志社主办的全国高校毕业生优秀雕塑作品展是每个初夏最有热度的雕塑盛会。一届届的学生如春蕾般涌出、绽放，大有一浪高过一浪之势。大尺寸、大气量，各种材料的运用，精力和经济高成本的投入使学生的毕业展颇具规模和档次。那火爆的场面让我深切地感受到了中国雕塑事业的蓬勃发展和年轻人努力创新及拼搏的进取精神。兴奋之余联想到随着当代艺术的蓬勃发展，两三年前过热的中国当代艺术在世界上的迅速走红，中国当代艺术交易的天价排行榜让国内的艺术界开始躁动起来。

谈《青年毛泽东艺术雕像》中现代科技成果的应用

【作者】谢立文

【刊名】雕塑，2010 年 04 期

【摘要】大型纪念碑雕塑是艺术门类中的“重工业”，大型纪念碑雕塑的建设技术却是工程技术中的冷门。本文回顾《青年毛泽东艺术雕像》的建设经验，探索计算机技术与现代新型仪器、新型材料在大型纪念碑雕塑工程建设上的应用。

非物质
——关于安尼施·卡普尔

【作者】余晨星

【刊名】雕塑，2010 年 04 期

【摘要】有这样一种说法，雕塑史即为材料史，而安尼施卡普尔则认为，对所有的材料而言，还有一种可以被称为非材料的东西与之相对应。他认为雕塑既是一种物质或是准物质实体，同时又是另一种非物理的存在。

3D 扫描技术在雕塑领域的运用

【作者】黄平

【刊名】雕塑，2010 年 04 期

【摘要】随着工业 CAD/CAM 技术的发展，三维激光扫描仪这种先进的光学仪器越来越多地被运用在逆向工程技术上。三维激光扫描仪的品种也是各种各样。雕塑造型跟工业造型是有所区别的，其制作的工艺流程和要求也和工业制造不太相同，因此在雕塑领域中，用什么类型的设备，以及如何运用也是有所不同的。

与城相睎
——“故城系列”雕塑创作谈

【作者】李永康

【刊名】雕塑，2010 年 04 期

【摘要】具有开放性和多元性特征的西域文化，成为本人雕塑创作精神的根本架构。作为人工与自然合力塑造的综合体，故城废墟是人类寄托视觉、情感与想象的古典之物，它使我迈向“完美的艺术想象空间”，并能享受到与故城切近的交流，这种对残缺元素的审美可引发对未知形态的想象，和对现实中“圆满世界”的追问。

艺术教育中的设计思维分析

【作者】白天佑

【刊名】雕塑，2010 年 04 期

【摘要】创造性的思维必须要贯穿于艺术教育设计教学的整个过程之中，以多元、多维的空间想象来进行思考，建立一个广泛的、多向的知识结构，在横向知识面与纵向知识深度之间建立有机的联系。培养完整、系统的“设计思维”是现代艺术教育的必然要求。

浅析陶瓷设计的艺术美

【作者】刘明玉

【刊名】美术大观，2010 年 04 期

【摘要】陶瓷设计的艺术美主要体现在陶瓷产品的造型美、装饰美和肌理美上。造型、装饰和肌理是陶瓷产品的客观形象元素，它们作为设计语言承载着创作主体的审美理想、审美情感和人生感悟，所以造型美、装饰美和肌理美不仅仅是客观的感官形象美，同时也体现着作品深层次的意蕴美，是承载作品气韵和境界的重要审美元素。

陶·意
——现代陶艺创作规律

【作者】吴大卫

【刊名】美术大观，2010 年 04 期

【摘要】在创作过程中哪几个方面是相辅相成的，但由于陶艺材料与烧制的趣味性常常使作者陷入对技巧迷恋之中，最终成为自己艺术道路上的枷锁；创作者应该懂得创作的最终目的是表达而不仅仅流于炫技，作品应该传达作者的思想和观念而绝不媚俗，艺术品的成功是打动观众而不是讨好看客。

传统造物的“和谐”理念对中国现代陶艺的影响

【作者】林建胜

【刊名】美术大观，2010 年 04 期

【摘要】中国传统造物的思想以“和谐”意识为主，追求心灵与物质的交融统一，主张自然性与人工性的中庸和谐，注重工艺造物活动的整体有机性，力求协调天时、地理、材质、技术诸因素间的关系，成为代表中国“和谐”文化的独特品格。

莫高窟吐蕃期洞窟第 154 窟
——主尊彩塑造像的性质与定名考

【作者】沙武田

【刊名】装饰，2010 年 04 期

【摘要】莫高窟中唐吐蕃期洞窟第154窟主尊彩塑造像为一身倚坐姿的菩萨装佛，较为独特和少见。本文通过对中古时期佛教造像装饰佛的考察，表明该身造像与传统意义上表现“菩提伽耶金刚座真容像”的装饰佛有较大的不同。而考虑到其倚坐的弥勒造像特征，再结合中国历史上和敦煌地区传统的弥勒佛王造像与思想，以及敦煌吐蕃统治时期独特的社会历史背景，则表明第154窟该身造像很有可能是中唐吐蕃统治时期敦煌当地的“弥勒佛王”造像，表现转轮王治世与治国的佛教治国意识形态。

浅析罗丹雕塑的审美倾向

【作者】杨金成

【刊名】美与时代（上旬）创意，2010年04期

【摘要】雕塑在19世纪欧洲艺术生活中起着一种特殊的作用，它既是实用的又是审美的。雕塑家除了满足人的道德观念与理智的美以外，还满足了人的精神需要，人最优美的感情，甚至人的模糊的理想。在这一时期诞生了不少的雕塑家，但其中对后世影响深远的应首推罗丹，他是法国19世纪下半叶最杰出的雕塑大师，也是继菲狄亚斯、米开朗基罗之后欧洲雕塑史上第三座高峰。

对现代陶艺融入生活的思考

【作者】庸英 孙法震

【刊名】美与时代（上旬）创意，2010年04期

【摘要】现代陶艺脱胎于传统陶瓷，是艺术家借助于传统技艺来表现艺术家的情感世界及其艺术主张的艺术形式。现代陶艺拥有着传统陶瓷所具有的深厚的文化底蕴。可塑的自然泥性表达，丰富的釉色以及神秘的窑变，加之艺术家的巧妙构思，给人们带来了全新的感官享受以及心理震撼。现代陶艺以独特的艺术魅力正快速地融入到大众生活中去。它迎合了人们的“反自然”的生存心理，营造了更具人性化的优雅的生存环境。

谈雕塑中常规材料的综合运用

【作者】曾莉

【刊名】美与时代（上旬）创意，2010年04期

【摘要】材料是雕塑的造型载体，在某种程度上对于材料的选择与运用会直接影响雕塑的艺术效果，对雕塑家的创作活动意义极大。伴随着社会的不断发展，文化和艺术观念的不断变化，以及信息共享和交流的增加等等，都不可避免地使雕塑艺术风格产生多元共生、多样并存的状态。雕塑家们在形式上勇于创新，以探索的姿态不断地挖掘出材料的种种新的可能。雕塑创作中所使用的材料日益丰富，对材料的综合运用也就成了雕塑家们重要的创作原则。

徽州古民居承志堂的木雕艺术

【作者】孟卫东

【刊名】美术研究，2010年04期

【摘要】“有堂皆设井，无宅不雕花”，这是对徽州古民居的生动描述。承志堂的木雕则以独具匠心的整体设计、典雅精丽的徽派风格、个性张扬的髹金彩绘成为徽州木雕的杰出代表。其巧妙的构思、精湛的雕工、生动的形象、传神的意趣既赋予了承志堂以艺术的生命，也丰富了徽州古建筑的精神文化内涵。

重视当代公共空间属性对环境雕塑创作的限定与启发

【作者】吴昊

【刊名】美与时代（上旬）创意，2010年05期

【摘要】基于当代城市公共空间的开放性、多样性与复杂性特点，从环境雕塑创作与设计角度，笔者将环境雕塑看作是公共空间建设中的一个具综合性的组成元素而非纯粹的艺术性单体。通过探寻公共空间中的空间与生活、公共空间的公共性，提出环境雕塑的创作应充分理解与分析这些限定条件从而进行创作，使环境雕塑能更好地融入现时代的要求与转型期的社会背景之中。

穿越·行走的空间——浮雕壁画四维空间意识探析

【作者】熊洁

【刊名】装饰，2010年05期

【摘要】时空多维性是浮雕壁画的特殊性标志之一。如何运用四维空间意识来构建浮雕壁画的结构空间，同时与建筑环境空间结构相呼应，形成对立统一的结构“宏观体”，对于丰富时空意识的构建、延展浮雕壁画空间具有深刻影响。

论自然形体造型的紫砂茶具陶艺中的文人情结

【作者】贺盈

【刊名】装饰，2010年05期

【摘要】本文从紫砂茶具陶艺造型之美入手，论述了蕴涵在自然形体造型的紫砂茶具中的文人情结，旨在对紫砂茶具陶艺悠久而丰富的历史文化进行学习和理解，以不断丰富和创新紫砂茶具陶艺作品中的文化内涵。

传统手工金属锻造工艺与现代设计

【作者】吴画杰

【刊名】雕塑，2010年05期

【摘要】手工金属锻造随着中国古代浮雕艺术的发展而发展，是青铜铸造外的另外一种重要造型手段。每个时代都有着鲜明的特点，留下大量的优秀作品。手工金属锻造创作离开不了其工艺技术的特点，要经过构思、整形、细部刻画、效果完善等步骤。在当代，传统手工金属锻造工艺吸收了现代设计理念，造型更加新颖简约。

艺术创作与时代语言——漫谈我的创作感想

【作者】高金山

【刊名】雕塑，2010年05期

【摘要】当代的中国社会是一个思想、言论开放活跃的时代。纵观历史，每一个时代的特殊背景都会在当时的文化中留下深深的烙印，每一件出色的艺术品都反应时代的语言特征。因此艺术家的创作在审美形态、创作源泉、表现手法等各方面都以自己独特的视角来表达对历史、文化、社会等问题的思考。

厦门蔡氏漆线雕时代转型的探析与思考

【作者】陈磊

【刊名】雕塑，2010年05期

【摘要】分析厦门“蔡氏漆线雕”在历史上的几次转型，以它在转型发展中的传承与时俱进的成功例子来探究一个艺术文化现象。通过这一实例来揭示民间艺术生存与发展的生命力应该是继承与创新。民间艺术只有继承与创新，才能适应社会的变化，更有效地服务于社会，同时让自己获得新的生机。只有这样，才是对于“非物质文化遗产”最好、最有效的保护和发展。

青铜材质雕塑的表面锈蚀效果着色方法研究

【作者】张瑞

【刊名】雕塑，2010年05期

【摘要】随着金属加工工艺水平的进步和青铜材质显露出的独特的金属材质美感，青铜材质雕塑正越来越受到艺术家们的青睐。但由于青铜材质雕塑的加工难度大，其复杂的专业技术操作往往使艺术家们在创作架上雕塑时避而远之。笔者在长期的雕塑创作实践当中对青铜材质雕塑的表面处理方式有一些自己的心得体会，作本文愿与同行们交流沟通。

论公共雕塑的社会性

【作者】陈学博

【刊名】雕塑，2010年05期

【摘要】本文将讨论公共雕塑的功能以及西方和中国的公共雕塑的发展史，分析一些成功的例子，及论述影响公共雕塑设计的三种重要因素，最后的总结则陈述个人的观点和原因。

精心干燥木雕用料，切实保护艺术作品

【作者】吴文忠

【刊名】雕塑，2010年05期

【摘要】木雕作品的用料一般是指木材。从木材的不同种类到木材的多种干燥方法，确立了本人实践中采取的活性干燥法，使木材既干燥又保持有活性，这是艺术雕塑与木材利用的基础环节。只有对木材进行正确合理的干燥处理，才能保证木雕作品质量。因此木材的活性干燥法其重要性和经济效果也越来越被人们所认识、所实践。

小西天的雕塑艺术

【作者】彭景跃

【刊名】雕塑，2010年05期

【摘要】小西天是明代创建，它以大雄宝殿的悬塑而闻名于世。悬塑的布局精奇而绝世，造型独特，色彩鲜艳辉煌。不仅是古代艺术的精品，而且对现代艺术也有着重要的启迪作用。是华夏文明的艺术瑰宝。

集师广绎
——莆田牙雕艺术的研究、继承和创新

【作者】宋春国

【刊名】雕塑，2010年05期

【摘要】福建牙雕和木雕一样兴于唐宋、盛于明清。以莆田牙雕为代表的福建牙雕风格独特，为全国四大流派（京、穗、沪、闽）之一。莆田牙雕艺术有三大特色：一是人物精细牙雕工艺。二是人、物巧构，情景交融的组雕工艺。三是精微砚照雕艺。我的牙雕创作注重传承莆田传统工艺，又注意借鉴京、穗、沪风格，还注心研究日本牙雕。同时在本人创办的“湄艺实业”成功再现了原莆田工艺一厂“集师广绎”的协作创新精神。

城市雕塑与建筑环境的共融性

【作者】丁峰

【刊名】美术观察，2010年05期

【摘要】城市雕塑在形式上要大胆突破，要与当地的城市环境、文化氛围相协调，让优秀的雕塑艺术品潜移默化地影响人们的审美情趣，通过城市雕塑能够很快读懂一座城市的建筑环境、人文环境和文化底蕴，读懂它的丰富内涵，这才不失为一件真正意义上的城市雕塑作品，才能让城市雕塑成为城市的重要标志。

东汉时期陶塑艺术的形式与审美特征

【作者】李艾东

【刊名】美术观察，2010年05期

【摘要】汉代十分重视艺术的教化功能，这在一定程度上促进了艺术的发展。从已经出土的汉代的壁画、画像石、画像砖、陶塑中可以看出，汉代的艺术题材广泛、风格多样、形式丰富。艺术表现手法自由夸张，极富情节生动的节奏感、韵律感。绘画中多用线面造型，这与当时书法的发展有直接的关系。

雕塑新纪元
——光电时代

【作者】张彩凤

【刊名】美与时代，2010年05期

【摘要】传统的观念认为雕塑是静态的、可视的、可触的三维物体，以作品的造型形象和空间形式反映现实。表达一个处在沉静中的运动和稳定的观念是雕塑作品效果生动的重要原因。随着科学技术的发展和观念的变化，软材料、现成品、声音元素、光、电子装置甚至网络技术都被吸纳入雕塑创作中来，雕塑艺术出现了百花齐放、百家

争鸣的繁荣局面。因其色彩斑斓，绚烂夺目，成为备受欢迎的雕塑新材料。

认识雕塑中的“形体”

【作者】董乐意

【刊名】美与时代，2010年06期

【摘要】“形体”是雕塑艺术最基本的语言，雕塑艺术正是借“形体”向欣赏者表达色感、触感、质感以及情感。虽然“形体”人人可以看到，但却不是人人都能欣赏得到“形体美”。很多人习惯于欣赏平面之美，而体会不到立体的美，亨利·摩尔称之为“形盲”。正如大师们所说，“色盲”是有限的，而“形盲”则是普遍的，所以我们要学习认识雕塑中的“形体”。

电铸铜技术进入雕塑艺术创作

【作者】陈宏践

【刊名】美与时代，2010年06期

【摘要】电铸铜技术是在为阴极的芯模表面上进行电沉积，从而获得较厚的铜铸层，然后将其从芯模上剥离，复制出与芯模一样的铜铸件的方法。作为复制手段，电铸铜技术凭借其在复制效果、加工成本、劳作强度等方面无法比拟的优势和独有的特性，成为一种有效、便利的雕塑材料复制技术。

公共空间浮雕分析

【作者】覃文华

【刊名】美术大观，2010年06期

【摘要】公共空间浮雕与生活有重要的联系，无数的著名浮雕作品证明，浮雕是记录历史、传承文化的重要载体。随着生活水平的不断提高，随着新的审美观念的产生，公共空间浮雕在生活环境中将会占有和发挥越来越重要的地位与作用。

当代具像人物雕塑的语境表现

【作者】黄月新 杨惟

【刊名】美术观察，2010年06期

【摘要】当代具像人物雕塑的母题倾向观念主导的批判和揭示，形式美转变为个性美，当下艺术家已从简单再现的宿命中解脱出来，使作品更具表现力、震憾力和创新力，更具表达自我思想的能量，客观上看，社会的变化影响着大众对艺术的需求，人们再也不愿守住那唯一的古典主义了。

诗性的黄昏
——汉唐石雕与诗性艺术

【作者】牛乐

【刊名】雕塑，2010年06期

【摘要】辉煌的汉唐石雕体现了东方意象造型手法的精髓，而诗性的语言表述是意象造型手法的基本语言状态，既代表了中国艺术的基本特点，也体现了中国艺术家的人格特征和审美取向。诗性的思维产生了“道”与“文”的结合，决定了意象的表达方式，展现了独特的中国艺术之美。诗性的思考是中国文化的基本思维方式，在当代艺术创作和研究中，传统的中国诗性艺术思维随着艺术观念全球化的形式逐渐淡化，这势必造成艺术创作中国性的丧失以及对于传统艺术遗产的误读。

关于海峡两岸木雕艺术的交流与创新实践

【作者】黄文寿

【刊名】雕塑，2010年06期

【摘要】木雕艺术作为一种三维立体造形语言，有其时代、地域的共性及个性，莆田木雕经过一步步努力，在不断地对外交流和交往中发展壮大，在未来的发展中，莆田木雕艺术将会在把传统的根留住的同时，将开创时代新意。

浅析当代陶艺中的审美“趣味”

【作者】何征 毛音

【刊名】雕塑，2010年06期

【摘要】当代陶艺是现代艺术表现形式中的一个重要门类，陶艺是火的艺术，在泥与火的历炼中陶艺呈现出千变万化的肌理“趣味”，并且这种“趣味”美感具有独特性和唯一性。本文试图以当代陶艺表现为例，从“趣味”中找到缘由，通过陶艺的材质、肌理、偶然性中领悟、感发陶艺表现中独特的审美魅力。

现代首饰中雕塑艺术元素的应用

【作者】胡卫国

【刊名】雕塑，2010年06期

【摘要】随着社会的发展，当代大众对首饰的需求和欣赏水平越来越高，要迎合大众需求必须注意首饰的独特性以及新颖性。雕塑艺术元素的引入成为现代首饰发展的必然措施，本文正是在阐述雕塑工艺发展史、现代首饰设计特点的基础上，论述了在现代首饰设计中雕塑艺术元素的运用。

西狭摩崖石刻线画《五瑞图》之艺术特色

【作者】余永红

【刊名】雕塑，2010年06期

【摘要】《西狭颂》正文右侧所刻黄龙、白鹿、嘉禾、木连理、甘露降等五种祥瑞图像，称《五瑞图》，是汉代石刻线画艺术中的典型代表，不仅具有汉代石刻艺术雄浑饱满的共性特征，而且具备构图完整、造型写实的个性色彩，体现出较高的学术价值和美术史价值。

观念的维度
——当代雕塑创作的观念表达

【作者】项祎

【刊名】雕塑，2010年06期

【摘要】在当代雕塑艺术的语境下，当代雕塑观念表达是从视觉审美走向观念的构造过程，强调一种概念被瓦解之后的思想表达，传统形式被解体之后的观念重构。本文旨在通过当代雕塑观念表达样式的分析，当代雕塑语言实践的体验和当代主题的表达，来感悟当代雕塑观念表达领域的形成。

再述浮雕

【作者】姜维

【刊名】雕塑，2010年06期

【摘要】想设计创作出具有艺术性、富有内涵的浮雕作品，首先必须积累自身的艺术底蕴。作为最初浮雕的设计者，只有掌握一定的绘画和浮雕的基本功，才可以更好地掌控设计的质量。学习造型基础及解决空间问题，是一个造型设计者的必修课。

我的写意雕塑

【作者】黄泉福

【刊名】雕塑，2010年06期

【摘要】由于重文人轻工匠的传统观念所致，也因为在宗教造像里缺乏意境的营造，缺少情感的宣泄和心灵的写意，中国几千年的雕塑（包括宗教佛像）仅仅是求生的门路，而没有作为艺术而受到人们的重视。多年的雕刻创作使我认识到，雕塑作为智慧的内在展示，必须在七个方面做到庄谐相生、瑶璎相衔，即——“美在其艺、艺在其形、形在其神、神在其意、意在其韵、韵在其心”，才能使造型刀法风神不散，才能被人们所理解、欣赏和喜爱，才能成为真正的审美对象。

振兴·发展·繁荣·嬗变——前进中的工艺美术

【作者】刘同保

【刊名】雕塑，2010年06期

【摘要】中国工艺美术是一种集装饰、绘画、雕塑为一体的空间性的综合艺术，数十年来，中国工艺美术以弘扬民族优秀传统文化、繁荣民间文化艺术为己任，走过了振兴、发展、繁荣、嬗变四个阶段。今天，我们不仅应当重视工艺美术作为一般商品的使用功能，还必须充分重视它的文化功能，自觉地把握工艺美术作为物质文化形态对营造理想的生活环境、构建和谐社会所具有的现实的积极意义。

佛教艺术东渐中若干题材的图像学研究

【作者】翁剑青

【刊名】雕塑，2010年06期

【摘要】对于佛教艺术之研究，以往一般是着重于文字性文本资料的对照、论证，以及对于作品的风格或美学涵义的阐释，缺乏以作品的图像源流归属及其形式内涵为核心的研究。本文作者北京大学教授翁剑青先生以图像学的视角和方法对中国魏晋至隋唐时期的佛教艺术进行了文化及地域社会因素的分析研究。

当代语境下的木雕艺术

【作者】钱云可

【刊名】雕塑，2010年副刊

【摘要】当代木雕随着造型语言的多样化，对木雕材料的要求更加广泛和松散。一方面是名贵木材资源溃乏，不用说紫檀、花梨木、红木、楠木等，连直径大的樟木都很难寻觅，所以木雕材料有向平常化，体量小型化过渡的趋势，在以前不太使用的根部，还有楝木、松木等都列入材料名单之中。另则是人工复合材料如三甲板、密度板、木工板等大量使用，这一领域对传统木雕概念是一个挑战，木材在这里与其说是木料，还不如说是木纤维更合适，而雕琢更是被枪钉、胶水等所替代，雕刀似乎是多余的工具。

当代文化生态下中国木雕发展现状研究

【作者】蔡增杰

【刊名】雕塑，2010年副刊

【摘要】在传统文化的失落与当代日新月异的高科技影响下，宗教木雕也失去往日的辉煌。这是时代发展的结果，是科技进步的产物，也是信息时代快节奏生活的需要。当然，木雕作为一种文化传播的载体，它仍然发挥着其他形式不可代替的作用，仍然有它生存发展的空间，只是由于文化生态背景发生变化，木雕的功能用途、呈现方式与表现样式发生变化而已。因此，我们分析当代中国木雕艺术发展的现状必须面对当代的文化生态。

木雕中的自然之力

【作者】萧立

【刊名】雕塑，2010年副刊

【摘要】艺术起源，始于对自然的崇拜，亦离不开对于生存的渴求，图腾的意义在其中起到了很大的作用，某个形象，不论是平面的还是立体的，先民们以不同的物质媒介展示给族人，使其心心相印，共同承担起本部落、部族乃至后来的国家的兴亡之重任，其中也有以木质为材料的木雕。先民们的艺术创作者在当时也可能就是以巫师或祭司为主，形象的创造是以创作者进入超越了自我意识的状态下得以实现的居多，他们以超出个体需求的更高层次的精神状态，使被我们今人称之为艺术品的造型物发挥出不可抗拒的自然之力。

雕塑场——环境雕塑在城市空间中的场力效应

【作者】邓威 王静雯

【刊名】美术大观，2010年06期

【摘要】“场”一直存在于哲学家们思考的脑海中，随着物理学的发展，“场”概念逐渐明晰，并迅速渗透到各个学科领域中。以此为基础，进行“雕塑场”概念的梳理和研究，有着极其重要的理论意义。"雕塑场"的存在，是雕塑与环境系统的组成部分，是"场"在雕塑艺术与城市艺术领域的延伸，用"场"来剖析雕塑在城市空间中从物质到精神层面的作用，以期望从中获得对雕塑与城市空间的进一步认知。

徽州雕刻艺术与古希腊雕刻比较研究

【作者】黄凯 朱米娜

【刊名】美术大观，2010 年 06 期

【摘要】艺术，作为人类精神产品，作为一种审美文化，随着人类社会的进步和科学技术的发展，融入我们的日常生活，融入我们的行为和思维，融入到我们的时间与空间。生活艺术化、艺术生活化的进程如此快速，以致我们逐渐发现艺术在我们生活中的位置如此凸显。而雕刻作为一种立体的艺术形式，带给人们以美的享受。雕刻作为一种以外在形式表现内在精神和情感的视觉艺术，具有独特的空间表现形式。徽州雕刻艺术和古希腊雕刻艺术由于其产生的地域、时代、文化背景的不同而具有各自的特点，在造型风格上也体现出了差异。

唐小型青铜佛像躯干之美

【作者】齐鹏飞 刘高磊

【刊名】美术大观，2010 年 06 期

【摘要】本文选取唐小型青铜佛像躯干作为研究对象，主要从小型造像的局部入手，由表及里，尽可能以小见大，分析、展现唐小型青铜佛像躯干的艺术之美，挖掘和探讨唐小型青铜造像对当今艺术、文化发展的价值。

需要"设计"的现代陶瓷艺术
——浅论陶瓷艺术设计与消费文化的关系

【作者】张琴玉

【刊名】美术大观，2010 年 06 期

【摘要】设计作为人类生物性与社会性的存在方式，是伴随着"制造工具的人"而产生的。但直到 20 世纪初，人们才把设计作为一门现代意义上的学科来研究。陶瓷艺术有着悠久的历史，当代陶瓷艺术设计应该适应现代科学发展的设计职业特征，满足消费文化时代的精神需求和物质需求。

雕塑肌理研究刍议

【作者】申旭栋

【刊名】美与时代，2010 年 06 期

【摘要】在雕塑作品中，肌理对审美趣味传达至关重要。因为在艺术接受过程中，首先映入眼帘的是作品的表层肌理。雕塑肌理糅合材料自身特性和雕塑家的审美情感，贯通于艺术传达的整个过程。可以说，肌理的形式传达成功与否，直接决定了作品的成败。

黔西北清代敖家茔地石刻艺术的文化特征

【作者】杨再伟

【刊名】装饰，2010 年 07 期

【摘要】敖家茔地石刻艺术是贵州黔西北清代茔地石刻的典型代表，它那精湛的技艺、高超的手法、丰富的内容题材，被世人誉为"黔西北石刻艺术宝库"。它继承和发展清代古典巴蜀牌坊建筑文化和荆楚墓雕文化的装饰风格，传承了中国古典对称式、硬拐龙纹式、硬别子锦地纹式、软别子锦地纹式、锁子锦地纹式、蜂窝锦地纹式、万字锦地纹式、硬拐子锦地纹式的装饰图案，借鉴传统木建筑结构木榫穿斗技法和木雕式镂空雕技术为表现手法。本文从敖家茔地石刻的历史文化背景、表现内容题材、艺术特色等方面综合分析了黔西北清代敖家茔地石刻艺术的文化内涵。

生活陶艺设计创新研究

【作者】赖双安

【刊名】美术大观，2010 年 07 期

【摘要】生活陶艺是以服务于人们日常生活器具的方便使用为出发点，把生活与陶瓷艺术紧密结合在一起的一门艺术形式。生活陶艺制品不仅能够装点家居，增加生活情趣，还可以通过艺术设计表现淳朴、自然、宁静的气息，洗刷机械文明的冷漠和快节奏生活的情调，摒弃现代生活的浮躁，给人们带来一种悠闲怡然的生活，保持一种轻松平和的心态。

浅谈陶艺创作草稿的重要性

【作者】段彦芳

【刊名】美术大观，2010 年 07 期

【摘要】人们常说陶艺是泥土的艺术品，它以质朴的艺术语言和表现手法带给我们无穷无尽的审美韵味和艺术遐想。陶艺作品给人的视觉享受主要依赖于其复杂的创作过程，而在创作过程中最主要的就是草稿的制作与完善。

现代陶艺创作中的泥性肌理与写意性

【作者】刘爽

【刊名】装饰，2010 年 07 期

【摘要】在现代陶艺的创作中，陶瓷烧造的"缺陷"有着另类的审美品质，使直观形态具有超过坯体本身的抽象性和象征性。艺术家在陶艺作品创作中有意保留手工的痕迹，同时利用开裂、变形以及泥土纹理的疏密、深浅、错位、扭曲等变化形式，增强作品的随意和自然的特质。这种对陶艺创作泥性肌理的拓展和写意的表述正是本文所要探讨的要点。

可佩戴的雕塑
——概念首饰的设计特征

【作者】施蕙雨

【刊名】美术大观，2010 年 08 期

【摘要】概念首饰作为现代首饰设计中的新生力量，旨在挑战人们对传统首饰概念的再诠释、再思索。它提出

疑问，指出不同的可能性，引领着未来首饰设计的发展方向。概念首饰不同于传统首饰的多人分工制作，在创作的过程中，从创意的明确到材料的收集再到实物的制作往往都是由“首饰艺术家”一人完成，作品更多地探索在传统首饰中难以表现的时空观念，试图触及个人的精神与情感层面，具有自发性和自然性等特点。概念首饰的目的在于思想、观念的表达，它们更像是艺术品，因此被称为“可佩戴的雕塑”、“可佩戴的建筑”、“可佩戴的绘画”。

试论浮雕艺术

【作者】张海生

【刊名】美与时代，2010 年 08 期

【摘要】浮雕艺术不仅有着自身的起源与发展，而且与周围事物也有着千丝万缕的联系。浮雕的创作要适应建筑的需要，同时也应充分展现自己独特的存在意义和价值。根据建筑物的功用性及装饰角度和装饰部位不同而又可划分为纪念性、主题性和装饰性三种浮雕类型。浮雕艺术的风格类型主要有以下几种：具像写实型、具像表现型、抽象表现型。

中国传统雕塑的现代转化

【作者】孟兰

【刊名】美与时代（中旬）美术，2010 年 08 期

【摘要】传统雕塑的现代转化，主要包括两个方面的内容，一个是对传统雕塑的继承，另一个是在继承的基础上的再创作。本文列举杰出雕塑家的创作并进一步论证传统雕塑的现代转化是当代中国雕塑一个颇具潜力的探索方向。

南阳城市雕塑与打造地域特色文化环境研究

【作者】王佳

【刊名】美术大观，2010 年 09 期

【摘要】城市雕塑是城市的“眼睛”，是城市的“灵魂”，被誉为“凝固的音乐”，用青铜或石头写的编年史。现代城市到处充满了信息，雕塑家也在尽力捕捉影响人类生活的事物的影子，将它用夸张的、抽象的手法表现在雕塑作品上。让每一个看到雕塑作品的人都能够联想到这个高速发展的信息时代。雕塑作品越来越多地出现在城市环境建设中，成为地域特色文化的一部分，这不能不说是现代人生活质量的提高。人们在追求生活质量的同时也在追求生活的艺术。

广西少数民族文化元素与现代雕塑的解构与组合

【作者】张鸣

【刊名】美术大观，2010 年 09 期

【摘要】目前我国对广西少数民族的文化元素、民间艺术的元素研究更多的是在史料、文献方面，几乎没有人真正地去研究传统与现代的契合与构建，对于少数民族元素与现代雕塑的解构与组合。本人由于长期深入广西少数民族村落，收集了大量有关少数民族的传统文化元素和民族艺术资料，并用于现代雕塑建筑和创作，积累了丰富的经验。

南阳玉雕工艺的创意与开发研究

【作者】刘剑利

【刊名】美术大观，2010 年 09 期

【摘要】南阳玉雕闻名中外，历经数千年的发展，创造了无数艺术精品。古语有“玉不琢，不成器”之说。可见，一块美玉只有经过琢玉人的巧妙构思和鬼斧神工般的雕琢，才能成为一件精美绝伦的艺术珍品。中国琢玉工艺经过几千年的发展，以精湛的技艺和优美的造型著称于世，成为世界上独一无二的瑰宝，享有“东方艺术”之美誉。琢玉大师们用自己的勤劳和智慧，把玉料的玉质、玉色与工艺技术、民族特色融于一体，琢于一体，琢成的玉器精品无疑是中国文化的传承之物。

论陶瓷艺术设计的意境美

【作者】汪淑珍

【刊名】美术大观，2010 年 09 期

【摘要】意境作为一个美学范畴被命名，是以民族的诗意审美和艺术实践为基础的，它只能在民族的诗意的体验中呈现，而不能以西方美学理论和方法为指导，予以条分缕析的逻辑论证和定位。而对于我国博大精深的陶瓷艺术设计来说也是如此。

论现当代雕塑材料的非物质化现象

【作者】李政

【刊名】美术观察，2010 年 9 期

【摘要】雕塑材料的非物质化自然就是实体物质以外的东西，即只能感觉到却摸不着的非实体的东西（如意识信息）充当了雕塑材料，成为雕塑作品不可缺少的组成部分，与普通意义上的材料既有联系又有区别，既有独立性，又有与实体材料的不可分割性。

从“曼生壶”到“景舟石瓢”——论紫砂陶刻的艺术特征及形成原因

【作者】陈兆雄

【刊名】装饰，2010 年 9 期

【摘要】宜兴紫砂壶集壶艺、诗词、书画、篆刻相兼一体，具有很高的文化价值，是中国有代表性的陶器之一。本文论述了紫砂陶刻艺术的艺术特征及形成原因，分析紫砂陶刻艺术的概念及特点，为紫砂陶刻的设计和制作提供有价值的理论依据。

徽州女祠清懿堂砖雕艺术探析

【作者】吕婷婷

【刊名】美与时代（中旬）美术，2010 年 9 期

【摘要】徽州女祠“清懿堂”因其特有精致繁复的砖

雕艺术门墙而有别于其他祠堂，其砖雕秉承了徽州建筑装饰精巧、美观的特点，不仅在雕刻手法上处处独具匠心，在雕刻题材上也表现出了与女性主义息息相关的文化特征和社会特征，雕刻形式活泼多样，具有丰富的视觉造型语言和审美特性，并体现了时代背景下的精神奥义。

中国佛教雕刻艺术的“天人合一”精神——普渡众生的大自在境界

【作者】袁炯

【刊名】美与时代（中旬）美术，2010年9期

【摘要】从印度传入中国的佛教雕刻艺术在隋唐时完成了它的中国化进程并创造了一种温厚、柔美、端庄的艺术形态，这种宗教精神把对生老病死的洞悉在艺术上转化为一种和谐的形式——大自在境界，并成为中国古人的生存智慧启发着后人。

浅谈希腊艺术观对雕塑艺术发展的影响

【作者】吕苗

【刊名】美与时代（中旬）美术，2010年10期

【摘要】希腊雕塑作品所呈现出的单纯、静穆与伟大，源于希腊人所追求的一种自然、和谐美。本文在分析希腊艺术观的基础上，通过对希腊各时期雕刻作品的赏析论述了希腊艺术观对希腊雕塑艺术发展的影响及推动作用。

广西花山壁画图形符号在现代雕塑中的运用

【作者】韦扬锋

【刊名】美术大观，2010年10期

【摘要】在民族元素席卷着文艺界的各个角落的今天，广西花山壁画的图形符号——蛙人舞蹈和铜鼓，被广泛地运用到各个领域当中，但在现代雕塑创作中的运用还是比较片面和单一。作为一个雕塑工作者，我们必须努力探寻更能体现民族风格的创作之路。

精美绝伦的数字化浮雕艺术

【作者】刘心平 温洋

【刊名】美术大观，2010年10期

【摘要】数字化浮雕是由先进的数控技术与传统浮雕艺术相结合所产生的新兴的艺术。随着个人计算机的普及以及计算机图形软件的人性化设计，许多艺术家可以借助计算机图形软件来进行艺术创作，虽然艺术家本身对数控技术的原理并不精通，但通过方便的计算机图形软件，艺术家可以将感性的浮雕作品转化为理性的数字化的程序，通过这些程序语言来控制数控机床完成浮雕作品的制作。经过艺术家和科学家的不断探索合作，数字化浮雕逐渐形成了自身独有的艺术美感。

浅析吴哥窟仙女浮雕的民族装饰语言

【作者】杨悦

【刊名】装饰，2010年10期

【摘要】吴哥窟的装饰浮雕丰富多彩，显示了高棉民族虔诚的宗教信仰和独特的艺术倾向。仙女浮雕遵循了浮雕艺术的装饰法则，是其中最具代表性的杰作。文章试图从装饰造型形式美法则、装饰性构图语言两方面进行深入分析，从而解析和归纳吴哥窟仙女浮雕独特的民族装饰造型语言特征。

临夏东公馆砖雕艺术研究

【作者】王志军

【刊名】装饰，2010年10期

【摘要】在吸收我国汉族传统的砖雕艺术的基础上，临夏砖雕艺术更新演化出各种雕刻技法和题材内容，成为一个独立的工艺美术门类，形成了独特的民族风格和区域文化个性特征。临夏东公馆砖雕代表了河州地区民国民居砖雕装饰之大成，体现出民国时期临夏民间建筑砖雕装饰艺术风格特点。

闽台现代木偶造型的艺术特征与创新思考

【作者】许宪生

【刊名】装饰，2010年12期

【摘要】传统木偶艺术应与时俱进，只有在继承、交流、融合、创新中，才能更好地展示其旺盛的生命力。而创造具有民族的、多元艺术形式的现代木偶造型风格，最大范围地让非物质文化遗产回到民间，应该是我们进入多元文化时代的今天所追求和努力的。

教育·教学

美国雕塑教育

【作者】安德鲁·菲朗　【翻译】陈星

【刊名】雕塑，2009年01期

【摘要】俄克拉荷马大学教授Andrew Phelan全面而细腻地向我们介绍了美国雕塑教育的现状。他从艺术教育与艺术创作的二元关系入手，以艺术家为例，勾画了美国雕塑教育由传统向现代的嬗变。美国的艺术家和学生接触雕塑和他们的教学组成是有很多不同方式的。在本篇文章当中，涉及了许多关于雕塑和雕塑教育的演变和变换问题，然而，也还是存在一种家族延续式的模式，类似于中国的“龙”，“龙”本身是作为一种家族延续式的观念和图像存在，美国也有这种模式的教育。雕塑在美国，是一个非常复杂的课题，但它始终与雕塑观念的具体化相联系，在三维空间中创造图像。因此，雕塑教育在美国始终着眼于对空间的把握，无论是传统或非传统的创作方式。

校园核心文化性因素对高校景观雕塑设计的影响

【作者】李铭超

【刊名】雕塑，2009年01期

【摘要】本文通过对校园文化的内涵进行分析，总结出对高校景观雕塑设计造成的影响的五大核心因素，分别对它们进行了详细阐述。这五点构成了校园文化层次的设计定位点。

浮雕造型艺术与教学研讨会

【作者】范伟民、朱尚熹、任世民

【刊名】雕塑，2009年02期

【摘要】浮雕艺术是介于雕塑与绘画之间的艺术类别，有其自身的特性，为了进一步明确对“浮雕”这个概念的认识和深化浮雕教学工作，《雕塑》杂志社和中央美术学院壁画系在中央美院联璧举办了“雕塑造型艺术与教学研讨会”，与会教授、学者，就此相关问题进行了细致、深入的研讨，这对于加强学术研究、提升教学水准无疑是有益之举。

意象生成——南京大学雕塑艺术研究所教学

【作者】吴为山

【刊名】雕塑，2009年04期

【摘要】通过研究将传统的精华融入到自己的雕塑创作中。从而塑造自我个性语言。在教学中要激发学生发挥自己本科阶段的优长和个性特征，进行创作。我认为中国的造型艺术家，必须学习书法。书法是中国造型的哲学，它有形的生成，有意的表达，有书体的嬗变，有内容与形式的同构，有艺术家个性与情感的表现。书法艺术与雕塑艺术是最接近的，因为它重构成、重构造、重外形、重内在意蕴。

浅谈木雕教学与应用

【作者】邓光明

【刊名】雕塑增刊，2009年05期

【摘要】湘西木雕工艺美术的可持续发展状况却让我们思考。因为，现有的木雕工艺品过于传统，不能适应更广阔的市场经济；几乎千年一个样的“吉庆有余”“吉祥如意”式样应该有它的新构图、新造型；老一辈的木雕工艺技术要有年轻的专业技术人才来继承发扬、推陈出新。因此，工艺美术人才培养的担子就落在了湘西民族职业技术学院的肩上。

传统和现代的碰撞——关于传统陶瓷装饰课程双语教学的实践与思考

【作者】刘乐君　赵兰涛

【刊名】美术大观，2009年06期

【摘要】作为教学改革新举措的“双语”教学，从产生起一直成为人们讨论的焦点。双语教学是否一定成功，还需在日后的实践中得以证实。但双语教学的积极意义是不容置疑的，相信在教学中不断总结得失，加强经验交流是可以探索出一条双语教学的成功之路的。

创新思维模式在陶艺设计教学中的运用

【作者】赵良

【刊名】美术大观，2009年06期

【摘要】艺术创造是人类潜在的心智活动，它是以某种物质媒介作为形象符号，传递着意欲表达的思维信息。艺术创作伴随着人类社会的诞生而存在。在远古时期陶瓷是生活的必需品，陶瓷的出现标志着人类文明开始进入了新的历史时期，极大地丰富了人们的物质和精神生活，为以后由陶到瓷的发展奠定了基础。当泥土经过火的洗练产生陶的时候，创新就产生了，从造型婀娜多姿的唐三彩到宋、元、明时期典雅秀丽的青瓷、青花瓷、彩绘瓷，集实用与审美功能于一体，可窥见其高超的制作技巧。在历史的长河中，陶艺设计的脚步从没有停止过，可以说这种充满智慧的创造性劳动是人类得以改变生存环境、提高生活质量的重要手段。

让陶瓷史教学走进博物馆

【作者】李馥颖

【刊名】美术大观，2009 年 07 期

【摘要】现在的中国陶瓷史课程，多是按历史年代顺序，以文字和图片相结合的形式进行多媒体教学。这在理论教学中是常见的，但对艺术性和实践性都很强的陶艺专业，这种教学模式稍显单一和枯燥，而博物馆则是实践教学最理想的课堂。各地的博物馆都拥有不同种类和数量的珍贵瓷器，学生到博物馆中与文物瓷器进行近距离的接触，是掌握陶艺历史和理论知识的捷径。

萝卜雕塑
——素描教学的新尝试

【作者】都基田

【刊名】美术大观，2009 年 8 期

【摘要】意大利文艺复兴时期的艺术大师米开朗基罗指出："素描是绘画、雕塑、建筑的最高点，素描是所有绘画种类的渊源和灵魂，是一切科学的根本。"既然素描的地位如此重要，那么在新课改的素描基础常规教学中，穿插一些辅助性的练习是很有必要的，比如利用萝卜雕塑出石膏像的训练就非常适用，通过练习可以让学生对物体形体结构有更好的了解，以利于学生对形体、体积的掌握和运用。

现代陶艺教学探讨

【作者】韩添任

【刊名】美术大观，2009 年 9 期

【摘要】现代陶艺作为一门独具特色的艺术门类，日益为人们关注。中国现代陶艺还处于转型期并随现代艺术的发展而发展。现代陶艺是在传统陶艺基础上兴起的一门新学科，它正处在教育改革的背景下，其课程建设更显重要。培养新时代具有综合能力的陶艺人才，陶艺教学的首要任务是加强学科建设和学生创新能力的培养。

谈如何加强学生陶瓷设计创新意识的培养

【作者】郑小平

【刊名】美术大观，2009 年 10 期

【摘要】在当今的设计时代，倡导以独特的生活情趣改造旧的温饱生存状况、价值观念，使人性自娱的人生目的能够实现，使人类的生活充满文化、经济、艺术、娱乐等气息。设计是一种文化、一种新的价值观，它正引导着人类的未来。

对中美现代陶艺教育现状的思考

【作者】方晖

【刊名】美术大观，2009 年 10 期

【摘要】伴随着经济的高速增长，现代陶艺教育也在全国呈现出欣欣向荣的局面。其实，中国的陶艺教育从来就没有停止过，几千年的传统制作工艺依然还在瓷区延续。这里所说的现代陶艺教育，主要是指改革开放后，随着西方现代主义的传播和影响，一些艺术家和陶艺家从国外学习回来后在中国大力推广的一种与传统陶瓷工艺和陶瓷设计不同的教学体系和观念，它不是以实用为唯一目的的一种创作和设计，而是注重现代思想和观念，提倡个性与自由，注重大众参与的一种普及教育活动。

创新思维模式在陶艺设计教学中的运用

【作者】赵良

【刊名】美术大观，2009 年 11 期

【摘要】中国制陶具有悠久的历史，其创新思维在漫长的制陶历史中从来没有间断过，各时期新工艺、新品种层出不穷，精品更是不胜枚举。我们在继承借鉴先人优秀制陶技术的同时，更应该从他们作品的创意中获得某些启示，汲取创作经验，总结设计规律，并运用于现代创作理念之中，按照现代人的生活方式、审美趋向进行创作设计。积极倡导科学的创新思维教学模式，培养学生独立的创新制作能力，引导学生运用创新思维去解决问题、发现问题，追求灵性，不断开拓思维空间，创作出更多更好的陶艺作品来。

美国艺术教育模式在中国

【作者】王梦佳

【刊名】雕塑，2010 年 01 期

【摘要】尽管美国没有全国统一的艺术学院教学大纲和宗旨，但美国大型、主流、独立的艺术学院的教学中基本上遵循一个相对接近的教学思想：这就是在基础教学中强调培养学生对艺术形成的基本结构的理解，对这种基本结构的形成历史的了解，和对这种基本结构的运用技巧和方法的学习和探讨。这个基本结构就一件艺术品而言，无论它是绘画作品、雕塑、建筑、设计或是影视作品，它们都是在一个特定的条件因素"空间、光、时间、运动"中表现艺术的基本元素"点、线、面、体、色彩、肌理"。具体而言，当不同的元素在不同的因素中出现时，他们存在的形态也各有不同，所有的元素都在因素中发生，而艺术家个人所处的时代、地域、情感、政治倾向和文化传统也同时无所不在地在作品中反映出来，只是他们会有所选择或侧重。所有这些，要通过有限的一年和几门课向学生介绍。等讲完每个单项后，再教他们如何去组合材料、技术、观念和情感，自由组合就是个人风格和创造。这是美国经验，但是在这个体制下，加入中国自己的因素在里面，可能有不同结果。

点击"传统"
——中国学院雕塑溯源

【作者】胥建国

【刊名】雕塑，2010 年 01 期

【摘要】中国现代雕塑与现代雕塑教育在当下至少有三个问题需要梳理，一是本土雕塑审美观念的承继与造型语言之转换；二是对西方现代雕塑和后现代艺术的借鉴与生发；三是对已成为中国当代雕塑正统的西方写实主义传统的重新审视。而三者中最为重要、最为紧迫的就是对关乎人才培养的现行雕塑教育模式的反思。这不仅有其必要性，也更有着现实的意义。

学术与应用并举的开放式教学——中央美院艺术教育新探索

【作者】王梦佳

【刊名】雕塑，2010 年 02 期

【摘要】从中央美院培养人的目标看，还是希望学生今后能在专业领域内有所建树。我们希望培养相对高端的一些人才。高等教育竞争会越来越激烈，只有办出质量才会赢得空间，那些处于边缘的学校就会发现压力很大。培养既能适应社会需求，具有创业能力，又能引领社会发展的人才，那是我们的培养目标。

走向整合的雕塑和设计教育

【作者】王梦佳

【刊名】雕塑，2010 年 02 期

【摘要】“世界上只有变化本身是不变的”，也许我们应该换个词汇来形容这些占有空间的东西，它通过一种更深刻、更多样的空间性表达、将进入这个空间的人扣紧，在刹那间、将具有整体性的深度内涵直接作用人的精神世界。只要能够提示这个时代的重要文化命题，影响人们的价值观，或者是唤起公众新的文化认知，都可以成为新的艺术。无论如何“雕塑”的内涵将随着人及自然本性的了解而丰富起来，“雕塑”也将迈入一个更为广阔的境界。

冰雕与艺术教育的融合

【作者】杨巍

【刊名】艺术研究，2010 年 02 期

【摘要】冰雪雕如碧似玉、巧夺天工。自然环境使人们由畏冰雪、厌冰雪、避冰雪逐步转变为喜冰雪、恋冰雪、用冰雪，在逐渐适应冰雪自然环境的过程中，创造出了多元化冰雪文化，而人们又为这冰雪赋予了艺术的生命，让飞舞的雪花凝铸成栩栩如生的艺术——冰雕雪塑，是人们又一绝妙的创造。

砚边思泥——浅析陶艺研究生教学

【作者】戴玉亨

【刊名】上海工艺美术，2010 年 03 期

【摘要】课程设置应战多元化，人文学习上，在美学方面作了重点安排，我们开设“国学课”、“东西方陶瓷史”、“西方美学”、“美学与陶瓷美学”、“陶瓷鉴赏”等丰富学生的知识面。这样的课程安排让我们对陶瓷的发展脉络有了较清晰的认识，并为与其它艺术门类的融合作了铺垫，有助于提高研究生的综合素养。

当代艺术对学院教育的影响

【作者】王刚

【刊名】美术研究，2010 年 03 期

【摘要】随着经济与科学技术的发展、进步，在新的生活方式与视觉形式下产生的当代艺术在一定程度上影响着学院教育的发展。因此，如何实现二者的有机结合是当代艺术教育必须面临的课题，对此笔者尝试通过对中国学院教育、当代艺术的历史、现状、问题作一简要回顾与展望。

现代主义影响下的鲁美雕塑教学

【作者】王梦佳

【刊名】雕塑，2010 年 03 期

【摘要】在 2000 年之后鲁美开了一些现代主义艺术课程，对基础课教学进行了一定的调整，我们称之为“双重基础教学”，其中包括具象写实基础和抽象造型基础。具象课程主要在于培养摹写自然、表现自然的能力；抽象课程更注重学生主观造型能力的培养，并且我们强调两者的相互贯通与补充。

高校美术学院雕塑系实施工作室制度教改研究

【作者】洪峰

【刊名】艺术研究，2010 年 04 期

【摘要】工作室提倡一种特别的教育模式，注重学生的个性和创造性，鼓励有价值的学术争鸣。倡导学生之间互相合作、共同学习，并给予开发他们辩证思维和培养他们对艺术成果的责任和创作自由能力。工作室课程充满活力，具有科学研究性、艺术评论性、研讨性、社会实践性。

我国北方高校冰雪雕艺术教育——以哈尔滨为例

【作者】吴伟鹏

【刊名】艺术研究，2010 年 04 期

【摘要】冰雪艺术雕塑教育作为一种独具魅力的艺术教育形式，对冰雪艺术的发展具有重要的推动作用，对其进行研究能够在发展艺术教育的同时满足我国冰雪文化创意产业的需求。本文从我国冰雪艺术的发展展开探讨，将冰雪艺术教育作为推动冰雪文化产业发展和冰雪艺术发展的动力因素进行研究，同时梳理哈尔滨冰雪艺术教育的现状和存在的问题，提出其未来发展的方向，为我国冰雪艺术人才储备和培养方面发挥积极的促进作用。

雕塑教育，路在何方？——2010中外高校毕业生优秀雕塑作品展及研讨会综述

【作者】楚歌

【刊名】雕塑，2010年04期

【摘要】2010年6月25日，为期30天的2010中外高校毕业生优秀雕塑作品展在北京国粹苑娉婷亮相，将"芒种时节"丰收的"作物"——200余件精选自国内外近50所艺术院校的本年度优秀毕业创作，全面、立体地呈现于世人眼前。6月25日下午与26日全天，"国内院校师生对话"及"艺术教育的责任与方向——中外雕塑教学对话"专题研讨会分别在国粹苑召开。这是历届毕业生展中规模最大、最为隆重、探讨尤为深入的一次，为了搭建这个国际性的雕塑教育对话平台，主办方中国工艺美术学会雕塑专业委员会及中国教育学会美术教育专业委员会，承办方中国《雕塑》杂志、国粹苑国际文化创意产业基地为之付出极大的精力、财力、物力。

诗性与内省的川音美院雕塑教学

【记者】王梦佳

【刊名】雕塑，2010年05期

【摘要】一般而言，学院中雕塑教学分为基础课和创作课两部分。但是我们把写生、素描、泥塑和创作同等对待，换句话说，把这五年内的所有课程都当成基础。材料课也是基础课，认识材料、感受材料就是一种认识力和感受力积累的过程。材料课实际上便是《大学》中所说的"格物致知"。格物就是你面对自然和世界，去探求里面的道理，当你面对他们的时候，你获得了一种真知，通过和物的对话得到的"知"。随之而来的"诚意正心修身"，便是不断的积累所达到的层次，只要能做到"修身"，将来从事任何行业都行。当基础积累到一定程度，自然就是艺术家了。

能量传递——李秀勤工作室开放展的艺术对话

【作者】李秀勤 孙振华 李晓峰

【刊名】雕塑，2010年06期

【摘要】工作室开放是一个理念，一般的情况是大家利用一个工作室做做小稿，推敲一下形态是一个比较个人化的创作空间，是在当下能够使艺术家安静下来进行思考的这样一个空间。我以实验、独立性为特征的空间向全社会开放，并以此作为艺术和思想交流的平台。一般的艺术家作品交流的平台是在画廊、美术馆、博物馆里，这是最普遍的展示方式。作为艺术家把自己的工作室打开，这是一种最直接、朴素、本质的交流方式。

装饰雕塑教学的探索与思考

【作者】王铁城

【刊名】雕塑，2010年06期

【摘要】通过实践教学环节的探索我们深深体会到，如果装饰雕塑专业仍然按照原来的教学模式和方法，培养出来的学生就很难适应社会和市场的需求。装饰雕塑专业教学应该在注重历史文化传承和现实应用的同时，特别注重设计意识和创新能力的培养、实践教学环节课程设置。教学内容应富有特点、突出创意性、科学性和教学方式的开放性。要针对专业的具体要求，在教学理念、内容方法及手段等方面都要突出创新的内涵，引导学生增强自我定位、自主学习的意识与能力，从而为学生今后的专业拓展打下良好的基础。

关于木雕教学与企业互动的意义

【作者】王小蕙

【刊名】雕塑，2010年增刊

【摘要】传统的木雕是师徒相传的方式，会雕不会塑的状况一直局限了传统雕刻的创新发展。工厂急需学院培养的雕塑人才，而学生又不了解现在的雕刻企业具有怎样的条件可供他们艺术实践或学有所用，所以把学生带到工厂企业不仅是让他们学习技术，也是让他们了解社会，为他们今后的创作或择业拓宽了视野。这次去惠安实习的过程中，我也带学生去崇武的石雕企业参观。通过这种木雕专业教学与企业互动的方式，使学院的木雕教学融入到了实践当中，同时也使雕刻企业的专业素质得到了进一步提高。

依木造型——木质材料创作实验教学

【作者】何镇海

【刊名】雕塑，2010年增刊

【摘要】在现代教学中提倡多元化的教学形式，我们第三工室的导师有针对性地在雕塑材料创作实验课的教学中不断地进行实验与尝试，发现原来的教学模式只是一种程式化的转换材料的方式，在教学上较为被动。为了调动学生的积极性和主动性、变被动为主动，在教学上进一步的进行探索与研究，在具体的教学实验中，我们要求学生直接面对材料，如木质材料、石质材料、金属材料、陶质材料等等，让学生认识各种材料的特性和各种材料加工工艺的制作与表现。丰富雕塑材料创作的教学内容，开拓学生思维的转换能力和创造能力。

道与器的探求——湖北美术学院雕塑系木雕教学理念

【作者】张松涛

【刊名】雕塑，2010年增刊

【摘要】我院雕塑系的木雕教学属于材料课程教学系统中的一部分。材料课程的设置是全面培养雕塑人才的必需。在本科五年的学习过程中，要求学生在了解材料的使用历史和材料的传统表现手法的基础上，结合创作更进一步地研究探索有意识地寻找材料，并扩展材料的应用广度和深度。寻找更多艺术表现的可能性。培养开放性创作思维，开放的材料观，更快、更有效地进入专业的思维领域。

陶瓷饰品课程教学随想

【作者】郭琪美 刘鹏

【刊名】美术大观，2010 年 06 期

【摘要】陶瓷饰品创作一定要凸显每个同学的个性。同学认真地感受生活、去发现美，同时结合扎实的材料工艺技能创作，做出来的东西就一定能反映出每个人的艺术理念以及对于生活的态度。只有在创作过程中让自己全身心地投入进去，多亲近材料、多思考和交流，这样的创作才会具有情感，这样做出来的作品也才会打动人。

高等艺术院校景观雕塑与环境设计专业学科交叉实践教学探讨

【作者】孟兰

【刊名】美与时代—上旬创意，2010 年 09 期

【摘要】不同学科间的交叉与融合是 21 世纪科学发展的主要趋势。景观雕塑专业和环境设计专业分属美术学和建筑设计学两个不同学科。虽然学科类别不同，但是两个专业包含了许多相同的课程。合理研究和建设专业实践教学平台，不仅可以达到教学资源的整合、资源共享，还可以提高办学质量。

景观雕塑设计课程教学研究

【作者】李兆斌

【刊名】美与时代—上旬创意，2010 年 09 期

【摘要】景观雕塑设计课程作为环境艺术设计专业的一门必修课，在整个专业课程框架中占有十分重要的位置。因为环境艺术设计专业的目标，就是要培养具有一定审美能力与实际设计能力的环境设计师。一个优秀的环境设计师首先需要具备较高的艺术修养，而通过研习绘画、雕塑等代表性的造型艺术形式来提高一个设计师的艺术修养无疑是一个好途径。

创造空间的游戏
——建筑陶瓷设计课程的教学探讨

【作者】阎飞

【刊名】装饰，2010 年 11 期

【摘要】本文通过对建筑陶瓷设计课程所涉及教学计划及内容的研究探讨，提出了在陶瓷设计教学过程中要强调“空间”概念，使学生能够综合使用所学的知识，更好地理解产业化陶瓷设计的内涵，使课程能够更好地适应社会的需要。

市场·文化

宇达的文化产业之路

【作者】王梦佳

【刊名】雕塑，2009年01期

【摘要】任何一种文化创意活动，都要在一定的文化背景下进行。文化是一种社会现象，是人类长期创造形成的产物，同时又是一种历史现象，是社会历史的积淀物。它具体表现为一个国家或民族的历史、地理、风土人情、传统习俗、生活方式、文学艺术、行为规范、思维方式、价值观念等。文化产业的根本内容是以文化作为商品进行资产增值。在这个前提下，文化必须衍生出产品，产品必须有市场。在宇达的发展过程中，我们也可以看到，经济以文化为本，两者呈现出一体化的发展态势。这种一体化正是当今世界文化和经济的发展趋势。之所以能一体化，则在于它们之间已经建立起一种新型的生产关系——智能生产。而我们在下一期的文章中将会在“创新为力”层面展开对宇达文化产业之路的剖析，向大家阐明“智能生产”的概念。

走向开放的中国雕塑

【作者】孙振华

【刊名】美术，2009年01期

【摘要】进入改革开放以后，这个时代发生了翻天覆地的变化。过去是大一统的、集体主义的、特别理想化的，要求把个人的欲望、情趣彻底抛弃，追求共同的理想彼岸，改革开放以后，开始重视人，重视人的权利，开始让每个人的欲望、要求得到满足。雕塑在改革开放之后真正的变化，真正走向开放，走向当代的历程是从1979年“星星画展”开始的。“星星画展”上有一个当代雕塑重要的奠基性的人物，这就是王克平。他告诉我们中国雕塑在这个时候才发生一些真正的变化。这个变化主要是两个方面：第一个方面，雕塑开始和一些社会现实问题产生了关系。另外，他在做这些雕塑的时候并不是像我们后来那样特别强调技术，强调形式，更多的是把他的观念、想法放在一个很突出的位置。

谈金融危机下的艺术及市场

【作者】赵力

【刊名】雕塑，2009年02期

【摘要】媒体对大众的引导非常重要。媒体应该对艺术这一文化现象有基本的了解，从而产生判断力。许多媒体过去把艺术放在社会新闻中，后来把艺术放在财经新闻里。艺术什么时候才能获得正常的渠道来被人们所了解呢？我认为对中国人的美育工作还有很长的道路要走，就目前的情况来看，我对艺术市场是乐观的，而对于国民美育却是不乐观的。同样我们应该反思甚至质疑目前的艺术体制本身。二战以来的艺术体制本身，形成了一个各方利益越来越搅和在一起的局面，在质疑商业化的同时，自己也成为了商业化的主体，这一点尤其值得我们反思。

福兮？祸兮？谈经济危机之下的艺术市场

【作者】乔迁

【刊名】雕塑，2009年02期

【摘要】福兮？祸兮？经济危机之下，艺术市场无法独善其身，应该算是祸；而对艺术来说，倒是揭开了被市场遮蔽了的艺术本身，使我们看艺术能直达本质，这样说，应该是福。

金融海啸下的实验艺术

【作者】林钰源

【刊名】雕塑，2009年02期

【摘要】在广州由李邦耀策展了一场名为“物质之欲”装置作品展，展览是在全球经历的一场金融风暴的洗礼之中，而且展览展出的是以现成品和对现成品的重新改造，以及运用新媒体等多种材料媒介的实验艺术，因而显得特别有趣。展览不仅充分展现了80后年轻一代对艺术不同以往的文化态度、价值取向，同时也展现了他们对现代艺术语言的独特理解和把握，也折射了全球化背景下，物欲对他们多重视角探询事物本质的深刻影响。

谈金融危机与中国雕塑的再发展

【作者】孙胜银

【刊名】雕塑，2009年02期

【摘要】雕塑在当代发展之路上的多样性和差异性，需要我们去结合本国本土的情况加以实践。除了架上雕塑和公共景观雕塑之外，当下需求的具有艺术价值的工艺品、旅游文化纪念品、建筑构件及与环境空间结合的装饰艺术品等，这都需要雕塑家积极介入，而非使之流于平庸。这对于打造国家和地方的旅游经济，体现民族文化形象和地域性的人文精神都有着积极的意义。实际上，这也需要我们的雕塑家的知识、兴趣和能力趋于丰富性和多样性，在拓展自身艺术空间的同时也适应社会经济及消费文化的合理需求，为雕塑家的生存和发展拓宽道路。

佳士得拍卖圆明园鼠兔兽首事件所感

【作者】彭越

【刊名】雕塑，2009年02期

【摘要】通过佳士得拍卖圆明园兽首事件，我们应该认识到追索历史战争中已流失到别国的文物与保护目前自己手中的文物不被非法牵出国同样重要。在还没有适用于所有国家的追讨本国文物的法律成立之前，在还没有应用于所有国家的博物馆、文物馆收藏因历史战争原因流入的文物处理条约建立之前，在还没有通行于所有国家拍卖行业关于拍卖非法和非正当途径入国境和战争历史原因流落的文物行规设立之前，也许，保护我们现有的，在自己手中的文物不被盗窃和走私是最迫切和实际的。

圆明园生肖兽首
——不堪承受命运之重的符号

【作者】为毅

【刊名】雕塑，2009 年 02 期

【摘要】兽首事件，使我们不得不对艺术的功用刮目相看。作为文化符号的艺术品，能够与历史使命、文化职责、地缘政治发生如此深刻而经久的关联；并且出人意料地成为后冷战时期，尤其是全球化金融危机的严冬时刻，西方世界与迅猛崛起的中国叫板的一张战略性王牌，一个充满着明指和暗喻的象征性符号。

雕塑在城市文化背景下的设计定位

【作者】周子强

【刊名】美术大观，2009 年 02 期

【摘要】每个城市都有自身的特点与文化内涵，无论是历史名城还是现代大都市，城市雕塑都应与城市文化相辅相成、相互衬托。一件优秀的城市雕塑作品与城市文化之间密不可分，单独把雕塑隔离出来是毫无意义的，只有当它和城市文化联系在一起的时候就有了说服力。

在当前“金融危机”形势下石雕产业如何发展

【作者】余红迪

【刊名】浙江工艺美术，2009 年 03 期

【摘要】进入 2008 年的最后一个季度“金融危机”成为街头巷议的最重大事件。面对这场史无前列的“金融危机”我们青田县委县政府在石雕产业如何应对危机、如何发展等问题上，作出的措施是及时果断的，行动是有力到位的。下面，具体就我们的做法、思路，与同行们共同进行探讨和商榷。

从雕塑家徐晓虹著作权案，看有关部门的职能行为

【作者】王佑明

【刊名】雕塑，2009 年 03 期

【摘要】中国雕塑行业在中国城市化蓬勃发展的进程中扮演了非常重要的角色，不过，繁荣发展的期间艺术家们也时常陷入一些纠纷和矛盾之中，继续听之任之，这些屡见不鲜的现象甚至会影响到行业的健康发展。以徐晓虹著作权案为例，通过笔者对于事件的回顾和反思，再度引发各方的关注，由此辐射到整个行业对这类事件的重视和反省，共同营造一个和谐互惠的合作环境。

蜕变中的景德镇创意与陶瓷产业的链接

【作者】张婧婧

【刊名】上海工艺美术，2009 年 03 期

【摘要】景德镇陶瓷产业目前还是沿着以艺术陶瓷为主，以日用陶瓷为辅的发展方向，整体普遍存在着创新能力不足、产品附加值低的问题。其实日用陶姿才是带动景德镇陶瓷行业发展的主要力量，增加陶瓷产品的附加值、提高产品的文化内涵是包括景德镇在内的中国陶姿行业亟待解决的问题。

城市雕塑的新趋势

【作者】米澄质

【刊名】美术大观，2009 年 06 期

【摘要】城市雕塑主要是指城市广场雕塑，就学科界定而言，现在应该采用“环境雕塑研究”来替代一般意义上所普遍被接受的“城市雕塑研究”。环境雕塑除了包括通常所说的城市广场雕塑外，其实还包括园林雕塑、公共雕塑、景观雕塑、装饰雕塑及室内雕塑等。这些专题的研究是环境雕塑这个大系统的子系统，它们之间是个有序的结构系统。

厦门漆线雕产业发展研究

【作者】徐光培

【刊名】装饰，2009 年 9 期

【摘要】厦门漆线雕是中华漆工艺的一个著名种类，是闽南地区独具特色的民间工艺品。厦门漆线雕产业在发展过程中面临艺人不稳定、品种单一、创新意识不强等问题。因此，广纳人才，提升产品自主创新能力，树立品牌，完善经营模式，是加快厦门漆线雕产业发展的有效措施，这对保护开发民间非物质文化遗产和推进海西文化产业建设步伐具有重要的现实意义。

民间美术的知识产权保护
——以周官屯村面具木雕为例

【作者】牛加明

【刊名】装饰，2009 年 9 期

【摘要】民间美术遗产是人类智力活动的产物，在市场经济条件下发挥着越来越重要的作用，日益成为人们创新的基础和源泉，日益成为人们商业化利用的内容。本文以贵州安顺的面具雕刻为例，阐述了如何利用知识产权制度模式来保护民间美术，具有重要的现实意义。

徽州木雕艺术中的文化内涵

【作者】安晓燕

【刊名】美术大观，2009 年 12 期

【摘要】徽州木雕历史悠久，其历史至少可追溯到六七百年前。历史遗存是历史信息的载体，这些徽州木雕，成了我们窥探古人精神世界的真实窗口。儒家的价值观念渗透在木雕作品中。徽州木雕实际上成为儒家思想在民间传播的重要渠道，是儒教的物化象征，是宋明理学的精神产物。

对艺术品拍卖进入“亿元时代”几个因素的分析

【作者】彭越

【刊名】雕塑，2010 年 01 期

【摘要】经过 2009 年市场对艺术的选择，那些符号化和重复性的艺术品，追求利益和盲目投人所好的艺术将逐渐被市场淘汰出局。所以艺术市场对当代艺术的影响是有利有弊，一竿子打死的做法不符合实际。提出艺术市场进入亿元时代合理性的一个因素除了其必然性和背后的变化外还应包括市场对艺术去伪存真的本质。

我谈雕塑艺术市场化问题

【作者】朱尚熹

【刊名】雕塑，2010 年 01 期

【摘要】雕塑艺术在诸艺术门类中有自己的特性。雕塑艺术是以物质实体方式呈现的。同时它还是以固态永久的方式保存和陈列的，不同于舞台表演艺术。作为商品它既可以有实体保存的性质，也具备交换的性质。应该说从雕塑市场化的空间上讲是全方位的：私密的和公共的；纯欣赏的和功能的。

街头艺术、欧美之争与当代中国

【作者】王林

【刊名】雕塑，2010 年 01 期

【摘要】中国艺术家在逃避责任时大谈美国的肤浅，在保护学院时则大谈德国的深刻，其实无论是贾科梅蒂的荒诞还是奥登伯格的反讽，无论是杰夫·昆斯的戏谑还是赫斯特的残酷，特别是博依斯介入政治的行为艺术，都可以在历史上下文和现实文化语境中找到根据，并不仅仅是市场操作和媒体操控的结果，更不是国有文化产业操纵的结果。中国社会不仅需要有形态跨界的后现代艺术，同样需要有穿透表象的现代艺术，延伸至今即为批判的后现代艺术。

一个时代的开始

【作者】赵子龙

【刊名】雕塑，2010 年 01 期

【摘要】如果将星星美展作为起点，中国当代艺术艰难行进了 30 年。这正是中国现代性逐渐确立的 30 年。30 年中，“当代艺术”相对比较完整地面对了中国现代性进程中的重大问题：意识形态与政治体制的变化、经济体制与资本市场的改革、中国本土文化与西方现代文化的碰撞等等，并相应的对这些问题作出了反应，产生了许多新的思想资源。

中国当代艺术再定位

【作者】朱小钧

【刊名】雕塑，2010 年 01 期

【摘要】西方通过资本操作将中国作为“文化后殖民地”的时代已经一去不返，中国当代艺术正逐步实现从“中国制造”到“中国创作”的转身；前者只是西方资本在我国经济尚弱之时的文化策略，后者才是作为东方大国的当代艺术的应有之义。笔者一直认为，“四大天王”符号化的中国当代艺术远未反映出中国当代社会现实及其变化，那些被掩埋在华丽舞台之下更具穿透力的中国当代艺术尚有待发掘。

本土化是中国市场成功的关键

【作者】朱学东

【刊名】雕塑，2010 年 01 期

【摘要】在时尚本土化的过程中，旧式的或贫乏的、单调刻板的生活方式，迅速被年轻一代改革获益者抛弃，“人人都有权利享受自己创造的财富”，物质主义和消费主义，成为了一种流行的价值观和消费观，生活方式迅速与国际接轨。中国面孔成为国内时尚杂志的封面主流，甚至以一种文化输出的姿态更多的出现在国际时尚类杂志上，这一变化正诠释了时尚本土化的成功之径。

2010 年当代艺术触底反弹了吗？

【作者】张辉

【刊名】雕塑，2010 年 02 期

【摘要】西方艺术花了百年从现代向当代艺术转变，我们当代艺术没有经历这么久的转换历程。艺术市场也是如此，缺少一些基础的累积和底蕴。从收藏的角度讲，大多数艺术博览会是一种假繁荣的现象，实际上每年来参观博览会的观者，大概有 95% 的人没有收获或是铩羽而归，艺术博览会并没有得到真正的发展，也没有达到销售艺术品的目的。很多人来博览会是因为他们想接近艺术或是了解艺术。

全球经济危机与中国艺术品消费市场的策略建构

【作者】于洋

【刊名】雕塑，2010 年 02 期

【摘要】2008 年席卷全球社会经济领域的经济危机，已经对中国艺术市场产生了潜在性的或直接性的震荡。金融风暴对于艺术市场的渗透与侵袭，已在欧美各大艺术博览会的成交量数据中征显出来。虽然经济界一直有“艺术市场对于金融投资市场变化的反应往往滞后”之说，一些权威专家也认为“传统意义上的艺术品市场跟金融市场几乎是分离的”，虽然仍有局部繁荣的现象不时出现，但这种影响已经普遍表现在国内艺术品拍卖、画廊业与相关产业的经营走势中。

雕塑礼品瓷商业价值研究

【作者】陈丽萍 王诚

【刊名】美术大观，2010年02期

【摘要】雕塑礼品瓷是礼品瓷中一个奇葩，满足了人们对美的追求、对精神家园的营造以及对实际功能的满足。但是由于整个礼品瓷市场仍属起步阶段，商业开发不足。因此，有必要对雕塑礼品瓷展开研究，寻找发展雕塑礼品瓷的有效途径，借此扩大其影响，推动雕塑礼品瓷健康发展。本文拟从商业价值角度对雕塑礼品瓷进行研究，分析目前雕塑礼品瓷商业价值开发不足、商业运作差的原因，针对雕塑礼品瓷的特点进行产品开发和商业活动提出一些参考意见。

国际艺术市场2007～2009——全球经济衰退期间的艺术交易趋势

【作者】卡尔·麦克安德鲁 【译】钱隐

【刊名】雕塑，2010年03期

【摘要】前几次经济危机的经验告诉人们，经济的衰退对工业、地域和人民产生的是不平衡的影响。对于国家而言，知识密集型产业较之其他经济实体会更少受到影响，其中有些还会增长。很明显的是，艺术交易是由大量小型却知识密集的公司组成，他们雇用高学历的人才，而市场则不光能够自给自足，还会带动一系列的附属产业。拍卖行、艺术商、博物馆、展览和艺术博览会以及其他与艺术相关的产业则必将成为世界上主要城市的文化发展的目标和终点。

天价艺术品的收藏与流转——徐悲鸿《放下你的鞭子》

【作者】范胜利

【刊名】雕塑，2010年03期

【摘要】徐悲鸿的作品在艺术市场上能有如此的地位，证明了徐悲鸿是中国影响力最大的艺术家。徐悲鸿是中国近现代美术最重要的开拓者和奠基人，他融中、西画学于一体，到现在，中国绝大多数的艺术院校还在沿用他当年创立的教学体系。他画的马也早已是中国人家喻户晓的艺术符号。抗战名画《放下你的鞭子》是出自名家之手的名画，其价值不菲是理所当然的，如果这画又与特定的历史联系在一起的话，那它的价值就更难估计了。

行走在庞氏骗局边缘的艺术品市场

【作者】乔迁

【刊名】雕塑，2010年05期

【摘要】庞氏骗局是美籍意大利人庞齐在一战结束后精心设计的投资骗局。他把投资欧洲邮政票据描绘成可获得巨大利益回报的概念，许诺高额利率，然后不断用后续投资者的钱填补前期投资者的本金和回报，随着投资下线的不断增大，形成塔顶获得巨大收益，而塔基投资人血本无归的局面。在整个欺骗过程中，每一个投资人感兴趣的是下线人投资可以为前者带来的收益，没有任何人关心庞齐是否真正可以从投资邮政票据获得利润，甚至说不清投资对象是什么。当后续投资者的规模不足以填补对前期投资人的回报需求时，这场欺骗便告结束。后来，人们把这类骗局命名为庞氏骗局。

急速发展的南非艺术市场

【作者】彭越

【刊名】雕塑，2010年05期

【摘要】非洲艺术曾经在很长时期给人的印象都是那些部落面具艺术和传统雕刻艺术，而现在，非洲当代艺术家正被bs世界认识和关注着。最近几年，南非的艺术家能够看到他们的艺术作品价格在不断增长，他们吸引了来自全球的艺术投资者。

对“中国当代艺术”的期待——以威尼斯双年展的中国参展历史为例

【作者】盛葳

【刊名】雕塑，2010年05期

【摘要】21世纪已经悄然度过它的前十个年头，世界观众对“中国当代艺术”期待却悄然发生着转变。一方面，世界当代艺术的格局较十年前已发生了变化，尽管这种变化并不那么明显；另一方面，中国当代艺术自身也在与欧美艺术的碰撞与融合中显现出矛盾，并不断进行着自我调节。

行到水穷坐看云起

【作者】杨雪梅

【刊名】雕塑，2010年05期

【摘要】西方权威艺术杂志《艺术评论》每年都会评出“全球当代艺术界最有影响力100人”，入选人包括艺术收藏家、博物馆馆长、艺术家等。进入新世纪以来，中国艺术界人士开始榜上有名。许江、艾未未、蔡国强、侯瀚如等都曾经入选。与之相对应的还有，陈丹青、徐冰、刘小东等中国画家的作品在拍卖行的价格几年之内翻了数番，中国艺术家的雕塑出现在各种双年展上。以收藏中国艺术家作品为主的收藏家游荡在中国的各个角落。

技术与中国当代艺术

【作者】刘柒否

【刊名】雕塑，2010年05期

【摘要】中国当代文化极端一点可以说是以西方现代化为起点的，中国当代艺术则与西方当代艺术一样是以西方艺术的现代化为起点的。西方艺术的现代化是指从莫奈到蒙德里安再到极少派之间的西方现代绘画运动，这被人称为“古典现代主义”阶段。绘画语言实验，这是对这一时期所作的贡献的总结，实验本身即是贡献。绘画语言实验建立在对成熟语言反思基础之上的，这不仅企图打破西方的虚拟光源传统、探索艺术语言的可能性，更使艺术语言独立从而有了自觉的抽象绘画创作。

博物馆与收藏
——第三次国际博物馆馆长论坛

【作者】胡莺

【刊名】雕塑，2010年06期

【摘要】“博物馆与收藏——第三次国际博物馆馆长论坛”由北京市文物局、中华世纪坛世界艺术馆、中国嘉德国际拍卖有限公司、墨西哥西蒙基金会共同主办，于2008年3月29日在中华世纪坛世界艺术馆举行。论坛与会人员约200人，包括博物馆及收藏机构的负责人，收藏家、专家等。此次论坛由中华世纪坛世界艺术馆副馆长冯光生主持，分专家发言与交流讨论两部分进行，上半场为专家发言，下半场是交流讨论。论坛的主题为“博物馆与收藏”，中华世纪坛世界艺术馆馆长王立梅女士、墨西哥西蒙基金会创始人及赞助者西蒙先生、美国大都会博物馆东方部主任屈志仁先生、北京市文物局副局长舒小峰先生、保利艺术博物馆馆长蒋迎春先生、中国嘉德国际拍卖有限公司董事总裁王雁南女士，均到会发言。围绕“博物馆与收藏”这一主题，各位专家从不同的方面进行了讨论。

青海贵德“南海观音像”落成记

【作者】郑萍

【刊名】雕塑，2010年06期

【摘要】“南海观音像”总高30米，由背光、观音像、莲花底座、金刚基座四个部分组成，金刚座高9米，观音像高21米，内部钢结构，不锈钢外形锻造，贴99金箔。“南海观音像”基座即金刚座分为二层，一层为经堂与夹层楼梯，二层为寺庙主持供佛和开示众生的佛堂，金刚座在外墙有68幅浮雕，表现了《妙法莲花经》中观音三十六救苦救难的故事、八吉祥、七珍宝、黄财神及吉祥天女的形象。

港商周振刚与明清木雕

【作者】周宝山

【刊名】收藏界，2010年08期

【摘要】香港儒商周振刚携带500余件明清建筑木雕艺术品，回到离别20多年的故乡苏州。2005年，在“世界文化遗产”吴江同里退思园景区，他的收藏品在仿古建筑博物馆内展出，供游人参观。

城市·文化·雕塑

【作者】张亚敏

【刊名】美术大观，2010年10期

【摘要】在日益全球化的今天，为了突出自身的亮点和提高国际吸引力与竞争力，每一个城市都以它不同的色调、形体与特色带给人们不同的感受。城市文化渗透着城市的生命和精神，一座没有文化、没有艺术的城市正如一个没有思想的人一样，呆板乏味，缺乏人格魅力。反映在城市文化上，最直观、最具公众影响力的当属城市雕塑或者说城市公共艺术。城市雕塑以唯美的艺术形式诉说城市最动人的故事，使城市的历史与文化、城市的特色与闪光点一览无余。通过城市雕塑就能很快地读懂一座城市，读懂它丰富的内涵，感受到城市最鲜明的时代特征与历史文化传承。

域外 · 交流

环境 · 交叉的时间
——记日本环境艺术学会 2008 年度展

【作者】张威

【刊名】雕塑，2009 年 01 期

【摘要】日本环境艺术学会作为日本惟一的以环境艺术为主题的学会团体，从会员的构成来看几乎囊括了日本当代雕塑、建筑、设计界的知名人物。研究领域也跨越了雕塑、建筑与设计等各视觉艺术范畴，是一个深层次的交叉与互动的学术平台。环境艺术学会 2008 年年会的主要议程包括会员作品展、研讨会与成果发表会，各大学学生现场制作发表会，会员交流活动等。今年年会的主题是“环境 · 交叉的时间”。旨在强调“交叉、互动”。

费利克斯 · 鲁林的城市雕塑

【作者】景献钰

【刊名】美术大观，2009 年 01 期

【摘要】费利克斯 · 鲁林（F · lix Roulin）是比利时著名的大师级雕塑家，曾执教于布鲁塞尔高等建筑和视觉艺术学院。1931 年生于比利时小城迪囊。他在 30 岁的时候就获得了比利时现代雕塑奖，同年他的作品在巴黎双年展上展出并获罗丹博物馆颁发的奖项。从那以后，他的雕塑作品在世界各地陆续展出。他在比利时的一座 17 世纪的铸造工厂里拥有一间宽敞的工作室，创造出许多露天雕塑。如今，这些雕塑大都被摆放在比利时、法国和加拿大。

中国雕塑印象

【作者】迪娜 · 莫哈夫 【翻译】王梦佳

【刊名】雕塑，2009 年 01 期

【摘要】我作为一名游客第一次来到中国是在 1992 年。从那次之后，我便爱上了中国，爱上了她那丰富多变、动人心魂的自然风光和在那儿生活的人们。这是我与中国深厚古老的传统和文化的首次碰撞，尤其是雕塑艺术。我在那个时候也刚刚接触雕塑艺术不久，因为我从中年之时才开始雕塑创作。我想对中国专家和人们在雕塑建设方面的贡献，致以我的赞颂和极大的尊重与钦佩，他们建造了太多重要的环境工程和雕塑。他们对于文化和艺术的重视，牢牢地证明了他们是对于文化和传统怀有高度尊重的民族。虽然现在中国雕塑还受到西方艺术的很大影响，但我相信在不久的将来，中国艺术及其独特风格的雕塑将在世界上取得极大的影响力，并占有重要地位。

15 至 18 世纪的威尼斯玻璃艺术

【作者】薛吕

【刊名】上海工艺美术，2009 年 01 期

【摘要】本文概括地介绍了 15 至 18 世纪，在古代罗马帝国和伊斯兰玻璃影响下发展起来的威尼斯玻璃艺术。分析了 Cristallo,filligrana 等一些革新性的玻璃制作技术和成型工艺，以此了解当时威尼斯玻璃在造型、工艺、装饰风格等各方面的造诣，以及随后对欧洲其他国家产生的巨大影响。

感悟水晶佛像雕刻

【作者】翁祝红

【刊名】浙江工艺美术，2009 年 01 期

【摘要】每一件玉雕艺术品都是在其材质基础上的一种审美表现。材质是决定其艺术特色的根本，水晶也不例外，通透的水晶将其内在毫不保留地呈现给观者，一览无余。不同的时间，不同的光线，从不同的角度去审视，都会有不同的感悟。水晶呈现的是一种动态的美。

雕塑的方式
——克拉斯 · 奥登伯格和库斯杰 · 凡 · 布鲁根

【作者】劳拉 · 坦西尼 【翻译】姜影

【刊名】世界美术，2009 年 01 期

【摘要】奥登伯格和凡 · 布鲁根有着不同的个性。他说：“我认为作品的拓展归因于我们之间存在的一些截然不同的事实：我是美国人，她是欧洲人；我是男人，她是女人；并且我们不是同一代人。然而，我们都关注自己的感觉和我们的艺术方案。”

YSP@30——约克郡雕塑公园与安迪 · 戈兹沃斯的 30 年历程

【作者】奥利弗 · 洛温斯坦【翻译】吴雪莲

【刊名】世界美术，2009 年 01 期

【摘要】2007 年，约克郡雕塑公园（YorkshireSculpture Park，即“YSP”）迎来了它 30 岁的生日。作为此次庆典的核心部分，公园正在举办英国最大型的安迪 · 戈兹沃斯（Andy Goldsworthy）作品展，展品从这位艺术家 1977 年开始后学院派艺术创作以来完成的作品中精选而来。

威廉 · 克里森伯里：真相与梦想的南方
——马丁 · 皮埃尔的雕塑

【作者】布鲁斯 · 尼克松【翻译】赵兴

【刊名】世界美术，2009 年 01 期

【摘要】任何对威廉 · 克里森伯里（William Christenberry）过去40年中跨度很大的作品的思考，都必须考虑到美国南部作为地点和作为观念的同时性。在这一奇怪的文化情境中，两种存在模式共存于此，没有明确的轮廓或区别。

时空中的雕塑——迈克尔·海泽

【作者】卡罗尔·萨卢斯【翻译】景晓萌

【刊名】世界美术，2009年01期

【摘要】美国艺术家迈克尔·海泽（Michael Heizer）以其作品的巨大规模和创新材料而闻名，他将传统的雕塑语言引入大地艺术中，使环境与作品完美结合。从海泽的作品中还可以看到原始艺术的启发。由于自然界的侵蚀，他的作品会随着时间的流逝而损毁，而这正是海泽创作的初衷之一：时间与空间的变化同样是艺术再创作的一部分，所有的作品都需要以当下的空间和时间作为体验的依据。

19世纪美国"中国风"——中国瓷的文化影响

【作者】吴自立

【刊名】世界美术，2009年02期

【摘要】中国艺术曾经对美国文化产生过一定的影响，主要发生在19世纪末到20世纪初中国与美国进行的贸易过程中，这段历史似已被人淡忘。本文试图以中国青花瓷绘艺术和书画为重点，从"中国风"由欧洲波及美国，就美国人在对华贸易中，逐渐对中国艺术从认知到收藏、展示、吸收等几方面，客观地阐明这种历史影响。

19世纪末20世纪初的威尼斯玻璃艺术

【作者】薛吕

【刊名】上海工艺美术，2009年02期

【摘要】19世纪末20世纪初，威尼斯的玻璃制作者仍旧沿袭着几个世纪以来建立的古老模式，对于在其它欧洲国家已经产生的新的艺术形式他们并不完全持有开放的态度，而是将以往的荣耀作为动力，在继承传统、复兴古代工艺中萌发新的旅游工业，获得了商业上的成功。

世界现代陶艺掇英

【作者】熊开波

【刊名】上海工艺美术，2009年02期

【摘要】自高更、毕加索以后，一大批艺术家参与到艺术创作中来许多现代陶艺家以前也是画家或雕塑家，如日本的八水一夫、荒木高子等。而世界级大师参与到陶艺创作中来最早应属高更，其后的有毕加索、米罗、贾科梅蒂、夏加尔，直至近代的塔皮埃斯等。

自在——意大利雕塑家拉芭拉玛和她的人体雕塑

【作者】木木夕

【刊名】雕塑，2009年02期

【摘要】意大利女雕塑家拉芭拉玛的人体雕塑富有动势和生命感，在古典写实人体的基础上，加诸以现代风格的、具有象征意义的纹身，从而表达她对于个体生命、命运与自然、社会之间关系的深刻理解，以及揭示人类试图超越肉体、追求灵魂自由的蜕变历程。

密西根湖畔——记中国雕塑艺术家赴美访问行

【作者】韩家榕

【刊名】雕塑，2009年02期

【摘要】2008年11月，中国雕塑艺术家赴美访问团一行10人，在团长——中国工艺美术学会副理事长范伟民先生的带领下观摩了美国美术馆、当代艺术馆，参观了艺术画廊，访问团还走进艺术院校进行学术交流并与艺术专业机构的专家进行了座谈。

俄罗斯学院派雕塑创作构图教育

【作者】孙龙本

【刊名】雕塑，2009年02期

【摘要】俄罗斯主要的美术学院有莫斯科的苏里科夫美术学院、圣彼得堡的列宾美术学院及穆西娜工艺美术学院。写实雕塑创作不是对自然形态的机械临摹，也不是对具体事件的简单描绘，它是艺术想象和思考的结晶。创作过程中艺术家要通过对形体、结构、空间、色彩等要素的研究；大小、粗细、聚散、方向、肌理、明暗等关系的理解；对比、调和、均衡、节奏、韵律等法则的应用，认识心理因素、物理因素对雕塑创作产生的影响。雕塑构图是艺术化的创造，其方法是很难叙述的，因为每一个艺术家的创造性思维是千差万别的。但全球一体的发展趋势，会促使我们用包容的心态将各类艺术的探索成果反映到当代雕塑的创作中，通过对形态的把握，对形式的关注，对精神的理解，用雕塑艺术特有的造型语言表达出深刻的思想内涵。

功与艺——日本当代雕塑的工艺特征

【作者】张威

【刊名】雕塑，2009年02期

【摘要】工艺与雕塑本是两个不同的概念。工艺是以材料的表现与形态的追求来达到适用性与审美相结合的艺术门类；雕塑是以人性追求为目标，通过材料与形态物质定形的精神艺术。日本美术对于工艺的理解不只是技术的完备与图案的装饰，更多的是东方哲学与自然观的物质体验与感悟。对雕塑制作中工艺的关注是日本当代艺术独特的现象。工艺在雕塑领域的存在感，既有对传统文化血脉的延续，又有对未来艺术创新的渴望。

空间之梦——蒂娜和她的构造物

【作者】随喜

【刊名】雕塑，2009年03期

【摘要】雕塑家蒂娜·荷西·普德斯一直以来迷恋于创造与现世相对独立的空间。她常常通过条状物的变化和组合构造“空”的立体结构，这使得她的作品充满漫游式的随意和轻松。然而，因为“空”的存在，从她作品的体内涌动出不可名状的情绪，与外部的能量进行着对流，这则使之流露出神秘莫测的梦幻色彩和危险气息，似乎潜伏着某种不甚明了的力量。

消费与日本当代雕塑

【作者】张威

【刊名】雕塑，2009年03期

【摘要】在日本当代雕塑的框架下讨论雕塑与消费的问题，更多地折射出东方传统哲学与美学在当代文化背景下的结构和建构问题。战后的日本社会抛弃了意识形态的束缚，从极端的国家意识转换为经济意识，并迅速成长为经济大国。日本的经济扩张可以超越东西阵营的壁垒，日本的消费触角可以渗透到计划与市场两者中，跨越地缘政治的日本经济极度的膨胀与发酵，引爆了当代艺术的沼泽气池。

变形的装饰：对缀珠技术的再思考

【作者】大卫·胡克 【翻译】曹程

【刊名】装饰，2009年04期

【摘要】以缀珠技术作为研究案例，从传统的工艺过程和媒介中发掘新意义、新隐喻以及新的可能性，并将其运用到“金工雕塑”这门新学科中，使缀珠从二维构图技术“转变”为三维雕塑技术。

贾科梅蒂的画室

【作者】[法]让·热奈 【翻译】程小牧

【刊名】美术研究，2009年04期

【摘要】热奈于1954年通过萨特、考克多等朋友与艺术家贾科梅蒂相识并受邀为艺术家作模特。从1954年到1958年，热奈时常拜访贾科梅蒂位于巴黎十四区伊伯利特一曼东街(rueHippolyte Maindron)的画室。这一相遇所激起的精神探索、交流和纯净的友谊被热奈用文字记录下来。

人间喜剧
——Yildiz Guner的面具和玩偶

【作者】随喜

【刊名】雕塑，2009年04期

【摘要】作为从土耳其Mima Sinan大学雕塑专业毕业的高材生，Yildiz Guner并没有选择当代艺术作为她的发展方向，而倾心于从传统民族民俗艺术中探索自己的独特风格。她力求回归于天真稚拙的造型风格，通过对材料大刀阔斧的砍削和对面部器官看似随意却精心的刻画，创造出夸张生动的人物或动物面具和玩偶雕塑。从她看似丑陋乖讹的作品中，我们却可以发现新鲜的趣味，以及对于人性的批判和嘲讽。

抽象里的新世界
——关于罗伯·沃德的艺术

【作者】木木夕

【刊名】雕塑，2009年04期

【摘要】罗伯·沃德（Rob Ward）是一位丰富而多产的艺术家，在他40余年的从艺生涯中，进行了关于形体、色彩、平面、空间等艺术本体上的深入探索，建构了自己独特的视觉逻辑。他的作品意在揭示事物存在的本质及其内外联系，具有抽象表现主义和极少主义的特征，要想真正理解它们，必须追溯到他的教育经历与艺术实践过程。

自然原生态的雕塑公园
——有感于美国辛辛那提金字塔雕塑公园

【作者】何镇海

【刊名】雕塑，2009年04期

【摘要】辛辛那提金字塔雕塑公园最大的特点是原生态的自然环境和雕塑艺术结合的较为完美。让每一位观赏者在享受大自然原生态美的同时，也享受到雕塑艺术在自然环境中的独特魅力。在观赏的过程中，给我感受最深的是整个公园的自然环境人为的因素较少，保持公园原生态的野性美，不做任何人为的加工与修饰，尊重自然，保持自然的原生态环境。

海与火的洗炼雾与冰的结晶
——北欧瑞典的玻璃艺术

【作者】王敏

【刊名】上海工艺美术，2009年04期

【摘要】瑞典的玻璃品是世界闻名的。自20世纪20年代以来，无论在设计和制造方面，瑞典及斯堪的纳维亚地区的玻璃艺术以其独特的艺术品质和与众不同的原创性，赢得了全世界钦羡的目光和完美的声誉。

传统与未来
——记东京艺术大学2009年度毕业展

【作者】张威

【刊名】雕塑，2009年05期

【摘要】东京艺术大学2009年度毕业展如期在东京都美术馆和东京艺大美术馆举行。每年在这个时间举行毕业作品展，已经是东京艺术大学的一个传统，从创始之初一直未曾改变，今后也会一直延续下去。当我们走进东京艺大雕塑系古老而坚实的教学楼就一定能深切地感触到这个学科在崇尚传统的同时对观念创新的探求，这一点也正体现在雕塑系的教学和创作中。

推动中韩工艺美术的当代交流
——记杨自鹏理事长九月韩国文化考察

【作者】王小蕙

【刊名】雕塑，2009年05期

【摘要】2009年9月，中国工艺美术学会理事长杨自鹏、副理事长范伟民应韩国造型艺术学会会长林玉洙之邀，赴韩国参加2009清州国际工艺双年展开幕式并考察韩国当代工艺。该双年展自1999年开始举办，至此为第六届。展览由清州市政府主办并出资，目的在于提高清州作为工艺品城市的全球知名度，帮助人们更好地了解这座城市，通过工艺文化，建立一个国际文化交流系统。

大洋洲土著人的木雕艺术

【作者】王小蕙

【刊名】雕塑副刊，2009年05期

【摘要】大洋洲位于太平洋西南部赤道南北广大海域之中，在那里有许多岛屿和土著居民，他们的祖先最早来自东南亚。16世纪欧洲人发现大洋洲时，那里的土著居民尚处于新石器时代，其历史已有数千年。欧美殖民统治建立后，改变了大洋洲居民的民族构成，现在人口的绝大部分是欧洲移民及其后裔。大洋洲的土著人，有的已经灭绝，原有的一些具有经济价值的资源如檀香木也被掠夺殆尽。现在美国大都会艺术博物馆、英国伦敦不列颠博物馆、法国卢浮宫、新西兰自然博物馆等都大量收藏着澳大利亚土著人、新几内亚土著人和新西兰毛利人等祖辈们的艺术作品。作为人类历史文明中的艺术活动，他们为现代人留下了许多珍贵的艺术品。

非洲木雕

【作者】木兰

【刊名】雕塑副刊，2009年05期

【摘要】非洲木雕主要分布在西非诸民族的农业部落，如马里、尼日利亚、扎伊尔、坦桑尼亚、喀麦隆和象牙海岸等地区。类别包括人物雕像、动物雕像和人们参加仪式时戴的面具。各个部族的木雕各具特色。有班巴拉人木雕、多贡人木雕、塞努福人木雕、巴加人木雕、鲍勒人和古罗人木雕、阿散蒂人木雕、约鲁巴人木雕、伊博人木雕、巴彭德人木雕、巴库巴人木雕、巴卢巴人木雕。它们千姿百态，风格迥异，但大多具有共同的艺术特点：一是有强烈的节奏和动感，二是夸张手法的普遍运用，三是粗犷与细腻的巧妙结合。

美洲印第安人的木雕艺术

【作者】陈新

【刊名】雕塑，2009年06期

【摘要】太平洋沿岸丰盛的木材给印第安人提供了大量的可供建造与雕刻的资源，高大而粗壮的雪杉木是他们主要的雕刻材料。他们创造了大量的寄予表达精神和日常生活需要的雕像、用具，以供奉日月天地和各种神灵。在这种艺术中，象征性的图案装饰与造型艺术巧妙地结合在一起，丰富多彩、光怪陆离，充分显示出印第安人的聪明才智和惊人的艺术创造力。

美国版的“愚公移山”——观疯马酋长纪念碑

【作者】王小蕙

【刊名】雕塑，2009年06期

【摘要】《克雷斯·霍斯纪念碑》又名《疯马酋长纪念碑》，那是在海拔6740英尺高的布莱克山上开凿还没有完成的巨型雕像。据资料记载，疯马（克雷斯·霍斯）是1870年很有代表性的一位印第安酋长。除了致力于提倡传统印第安文化与生活方式之外，他还是一名骁勇善战的骑士和猎手。

冬季“胜利”行

【作者】曹雄

【刊名】雕塑，2009年06期

【摘要】彼得堡的冬天来了，上帝厌倦了五彩缤纷，所以只买了黑色与白色的颜料。大地也跟随着时尚的脚步，换去青青绿色，摆出自己的黑白棋子。在城市防御线和靠近前线的土地上，后代们在尚未医治好战争创伤的地方建造了众多的纪念馆和纪念碑，标识牌和纪念公园。现在环绕城市的早已不是可恶的包围圈，而是长达200千米的光荣的“绿化带”，列宁格勒英勇保卫者纪念馆正是这庞大纪念建筑群的主体建筑。

开启空间的另一扇门——从安东尼·葛姆雷大型个展《另一个奇异》谈起

【作者】冬月

【刊名】雕塑，2009年06期

【摘要】“无处不在的空间，无处不在的虚无”，当我步入安东尼·葛姆雷的《另一个奇异》，我不知道对于展场而言，究竟我是侵入者，还是这些金属材质的作品。我丝毫感觉不到任何材料附加给我的沉重感，反而是在所谓具像与抽象的对抗中，迷醉于空间的召唤。

秋访东瀛——记中国雕塑家考察团访日之旅

【作者】宋伟光

【刊名】雕塑，2009年06期

【摘要】由中国工艺美术学会雕塑专业委员会、《雕塑》杂志社组织的中国雕塑家考察团踏上了秋意飒零的日本，这次考察的重点是日本的公共艺术以及艺术教育之状况。通过与东艺大副校长北乡悟先生的会晤加深了彼此的了解和认识，扩展了思路与视野。之后考察团参观了该校的工作室，从木雕、石雕到金属工作室均设备齐全。考察团还参观了东京美术馆、东京国立博物馆，使我们进一步地感受了日本文化的特点，这种对日本文化的感受当然也包含在其饮食、待人接物、民情民风当中。

海之魂——罗杰·麦克法兰的雕塑艺术

【作者】王水荣

【刊名】雕塑，2009年06期

【摘要】澳大利亚的雕塑，大家也许有些陌生。但国内报道的迟滞，并不代表澳大利亚的雕塑状况就是没落的。恰恰相反，雕塑已经成为澳大利亚日常生活的亮丽景观，在街道、广场、商厦、公园、码头，它都有力地存在着。不光是职业雕塑家，还有许多自学成才者，正是他们构筑了澳大利亚雕塑艺术的多样风情。作为澳大利亚雕塑学会主席的罗杰·麦克法兰（Roger McFarlane）就是其中富于探索性的实践者之一。

日美陶艺之异同及对我国陶艺发展的启迪

【作者】潘倩 刘子建

【刊名】美与时代（上旬）创意，2009年06期

【摘要】文章主要从日、美两个代表东西方陶艺文化典型特征的国家出发，介绍它们各自的陶艺特点、发展状况，以及两者之间的异同，并对我国未来的陶艺发展提出了一些建议。现代陶艺诞生于19世纪末20世纪初，它脱胎于古老的陶瓷艺术，又受到现代科技的影响，广泛地运用现代艺术的创作观念及创作手段，体现了现代人的审美意念，从而产生了完全不顾其用途、功能，而纯粹表现自我个性、风格的艺术作品。

雕塑决不是你所看到的——尼古拉·博拉访谈录

【作者】劳拉·坦西尼【翻译】沈昱

【刊名】世界美术，2010年01期

【摘要】尼古拉·博拉（Nicola Bolla）的雕塑具有很多独特性，其中最重要的是他对材料和主题的选择。他用施华洛世奇水晶、扑克牌和玻璃创造出可怕的残骸（如颅骨、胫骨、骷髅）、具象征意义的物体（如绳索、斧头、锁链），以及动物（包括家猫、豹子、鹦鹉、鸵鸟和独角兽）。

古佛的微笑：日本雕刻大师圆空上人

【作者】范丽娜

【刊名】雕塑，2010年01期

【摘要】日本雕刻艺术史上，以僧侣身份独立创作的实例并不多见。生活在16世纪的行脚僧圆空，在全国各方寺庙中留下了数千件木雕佛像，其数量庞大、风格独特、令人惊叹。圆空佛像以简朴野性的雕刻技法以及独特的微笑表情著称，它的出现不仅为日本江户时代衰落不振的雕刻艺术注入异彩，更被认为与现代艺术有惊人共鸣，从而引发国际性的热切关注。

雕塑家扬·蒂默

【作者】欧内斯特·范·白耐德

【刊名】雕塑，2010年01期

【摘要】本文旨在进行分析说明，而不是对扬·蒂默作品中所体现出的旺盛艺术活力及多样构成形式做出基本评价。通过分析作品的视觉语义，我们试图找出他所有作品中最核心的构成规则。当然，更重要的还是探寻作品本身通过雕塑语言所表达出来的深远意义，而这一切是不能用文字表述出来的。这种深远意义存在于作品本身完美的形态中；存在于对人生及复杂万物的成熟理解中；存在于艺术视觉快感的创造中；存在于艺术创作艰辛而孤独的实践中。

浅析韩国现代陶艺的过去、现在和未来

【作者】金善范

【刊名】美苑，2010年1期

【摘要】笔者发现了两国间的文化差异和对现代陶艺的不同理解。20世纪90年代韩国的现代陶艺发展迅速，大学教育的模式与观念值得我们借鉴，本文中笔者着重谈韩国现代陶艺的过去、现在和未来．供同行们参考与探讨。

美国的亚伯拉罕·林肯公共雕像

【作者】詹姆斯·A·佩尔科科 【翻译】刘丽丽

【刊名】世界美术，2010年1期

【摘要】在整个美国，无论是大城小镇，还是宁静街道上的忙碌广场，或是公立学校的庭院内，竖立着近200座亚伯拉罕·林肯的纪念雕像。从新罕布什尔到夏威夷，人们都会遇到与这位第16任总统相关的不同形象与主题的雕像。从来没有一个美国人被如此广泛地用大理石或青铜来纪念。

和谐美好的乌托邦——韩国雕塑家韩金修(HAN JIN—SUB)的雕塑艺术

【作者】潘松

【刊名】美苑，2010年02期

【摘要】韩金修(HAN JIN—SUB),1956年生于首尔，早年在韩国本土学习艺术，后前往西方深造，1985年毕业于意大利Carrara National Academy。韩金修在创作中一贯注重对本国传统和当代特性的巧妙契合，他的作品在材料上选用韩国传统的石材，在造型语言上则吸纳了西方现代艺术的形式特征，并融合韩国传统艺术中的造型元素，创造出独特的艺术语言。

大自然中的艾罗·戴维斯

【作者】项秉勋

【刊名】雕塑，2010年02期

【摘要】艾罗是一名非常杰出的艺术家，从1991年起一直担任澳洲雕塑家协会理事。他的雕塑赢得过意大利Rovenna第10届国际双年展的金奖，并在澳大利亚、日本、意大利、德国和美国被广为收藏。艾罗经常和特鲁迪在海滩、丛林里的散步中找到灵感。他热爱大自然，一直在大自然里寻找感觉，他痴迷于树丛、树枝、树叶或飞鸟、昆虫的轮廓，捕捉美丽的形态，并把这些形态和轮廓组合起来。艾罗在日本箱根的Kakadu雕塑公园有一件4米高的不锈钢雕塑，恍如一只大鸟，凌空长啸，冲天而起，那数

十片巨大的不锈钢片重重叠叠，在风中颤动，如同大鸟的羽毛一样。这件作品，获得了日本颁发的亨利·摩尔奖。

欧德伊萨的雕塑实验方案

【作者】[美]卡伦·威尔金【翻译】刘巍巍

【刊名】美苑，2010年02期

【摘要】最近的一次博物馆展览追溯了一位多产而又令人难以捉摸的西班牙巴斯克雕塑家欧德伊萨，他的艺术生涯中十年间的创作成就、展览几乎囊括了他这十年创作的所有概念性作品。

欧美雕塑公园的三种类型与功能

【作者】陶宇

【刊名】美术观察，2010年02期

【摘要】‘Sculpture Garden’、‘Sculpture Park’、‘Sculpture Trail’分别代表了国外雕塑公园在发展过程中形成的三种类型。从其在世界范围内的分布情况看，前两者广泛分布在欧美在亚洲的许多国家，代表了欧美雕塑公园的一般类型；“雕塑之经”的实例在调查记录中仅找到3例，应属于欧美雕塑公园发展的特殊类型。本文分析三者在艺术形式和功能上的主要区别。

ASANO的纯粹欲望

【作者】木木夕

【刊名】雕塑，2010年02期

【摘要】日本艺术家Asano Hiruyuki（朝野浩行）的作品可以被明确地分为两个时期：从1986年至1993年，是女性人体的半抽象大理石雕塑；从1993年至今，是以“孔洞”为主要元素的花岗岩环境雕塑。前者柔软、浪漫；后者坚硬、理性。不同的形式，如同一阴一阳的昭示，相背而相通，衔接两者的是Asano对于曲面的追求。

“虚”与“实”
——法国雕塑家阿兰·古戴访谈录

【作者】Florent Courtaigne【翻译】郭怡瑶

【刊名】上海工艺美术，2010年02期

【摘要】法国雕塑家阿兰·古戴1970年毕业于久负盛名的巴黎国家高等美术学院，之后有近30年的建筑师职业经历，参加过多项法法国重要的市政建设工程，对城市、人与自然的关系有着独到的见解。53岁那年，他毅然结束了自己经营多年的建筑事务所，从巴黎移居诺曼底乡下，同时期在诺曼底建立了自己的雕塑工作室。

表演雕塑
——对话伊丽莎白·金

【作者】格雷戈里·沃尔克【翻译】赵炎

【刊名】上海工艺美术，2010年02期

【摘要】伊丽莎白·金（Elizabeth King）在其作品中把精心制作的雕塑和定格电影动画结合起来，模糊了现实和虚空之间的知觉边界。在谈及对于观众的剧场性时，她认为要在尺度上具有亲密感，而且要依照一定的工艺水平来区分是否需要近观，其作品反映了她对早期钟表机械的自动控制、人体模型和木偶的历史及人工形象如何成真的传说所持有的兴趣。

艾里克·费谢尔做雕塑

【作者】理查德·莱蒂埃尔【翻译】彭建斌

【刊名】世界美术，2010年03期

【摘要】艾里克·费谢尔的雕塑是他艺术创作的重要组成部分，但法国观众显然对其绘画更为熟知。此次，丹尼尔·汤普隆画廊展出了他的雕塑作品《十个生命》，不久前这组作品还曾在汉诺威凯斯特纳协会展览馆展出。

不朽与瞬间
——修玛·布哈布哈的雕塑

【作者】刘海峰 鹿铀

【刊名】世界美术，2010年03期

【摘要】修玛·布哈布哈运用基本结构和多种混合媒介进行创作，她的雕塑融入了东西方文化因素。布哈布哈偏爱采用陶土这种可以唤起远古记忆的独特材质，并借用电影艺术的表现语言，赋予雕塑一种新意。她的雕塑隐含着永恒与消解、不朽与瞬间的迷题。

图腾巨匠
——汤姆·巴斯

【作者】阿伦·马森【翻译】项秉勋

【刊名】雕塑，2010年03期

【摘要】汤姆有一本自传，称自己为“图腾匠人”（Totem Maker）。他的大部分雕塑里都有图腾的特征，他的脑海里有挥之不去的图腾印象，那是一种萌自内心和溶于血液的理念。他说他的祖母有着土著血统，而汤姆早期的第一件木雕，就是刻画一个土著老人。在悉尼的AGG House和侯巴特的圣玛丽大教堂里，他的雕塑构图和造型都给人一种神秘感，不难联想到土人对神灵的崇拜。不只是在教堂里，他塑造的其他人物也都那么虔诚和朴实，眼神和表情都那么慈祥和安静。

宇宙的回响：和英国地景艺术家克里斯·德鲁里的谈话

【记者】钱隐 【受访人】克里斯·德鲁里

【刊名】雕塑，2010年03期

【摘要】一般而言，国内对大地艺术的介绍仅局限于对美国的报道，而忽略了这是一次全球性的艺术运动。本次访谈对象克里斯·德鲁里先生是一位重要的地景艺术家，他将用自己的经验和作品为我们提供一种全新的审视大地的艺术的视角。在生态环境已经达到临界平衡极致的今天，重提大地艺术之精神则不无暮鼓晨钟之意，以此与艺术界同仁共勉。

意大利制造之当代艺术再现上海

【作者】尹荣

【刊名】雕塑，2010年03期

【摘要】继2006、2008年两度在上海举办意大利当代艺术展之后，意大利贾鲁佐视觉艺术协会(IGAV)携手意大利特尔纳奖(Terna Prize)组委会，由4位策展人姜卢卡·马尔基亚尼、克里斯蒂娜·科卢、玛丽萨·维斯科沃和阿莱桑德罗·卡莱尔联手组织28位意大利当代艺术家，以当代人对环境、能源和理想的反思以及人类社会与自然关系的重新定位为切入点，于2010年6月在上海城市计划推出以《能源：未来＝人类：环境》和《乌托邦》为主题的当代艺术合展，希望借助上海世博会的人气为意大利当代艺术赢得更多关注。

想象的世界——第八气候

【作者】玛丽萨·维斯科沃 【翻译】尹荣

【刊名】雕塑，2010年03期

【摘要】我们希望在此呈现的是当下的气候，那自我标榜为乌托邦的对纯洁和真理的追求，一种超越未来与历史之线性关系的未来。今天艺术家的作品与其说是关于过去的，毋宁说是关于未来的，而他们所关注的不是一个历史的乌托邦，而是一个可视的乌托邦：人们寻求它与社会相对抗。不是历史上在时间之中创造出来并超越时间的乌托邦，而是揭示瞬时影像的乌托邦。

医疗卫生机构与公共艺术的深度互动——访美国芝加哥艺术学院研究生院院长凯蒂·罗斯教授

【作者】黎阳

【刊名】雕塑，2010年03期

【摘要】凯蒂·罗斯（Katherine L. Ross），1981年开始任教于美国芝加哥艺术学院，系该校的终身教授，现任研究生院院长。她的作品在亚洲、欧洲、北美都被广泛介绍，参加过的展览包括芝加哥SOFA大展，科勒艺术中心邀请展，圣安吉罗博物馆展，中国景德镇陶瓷博物馆国际艺术家典藏展等。罗斯教授在学术研究方面还得到过许多奖金，如芝加哥国际游学项目的研究奖金、印第安那州大师奖金、威廉森基金会奖金等。特别值得提及的是作为艺术家的罗斯教授曾多次与建筑师迈克·格里夫，宇曼菲尔建筑事务所，P·E格林集团等建筑界人士合作设计建筑外墙、室内装饰。她的艺术研究内容主要是对当下的生物技术、病毒预防学、基因工程和克隆改变日常生活的价值思考、苏联日用纪念瓷及设计档案研究等。

让·穆克雕塑艺术的情感魅力

【作者】左冰锌

【刊名】上海工艺美术，2010年03期

【摘要】让·穆克的作品涉及的主题是人的出生、幼年、青年、青春期、性成熟、中年、老年和死亡。这些因素是艺术史和文学史中最古老的题材之一，在我们和世界的自觉转换关系中代表了重要的阶段。让·穆克将他们重现，不是因为传统，而是因为素材。很多艺术家只挑选这些题材中的一两个来表现，比如：爱、性和死亡等永久的话题，但让．穆克选择了表现生命的完整循环周期。

约翰·阿特金：定义周围空间的雕塑

【作者】罗伯特·摩根【翻译】陈亚力

【刊名】世界美术，2010年04期

【摘要】阿特金作品的形式是原创性的，并且他所使用的协调和创作技巧是非常有智慧的。他提供的材料硬度转变成新形而上学的持久。其作品形而上的层面值得深入探讨：亚历士多德曾经声称，任何超越基于经验数据的自然科学都可以称为“形而上学”。阿特金的作品两者兼具。他所使用的材料是物质的。它表达其物性，但是它也超越了其形式的表面含义去编撰一部工业革命以来的硬质材料史。这是属于硬物性而又超越硬物性的东西，也是一种精神——把各种元素都聚集到一起形成一个整体的存在，似乎要来挑战这雕塑未能占有到的大部分虚空空间。

芭芭拉·赫普沃斯的生活与工作

【作者】艾伦·伯尼斯 【翻译】木木夕

【刊名】雕塑，2010年05期

【摘要】芭芭拉·赫普沃斯1903年生于英国约克郡的韦克菲尔德。她曾在英国利兹艺术大学及英国皇家艺术学院学习艺术。1925年～1926年，她和第一任丈夫雕塑家约翰·斯基平一起在罗马学习石雕技术。这对于当时的雕塑家而言并非必修课程，而是石匠的工作。赫普沃斯随后加入了由布朗库西、爱泼斯坦和戈迪埃·布尔泽斯卡等现代雕塑家发起的雕刻运动。

与谢尔盖耶夫·米哈伊洛维奇谈俄罗斯雕塑

【访谈】王轶男 【翻译】董燕

【刊名】雕塑，2010年05期

【摘要】历史上第一个美术学院，波伦亚学院，后来这一教育体制传到了德国、意大利。然后俄罗斯接受了这一体制。意大利、法国的大师们来到俄国，以我们过去的传统教学体制为基础，实行写实主义教育。开始实行欧洲教学体制。它倡导首先要掌握比例与结构，这对雕塑艺术来说是最主要的。然后在此基础上就可以做任何东西了，可以教学生塑造任何东西，接下来就是作为艺术家的工作了，质量比例等。这就是给了我们坚实基础的艺术学校。

自由的元素·永恒的化身

【作者】何文宏

【刊名】雕塑，2010年05期

【摘要】当我们沐浴文明之风梳理文明成果的时候，往往不自觉的便会追忆往日的先贤们，是他们使我们慧眼独具，在司空见惯之中发现不一样的世界。于是我们保护圣迹，维护故居，建立起英雄的塑像，以寄托我们的追思之情。在这种静默的观照中，不仅沉思我们从哪里来，而且应该思索我们还将向何处去。

波莫多罗的艺术：侵蚀的力量与美

【作者】木木夕

【刊名】雕塑，2010 年 06 期

【摘要】波莫多罗是意大利国宝级的人物，是意大利至今还在世的最伟大的雕塑家。他在国际艺坛名声显赫，曾荣获诸多大奖，包括 1963 年的圣保罗双年展大奖、1964 年的威尼斯双年展大奖、1967 年卡耐基学院国际奖、1981 年的亨利·摩尔大奖、1990 年日本艺术联盟颁发的“高松宫殿下纪念世界文化赏（Praemium Imperiale）”雕塑类大奖等。波莫多罗的雕塑常常是体量巨大的几何单体或几何体的组合，通过腐蚀、切割、挖凿、磨损等处理手段在抛光或平整的表面制造出“侵蚀”的视觉效果。他这样阐述贯穿于自己艺术创作的基本理念：我的创作一直基于一种哲学性的研究及探索的欲望。比如，这种影响来源于 20 世纪 60 年代早期纽约艺术界特别推崇的布朗库西作品中对于基本形态的回归。我也因此着迷于探索几何形式中神秘而富有活力的内在演变。

感悟罗丹雕塑

【作者】颜海强

【刊名】美术观察，2010 年 06 期

【摘要】奥古斯特·罗丹（1840 ~ 1917）在美术史中被称为“现代雕塑之父”他充分研究了古希腊及文艺复兴时期雕塑家的作品，继承了传统雕塑的精髓，站在现代思想文化的高峰，以充满激情与力量的双手创作出了大量杰出的雕塑作品。

十月中欧迷情

【作者】王梦佳

【刊名】雕塑，2010 年 06 期

【摘要】我们在欧洲地图上自西北往东南划了一条线，起点是柏林，终点是布达佩斯，中间有布拉格、克里姆洛夫、维也纳和布拉迪斯拉发。就是它了！这条贯穿昔日德意志帝国与奥匈帝国首府的路线，处处闪耀着辉煌一时的文艺荣光，映照着当代文明的靓丽风采，也成为了“雕塑专业委员会艺术考察团”今日的目标。由《雕塑》杂志社社长范伟民领队，由雕塑家吴捷、陈连富、王小蕙、刘群、谭勋和画家韩家榕、张英超以及傅绍相、韩晖等组成团员，我们一行 11 人于 2010 年 10 月 6 日自北京起飞，奔向了旅途的第一站，也是重头戏——柏林。

领略圣彼得堡城市雕塑艺术

【作者】柳春雨

【刊名】美术大观，2010 年 09 期

【摘要】雕塑是俄罗斯圣彼得堡不可分割的一部分。它用美丽的造型装饰着圣彼得堡，给这座城市带来特有的魅力。圣彼得堡的雕塑吸引了全世界的目光，它和这座伟大的城市一道被载入史册。没有雕塑的城市是不完美的城市，圣彼得堡的雕塑以其独特的艺术风格，成为城市建筑中最耀眼的标志。

费尔南多·波特罗的雕塑艺术

【作者】郅敏

【刊名】美术观察，2010 年 09 期

【摘要】波特罗的雕塑艺术使我们沉浸在拉丁美洲那些多少有此虚构的现实中，记忆和想象塑造出的这些虚构的人物和景象，充满了拉丁美洲风情。对于哥伦比亚艺术家来说，不管承认不承认殖民的历史，地中海东北岸的文化和习俗都已经植入中美洲的这块土地。

优秀硕博论文

京都玉作

【作者】苏欣　【导师】许平

【出版授权与投稿人】中央美术学院

【作者基本信息】中央美术学院，设计艺术学，2009，博士

【关键词】京都玉作　范式　工艺价值观　创作方法论　互渗　文化价值

【摘要】本文以“京都玉作”为研究对象，先通过梳理其文化背景与脉络，归纳并诠释京都玉作不同于其他玉作的文化起点与精神归宿。再从社会学研究的角度分析和解读京都玉作——这个以“玉作”为核心的手工艺生态系统中，玉人、玉行、作坊等各个子系统之间的关系，之后逐层深入到子系统内部构成、组织管理、规矩、范式。在分析解读京都玉作成做过程中的步骤、方法及其工艺价值观和创作方法论之后，归纳京都玉作背后所蕴含的中国传统手工艺精神的文化意义。以京都玉作这个研究对象为范本，对其设计生态系统的逐层分析解读，旨在说明传统手工艺是在长期的日常文化生活中积淀下来的、反映一定时代真相的技艺载体，其价值并不在于技艺本身的成就，而是这种技术所承载的人与物所显现的文化传统和“品质”。北方独特的政治变革史与民族交流史为北方玉作的格调形成提供了独特的城市文化背景与市井价值背景，而蕴含在这种文化格局中的帝王政治取向与精英文化取向经过历代参与者从不同层面及向度上的锤炼，已经纯化，形成一种具有可以构成工艺传统的合法性与权威性的专业话语，从而深入地渗透于玉作工艺的技术精神与文化品味之中。这种独特的文化氛围与历史基调赋予京都玉作以特有的研究样本价值。

传承与超越

【作者】毛雄飞　【导师】王宏建

【出版授权与投稿人】中央美术学院

【作者基本信息】中央美术学院，美术学，2009，博士

【关键词】流变　物性　技术理性　纯艺术　完美性　个体性

【摘要】在中国的陶瓷领域，20世纪中期以来的陶瓷艺术分化是一个变化很大的发展阶段，出现了从“陶瓷工艺美术”到“陶艺”的流变过程，本论文试图从概念转化的表象着手，考察分门别类的特殊专业艺术之一的陶瓷艺术的美学新方向，通过探讨陶瓷艺术在非传统规范内更大范围的审美问题和艺术流变中新的事物的适应性，拟以具体深入的学科美学建构，进行尝试性的当代艺术审美拓展性进化考察。陶瓷艺术如同大气候中的小风向标，当代艺术发展中的所有问题都有可能出现在陶瓷艺术上，但陶瓷艺术毕竟受其材料媒介的作用力更大，必然会突出地凸现出自身美学领域的特点，这又尤其是不能忽略而以一概全的。

“土山湾孤儿院美术工场”研究

【作者】高蓓　【导师】罗世平

【出版授权与投稿人】中央美术学院

【作者基本信息】中央美术学院，美术学，2009，博士

【关键词】土山湾孤儿院美术工场　清末民国　传教　天主教艺术　耶稣会　教堂　绘画　雕刻

【摘要】土山湾孤儿院美术工场是清末入华耶稣会在上海徐家汇地区所创，本是天主教在中国进行“救灵”活动的附属产物。它一经诞生，即旨在为江南、乃至中国的天主教教义的传播服务。这所工场在其存世的近百年时间里，陆续开设了印刷、木工、五金、绘画等作场，生产了大批的宗教祭祀用品以满足天主教的传教需求，也培养了大批的工艺、美术人才。但由于种种原因，土山湾孤儿院美术工场出产的各类工艺、美术作品几乎不存，文献资料散乱、稀缺。故此，能够“复原”这样一个美术工场，对研究中国天主教美术在中国的传播和影响，无疑是非常有意义的。上编在尽可能全面占有材料的基础上，对土山湾孤儿院美术工场的发轫、发展和消隐进行了综合研究，以时间发展为经线，以事件的发生为纬线，力求建立起当时美术工场的历史框架、复原其生产经营、管理培养等情况。下编选取了教堂、绘画、雕刻等与土山湾有关的典型材料，对土山湾美术作品的钩沉作了一个总结性论述。

负空间雕塑语言研究

【作者】舒兴川　【导师】徐伯初

【出版授权与投稿人】西南交通大学

【作者基本信息】西南交通大学，美术学，2010，硕士

【关键词】雕塑艺术　空间美学　艺术语言　多元文化

【摘要】当代艺术是丰富的，它开放地容纳几乎所有的艺术形式。可以说这是人类思维领域的极度扩张，从构成主义艺术到未来主义艺术、从波普艺术到偶发艺术、从贫穷艺术到大地艺术，艺术得到了彻底的解放。与此同时，当代艺术的美学语言对空间的理解同样进入到了一个新的层面，在这样的美学视野下对“负”空间雕塑语言进行系统的研究和探讨是意味深长的。我们普遍认为艺术的历史发展逻辑是一个不断否定，不断超越，又不断回归和不断并存的历史过程。那么这种反叛、超越与回归带给我们的将是什么呢？我认为是新的实验，我们静观艺术的脉络和

语言来寻找那些并未充分开辟的道路。时至今日，雕塑的空间美学发生了彻底的变异，这种变异带来了多元的艺术方法论和丰富的艺术语言修辞。

长株潭城市雕塑研究

【作者】杨帆　【导师】滕小松

【出版授权与投稿人】湖南师范大学

【作者基本信息】湖南师范大学，美术学，2010，硕士

【关键词】城市雕塑　公共艺术　规划区域　城市环境

【摘要】本文从四个方面，对长株潭城市雕塑进行研究。一是梳理长株潭城市雕塑的发展历程。长株潭城市雕塑大致经历了孕育期、形成期、发展期、整合期四个大阶段。新中国成立至文化大革命结束为孕育期，一些广场雕塑和建筑装饰雕塑的政治宣传意识较浓；改革开放至20世纪90年代初为形成期，城市雕塑伴随经济的繁荣而迅猛发展，形成了纪念性、装饰性、实用性等多层次发展的格局；20世纪90年代初至21世纪初为发展期，城市雕塑伴随城市环境的改善和市民公共意识的增强而强调它的的环境性和公共性；目前，长株潭“一体化”建设给城市雕塑的发展提出了新的要求，也带来了新的机遇，城市雕塑建设正处于整合期，它将为改善城市环境、缔造城市景观、传承城市文化、丰富城市生活、促进城市文明发挥更大的作用。二是考察长株潭城市雕塑的整体状况。这包括城市雕塑的区域位置分布、艺术形式分类、材料的使用等内容。长株潭的城市雕塑主要分布在长沙、株洲、湘潭三个城市的商业街、风景带和大公园中；现有的城市雕塑在材料的使用和主题的取向等方面都有了不同程度的探索。三是反思长株潭城市雕塑建设存在的问题。在了解长株潭城市雕塑的历史发展和整体状况之后，就会明显地看出城市雕塑建设存在着不少毛病。其中材料运用的低劣、制作的粗糙、手段的匮乏、认识的狭隘、创意的浅薄、管理的不力等是目前城市雕塑建设存在的主要问题。四是构想长株潭城市雕塑建设的发展策略。为了更好地推动长株潭城市雕塑的发展，一定要打破条块分割的管理模式，设立“长株潭城市雕塑建设管理办公室”，协调城市雕塑建设与相关部门的关系；并调集有关专家制定《长株潭城市雕塑发展规划》《长株潭城市雕塑发展规划实施办法》等，使城市雕塑的立项、策划、实施及管理等事务，走向科学化、法制化，为了确保长株潭城市雕塑建设的资金来源，可借鉴发达国家的“百分比艺术”方式建立“长株潭公共艺术基金会”；还要针对市内的现状和未来的规划区域，调动广大的城市公民，参与公共艺术的建设。总之，通过对长株潭城市雕塑进行研究，继而制定有效的规范并采取切实的措施，让长株潭的城市雕塑向着完整、协调、有序而有特色的方向发展，从而奠定良好的发展基础。长株潭的城市雕塑建设，只有不断提高和继续拓展，才能真正体现出时代精神，才能完成新的历史使命。

淮阳“泥泥狗”泥塑造型的恒定性原因探析

【作者】屈风光　【导师】邱正伦

【出版授权与投稿人】西南大学

【作者基本信息】西南大学，美术学，2010，硕士

【关键词】民间艺术　淮阳泥泥狗　泥塑造型　艺术语言

【摘要】“泥泥狗”是河南淮阳民间泥玩的一个总称，为淮阳“太昊陵”所独有，故又名“陵狗”；它造型古朴、雕刻粗犷、色彩明快艳丽、形态稚拙而又怪异，可以说，“泥泥狗”的艺术造型不仅承载着远古图腾崇拜文化的遗存，而且还记录着人类文化艺术发展的轨迹，它既是原始民间艺术的一种拓展与延续，又是研究“民俗学”、“人类学”的一种活性史料，也正是这种独特神秘的造型使得它拥有了“真图腾”、“活化石”的美誉。20世纪50年代，淮阳“泥泥狗”几乎都是黑底彩绘的古朴造型，用当地艺人的话讲，它的造型是祖师爷留下来的，任何人都不能随意改变它，改了就不是人祖爷的“狗”了。在对“泥泥狗”相关资料的整理和疏通过程中，我也发现虽然“泥泥狗”自身作为民间工艺也受市场导向的影响，但它的造型理念从产生（据说是女娲时代）到现在一直都没有发生过重大改变；让人迷惑的是，为什么它的造型能穿越上千年的历史而一直恒定不变呢？于是这也就触发了我对淮阳“泥泥狗”泥塑造型的恒定性原因的初步思考。本文共分为四个部分：第一部分首先就淮阳“泥泥狗”的大体状况做了系统介绍；第二部分对其造型及其特色作出了简要的概述；第三部分和第四部分是本文研究的重点，主要针对淮阳“泥泥狗”造型中的恒定性因素及造成恒定性的原因进行了系统的探讨和分析；最后在结语处总结了淮阳“泥泥狗”造型中的恒定性对我们现代人的有益启示和参考价值。文章的重点部分（第三、第四部分）是主要从文化因素、地域因素、心理情感因素、社会生活因素四个方面去探析它造型中的恒定性原因，并指出它恒久不变的造型理念与民俗图腾文化、与我国的传统审美观念、与人类共同的心理情感之间的微妙联系。我相信，对淮阳“泥泥狗”的深入了解，特别是对其造型恒定性的研究不仅能丰满我国民间民俗艺术文化的内延，而且也能为研究我国地域性的民俗艺术提供一种有价值的参考，同时也有助于人们对我国本土文化的稳定性做深入的思考。

关于城市雕塑审美价值观取向的调查研究——对南昌市城市雕塑造型特点的个案研究

【作者】熊荣　【导师】卢杰

【出版授权与投稿人】南昌大学

【作者基本信息】南昌大学，美术学，2009，硕士

【关键词】城市雕塑　审美价值观取向　造型特点　城市环境　公共空间

【摘要】城市雕塑作为城市环境的主要组成部分，能够反映出城市的历史、经济、文化和现状以及未来的发展。城市雕塑以其特殊的艺术语言和感染力，营造出城市空间

美，体现出城市品位和精神面貌，能够激发人们对美好生活的向往和追求，是城市精神的象征。本文以探讨市民对城市雕塑审美价值观取向为主题，针对城市公共空间中的抽象类和写实类的城市雕塑样本，通过语义差异量表法对市民进行审美感觉调查，了解受测者对雕塑样本所产生的审美感觉，并且探讨这两种不同类型的城市雕塑和市民的审美感觉之间的关联性。本研究通过南昌市城市雕塑的调查，探讨市民对城市雕塑的接受程度和喜好分析。并对城市雕塑的造型思维风格进行分类并选出问卷调查的样本，同时对符合审美感觉的形容词收集，并选出二十组相对应的形容词，作为城市雕塑审美价值观取向的调查问卷。采用SPSS统计软件，对问卷数据进行检验和分析得出调查结果。通过研究结果我们可以发现，在雕塑样本的平均值和折线图中可得知市民对不同城市雕塑造型所产生的审美感觉不太相同。从因素分析结果中筛选出城市雕塑造型评价因素尺度，建立其造型审美感觉空间坐标。从雕塑样本在空间中的分布可发现，各雕塑样本由于造型的差异性会对市民产生不同的审美感觉。对不同年龄层对两种类型的雕塑样本的审美感觉差异性分析，可发现各年龄层市民的审美价值观取向在整体上是基本相同，但还是有差异性存在。

初论中国当代雕塑创作符号化倾向的原因

【作者】王旭东　【导师】黄兴国

【出版授权与投稿人】河北师范大学

【作者基本信息】河北师范大学，美术学，2010，硕士

【关键词】当代雕塑　符号化倾向　艺术创作　文化语境

【摘要】自“85”新思潮以来，当代艺术的走向越发受到人们的关注。时至今日，它所面临的问题以及当下的课题越来越复杂化，特别是雕塑的符号化现象不论在理论还是在实践上都还存在许多没有得到很好处理的问题，因而有必要对这种现象的基本成因再次进行考察。本论文在写作过程中除了综合各家成熟的研究成果之外，试图在广泛的美学、艺术学基础上，选取中国当代雕塑创作中涉猎的符号化问题为切入点，因为中国当代雕塑自身具有广博的包容性，从理论到实践都绝非单一的知识和认识所能涵盖。面面俱到只恐陷入泛泛而谈，因此限定在在进入当代波普、艳俗雕塑创作风格的范围内谈雕塑符号化，只是希望能抛砖引玉、以小见大，阐释本人在多年的艺术创作中对于符号化雕塑创作可能带来的危害性，并对其成因的一些所感所悟。我的论文选题所研究的基本内容主要分为四大部分，分别是：1、中国当代雕塑创作的历史沿革与现状。2、中国当代雕塑所面临的二维文化社会谱系是导致符号化的催化剂。3、对西方现代主义艺术认识不足导致中国当代雕塑创作陷入符号化。4、艺术市场的盲目性和泡沫化充当了中国当代雕塑符号化的助推器。这四部分在文中呈层层递进的关系，第一部分属于史实研究，主要以叙述各个衍变阶段对雕塑创作的不同认知为主线索，贯以时间上的先承后续，进行分析，分析导致其变化的文化语境；并在对雕塑艺术发展的进程做粗线条梳理基础上，继续追问其导向的根源。其中涉及对物质根源、理论根源、文化心理根源逐一解答，当然这三种根源不是孤立作用的，它们相互交织构成一个复杂的动力机制，最终培植了的当代雕塑艳俗化、符号化发展趋势的土壤；第二部分属于文化研究，在对史实的认知基础上，提炼出二维的文化社会谱系是如何影响雕塑艺术向符号化发展的；第三部分则探究艺术自身发展规律的原因，厘清导致这种雕塑现象出现的内部原因；四部分是从市场的角度看雕塑的符号化，并由此引发的思考。理论的建构最终还是为了解决当下的课题，只有这样理论才能焕发生命力，研究才是有价值的。

现代雕塑创作中的民族化探讨

【作者】陶继锋　【导师】江碧波

【出版授权与投稿人】重庆大学

【作者基本信息】重庆大学，美术学，2009，硕士

【关键词】城市雕塑　雕塑创作　艺术设计　民族文化

【摘要】中国的近现代雕塑发展从20世纪初到现在已经有了八九十年的历史，当西式雕塑传入并成为主流后，中国的本土雕塑传统就已经式微了。在雕塑“西学东渐”的过程中，期间也出现了一大批经典佳作和雕塑家。在目前高呼创新的时代下，艺术门类细化及创作材质和表现手法层出不穷，一方面不少作品让人耳目　新，但另一方面却是创新与传统的纷争。现代化是西方化还是中国特色的现代化，不少的艺术创作者在两者中徘徊，也造成了一些不伦不类似是而非的作品。艺术创作中传统文化思想的缺失，在很大程度上也使中国的雕塑艺术失去了在世界上对话的能力。本文试图在深入了解传统雕塑的民族内涵与形式语言的基础上，提出在当下多元化文化的语境下，现代雕塑的表现题材、语言形式又该具有怎样的当代性特征。文章提出在借鉴国外雕塑形式的同时，更重要的是继承发扬中国本土的雕塑艺术，形成自己的雕塑形式，从而深化论题。基于以上思考，文章选取传统雕塑与近现代雕塑作为研究对象，分以下几个部分来进行分析：第一部分主要探讨概括传统雕塑的艺术特征。对现代雕塑民族化的探索历程是在第二部分展开。第三部分和第四部分主要论述在当前的多元化、全球化的新的文化语境下，在新技术新材料新思潮的影响下现代雕塑的表现形式，以及对目前雕塑发展中出现的问题的思考。最后一部分结合一些优秀的作品论述在雕塑创作中是如何对待传统，把传统的思想与元素融入到艺术创作当中，拓宽雕塑创作的思路。这不仅是雕塑自身发展的需要，也是时代和民族文化发展的必然。民间雕塑是我国雕塑艺术史上的另一朵奇葩，囿于时间和精力的原因，在本篇论文中主要是对主流雕塑进行一些研讨。中国雕塑必须在当代国际化格局中寻找出路，因为世界的进程使中国雕塑已经不可能回到自己原生的文化状态中去发展。当前最重要的问题是如何找到对中华文化的信心，寻找传统艺术历史的积淀，挖掘其潜力，使其在当代焕发出蓬勃的魅力。从而使中国文化走上正常化的自律道

路，并在此基础上寻找本土与西方文化的差异点，确立符合本土文化的价值理念，造就中国雕塑的未来。走自己的路，从有限中获取无限，这正是当代雕塑生命力的所在，也必会把中国雕塑带入光辉灿烂的新天地。

惠山泥人的传统创作观念在中国当代雕塑中的应用

【作者】姚丹　【导师】周阿成

【出版授权与投稿人】江南大学

【作者基本信息】江南大学，美术学，2009，硕士

【关键词】惠山泥人　雕塑艺术　传统创作观念　地域文化

【摘要】本文选取具有江南特色的无锡惠山泥人为研究对象，立足于民艺学和“新民间”艺术的研究成果，通过对惠山泥人的系统研究，得出传统创作观念中所具有的与其类型紧密相关的“二元观”。它在传统创作观念上不仅有此特征，并由历史中的艺术文化氛围、独特的地域文化、优良的本土泥塑原料惠山黑泥和惠山泥人的创作群体等一系列因素构成了所谓的“四层决定要素”。我们面临的“当代”是在传统被切割，人们要求从外部吸收新鲜的养分的环境下生成的。“养分”又从何处而来？我们的反应是困惑与迷茫，最擅长是“拿来”西方的观念，以至于西方社会艺术价值成为评判当下各类艺术的中心；“自身发掘”同样也是对中国当代艺术很好的补充，民间艺术是一切艺术本源，上文中的惠山泥人作为民间艺术的一个典型门类，对它的重新审视，既是出于对传统文化的发展与继承，又是对中国当代雕塑艺术发展的促进。本文的核心是与本土文化精神真正的深层衔接与进入现当代艺术表达的方式转换。但是，前提是需要在熟知传统观念和与其相对应特征的基础上，才能做好转换。如何理清观念与特征的关系呢？“观念”在本文中是指一个民族或地区在对某一事物上的认同感，具有普遍意义；而“特征”则是构建在这一认同感之上，通过具体的装饰纹样、色彩、题材表现和造型的现实表现。观念是基础，而“特征”则是外在的具体表现。没有“观念”作为核心内容，“特征”的具体表现则变的毫无意义。可是，如果只有“观念”而没有具体“特征”的现实表现，“观念”便无法延续和被广泛接受。它们相辅相成，缺一不可！在本文题目中所指的“惠山泥人的传统创作观念”就是由此处的“观念与特征”所构成。

中国当代雕塑色彩运用探索与研究

【作者】张楠　【导师】姜桦

【出版授权与投稿人】大连理工大学

【作者基本信息】大连理工大学，美术学，2009，硕士

【关键词】当代雕塑　色彩描绘　本体　表面涂色　雕塑创作

【摘要】在自然界中，物体除了具备形体之外，还具有丰富美丽的色彩。在人类的视觉体验和感受中，物体的形状和物体的色彩是人类认识自然的第一步。人类对石头雕凿和对色彩描绘是同步进行的，雕塑和绘画艺术的产生，亦可视为人类这一行为的结果。同样雕塑的形体和色彩是有机的联系在一起，密不可分的。艺术家在构思一件雕塑作品时肯定对雕塑的最终呈现面貌有所考虑。雕塑作品表面的颜色和质感有一定的偶然性，象“泥性”、“塑痕”、木石的肌理色彩等。由于雕塑材料本身是有颜色的，所以从这个意义上说，雕塑都是有颜色的。对雕塑表面涂色在90年代前是比较少见的，90年代中期以后中国当代雕塑越来越多地对雕塑表面涂色，从而成为当代雕塑发展的一个重要现象，对雕塑和色彩的关系研究就非常必要。本论文的目的是通过对当代雕塑发展的国际、国内文化语境，当代雕塑自身发展的上下文关系来看雕塑对颜色的运用现象，试图通过展示方式，创作方式、文化思潮、色彩特性、颜色与雕塑形体等方面来探讨雕塑和色彩的关系。在纵向上按照时间顺序对色彩在雕塑发展脉络上梳理，在横向上结合个案分析对颜色与雕塑种种关系的体现加以总结探讨。由此我们可以看出色彩在当代雕塑创作的发展是时代的需要，也是雕塑自身多元化的必然。色彩在雕塑创作中合理的运用必然会丰富雕塑的语言与内涵。

中国传统写意精神在雕塑中的表现与运用

【作者】苏子格　【导师】姜桦

【出版授权与投稿人】大连理工大学

【作者基本信息】大连理工大学，美术学，2009，硕士

【关键词】雕塑　写意精神　古典艺术　后现代艺术　中国雕塑文化

【摘要】西方艺术从古典艺术到现代艺术再到后现代艺术的演变过程，是一种必然的逻辑结果。中国现代艺术直接“嫁接”自西方现代艺术，并不具备西方艺术的逻辑演变过程，是一种在短时期中对西方各种艺术形式并融汇合与快速流变的掺杂样式。因此中国当代艺术中传统文化的缺失是中国当代艺术面临的重大问题。而中国现代雕塑因西洋雕塑传统的介入，更大有以西方写实主义为体，为用的倾向，当代中国雕塑以西方现当代艺术为参照之势愈加强烈，故那种原本存在于我们传统文化中的中国艺术精神未能得到很好的继承和发扬。结合近年来中国当代雕塑呈现的整体面貌，中国雕塑家正面临着如何借鉴西方现代艺术，并同时来探索中国现代雕塑如何发展的问题及怎样从中国传统文化中提取精华，创造当代中国雕塑文化的问题。李泽厚曾反复强调传统文化的“现代化转换”，其意思很明确：传统文化中任何精华的东西都需要在当代社会中重新表达，否则便不可能生效。所以说，加深对传统文化的理解与认识以及如何将传统文化和当代文化相结合，创造出具有中国精神的当代雕塑艺术，对中国当代雕塑的发展具有十分重要的现实意义。

关于蒙古象棋雕刻形式的探究

【作者】查娜　【导师】温都苏

【出版授权与投稿人】内蒙古师范大学

【作者基本信息】内蒙古师范大学，美术学，2009，硕士

【关键词】蒙古象棋　雕刻形式　艺术风格　文化媒介　审美价值

【摘要】蒙古象棋做为蒙古民族独特的艺术形式，融汇了蒙古族人民的创作智慧与审美情趣，有着较大研究价值。以往的研究多从民俗、博弈的角度进行研究居多，而对于它的雕刻形式方面的探讨分析却很少，本文意在对蒙古象棋雕刻形式的形成与其艺术特点及审美价值方面进行研究分析。本文力求从美学的角度分析蒙古象棋造型特点，强调蒙古象棋做为蒙古民族的文化媒介的重要作用，了解其审美价值，发掘其艺术内涵多样性及艺术风格特征。

中国佛像造型表情与民族特征

【作者】周洋　【导师】吴翘旋

【出版授权与投稿人】江西师范大学

【作者基本信息】江西师范大学，美术学，2009，硕士

【关键词】佛像雕塑　佛像造型　面部表情　民族特征　佛像服饰

【摘要】佛像作为佛教的艺术品，它的艺术生命的源泉来源于一个民族的历史和传统文化，其中蕴涵了一种深层次的民族精神。因而，凡是能够步入世界艺术殿堂的作品，无不是以其独特的民族精神的魅力取胜的。艺术品往往都是经历着时代变迁，审美文化的考验和锤炼。佛像雕塑作品更是发展着，变幻着。本文主要从佛教进入我国以来几经朝代的变迁，佛像的造型风格随之改变，出现了印度民族与中国民族的差异，在国内黄河南部与北部的不同，五官和表情意境方面的表现也有着细微的变化，通过佛心本质塑造佛的面部表情，举例说明几尊佛的前世为人，经历和修行的程度，和对世间的认识．通过历史，人文审美观，对佛心本质，举止表情进行深度研究，加上客观的人性化、人情化、平民化、世俗化、理想化。其意义就在于总结和预示中国佛像雕塑艺术过去和未来雕塑的风格趋势，目的就是要分析佛像雕塑在各个朝代在何种契机下审美观发生慢慢改变。它自从传到中国以后就失去了印度佛像的影子。一般地说，愈是具有民族性的作品，它往往也愈是具有世界性，因此，如何把握好本民族的艺术传统，文中通过佛像的佛性、佛心本质体现佛、菩萨、罗汉面部表情在年代变化上的研究也是摆在我们面前的一个重要命题。

当代具像雕塑的意象性研究——殷小烽雕塑创作解读

【作者】纪国辉　【导师】殷小烽

【出版授权与投稿人】东北师范大学

【作者基本信息】东北师范大学，美术学，2009，硕士

【关键词】具像雕塑　意象精神　殷小烽创作　民族地域性

【摘要】东西方雕塑在历史的发展中走出了两种不同的发展道路，西方大体上走了一条以具像雕塑为主的写实雕塑之路并且产生了米开朗基罗、罗丹等大师，只是近一百年才在抽象雕塑、材料等方面做了大量的探索，而中国传统雕塑在几千年的发展中，走的是一条以意象审美为主的的区别于西方传统写实雕塑的意象雕塑。由于两次世界大战的影响，西方文化的进入，“五四”以后的中国雕塑全盘接受具像雕塑的教育，作品手法雷同、创作思维匮乏、评价体系西化，中国传统意象雕塑这棵大树日益枯萎。在这种现状下，本文提出了在吸收西方雕塑造型优点的同时注重本民族，本地域的文化内涵，挖掘中国传统意象美学。本文也旨在对西方具像雕塑与东方意象精神的衔接，寻求建立立足于本土文化精神的当代中国具像写实雕塑体系。同时文章例举了当代具像雕塑探索中民族化语言探索成功的案例及语汇，主要对殷小烽教授的“新具像雕塑”语言进行了分析和梳理，分析了他的创作内容、特点，挖掘他对民族自身造型意象性语言在当代中国雕塑创作中的形式转化。为中国当代具像雕塑的民族性做出了积极而有意义的探索，也希望找到当代中国雕塑的心灵之源，深刻挖掘中国雕塑的本体语言和审美趣味。文章共分为四个章节。第一章：我国具像雕塑意象性研究的必要性。第二章：中国当代意向性雕塑语言所涉及到的语汇案例。第三章：殷小烽教授雕塑创作解读。第四章：具像雕塑意向表现的当下意义。洋为中用，古为今用，面对当代艺术的多元化格局，视觉方式的变革，坚守自己的信念，根植于中国的文化精神。创造当代的中国具像雕塑。

石家庄市毗卢寺西汉石雕人像艺术研究

【作者】野黎明　【导师】朱兴华

【出版授权与投稿人】河北师范大学

【作者基本信息】河北师范大学，美术学，2009，硕士

【关键词】石雕人像　汉代雕塑　石翁仲　雕塑艺术　浪漫主义　古拙美

【摘要】汉代是中国封建社会发展的第一个高峰，政治、经济的高度发达，促进了艺术的繁荣。在这样一个强盛的时代，汉代的艺术也表现出一种开张、雄浑、博大的强势文化，尤其是雕塑艺术更加直接地体现了这种美感。本文研究的对象就是距离我们两千多年前的一对汉代雕塑作品，这对雕塑就收藏在我们石家庄市郊的毗卢寺内，对于我来说是难得的近距离研究汉代雕塑的机会，使我能够结合自身感受和历史资料的分析总结出自己对于这对雕塑的认识以及对于汉代雕塑的整体认识。毗卢寺内的这对雕塑是一对大型裸体石人，也称为石翁仲，“石翁仲”是秦汉以后对陵墓前石人的称呼。本文以层层递进的方式，从石翁仲的出土情况、保存现状、用途分析等几个方面进行叙述，从而进一步分析毗卢寺石翁仲的艺术特征，结合同时期的雕塑作品总结出石翁仲所具有的装饰美感、体量感、以线造型的艺术特点和精炼的雕刻语言。以及由此而展现出的整个时代雕塑的美学意趣。雕塑艺术的魅力是永恒的，这种永恒性始终是在雕塑艺术本体语言拓展与限定中循环

往复发展的，汉代的文化艺术在主题性格方面极有魄力地表现了人对客观世界的征服。雕塑作品在汉代尤其注重的是写意的表达，注重深层的思考。而非科学非真实的形态，因而形成了艺术表现中的抒情写意、意象造型。在简洁写意的基本形体上，进行深度表现与创造，使其更具有诗意和表现力。中国雕塑的创作过程大大有别于西方雕塑，人们没有精确的比例概念，没有形式逻辑的限制，一种任意性很大的形象思维起着主导的作用，依靠自己的情感意愿裁定物象、表现物象，使之蕴含着需经过时间转换的超越直观视觉以外的内容。如此创作出的雕塑作品和西方雕塑注重写实的风格截然不同。同时，汉代的浪漫主义的运用为抒情写意拓展了更加广阔的更加自由的想象空间。由此可见，汉代艺术因中国人的生活方式、思维模式、情感表白的差异，审美情趣的偏好，而具有了浓烈的浪漫主义色彩。本文结合雕塑本身具有的原始语言和古拙造型的特点，总结了汉代雕塑的原始古拙美。

线在现代雕塑中的运用与发展

【作者】郑昱　【导师】黄兴国

【出版授权与投稿人】河北师范大学

【作者基本信息】河北师范大学，美术学，2009，硕士

【关键词】现代雕塑　雕塑艺术　造型语言

【摘要】雕塑是以体积作为基木语言造型，强调空间感和体量感的艺术。雕塑家眼中的世界无论巨微都是立体的，有体积的。所有的造型无论繁简，都是通过体积的转折或对比、突兀与缓和来表达思想且完成创意的。在人类的文明史上，19 世纪末 20 世纪初是极具革命性的时期。西方工业革命相继完成，欧洲经济空前发展，人的能量、价值被彰显出来，人们开始重新审视人生与自我，反思千百年来形成的价值观，批判现实社会的庸俗、堕落，改革大机器生产不尽人意的粗制滥造，在精神和物质上追求全新的生活，“求新”成为当时的一种风尚。世纪之交，人们对新事物的偏嗜，对新生活的关注、渴望，导致新艺术运动的产生。新艺术波及法国、比利时、德国、奥地利、西班牙、美国众多国家和地区，形成国际性艺术运动。它的视觉风格和观念影响了一批艺术家，奠定了现代艺术基础。工业化的生产方式冲击了文化艺术领域，同时现代艺术运动也悄然开始。在经历了各个时期，各种流派的演变之后，不管在造型语言还是材料的运用上也都更加丰富，更加多元化，形成了丰富多彩的——现代雕塑面貌。19 世纪末 20 世纪初工业化的生产方式直接影响了人们的艺术观念，并从此扩展到欧洲乃至世界。这些探索以对雕塑空间不断翻新的阐释，使“雕塑”概念本身越来越含混，越来越缺乏限定性。至此传统雕塑在空间观念上已经发展的非常完备。在造型语言上，艺术家们开始创作一些反传统的以体积，块面为主要语言强调体量的作品。“线”在现代雕塑中被更多的运用，而且不同雕塑家运用“线”的方式各异。在很多现代雕塑中我们可以发现艺术家们综合了线刻与圆雕结合的手法，这种手法甚至出现在大型城市雕塑中，从中不难看出当代雕塑家对线条的重视。线作为传统雕塑中的辅助性的造型语言演变到现代雕塑中不可缺少甚至作为主要的语言，又受到现代绘画的影响变得更加丰富，同时又作为新的材料形式受到艺术家的青睐。文章以雕塑的造型语言中的线为研究对象，结合了线在传统雕塑中的运用以及演变过程，通过雕塑家对线的不同理解及不同的运用方式比较了东、西方雕塑的差异并分析了形成这种差异的原因：重点结合现代雕塑，分析线是如何受到现代绘画的影响并作为独立的造型语言得到发展；同时，分析了作为新的语言形式，结合现代材料被广泛运用的价值。随着科技的发展，一些高科技的线性材料也被运用到雕塑中，发展了雕塑的新样式。通过分析和研究雕塑造型语言中的线，不仅可以在艺术理论上提高我们分析问题的能力，也会加深对雕塑这一传统的艺术形式更深刻的认识；同时，线在现代雕塑中的运用使得雕塑的发展更加丰富多彩，极大的开阔了我们的视野并对实际的创作产生积极影响。雕塑艺术发展到今天，不论是在形式、材料还是造型语言上都有很大突破和创新，并且，随着科学技术的进一步发展，我们相信雕塑艺术会更加异彩纷呈！

试论中国当代雕塑本土化发展的意义

【作者】王丹　【导师】黄兴国

【出版授权与投稿人】河北师范大学

【作者基本信息】河北师范大学，美术学，2009，硕士

【关键词】当代雕塑　雕塑艺术　传统元素　本土化

【摘要】当全球化的趋势要求使得我们疲惫于西式大众消费文化时，我们不能忘记自身生存所在的本土特有的现实环境与文化环境。当我们接受西方的现代艺术观念和技巧时，我们同样不能忘记要保持自己作品的独立品格，不至于为西方文化中心主义所同化。这就要求我们要认真的对本土环境进行反思，同时也开辟出一条真正属于自己的路。中国传统文化博大且极富内涵，对中国当代雕塑的发展具有很高的价值。我们要重新认识和利用这些宝贵的传统文化资源，这不仅在于弘扬民族传统，保持民族文化的独特魅力，更在于可以促进人类文化生态的多元发展。我们不能满足于中国雕塑只存在于博物馆、石窟、墓道，而应当提炼出影响着现在于未来的深厚之底蕴、超拔之意志、高远之境界。在本土化的实验中，我们的雕塑家既有从研究中国传统雕塑入手的，也有从研究传统元素入手的等等。无论从哪方面着手，都出现了具有中国特色，艺术性很好的雕塑作品。同样，中国当代雕塑作为一种传播媒介，在我们国家的文化宣传中也扮演着重要角色。在中国向世界展示自己的同时，世界也在以积极的心态回应着中国。来自世界各地的雕塑家纷纷投入到对中国历史内涵、文化精神与哲学理念的探索中来，他们的作品体现出对中国传统文明的了解与融入。传统对于现代来说就是一个剪不断的纽带。我们受传统的影响根深蒂固，我们的审美价值、我们的道德观念等无不根植于传统、来源于传统，不管我们如何走在时代的前列，我们依然抛不开我们的传统。

如此，中国雕塑又将迈进一个新的历史阶段！

蒙古鹿石的文化内涵及审美特征

【作者】吴先　【导师】温都苏

【出版授权与投稿人】内蒙古师范大学

【作者基本信息】内蒙古师范大学，美术学，2009，硕士

【关键词】蒙古鹿石　文化内涵　审美特征　雕塑创作

【摘要】蒙古鹿石是一种碑状石刻，是古代的雕塑艺术遗存。气势恢弘，体现着草原民族特有的气质和精神。对鹿石的研究就像是开凿了一条时空隧道，去探寻独具特色的游牧民族的文化、艺术。通过进一步研究和分析鹿石文化，试图通过这一问题的论证循序渐进地解析鹿石的文化内涵及审美特征。文章分为五个部分，其结构如下：一、选题意义和研究现状。二、蒙古鹿石的文化内涵。三、蒙古鹿石的审美特征。四、鹿石对我雕塑创作的影响。五、结束语。

杨家湾兵马俑的造型艺术特色

【作者】杜喜　【导师】石村

【出版授权与投稿人】西安美术学院

【作者基本信息】西安美术学院，美术学，2009，硕士

【关键词】雕塑艺术　陶雕造型　绘塑融合　杨家湾兵马俑

【摘要】本文对杨家湾兵马俑的造型艺术特色进行了分析。杨家湾兵马俑的造型艺术是中国传统文化艺术中造型艺术的典范，恢弘整体的设计思维，富有动感的构图追求，体与面组成的形体，构成了夸张而又浪漫、几近完美的造型艺术表现形式。用线条塑造形体，用绘画表现局部，塑、绘、刻的综合运用，继承了古代陶瓷艺术中绘塑相结合的传统表现语言，同时又丰富了雕塑的表现语言，成功地把线刻加在陶塑里面，形成了独特的绘、塑、刻相结合的特点，三者互补。在形体的造型上追求整体大气的感觉，不对细节做过多的处理，各个部分处理成大面，给绘画留有很大的空间，并且在转折处利用线刻去表现，显得整个雕塑非常的生动，这一点对中国后来的宗教雕刻和泥塑产生了重要的影响。杨家湾兵马俑打破了秦代的样式限制而展示了崭新的气象，结束了前代无序的表现阶段，开启了制度化、程式化表现阶段，具有重要的开拓意义。

霍去病墓“野人抱熊”石雕艺术风格探究

【作者】周晓牧　【导师】牟运道

【出版授权与投稿人】西安美术学院

【作者基本信息】西安美术学院，美术学，2009，硕士

【关键词】雕塑艺术　石雕造型　艺术风格　霍去病墓

【摘要】本文对霍去病墓“野人抱熊”石雕艺术风格进行了分析。我国古代封建社会中，统治阶级在宫殿、陵墓前建立雕像的制度，根据文献记载，周、秦时代已经肇始，只是宫殿早已毁去，帝王陵墓前亦少有遗留；野人抱熊石雕是汉武帝时期霍去病墓大型石雕之一，就造型艺术形式而言，野人抱熊石刻造型艺术有着显著的特点：造型的表象形式在继承中有突破和发展，在遵循前代循石造像处理传统过程中有新的创造，熊与人动静结合天衣无缝，在平衡中求变化，追求新的对称性格式；造型艺术表现形式上体现出剪影式装饰化审美追求；在表现手法上，以尊重原石的天然特征为前提，不作镂空，而是线刻、圆雕、浮雕、减地凸雕相结合综合运用；从而形成了有别于同墓其它石雕造型风格的独特艺术风格。野人抱熊石雕造型艺术风格在霍去病墓石雕群整体风格中是一个明显的转折点，它继承并发展了以往的样式而展示了崭新的气象，为后世在造型形式，意向表现上起了重要的开拓作用。

西方现代艺术中抽象雕塑的表现语言

【作者】冯楠　【导师】王志刚

【出版授权与投稿人】西安美术学院

【作者基本信息】西安美术学院，美术学，2009，硕士

【关键词】雕塑艺术　艺术创作　抽象雕塑　艺术语言

【摘要】现代抽象雕塑的出现打破了以往西方美术奉为正宗的写实主义传统，由于它独特的表现语言丰富了西方现代艺术，更适应现代社会快速发展的需求。19 世纪末现实主义的艺术自身遇到了如何进一步发展的危机，现代艺术的崛起，又是对现实主义艺术严峻的挑战，加剧了它的危机感。现代抽象雕塑就是在这种危机中悄然滋生的。抽象雕塑尽力强调作者的主观精神的体现，尽力强调艺术形式的独立生命，把艺术表现的纯粹性提到前所未有的高度来看待。本研究分为三个部分：第一章分析西方现代抽象雕塑为什么会出现，出现的背景，以及形成的各个因素。第二章分析现代抽象雕塑的发展及其因素。进一步分析各种抽象雕塑的造型所具有的一些共同特征，就其造型特征可分为两大类：立体构成的抽象雕塑和有机体的抽象雕塑。抽象雕塑的发展也经历了从对形式的探索到对观念的探讨这两大阶段。现成品也是很多抽象雕塑中所运用的基本材料。第三章抽象雕塑生长的环境及其影响。在很多艺术流派中都有抽象雕塑的创作，此起彼伏，争奇斗胜，比如立体主义、构成主义、极少主义、超现实主义等，抽象雕塑生长的环境不同，它的表现语言也不同。这些艺术流派中都有抽象雕塑的发展，因其每个流派的观点不同也令抽象雕塑的表现语言不同，而抽象雕塑的发展也对各艺术流派产生了一定影响，可以说它们是互为影响。

中国当代著名雕塑家叶毓山雕塑艺术研究

【作者】张宇　【导师】陈云岗

【出版授权与投稿人】西安美术学院

【作者基本信息】西安美术学院，美术学，2009，硕士

【关键词】雕塑艺术　艺术创作　雕塑风格　叶毓山

【摘要】叶毓山是中国当代著名雕塑家，在五十年来的雕塑艺术创作中，创作了大量不同题材类型、不同艺术风格的作品，产生了广泛的社会影响。本文对叶毓山从1962 年至今的雕塑作品，以创作时间为线索，将叶毓山

在不同时期的作品按照创作题材和艺术风格分五个部分进行了分析论述。第一部分：论述本论文的研究背景、目的及意义。第二部分：分析比较了叶毓山在领袖人物创作和重大历史题材创作中的艺术风格及艺术面貌。第三部分：分析比较了叶毓山在公共艺术创作中的艺术风格和艺术面貌。第四部分：重点论述了叶毓山在非命题性自由创作中的艺术风格及审美价值。第五部分：阐述了叶毓山在上述创作题材中的艺术特色及形成原因。

盛唐之下的三彩人物俑艺术研究

【作者】田青　【导师】赵历平

【出版授权与投稿人】西安美术学院

【作者基本信息】西安美术学院，美术学，2009，硕士

【关键词】雕塑艺术　唐代瓷塑　唐三彩　人物俑

【摘要】“唐三彩”是一种具有时代特征的艺术形式，它在初唐、盛唐时达到高峰，安史之乱以后，随着唐王朝的逐步衰弱和瓷器的迅速发展，其制作也逐步衰退。在这短短的时间内，唐三彩的工匠给后世留下了巨大的辉煌，三彩人物俑更是其中比较精彩的一类。本文通过对唐三彩人物俑资料的收集和整理，把唐三彩人物俑分为人驼俑、人马俑、男俑、女俑4类，并分析了其艺术特征及背景，对它的影响和今后的发展前景进行了阐述。

从《思想者》看罗丹艺术思想

【作者】郑贵祥　【导师】朱守信

【出版授权与投稿人】浙江理工大学

【作者基本信息】浙江理工大学，美术学，2009，硕士

【关键词】艺术思想　人主体思想　自然心理

【摘要】奥古斯特·罗丹（Augeuste Rodin 1840～1917）是法国著名雕塑家，也是世界整体文化发展史上巨人天才的代表之一，尤其是艺术雕塑史上不可多得的一位雕塑天才，刘海粟先生称其为人类雕塑发展史上的第三个高峰。他不但给我们创作了大量的现实主义作品，继米开朗基罗理想现实主义创作手法之后，经过自己艰苦卓绝的艺术实践过程，而且最终确立了现实主义的创作手法和表现语言；更重要的是他和他的学生共同建构了罗丹艺术思想体系和作品体系。而且他本人给我们留下了宝贵的艺术思想财富——《罗丹艺术论》。这是我们整个人类整体文化思想体系的重要组成部分。罗丹作为一个个体已经离开了我们，可是他那光辉的艺术思想和那举世无双的作品永远和我们在一起。并且指导着我们，激励着我们。《思想者》这部作品是他整体作品体系中的典范，也是对他充满神奇的艺术实践的体现和反映；更是对他所建构并整合人类艺术思想——罗丹艺术思想体系的见证。《思想者》是罗丹对自己一生的总结和浓缩，也是对当时整个社会思想的总结和浓缩，更是对我们整个人类文化思想的总结和浓缩。论文不是从作品本身，而是以其作为论证罗丹整体艺术思想体系的始基，从“思想者”和“思想”这两点作为论文的突破口。从而展开对罗丹艺术思想体系中的闪光思想进行挖掘，整理，并论证，为罗丹艺术思想体系的最终建构进一步补充并发展。这是必要的，也是必须的。作为我们，不是一成不变地继承它们，而是必须在我们实际条件和现实环境下对其有益于我们的思想进行辩证地继承，对于不利于我们的思想必须进行彻底地剔除或者进行批判地补充和发展。这样，才有利于我们整体艺术事业的健康发展。一种思想一旦产生并且永放光芒，这不在于思想本身，也不在于思想的创造个体，而在于我们，我们这些活着的人们；也在于我们未来的新人们。希望我们做到，我们的未来者做到——继续为罗丹艺术思想的发展和完善进行不懈地研究和探索。

商至西周前期青铜器龙纹研究

【作者】王莹　【导师】刘凤君

【出版授权与投稿人】山东大学

【作者基本信息】山东大学，艺术学，2009，硕士

【关键词】商周前期　青铜器龙纹　龙文化

【摘要】龙纹是商周时期青铜器装饰艺术的一大主题。殷商是青铜器龙纹发展的黄金时期。西周初期的青铜器纹饰沿袭商代风格，仍以龙纹为主体装饰纹样，发展到西周中期则演变为凤鸟纹主体纹饰风格。本文主要对商至西周前期这一时段的青铜器龙纹进行研究，通过解读青铜器龙纹及其内涵，以增进对商周主体文化内涵的认识以及青铜器艺术之美的体会。本文主要立足于中国传统文化，依据文献考据和实物考证相结合的方法来进行论证。从根本上讲就是运用《美术考古学导论》提出的历史研究法和艺术研究法，对商至西周前期青铜器龙纹装饰艺术做出接近于历史的解读，以及阐明艺术是如何反映社会主体文化的。全文主要分为四章，以及前言和结语。前言部分包括学术界关于商至西周前期青铜器龙纹的研究现状、本文的选题意义，研究方法和创新点。结语部分对本文研究成果做了简短总结，并指出研究难点和不足之处。第一章通过对传说中“夔”、“饕餮”的考证，阐述了青铜器所谓的“夔纹”、“饕餮纹”等神秘纹饰，实质是同时期青铜器龙纹的不同表现形式。第二章主要对商至西周前期青铜器龙纹从视觉角度作了两大分类，分别为侧视龙纹和正视龙纹，进一步列举了两类龙纹的多种表现形式。第三章首先追溯了史前时期龙纹遗存及其多元性龙文化内涵。通过将殷商时期青铜器的龙纹形象与二里头文化时期的各种龙纹表现形式进行比较，显示前者直接受到后者的影响，说明商时期的龙纹形象由夏时期龙纹表现形式发展而来。第四章首先探析了龙纹在商周社会各方面体现的丰富内涵，体现出在商周礼制统治文化背景下，龙纹与礼有着千丝万缕的联系。在此基础上，着重分析了商至西周前期青铜器龙纹的象征意义，认为青铜器龙纹蕴含着与礼相和的内在意义，与乐一起担负着谐调王朝礼制顺利执行的重任。这体现了早在殷商时期，艺术便被赋予辅助“教化”的独特内涵。最后，通过探讨青铜礼器的社会功能，分析了西周中期以后青铜器主体纹饰演变为凤鸟纹的内在原因。

论秦俑雕塑的写实性风格及其文化内涵

【作者】崔炳利 【导师】周峰

【出版授权与投稿人】山东大学

【作者基本信息】山东大学，艺术学，2009，硕士

【关键词】秦俑雕塑 写实性风格 秦文化 雕塑艺术 造型风格

【摘要】本文通过对秦俑雕塑造型风格、塑造工艺、体量规模以及诸多关于秦俑的理论著作的研究，重新认识秦陵兵马俑。笔者认为要深入研究秦俑的造型风格必须拿秦俑雕塑和中国历代雕塑、西方写实雕塑进行对比研究。又由于艺术是广义的文化所以在探究秦俑产生此种风格的原因上要探究秦俑雕塑所蕴含的文化内涵。本文运用比较研究的方法进行研究，将全文分为三个章节：第一章总结前人研究成果和研究现状，将秦俑雕塑与中国历代雕塑和同时期古希腊雕塑进行分比较研究，深入分析秦俑雕塑的艺术成就和造型风格。将秦俑的写实性特征概括为“真的特征”和“异的特征”两方面，指出秦俑是中国土生土长的写实性雕塑，在中国雕塑史上具有重要地位和影响。第二章探究秦俑雕塑所取得的艺术成就的原因，对秦俑雕塑在造型上所追求的高度的写实主义风格的原因进行深入阐述，同时分析秦俑写实风格与西方雕塑写实风格差异的原因。第三章阐述秦俑雕塑的文化地位和影响。指出中国的雕塑艺术远在秦代就已经达到了很高的成就，秦俑雕塑在我国雕塑史上起着承前启后的作用，并在世界雕塑史上占有重要地位。秦俑雕塑是秦帝国强势文化和尚武精神的鲜活体现，是具有鲜明时代特色的雕塑精品。在分析秦俑雕塑写实性风格形成的原因时，本文主要从统一稳定的经济、强势的军事政治、尚武尚实的文化理念、优秀的雕塑工匠、奢华的墓葬制度等方面进行探究，并把秦始皇拥有的至高无上地位和他好大喜功且具迷信色彩的性格特点作为重要的因素之一。在分析秦俑雕塑的文化地位和影响时，本文主要从它独特的造型理念，高超的雕塑技巧、绘塑结合的塑造方式以及它对汉唐雕塑风格开启方面阐述。最后指出雕塑是最能忠实体现时代精神的艺术门类，秦俑雕塑艺术可以作为秦朝时代精神和秦文化的最好诠释。深入研究秦俑艺术，对于在新时代的环境背景下，中国雕塑如何继承优秀传统，创造出具鲜明新时代特色的艺术作品，具有现实意义。

莆田木雕的渊源与流变

【作者】陈高 【导师】李豫闽

【出版授权与投稿人】福建师范大学

【作者基本信息】福建师范大学，艺术学，2009，硕士

【关键词】莆田木雕 传承人 文化创新 产业化经营 艺术风貌

【摘要】莆田木雕素以“精微透雕”闻名于世。与浙江东阳木雕、乐清黄杨木雕和潮州金漆木雕并称为中国四大木雕。木雕已有上千年历史，虽经时代频繁更替，但历代都有优秀作品传世，源远流长。而清末民初的“廖氏木雕”，则奠定了近现代莆田木雕以立体圆雕为主，造型生动夸张、雕工细腻精致、线条优雅流畅的艺术风格。之后代代相传，特别是1949年以来，工匠们紧跟时代的步伐，在继承前人传统工艺的基础上大胆创新，创作出一批又一批优秀的木雕作品，其中不少作品在国内外获奖。近年来，莆田的木雕产业迅速发展，形成了一道独特的民间文化景观。笔者多次走访了民间木雕艺人，收集了大量的原始文本和图片资料。用田野调查、历史文献与其他相关学科研究方法相结合，全面考查了莆田木雕的历史源流、传承脉络和艺术风貌及其地域性特征等；对当前莆田木雕的个体和企业在市场化竞争、产业化经营模式下的生产、生存状况进行了理性的探析和思考。

论佛教雕塑东来以后造像造型的根本变因

【作者】王威 【导师】殷小烽

【出版授权与投稿人】东北师范大学

【作者基本信息】东北师范大学，艺术学，2009，硕士

【关键词】佛教雕塑 造像艺术 重线条

【摘要】如果将佛教雕塑拿去，中国古代雕塑将无法想象。中国佛教雕塑源于印度，印度雕塑又源于古希腊，可是中国雕塑与西方雕塑却大不同，西方雕塑讲光影凹凸，中国雕塑却重线条，从西方来的雕塑是怎样被改造成后来的样子，又为什么会变成那个样子，这是个有意思的问题，笔者从文献对比、考证的角度对此加以梳理，进行发掘和阐述，从而欲向历史和文化方面寻求答案，并期之以对当今雕塑创作能有所助益。

河南淮滨彩绘泥塑研究

【作者】马婷 【导师】王彦发

【出版授权与投稿人】河南大学

【作者基本信息】东北师范大学，艺术学，2009，硕士

【关键词】淮滨彩绘泥塑 民间艺术 审美心理 民俗民风民间美术

【摘要】河南淮滨彩绘泥塑作为民间艺术中的一个类型，决定了它是与当地群众的生产生活、民俗民风紧密联系的；是与当地百姓的审美心理、审美情趣结合在一起的；是民众按照自己的精神需要，参照周围环境、生活方式而进行创作的艺术形式；是把内心情感通过“物化”的形式表现出来。它积淀着丰富的文化内涵，并对群众的创造性思维活动加以确认，展现的是特定社会背景下人与环境的相互关系。本文通过对“淮滨彩绘泥塑”的具体研究，把艺术特征及文化观念以理论分析的方式展现出来；把“彩绘泥塑”的“美”以具体、直观的方式表现出来，从而提升到一个更为准确、易懂的位置。全文分为引言、正文四章和结论共六部分。引言是对论文研究意义、现状、方法的概括叙述。正文第一章是从宏观上，简单的介绍淮滨彩绘泥塑的基本情况，包括起源、艺人以及制作工艺，使读者对其有个大致了解；第二章是从艺术学的角度，着重论述淮滨彩绘泥塑造型、色彩的艺术特征，与其他地方相比

有什么不同，有什么独特的艺术魅力；第三章则是从文化学角度出发，以“民间美术观念”为切入点来阐释淮滨彩绘泥塑的文化内涵，解释其造型、色彩的吉祥寓意及象征含义；第四章则是从审美的角度来论证淮滨彩绘泥塑所产生的美学意蕴，全文以第二章、第三章为重点。总体说本文是把“淮滨彩绘泥塑”引入到艺术文化学的范畴中，通过对其纵向、横向的深刻探讨来展现民间彩绘泥塑所具有的艺术魅力。揭示出“彩绘泥塑”作为一种艺术形式在民间美术中的重要性，以及所蕴含的“艺术美”对广大民众的影响。

湖南石雕牌坊及其装饰设计研究

【作者】胡刚　【导师】焦成根

【出版授权与投稿人】湖南师范大学

【作者基本信息】湖南师范大学，设计艺术学，2010，硕士

【关键词】湖南　石雕牌坊　装饰设计　湖湘石雕文化内涵

【摘要】湖南石雕牌坊是湖南石雕的重要组成部分。笔者藉参与湖南省委、省人民政府“十一五”重点文化工程《湖湘文库》系列之一《湖湘石雕》的实地考察调研之机会，亲自见识了湖南古代石雕牌坊的艺术魅力和文化内涵。本文由牌坊这一具有纪念性意义的小品建筑的简要发展历程开始，在述及其分类原则和方法后，转入到湖南石雕牌坊的功用和性质分类，并对湖南石雕牌坊的分布情况进行了较为详尽的介绍。文章第二个重点阐述的是湖南牌坊石雕的装饰设计特征，在介绍完牌坊石雕的主要构件之后，从福、禄、寿、喜、财等五个方面对牌坊各石雕构件的装饰题材进行了概括，并结合实例从浅刻、浮雕、圆雕、透雕等四个方面对湖南牌坊石雕的装饰表现手法做出了说明。文章最后一部分较为详尽地介绍了湖南石雕牌坊中的两个具有典型代表意义的案例，并以此综合说明了湖南石雕牌坊及其装饰艺术的设计意味和文化内涵。

困境与转机
——中国雕塑的现代化转型研究

【作者】阙真喜　【导师】孙泉

【出版授权与投稿人】湖南师范大学

【作者基本信息】湖南师范大学，设计艺术学，2010，硕士

【关键词】写实主义雕塑　现代化转型　艺术创作

【摘要】本文以民国时期的中国雕塑为研究对象，以抗日战争爆发为其发展的分水岭，将中国现代雕塑的发展进程设置于时代吁求的大背景中，研究这一时期中国雕塑在现代化进程中遭遇困境的原因以及特殊的大时代所赋予的转机。笔者通过对具体雕塑家在抗战爆发前后的特殊时期，他们的生存状态、创作环境、表现手法、艺术理念、被认知程度以及对代表作品艺术形式的分析研究，深入论述了中国雕塑在转型时期所经历的困境和转机，并分析了这两种状态形成出现的时代背景、理论支持和雕塑家的个人努力。作为一门公共艺术，雕塑的发展和研究相对于其他艺术形态，更加需要稳定的环境，强大持续的经济支撑，雕塑作品赞助者和创作者之前的默契和相互沟通协调，更需要同时代广大读者对这一时期雕塑艺术风格的欣赏能力和接受程度。而在20世纪二三十年代的中国，正是处于军阀混战，民不聊生，经济状况欠佳的时期，这都对雕塑艺术的实现和发展带来了毁灭性的打击。这一时期，几乎所有的雕塑家都在为生计和生存的问题发愁，更遑论执著于雕塑艺术创作了。这一时期的雕塑家并不完全是纯粹的职业雕塑家，他们为了糊口，或者多样的艺术兴趣，具有多重的社会身份，这都在一定程度上影响了雕塑艺术的发展。抗日战争爆发后，民族国家的政治意识成为压倒一切的问题，在民族危亡的关键时刻，阳春白雪的艺术受到了艺术界的批评，艺术家一致认为，艺术创作要为顺应大时代的吁求，为民族的自由独立事业贡献出自己的一份责任。抗战宣传的特殊需求，给中国的写实主义雕塑带来了新的发展契机。写实主义创作方式及教学体系在中国的雕塑教学中逐步建立，并为后来的雕塑教育产生了深远的影响相较其他的艺术类型，雕塑艺术迟到1940年才显示出其独有的宣传教育作用。雕塑家都积极地参加到抗战宣传的雕塑创作中，创作了一大批抗日将士、民族英雄、革命领袖的艺术形象，在教育和鼓舞广大国民抗战信心方面起到了重要的作用。最后得出结论：中国雕塑的现代化进程，在经历了困境之后，中国雕塑的现代化进程转型的标志无疑就是抗战时期写实主义雕塑手法的建立和新创作模式的确立，即标志着中国雕塑由传统形态转向了新的现代雕塑模式，这既是中国现代雕塑自身发展的必由之路，也是民族危亡的特殊时期，大时代吁求下的中国雕塑家的自觉选择。正是中国现代雕塑在现代化的进程中选择了与民族国家的发展潮流合拍，才使得这一时期的雕塑艺术在当时乃至其后的时间里处于“一尊”的艺术地位。在研究过程中，笔者借鉴了众多前辈、同仁的现有研究成果，并时有厘正。笔者认为，中国雕塑在转型时期形成的创作手法和艺术观念，至今还对中国雕塑艺术创作产生着深远的影响。

中西方雕塑空间对比研究

【作者】任磊　【导师】王铁城

【出版授权与投稿人】北京服装学院

【作者基本信息】湖南师范大学，设计艺术学，2009，硕士

【关键词】雕塑空间　可知空间　雕塑艺术

【摘要】一件完整的雕塑作品，除了作品本身所占的三维空间和作品所承担的艺术理想之外，作品在塑造的时候依赖雕塑家对空间的认识和把握能力，在解读的时候依赖观众，不同观众以个人意识解读出不同的作品涵义，辅助完成了雕塑的二次创造，从而赋予了雕塑“艺术”的意义。中西不同的社会文化背景致使形成不同的雕塑风格，西方文化传统肯定人的力量，注重科学实践，雕塑造型追求真实、酷肖；中国雕塑受传统文化中儒释道精神的影响，

雕塑造型求“神似”讲“气韵”，追求雕塑主体与外在空间环境的呼应。中西方雕塑空间的对比研究一直是雕塑家们努力研究的重要课题。本文的雕塑空间是一个广义的空间概念，分为：雕塑的可知空间、雕塑的可视空间、雕塑的可感空间三部分。在雕塑的可知空间里着重分析中西不同的历史、文化、思想对于两国雕塑家艺术思维的影响，以及雕塑艺术的表现形式；在雕塑的可视空间内，分析中西雕塑的可见形式和表现技法；在雕塑的可感空间里，分析由中西不同文化和审美理想造就的雕塑形态。以及在对比“可知”、“可视”、“可感”空间之后的目的：观者既能和雕塑家产生情感的共鸣，又能在共鸣之后衍生新的艺术思维，完成雕塑艺术二次创造，达到艺术的升华。雕塑家则在中西雕塑的“可视”、“可知”、“可感”空间对比之后，明晰中西雕塑的差异，理清思路，创作具有中国特色的当代雕塑。雕塑是个空间的艺术，雕塑创作前的可知空间、雕塑完成后的可视空间、雕塑被解读时的可感空间，三者合而为一，雕塑才有意义；雕塑还是个发展的空间艺术，新世纪、新空间、新思维、新发展，知差别而后作，雕塑才有生命力。

草原民族审美取向影响下的内蒙古城市雕塑研究

【作者】曹蕾　【导师】周阿成

【出版授权与投稿人】江南大学

【作者基本信息】江南大学，设计艺术学，2009，硕士

【关键词】审美取向　城市雕塑　民族风格　文化心理　蒙古族

【摘要】本文以内蒙古地区的城市雕塑作为研究对象，旨在从城市雕塑的民族性出发，对草原民族审美取向的形成与嬗变展开探索，寻找最适合当代城市蒙古人的城市雕塑审美价值。首先，在分析草原民族传统的地域环境和生活方式、民族精神和艺术遗产的基础上，挖掘草原民族的传统审美取向。其次，对蒙古族人民在现代化与城市化进程中的文化心理状况，进行历史因素、生态因素和文化因素三个角度的分析，进而梳理其审美心理和取向的流变。再次，对内蒙古城市雕塑的历史与现状进行实地考察，总结内蒙古城市雕塑存在的问题。最后，根据中国城市雕塑的发展规律对内蒙古城市雕塑的未来进行展望，并根据其问题现状结合草原民族审美的定位，做出内蒙古城市雕塑的理想设计方向的探讨。本文拓宽民族艺术形式在城市雕塑中的运用，提出草原民族审美文化的自然观、群体性、生活化和歌颂真善美的特征与城市雕塑理念相融的新视角。希望可以给予城市雕塑创作者以启示，使内蒙古的城市雕塑艺术拥有更丰富的创作资源，拓宽发展道路，从而推进民族地区的城市文化发展，并实现对民众特别是城市蒙古人这个特殊群体的人性关怀。

中国当代人体雕塑研究

【作者】魏达　【导师】王铁城

【出版授权与投稿人】北京服装学院

【作者基本信息】北京服装学院，设计艺术学，2009，硕士

【关键词】人体雕塑　造型艺术　艺术形式

【摘要】本研究的目的是通过对中国当代人体雕塑造型艺术方面和精神指向方面的深入分析，让人们对当代中国的人体雕塑有一个更加直观认识。回顾漫长的雕塑历史会发现人体雕塑是雕塑艺术中历史最为悠久的形式，也是西方具像雕塑所表现的主要内容。它随着20世纪西方写实主义雕塑的引入而进入了中国。改革开放以后中国社会发展的脚步越来越快，当代艺术如滚滚洪流一般取代之前的传统形式成为艺术的主流，雕塑受到这一艺术潮流的影响而面临着许多问题。传统的人体雕塑也被纳入到了这一当代的背景下，面临着如何跟上时代，跟上艺术发展脚步的问题。雕塑是一种注重手工技能和创作实践的艺术形式，人们对于雕塑的理论研究是相对比较薄弱的。因此在艺术发展如此迅速的今天，有必要通过理性的思考与分析对人体雕塑有新的认识。人体雕塑作为雕塑当中较为传统的艺术形式如何立足当代，面向当代生活，表现当代情感，反映当代的价值观；如何在多元化当代艺术的背景下坚持自己的雕塑精神，这些都是研究中国当代人体雕塑需要关注和回答的问题。本文的主旨在于通过细致考察中国20世纪80年代以来中国雕塑发展的历史背景和艺术家作品，以社会转变为前提，探讨当代人体雕塑的表现形式，试图以较为清晰的论述将当代人体雕塑出现的新特征进行归类。并通过对每个特征的描述和解析，结合相应的具体作品举例分析，从中认识当代人体雕塑的发展方向，从而了解当代人体雕塑的现实状况。

中国古代图形印研究

【作者】冯瑾　【导师】张朋川

【出版授权与投稿人】苏州大学

【作者基本信息】苏州大学，设计艺术学，2009，硕士

【关键词】图形印　印章艺术　中国古代印章

【摘要】图形印是与文字印相对的一种印章艺术的门类，其内容有鸟、兽、人物、神话传说、花草几何及各种生活场景等，取材相当广泛，反映出古代社会的民俗风情、思想信仰、审美取向等各个方面，具有重要的文物价值和历史意义。同时，图形印小中见大，在方寸之内通过巧妙的设计构思经营出形形色色的形象、场景，蕴含着极其丰富的艺术价值。中国古代图形印滥觞于新石器时代，在经历了战国至两汉的成熟与鼎盛期后趋于式微，元代图形印大量兴起，明清以后图形印在先秦两汉图形印传统的基础上复兴并呈现出一些新的艺术面貌。本文在内容上分为两大部分，第一部分为一至三章，以中国古代图形印的发展为基本脉络，从时代背景入手，借助各种文献史料对图形印的发展作系统的分析梳理，研究古代图形印艺术所扎根的历史、社会土壤及其所蕴含的丰富文化内涵，对不同时期图形印的功能、性质、文化内涵进行论证研究；第二部

分即第四章，从设计艺术学的角度对古代图形印的造型、纹样、构图进行研究，分析其艺术特色与设计规律。

凤翔泥塑色彩应用特征与审美内涵的研究

【作者】李雅楠　【导师】高晋民

【出版授权与投稿人】西安美术学院

【作者基本信息】西安美术学院，设计艺术学，2009，硕士

【关键词】雕塑艺术　凤翔泥塑　泥塑色彩　民俗文化　艺术审美

【摘要】本文立足于民族主题性色彩的研究，在剖析视觉表象的过程中，分析蕴含在视觉深处的能愉悦本民族精神情感的色彩搭配理念，从而再现中华民族色彩理念的文化内涵，并以此来指导本民族的现代设计。目前在传统文化与现代设计之融合、借鉴中，不求甚解的图式搬家、色彩套用现象普遍存在，以至造成设计作品的表象化，肤浅化，设计作品只是一时的赏心悦目，而缺乏持久的生命力与深刻的文化内涵，设计大师马蒂斯先生说过：“设计要关注社会，设计应该反映民族的、地域的文化精神”。中国的现代设计只有深深地扎根于民族文化的土壤中，才会具有旺盛的生命力。传统、现代、融合，是设计家长期来一直探讨的问题，本文仅从人们喜闻乐见的凤翔泥塑色彩元素的特征中做一些分析研究，企图探寻民族民间的传统配色规律及应用理念，从而在现代设计中得以更好的融合与应用。只有根植于民族土壤的现代艺术才是长足的、有远见的、深刻的有生命力的艺术。凤翔泥塑的色彩研究只是中国色彩研究中一个很小的着眼点，我们对于民族色彩的开发与研究还远不止于此，重要的是以小见大反应本民族深层的文化结构与审美心理，从而使中国的现代设计艺术在色彩研究领域有新的拓展空间。

徽州木雕的文化意蕴与文化特征

【作者】罗子婷　【导师】任焕斌

【出版授权与投稿人】西安美术学院

【作者基本信息】西安美术学院，设计艺术学，2009，硕士

【关键词】木雕艺术　徽州木雕　木雕造型　民俗文化　艺术审美

【摘要】徽州木雕是明清时期我国民间木雕艺术的一颗璀璨的明珠。徽州木雕植根于深厚的徽州文化，它的题材与内容、创作方法与造型形式富有鲜明的地域文化特色和审美品质，包含着深厚的文化意蕴。本文以社会学、文化学、民俗学、美学、艺术学等方法，首先从政治经济、地理环境与人文背景等因素入手，对影响徽州木雕产生的种种因素作了系统的梳理与分析，总结了徽州木雕产生的原因。其次，按题材的类型将徽州木雕分为人物故事、世俗生活、山水风光、诗文情境、花木鸟兽、博古图案六大类，具体分析了徽州木雕的文化思想内涵。同时，还结合徽州古民居建筑的特点和徽州木雕装饰的构思、设计、制作、装饰造型形式、纹样等考察分析，论述了徽州木雕的创作方法、造型以及装饰语言的特点，并由此总结出它的审美品质 -- 构思圆合，风貌完整；风格质朴，格调明朗；雕刻精美，装饰性强；亦俗亦雅，雅俗共赏。在以上讨论的基础上，对徽州木雕艺术的文化意蕴作出了总体概括，指出：①徽州木雕艺术作为一种文化存在形态，首先具有民间化与民俗文化的双重特性。②徽州木雕艺术的文化思想观念集中表现为以儒家文化为主导的中国传统文化和徽州民间民俗文化的相互糅合。③徽州木雕装饰风格所呈现的美感形态，普遍偏于喜乐，具有乐感文化的鲜明特征。④作为艺术，徽州木雕的品质表现为亦精亦朴雅俗共赏。

雕塑创作中的情感表达

【作者】吴秋琅　【导师】孙泉

【出版授权与投稿人】湖南师范大学

【作者基本信息】湖南师范大学，设计艺术学，2009，硕士

【关键词】雕塑艺术　艺术创作　艺术语言　情感表达

【摘要】自古以来，在艺术创作上人们就讲究“有感而发”，因此，情感是一切艺术形式最根本的起源。艺术作为情感的表现，不论从主体的精神心理来看，还是从艺术作品的内容来看，情感在艺术作品中都有着极其重要的作用。没有情感就不会有艺术。艺术创作是在认识自然、研究自然的基础上，将人的情感、思想通过一定的形式和内容给予真情的流露。艺术创作并不是简单的摹写和重现客观事物，而是一种人类情感的表现，只是这种情感经过艺术的方式来完成。在这个过程中，艺术突显了人的情感和生命力，它通过赋予特定的形式来张扬情感。本文通过自己的创作，深刻的体会到了情感在雕塑创作中的重要性。同时也结合了雕塑传统语言如形体，空间，材料等，探讨了在雕塑创作中如何更好地进行情感的表达，通过对国内外一些有代表性的雕塑的参考，寻觅情感表达在几千年的雕塑发展史上的踪迹。总体看来，如果说原始社会的雕塑是自由表达情感的开始，经历了古希腊时期“标准美”的约束，到后来的罗丹打破固有模式，开创了雕塑创作的多种语言的先河，再到当代艺术完全自由和自我的表现手法，情感表达在雕塑创作中的地位经历了自由——约束——反抗——自由的过程，艺术最终还是回到了它的本原——对于人类自身情感的自由抒发。

历史性题材雕塑在城市环境中的积极作用

【作者】吴卫东　【导师】殷小烽

【出版授权与投稿人】东北师范大学

【作者基本信息】东北师范大学，设计艺术学，2009，硕士

【关键词】城市环境　历史题材　人文　雕塑技法

【摘要】历史性题材雕塑作品作为城市雕塑的重要组成部分，已经更容易为广大受众所接受，它不仅能在小区、广场、街道建设上发挥作用，更好地表现视觉上的美，其

浓重的表现力更能传递出不同风格、表现不同主题，其丰富的表现形式不仅能表达中国传统和西方的审美观念，而且能起到文化传播的深远作用。如何运用和掌握历史性题材应用于城市雕塑的要素，运用美学，雕塑技法，使雕塑、环境和人更好的配合搭配，生成更好的整体效果，正是论文要讨论的。研究历史性题材雕塑与现代城市空间结合所产生的积极效果，得出结论并且寻求更好的发展途径，对未来发展进行展望。采取综合分析与比较法，从历史性题材雕塑和城市环境的概念入手，分析其特点与规律，找出其二者之间的联系，通过分析比较得出当代历史性题材的特殊性对现代城市环境的积极作用。历史性题材雕塑一直是主流文化的代表，但是就历史性题材雕塑与现代城市结合的问题国内还没有具体的详尽的论述。本文试图进行这方面的尝试研究。对历史性题材雕塑与城市环境的积极作用进行阐释。在文章中详细分析历史性题材雕塑与城市环境的关系，可以作为日后雕塑创作的理论补充。

论佛教雕塑东来以后造像造型的根本变因

【作者】王威　【导师】殷小烽

【出版授权与投稿人】东北师范大学

【作者基本信息】东北师范大学，艺术学，2009，硕士

【关键词】佛教　雕塑　造像艺术　重线条

【摘要】如果将佛教雕塑拿去，中国古代雕塑将无法想象。中国佛教雕塑源于印度，印度雕塑又源于古希腊，可是中国雕塑与西方雕塑却大不同，西方雕塑讲光影凹凸，中国雕塑却重线条，从西方来的雕塑是怎样被改造成后来的样子，又为什么会变成那个样子，这是个有意思的问题，笔者从文献对比、考证的角度对此加以梳理，进行发掘和阐述，从而欲向历史和文化方面寻求答案，并期之以对当今雕塑创作能有所助益。

色彩在雕塑中的作用

【作者】王克冰　【导师】殷小烽

【出版授权与投稿人】东北师范大学

【作者基本信息】东北师范大学，美术学，2009，硕士

【关键词】情感色彩　人文色彩　雕塑创作　形体空间

【摘要】对雕塑的色彩研究直接影响着雕塑的欣赏、雕塑创作和雕塑批评，具有重大的理论意义及现实意义。它与雕塑家的内心感受相一致，受雕塑创作情感所影响。雕塑的色彩与形体联系越来越大，密不可分。随着时代的进步，科技的发展，越来越多种类雕塑的不断涌现。现代雕塑是一种综合性、多元性的群体，它由更多层面构成。而雕塑中的色彩又是最引人注目的重要层面，它连接着雕塑的形体与空间，而恰恰这种色彩美又最打动人的视觉感官。因此，我们更要研究色彩在雕塑中的作用，将色彩发挥到雕塑创作当中，更大地展示雕塑作品的魅力。事实证明，在世界雕塑艺术的发展史上，雕塑的色彩与形体常常是相互相容，密不可分的。形与色的相互交融一直伴着雕塑艺术的不断发展。

让·穆克雕塑作品中的情感表现研究

【作者】逄军伟　【导师】刘建华

【出版授权与投稿人】上海大学

【作者基本信息】上海大学，美术学，2009，硕士

【关键词】让·穆克　雕塑作品　超级写实主义

【摘要】让·穆克(Ron Mueck，1958)重拾20世纪六七十年代的超级写实主义手法来表达自己的艺术主张。他将精工细作的手工技法、夸张的尺度和真挚的情感表现融为一体，赢得了艺术评论者和观者的好评。情感表现是让·穆克作品的最大魅力所在。本文旨在通过分析让·穆克的作品主题和风格，揭示其作品的独特情感魅力。笔者将其作品规格分类为“缩小的艺术世界”和“扩大的艺术世界”，通过作品尺度的拉伸，深入分析作品背后的情感变化，通过主题的表现透析出让·穆克作品中的情感艺术魅力。本文认为，让·穆克虽处在技术不断更新的时代，却重拾传统的手工制作，回归人类的本性情感，展示了一位当代艺术家独具的艺术特色。他以精湛的表现手段、夸张的造型尺度打破了人们的习惯性视觉认识，达到作品与作者心灵的完美统一，再次拓宽了超级写实主义的审美视野，引起人们的思考和共鸣。他的成功给予当今不断求新求变的艺术世界以新的启示，对当代艺术家的个性发展起着重要的作用。

论当代公共雕塑中形态渐变的艺术形式

【作者】刘兴山　【导师】张海平

【出版授权与投稿人】上海大学

【作者基本信息】上海大学，美术学，2009，硕士

【关键词】公共艺术　公共雕塑　雕塑创作　造型语言　艺术形式

【摘要】随着当代城市文化进程的发展，“公共艺术”(public art)已成为提升城市文化生活品位与美化城市人文空间的一种不可或缺的组成部分，而作为“公共艺术”中主要表现形式的“公共雕塑”(public sculpture)，正在以其独特的艺术形式美化着城市空间的精神内涵和文化氛围。“形态渐变艺术形式”是体现于当代公共空间中一种独特的雕塑语言方式，因为这一表现手法的独特及其作品审美的多元性，它已被广大雕塑家所运用，尤其在现当代的公共雕塑创作中不乏许多这样的例证。本文追溯了“形态渐变艺术形式”在艺术史上的形态演变脉络，归纳了这种艺术形式的审美特点，并且着力探讨其为丰富当代公共雕塑语言、调节美化公共空间所带来的积极意义，最后结合本人的具体作品详细分析了这种艺术形式，在当代公共雕塑语意下的体现状况，为本人艺术创作所带来的有意启示。

当剪影介入雕塑
——剪影艺术在当代雕塑中的应用

【作者】刘磊　【导师】王建国

【出版授权与投稿人】上海大学

【作者基本信息】上海大学，美术学，2009，硕士

【关键词】剪影艺术　雕塑作品　雕塑创作　造型语言

【摘要】20世纪以来，艺术在经历了工业化大生产的时代之后发生变革，雕塑也是如此。艺术家不仅运用传统的雕、塑、刻等造型方式进行创作，同时又把雕塑当做一种构成和装配。20世纪六七十年代，有些雕塑作品开始强调单纯的平面感，追求轮廓和剪影的效果，极大的拓展了雕塑的表现力。本文以剪影这种平面艺术形式为切入点，引出当代雕塑艺术创作的平面化倾向的现状，通过对大量剪影式雕塑的案例进行分析研究，解读剪影式雕塑在当代公共空间中的存在的合理性和它的发展趋势，以及这种现象背后所体现的文化涵义和艺术语言的关系。本文共分为6个部分：第一部分，绪论。主要阐明本课题的选题目的和意义，并阐述了论文的研究内容、目标和方法；第二部分，从剪影艺术的概念和审美特征来进行分析，并例举剪影艺术在其他艺术样式中的表现形态，以证明当代艺术向剪影化倾向的现状；第三部分，将剪影艺术介入雕塑当中的造型语言划分为“雕塑的剪影”和“剪影的雕塑”两大系统进行论证，说明两种造型语言的作用和重要性；第四部分，剪影艺术在当代雕塑中的运用。首先论述影响剪影艺术介入雕塑的原因，通过一些研究数据和典型范例对剪影介入雕塑艺术在材料、工艺、设计理念和表现形式进行分析和比较，使理论表述和现实状况间能够相互对照和印证；第五部分，分析剪影在当代中国雕塑艺术语境中的再创作，把理论和实践加以分析和梳理，同时结合自身的创作实践，揭示该课题的理论研究在现实中的价值和意义，使理论最终对实践产生指导作用；第六部分，结论。分析剪影艺术与当代雕塑结合的优势和局限，对剪影艺术在雕塑中的应用以及其后的发展趋势做出分析和预测。

雕塑艺术中“残缺”现象的分析

【作者】李卫　【导师】杨剑平

【出版授权与投稿人】上海大学

【作者基本信息】上海大学，美术学，2009，硕士

【关键词】雕塑艺术　艺术残缺　审美情趣　艺术社会学审美心理学　思维模式

【摘要】随着现代科学技术的发展与现代工业的兴起，以及人们审美观念在新时代环境中产生的变化，使得大多数艺术家的创作目的转变为如何从过去传统的雕塑材料语境和人们习惯的审美情趣中解放出来，从而出现了反传统的现代雕塑语言。文章主要针对雕塑艺术中的“残缺”现象进行了研究，追溯了这一现象相关的雕塑历史，并列举了一些典型的艺术家及其作品，通过对艺术社会学和审美心理学的研究，从人类的心理、思维模式、触觉经验及审美心理等多角度进行阐述，力图比较准确地去把握人类审美意识中“残缺”的存在、变化和发展状况。残缺的形式结构来自于媒介特性，是知觉概括、艺术简化和复杂化的混合物，有着主客体交融的生命节奏、历史感或时间性。现代艺术语言的残缺形式，是一种有机的富于生命力的节奏，它没有工业文明的虚伪、僵硬和死板，它是艺术秩序创造中的重要因素。它体现了创造主体的当下行为或冲动，而这种表现力又往往与主体的个性、气质等密切相关。所以，它是旁人甚至于是自己所难以模仿的。研究表明并不是所有的残缺都是艺术的，残缺美是有前提的：1. 具有一定的文化内涵；2. 具有一种共同认知的审美；3. 艺术上的残缺并不是简单的形体的不完整。残缺的美不是表现在外在形体上，亦不在残缺本身，而在残缺形成的无限艺术空间。

浮雕艺术与浮雕教学研究

【作者】田鲁　【导师】任世民

【出版授权与投稿人】中央美术学院

【作者基本信息】中央美术学院，美术学，2009，硕士

【关键词】浮雕　浮雕教学　中外浮雕艺术

【摘要】浮雕是一种独特的造型艺术。浮雕是立体造型被压缩在平面上的一种造型艺术形式，它是以底板为依托，在有限的塑造空间对自然物象进行体积上的合理压缩，并通过透视和错觉等方法，向人们展示较抽象的空间效果。因为它兼有平面性和立体性，它区别于平面造型与立体造型，因此，也可以说是介于绘画和雕塑之间的一种独特的造型艺术形式。世界上的文明古国，毫无例外都有一些浮雕艺术珍品留传于世。像中国的汉代画像石，两河流域文化的亚述王朝的浮雕，尼罗河流域的古埃及浮雕，以及古希腊古罗马的建筑浮雕，玛雅的装饰性雕塑等，都互不雷同，各有特色，以强烈的艺术形式感染着后人。中国改革开放以来，城市和环境以一种现代化的模式飞速发展。公共艺术浮雕与环境的关系、新材料的应用与研究、艺术的多元化、个性化浮雕教学应向何处去？这都是摆在我们面前的新课题。文章分两部分：前半部分是对与浮雕艺术概念，浮雕艺术特征及表现方法，以及浮雕艺术的分类并以大量的浮雕经典作品为例证分析；第二部分为中外浮雕教学的现状分析比较，提出中央美术学院壁画系的浮雕教学现状，并拟定出建立浮雕专业或浮雕工作室建设的必要性和重要性及教学课程设置方案。

陶瓷材料在公共艺术中的运用

【作者】刘成章　【导师】秦璞

【出版授权与投稿人】中央美术学院

【作者基本信息】中央美术学院，雕塑，2009，硕士

【关键词】人　自然　社会　公共艺术　陶瓷材料

【摘要】公共艺术中的任何一种元素都是在怎样把人、自然、社会的关系有机的结合起来，达到和谐的状态。在关注我们的公共艺术时要用这些元素去创造适合人们生活的公共环境即艺术营造空间。在利用各种因素去创造公共艺术品时，对连接人、自然、社会有着天然条件并且散发着浓郁人文精神的陶瓷材料应该在公共艺术中占有它的一席之地。本文从陶瓷材料的特性并结合陶瓷材料的内在精神来探讨论其介入公共空间的必要性。

直接金属雕塑创作中的即兴因素

【作者】董亮　【导师】 隋建国 吕品昌 王少军 张

伟 于凡 展望

【出版授权与投稿人】中央美术学院

【作者基本信息】中央美术学院，雕塑，2009，硕士

【关键词】即兴因素　潜意识　直接金属雕塑

【摘要】本文主要从直接金属雕塑的发展历史出发，结合世界著名的直接金属雕塑大师的作品及言论，以及国内部分直接金属雕塑作者的感受，来探讨"即兴因素"。它包含有直接金属雕塑即兴因素的概念基础、创作应用、以及金属材料观、表达方式和内涵等为题。论文主要围绕以下几个方面进行论述：①潜意识引导下的即兴因素；②现代雕塑家创作中的即兴因素对直接金属雕塑的贡献；③直接金属雕塑工艺制作方面的即兴因素；④各门类艺术创作中都普遍存在的即兴因素；⑤对国内当代直接金属雕塑的影响。在研究方法上，本文通过对潜意识与即兴因素的关系及直接金属雕塑作品创作阐述和分析金属工艺制作方法相结合的方式，通过对创作过程的解读、以及分析来说明直接金属雕塑创作中的即兴因素。

行业体制变革与生活方式变迁下的制陶手工业

【作者】林力　【导师】乔晓光

【出版授权与投稿人】中央美术学院

【作者基本信息】中央美术学院，美术学，2009，硕士

【关键词】制陶手工业　土陶　行业体制　非物质文化遗产　民间手工艺

【摘要】传统手工业在市场冲击之下发生的改变，并不是一个自然而然的过程更不是一个合理的过程。本文拟从行业体制变革和生活方式变迁两条相互交织的线索出发，对20世纪80年代以来高速都市化背景下，桂花镇土陶手工业的情况进行描述。以90年代作为时间节点，关注此时间节点前后的土陶业状况，可以看见随着生活方式的变迁，原有行业制度的丧失对一个手工行业带来的影响。本文将土陶放置到社会和行业体制的背景中去研究，将民间手工艺还原到生活之中，在时空的变迁中关注民间手工艺的技术特征、生产工具、产品形制、手工艺流变过程以及活动在土陶业内的人，只有在一个生活空间和文化空间中，才能更好地认识民间手工艺。生活方式的变迁固然是造成传统土陶手工业衰微的重要原因，但是原有行业制度支撑的丧失和国家扶持力量的缺乏，才使得传统土陶手工业失去了通过技术更新自我改进和进行产品创新的实力与基础，也无法通过行业整合以适应市场的竞争，只能重新回到自生自灭的旧有状态。桂陶通过"申遗"的方式来寻求保护，但更应该充分考虑如何使之再生活化，即与现代生活取得更密切的联系。完善的行业体制以及国家力量的参与扶持，将对传统手工业的承继和发展起到十分重要的作用。

"张成造"剔红栀子花盘研究

【作者】常瑞红　【导师】胡明哲

【出版授权与投稿人】中央美术学院

【作者基本信息】中央美术学院，实验艺术，2009，硕士

【关键词】"张成造"　剔红　雕漆　漆艺　漆材质

【摘要】论文以"张成造"剔红栀子花盘作为研究对象进行分析研究。通过对"张成造"剔红栀子花盘产生的背景原因、它对后世的影响及其工艺特征、审美特征、纹饰特征和艺术价值等方面的具体研究，来论证"张成造"剔红栀子花盘的艺术价值和它在雕漆发展乃至漆艺史中的重要地位，并通过分析论证漆艺样式的变化不仅受到社会环境的催化，更重要的原因是受到漆材质本身特性所规定的内在逻辑的影响。漆艺是中国传统文化的重要组成部分。雕漆样式在中国漆工艺发展史上占据十分重要的地位。雕漆是漆材质运用的巅峰样式，它所呈现的不仅仅是漆艺形式语言的独特魅力，更是凝结着中华民族七千年造物的文明与智慧。雕漆的发展历经唐、宋、元，明、清时期达到其工艺与产业规模的高峰。"张成造"剔红栀子花盘产生于元末，"张成造"不仅仅是一个雕漆作品的款识或标记，也是一个代表商品经济发展之初的品牌形象，其工艺水平和艺术审美等方面都具有经典意义。在雕漆的发展过程中，以"张成造"剔红栀子花盘为代表的元末雕漆起到承上启下的作用，对明清雕漆工艺的发展和南方雕漆风格产生了直接的影响。"张成造"剔红栀子花盘的艺术成就已经在召唤漆艺发展的另外一个高峰期——明清雕漆样式的到来。

中国当代现实主义雕塑与"人文关怀"

【作者】刘巍　【导师】王中

【出版授权与投稿人】中央美术学院

【作者基本信息】中央美术学院，雕塑，2009，硕士

【关键词】现实主义　人文关怀

【摘要】"现实主义"是艺术创作中一个重要的概念，而"人文关怀"是艺术家应该具有的一种情怀，两者之间有着不可分割的联系。本文首先对这两个关键词的概念及相关层面的意义进行了比较全面的论述，然后从时间和空间的维度，对古今中外的"人文关怀"与现实主义雕塑的渊源进行了回顾和总结，并选取了一些具有代表性的雕塑艺术家和他们的作品作为例证进行分析，并且重点分析了在中国当下的社会和艺术环境中，"现实主义"雕塑创作如何与"人文关怀"的精神更加密切的融合在一起，结合一些突出艺术家的作品分析了两者融合的特征与表现方式，也对中国现实主义雕塑创作中的"人文关怀"发展变化，和创造当代新特征的原因进行了有效的论证和分析。个人经验性是中国当代雕塑革新的重要层面，而中国当代雕塑如何从个体语境入手体现人文关怀也是中国当代艺术领域的重要议题。顺应社会和艺术发展的趋势，使中国当代现实主义题材雕塑创作更好地从个体语境的角度切入艺术家个体的创作，从而在艺术创作中加强对"人文关怀"关注与表达的自觉性，是本文论述的结论与观点。

浅析物派与当代艺术中的中国问题

【作者】杨光南　【导师】隋建国

【出版授权与投稿人】 中央美术学院
【作者基本信息】中央美术学院，雕塑，2009，硕士
【关键词】物派　东方哲学　个体　群体　自由　制约　差异

【摘要】二战后的日本笼罩在西方的主流思想和流行文化影响的阴影中，物派艺术家为了找回自我身份意识和价值，开始大量从本民族的文化传统中汲取养分，以避开被他者文化所覆盖的现实，开拓具有东方气质的作品样式。物派最终成为东方的一个现代主义的成功代表。它的基本观念是吸收了西方现代派，但是又试图把东方的一些美学加进去。跟中国早期的把印象主义、现代主义和中国文化的传统结合起来有诸多的相似性，同时又与中国当代面临的略显被动的文化和艺术状况非常相似，所以日本的"物派"艺术无疑是个值得借鉴的引人思考的例子。本文以物派艺术为引子，第一章共分六小节：第一节简单对物派进行解释；第二节和第三节分别分析物派思潮发生前后的国际国内美术界状况；第四节分析物派的诞生及艺术活动；第五节和第六节分别探讨物派的核心思想及其价值与影响。第二章第一节在分析物派的基础上探讨当代艺术中的中国问题。中国问题只要从"中国性"和"个体性"两个方面来探讨。

浅析齐琪·史密斯的女性主义艺术精神

【作者】王欣雪　【导师】王少军

【出版授权与投稿人】中央美术学院
【作者基本信息】中央美术学院，雕塑，2009，硕士
【关键词】女性主义　女性艺术　象征性　性别差异

【摘要】本文从齐琪·史密斯的作品入手，探讨其作品的深层次精神性内涵。在对其作品中充满象征性和叙述性的表现方式进行分析和阐释的基础上，客观系统的梳理了齐琪·史密斯作为一位女权主义艺术家在生存观念和艺术创作及表达上的独特视角，即：私密化的自身发掘、直观化的感性把握、人性化的女性关注和观念化的生活表达四个主要方面。文章着重阐述了具有政治意味的身体艺术这一重要范畴，把齐琪·史密斯作品给人带来的强烈的超越时空和静态认识的情感差异归于创作者对固有文化意识认知的突破上。此外，齐琪·史密斯的艺术作为女性主义艺术这个特定时期的特定产物，其作用是批判父权社会的性别歧视，其主要任务也是建立女性的自身性别意识以及属于女性自身的独特审美经验和价值。

现实的回归

【作者】柳青　【导师】王中

【出版授权与投稿人】中央美术学院
【作者基本信息】中央美术学院，雕塑，2009，硕士
【关键词】当代语境　公共艺术　现实主义雕塑　回归

【摘要】本文所探讨的主要问题是在当代语境下公共艺术中的现实主义雕塑的意义和方向问题。围绕这一问题，本文立足于艺术史的发展序列，综合运用社会学、文化历史学、形式分析、当代公共艺术理论等多种理论和方法，对这一问题进行了解读、分析和阐释，并最终对这一问题做出了自己的回答。本文的论述主要从以下几个方面展开：首先，本文从讨论现实主义这一概念出发，从广义和狭义两方面对其进行界定和辨析；在此基础上梳理了现实主义雕塑在艺术史上的发展状况，并讨论了其在当代所面临的问题和困境。进而，具体讨论了当代公共艺术中的现实主义雕塑的相关问题，在此本文主要运用了"景观社会"的社会批判理论作为理论支撑，以此论述了在当代情境下，公共艺术中的现实主义雕塑的意义所在及其发展方向，对本文的中心论题做出了自己的解答。通过本文的论述指出，当代语境下公共艺术中的现实主义雕塑的意义和方向在于现实的回归，这一结论包含两层意思：其一、回归当下生活中的现实；其二、展示空间的拓展。根据这一结论，从这两方面出发，在本文的最后一部分，又结合笔者自身的艺术创作实践经历和思考，以及对当代一些著名的现实主义雕塑作品的分析和讨论，谈了现实主义雕塑中的公共艺术理念。

体验
——艺术创作中的行为元素

【作者】肖琳　【导师】吕品昌

【出版授权与投稿人】中央美术学院
【作者基本信息】中央美术学院，雕塑，2009，硕士
【关键词】行为艺术　艺术创作　雕塑艺术　中国当代艺术　艺术家　造型艺术　中国传统文化　自由体　中国历史与文化　文化语境

【摘要】中国当代艺术在经历了风雨变换的几十年，正朝着多元的，世界一体化的方向发展。受工业化经济的影响，多种新材料新媒体新观念的介入，使传统的雕塑油画等造型艺术受到猛烈的冲击，本质上洗刷了人们固有的审美准则，仅仅以视觉愉悦为目的的造型艺术已经难以满足新时代人类的思维需求，无数次的模仿、借鉴、碰撞、对话之后，带给我们年轻一代艺术人的是冷静的思考，反思与批判，反思我们的行为，反思我们的态度，反思我们的外间世界，我们生命的意义。我们身处何方？又要向何方而去？这个无数次被提及的问题也是时刻萦绕着我一生的迷惑，我们不能被动的站在中国历史与文化的今天，对身后之事知之甚少，对将来也没有清晰的预见。在这种新的当代文化语境中，雕塑艺术何去何从，我从行为艺术的理念和中国传统文化的结合中探索出雕塑艺术的新的发展脉络，最终得到自己的雕塑艺术创作方法论——生命的自由体验应该成为我的艺术创作的精神旨向。年轻人要警醒自己，去体验和把握时代的脉动，将自己的艺术生命融入中国传统文化的血脉中。

中国古代雕塑的造型语言及对当代雕塑的思考

【作者】李纯　【导师】孙家钵

【出版授权与投稿人】中央美术学院
【关键词】雕塑　陶瓷雕塑　中国古代陶塑　形体
【作者基本信息】中央美术学院，雕塑，2009，硕士

【摘要】本文主要论述通过对中国古代陶瓷雕塑的探讨来思考当代陶瓷雕塑的发展。对于陶瓷雕塑的分析，主要从四个方面来展开：一，古代陶瓷雕塑的造型特点：以形写神、表达纯粹、整体感的表现，陶塑中“线”的表达等几个方面来阐释古代陶塑的表现方式，以及如何来认识古代陶塑。二，列举毕加索等几位陶塑艺术家的创作，来看现代陶塑的发展，以及他们对于陶塑的表达。三，探讨如何通过对于古代陶瓷雕塑的研究来加深我们对当代陶瓷雕塑的发展的认识，从而能够找到当代陶瓷雕塑表现于传达的方式，并能够继承与发展具有自身特点的陶瓷雕塑。四，谈谈我对于陶瓷实践的思考。通过对于陶瓷雕塑的探讨，可以了解到，陶瓷雕塑作为一种文化需要继承和发展，可以从历史文化，以及其它艺术门类中吸收营养，同时当代的陶瓷雕塑在具有时代特点的同时又可以注重古代陶塑中那种自然淳朴而自由的表现方式，和对于“美”的本质的追求。

在传统与现代之间寻找新路的中国当代具像雕塑

【作者】于萍 【导师】王少军

【出版授权与投稿人】中央美术学院

【关键词】具像雕塑 现代雕塑 后现代主义 本土化

【作者基本信息】中央美术学院，雕塑，2009，硕士

【摘要】“具像雕塑”在中国的艺术语境中有着特定的，约定俗成的界定。由于中国20世纪以来的雕塑教育体系的现实主义传统，使得绝大多数有着传统写实技巧基本功的雕塑家，云集于写实主义的阵营里左冲右突，希望能在形式的原创性上有所斩获。这是一种惯例式的抉择也是一种策略性的决定。无论如何，在今天开放、多元的艺术环境中，对写实主义、具像表达在当代艺术情境中的可能性的探寻，几乎成了以学院派为代表的艺术家的集体焦虑。本文探讨了具像雕塑本体语言在中国的发生、发展及面临的问题，梳理了中国传统雕塑的谱系和脉络。正当中国具像雕塑在传统与现代的冲击下迷失方向的时候，它与后现代主义的兼容并蓄、多元多样的艺术特点不期而遇。后现代主义为新时期的中国传统具像雕塑的探索提供了一种新的可能性，给我们从事传统具像的雕塑家提供了若干可供探索的新思路。本文分析了在继承中国具像语言中有所贡献的具像雕塑本土文化方向，探讨了在新现实主义发展方向中具有代表性的几位雕塑家，以及他们对具像雕塑本体语言新出路的探索历程。当下中国具像雕塑新出路的探索是有别于古典主义雕塑和现代主义雕塑艺术的一种新维度，是一种智慧的进取。

新一代的视觉趣味

【作者】徐小鼎 【导师】胡明哲

【出版授权与投稿人】中央美术学院

【作者基本信息】中央美术学院，实验艺术，2009，硕士

【关键词】卡通艺术 大众卡通 卡通一代 新卡通一代 卡通艺术的问题及未来

【摘要】本文通过对中国卡通艺术发展和变化的原因与现象的多层次解析，从其内涵、表征和构成因素等方面进行研究。从广东卡通艺术的概念与特征入手，分析其与中国以及西方当代艺术的关系；进而总结归纳了新卡通一代的形式语言和思想内涵，并纵向剖析了中国卡通艺术两个发展阶段的异同，以其演变特征为线索分析了中国卡通艺术现阶段存在的问题和未来发展的方向。

制作与传达

【作者】池灏 【导师】隋建国 吕品昌 王少军 张伟 于凡 展望

【出版授权与投稿人】中央美术学院

【作者基本信息】中央美术学院，雕塑，2009，硕士

【关键词】材料属性 精神传达 人工技术 意识呈现

【摘要】雕塑艺术的制作作为作品完成的方式和过程，一直以来虽然必要，但处于辅助位置，几乎从未被展示，甚至消失过。当代雕塑超越了现代雕塑艺术的偏激，承认被现代艺术否定的文化传统。吸收、借鉴并综合从而走到了超越现代艺术的发展阶段。在当代雕塑艺术创作中，传统的艺术规范开始复苏，艺术家把对艺术本质的关注转移到对人性、自身及社会的关注，情感表达回到作品表现当中，并借助人工制作完成，制作的痕迹甚至会被艺术家作为人工情结回归并刻意保留至完成。本文试图通过实际的学习制作过程，以艺术实践者的视角去关注制作技术在意识传达中所处的位置。探讨艺术作品的人工制作与精神传达的关系及作用。文章从分析有代表性作品入手，研究当代雕塑艺术创作中崛起的并彰显制作感的作品。那些作品因造就了新一轮的知觉体验而在当代雕塑艺术舞台上占有了重要的位置。

柔软的空间

【作者】王玲玲 【导师】秦璞

【出版授权与投稿人】中央美术学院

【作者基本信息】中央美术学院，雕塑，2009，硕士

【关键词】空间 场所 平衡 调节

【摘要】与其说公共艺术是针对公共环境定制的艺术产品，不如说它是当下的一种文化现象。在现代都市，物质生活的丰富是否意味着人们的幸福感也得到了提升？答案是否定的。高速单调的生活不仅使生活质量下滑，还影响了身体和心理健康。这是不容忽视的问题。公共艺术需要帮助人们解决这些问题，它不仅要使城市更加美观，还要使城市更加适宜人的栖息：身体以及心灵的栖息。城市是属于市民的，它必须满足人们多方面的需求。这也是公共艺术的责任所在。公共艺术是可以对物理空间和心理空间进行调节的。对于这些调节的理解起先来自于我的观察和分析。之后，发现其他学科的很多理论都恰恰能佐证我的观点。不管是环境心理学或者哲学，社会学等社会科学学科，甚至自然科学学科，都能证明公共艺术的价值；至于同样重视再造空间的建筑学，也有类似的关于物理空间

的布局和规划，以及这些布局和规划对于与这些建筑发生直接关系的人的影响。毫无疑问，公共艺术的创造是有规律可循的，它除了展现艺术家的创造力，还体现环境与人的关系。满足人的要求是从事公共艺术创作活动的目的。而人的需求是可以被充分理解的：艺术家能感知到自身的需求；除此之外，还能通过各种途径深入生活，去了解他人的需求。

玩的雕塑

【作者】夏航　【导师】隋建国

【出版授权与投稿人】中央美术学院

【作者基本信息】中央美术学院，雕塑，2009，硕士

【关键词】组装　机械传动　动力源　游戏性

【摘要】组装雕塑的创作，某种程度上，重生了艺术的“游戏及其存在”。这种艺术和生活的游戏触发，似乎也是与当代社会和个体生活有一定的关系。因为，这是一个网络通讯高度发达的时代，即使足不出户，即使朋友不三五成群，也可以在自己的世界里玩耍；这也是一个渐已长大的独生一代的时代，他们的个性、生活理念、生活方式也与前代有很大不同，个体的游戏与玩耍是她们自童年起就已开始并养成的习惯；这还是一个经济发展尚好的时代，生活的娱乐性和游戏性成为当代生活的特征。所以，也许，艺术的游戏性的产生正是人的生活游戏性的典型体现。本文力求探究组装雕塑其内在的游戏性，一方面重生了更多的创作主体。因为当作品由观众去拆解而自由组装之时，作品的创作主体已发生改变，作品的创作者交给了那些所有参与游戏的人，由此也进一步消解了传统中艺术品创作主体(创作者)归属于艺术家本人的定律。实现了无主体和去主体的游戏过程，并同参与游戏的各个主体间形成一种关系。艺术作品从“游戏”中获得了其个性，作者及参与者在作品中所倾注和冻结的游戏精神力量得以复活和再生；另一方面重生出更多的形式。作品自身的形式不再是固定的一种，而是随着拆解组装游戏的进行。

论材料在当代中国雕塑艺术中的地位及作用

【作者】冯澍　【导师】吕品昌

【出版授权与投稿人】中央美术学院

【作者基本信息】中央美术学院，雕塑，2009，硕士

【关键词】材料　中国当代雕塑艺术

【摘要】材料作为一种作品实现的客观媒介物、物质载体，在艺术创作过程中担当着重要的角色。而随着艺术流派、艺术形态的不断发展，材料也担当起了客观媒介物、物质载体以外的其它角色。本文力图通过“当代艺术中的材料表现”、“从艺术形态的角度看材料与雕塑艺术的关系”、“材料的生理基础和心理基础分析，材料是艺术形式产生的重要因素之一”、“案例分析”四个部分的论证，达到以下论证目标：多种材料的运用丰富了雕塑艺术的语言；当下的艺术多元化发展为材料的运用释放了更多的空间；材料在当代雕塑艺术中的地位发生了改变——史无前例的提升。

浅谈基弗与村上隆艺术中的民族性

【作者】董为　【导师】王少军

【出版授权与投稿人】中央美术学院

【作者基本信息】中央美术学院，雕塑，2009，硕士

【关键词】民族性　本土意识　吸收精华

【摘要】在任何一个时代，任何一位杰出的艺术家都关注时代潮流，关注时尚的变化，但是他们更重要的是要根据自己的生活体验，根据自己对社会生活的观察与分析，根据自己的思考去选材、构思，去完成自己的创作。特别是，他们还要从本民族、本地区的文化传统中吸收营养，做出具有本民族特征的艺术创造。基弗与村上隆都是目前活跃在当代艺术一线的著名艺术家，从他们的作品中可以感受到浓烈的德意志文化与日本文化的气息，两位艺术家都恰到好处地在本民族艺术传统与当代艺术之间构建了桥梁，并以其独树一帜具有鲜明民族个性的作品征服了全世界。他们作品的表现力不仅仅是停留在画面本身，而更多的是画面内涵的文化积淀和看不到的潜在民族精神力量在起作用。在全球化盛行的现实面前，也就更应该强调本土特色和地域风格的价值。两位艺术家的成功经验对中国当代艺术的发展具有一定程度的借鉴意义。中国当代艺术的发展，应该吸收本民族文化和外来文化的精华，但这种吸收不应该是不加思索的，地域性的“原生态”艺术，以及完全照搬的“拿来主义”，不是中国当代艺术的追求与发展方向，在面对如何利用各种文化资源的同时，应该保持独立性，强调原创性。

论雕塑形体的处理方法

【作者】王松引　【导师】陈科

【出版授权与投稿人】中央美术学院

【作者基本信息】中央美术学院，雕塑，2009，硕士

【关键词】形体　感受

【摘要】“形体”是雕塑的主要语言，许多雕塑家都对“形体”进行过论述。随着我国雕塑事业的发展，雕塑理论也日渐丰富。新的理论与以往理论存在着相通与互补之处，本文尝试将笔者比较熟悉的雕塑形体理论加以整理，并结合自己的学习实践加以论述，希望能够为我国雕塑理论的发展添薪助力。全文共分引论、形体处理的基本规律和主要方法等六个部分，集中梳理滑田友、钱绍武、司徒兆光、曲乃述、杨美应、霍波洋等雕塑家的理论和论述，最后结合自己的学习实践对理论加以补充说明。通过研究笔者认识到，要想做出富于美感的作品，不仅需要感性的认识，还要从理性上研究、运用雕塑的基本原理。例如，方圆结合的形体，量感最强；在做泥塑人体时，要注意通过对运动中心线的把握来体现模特的精神状态；在深入塑造阶段，则要注意对形体的组织归纳与概括处理，体会形体运动的方向性，对形体的空间进行主动的处理；最后，还要注意学习前人的审美经验，在创作中注意对作品基调的把握。

焊接技术在金属直接雕塑制作中的应用

【作者】尹刚 【导师】隋建国 吕品昌 王少军 张伟 于凡 展望

【出版授权与投稿人】中央美术学院

【作者基本信息】中央美术学院，雕塑，2009，硕士

【关键词】焊接 材料 技术 应用 肌理 效果 探索 将错就错

【摘要】金属直接雕塑以采用更加直接的方式为主要手段的雕塑形式。金属直接雕塑。是伴随着现代的科学技术与现代雕塑表现形式和理念的产生而产生的。在世界雕塑艺术史上为雕塑的制作与材料的运用开辟了一个新的领域，它已成为也标志着一个新的“新铁器时代”的来临。在当今的科技飞速发展的今天，焊接工艺技术与设备的不断推陈出新给今天的金属直接雕塑的设计制作带来更加便利的工作方式与方法。通过不断学习和实践将最新的焊接工艺技术与设备运用到金属直接雕塑的制作当中去，丰富和拓展金属直接雕塑的创作形式作进一步的探索。焊接工艺技术在金属直接雕塑创作的运用。灵活地运用拓展金属直接雕塑的表现形式，就像我们用泥土制作雕塑一样，不为焊接而焊接，把金属玩活。将焊接工艺技术与设备运用到金属直接雕塑的制作当中去，丰富和拓展金属直接雕塑的创作形式作进一步的探索。表现形式语言。不断学习和实践将最新的焊接工艺技术与设备运用到金属直接雕塑的制作当中去，推出更新颖的作品丰富和拓展金属直接雕塑的创作形式作进一步的探索。

中国北方佛教泥塑的制作工艺

【作者】袁立霞 【导师】王少军

【出版授权与投稿人】中央美术学院

【作者基本信息】中央美术学院，雕塑，2010，硕士

【关键词】泥塑 中国北方 制作工艺 雕塑史 佛教发展 造像 菩萨 石窟 中央美术学院 雕塑语言 炳灵寺 彩塑 Buddhism 佛像 雕塑造型 洞窟 浮雕 精神层面 宗教背景 概括总结

【摘要】探讨中国北方泥塑制作工艺发生发展的历史状态。论文的研究方法：以中国北方佛教泥塑发生发展的时间为顺序，分为技术和精神两个层面、举例阐释了具体的制作工艺。论文的成果：将中国北方佛教泥塑制作工艺发生发展的过程划分为技术的和精神的范畴进行概括总结。论文的结论：通过对中国北方佛教泥塑制作工艺这个论题的探讨，总结出北方佛教泥塑是中国雕塑史上的一个重要门类。泥塑的制作工艺是中国北方佛教泥塑作品的技术层面，宗教背景是中国北方佛教泥塑作品的精神层面。这两个层面共同构成中国北方佛教泥塑的发展史。

今日改变世界的审美力量——设计

【作者】牛淼 【导师】隋建国

【出版授权与投稿人】中央美术学院

【作者基本信息】中央美术学院，雕塑，2010，硕士

【关键词】艺术观 改变世界 造型艺术 美学力量 当代艺术 生产力形式 有影响的 无限的 世界信息化 视觉 人类历史进程 媒体化 中央美术学院 21世纪 文化艺术 当代的 社会发展程度 设计过程

【摘要】21世纪的今天，我们生活在一个完全媒体化，信息化的世界。人们的生活方式因为信息技术而改变。在这样的数字化技术之上，人们的思维方式也紧跟时代——数字式生活。数字化已经融入了21世纪人类的基因。在这种数字化地球村的年代，如何看待今日的艺术，设计与我们的社会生活之间的关系，及其与每个人的生活的关系尤为重要。作出这种宏观的判断颇为困难，而且亦没有什么绝对的结论，在此篇论文中，我仅对这些视觉相关领域的媒介以及在新时代对于“艺术”的看法试着做出一点自己的探讨。每个时代的艺术都是其时代母体的反映，而且其艺术的精神，形式，媒介等等都是建立在这个特定时代的物质基础之上的。每个时代的生产力水平，社会发展程度，科技水平等因素都极大的影响其上层建筑——意识形态与文化艺术。从19世纪工业革命开始，人类改造世界进程明显呈加速的趋势。随着生产力一次又一次的大大提高，人类历史进程经历了前所未有的巨变。这种情形之下，文化，艺术等上层建筑必将跟着物质世界的改变而改变。自从人类历史进程进入机器化生产的阶段之后，设计逐渐成为改变世界的美学力量。在人们的生活中发挥着巨大的作用。这是由新的生产力，经济社会结构所决定的。

时代特征的感性物化

【作者】刁伟 【导师】隋建国

【出版授权与投稿人】中央美术学院

【作者基本信息】中央美术学院，雕塑，2010，硕士

【关键词】写实雕塑 媒介 当代语境

【摘要】雕塑艺术作为人类文明最古老的艺术门类之一，它几乎经历了人类文明的各个阶段，在每个历史阶段，时代特征都在雕塑语言中得到了忠实的反映。中国当代写实雕塑经历过其独领风骚的辉煌，也曾堕入过“假、大、空”的艺术泥潭，在今天信息化、多元化的时代背景之下，中国当代写实雕塑面临着巨大的机遇与挑战，写实雕塑的艺术语言在五彩缤纷的新艺术形式之下老而弥辣，却同时在求新求变的时代体现出表现力上的陈旧与无力。然而作为中国雕塑体系中最重要的一环，中国当代写实雕塑仍然在今天中国的雕塑教育体系、公众接受度等方面拥有极大的优势。这种优势的存在固然可喜，然而更值得我们深思的是，在今天求新求变的时代背景之下，如何将“求新”与“求变”更完美更好地融入到当代写实雕塑的创作之中呢？本文将通过对当代写实雕塑发展脉络的梳理，借助于时代背景史、雕塑艺术史、艺术社会学、图像学等相关理论知识和研究方法论的指导，对当代写实雕塑发展的现状进行分析与解读，此外，通过本文的总结与归纳，对中国当代写实雕塑未来的发展，从创作实践、创作形式与理论

方面均提出了有益的建议，此外，笔者还通过自身的艺术创作实践，从而为本文增加了更具有现实意义的参考。

与“他物”沟通

【作者】姚薇　【导师】于凡

【出版授权与投稿人】中央美术学院

【作者基本信息】中央美术学院，雕塑，2010，硕士

【关键词】从各种角度　整体感　心灵对话　每个人沟通的　精神层面　沟通方式　艺术形式　第一部分　内心的　小和尚　结尾　那双手　交流反馈　老伙计　个体的　形式革命　康定斯基　层次的　未来主义

【摘要】文明不断变迁，延续，新的思想、新的科学技术，新的艺术形式不断涌现，人类总是在以各种方式，从各种角度去接近“世界之魂”。在这个时代，每个人都有权利有条件有自由去和“世界之魂”沟通。我们作为艺术工作者，更是直接与心灵对话的人，在我们工作的时候，如何把握到这只手，如何能倾听世界内心的召唤，如何能与他物顺畅沟通，并把交流反馈的信息反映在自己的作品上，是需要不断用身心实践和体会的。本文试图通过从艺术，文学，生活等多个方面，举例剖析与“他物”沟通的多样性和纯粹性。第一部分“越来越多的眼睛”总体的阐述我们的感知和外界的整体关系；第二部分“越来越多的合奏”从横向铺展开探讨沟通方式的“膨胀”——多样化并紧密交织；第三部分“越来越民主的祭祀”，在前面几部分的基础上提升至精神层面，阐述更深层次的沟通，并联系艺术家的特性，呼吁个体的“自觉”。第四部分“越来越少的？”从深度上讨论沟通的“收缩”，即无限膨胀之后的凝结和回归。结尾部分“你是谁？”通过笔者自己的体验说明特殊和奇妙的沟通经验带来的思考。

浅析材料要素在雕塑创作中的运用

【作者】袁佳　【导师】秦璞

【出版授权与投稿人】中央美术学院

【作者基本信息】中央美术学院，美术学，2010，硕士

【关键词】材料要素　创作构思　层次关系　材料运用　视觉　形体塑造　材料语言　相关问题　材料应用　美术史　造型手段　立体　感性的　分开的　回避的　造型方式　情绪的　中央美术学院　表现方法　艺术教育

【摘要】雕塑的实践现在已经越来越多地关注其视觉效果和实现可能性的突破。一个形象，一个人体已经代表不了雕塑的整体概念。雕塑已经将一切关于艺术的实在的立体实验囊括其中。新材料的应用和传统材料的再开发是雕塑发展所不可回避的道路。一种手段的流失和被取代是因为新者更能够充分的完成时代交予艺术的任务一既能贴切的表达又能够被完整的解读。在形体方面，古代的大师们已经能现代人所不能的几乎穷尽了所有精湛的塑造，现在的雕塑家也应合乎逻辑的开始应用大师们的时代所没有的现代化的材料和科学技术手段及造型方式来使雕塑全方位的绽放光彩。从雕塑的发展、创新的角度上看，材料起着至关重要的作用而需要得到更多的关注与研究。文章围绕雕塑中材料要素的基本问题而展开论述，剖析材料要素所能够参与雕塑创作的运用之处，并提出在具体创作中对于材料要素相关问题的思考。文章将材料雕塑中看似错综复杂的材料应用进行广泛的联系并以此为基础加以分析，分析中佐以大量的案例。在部分案例中不过多的体现作品的社会背景与其在美术史中的地位，而将重点放在对于材料要素的相关问题的比较与归纳上。

公共环境中雕塑的情感性表达

【作者】卜惺晖　【导师】孙伟

【出版授权与投稿人】中央美术学院

【作者基本信息】中央美术学院，雕塑，2010，硕士

【关键词】公共环境　情感表达　公共艺术　情感的情感意识　拉奥孔　情感性　群体环境　社会集体　纪念碑雕刻　人文精神　审美功能　公众的　亨利·摩尔　论艺术的精神　雕刻艺术　现代主义美术　布朗库西　毕业创作　康定斯基

【摘要】公共环境中的雕塑不仅有着审美功能和人文精神，更具有艺术家的情感意识表达。艺术家的雕塑作品本身就是其对外的沟通媒介是个人与社会对话的平台之一。艺术家在某种层面上扮演着一个社会组织者的角色，有能力通过作品，给大众带来精神上的援助，把自我意识植入社会集体中。然而，如何体现这种人文关怀？这种对大众需要的满足，在形式上，难道仅仅是低等的，原始的，只顾及一般意义上的“喜闻乐见”吗？绝不是这样。之所以要强调公共雕塑的情感表达，意味着“精神性”和“主动性”。公共环境中雕塑所表达的情感不仅仅在于去“融合”、“折中”或“妥协”，而是在于寻找世界中的“永恒”与“本质”。艺术家应该运用智慧在公共雕塑作品中注入自我的情感意识，从而使公共艺术具有引领性，指向性，能够更为广泛更为深入的启发公众意识。本文通过“公共环境中雕塑所要表达情感的意义”、“环境因素与雕塑情感的关系”、“公共环境中雕塑情感与公众情感的沟通”三部分的论证，达到以下论证目标：任何人的体验都不可能全部来自亲身经历，也离不开自己出生、成长、成熟的那个社会群体环境，意识的形成与观念的建立是水乳交融的，而群体的探索和追求构成对当今社会、周边世界的评判。

形动

【作者】周长勇　【导师】隋建国　吕品昌　王少军　张伟　于凡　展望

【出版授权与投稿人】中央美术学院

【作者基本信息】中央美术学院，雕塑，2010，硕士

【关键词】数字技术　艺术内涵　形　艺术发展　数字时代　艺术体验　造型艺术　庄周梦蝶　说明法　图例　技术支撑　虚拟世界　三维软件　创作观念　形体空间　论文题目　全彩色　像素点　图像处理技术　毕业创作

【摘要】“形动”，就是要让“形”动起来。这里的“形”，

指的是雕塑的“形”、造型艺术的“形”、数字化虚拟世界中的“形”。“动”，指的是形体的运动、感觉的灵动、艺术发展的变动。雕塑和影像互融，数字和LED结合，是“形动”的观念和技术支撑。这是一种新的尝试。目的很明确：制作能动起来的雕塑，从而产生一种新的艺术体验。作品《四十万公里》就是这种观念下的产物。它以数字技术作为基础、利用LED设备组建三维展示终端。本文不仅从技术上对作品的制作原理和过程进行了详实的介绍，而且还对作品的创作观念和艺术内涵进行了探讨。主要使用的是图例法、说明法。数字时代是一种具有全新感受的时代。这已不是庄周梦蝶的时代，而是庄周看到了他梦到的蝴蝶，接着又去作带有新感受的梦的时代。

与物和时间对话的游戏

【作者】宋建树　【导师】隋建国　吕品昌　展望　于凡　王少军　张伟

【出版授权与投稿人】中央美术学院

【作者基本信息】中央美术学院，雕塑，2010，硕士

【关键词】作品蕴含　游戏　生命体验　原始意象　物质材料　合在一起　极少主义　瞬间的　竹子　本质属性　削尖　纯粹的　实际效用　宿命　竹林

【摘要】任何人类的活动均是与物质和时间进行对话的游戏，艺术创作作为这种游戏的一个方式，以对“物、我、时间”三者关系的感知为原点，将形式上无限的可能性统一于对生命关照的表达中。我从2009年暑假的创作中开始更为关注自身与材料和时间的关系，并试图在作品语言上找到更为简练自然的表达以去除说明、图解等有具体所指的表达，希望呈现出一种可感性大于可读性的作品。因为那时我开始觉得无意识的行为可能更容易实现生命与时间和物质的关联，作品中那些说不清楚的东西往往更加接近真实，无所矫饰。从去年夏天所做的《杀器》到今年的《立》和《宝贝》我逐渐体会到用材料和时间对话的乐趣，这种乐趣就是因为找到了“物、我、时间”三者的对应关系。《杀器》这件作品始于我在感到了自然界里危险的存在时，本能的用竹子制作出一些具备杀伤力的原始武器。当危险消失，凝结在身上那瞬间的紧张感散去后，我把那些削尖的竹子和木棍吊装在一片竹林里，揭示宁静的自然界隐约潜藏的一瞬间的“杀气”。《立》旨在从概念上提出树与木头这两者的不同，树是自然之物，而木头是人工改造后的树。这件从树渐渐变成木头的作品蕴含着人对物质态度的转变。

延伸与超越

【作者】李南南　【导师】隋建国　吕品昌　王少军　展望　于凡　张伟

【出版授权与投稿人】中央美术学院

【作者基本信息】中央美术学院，雕塑，2010，硕士

【关键词】发现自然　主题选择　毛毛虫　创作方法　感知过程　思想精神　创作方式　存在状态　中间阶段　最早　叶子　创作主题　主题思想　形体美　情感的　艺术创作　云淡风轻　肉虫子　一直在等待　果子

【摘要】目的：发现毛毛虫之美的过程是一种创作方式——最早仅仅是被那个形体所吸引，发现之旅是我的雕塑创作的延伸与超越。研究方法：通过在生活中发现美的可以感动自己的形体，加以艺术提炼，富于其存在的状态，创作成自己想要的形象，在对毛毛虫的感知过程中我对它的存在状态和它自身未来不可捉摸性和中间阶段中产生一种无限可能的遐想。加之对它的形象进行长时间的观察，对发现的形体反复观察再创造雕塑语言的形体。也是通过不同的材料的尝试对雕塑材料进行研究。成果：创作完成的作品是我以往创作所不具备的更多因素的结合，包括材料主题思想及形象的一致性和多元化，作品完成后我对与主题选择和在艺术创作思想精神中的小我和大我之间的区别有了更自然的认识。对于雕塑材料有了新的尝试和认识。对于中国传统雕塑和西方雕塑有了重新学习再认识的过程。对创作中主观和客观的区别和能动性也有了更具体的区分。结论：发现自然中原本存在的美的形象，加之情感的介入和理性分析的再创造是一种创作作品的方式。同时也是我的雕塑创作的延伸与超越。

体制与创作

【作者】戚家海　【导师】殷双喜

【出版授权与投稿人】中央美术学院

【作者基本信息】中央美术学院，美术学，2010，硕士

【关键词】城市雕塑　雕塑艺术　雕塑家　雕塑公园　纪念性雕塑　毛主席纪念堂　刘开渠　室外雕塑　现代美术史　领导机构　曹春生　环境雕塑　马克思主义信仰　人民美术出版社　傅天仇　学术会议　公园环境　田金铎　陈启南　建筑壁画

【摘要】1982年8月成立的全国城市雕塑规划组，是国家级城市雕塑事业的领导机构，在中宣部的指导下，由城乡建设环境保护部、文化部和中国美协共同领导，在宏观上统筹全国城市雕塑发展，为中国城市雕塑事业制定总方针和总要求，对地方城市雕塑建设项目的实施进行审查和管理，积极推动城市雕塑艺术的普及，保证城市雕塑事业在良性轨道上健康、迅猛发展，取得了令人瞩目的成绩，促使了中国城市雕塑在20世纪80年代的复兴。从深层次来看，全国城市雕塑规划组的建立及80年代城市雕塑的发展，是与“文革”后国家拨乱反正，重塑社会主义主流意识形态、重建马克思主义信仰合法性的政治诉求相联系的。在改革开放新的历史语境下，城市雕塑的发展被纳入以国家意志为主导的主流美术创作体制之中，以社会主流价值观引导迷茫中的中国社会的前进方向。作为现代美术史的研究范畴，本文以全国城市雕塑规划组为切入点，以80年代城市雕塑体制与创作为研究对象，通过大量原始材料的收集和对有关当事人的走访，将原始史料和当事人的口述相结合，在重构历史语境的基础上展开研究，通过分析全国城市雕塑规划组的方针政策及不同类型城市雕塑的发展动因和实施案例，透视城市雕塑的复兴与国家诉求的内在联系。

超写实手法在现代陶瓷作品语言中的运用

【作者】刘丹华 【导师】隋建国 吕品昌 王少军 展望 于凡 张伟

【出版授权与投稿人】中央美术学院

【作者基本信息】中央美术学院，雕塑，2010，硕士

【关键词】超写实 陶瓷作品 陶瓷肌理 情感特征 表现形式

【摘要】陶瓷是一门语言，是一种传达土与火之间的一门语言艺术。如今，现当代以陶瓷为材料的作品越来越受到人们的关注，不论是从陶瓷的造型，还是从陶瓷的制作技法与装饰手法上来看，都已不再是传统的那种工艺技术。人们把传统陶瓷概念意义的造型和彩绘的重新使用，加之波普风格，怪怖艺术风格，超写实主义等的相结合，使得陶瓷创作更加的艺术化并且具有当代性。本文主要从陶瓷的釉色装饰，肌理的特殊表现，以及通过陶瓷来表现其他物质的质感分析了陶瓷语言与超写实手法的相结合运用。

“嚼”出来的雕塑

【作者】蔡博 【导师】展望

【出版授权与投稿人】中央美术学院

【作者基本信息】中央美术学院，雕塑，2010，硕士

【关键词】嚼 雕塑 人造物 自然观 口香糖

【摘要】我试着通过对传统雕塑的反思提出“嚼”这个新的雕塑的方法作为切入点，以口香糖作为雕塑的材料，抓住自然和人为之间的矛盾，并且结合口香糖所包含的文化特征：全球化、消费主义、流行文化、大众文化以及作为西方文化产物进入中国等等来试着探讨这个时代理解自然的独有的方式，以及对嚼过后的口香糖的审美形态和人文特征等方面反思人和自然和社会的关系。口香糖系列是我从2007开始一直持续在做的作品，无论在技术上、思想上都希望能逐步的丰满它，这篇文章是自己对作品思考后的一种看法的总结，不免有解释作品的嫌疑。

从当代雕塑创作的角度体味“绘事后素”的当代涵义

【作者】王卫 【导师】吕品昌

【出版授权与投稿人】中央美术学院

【作者基本信息】中央美术学院，雕塑，2010，硕士

【关键词】当代雕塑 绘事后素 素以为绚 审美启示

【摘要】本文以孔子“绘事后素”言论为论题，讨论当代雕塑的审美观、方法论和艺术修养、艺术人格等问题，从自身的体味和感受出发，反思、挖掘本民族传统文化精髓对当代艺术的启示意义。希望藉此梳理自己的艺术观，并以此自勉。本文正文分三部分：一、“绘事后素”的来源和历史上主要的两种释义（郑玄与朱熹的解释）及本文所要探讨的“绘事后素”的涵义（美学上的延伸义）。二、“绘事后素”在审美上的启示：1、“绘事后素”是一种高度“素”在这里可指简练、凝练，是经过艺术提炼之后升华的“素”，是一种大雅、大气，是以少胜多，达到“素以为炫兮”。（列举霍去病墓雕刻、梁楷泼墨仙人、当代雕塑家朱铭、隋建国等作品等）；2、“绘事后素”亦包含“文”与“质”的高度统一。（质胜文则野，文胜质则史，文质彬彬，然后君子。）只有达到内容与形式的高度和谐辉映，才能拥有审美上的高度。（引用《文心雕龙》之赋篇论述）；3、“绘事后素”的最高追求是作品中精神性的完美表达，从中国古代艺术作品强调精神性传达的特点说明中国当代雕塑作品精神性的重要所在。三、“绘事后素”对当代雕塑家的要求和启示。

雕塑的本元思考与当代趋向

【作者】王振宇 【导师】隋建国

【出版授权与投稿人】中央美术学院

【作者基本信息】中央美术学院，雕塑，2010，硕士

【关键词】雕塑的本元 写实雕塑 视觉感官再现 图像怀疑 人与世界

【摘要】雕塑的本元反映出的是物质性，不是单一的图像与视觉再现，不是直观的用技术虚幻一个相似的真实，也不是语言结构下的观念，也不是抽象艺术的超然形态，而是实际存在着自身物质、空间和时间的艺术形态。在历史范围内，雕塑的本元对以往的雕塑认知体系产生着影响与改变。雕塑不再是一个具体的材料、造型、技术能囊括的写实雕塑的再现概念。在哲学的主客体关系中，不论是东方的唯物说，还是西方的唯心说，雕塑更多呈现了真实物质性的本元，而不是一种客体的复制、视觉的虚幻物、形象的再现等。雕塑本元规律的认识超越了单一的视觉体验与图像本身，质疑始终把雕塑的想象停留在外在形象、表象、现象的西方视觉进化论的再现体系漩涡里。思考雕塑的本元成为拓展当代艺术语言的可能。一方面雕塑的本元理解从外表的、科学的外在体系转向内在的、人本身的、历史的、社会的结构关系里，为多感官的延伸和雕塑本元直接到艺术本体提供了新的可能。它引发了空间、时间、触觉、逻辑的雕塑本元性语言探讨，使雕塑的领域逐渐与空间、多感官、人的身体体验化经验相联系。另一方面，雕塑的本来媒介形式触及到其它领域边缘的问题成为可能，对雕塑空间、社会空间、物质空间进行着拓展。

手工技艺在雕塑创作中的重要性

【作者】王爽 【导师】吕品昌

【出版授权与投稿人】中央美术学院

【作者基本信息】中央美术学院，雕塑，2010，硕士

【关键词】手工技艺 工业化生产 造型能力 粗制滥造 滥用传统技术和现成品

【摘要】手工技艺是一种满足人的物质及精神生活需要的造物艺术。面对手工艺的衰落，从20世纪六七十年代起，西方就开始了范围广泛的“手工艺复兴运动”。虽然手工艺的复兴作为文化上的一种思潮，不可能从根本上改变社会生产的大趋势，但却充分肯定了手工艺在人们生活中的地位和作用。现代艺术和后现代艺术发展进程似乎也是一个传统工艺技术逐渐被忽视的过程。在工业进入大

批量生产以后，人们对于艺术品的要求也变得急躁。社会各个层面的快速革新使人们对于速度敏感起来。而传统的手工艺变得软弱缺乏说服力。而这种情况发展至今，我认为到了一个手工技艺回归的时代。在当下，我们看到的艺术品的种类和数量达到空前的程度。这已经极大地满足了我们发展中国家的虚荣心和自豪感。在这储备充足的情况下，我们不再需要滥竽充数的艺术品及高档仿制品。流行和模仿已经不能刺激市场了。进行雕塑创作就是要把艺术家的思想加在合适的载体上。那前提即是要熟悉材料，具有造型能力。工艺技术谙熟，深晓材料性能，使艺术家能够全面地把握或预料陶瓷创作的技术性问题，才可以随心所欲进行创作。国内当代艺术深受西方前卫艺术影响，出现一系列作品，虽然有本土意义，但形式却不具新意。

新疆本土文化资源在雕塑中的表述

【作者】阿斯卡　【导师】吕品昌 姜杰

【出版授权与投稿人】中央美术学院

【作者基本信息】中央美术学院，美术学，2010，硕士

【关键词】雕塑　新疆　维吾尔族　文化符号资源

【摘要】新疆文化在艺术上显示着鲜明的新疆地域特征。恰恰是这一点对世界艺术趋同倾向的故意逆反，促成了新疆艺术的自然而然的独创性。通过对雕塑作品立足于新疆本土的文化资源，在对新疆维吾尔族文化符号资源转换雕塑材料语言形式的研究过程中，运用符号学在雕塑领域的可操作性，并在不乏其民族特征的条件下找出和雕塑艺术的结合点。

当代写实雕塑——个人审美经验的表达

【作者】肖明　【导师】陈科

【出版授权与投稿人】中央美术学院

【作者基本信息】中央美术学院，美术学，2010，硕士

【关键词】当代艺术　当代写实雕塑　审美判断　个人审美经验

【摘要】本论文的目的是在具像写实雕塑语言在当代的运用这一课题下，探讨从个人审美经验出发，创作具有时代特征的当代写实雕塑。本文所论述的“写实主义雕塑”主要是指表现语言的“写实”，是指艺术家依据自然提供的实在的材料进行审美的酝酿与表达，同时语言形态上不过远地偏离自然，并不含有社会意义或其他意义的指涉。在具像写实雕塑学习之中会发现不同时期人们（专业与非专业）审美的变化和那些时期所产生的伟大作品有着密切的联系，那么在当代又如何通过研究个人审美经验的变化创作出属于这个时代的写实雕塑作品呢？因此本文将要尝试通过研究写实雕塑在美术史中的发展与变化，以及社会审美经验同个人审美经验与艺术创作所产生的关系，并且通过这些研究得出在当代具像写实雕塑中充分发挥与体现个人审美经验，形成具有当代“古典精神”的作品，强调在创作中让个人审美经验的最大化成为当代具像写实雕塑与当代艺术发生关系的纽带。

材料与材料的审美价值在雕塑中的作用

【作者】刘洋　【导师】陈科

【出版授权与投稿人】中央美术学院

【作者基本信息】中央美术学院，美术学，2010，硕士

【关键词】当代艺术　材料　材料的审美价值　当代雕塑

【摘要】艺术的魅力在于其强烈的感染力和表现力。对于雕塑艺术来讲这种感染力与表现力不仅体现在它强烈的三维空间形体上，还通过外在的表面肌理和材质感体现出来。雕塑创作与材料的关系密不可分，材料的质感对雕塑创作起到了强化视觉感受和心理刺激的作用。材料和材料的表现方式是雕塑形式美展现的重要媒介。传统写实雕塑对材料的使用相对单一，色彩变化少，有利于雕塑造型结构的变化和雕塑技法的表现。现代艺术的发展使传统写实雕塑不得不考虑创作形式和观念上的新转变。现代雕塑对材料使用要更加丰富，对材料的技术处理要更加深入，同时在使用传统材料时要更新观念。新材料与观念的使用改变了雕塑的创作形式，为雕塑发展开辟了更广阔的空间。与现代艺术相比，中国的雕塑表现语言似乎不够纯粹。当然中国当代雕塑正处在发展阶段，对形式语言、材料、观念的运用还在进行研究，在中国的雕塑作品中我们能看到雕塑家为此作出的努力。本文通过对材料和材料的审美价值的认识进一步了解材料在现代雕塑发展中的作用。

浅浮雕写意艺术语言思考

【作者】王霞　【导师】任世民

【出版授权与投稿人】中央美术学院

【作者基本信息】中央美术学院，美术学，2010，硕士

【关键词】浅浮雕　写意　气韵　虚实　意象

【摘要】浅浮雕艺术语言中在表现形式上包含了写意艺术表现形式和写实艺术表现形式。其中，写意表现形式的浅浮雕艺术在中国艺术中具有特殊的意义，王洪亮的《红军长征胜利会师》等一系列浅浮雕艺术作品就证明了这一点。文章主要从浅浮雕艺术的写意性入手，将具体通过对王洪亮代表性浅浮雕艺术作品《红军长征胜利会师》进行研究来归纳它的写意性，以这件作品的具体局部为实例进行论证，来强调这件作品在写意性浅浮雕艺术中所具有的代表性。比较写意浅浮雕艺术与写实浅浮雕艺术，同时列举一些国外艺术大师的写意性浅浮雕艺术典型作品并进行研究分析，以此来论述这些作品对中国写意性浅浮雕艺术的影响。从而探索写意艺术在浅浮雕艺术语言中的体现并归纳其特点。最后指出浅浮雕艺术语言中需要写意艺术不断创新与发展。

浅谈西方近现代写实雕塑语言

【作者】丁凯　【导师】陈科

【出版授权与投稿人】中央美术学院

【作者基本信息】中央美术学院，雕塑，2010，硕士

【关键词】西方近现代写实雕塑语言　简化　装饰化　超级写实　情感　形式感　构图　创新　新材料　材质的美

【摘要】学习了数年的雕塑，我越来越意识到寻求自己雕塑语言的重要性。在一个新旧交替以及西方文化处于强势的时代，作为一个当代中国的雕塑家，不可避免地面临如何继承传统、学习外来文化以及如何创新的问题。因此在研究生这一阶段的学习中，我认真地研究了西方近现代从事写实艺术的雕塑家的作品，希望通过西方近现代写实雕塑语言的研究对以后的实践有指导和借鉴意义。在研究西方近现代写实雕塑时我运用比较法和归纳法，试图从众多西方近现代写实雕塑家的雕塑语言中寻找到一些共性和规律。从整体而言，我认为西方近现代写实雕塑语言的变革有以下几点规律：1. 对于形体的处理趋于两极——简化与超级写实。2. 雕塑家对于情感的表达更为直接，更注重形式感，构图更大胆，在体量的变化上有更大突破。3. 雕塑家对于传统材料的运用方式有所创新，同时敢于探索和运用新材料。雕塑作品运用不同的肌理，充分体现出材质的美，使材质的相对独立性达到一个前所未有的高度。

当代雕塑精神性的传达和表现

【作者】李果　【导师】孙伟

【出版授权与投稿人】中央美术学院

【关键词】精神性　危机　精神世界　价值　内心需要　生命象征　沉思　选择

【作者基本信息】中央美术学院，美术学，2010，硕士

【摘要】当代的中国人正经历着社会转型，各种社会矛盾激化，不稳定因素增多，精神危机四起的历史时期。在现代社会生活快节奏、高期望、强压力的背景下，各种社会问题越来越突出，冲击着现代人的精神，物质比过去丰富了，精神的价值却愈见空洞，人们的幸福指数和经济发展不成正比。很多人对物质的追逐已经到了非理性的地步、人们心中的良知与爱被自私与冷漠隔膜开来，背离幸福安宁的实质。关注当代艺术的精神性话题，是表达现代人精神困惑的必然选择，合乎人性的需要。当代艺术界充斥着许多空洞乏味的形式，不少作品贩卖炒作社会热点以吸引眼球，缺乏深层的精神内涵，作者认为艺术对人的精神作用应该被提到令人足够重视的层面上来。本文结合作者的思考和创作实践，对国内外七位当代雕塑家田世信、孙伟、向京、李真、罗恩·穆克、马克·奎因、安尼施·卡普尔作品中的精神性特点进行了分析，提出自己对当代艺术精神性的看法和理解。通过研究，作者认识到当代艺术家的责任所在，关注精神性是对人性的尊重，应当更加深刻地思索我们存在的现代人类社会，进行自我沉淀与反思，促进艺术欣赏者对于内心需要的领悟。

表情运动在雕塑艺术中的体现和影响

【作者】张波　【导师】陈科

【出版授权与投稿人】中央美术学院

【作者基本信息】中央美术学院，雕塑，2010，硕士

【关键词】表情运动　情感　运动感　雕塑艺术

【摘要】表情运动作为一种古老而普遍的人类运动行为，体现了人类精神情感与身体运动之间的相互反馈。表情运动是人类精神情感的外在身体表现，是直接由情感支配的身体运动方式，因而表情运动不仅具有一般性的运动属性还具有其它人类运动行为所没有的情感特性。表情运动的双重属性决定了它在艺术的情感和运动感的表现上有重要的影响。艺术家通过一定的表现手段对表情运动的某个运动阶段进行恰当的组织与概括并将其转化为可视的艺术形象，通过这种转化使艺术作品能有力地进行情感和运动感的传达。在艺术表现中，虽然表情运动在不同的艺术形式中有不同的体现，但表情运动始终作为一根主线体现在它们的艺术表现过程中。本文着重分析了表情运动在雕塑的情感和运动感表达中的体现和影响，并指出：从表情运动出发构建合适的瞬间动态是实现雕塑情感表现的重要条件；表情运动是雕塑运动感实现的前提，动作与动作之间的连续转换是雕塑运动感实现的重要条件。

公共艺术与城市形象

【作者】朱宏亮　【导师】王中

【出版授权与投稿人】中央美术学院

【作者基本信息】中央美术学院，设计艺术学，2010，硕士

【关键词】城市形象　城市景观　鄂尔多斯　公共艺术

【摘要】中国正处在高速的城镇化进程和经济增长过程中，许多城市无论规模如何，都在涌动着“城市环境建设热”，部分城市外部空间与场所环境的整体建设水平有限，对城市形象设计和公共艺术设计在城市发展中应发挥怎样的作用和如何有效的实施没有足够理性的认识，造成了城市风格模糊，功能分区混乱的现象。建筑风格国际化成为流行趋势，地域文化的多样性和特色被抹杀或遗忘。许多新兴的城市由于缺少文化内涵，正在沦为环境与精神的沙漠。在我国城市公共艺术还没有形成一个全面有指导意义的设计理念，缺少独创性已成为目前我国公共艺术的通病。与此同时经济全球化导致城市特色迅速丧失，城市化进程的加速，强势文化的渗透无处不在，人们已经开始对这种快速发展所造就的“成果”提出质疑。越来越多的城市意识到自身文化传统的积极价值，在继承传统的基础上努力创造新的有特色的文化形象。本文正是在此背景下，以鄂尔多斯市康巴什新区下湖北岸文化公园公共艺术及景观概念性设计为例，通过理论阐述，实例展示，从城市形象的角度出发，关注城市文化，研究城市公共艺术设计问题。

线性素描“浮雕式造型”义疏

【作者】陈川　【导师】唐勇力

【出版授权与投稿人】中央美术学院

【作者基本信息】中央美术学院，美术学，2010，硕士

【关键词】浮雕式造型　线性素描　空间观　平面基础教学

【摘要】作为中国画基础教学的线性素描，已经形成稳定、系统的理论框架。其提出者，唐勇力先生的纲领性文本中反复出现“浮雕感”或“浮雕式”造型的词汇，引发了我们对此提法相关学理问题的思考。回溯词源，我们发现，线性素描的“浮雕式造型”这一概念的形成，是西方文艺复兴时代素描大师精粹思想片段的滥觞，是欧洲古典主义素描学派的坚持与传承，是近现代中国学者对中国画专业素描教学不懈探索的结晶，更是对中国画自身特征与规律的不断深入研究的先进文化成果。探究词义，“浮雕式造型”的内涵，指出了由于中国画与浮雕在空间观念上的相似性。浮雕是介于平面造型和立体造型之间的艺术形式，具有绘画和雕刻的双重因素，它所谓的压缩空间与幻象表现对于中国画基础教学甚至创作都有有益的借鉴。现代中国画力求视觉所见与概念所知的折中处理，既显示一定的深度感，又顺应图画的平面性。在这一点上，正好与浮雕的“压缩空间”、“半立体”特征相接近。本文通过对线性素描“浮雕式造型”的词源追溯与词义分析，回答了什么是浮雕式造型形式或者浮雕式结构样式、线性素描的浮雕式造型是怎样形成的等等系列相关问题，并指出了这一概念在中国画专业素描教学中的现实意义与实践价值。

他塑到自塑

【作者】葛士恒　【导师】殷双喜

【出版授权与投稿人】中央美术学院

【作者基本信息】中央美术学院，美术学，2010，硕士

【关键词】雕塑民族化　传统　他塑　自塑

【摘要】“雕塑民族化”这一课题，既不同于“油画民族化”，也不同于“国画改良”，对它的研究是特殊的。对于“油画民族化”来说，“雕塑民族化”有丰富的遗产和悠久的传统，需要重新发掘和学习；对于“国画改良”运动来说，“雕塑民族化”是建立在西方雕塑体系引入的基础之上的。特别是新中国成立后，这个引入的体系不仅包括以法国为代表的欧洲雕塑体系，也包括50年代引入并盛极一时的苏联雕塑体系。在西方雕塑传统的强大的阵容面前，在中西雕塑传统的交流和碰撞中，“雕塑民族化”的研究值得关注，更需要在中西之间找到一个恰当的契合点。本文的目的正是试图揭示中国雕塑民族传统这段由忽视到发现到继承再到再创造的学术嬗变史，这段历史也正是西方雕塑体系（他塑）走向民族现代（自塑）的历史。它们是统一的。笔者首先对现代雕塑家发现学习民族传统的历史文献及一些艺术家传记和随笔进行梳理，内容包括他们对古代雕塑和民间雕塑的调查、他们对中国雕塑史的学习、他们撰写的关于民族传统雕塑的理论文章以及他们为发掘发扬民族传统所做的各种努力，然后进行分类比较研究，试图尽可能地概括他们当时对中国雕塑民族传统的认知和学习的历史的原貌．

浅析玻璃材料语言在公共艺术中的运用及前景

【作者】黄浩　【导师】秦璞

【出版授权与投稿人】中央美术学院

【作者基本信息】中央美术学院，美术学，2010，硕士

【关键词】玻璃　材料语言　公共艺术　运用与前景

【摘要】改革开放之后，伴随城市形象、城市公共空间的艺术质量及文化品位日益受到重视和强调，城市公共艺术迅速发展并取得长足进步。本论文首先对玻璃与公共环境雕塑的概念进行了具体的论述，对国内的现状进行了整理，并分别从玻璃的材质、色彩、再加工、形状、创意等角度对其在公共艺术中的运用进行了具体的分析说明，并对其运用前景进行了分析，试图对玻璃艺术的良性产业发展做出学理意义的探讨。

中国当代陶艺极简主义创作现象研究

【作者】孙丽娟　【导师】刘正　周武　吴光荣

【出版授权与投稿人】中国美术学院

【作者基本信息】中国美术学院，设计艺术学，2009，硕士

【关键词】中国当代陶艺　极简主义

【摘要】极简主义是20世纪60年代西方现代艺术的重要倾向和流派之一，极简主义以极简的造型，单纯的色彩等艺术特征影响了当下的艺术创作和审美趋向。自20世纪80年代末中国当代陶艺发展以来，西方的极简主义艺术思潮一直影响着中国的当代陶艺家。从另一个角度分析或许是西方的极简主义风格的艺术作品及其创作理念受到中国陶艺家的普遍欣赏，从内心深处发生共鸣。事实上，在中国古代经典陶瓷作品中，极富极简主义特色的作品为数不少，如经典的北宋汝窑瓷器。正是这样一种根的关系，使西方的极简主义作品一经进入中国，就受到中国艺术家与民众的普遍喜爱。本文正是从这一角度，探讨极简主义在当代中国陶艺界逐渐成为一种潮流并被普遍接受的深层次的原因。

中国美术学院陶瓷美术教育简史（1960～2008）

【作者】孙学军　【导师】刘正

【出版授权与投稿人】中国美术学院

【作者基本信息】中国美术学院，设计艺术学，2009，硕士

【关键词】工艺美术系　工业设计与陶瓷系　陶瓷艺术系　陶瓷与工艺美术系　陶瓷美术教育

【摘要】本文通过对中国美术学院1960年至2008年陶瓷美术教育史的调查，从办学历程、学术思想、教学科研、主要人物等方面入手，对不同时期的陶瓷美术教育状况进行了分析研究。陶瓷美术专业最初隶属于工艺美术系，之后又分别隶属于工业设计与陶瓷系、陶瓷艺术设计系、陶瓷与工艺美术系。在近半个世纪的的办学历程中，历经几代教育者们的辛勤耕作，陶瓷美术专业从无到有，始成今天的面貌。本文通过对校史、系史资料的收集、重要人

物的访谈、归纳与总结等方式，最大限度地还原了陶瓷美术专业的教育历史，为本专业未来的发展提供了较好的史实依据和理论基础。

重塑瓷枕
——瓷枕创作研究

【作者】刘洁　【导师】刘正 周武 吴光荣

【出版授权与投稿人】中国美术学院

【作者基本信息】中国美术学院，设计艺术学，2009，硕士

【关键词】瓷枕　表现　创作手法

【摘要】瓷枕作为中国陶瓷艺术中的一个独特的艺术种类，在功能与形意、图案与造型、艺术与文化等方面为陶艺的专业研究学习，提供了丰厚的研究资料。瓷枕作为一种古代生活用具，在供人使用的同时还兼具了古代文化传播、品德修养、艺术教化的社会文化与审美功能。瓷枕在当代的现实生活中，虽不像古代那样被普遍使用，但作为硬枕、凉枕，仍受到人们的喜爱。特别是瓷枕的特殊形式受到当代艺术家的关注，成为其艺术表现的主题之一。当代的瓷枕创作应继承瓷枕作为中国古代艺术、文化符号和载体这一独特性，立足于瓷枕的历史性与当代陶艺的创造性，重塑瓷枕，彰显瓷枕永远的魅力。本文将以瓷枕创作作为主线，通过对瓷枕的历史与文化的梳理，结合当代生活探讨在当代创作瓷枕的意义。通过研究瓷枕成型与装饰工艺，站在当代艺术创作的角度，探讨枕的概念作品与当代创作形态，阐释当代瓷枕创作的实践手法与艺术构想，提供解读与重塑陶瓷经典造型的创作思路与艺术实践。

毛泽东塑像研究

【作者】张桦　【导师】杨奇瑞

【出版授权与投稿人】中国美术学院

【作者基本信息】中国美术学院，美术学，2009，硕士

【关键词】毛泽东塑像　偶像　公共性　神像　图式

【摘要】本文主要通过对毛泽东塑像进行全面的考辨、梳理与议评，以及探究其动态的成因、变革，图式的分类，公共事务的组织构成，公共性的差异，从而使该艺术门类的成就及历史影响得以多层次、多视角、有系统地清晰呈现。在研究方法上，本文从“毛泽东塑像”的史料与文献出发，结合图片资料，对各个时期的“毛泽东塑像”进行分析：借以图像学、符号学、公共空间理论呈现毛泽东像由“偶像”到“神像”，由“崇拜”到“颠覆”的转变。本文将新中国“毛泽东塑像”抽离出毛泽东美术，并进行了历史分期，对四个时期的“毛泽东塑像”逐一研究，把“毛泽东塑像”分为文革美术、改革开放后的官方艺术、民间制像、城市雕塑、当代艺术、消费时代几大范畴先述后议，得出一些新的观点，较全面、深入地展现了百年“毛泽东塑像”美术的发展轨迹与公共性意义。

当代“赏石风”雕塑研究

【作者】张伟　【导师】杨奇瑞 于小平

【出版授权与投稿人】中国美术学院

【作者基本信息】中国美术学院，美术学，2009，硕士

【关键词】“赏石风”　当代雕塑　观念　传统的

【摘要】所谓赏石是指具有一定形态、色彩、纹理、声韵和意境，以欣赏性为主要内容的天然石。中国的赏石文化源远流长，然而随着时代的变迁，由于种种历史原因，传统赏石文化在西方各种文化潮流的冲击下逐渐式微。在雕塑领域内，当代雕塑艺术家逐渐发掘中国传统文化内容，使赏石元素融入到自己的雕塑作品中，形成一股风潮，才使得赏石从另外一个角度得以重新关注。本文的研究目的就是从中国传统赏石文化入手，解读赏石所蕴含的人文精神，借以分析当代雕塑中具有赏石元素的作品，探求被西方文化潮流所掩盖的中国传统文化精髓，希望能够理清中国古典园林的赏石文化在当代雕塑中的运用与传承。

新与旧的对撞
——中国当代陶瓷绘画现象研究

【作者】李洋　【导师】刘正 周武 吴光荣

【出版授权与投稿人】中国美术学院

【作者基本信息】中国美术学院，设计艺术学，2009，硕士

【关键词】陶瓷绘画　当代　陶瓷绘画艺术家

【摘要】陶瓷绘画与国画其实是同源的。早在还没有“国画”的时候，彩陶就已经产生了。而几千年的历史发展下来，陶瓷绘画受国画的影响极大。例如磁州窑的陶瓷绘画上，便有李公麟，武宗元白描意味的“童子垂钓图”和“珍珠地划花人物瓶”，赵佶墨竹笔意的“磁州窑白地张家造款黑竹叶纹枕”，宋代院体花鸟画在磁州窑器皿上的表现；自元以来的青花瓷器，更与绘画水墨有着殊途同归的艺术审美取向，而明清青花山水画受当时画坛山水画成就的影响就更清晰可见。而晚清出现的浅绛彩，更是受当时文人画董其昌思想的巨大影响：崇尚“元四家”黄公望等淡墨枯笔勾皴而淡赭渲染的山水画，企望在瓷器绘画上实现其效果。时至今日，面临东西文化的巨大碰撞，传统的审美标准已经不能满足现代人的视觉体验。陶瓷绘画作为一个本身就很“传统”的领域，如何在现代的语境下发扬中国传统文化更是这一领域的重要议题。赫博特·里德曾说过：“陶器既是一切艺术中最简单的，也是最困难的……这种艺术是如此的与本土文化上之各种需要密切不可分，以至每一种民族的本土文化精神，都必然会在这种媒介中寻求他的表现。”这里便隐含了个如何观照中国作为陶瓷古国的传承问题。

线条的思考

【作者】苏阿香　【导师】李秀勤

【出版授权与投稿人】中国美术学院

【作者基本信息】中国美术学院，雕塑，2009，硕士
【关键词】戈果　雕塑　线条　空间　自由

【摘要】提到20世纪的当代艺术，人们的第一印象就是巴黎、纽约等重要的欧美中心城市，那里聚集了众多全世界优秀的艺术家以及异彩纷呈的艺术流派。而拉丁美洲，因其地理、社会、经济、政治状况等原因，在很长的一段时间内，是偏离人们的视野中心的，拉丁美洲的艺术也同样被视作非主流。但事实证明，拉丁美洲的艺术家们在创作方式、艺术思想等方面均不同程度地受到来自西方艺术（如俄罗斯构成主义、美国极少主义艺术）的影响，并对后者的发展也起着一定的促进作用。作为一名20世纪拉丁美洲有着犹太血统的女性艺术家，戈果(GertrudGoldschmidt)通过纵横交错的网络式线条雕塑，在其艺术作品中自然而然流露出来了与那个时代紧密相关的迁徙、自由、身份认同等主题。相比之下，她并没有同代的众多活跃在当代几何抽象和动态艺术领域内的艺术家有名，但她最终还是成为委内瑞拉现代艺术领域中最具原创性的艺术家之一。对戈果艺术的解读，不仅能在理论上，更能在艺术实践中为本人今后的雕塑创作提供一定的指导意义。

热成型工艺在雕塑创作中的应用

【作者】定作悟　【导师】龙翔
【出版授权与投稿人】中国美术学院
【作者基本信息】中国美术学院，雕塑，2009，硕士
【关键词】陶塑　陶塑技法

【摘要】陶塑艺术是一门与人类生活密切相关的传统文化艺术。就如从古至今人类文明的发展一样，陶塑艺术也是一直在发展。随着人们的艺术思想，创作观念和技术工艺的进步，陶塑及其艺术创作也发生了深刻变化。本文在一开始介绍了本人学习陶艺艺术的目标以及选择这个论文题目的原因。此外在第二章写出了陶艺艺术中陶塑的历史以及现代陶艺艺术的发展历程。在第三章写出了最主要为研究目的的陶艺艺术的各种技术以及研究所获得的结果。第四章写出了陶艺艺术在未来的发展情况与前景。第五章则是本文的结论。

论软材料艺术中的手工性

【作者】何姗姗　【导师】施慧 单增
【出版授权与投稿人】中国美术学院
【作者基本信息】中国美术学院，雕塑，2009，硕士
【关键词】软材料　手工性

【摘要】在20世纪60年代之前的艺术，直至现代艺术，其艺术形式无论是绘画还是雕塑，仍旧讲究“手”与手工的重要性，强调身体的介入。60年代后的各种艺术流派，在注重观念的同时不再强调手工操作的重要性。历史上艺术与手工的紧密关系出现了一种断裂。可以说当代艺术实现头脑思考取代了“手”在艺术中的地位。我认为与现代主义以后的其他门类的当代艺术相比，软材料艺术作品所传达的，或多或少都持续呈现“手工性”这一特点。本文运用文献阅读，理论文献分析，实物观察，视觉分析，艺术家个案研究等研究手段，强化研究角度的新颖性，当代性，跨学科性。讨论观念性的当代艺术中的手工性，及其在当代艺术和社会文化语境中的独特价值。

潜在的能量

【作者】应歆珣　【导师】施慧 单增
【出版授权与投稿人】中国美术学院
【作者基本信息】中国美术学院，雕塑，2009，硕士
【关键词】材料　表现力　物性　情感

【摘要】本文是基于在艺术创作实践中，除了对雕塑形体、空间、体量的塑造外，由探讨艺术创作中的本体语言而引发的对材料的思考，在体验材料语言魅力的过程中，由对西方当代艺术已呈现出来的种种倾向进行一次梳理，对材料语言表现的再次关注，进而引发对艺术作品中材料的呈现与表达的研究。本文首先从当代艺术材料的丰富语汇来分析材料的拓展状况与影响；然后，从“皮”这一具体材料切入，探讨材料本体语言的艺术表现力；最后，从多瑞丝·萨尔塞多当代雕塑创作的材料运用的案例，剖析当材料作为人类经验的表达语言时，其社会性的艺术表现力以及材料与材料之间的关系。从个人化角度来分析材料的各种潜在艺术表现力，以及这种语言表现对当代艺术发展的意义。本文提出以下观点：其一，“一切皆为可能”的美学观使艺术向所有可了解的媒介拓展和延伸。让艺术家有了更加个性化的表达，使多元并存成为广泛的存在。“材料”的使用也越来越自由与多样。其二，材料是视觉造型的物质基础，是艺术作品的生命载体，“材料”有其自身的“性格”，在艺术家的作用下，它们有着丰富的情感和情绪。其三，艺术作品中的材料不能被简化为一种纯粹物质性的东西，材料传达了艺术语言对某个所指之物的能指。

中国漆器定制机制研究

【作者】简锦斯　【导师】王鸿 唐明修
【出版授权与投稿人】中国美术学院
【作者基本信息】中国美术学院，中国漆艺术学，2010，硕士
【关键词】中国漆　漆器　定制机制　工艺审美　时代风格

【摘要】漆器的“定制”机制是中国漆艺术史中特有的文化现象。在我国商周、秦汉时期，以皇家和权贵为绝对消费主体的等级消费群带动了漆器往高价值、高工艺方向发展，并结合时代精神，形成了当时物质文化和艺术思潮的代表。可以说基于权力背景的皇家消费所形成的“定制”机制是漆器艺术高度发展的核心动力，该动力形成了中国漆器艺术的连续和积淀，使其成为中国非物质文化，成为中国物质审美的代表。宋元以降，漆器私营化进程加快，地方漆业的发展为高级“定制”漆器的工艺技艺提供

了技术资源和人力资源，社会文化精英群体参与消费，使高级漆器产品形态得以丰富，艺术性得以提升，漆器的艺术风格开始呈现出“皇家富贵”和“徐熙野逸”的两种平行发展的风格类型并传承至今，为漆器艺术以外的工艺技艺的创新，以及基于当代人为背景的艺术创作提供了形式资源和审美参考。

汉代陶塑与中国现代陶塑创作

【作者】吴炅　【导师】刘建国 戴雨享

【出版授权与投稿人】中国美术学院

【作者基本信息】中国美术学院，设计艺术学，2010，硕士

【关键词】现代陶塑　历史语境　西化　汉代陶塑艺术

【摘要】中国现代陶塑的发展起源于20世纪70年代末、80年代初，本文从简述中国传统陶塑发展历程、艺术特征入手，以西方艺术思潮及中国传统陶塑艺术的影响为背景，叙述现代陶塑自发端至今的发展脉络，并以汉代陶塑艺术为观照，通过选取有代表性的作品以及对现代陶塑创作个案的赏析，重点分析现代陶塑在中西不同文化背景下的反思、觉醒与回归，思考民族意识回归对于现代陶塑创作的意义。

介入与融合

【作者】胡敏　【导师】戴雨享 刘建国

【出版授权与投稿人】中国美术学院

【作者基本信息】中国美术学院，设计艺术学，2010，硕士

【关键词】现代环境陶艺　公共空间　公共艺术　表现形式

【摘要】现代环境陶艺从字面上理解是公共空间环境艺术中的陶艺，其实是现代环境陶艺的概念，并非是概念上的简单叠加，而是公共艺术发展过程中的一种新形式。伴随着城市公共艺术的发展，在特定公共空间环境中设计的空间艺术形态，诸如广场，公园，道路，绿地，居住区，社会活动场地的现代陶艺作品或以陶艺创作为主的综合媒介作品。其艺术的感受形式是开放的，可供公众以不同方式感知。在当今艺术的大背景下，现代陶艺家的陶艺作品逐渐从自我的形式扩展为集体意识。陶瓷壁画，陶瓷雕塑，装置，水体，城市公共设施，建筑外墙的装饰，标示物，园艺等以陶瓷材料构成的艺术形式，客观上这些艺术作品在长期的公共艺术实践中被社会文化所接纳和认可。现代环境陶艺作为一门公共艺术，它既体现了艺术的公共性原则，又具有现代陶瓷艺术本身的特质．它符合当代公共艺术的核心理念“一切为了人与社会生活”——创造符合“人”生理和心理需求的空间环境，满足社会生活不断变化的审美需求，使现代陶艺作品介入公共艺术领域并找到存在和发展的理由。本文旨在研究现代环境陶艺在公共艺术中的多种表现形式，为现代环境陶艺的发展提供了试验性研究。

浅论陶瓷印研究与创作

【作者】姚伟荣　【导师】祝遂之 陈大中 沈浩

【出版授权与投稿人】中国美术学院

【作者基本信息】中国美术学院，书法，2010，硕士

【关键词】陶瓷艺术　泥坯　篆刻艺术　装饰　当代陶瓷　釉色　颜色釉　紫砂　印材　整体性　附图　印章源远流长　瓷泥　浅论　煤气窑　宜兴　材质　釉上彩料　景德镇

【摘要】陶瓷印源远流长，通过对历代陶瓷印遗迹的收集整理有利于陶瓷印的研究与发展。陶瓷印独特的材质有它的特质与优势，陶瓷印的整体性创作的实践具有丰富的艺术价值。陶瓷印创作，发展空间巨大，需要我们不断地去研究、探索、创造。

明万历景德镇瓷碗艺术探析

【作者】蓝天　【导师】许群

【出版授权与投稿人】中国美术学院

【作者基本信息】中国美术学院，陶瓷艺术设计与理论研究，2010，硕士

【关键词】明万历　景德镇　瓷碗　造型　装饰

【摘要】自元代开始，景德镇渐渐成为中国制瓷业的中心。景德镇所产的瓷器因为其品质优良，逐渐遍布全国各地。明代万历年间，尤其是江南生活富裕，饮食发生很大变化，使得景德镇瓷器走俏。而瓷碗便是这时景德镇餐具类产品中的重要一项。万历时期景德镇瓷碗的造型与装饰都颇具特色。对于景德镇这一时期瓷碗造型及装饰的分析，可以让我们更明确其特色产生的更本原因。而后在此基础上，深思自身创作中的一些问题，以便制作出更符合时代特点的餐具。

清新淡雅 质朴自然
——宋瓷浮雕装饰探析

【作者】吴建芳　【导师】戴雨享 刘建国

【出版授权与投稿人】中国美术学院

【作者基本信息】中国美术学院，设计艺术学，2010，硕士

【关键词】宋瓷　浮雕装饰　艺术特征　艺术美

【摘要】宋瓷浮雕装饰充满生命活力，追求“清水出芙蓉、天然去雕饰”的美学境界，带来一股清新淡雅、质朴自然之风。它作为一种陶瓷胎装饰语言，是宋代瓷窑常见的装饰手法，并巧妙地结合造型与釉色，化繁为简、极饰返素，不仅增添了宋瓷之美、给宋瓷的繁盛带来别样风采，还反映了宋人独特的审美趣味和思想精神境界，是一种民族精神和民族审美意识的体现。本文通过对宋瓷浮雕装饰风格形成的原因、表现手法、表现题材、艺术特征等方面的探析，并归纳总结出几个主要的美学特征：白贲静美、犀利古雅、质朴自然、莹润出筋、清新淡雅，进而体会宋瓷浮雕装饰所带来的意境神韵、民族审美精神等深层内容，肯定了宋瓷浮雕装饰的现实启示价值。

穿透的力量
——论窑制玻璃艺术创作中的空间性

【作者】韩熙　【导师】李秀勤
【出版授权与投稿人】中国美术学院
【作者基本信息】中国美术学院，雕塑，2010，硕士
【关键词】光　空间　穿透性　精神

【摘要】玻璃艺术在西方繁荣发展，我国的当代玻璃艺术也经历了十年的发展之路。玻璃艺术有其独特的形式语言与表现规律，窑制玻璃艺术是玻璃艺术创作的一个重要类别。玻璃自身的材质特点，特别是它对光线的敏感与自体的通透决定了它在空间表现上有别与其它门类，在空间性的内涵上，具有新研究点。文章主要采用比较与归纳的研究方法，例举大量案例类比分析，归类窑制玻璃艺术创作中空间表现的类别与方式，总结其共性的艺术创作规律，延伸出“精神空间”的概念，明确空间形式研究的目的是为了更好地利用玻璃的材料特性使之更准确地表达艺术家的情感与思想，有效地服务今后的玻璃艺术创作实践活动。

金属纤维材料造型语言研究

【作者】詹俊　【导师】施慧 单增
【出版授权与投稿人】中国美术学院
【作者基本信息】中国美术学院，雕塑，2010，硕士
【关键词】纤维艺术　金属纤维　造型语言　艺术表现

【摘要】自 20 世纪六、七十年代以来，现代纤维艺术始终处在一个不断开拓和实验的过程中。艺术家们不满足于传统的表现手段和传统材料的局限，以对材料的长期关注为出发点，将纤维材料造型的种种可能性及其变化进行了不断探索和尝试。传统的纤维材料以柔性天然纤维为主，并逐渐融入了人造纤维和有机合成纤维，今天，玻璃纤维、光导纤维和金属纤维的启用，使艺术家在创作风格和表现手段上产生了丰富的灵感，现代纤维艺术中的一些作品已经处于纤维艺术的“临界点”。目前在现代纤维艺术中金属纤维材料并没有得到广泛的关注，但材料自身所具备的独特性为艺术创作提供了新的可能。本文主要讨论的是金属纤维艺术的造型艺术语言问题。首先通过历史的考察纤维艺术材质的变化，分析金属纤维材料为纤维艺术的创作提供了新的可能性；其次介绍了金属纤维目前主要的创作手法和它所产生的特殊视觉效果，及金属纤维材料的发展进程；最后通过对当代一些知名艺术家的作品分析来阐述金属纤维材料造型语言的独特性，当代造型艺术的一些特殊形式与方法。

中国传统雕塑的造型语言及对当代雕塑创作的思考

【作者】杨勇　【导师】杨奇瑞 于小平
【出版授权与投稿人】中国美术学院
【作者基本信息】中国美术学院，美术学，2010，硕士
【关键词】传统　雕塑　当代　创作　吸收

【摘要】雕塑是一种占有三度空间的艺术，雕塑新时代来临，不仅是空间的改变，重要的是意识形态的调整；雕塑融入生活，与大众开始对话，成为一种惊喜，中国的雕塑艺术正在迈向一片更广阔而愉悦的天空。研究体验中国传统雕塑的精神文化，融合独立风格的、民族性的、东方性的雕塑，它的精神将使其超越庸俗和平淡。在自己文化上用功，对传统充满信心，未来就会无限发展。就像一棵大树，把根扎得越深，越能枝繁叶茂，覆盖广大。所以本研究的目的，主要是想再次重新研究中国传统雕塑，从中探讨对立与和谐的关系，应用于雕塑创作理念上，把自己的东方文化哲学应用在当代雕塑创作上，呈现出自己的独创性、唯一性。推动本土艺术文化的进步，传承的艰辛与韧度，凝聚百年来的能量，释放出连绵不断的可能，让中国雕塑的生命力能够扩展至国际的能见度。当我们的文化经受着“全盘西化”的冲击，是否会逐渐淡忘自己的根源，淡忘自己原本的宝藏·时代的变迁、教育的方针、流行的风潮，在经济迅猛发展的当代中国，有多少艺术家遗忘了存在自身源头的珍宝。但悠久的历史文明根基稳固，不是短暂的而强烈的冲击所能摧毁的。我相信经历过时代的动荡和抉择后，古朴、典雅的东方艺术定会向世界绽放出它的魅力。

现成品在纤维与空间艺术中的运用及当下意义

【作者】黄喆　【导师】施慧 单增
【出版授权与投稿人】中国美术学院
【作者基本信息】中国美术学院，雕塑，2010，硕士
【关键词】纤维艺术　现成品　后现代文化　消费文化　混杂空间

【摘要】论文以纤维和空间艺术研究为基础，来讨论现成品介入纤维与空间艺术呈现的新语境，以及面对当下后现代“混杂空间”显现出的丰富寓意。对于现成品在纤维与空间艺术中的运用及当下意义的论述，文章用三个章节逐层论证说明。第一章，把现成品在纤维与空间艺术中的运用放入发展历史中去讨论，进行纵向比较。并在接下来的发展中，借助于当时的艺术观念使两种艺术形式相互融合，产生特有的异化空间。第二章对现成品在纤维与空间艺术中的运用进行横向分析，着重叙述纤维与现成品相结合呈现的文化寓意。后现代文化是现今主导的文化现象，后现代文化中既渗透着消费文化又把其包涵其中，二者相生为利，无法分割。面对这样的文化图景，许多艺术家选择把消费社会的现成品与纤维结合去营造隐喻空间。利用直观、生动、锐利的艺术表现方式去呈现社会文化问题之所在。第三章先就“文化数字化”的特征进行分析，提出“混杂空间”的概念。在数字网络的催化下，人们遭遇着“文化数字化”的现实。虚拟现实与日常现实相互缠绕，空间消涨中充斥着被碎化的当下。人们在“过度充实”的同时也被抛入现实的失落中，面对空洞的当下。

砖雕艺术的启示

【作者】王洪坤　【导师】张克端

【出版授权与投稿人】中国美术学院
【作者基本信息】中国美术学院，美术学，2010，硕士
【关键词】砖雕　启示　空巢老人　借鉴

【摘要】砖雕是中国传统民间雕塑艺术的一种，有着悠久的历史和很高的艺术价值。它以朴素的材质和丰富多样的表现形式承载着深厚的传统文化内涵。虽然砖雕的辉煌已成为历史，但这种传统雕塑形式依然给我启示：抛开砖雕的实用性和装饰性，把它作为独立的雕塑形式在创作中进行借鉴，用这种质朴的砖雕形式表现当今普通人的生活场景，能给观者以亲切感，使作品和观者产生很好的交流，可以使传统砖雕形式在当今获得新的运用。文中从个人创作的角度出发，对砖雕中可借鉴的内容进行分析，深入了解砖雕的题材及内涵，研究砖雕的造型方法及风格特征。希望通过对砖雕文化的理解、题材内容的拓展、风格特征的借鉴、传统创作手法的吸收，寻找传统砖雕形式和“空巢老人”这一创作内容之间的结合点，探讨如何把这种传统的雕塑形式借鉴到自己的创作中，来表现今天人们面对的现实问题。用砖雕形式表现“空巢老人”这一主题，形式和内容可以达到统一，“空巢老人”内容得以合适地表现，传统砖雕形式得到再生，使观者和作品产生共鸣，提醒人们对“空巢老人”生存状态的关注和对传统民间艺术的关注，引起观者对逝去和将要逝去的事物的回望和思考。

虚拟与现实

【作者】陈钢　【导师】张克端　翟庆喜　刘杰勇
【出版授权与投稿人】中国美术学院
【作者基本信息】中国美术学院，雕塑，2010，硕士
【关键词】意想形象　虚构　真实　神话　生物基因

【摘要】意想形象的创造在世界历史上古已有之。如中华民族“龙”的形象的创造、古埃及的“狮身人面像”、古希腊神话“人马兽－肯陶洛斯”等艺术形象，及带有神话色彩的文学作品，宗教中的某些形象的创造等等。我们曾经历了以现实主义一枝独秀的艺术创作时代，那种强调主体想象和其他的创作方法被我们疏忽了。今天我们的时代呼唤创造和想象，网络虚拟成为我们生活的另一种空间，虚拟空间为我们实现超越现实的想象提供了前所未有的可能性。克隆技术、生物技术、基因工程等现代科技的发展为人类了解世界和人的本身创造了条件，也带来了一系列伦理和生命问题，在某种程度上，似乎人类俨然已扮演“上帝”的角色。同时，人类依然面对很多未知领域，我们面对生活还有无穷的想象，时代期待表达想象的艺术。在国外已经有一些当代艺术家运用“意想”的手法创作作品，并取得令人瞩目的成就。而在国内作为具像雕塑领域的拓展，意想形象的创造是我们疏忽了的一个重要方面，本文将通过对相关文献的整理、研究来谈一下意想思维在当代艺术中的重要性。

另一种真实

【作者】陈炼　【导师】张克端　翟庆喜　刘杰勇
【出版授权与投稿人】中国美术学院
【作者基本信息】中国美术学院，雕塑，2010，硕士
【关键词】中世纪　雕塑　视觉真实　表现力　形式语言　宗教精神

【摘要】笔者去年赴欧洲交流学习时，于多数博物馆中见到中世纪的雕塑作品，大部分作品具像但并非完全写实，通过强调甚至变形的艺术手法传达不可抗拒的强烈的宗教精神。本文试图通过图片与文字资料，及作为实践者的直观体验，借助20世纪以后的雕塑观念，以中世纪时期雕塑与古希腊和文艺复兴时期雕塑在造型语言的处理和表现手法方面的比较，研究分析中世纪时期雕塑独特的表现力。通过对比的方法来研究中世纪几件雕塑作品的特点，从雕塑在形体造型、表现手法、衣饰处理和色彩运用等方面内容出发来阐释这一时期雕塑的表现力和形式语言特点。从而得出运用恰当的形式语言对于强化作品的表现力具有至关重要的作用。

对于古典艺术的借鉴——从马克·奎恩说起

【作者】刘元捷　【导师】张克端　翟庆喜　刘杰勇
【出版授权与投稿人】中国美术学院
【作者基本信息】中国美术学院，雕塑，2010，硕士
【关键词】古典艺术　马克·奎恩　约翰·柯林

【摘要】本文从马克·奎恩说起，简述西方艺术的发展与对其古典艺术借鉴的历史渊源。然而，由于现代艺术的出现，艺术家开始对古典艺术产生了质疑，从而直接导致对古典艺术借鉴的终结。然而，在当今艺术界出现了一些艺术家重新回到古典艺术，并从古典艺术中得到启发和滋养，其中马克·奎恩与约翰·柯林就是其中的佼佼者。他们的作品穿越于古代与现今、神秘与现实之间，传达出一种似是而非的感觉，焕发出耀眼的光彩，为我们所津津乐道。本文希望以他们为例，启发一些当今仍然对于古典艺术具有浓厚兴趣的艺术家或年轻人如何借鉴古典艺术来表现当今人们所关注的问题，以及了解到由于切入点的不同所造成的视觉冲击力是多么的大。

抽离出核心价值

【作者】徐志杰　【导师】张克端　翟庆喜　刘杰勇
【出版授权与投稿人】中国美术学院
【作者基本信息】中国美术学院，雕塑，2010，硕士
【关键词】艺术　雕塑　概念　核心价值　目的论美学

【摘要】艺术和雕塑这两个概念，在如今的艺术界中，已经没有人能说清楚，似乎也没有人关心，而作为实践类艺术学生总是希望能在学习中得到一个肯定的答案。然而各家的解释大都不自觉的站在自己所在的专业立场，以此做出的解释，对我而言难免显得有些偏颇。而似乎我能够做的也仅是站在实践类雕塑学生立场，尽量地得出一个答案，以便落实于具体的创作与学习中。即便是带有偏见，也是出于我现阶段的认识。或许这样也能为观者在看我的作品时，提供一个更全面的可能。文章共两篇，分别来谈。第一篇是对于“艺

术”这个概念问题的探讨，我从“目的论美学”切入，以“玩味”作为艺术的核心价值凝结。第二篇是对于“雕塑”这一概念的理解，更多的是出于自己对于这个专业的学习体会，以我感受到的“空间性”作为概念的核心价值。

浮雕中的色彩运用

【作者】缪声远　【导师】龙翔 孟庆祝 朱晨 钱云可

【出版授权与投稿人】中国美术学院
【作者基本信息】中国美术学院，雕塑，2010，硕士
【关键词】浮雕　色彩　运用

【摘要】雕塑的历史在很大程度上可以被看作石雕、木雕和铸铜雕塑的历史，它们以材质的特性及丰富的表现力而成为雕塑最适宜的材料，但其实雕塑中的“色彩”是一个长久以来被我们忽略的重要的表现因素。这个色彩包括雕塑本身的质感、肌理和色泽给人们视觉的直观感受，也包括另一种色彩，即雕塑表面的敷色。综观世界雕塑史，中西方都有过在雕塑表面大量敷色的阶段。雕塑中的浮雕，兼有绘画的平面性和雕塑的实体空间性，又区别于平面造型与立体造型，是介于绘画和雕塑之间的一种独特的造型艺术形式，融合绘画与雕塑两者的表现优势。因此色彩在浮雕中的运用会使其更具表现力。历史上的各大文明古国，毫无例外的都有精彩的彩色浮雕珍品流传于世。文章通过对中外敷彩浮雕的回顾，再结合当代的敷彩浮雕实例和自己的创作实践，提出色彩与浮雕的材料、光线、营造的氛围等因素结合的运用。文章证来“塑”与“绘”本就同属一脉，其理相通，相得益彰。浮雕创作与色彩运用结合，在继承传统的基础上也符合现代社会人们审美观和多元的精神需求。浮雕多元化是应时之需，也是必然，色彩就是这多元化中最直接也最迫切的一元。

从玩具屋到盆景
——看袖珍艺术

【作者】陈政　【导师】龙翔 孟庆祝 朱晨 钱云可

【出版授权与投稿人】中国美术学院
【作者基本信息】中国美术学院，雕塑，2010，硕士
【关键词】玩具屋　中国盆景　袖珍艺术

【摘要】本文试图对袖珍艺术做一个东西方的比较分析。由于目前在国内对玩具屋的了解不是很多，文章的第一部分着重介绍玩具的概念，历史及其作为袖珍艺术的特定的规则。而后作者对中国盆景概况做一个基本介绍。从第二章开始，作者试图探讨玩具屋和中国盆景两者在审美和工艺上的共性，同时，也对两者在尺寸概念，表现内容上的差异进行分析和介绍。文章的第三部分主要是阐述袖珍艺术在当今社会生活中的积极作用，包括袖珍艺术的教育功能和其在空间改造和利用中的独特作用。本文最后介绍了作者个人创作中对玩具屋的借鉴和思考。

现代漆器艺术中工艺技术的运用

【作者】胡素贤　【导师】黄玲玲

【出版授权与投稿人】西安美术学院
【作者基本信息】西安美术学院，设计艺术学，2009，硕士
【关键词】漆器　技术　材料　工艺

【摘要】现代漆器是在传统漆器制作工艺的基础上应用了先进的工艺技术发展起来的，融入了现代人的设计理念和审美需求，追求漆材料的本体美感与工艺技术的审美价值，以漆为主的材料特性及与之相应的工艺方式和技术决定了漆器的属性和品格。本文分四个部分：第一部分论述了现代漆器工艺的发展。这部分阐述我国古代漆器制作工艺对现代漆器的影响，现代漆器是继承了古代漆器制作技术的基础上发展起来的。第二部分是文章的重点，着重论述材料技术在漆器中的运用，从肌理与质感，纹理，材质感与材质美三方面论述。并论述材料的视觉、触觉的美感特性，进而运用到设计中。第三部分论述漆器制作的主要工艺流程，是对第二部分的所要达到的视觉要求所采取的工艺技术。第四部分简要概述漆器的造型设计，材料和工艺技术最终要通过造型形态来实现的。

现代陶艺创作中的审美趋向面面观

【作者】潘晶　【导师】陈琦

【出版授权与投稿人】西安美术学院
【作者基本信息】西安美术学院，设计艺术学，2009，硕士
【关键词】现代陶艺　审美　趋向　情感　材料语言　多元化

【摘要】审美问题是贯穿于整个现代艺术和美术理论中的核心问题。主客体的审美认识和审美创造，通过审美关系的联结，形成特定的审美观念。主体（观赏者）通过审美实践活动，在审美客体（作品）中发现、感知、认识和欣赏它的美，或把握它的其他美学特征，如崇高、生动以及艺术的真实性、典型性等。这种主客体之间的审美关系也在适时发生变化，审美观念也随时代审美风潮的变幻和价值取向的转移而发生变化。现代艺术自发端兴盛以来，审美的界限突破了以往意义上的优美、崇高等感受，逐步走向多元化。审美观念也随之发展变化。伴随着现代艺术出现的现代陶艺也不例外，自出现以来，便以全新的面貌和快速发展变化的特征，迅速改变了受众心目中传统陶瓷艺术的概念。作为艺术核心功能与基本特征之一的审美，也迅速适应瞬息万变的艺术发展之路，适时嬗变，逐步衍生出现代意义上的全新的审美定势和价值观体系。其发展离不开时代背景和艺术发展潮流的制约，以及所处时代大的艺术氛围。本文通过对现代艺术特征的分析，结合一些具有代表性的现代陶艺家和陶艺作品，对现代陶艺创作中审美趋向的发展和流变轨迹做出大致的分析判断。

西方现代艺术中抽象雕塑的表现语言

【作者】冯楠　【导师】王志刚

【出版授权与投稿人】西安美术学院

【作者基本信息】西安美术学院，美术学，2009，硕士

【关键词】抽象雕塑　表现语言　金属工艺　形式观念　现成品

【摘要】现代抽象雕塑的出现打破了以往西方美术奉为正宗的写实主义传统，由于它独特的表现语言丰富了西方现代艺术，更适应现代社会快速发展的需求。19世纪末现实主义的艺术自身遇到了如何进一步发展的危机，现代艺术的崛起，又是对现实主义艺术严峻的挑战，加剧了它的危机感。现代抽象雕塑就是在这种危机中悄然滋生的。抽象雕塑尽力强调作者的主观精神的体现，尽力强调艺术形式的独立生命，把艺术表现的纯粹性提到前所未有的高度来看待。论文分为四大部分，第一章分析西方现代抽象雕塑为什么会出现，出现的背景，以及形成的各个因素；第二章分析现代抽象雕塑的发展及其因素。进一步分析各种抽象雕塑的造型所具有的一些共同特征，就其造型特征可分为两大类：立体构成的抽象雕塑和有机体的抽象雕塑。抽象雕塑的发展也经历了从对形式的探索到对观念的探讨这两大阶段。现成品也是很多抽象雕塑中所运用的基本材料；第三章抽象雕塑生长的环境及其影响。在很多艺术流派中都有抽象雕塑的创作，此起彼伏，争奇斗胜，比如立体主义、构成主义、极少主义、超现实主义等，抽象雕塑生长的环境不同，它的表现语言也不同。

北方传统民居照壁砖雕艺术研究及个案分析

【作者】张媛　【导师】郝光

【出版授权与投稿人】西安美术学院

【作者基本信息】西安美术学院，设计艺术学，2009，硕士

【关键词】传统民居　照壁　砖雕

【摘要】在中国传统民居建筑中，照壁是具有典型性的建筑形式，其产生来源于传统中国文化中的风水观念，承载着诸多传统文化和民间民俗文化的内容。砖雕艺术作为民居建筑的装饰形式，其分支流派众多，形式手法多样，有着悠久的历史，是我国重要的艺术文化遗产。由于特殊的地理环境和文化传统，在我国北方传统民居装饰形式中，用砖雕装饰照壁的手法普遍存在。本文作者通过对陕西、山西等地现存砖雕艺术的实地考察，以北方传统民居中的照壁砖雕为研究对象，从美术学研究角度，结合历史学、建筑学、社会学、民俗学等的研究方法和研究成果，对照壁砖雕的结构形式、营造方法以及造型、图案、创作题材和文化内涵等进行了研究和论述。照壁砖雕艺术作为传统文化精神的物化形式之一，在其发展历史中吸纳融合了多种不同文化的特征，积淀了深厚的传统文化内容，通过对北方传统民居中的照壁砖雕的研究，既发掘了中国传统的民间艺术资源，也为当代装饰艺术的民族性和文化性追求提供了可资借鉴的内容。

传统文化资源在雕塑语言中的转化

【作者】朱勇　【导师】曾成钢

【出版授权与投稿人】清华大学

【作者基本信息】清华大学，艺术学，2009，硕士

【关键词】中国传统文化资源　雕塑语言　转化　民族观念

【摘要】中国当代雕塑语言的形式可谓多种多样，有向西方学习的现代主义的东西；有注重体现观念而开始淡化造型语言的观念雕塑；当然更有对传统文化资源学习和吸收并转化到造型语言中的优秀作品，曾成钢就是这类雕塑家中具有代表性的一位。当今中国艺术处在一种多元文化情境中，我们不反对借鉴国外的艺术形式，同时也应该提倡对自己民族艺术优秀之处的继承和发扬。时代的发展需要我们对自身文化进行重新认识。曾成钢的雕塑作品正好体现出了对传统文化的自信，他对传统的学习和转化以及与雕塑语言形式的结合是具有现实文化意义和智慧的。论文主旨在于对曾成钢雕塑作品进行个案研究来分析他是如何将传统文化资源在自己的雕塑作品中转化的，进而总结传统文化资源在雕塑语言中转化的方法，是对传统文化资源在当代雕塑创作中转化方式的一个梳理。论文运用类型分析、图像学分析和结构系统分析法，借用类比、举例、引用等写作方式，结合与写作对象的直接沟通，试图比较全面的解读曾成钢作品所涵盖的内容，回答传统文化资源在雕塑语言中的转化这一课题。

黑陶的工艺成就考究

【作者】王文文　【导师】胡希佳

【出版授权与投稿人】山东工艺美术学院

【作者基本信息】山东工艺美术学院，设计艺术学，2010，硕士

【关键词】黑陶　工艺　成就

【摘要】山东龙山文化是黄河下游海岱地区一支重要的考古学文化。黑陶是中国陶文化中的一部分，也是中华民族文明的重要组成部分，根据自己的研究方向及导师意见选择黑陶的工艺成就进行研究，具有一定的可行性。当今社会，黑陶备受人们喜爱，不论是在国内还是在国外，黑陶产业的知名度越来越大，在黑陶的制作工艺上和装饰手法上都有新的突破。研究山东龙山文化黑陶器物，实际上就是研究山东龙山文化的政治；研究山东龙山文化的文明。目前，学术界对于现代黑陶的工艺成就的研究不够深入，作者采用实践法、考察法等方法结合起来对新石器时代的黑陶及现代的黑陶工艺进行研究，理论结合实践，谈出作者制作黑陶的亲身感受，为以后更深入地研究黑陶的工艺成就做参考，也期望对黑陶的创作和理论研究有所启示。对山东龙山文化黑陶的陶土中所含的成分及各元素所占的比例进行检测，为山东龙山文化黑陶器的研究提供物理基础。对现代人们制作黑陶的工艺流程、装饰及烧制工艺进行研究、对黑陶的特征、承继关系、影响及逐步消失等问题作进一步深入探讨，加深了对黑陶的工艺成就的分析，为研究黑陶及其他类型的文化提供了系统的研究模式。

聂家庄泥塑工艺调查与研究

【作者】崔研因　【导师】徐思民

【出版授权与投稿人】山东工艺美术学院

【作者基本信息】山东工艺美术学院，设计艺术学，2010，硕士

【关键词】民间手工艺　泥塑　族姓村落　儿童玩具　文产品

【摘要】聂家庄泥塑自20世纪70年代末被发掘和保护以来，一直受到社会各界的关注，2007年被正式公布列入山东省首批非物质文化遗产保护名录，盛名之下对其所进行的学术研究却还远远不够。同时，其在传承、保护与发展过程中尽管也存在许多的问题，但总的态势相较于多数民间手工艺项目尚属于良好的一类，有值得总结和借鉴之处。作者的目的在于主要从设计艺术学的角度对聂家庄泥塑进行较为全面的研究，以期达到为未来的研究者留下一份比较完整的文献资料并在某些问题的探讨中发表个人观点的结果。全文共分为6章（另有绪论与结语不计章节），叙议结合，夹叙夹议。第一章题为“聂家庄概貌及村落环境历史综述”，主要介绍聂家庄的历史沿革与地理环境、民俗在内的社会经济环境、姓氏与村庄的历史追溯等背景资料。第二章题为“聂家庄泥塑工艺源流”，主要研究聂家庄泥塑工艺的起源和发展历程两个大的问题。第三章题为“聂家庄泥塑制作的原料、工具与流程”，对聂家庄泥塑的原材料、工具和工艺流程都作了归纳分类和记录整理，其详细程度超过已知的所有正式出版或发表的相关研究著作。第四章题为“聂家庄泥塑的艺术特色”。

论肌理在陶艺创作中的情感表达

【作者】王筱静　【导师】吕金泉

【出版授权与投稿人】景德镇陶瓷学院

【作者基本信息】景德镇陶瓷学院，设计艺术学，2009，硕士

【关键词】肌理　陶艺　情感

【摘要】当代陶瓷艺术从传统功能走来，逐渐成为人类精神的物质化形式。它不断地探寻着材质表现性和外延性的无限可能，材质肌理表现能力的挖掘和创造成为当代陶瓷艺术创作中材料与工艺要素的重要课题。从陶瓷作品的视觉角度看，作品形式创造不断地向自由多变以及个性方向发展，形式的自由唤醒了肌理痕迹的越发自由，从此，肌理一步步独立自主，从语言的辅助手段上升为艺术语言本身。陶瓷作品的造型逐渐偏离艺术表现的中心地位，精神直接与材质对话，情感直接由痕迹传达，这种对话与传达最终留下了注入丰富情感精神的物质痕迹。陶瓷肌理痕迹直接表达内容的功效慢慢超越了造型。因此，肌理的运用已经从作品装饰转到情感观念和人文价值的探究上。肌理在当代陶瓷艺术创作领域成为倍受艺术家们关注、使用、思考的重要因素，它不仅承担着艺术创作中的物质载体的角色，同时已经演化为诉说情感丰富而有力的艺术语言，实现着物质材料自身的审美价值和艺术家的观念。因此，我们也可以说肌理决定了当代陶瓷作品的存在。此外，丰富的陶瓷肌理和不同的创作手段在带给艺术家创作发挥的空间同时，也启发艺术家的灵感和创造力从而促进陶瓷艺术多元文化格局的形成。

从中国传统雕塑看中国的人文内涵——天人合一

【作者】袁炯　【导师】杨冰

【出版授权与投稿人】景德镇陶瓷学院

【作者基本信息】景德镇陶瓷学院，美术学，2009，硕士

【关键词】天人合一　和谐　开放性精神　儒家核心价值　意象雕塑

【摘要】天人合一思想是深藏于中国古代灿烂辉煌艺术现象之后的深层次的人文精神，它确立了人与自然相互尊重、和谐相处的思想理念，确立人性在天、地、人存在规律基础上的合理张扬，它把中国的人文精神提升到了一个新的高度，它在艺术上强调的是相融而不是对立，是顺应而不是征服，是升华而不是再现。更重要的是，它把中国各地区域文化特征及儒、释、道等文化精神抽象地揉入中国文化艺术中，它使中国绘画和雕塑艺术超越了客观生理还原之层面，从而闪烁着人文的气质、哲人的智慧，从而确立了东方雕刻艺术的新局面——天人合一。本论文突破了以往对雕塑语言研究方式，而是侧重挖掘把握中国传统纷繁复杂艺术现象背后的总规律，深刻理解中国的天人合一精神就是把握了深入研究中国艺术现象的金钥匙，其中的丰富的传统文化内涵和开放性精神可供中国当代雕塑艺术发展参考和借鉴。

论现代陶艺的审美价值取向

【作者】王辉　【导师】陆军

【出版授权与投稿人】景德镇陶瓷学院

【作者基本信息】景德镇陶瓷学院，美术学，2009，硕士

【关键词】现代　陶艺　审美价值　取向

【摘要】现代陶艺始于西方，它是随着西方现代科技文明和西方现代艺术的发展而逐渐确立起来的一种现代艺术形式。而中国的现代陶艺是在20世纪80年代中期伴随着中国现代艺术运动而产生的，它经过了二十多年的学习和探索，现在已经渐成体系，并且在当代文化中发挥了积极的作用。现代陶艺作为一种新的文化现象，正逐渐被大众所接受，并逐渐地融入到人们的工作生活中去。人们的审美理念、审美情趣正在逐渐的变化和提高，新的时代必然要求有新的艺术。世界现代陶艺设计者们用全新的设计理念，借助陶艺特有的语言形式来表达情感和展示自我的个性。事物的美、丑不是固有的、与物俱生的，它是随着人们审美活动的展开，以及人对现实审美关系的生成，而逐渐建立起来的。因此，它不是一种自然现象，而是一种社会现象。因此了解现代陶艺的审美价值取向对现代陶艺

以后的发展有着很大的指导作用。本文着重以现代陶艺的发展为主线，纵向分析了传统陶艺与现代陶艺的审美及特征的差异；并从审美理念、审美心理、审美情感三个方面入手，对现代陶艺的语言魅力、成型工艺、釉色丰富等方面进行分析和研究。

对姚永康“意象陶艺”的探讨

【作者】武文　【导师】姚永康

【出版授权与投稿人】景德镇陶瓷学院

【作者基本信息】景德镇陶瓷学院，美术学，2009，硕士

【关键词】意象　艺术历程　母体文化　影响

【摘要】“意象陶艺”是作者在陶瓷艺术中提出的一个新的课题，本文主要是观点是认为姚永康个人陶瓷艺术为“意象陶艺”，并以此为例阐释“意象陶艺”是美学意象在陶瓷艺术领域中的延伸．并对着重阐释其意象风格的形成与“意象陶艺”对于其艺术领域的影响与意义。

论中国传统雕塑性陶艺与现代雕塑性陶艺艺术表现之比较

【作者】王永亮　【导师】黄胜

【出版授权与投稿人】景德镇陶瓷学院

【作者基本信息】景德镇陶瓷学院，设计艺术学，2009，硕士

【关键词】雕塑性陶艺　审美需求

【摘要】雕塑性陶艺在是陶艺的一个分支，指的是具有雕塑特征的陶艺作品，它同时具备了雕塑与陶艺的特质。本文通过对中国传统雕塑性陶艺的艺术表现和在现代雕塑性陶艺的艺术表现加以阐述，指出中国现代雕塑性陶艺在继承传统的基础上在成型方法、材料本体语言、现代生活观念三个方面有了新的发展。本文第一章阐述了本文研究的目的和意义。中国传统雕塑性陶艺虽然已经不能满足现代人的审美需求，但是现代是从传统发展而来的，现代雕塑性陶艺诞生于开放性和差异性的社会背景之中跨越了传统文化的约束，表达了现代人相对独立和个性的审美需求，在当今社会以人为本理念的大趋势下，中国现代雕塑性陶艺应该适应现代人的精神需求不断求新。从历年来的文献看，对雕塑性陶艺还缺少系统的研究，本文的研究能够对中国现代雕塑性陶艺今后的创新有一定的现实指导意义。基于此，认为有必要对中国传统雕塑性陶艺和现代雕塑性陶艺的艺术表现进行比较。第二、三章分别分析了中国传统雕塑性陶艺和现代雕塑性陶艺的艺术表现，它们各具特色，在不同的时间，代表了当时人们的精神内涵和审美需要。第四章则通过前面的阐述得出中国现代雕塑性陶艺在继承传统雕塑性陶艺基本的表现技法、表现题材等。

论以消费者需求为导向的我国陶瓷餐具设计

【作者】万斐　【导师】金文伟

【出版授权与投稿人】景德镇陶瓷学院

【作者基本信息】景德镇陶瓷学院，设计艺术学，2009，硕士

【关键词】消费者需求　陶瓷餐具　设计

【摘要】随着我国社会经济的飞速增长，社会结构发生了巨大的改变，人与自然、人与物的关系的探讨一直是国内外设计师的主要课题之一。而陶瓷餐具作为我国主要的生活必需品，如何使陶瓷餐具满足并符合目前我国消费者的生活方式是设计的主要问题之一。本文主要以我国陶瓷餐具的设计为研究对象，从消费者的需求这一角度来探讨我国陶瓷餐具的设计。通过概述和分析目前我国陶瓷餐具的设计、生产和销售现状，特别是厂家、设计师与消费者之间的关系描述，进而提出消费者的需求应是陶瓷餐具行业设计和生产的核心价值。接着，本文从陶瓷餐具的生产原料的革新；以实用为目的；以个性化和高附加值为需求的设计四个方面进行着重的论述，其目的是对我国的陶瓷餐具设计有所裨益，从而提倡和营造更为优质的生活。

基于文人画精神的瓷砖设计

【作者】师俊英　【导师】王爱红

【出版授权与投稿人】景德镇陶瓷学院

【作者基本信息】景德镇陶瓷学院，设计艺术学，2009，硕士

【关键词】文人画　文人画精神　瓷砖　设计　影响

【摘要】中国的文人画历史悠久，成就卓著，尤其是经过一千多年文人精神的积淀，使得中国文人画包含了丰富的儒、释、道精神。多元文化的继承、包容、吸收与融合创造了文人画艺术的悲壮之美、空灵之美、静谧之美。当前，瓷砖设计亦在逐渐成为表达文人画精神的媒介，本文通过对文人画审美特征与内涵构成的研究和分析，可以为当下的瓷砖设计创作带来启示，有助于现代瓷砖开发设计的创作，并在一定程度上影响和指导瓷砖设计的开发。中国传统艺术应成为瓷砖设计创作中一股重要的推动力，因此，中国的建筑陶瓷的发展应该把现代设计观与民族的优秀艺术理念和文化精神结合起来，创作出具有东方特色的瓷砖文化。

中国传统彩塑审美散论

【作者】刘小飞　【导师】曹春生

【出版授权与投稿人】景德镇陶瓷学院

【作者基本信息】景德镇陶瓷学院，美术学，2009，硕士

【关键词】彩塑　审美　文化意蕴

【摘要】彩塑艺术数千年来在中国雕塑艺术造型语汇的历史演绎中，结合艺术的本体语言不断地创新、发展、变化。它是中国民族精神力量的体现，高度智慧与卓越艺术创作才能的结晶。那些巨型的佛教彩塑，通过捏塑和赋彩显现出人物的风韵神采，使静止的塑像成为有生命的凝眸欲语的真实造像，庄重典雅、造型完美，令人叹为观止。不仅让人们领略了中国彩塑的独特风采，而且在世界史上有着特殊的地位。彩塑作为表达造型艺术与视觉艺术的语

言，是多种构成要素的有机组合。中国古代视彩塑为宗教偶像而尊崇，鉴赏其艺术特征则始终作为虔诚信仰之附属而隐多于显：雕塑家被视作工匠，雕塑艺术则与模仿、经验、手工劳技等量齐观。当人们日益深刻地感受到彩塑艺术穿越时空、透射心灵的辐射力和震撼力时，我们需要解读古代彩塑艺术的构成，方能获知彩塑艺术魅力之源泉。

论环境陶艺与城市公共建设共融性体现

【作者】徐青 【导师】黄焕义

【出版授权与投稿人】景德镇陶瓷学院

【作者基本信息】景德镇陶瓷学院，设计艺术学，2009，硕士

【关键词】环境陶艺 城市公共建设 共融性

【摘要】城市是人类文明高度发达的产物，是人们生活、工作的空间，它的环境质量与人们息息相关，而环境陶艺则是一个城市历史、文化、经济的产物，它恰到好处地点缀了城市的建设。陶艺借助于城市这个载体，丰富了其表现空间和呈现方式；而城市公共建设则借助环境陶艺，更加完善了其社会功能、艺术氛围和文化内涵。可以说两者的共融是环境陶艺的必然趋势，也是城市建设的前景与目标。本文所研究的就是环境陶艺与城市公共建设的共融性体现。首先，本文阐述了课题的选题来源、目的与意义、研究现状、存在问题，以及研究内容的概念划分；其次，探讨环境陶艺与城市公共建设共融的基点，并在此基础上，通过国内外具有代表性的环境陶艺案例，分析城市公共建设与环境陶艺两者之间的关系如何，在哪几个方面达到共融。两者的共融性体现可根据艺术形态、社会功能、城市建设、人文发展等方面因素归纳为：空间共融、功能共融、形式共融、人文共融和材质共融五个方面；最后，探讨了环境陶艺与城市公共建设共融的发展趋势。通过本课题研究可以更清楚地认识到环境陶艺与城市公共建设有着密不可分、相互协调的关系，并在前人研究的基础上总结出五点共融体现，它同时也是环境陶艺创作应考虑到的因素。

论日用陶瓷产品的情感表达

【作者】汪浩 【导师】何炳钦

【出版授权与投稿人】景德镇陶瓷学院

【作者基本信息】景德镇陶瓷学院，设计艺术学，2009，硕士

【关键词】情感表达 日用陶瓷 产品 设计

【摘要】情感在生活中扮演着重要的角色，它既包含人们的生理、心理因素，也包含着社会文化因素，它时刻存在于我们购买和使用的行为中。随着设计师越来越关注人们的日常行为，反映和满足人类情感需求的日用陶瓷产品在设计领域中逐渐突显出来。科技的发展，生活方式的变化，审美水平的提高，这些都是引起日用陶瓷产品情感表达的主要因素，也为日用陶瓷产品的情感表达赋予了时代的主题。本研究从国内外日用陶瓷产品在情感上的探索经验入手，吸取其先进的设计思想，把对生活的理解和情感的需要通过造型、装饰、功能等表现出来，使产品中溶入了一点滋润心田的营养，营造出了“新的语境”。情感是日用陶瓷产品设计永恒的主题。

传承下的探索

【作者】闻袖君 【导师】张文兵

【出版授权与投稿人】景德镇陶瓷学院

【作者基本信息】景德镇陶瓷学院，设计艺术学，2009，硕士

【关键词】现代 陶瓷 综合装饰 创新 审美

【摘要】陶瓷装饰艺术在陶瓷发展史上具有举足轻重的位置。时代的变迁，在发展多元化今天，科学技术的革新、新材料的应用使陶瓷装饰艺术得到了充实和发展，并在各学科之间互相渗透、融合。“综合装饰”也正以独特的艺术感染力吸引着我们的视线，其强大的生命力在于它所表现出来的创新性，立足于传统、扎根于时代，这也正是现代陶瓷综合装饰艺术“综合”的魅力。本文重在研究现代陶瓷综合装饰在探求传统陶瓷装饰艺术基础上的创新，并根据综合装饰领域中的作品实例，对现代陶瓷综合装饰载体职能的扩展；装饰语言的新探求；装饰技法形式的新展现以及装饰题材的新构思，做了详尽的论述，重在阐述综合装饰在继承传统的同时对现代陶瓷综合装饰发展做到重新的审视，为构建有活力的装饰艺术提供参考，进而在文章的篇末重在发掘综合装饰的审美特征。惟有创新才能传承和发展陶瓷文化；惟有创新才能体现了时代风貌、时代精神，而来推进综合装饰艺术的大发展，更使得整个陶瓷艺术大放光彩。

中国民间泥塑玩具的精神指向

【作者】张丽娟 【导师】曹春生

【出版授权与投稿人】景德镇陶瓷学院

【作者基本信息】景德镇陶瓷学院，美术学，2009，硕士

【关键词】民间泥塑玩具 精神指向 审美意蕴 视觉符号 审美维度

【摘要】一个民族传统文化中最恒长、厚重的东西在民间，在世俗平凡的生活中，中国民间泥塑玩具，着重于情的倾注，从暗示和象征性因素中，让人们去领会，诱发人们的联想，以此寄托、挥洒自己的情思和厚爱，浓缩着、积淀着华夏民族强烈的情感意识、信仰和期望，具深厚的潜力。中国民间泥塑玩具是我国艺术宝库中最朴实动人的一部分，它来源于日常生活，具有热烈蓬勃的生命力；同时也是时代和文化的反映，与劳动人民的信仰、风俗、传说有着深厚的渊源。本课题将从信仰、造型、装饰、色彩等方面，深入分析我国民间泥塑玩具艺术的精神取向，从中获得有益的启示，即如何在传统和现代、继承和创新等方面进行择取，如何古为今用，创作出具有中国特色和艺术家个性、富有生命力和艺术价值的民间泥塑玩具。

论景德镇现代女性陶艺家作品语言的体现

【作者】杨慧　【导师】金文伟

【出版授权与投稿人】景德镇陶瓷学院

【作者基本信息】景德镇陶瓷学院，设计艺术学，2009，硕士

【关键词】景德镇　现代女性陶艺家　陶艺语言

【摘要】在景德镇这片陶瓷创作的沃土上，活跃着许多为了追求自己的理想而奋斗的艺术家，他们为景德镇陶瓷艺术的发展奉献着自己的创造力和想象力。而在这其中也不乏女性陶艺家和能工巧匠，她们不断探索、创新，创作了许多陶瓷精品佳作。尤其是景德镇现代女性陶艺家，她们思维活跃，视野开阔，感情表达直白深沉，将女性幽雅、细腻、浪漫、坚韧的自然属性糅合进作品的创作之中，将鲜明的女性艺术语言表露淋漓尽致，为女性陶瓷艺术的发展做出了贡献。本文从景德镇现代女性陶艺家创作作品的主题，瓷性与女性的契合，对唯美的追求三个方面阐述具有代表性的景德镇现代女性陶艺家作品的艺术语言及其所表达的思想内涵。以此来说明，女性陶艺家的活跃是在当下社会发展的大环境下产生的，同时她们的作品所表达的真情实感和她们的敏感、执著、温柔、恬美以及对生命、对生活、对自然的态度与看法是真实且发自内心的。女性以其独特的视角去感受和体验周围一切的变化给自己带来的影响——借助陶瓷这一创作载体得到抒发。她们在作品中所流露出的女性意识，是当代女性自觉的觉醒，是女性对自身的肯定和鼓励。

平面设计软件在陶瓷装饰设计中的应用研究

【作者】徐田　【导师】余勇

【出版授权与投稿人】景德镇陶瓷学院

【作者基本信息】景德镇陶瓷学院，设计艺术学，2009，硕士

【关键词】陶瓷装饰　计算机辅助设计　平面设计软件

【摘要】随着计算机技术的快速发展，计算机辅助设计在很多设计领域都得到了广泛的应用。它不仅使设计更加有效率，还使设计多了很多创新的元素。平面设计软件的出现大大带动了广告、书籍装帧、包装、海报招贴等平面设计的进步，它的高效率、低成本使平面设计得到更快速的发展。我们陶瓷装饰设计也可以与平面设计软件中的设计理念和制作效果合理的结合，使陶瓷的装饰设计到达一个新的阶段。计算机辅助设计可以直观的制作出产品的视觉效果，在短期内无须制作样品，可以直接用电脑设计图片与客户交流、沟通，并可以及时修改，大大提高了产品的前期制作及设计的效率，从而提高了企业的竞争力。现在的商业市场是一个卖创意、卖设计、卖文化的时代。我国陶瓷行业要以创新的设计为突破口，设计出有自己个性特点的产品，并赋予产品一定的意义。这样可以提高产品的附加值，带动陶瓷产业的发展。本文通过资料的收集、分析与总结，运用平面设计软件的设计思路、快捷的操作和多变的设计方法，明晰了陶瓷装饰设计中的构图、色彩以及装饰图形，使陶瓷的装饰设计与现代的设计思路和科技相结合。

论陶瓷媒介在当代创作中的表现

【作者】王鹤　【导师】黄胜

【出版授权与投稿人】景德镇陶瓷学院

【作者基本信息】景德镇陶瓷学院，设计艺术学，2009，硕士

【关键词】陶瓷媒介　当代艺术　现代陶艺

【摘要】对传统媒介的重新审视成为了当代文化发展的趋势。陶瓷媒介作为我国本土的材料语言，越来越频繁地出现在当代艺术的创作中，它正在一步步从传统走向现代，以现代陶艺的身份加入当代艺术的行列，悄悄进行着身份的转换。当代艺术作品中利用陶瓷媒介的独特表现力，充分展现出艺术家所要表达的艺术思维。陶瓷艺术贯穿了整个人类文明的发展史，本文对陶瓷媒介在传统文化语境中表述的文字记载与实践进行了分析，了解到在当今的社会文化背景下，陶瓷媒介进行艺术观念身份转换的必然性，它有着独特的创作优势，正在以不可或缺的姿态介入当代艺术。

女性化设计在日用陶瓷中的体现

【作者】李昕迪　【导师】吕金泉

【出版授权与投稿人】景德镇陶瓷学院

【作者基本信息】景德镇陶瓷学院，设计艺术学，2009，硕士

【关键词】女性化设计　日用陶瓷　精神需求

【摘要】随着经济的发展、物质生活的富足，人们对日用陶瓷产品也提出了更高的要求。随着女性社会地位的提高，以及女性在消费购买中占主导地位，日用陶瓷产品设计的女性化趋势亦日渐明显。基于此，作为满足女性审美需要的有效手段，日用陶瓷的女性化设计便孕育而生。日用陶瓷是人们日常生活不可或缺的东西，其设计水平直接关系到人们的精神需求，所以满足这一精神需求成为日用陶瓷设计的关键。在关注日用陶瓷产品人性化设计的今天，研究日用陶瓷设计的发展现状、发掘现阶段设计存在的问题，诠释女性化设计的内涵和特点，并如何体现在日用陶瓷中，已成为一个非常有意义的课题。本文在大量调研文献的基础上，分析了日用陶瓷设计女性化产生的背景及必然性，并用大量实例说明了日用陶瓷女性化设计在满足人们审美、精神需求方面的作用。重点阐述了在日用陶瓷女性化设计的审美建构中线型、色彩、纹样和材质的体现。

中国传统陶瓷牡丹纹装饰特征演变研究

【作者】方琼琳　【导师】张亚林

【出版授权与投稿人】景德镇陶瓷学院

【作者基本信息】景德镇陶瓷学院，设计艺术学，2009，硕士

【关键词】中国　传统陶瓷　牡丹纹　装饰特征　演变

【摘要】牡丹纹是我国具有代表性的传统装饰纹样之一，一直发展兴盛不衰。它不仅具有形象美、形式美，还有寓意美，受到各阶层人们的喜爱。由唐至今，中国传统陶瓷牡丹纹的装饰经历了五个不同的发展时期，在不同的发展时期中，伴随着时代文化背景的不同、审美意识的改变以及陶瓷工艺技术的不断提升，陶瓷牡丹纹的装饰特征在牡丹纹装饰技法、装饰涵义、装饰形式三方面均发生了较大的变化，并在整体上呈现出规律性的发展演变。本文以不同阶段的陶瓷牡丹纹装饰特征作为研究的线索，结合大量的图片资料，分析了不同阶段陶瓷牡丹纹装饰特征之间的差别和联系，归纳出传统陶瓷牡丹纹装饰特征的演变规律，对陶瓷牡丹纹装饰特征的全面研究进行有益的补充，也为现代陶瓷艺术创作的发展与创新提供了有益的启示。

抽象表现主义对中国现代陶艺的影响

【作者】张玲芝　【导师】黄胜

【出版授权与投稿人】景德镇陶瓷学院

【作者基本信息】景德镇陶瓷学院，设计艺术学，2009，硕士

【关键词】抽象表现主义　中国现代陶艺　多元化发展

【摘要】当我们对世界现代陶艺的发展作简要的回顾时，可以清晰地看到20世纪以来，代表西方文化的现代美术运动、风格、思潮对中国现代陶艺发展的诸多直接和间接的影响。其中，以兴起并发展于美国的抽象表现主义对中国现代陶艺的影响最为直接和深远。抽象表现主义对中国现代陶艺的影响分为两个层面。首先是对中国现代陶艺创作中新的审美观的确定。在抽象表现主义的影响下，以美国为代表的现代陶艺的新的审美观强烈地冲击着中国现代陶艺的创作者，使他们在新的时代，顺应历史发展的潮流，形成了自己新的审美观。其次是对创作者的自身情感的表达与其创作过程紧密结合，以一种在陶艺创作过程中的自由的形式和心态，表达一种对人性的关怀，和对人的内心情感的关注。在这两者的共同作用下，中国现代陶艺顺应时代发展的要求走向了更加多元化的道路。

论平面构成在现代陶艺创作中的运用

【作者】王洪运　【导师】黄焕义

【出版授权与投稿人】景德镇陶瓷学院

【作者基本信息】景德镇陶瓷学院，设计艺术学，2009，硕士

【关键词】现代陶艺　平面构成　运用

【摘要】现代陶艺在完善发展过程中，陶艺家们更注重以艺术价值为中心的纯视觉艺术，更有效地把握现代陶艺与构成规律之间的密切关系。对艺术本体语言进行深入研究，追求现代陶艺的风格化和独创性，从而把这门艺术推向更高层次。现代陶艺作为一项完整的文化创造，包含着丰富的精神财富和创造意蕴，在艺术领域中表现出强大的艺术生命力和独特的美感。在创作过程中，除了继承了中国传统陶瓷的精髓以外，在表现形式与视觉效果上也引用了平面构成的诸多因素，使作品效果更加丰富。由于平面构成的渗透，现代陶艺的本体语言的完善与探求工作得到了丰富的资源和发展空间，平面构成在现代陶艺创作中无论表现形式，还是思维模式上都起着较为重要的作用，使现代陶艺在视觉上产生强烈的动感和空间感，在情感上也给人一种更强的触动和美感。从创作形式上看，陶艺家们也注意到将平面构成的诸多因素融入到作品的表现形式里，开拓崭新的思路，闪现着创造的意识和灵感。通过作品，陶艺家们的意识和观众的情感之间形成一种无形的桥梁，使观众从心理和视觉上与陶艺家产生共鸣，从而达到陶艺家所追求的目的。

服饰元素在现代生活陶艺创作中的运用

【作者】胡赛军　【导师】何炳钦

【出版授权与投稿人】景德镇陶瓷学院

【作者基本信息】景德镇陶瓷学院，设计艺术学，2009，硕士

【关键词】现代生活陶艺　服饰　服饰元素

【摘要】陶瓷文化与服饰文化一样源远流长。陶瓷作为一种实用的器具发展成为具有文化价值的一门艺术，因其特性而成为记载和传承历史文化的一种最佳载体。我国各个不同历史时期的服饰十分丰富多样，服饰艺术同样成为一种具有独立文化价值、审美价值的艺术形式，这些服饰式样，在陶瓷中都有着记载和体现，随着时代的发展、社会审美的需求以及现代社会装饰手法的变革，服饰元素在现代生活陶艺中逐步体现出越来越重要的地位。本文采用文献资料、图片比较等方法，对服饰元素在现代生活陶艺设计中的运用分类阐述。对其装饰运用的素材来源、设计中运用的手法用比较法进行解析。并在此基础上，总结分析了服饰元素在现代生活陶艺的创作中的特征和意义。以此扩充理论素材和参考依据。在将来，以期待更多陶艺创作者的加入，把众多姐妹艺术的元素运用到陶瓷艺术创作中，为陶瓷艺术的多元化的发展开拓更广的前景。

非物质文化遗产保护视野下的古彩装饰研究

【作者】吴咏梅　【导师】吕金泉

【出版授权与投稿人】景德镇陶瓷学院

【作者基本信息】景德镇陶瓷学院，设计艺术学，2009，硕士

【关键词】古彩　非物质文化遗产　装饰

【摘要】古彩装饰源于宋红绿彩，受到具有民族文化背景的文人画画风以及木板版画的影响，承接大明五彩的工艺材料，在康熙年间形成其完备程式化装饰特点的艺术风格，属于纯粹的民族艺术。然而，民族艺术在国内往往因其太“司空见惯”而不被重视。由于历史的、自身的原因，现代古彩装饰在发展过程中表现出严重传承危机。面对这些现状，在全世界宣扬非物质文化遗产保护，倡导弘扬民族文化、激发对本民族文化艺术的认同感，以促进世界文化多样性的今天，需要从非物质文化遗产保护的角度

对古彩装饰进行分析，处理好古彩装饰技艺传承与创新的关系。本文从艺术学的研究角度出发，从古彩装饰的由来，古彩的发展，古彩的传播，古彩的工艺要求等几个方面，阐述古彩装饰的形成历史和发展现状。通过对古彩装饰的传承特点及非物质文化遗产保护政策的分析，把古彩装饰纳入非物质文化遗产保护，将为古彩装饰的发展开拓一片新的天地，更为广泛的引起陶瓷艺术家及艺术爱好者的重视，从而发展创新，使古彩装饰焕发出新的生命力，并不断发扬光大。

海派花鸟画对景德镇近现代釉上彩瓷装饰的影响

【作者】张磊　【导师】李磊颖

【出版授权与投稿人】景德镇陶瓷学院

【作者基本信息】景德镇陶瓷学院，美术学，2009，硕士

【关键词】海派花鸟画　釉上彩瓷　陶瓷装饰　影响

【摘要】清朝是中国古代美术的终结，也是中国近代美术的开端。19世纪中叶，上海的经济发展迅速，近现代中国绘画以上海画坛为前哨阵地，以“海派”画家为代表，以生动活泼而又雅俗共赏的写意花鸟画和人物画为主体的新的画风，将中国绘画推向了新的发展阶段。海派是我国近代绘画史上最为重要的和最具影响力的艺术流派之一。花鸟画的成就，则因海派的出现，在晚清达到又一个高峰。而此时景德镇的瓷业生产的规模巨缩，官、民窑的瓷器质量明显下降。这期间，景德镇的釉上彩瓷除了传统的门类外，又悄然兴起了两种具有开拓性的釉上彩瓷新品种：浅绛彩和新粉彩。其装饰风格深受海派绘画风格的影响。本文选取海派花鸟画对景德镇近现代釉上彩瓷装饰的影响这一角度进行论述。以美术史学和比较学的研究方法，对海派名家参与绘制釉上彩瓷和海派花鸟画对景德镇近现代釉上彩瓷装饰的影响进行分析研究。本文希望通过研究，使人们更加深刻的认识到，海派花鸟画对景德镇近现代釉上彩瓷装饰影响的利弊关系，及当代的釉上彩瓷装饰该如何发展。

景德镇玲珑瓷的历史发展演变及创新发展研究

【作者】宋芳　【导师】李磊颖

【出版授权与投稿人】景德镇陶瓷学院

【作者基本信息】景德镇陶瓷学院，设计艺术学，2009，硕士

【关键词】玲珑瓷　手工制作　设计创新　发展演变

【摘要】玲珑瓷是景德镇的特色名瓷，更是中国的特色名瓷，它不只是代表着景德镇优秀的制瓷技艺和曾经辉煌的制瓷成就，更是代表着中华民族传统陶瓷艺术的精髓。玲珑瓷所展现的美，不仅是清新淡雅的美，玲珑剔透的美，而且体现出来的是中国人内敛、含蓄的美。当你凝神细细玩味这些瓷中的精灵时，无不为它那鬼斧神工的制作技艺、赏心悦目的装饰风格所感叹。但是如此优秀的制瓷工艺在现今景德镇陶瓷中很难见到了，我们见到的大部分是一些因循守旧的陶瓷器皿，因此，玲珑瓷这种传统名瓷该怎样发展下去，是本文所要研究的问题。面对玲珑瓷正逐渐走向衰落的尴尬境地，本文提出要拯救玲珑瓷这一传统制瓷工艺，必须对禁锢自封的抄袭传统模式的思想观念进行彻底的改变，设计观念的改革和创新尤为重要。现代玲珑瓷的设计在继承和发扬传统工艺特点的同时，必须符合现代人的审美观，适应现代消费者的需求，顺应时代的潮流，在开拓玲珑产业瓷创新道路的同时，要大力提倡玲珑瓷的手工制作，不断发展创新玲珑手工艺瓷的装饰形式。玲珑瓷手工制作技艺作为我国非物质文化遗产的一部分，必须要很好地传承下去。

宋代磁州窑白地黑花和晚明景德镇窑青花山水装饰的比较

【作者】杨建军　【导师】欧阳世彬

【出版授权与投稿人】景德镇陶瓷学院

【作者基本信息】景德镇陶瓷学院，美术学，2009，硕士

【关键词】宋代磁州窑　晚明景德镇窑　审美习尚　陶瓷工艺　山水画　山水装饰

【摘要】全文共分六个部分论述了宋代磁州窑白地黑花和晚明景德镇窑青花山水装饰风格的形成及转变。从艺术自身发展而言，陶瓷山水装饰从萌芽、发展到成熟与前朝有着一脉相承地关系。社会的政治、经济、文化背景，审美习尚和工艺以及姊妹艺术，尤其是山水画对陶瓷山水装饰的风格形成有着重大的影响。宋代到晚明，时代的变迁、审美习尚和绘画风格的转变，无疑影响了陶瓷山水装饰的风格。陶瓷艺术是工艺美术，离不开必要的技术这一先决条件，工艺的发展也推动着陶瓷山水装饰不断进步。

从浅绛彩瓷的兴衰谈当代文人瓷绘艺术

【作者】朱汇洋　【导师】宁钢

【出版授权与投稿人】景德镇陶瓷学院

【作者基本信息】景德镇陶瓷学院，设计艺术学，2009，硕士

【关键词】浅绛彩瓷　文人瓷绘艺术　文人瓷绘家

【摘要】清末明初盛行的浅绛彩瓷是极具代表性的瓷绘品种，它摆脱了景德镇传统瓷绘的“匠气”，融“诗、书、画、印”于一体，具有浓郁的文化气息和很高的审美品格，被誉为“瓷器上的文人画”。当代文人瓷绘艺术在各方面都趋于成熟，但一些发展过程中的问题也随之显现，而这些都是值得我们深思的：部分文人瓷绘家专业精神的缺失以及物质观的倾斜导致了文人瓷绘群体素质的下降，因此树立正确的价值取向至关重要；当今多元的社会文化在为文人瓷绘艺术的发展创造了良好契机的同时也带来了许多负面的影响，只有尊重传统、立足本土文化才是振兴当代文人瓷绘艺术的必由之路；市场经济下的当代文人瓷绘艺

术充满生机与活力，正确处理市场与其之间的关系，达到真正的共赢互惠才是发展之道。本文以浅绛彩瓷的兴衰原因为出发点，思考当代文人瓷绘艺术的现状并给予其发展中的启迪。希望通过古今对比的方式，达到"以史为鉴"、"古为今用"的目的，为的是在新时期继续弘扬文人瓷绘艺术的精神，并把这一艺术瑰宝发扬光大。

论陶瓷雕塑介入公共环境艺术

【作者】余小丽　【导师】曹春生

【出版授权与投稿人】景德镇陶瓷学院

【作者基本信息】景德镇陶瓷学院，美术学，2009，硕士

【关键词】陶瓷雕塑　公共环境艺术　人文　地理　发展潜力与挑战

【摘要】翻开雕塑艺术史，古今中外我们不难找到陶瓷雕塑应用于环境和建筑的例子，非洲部族居民以黏土来垒建的住房并以化妆土和天然涂料绘制的壁画，明代洪武时的"九龙壁"；佛山祖庙公仔建筑墙；遍布各地的古代的琉璃瓦和陶质朱雀玄武屋顶，丹麦艺术家比约恩·内高(Bjorn Norgaard)的大型建筑陶瓷艺术雕塑"钟楼"，挪威艺术家乌拉(OleLiSerud)的大型建筑陶瓷艺术作品"华夏之门"，中国著名雕塑家隋建国的现代雕塑作品"浴室印象"等。但是由于陶瓷雕塑在制作中有一个较复杂的工艺过程，在设计较大型的雕塑中易产生缺陷，大型陶瓷雕塑介入公共环境不尽人意。随着工业化、城市化进程的加速，人们物质生活水平的不断提高，公共环境艺术在人们的生活中的地位显得越来越重要了，人们对各类环境的品质要求也随之越来越高。人们在建设物质家园的同时，更呼唤一个能代表自己文化身份的精神家园。陶瓷雕塑具有深厚的文化底蕴，陶瓷雕塑从室内走向室外正可以满足公众和提升城市文化品位这一需求．中国传统陶瓷雕塑釉色丰富，工艺优良，陶瓷肌理变化无穷具有很高的弹性，它的诸多优点是别的材料无法替代的。

中国近百年雕塑艺术表现形式的嬗变

【作者】邓荣　【导师】曹春生

【出版授权与投稿人】景德镇陶瓷学院

【作者基本信息】景德镇陶瓷学院，美术学，2009，硕士

【关键词】写实　雕塑　政治色彩　多元　中国艺术精神

【摘要】历史是条割不断的长河。近百年来中国艺术的活动空间经历了曲折、艰辛并渐显辉煌的历程，政治、经济、文化相互影响相互促进在近百年中国雕塑发展的进程中显露无疑。世纪初的前辈雕塑家们在经历了社会革命大动荡之后，对西方的引进与模仿是必然的革命的过程，而且，这个过程也并不长，他们很快由单纯的学习和模仿转而向既学习西方，同时又回归东方发展。向传统和民族的回归与重建中国本位文化是紧接其后进行的，而且回归得那么自觉，主动而认真，由建国初期的向苏联学习到后来的写实主义全盘苏化，到后来的文革时期的政治色彩浓郁的写实主题雕塑表现形式，到如今的以综合材料为载体的观念雕塑的盛行。前辈美术家对美术中的民族性、民族精神、民族文化的学术严谨的探讨已多次蔚然成风。他们的民族自尊、自信与民族责任心皆令人钦敬。本文结合各个历史时期的社会背景来讲述雕塑艺术形式的转变，对中国雕塑艺术表现形式的发展趋势和前景有所看法，提出正确对待本土文化在中国现代艺术创作表现中的重要性，准确把握雕塑艺术发展的趋势，从而推动中国雕塑艺术的发展。

璀璨的黑非雕刻

【作者】王海军　【导师】陆军

【出版授权与投稿人】景德镇陶瓷学院

【作者基本信息】景德镇陶瓷学院，美术学，2009，硕士

【关键词】非洲雕刻　装饰性　形式美法则　怪诞

【摘要】非洲是人类文明的发源地之一，在这块古老的土地上充满着神秘的色彩和许多尚且不为人知的事物，吸引了众多学者来此研究，企图揭示这古老而神秘的文明。但是，世界上任何一种文明的研究都没有像非洲人文明的研究那样遭遇到巨大的思想障碍。德国著名的哲学家黑格尔就曾经认为：非洲人没有通达哲学的能力，处在野蛮的、未开化的状态之中。受黑格尔思想的影响，曾经在欧洲的学术界长期占统治地位的观点是：非洲人没有历史，没有精巧的制造品，没有艺术，没有科学，只有黑暗和停滞，欧洲学者甚至断言非洲根本没有文明。但在1897年，英国远征军占领贝宁城，掳回大量的雕刻品，这些精美的工艺品随即轰动欧洲，使"艺术"这个词与非洲联系在一起，非洲另一种博大精深的静态之美——非洲雕塑艺术，逐渐展示在世人的眼前。我们在欣赏那古朴、稚拙、简洁、洗练而深沉的非洲雕刻艺术的时候，被其怪诞的形象所震撼，这种艺术上天然去雕饰，返朴归真的创造手法简约传神地反映了人与自然、动物的关系，因为非洲本身就是一种最本质、最实在的朴与真。

环境陶艺介入公共空间中的探究

【作者】李新青　【导师】黄焕义

【出版授权与投稿人】景德镇陶瓷学院

【作者基本信息】景德镇陶瓷学院，设计艺术学，2009，硕士

【关键词】环境陶艺　公共空间　陶瓷材料　艺术形态　艺术语言　艺术价值

【摘要】人们生活在空间环境中，空间环境的质量的好坏与人们日常生活有着直接的联系，特别是在竞争激烈，生活相对紧张的现代社会，一个良好的空间环境，除了具有自身的实用功能之外，还必须有一定的文化与精神功能。而环境陶艺对空间环境艺术的介入正好能够满足人们的这种审美和精神的渴求。本篇文章就是着重探讨环境

陶艺介入公共空间环境的研究，系统地论证了环境陶艺的独具特色的材料优势，在公共环境空间中丰富而又独特的艺术形态和艺术语言，和它介入公共空间中的艺术价值体现以及论证了如何处理好环境陶艺和空间环境之间的关系。

论浮雕的艺术创作规律

【作者】周燕　【导师】杨冰

【出版授权与投稿人】景德镇陶瓷学院

【作者基本信息】景德镇陶瓷学院，美术学，2009，硕士

【关键词】浮雕　传统　规律　创新

【摘要】中外古代浮雕艺术都有着各自悠久的历史传统，不同的历史时期有着不同的浮雕艺术规律。我们应该深刻研究古代的浮雕艺术，从中体会到各民族的博大、深厚的精神气质和不同的审美情趣。继承、发扬中国古代浮雕的艺术规律，融会中外美术理论和浮雕技法，总结和把握浮雕艺术创作规律，但是，在学习和借鉴古代浮雕的艺术规律和工艺技巧的同时，要开创新的工艺、新的技法。只有扎扎实实研究经典、研究传统、掌握艺术规律、提高艺术家自身的修养和艺术品质，才能创造出中国精神，中国气派，现代风格的浮雕艺术。众所周知，浮雕的艺术创作规律是一个涉及面很广的课题，论文尽量通过大量的实例和图片分别对浮雕艺术的特殊性、中外古代浮雕的艺术规律及其运用、著名雕塑家的艺术创作实践活动、优秀的雕塑作品进行了系统的分析和归纳，总结出浮雕的艺术创作规律。

从芬兰现代陶瓷产品设计看简约主义

【作者】张刿锋　【导师】朱乐耕

【出版授权与投稿人】景德镇陶瓷学院

【作者基本信息】景德镇陶瓷学院，设计艺术学，2009，硕士

【关键词】简约主义　陶瓷产品设计　芬兰

【摘要】陶瓷产品设计是一个备受人文思想与时代技术影响的综合性设计领域。在其发展的过程中，各式各样的设计风格与设计思潮相互影响、相互交融，使设计呈现出不同的面貌，其中简约主义以一种简洁而又深具内涵的审美理念应用于陶瓷产品设计中，使陶瓷产品设计呈现出整体的简约、自然、朴实、美惠众生的审美特征，在众多风格潮流中独树一帜。本篇论文着重对简约主义在陶瓷产品设计中所表现的审美特征进行研究。在理论研究的同时，选取最有代表性和最为出色的实例——芬兰简约主义陶瓷产品设计，从功能美、细节美、人性美、材料美四部分，对简约主义应用于陶瓷产品设计中所体现出的审美特征进行直观的图片辅助论述，使理论部分的文字更具有形象性、直观性。在文章的最后，总结概括出简约主义陶瓷产品设计是实用性与艺术感的结合。

现代陶艺的艺术性和工艺性

【作者】陆小泥　【导师】陆军

【出版授权与投稿人】景德镇陶瓷学院

【作者基本信息】景德镇陶瓷学院，美术学，2009，硕士

【关键词】现代陶艺　艺术性　工艺性

【摘要】走进陶艺行业的数年，在对现代陶艺逐步加深了解的过程中，经历了起初的粗浅尝试到认识热爱现代陶艺。在此之前，现代陶艺的三维空间性，可塑性，以及材质的美感，引起了我的关注。使我潜心专研现代陶艺中的各门学科。了解现代陶艺的过程中，深切地体会到现代陶艺的发展有着深厚的文化底蕴，它和各个学科有着广泛的联系，从雕塑，绘画，篆刻，以及美学，哲学，再到文化，历史等等。现代陶艺受到方方面面的影响可谓非常之深。现代陶艺是一门新的学科，对我来讲恰似雾里看花，又如“犹抱琵琶半遮面”的弹奏者，强烈的兴趣导致我欲睹其庐山真面目。本人在研究生学习期间，对现代陶艺的发展进行了研究和学习，切身体会不少，认为现代陶艺的重中之重，也是它区别于其他艺术行当的最大不同在于其工艺性和艺术性上都有着太多其他艺术形式无法替代的特点，另外，这里为了在世界范围内全方位地理解现代陶艺，特别着重地比较了中，美，日三国近现代比较有代表意义的陶艺领域，希望能从一个客观而全面的角度完整地论述现代陶艺的艺术性和工艺性。

当代景德镇粉彩艺术的现状与思考

【作者】曾庆慧　【导师】曹建文

【出版授权与投稿人】景德镇陶瓷学院

【作者基本信息】景德镇陶瓷学院，美术学，2009，硕士

【关键词】景德镇　粉彩艺术　当代　传承　创新

【摘要】当代景德镇粉彩艺术正经历从传统迈向现代的过程，现代化的发展和外来文化的冲击，使传统技艺与文化在这一过程中发生了一系列的变化。本文采用社会学和人类学常用的田野调查方法，对当代景德镇粉彩艺术品的生产、创作和销售的状况进行较充分的考察。希望通过第一手资料的采集与整理，以求尽量真实反映景德镇粉彩艺术的发展现状，并针对其生产和创作中出现的种种问题，尤其是技艺传承和艺术创新之间的突出矛盾进行了探索和思考，进而站在技艺传承与文化再生的高度来探寻景德镇粉彩艺术创新之路。

论中国现代陶瓷器皿艺术的审美取向

【作者】余莺姿　【导师】黄胜

【出版授权与投稿人】景德镇陶瓷学院

【作者基本信息】景德镇陶瓷学院，设计艺术学，2009，硕士

【关键词】陶瓷器皿　现代陶瓷艺术　审美取向

【摘要】20世纪下半叶，国家现代化的深入发展，人们的主体意识、主体价值的进一步觉醒，现代人的审美观和价值观随之发生了巨大的变化。传统陶瓷艺术的现代转

型成为了人们关注的话题。“超越实用”及对陶瓷艺术创作的精神性、审美性的自觉追求，赋予了现代陶瓷艺术比传统陶瓷艺术的更具魅力的人文精神价值；同时，随着民族文化意识的觉醒，传统文化的复苏，中国现代陶瓷艺术走向本土化、多元化的发展方向。在东西方文明相互碰撞、相互交融的发展中，一种新的具有中国意蕴的现代陶瓷艺术审美取向呼之欲出，而中国现代陶瓷器皿艺术在此也呈现出一番新的面貌。现代陶瓷器皿除了仍维持其传统功能外，更加扩展了其自身的艺术价值，成为纯粹的艺术创作活动，并发展成为具有广阔前景和艺术活力的一门独立的艺术形态；由于受到各种当代艺术思潮的影响，陶瓷器皿也成为一种十分国际化的艺术语言，吸引了众多艺术家参与实践和创作。本文简要概述中国传统陶瓷器皿艺术的发展历程与民族审美特征，并通过对中国现代陶瓷艺术创作人文背景的分析，总结出中国现代陶瓷器皿艺术的审美取向，寄希望为拓宽中国现代陶瓷器皿艺术的创作思路提供较全面的理论体系支撑；并从中获得有益的启示。

超级写实主义风格的现代陶艺研究

【作者】吴蒙蒙　【导师】黄焕义

【出版授权与投稿人】景德镇陶瓷学院

【作者基本信息】景德镇陶瓷学院，设计艺术学，2009，硕士

【关键词】超级写实主义　现代陶艺　风格

【摘要】在现代陶艺的发展历程中，世界上许多国家的艺术家都非常重视新的陶艺观念和探索，其中，现代陶艺的“超级写实主义”(Super Realism)(又称超写实主义、新现实主义和照相写实主义(Photo Realism)是在波普艺术影响下的超写实主义绘画和雕塑的出现下应运而生，这个运动在动机上与波普运动是同源的。应该说，照相写实主义和波普艺术是互相影响的，也是并行发展的。这种风格的陶艺创作者们利用日益发达的科技和丰富的材料进行创作，主张将作品做到“逼真”和“酷似”，从而达到迷惑人们眼睛的效果，也让观看的人们去想一些关于“什么才是真实”的问题，此外这种风格的作品中往往还隐含有一些怀旧的情绪、对田园诗意的抒发等情感，从而，获得了很多观者的喜爱和共鸣。本文所研究的就是现代陶艺的超写实主义这种风格的审美价值、艺术特征、艺术表现手法及这种现代陶艺风格流派的意义。首先，本文概述了本课题的概念的界定与研究方法、国内外现状及发展趋势以及论文研究的目的与意义；其次，探讨了超写实主义这种风格的起源和现代陶艺的诞生和风格流派的划分，在此基础上通过对超写实主义风格的绘画和雕塑的分析研究，深化对超写实主义风格的了解和认识。

中国民间陶瓷的“用”研究

【作者】王洁　【导师】朱乐耕

【出版授权与投稿人】景德镇陶瓷学院

【作者基本信息】景德镇陶瓷学院，设计艺术学，2009，硕士

【关键词】中国民间陶瓷　用　价值尺度

【摘要】本文关于民间陶瓷“用”的研究，实际上就是对民间陶瓷使用情况的研究。对生活的基本需要是民间陶瓷生产的出发点，而“用”则是需求得以实现的过程。随着社会生产的不断进步，人们的需求相应增多，“用”得以不断完善，为“用”而造的物也随之增多。本文首先从“用”的不同需求这个角度着手，对中国民间陶瓷进行分类研究，在此基础上分析“用”得以不断变化的主要原因是受到工艺技术、生活方式的影响，并总结出民间陶瓷“用”的两个价值尺度：经济、实用。在人们更本质、深入的把握民间陶瓷“用”的同时，对中国陶瓷设计产生启示。

论日用陶瓷设计的创意思维

【作者】李馨　【导师】何炳钦

【出版授权与投稿人】景德镇陶瓷学院

【作者基本信息】景德镇陶瓷学院，设计艺术学，2009，硕士

【关键词】日用陶瓷设计　创意思维　设计理念　时代性　创新

【摘要】一个时代的日用陶瓷设计文化，具有当时社会的政治、经济、文化的鲜明特征。面对着新世纪高速发展的科技和生活高需求的时代，日用陶瓷作为生活的必需品，应该与时俱进地满足消费者的各种需求。创新是日用陶瓷发展的动力，日用陶瓷设计的创意思维是创新的核心，而观念的创新和变革是日用陶瓷设计创新的根本。本论文突破以往对日用陶瓷设计的研究方法，系统全面地分析了日用陶瓷设计的文化特征和主要因素，在此基础上提出新时代下日用陶瓷设计的八种创意思维，对日用陶瓷设计思维中存在的三大模糊概念进行比较与分析，突出创新性与争议性。这实际上是一个范围和领域很广的课题，论文只是尽力把握大方向内容，并通过大量实例与图片进行归纳、整理、比较，为日用陶瓷设计探索与研究、开拓和寻求一条创新思维的新思路、新领域、新空间。

现代雕塑的表面肌理与色彩

【作者】谭超　【导师】苏立群

【出版授权与投稿人】景德镇陶瓷学院

【作者基本信息】南京艺术学院，雕塑，2009，硕士

【关键词】现代雕塑　肌理　色彩　视觉　触觉　情感

【摘要】现代雕塑的表面肌理与色彩是雕塑意义表达的重要语言。各种自然的或人工的表面质感效果加强了雕塑的视觉审美效果和情感的表达。各种新的表面处理方法也随着技术的发展运用到现代雕塑中。本文从实践出发，研究各种肌理与色彩在雕塑中的运用。

人名索引

人名索引

B

94/ 鲍海宁，1963 年生于辽宁，1988 年毕业于鲁迅美术学院雕塑系，后在沈阳大学建筑系任教，1995 年毕业于鲁迅美术学院雕塑系研究生。现任鲁迅美术学院雕塑系教授、副主任，鲁迅美术学院学术委员会委员、硕士研究生导师。中国青年雕塑创作中心主任、中国雕塑学会理事，辽宁省美术家协会理事、辽宁省美术家协会雕塑艺委会副主任。1997 年参加俄罗斯列宾美术学院教授贝斯特洛夫“素描进修班”、1999 年参加法国巴黎美术学院教授宾卡斯“绘画材料进修班”、1999 年 – 2000 年赴法国巴黎国际艺术城进修学习。多次参加国内外重要展事并屡获重要奖项。近年主要有：2009 年作品《漂移的城》获第十一届全国美展银奖。

95/ 白明，1965 年 9 月生于江西省余干县，1994 年毕业于中央工艺美术学院。现为清华大学美术学院（原中央工艺美术学院）陶艺系讲师，中国美术家协会会员，中国油画学会会员，中国陶艺网艺术总监。2007 年参加文脉当代——中国版本展，2007 年参加中国当代艺术展，2008 年参加“非象——李路明、白明、党朝阳作品邀请展”，2008 年参加“活着的中国园林展览”。2009 年参加“重返现代 09 杭州抽象艺术展”（杭州）。

C

171/ 陈宝国，1970 年出生于河北邯郸。1992 年至 1994 年就读于北京美术品总公司职工大学环艺系。1994 年至 1996 年就读于中央美术学院雕塑系。艺术作品：2008 年，《显态记系列》“金秋”联展，库画廊 • 北京。2009 年，《漩系列》“同行”六大名家联展，库画廊 • 北京。2010 年 3 月，《显态记系列》“国粹雕塑艺术成就展”，暨《雕塑》杂志年度提名展，北京国粹苑 • 北京。2010 年 7 月，“情系香江”天趣当代艺术展，香港会展中心 • 香港。2010 年 9 月，《一个 798 的故事——抗拒：陈宝国个展》，第零空间 • 北京。

96/ 陈钢，1963 年生于内蒙古包头市，1982 年参加工作，1985 年考入天津美院雕塑系，1989 年毕业留校任教至今，现任天津美术学院雕塑系主任，中国雕塑学会会员。

172/ 陈辉，1970 年出生，1998 年毕业于中央工艺美术学院雕塑专业，获硕士学位并留校任教，2004~2005 年俄罗斯彼德堡列宾美术学院访问学者，现为清华大学美术学院雕塑系副教授，中国雕塑学会会员，中国雕塑专业委员会会员，中国美术家协会会员，《学院雕塑》副主编。作品曾参加第三届北京国际美术双年展、第三届全国青年美展、第九届全国美展、中国雕塑年鉴展等国内重要展览。参加韩国、瑞典、俄罗斯等国际雕塑作品展览活动，作品被韩国首尔钟路区政府、瑞典奥萨市艺术博物馆、俄罗斯彼得堡美术家协会等多家艺术机构与个人收藏。2010年参加中国国粹雕塑成就展暨《雕塑》杂志年度提名展。

97/ 陈克，1965年生于河南省三门峡市，1989年毕业于广州美术学院雕塑系，2001~2002年就读于中央美术学院雕塑系教师研究生班。现为广州美术学院雕塑系副教授、当代艺术研究室负责人、中国雕塑学会会员、中国工艺美术家协会雕塑学会会员、广东省美术家协会会员、广东省美术家协会雕塑艺委会副秘书长。2007年参加“和而不同”——中国当代雕塑提名展，2007年参加雕塑与城市的对话当代雕塑展，2008年参加“中国姿态”——首届中国当代雕塑大展。2009年《后文艺复兴—大卫》荣获“中国姿态——首届中国当代雕塑大展”中国雕塑艺术大奖并入选第十一届全国美展。

24/ 陈连富，1956年生于黑龙江省，1986年毕业于鲁迅美术学院雕塑系，获学士学位，现任职于鲁迅美术学院雕塑系，中国雕塑学会会员，英国皇家雕塑协会会员。2007年参加“雕塑与城市对话”——迎世博2007上海国际雕塑年度展，2007年参加第三届北方雕塑年度展，2008年参加中韩大学教授交流展。2009“对角线”重庆.沈阳展览。2010中美韩日雕塑家邀请展（大连），2010年“李象群、张树国、陈连富雕塑展”（北京）。2010年中国国粹雕塑成就展暨《雕塑》杂志年度提名展。

173/ 陈松涛，任中国雕塑学会会员，辽宁美术家协会会员。近期艺术成就：2008年，中国姿态：首届中国雕塑大展，艺术中国——“未来天空——中国当代青年艺术家提名展”，礼赞生命——中国5.12汶川大地震抗灾主题雕塑展，中国动力——2009中国国际雕塑年鉴展，感恩.重建——纪念5.12汶川大地震一周年全国美术作品展，第十一届全国美术作品展，叙事中国——2009年，第四届成都双年展，“徐悲鸿奖•2009宜兴中国城市雕塑大赛”，2010国粹雕塑成就展暨《雕塑》杂志提名展，首届全国高等美术院校大学生研究生公共视觉优秀作品展，中国（铜陵）国际铜雕艺术展，2010中国建德国际城市雕塑邀请展，2010“时代杯”中国青年写实艺术大展。

174/ 陈玮，1979年出生，2007年毕业于UAL-CENTRAL SAINT MARTINS COLLEGE OF ART AND DESIGN，伦敦艺术大学-中央圣马丁艺术与设计学院。2000毕业于上海工艺美院雕塑系。现任上海欧派城市雕塑设计师，项目策划主管。参与：四川豫江友谊园景观雕塑设计项目。上海恒盛尚海湾（一期）景观系列雕塑项目设计。上海大华锦绣嘉年华雕塑项目策划。大型城市雕塑代表作：《腾飞》中国昆山航空特色产业园主雕、《南通之星》南通开发区城市主雕等。

98/ 陈文令，1969年生于福建泉州，1991年毕业于福建工艺美术学校国画班，1994年结业于中央美术学院雕塑系，现居北京，自由艺术家。

233/ 陈勇，2010年毕业于广州美术学院，其作品《孤》获2010全国高校毕业生优秀雕塑作品展优秀奖。

25/ 陈云岗，1956年生于陕西西安，1982年毕业于西安美术学院雕塑系，留校任教至今，现任西安美术学院雕塑系主任。中国雕塑学会副会长、中国美术家协会会员、中国美术家协会雕塑艺术委员会委员、全国城市雕塑建设指导委员会艺术委员会委员。

99/ 陈志光，1963年出生于福建厦门，1988年毕业于福建师范大学美术系，现工作生活于北京、福建。2007年举办“蝼蚁之道”——陈志光雕塑作品展，2008年参加“快城快客”第七届上海双年展,2009年举办“陈志光—迷漫”个展、参加中国当代艺术名家邀请展、“落花时节又逢君”当代艺术邀请展、“相嵌苏州”中国当代艺术展和在美国华盛顿子午线艺术中心举办的“都市中——中国当代艺术选展”、同年加入美国国务院国际领导者访问项目，2010年参加于宁夏银川举办的首届中国西部国际艺术双年展。

102/ 陈宗铭，1988年河南大学美术系毕业，郑州市科普美协秘书长，原郑州科技馆副馆长，郑州市雕塑壁画院设计总监。

100/ 蔡沙，1962 年出生于西安，1992~1993 年日本京都造型艺术大学陶艺专业研修，1993 年，西安大学艺术设计系任教，2004 年日本京都造型艺术大学陶艺交流研修，现任西安文理学院艺术设计系陶艺教研室主任，中国陶瓷工业协会会员，陕西油画协会会员。2008 年入选 43 届联合国教科文组织陶艺学会 IEC 年展。2009 年作品《面孔系列》入选中国动力—2009 中国国际雕塑年鉴展。2009 年参加上海国际陶瓷生活艺术博览会，其 2 件作品《面对面》被日本著名陶艺家坂田甚内收藏。2010 年作品《面对面》在北京铸造艺术馆展出。2010 年作品《面对面》在上海春季艺术沙龙展出。

170/ 蔡志松，1972 年生于沈阳，1997 年毕业于中央美术学院雕塑系，获学士学位，2001 年毕业于中央美术学院雕塑系硕士研究生同等学历班，1998~2008 年任教于中央美术学院雕塑系。多年来参加国内国际重要展览屡获重要奖项，近年主要有：2009 "故国 – 蔡志松个展" 纽约中国广场（美国 • 纽约）、"蔡志松作品展" See+ 画廊（中国 • 北京），2010 "故国——蔡志松个展" 旻谷画廊（台湾）、"故国与玫瑰 – 蔡志松个展" 艺凯旋艺术空间（中国 • 北京）。

176/ 蔡增杰，1976 年出生于湖北荆州，1993 年考入湖北美术学院附中，2002 年毕业于湖北美术学院雕塑系，现为中国雕塑学会会员，中国工艺美术学会雕塑专业委员会委员，湖北美术学院艺术硕士，湖北省黄冈师范学院学院美术学院讲师。

2/ 曹春生，中央美术学院雕塑系教授、俄罗斯列宾美术学院教授、清华大学美术学院客座教授。全国城市雕塑建设指导委员会委员；全国城市雕塑艺术委员会主任；中国雕塑学会名誉会长；中国美术家协会雕塑艺术委员会副主任；首都城市雕塑艺术委员会委员；北京市人民政府、长春市人民政府专家顾问；获国务院授予国家级有突出贡献艺术家称号，享受国务院特殊津贴。

101/ 曹晖，1968 年生于昆明，1991 年毕业于云南艺术学院雕塑专业本科，获学士学位，2000 年毕业于中央美术学院雕塑系研究生班，获硕士学位，2000 年至今受聘为中央美术学院雕塑系讲师。2007 年参加戏浪——当代美术展，2007 年参加 "指鹿为马——雕塑四人展"，2008 年参加 "文明的盛宴" 展览，2008 年参加 "未来天空" 中国当代青年艺术家提名展，2009 年举办 "可视的体温——曹晖个展"。

26/ 曹智勇，1959 年生，幼时随父母于重庆支援贵州建设来到册亨县，当过插队知青。1977 年到册亨县文化舘工作，1990 年调入兴义市文化舘工作。1984 ～ 1985 年在川美主修雕塑，三级美术师，贵州美协会员，贵州雕塑研究会会员，贵州现代民间绘画研究会理事，黔西南州美协副主席。

103/ 崔立忠，1968 年 2 月生于长春市，1990 年毕业于吉林美院雕塑系（学士学位）2007 年毕业于莫斯科苏理科夫美术学院雕塑系（硕士学位，国家公派）从师于俄罗斯著名雕塑家别列雅思拉维茨. 卢卡维尼什科夫。现在辽宁师范大学美术学院工作。

232/ 崔耀旭，2010 年毕业于四川美术学院，其作品《韵》获 2010 全国高校毕业生优秀雕塑作品展优秀奖。

27/ 程俊华，1984 年毕业于景德镇陶瓷学院美术系雕塑专业。任福建省艺术馆副研究馆员、福州市美术家协会副主席、福州市美术家协会雕塑专业委员会会长、中国雕塑学会会员、中国工艺美术学会雕塑专业委员会会员。持有全国城市雕塑委员会创作设计资格证作品多次入选省及全国美展并获奖。

233/ 程坤，1982 年生于河南商丘。2000 年考入河南大学艺术学院美术系首届雕塑专业。2005年旅居韩国大邱市，2007年进入首尔国立大学美术学院雕塑系攻读硕士研究生。2009年取得美术学硕士学位，2009年底回国。现任教于商丘师范学院美术学院雕塑专业。

175/ 钞子伟、钞子艺，1970年生于河南南阳，分别毕业于河南南阳理工学院艺术系、郑州轻工业学院艺术设计系，先后在中央美术学院学习，现居北京，自由艺术家。2007年参加第四届韩国国际陶艺双年展，2007年参加妄想国——中国新生代艺术展，2007年参加第35届塞万提斯国际艺术节。2010年《雕塑》杂志十五周年特邀艺术家展。

D

234/ 董博泉，1983年生于济南，2006毕业于清华大学美术学院雕塑系。2006至今自由艺术家。近年艺术作品：2009年月亮河美术馆首届《岸》学院雕塑展 作品《梦旅人》，2010年作品《失去的宠爱》参加嘉德秋拍・京津雕塑专场。

104/ 董书兵，1968年生于新疆，1989年毕业于西安美术学院附中，1993年毕业于中央工艺美术学院装饰艺术系雕塑专业，获学士学位，2007年中央美术学院雕塑系毕业获硕士学位，现为清华大学美术学院雕塑系副教授、副系主任。中国雕塑学会会员，中国工艺美术学会雕塑专业委员会会员，获全国城市雕塑建设指导委员会颁发的雕塑创作设计资格证书。

177/ 邓柯，1978年10月6日出生，2007年获清华大学美术学院硕士学位，同年就职于北京服装学院造型艺术系。参展、收藏及获奖有：2004年《乡情・岁月印象》于第十届全国美展上获铜奖，并被中国美术馆收藏；2005年《旋转之梦》参加第六届中国体育美展；2007年《童年之梦》《消逝系列1》参加“突围—清华大学美术学院新锐艺术展”，并被中国美术馆收藏；《风中的男子》参加“雕塑与城市对话—迎世博2007上海国际雕塑年度展”，被上海城市雕塑中心收藏；2008年《芭蕉秋雨》《冷月》与798艺术中心参与“集—中国当代雕塑家提名展”；《消逝系列2》参与北京国际双年展；《无言》参与“中国姿态——首届中国雕塑大展”；《童年之梦》参与“曦城——全国高校优秀雕塑毕业展”，并被深圳曦城房产中心收藏等。2009年作品《风雨同舟》入选第十一届全国美展。

28/ 邓乐，1951年生于四川，1978年在四川美院雕塑系学习，现任中国美术家协会会员、中国雕塑学会会员、四川雕塑学会副会长，四川当代雕塑研究会创建人之一，国家二级美术师、职业雕塑家。

105/ 邓善琪，1962年出生，中国台湾花莲市人，1980年毕业于玉里高中石工科，1987年起从事石雕工作。1996年起从事石雕创作。创作理念：以不断的体认生活，作为创作根源，以不断学习作为成长的空间。艺术成就：1996年洄澜美展－优选，1997年洄澜美展－佳作，1997年高市美展－入选，1997年花莲石雕邀展。2010年中国国粹雕塑成就展暨《雕塑》杂志年度提名展获金手指奖、中国（铜陵）国际铜雕艺术大展、BenQ国际雕塑创作营—台湾雕刻家（力挽狂澜）花莲文化局跨越秀姑峦溪特展（策展人）。

29/ 迪里木拉提・吐尔地，1957年出生，维吾尔族，1982年8月毕业于西安美术学院雕塑系，1982年至今在新疆艺术学院雕塑系任教（教授）。现任新疆美术家协会理事雕塑艺术委员会主任。多次参加国内外重要展事活动并获奖。参与组织2009年乌鲁木齐国际雕塑创作营。2009年创作的雕塑作品（麦西来甫）立于山东・济南国际园博园。

235/ 杜旭渤，2009年毕业于东北师范大学，其作品《骁》获2009全国高校毕业生优秀雕塑作品展优秀奖。

178/ 戴耘，1971年生于西安，1990年毕业于西安美术学院附中，1995年毕业于西安美术学院雕塑系同年留校任教，2000 年调入深圳雕塑院。2007 年作品《砖系列——车》参加“城市与雕塑的对话”展览，2007 年参加上海国际雕塑年度展，2007 年作品《关中记事》（黏土动画）参加“和而不同”北京总展，2007 年作品《国学罐头》参加第三届中国·宋庄文化艺术节“人·社会·自然”雕塑艺术大展。2009 年参加西安曲江国际当代艺术季。

234/ 都岩，2002 至 2007 年就读于中央美术学院雕塑系，2007 至 2010 年攻读中央美术学院雕塑系硕士学位。

F

3/ 傅光大，国家一级美术师．中国美术家协会会员．中国雕塑学会会员．贵州美协雕塑艺术委员会副主任，持有全国城市雕塑设计资格证。作品曾十多次入选全国美展，曾获全国美展贵州展区银奖．贵州省文艺创作壹等奖．省级二．三等奖，作品多次被国家机构及个人收藏，多次表于国家及省市级杂志报刊。有几十件雕塑作品立于省内外的公共环境中。

30/ 傅中望，1956 年出生于湖北黄陂，1982 年毕业于中央工艺美术学院装饰艺术系雕塑专业，曾任湖北省美术院雕塑创作研究室主任、湖北省美术院副院长，现为湖北省艺术馆馆长，一级美术师，中国博物馆学会美术馆专业委员会常务理事，中国美术家协会会员，中国雕塑学会常务理事，湖北省美协雕塑艺委会主任。

31/ 范伟民，1954 年出生，1982 年毕业于中央工艺美术学院，现为高级工艺美术师，中国《雕塑》杂志社社长、《中国雕塑年鉴》编委会主任，同时担任中国工艺美术学会副理事长兼副秘书长、中国工艺美术学会雕塑专业委员会副主任、全国城市雕塑指导委员会委员、中国艺术铸造委员会艺术顾问、江苏宜兴陶艺学会艺术顾问、北京城市雕塑与环境艺术委员会委员、福建惠安政府顾问、河北曲阳政府顾问、文化部《中外文化交流》杂志编委、美国《世界木雕》杂志特约通讯员、北京精卫文化艺术中心主任、雕塑在线网艺术总监。2007 年作品《易》参加“和而不同”——中国当代雕塑提名展，2007 年作品《生机》特邀参加“第 8 届‘汉玉’国际雕刻大奖赛”，2008 年作品《翔》入选“百件奥运雕塑”并安置于北京奥林匹克森林公园。2010 年中国国粹雕塑成就展暨《雕塑》杂志年度提名展。

32/ 付新民，1949 年 6 月出生于江西南昌，大专学历，就职于厦门，从事绘画、雕塑等艺术创作四十多年。先后被福州大学工艺美术学院、集美大学艺术教育学院、厦门大学艺术学院聘为客座教授，河南省书画院特聘画家，厦门市海峡画院院长，河南省华侨书画院副院长。多次参加国内、国际当代艺术重要展览，2009 年在北京 798 艺术区成功举办个人展览。代表作主要有：雕塑作品《亚洲森林》、《劫持 NO.1》、《劫持 NO.2》、《劫持 NO.3》等。

33/ 房中明，生于 1951 年，1977 年毕业于天津美术学院。现为天津美术学院雕塑系教授，中国雕塑学会会员。作品多次参加国内、国际重要展览，并多次获奖。代表作有：《安塞魂》、《犹抱琵琶半遮面》、《雨》《激情黄土地》、《海之韵》等。多年从事雕塑教学，著有高校教材《浮雕课堂教程》等。

G

180/ 宫长军，1986 年毕业于中央工艺美术学院装饰雕塑专业，2000 年毕业于中央美术学院雕塑系硕士研究生课程班。现为中国雕塑学会会员、中国工艺美术学会雕塑专业委员会会员、全国城市雕塑设计资格证书持有者、国家二级美术师。宫长军长期研究公共艺术和景观艺术，其相关作品具有很高的专业水准，雕塑和摄影作品曾多次在国内外获重要奖项。

106/ 甘丹，1963 年生于中国台湾，1982 年任朱铭工作室助理，现工作于中国台湾。

34/ 高峰，毕业于景德镇陶瓷学院雕塑专业，从事陶瓷雕塑创作工作三十余年。现为景德镇陶瓷艺术研究院艺术室主任、中国工艺美术学会会员、中国雕塑专业委员会会员、江西省美术家协会会员、景德镇第十届、第十一届政协委员、江西省工艺美术系列高级职称评委。

35/ 高蒙，1959 年出生。1982 年毕业于中央工艺美术学院装饰雕塑专业。1982—1996 年就职于安徽省合肥市城市雕塑领导小组办公室。1999 年毕业于广州美术学院雕塑系，获硕士学位。现为广州美术学院雕塑系副教授。

107/ 高泉，1968 年出生，1984 年在空四军服役。1989 年在中央工艺美术学院特艺系学习。专业雕塑、绘画、装饰艺术、展示设计。中国工艺美术协会雕塑专业委员会会员。1992 年进入设计界。先后设计宣武公安分局二楼会议室、京广中心 47 层香港世联地产办公空间以及龙成皇冠假日酒店厅堂室内设计、北京古玩城宾馆中茂盛佳画廊、央视国际网站办公空间设计。2007 年木雕作品参加上海国际雕塑艺术展，原创作品入选《泛雕塑艺术展》.2009 年木雕作品参加中国动力——中国国际雕塑年鉴展，作品入选参加巡回展览。2009 年木雕和设计作品入选建国 60 周年《中国当代艺术大家》。2010 年作品《小人》获“心声木鸣”首届中国现当代木雕大展三等奖。

179/ 高瑛石，1975 年出生于辽宁省通化市。1997 年获山东艺术学院雕塑系学士学位；2001 年就读于清华大学美术学院雕塑专业，获清华大学美术学院硕士学位；2008 年晋升为副教授。2002 年任北京某大学美术系系主任至今。高瑛石为《雕塑》杂志长期关注艺术家，雕塑作品多次参加国内外重要展事并获奖。近年创作展出《直指》系列，受到学术界普遍关注。2010 年中国国粹雕塑成就展暨《雕塑》杂志年度提名展。

181/ 郭其鹏，1970 年生于内蒙古包头市，1992 年毕业于内蒙古包头师大。1996 年毕业于清华大学美术学院装饰雕塑系。2005 年毕业于中央美院雕塑系硕士研究生。多次参加国内外重要展事活动如：中国当代艺术文献展《歌华艺术馆》、北京鸿湾艺术馆《首届五四国际青年艺术节》邀请展等重要展事并获奖。艺术作品：2009 年 9 月应邀参加中国宋庄《无间》联展、2010 年 3 月国粹雕塑艺术成就展暨雕塑杂志年度提名展、2010 年 4 月北京三里屯橙色大厅红 T 画廊联展。2010 年 10 月上海 M50《童真时代》仕画廊个展。

36/ 郭心聪，1958 年出生，现居北京宋庄，职业雕塑家。1981 年毕业于潍坊教育学院美术系，1995 年结业于中央美术学院雕塑系。职业雕塑家。中国美术家协会会员。作品多次参加全国性美展，2002 年作品《伊甸园》参加“中国北京国际城市雕塑艺术展”、《走西口》参加“中国西部风”雕塑巡回展。参与制作北京抗日战争纪念馆抗战群雕，中国军事博物馆大型浮雕“南昌起义”等。2010 年中国国粹雕塑成就展暨《雕塑》杂志年度提名展。

H

37/ 霍波洋，1956 年生于沈阳，1982 年毕业于鲁迅美术学院雕塑系，获学士学位，1988 年毕业于鲁迅美术学院雕塑系，获硕士学位，现鲁迅美术学院雕塑系主任、教授、中国美术家协会雕塑艺术委员会委员、全国城市雕塑艺术委员会委员、中国雕塑学会常务理事、英国皇家雕塑协会会员、辽宁省美术家协会副主席。2007 年作品《儿子今年一十八》参加北方雕塑年度展，2007 年作品《行街》参加上海国际雕塑年度展，2008 年《鱼·水》2008 北京夏季奥运会场馆收藏（中国北京），2009 年《亦山亦水》吉林美术出版社出版、《四季之冬》第十一届全国美展评委作品（中国长春）、《爱国华侨陈嘉庚》国家重大历史题材创作工程，中国美术馆收藏，2010 年中国国粹雕塑成就展暨《雕塑》杂志年度提名展。

39/ 胡汉平，1955 生于福建，1975 年入福建工艺美术学校雕塑科，后考入中央工艺美术学院雕塑专业（现清华大学美术学院）及中央美术学院雕塑系，1989年毕业获硕士学位。1997年任福建省环境艺术研究所所长、闽江大学雕塑系教授，作品多次参加国内、国际重要展览，屡获重要奖项。主要作品有《手拉手》、《黄昏》、《陈景润像》、《蓝色上海》等。

108/ 胡学富，中国雕塑学会会员，中国工艺美术学会雕塑专业委员会会员，中国美术研究院艺术委员会会员。1993年毕业于天津美术学院雕塑系。艺术简历：1993年作品《千斤一刻》第三届全国体育美展，中国美术馆；2008年作品《守望》《苗女》第七届北京新人新作，中央美院美术馆；2008年作品《阳光·空气》第七届蓝色空间——2008"绿色——我们的朋友"主题雕塑展；2008年7月21日，作品《仁者爱人》——摘下我的翅膀送给你飞翔，在cctv2《2008中国骄傲》中播出，并被中国地震博物馆收藏。2009年《苗岭阳光》全国文艺家作品邀请展；2009年5月作品《苗家》雕塑百家联展，中国美术馆；2009年作品《苗岭阳光》入选第十一届全国美展；2010年国粹雕塑艺术成就展暨《雕塑》杂志年度提名展；2010年作品《2008•蜷》参加时代杯中国青年写实艺术大展获铜奖、《侗歌声声》获优秀奖。

110/ 黄剑，毕业于中央美院雕塑系，中国建设环境艺术专业委员会公共艺术研究部主任，北京清尚环艺建筑设计院公共艺术部主任，美国ISC国际雕塑协会会员，中国工艺美术学会雕塑专业委员会会员。2005年在美国举办"黄剑公共艺术展"2006年参加在美国举行的"美国ISC国际雕塑展"在美国举办"东方之声——黄剑七彩金公共艺术展"，2007年参加在上海举行的中国首届"泛雕塑展"，在上海举办"流金溢彩——黄剑七彩金公共艺术展"，参加在北京举行的"和而不同·中国当代雕塑提名展"2008年在长春举办"流金溢彩一黄剑七彩金艺术展"在北京明城墙遗址公园举行"明皇贵妃马球图展"。参加在北京举行的"2008奥林匹克美术大会"，2010年中国国粹雕塑成就展暨《雕塑》杂志年度提名展。

109/ 黄胜，1969年生于江西上饶，1993年毕业于景德镇陶瓷学院雕塑专业，2003年毕业于中央美术学院雕塑系研究生班，现为景德镇陶瓷学院教授，雕塑系主任，硕士研究生导师，中国美术家协会会员。

4/ 何力平，1949年生于重庆丰都，1985年毕业于四川美术学院雕塑系研究班，获硕士学位，现任教于四川美术学院雕塑系，硕士生导师。中国美术家协会会员。2008年作品《大河流淌》参加由厦门市政府、中国雕塑学会主办的"中国姿态·海峡风"首届中国雕塑大展。2008年作品《老船》参加"艺术慈善中国"——中国当代艺术国际巡回展（北京、东京、香港），2010年参加"穿越——重庆艺术群落当代艺术主题展"（北京）。

38/ 何镇海，1959年生于广西柳州。广西艺术学院美术系副教授。1985年毕业于江西景德镇陶瓷学院美术系雕塑专业。1988年在中央美术学院雕塑系进修。现为广西艺术学院美术学院教授、硕士研究生导师、中国美术家协会会员、中国雕塑学会会员、中国雕塑专业委员会会员、广西美术家协会理事。广西漓江画派常务理事。

5/ 韩美林，1936年生于山东省济南市，1960年毕业于中央工艺美术学院。现为全国政协常委，中央文史研究馆馆员、国务院参事，全国政协教科文卫委员会委员，中国美术家协会理事。2007年作品《第29届奥运会吉祥物福娃》获中国动漫游戏行业"金手指"奖，2008年获中国改革贡献人物奖。2009年开展"甲子新旅"韩美林新作观摩及研讨活动。

236/ 韩文华，1980年出生，2004年毕业于吉林艺术学院美术系获学士学位，2007年毕业于中央美术学院雕塑系获硕士学位，现为中国雕塑学会会员、吉林艺术学院教师。2007年参加中央美术学院毕业创作展，2007年参加"独生一代"当代艺术展，2008年参加"中国姿态"首届中国雕塑大展，2008年参加"独生一代3"展览。2009年"中国姿态"——首届中国雕塑大展获奖。

235/ 韩子龙，2003就读于沈阳市鲁迅美术学院，2008就读于沈阳市鲁迅美术学院雕塑系研究生课程班并考取设计师资格。近期艺术成就：2008 年《子龙》入围全国 2008 年高校优秀毕业生作品大展获优秀作品奖、入围“海峡情”2008 全国高校毕业生网络作品大赛、发表于《雕塑》杂志 2008 第 5 期、受邀参展第二届长春国际雕塑大会，参展于“振兴东北老工业基地作品展。2009 年论文《浅谈古代雕塑的线条》获一等奖，并拟入选由国家一级出版社出版的大型教育文献《现代教育理论与实践指导全书》。

111/ 洪涛，1966 年生于哈尔滨，1986 年考入鲁迅美院并于 1991 年获学士学位，后留校任教至今。2003 年作为俄罗斯列宾美术学院访问学者并获硕士学位。现任鲁迅美术学院雕塑系副教授。中国美协会员、中国雕塑学会会员，入选中国百名雕塑家。

236/ 胡毅，1982 年 8 月出生。2006 年毕业于广西艺术学院美术学院雕塑专业，2008 年就读于广西艺术学院美术学院美术学专业雕塑方向研究生，师从黄月新副教授。

J

112/ 姜波，1961 年生，毕业于俄罗斯列宾美术学院雕塑系获硕士学位，郑州轻工业学院艺术学院教授，河南省美术家协会雕塑艺委会副主任。2009—2010 年参展获奖作品:《第十一届全国美术作品展览》（获十一届河南省美术作品展览 • 金奖）、《中国中青年雕塑家作品邀请展 • 一等奖》、《中国动力—中国国际雕塑年鉴展》、《时代无界 • 中国当代艺术邀请展》等。

40/ 金国胜，1958 年生。1994 年中央工艺美术学院毕业。2001 年考入中国美术学院艺术设计硕士学位班。副教授，全国城市雕塑建设指导委员会注册雕塑家，毕业于中央工艺美术学院，中国美术学院艺术设计学硕士学位班毕业。现为绍兴文理学院美术学院艺术设计系主任，中国雕塑学会会员。

238/ 金薇，2007—至今就读于鲁迅美术学院。近年艺术成就：2010 中外高校毕业生雕塑网展第三名，2010“心声木鸣”首届中国木雕大展，2010 作品入围《中国美术年鉴》。

113/ 金文伟，1969 年出生，浙江省龙泉市人。1993 年毕业于景德镇陶瓷学院美术系雕塑专业，获学士学位，1996 年研究生毕业，获文学硕士学位。现任景德镇陶瓷学院陶瓷美术学院教授、硕士生导师、陶艺系主任。2008 年入选江西省新世纪百千万人才工程。民进会员、中国美术家协会陶瓷艺术委员会委员、江西省教育学会陶艺专业委员会副主任。1999 年应聘任教加拿大 NOVA SCOTIA 艺术设计大学；2007 年芬兰赫尔辛基艺术设计大学访问学者；2009 年法国利摩日国立美术学院访问教授。

237/ 金彦秀，天津工业大学艺术学院教师。韩国国立全北大学艺术学院美术系雕塑专业博士在读。学习工作期间多次参加国内外展事活动并多次获奖。主要有：个人展：2010 年 10 月韩国全罗北道（省）全州市 GONG YOU 画廊；邀请展：2010 年 12 月，2010 优秀作品邀请展，韩国全北道立美术馆、2010 年 7 月，behind-the-scenes story 邀请展，韩国首尔、2009 年 11 月，第 13 届时代精神邀请展，韩国、《痕迹》第九回亚洲美术大展获得作品金奖（2004 年雕塑）、《蚀》VOLVO 和亚洲美术大展运营委员会、韩国文化部主办的美术大展获得作品一等展奖（2003 年雕塑）。

182/ 姜杰，1984 年 7 月毕业于北京市工艺美校特种工艺专业，1991 年 7 月自北京中央美术学院雕塑系毕业后就职于本院雕塑创作室，1995 年中央美院研究生主要课程班结业。现为中央美院雕塑系副教授。多次参加国内外重要展事活动并多次获得重要奖项。多次举办个展、联展，受到学术界和公众普遍关注。作品被国内及日、美、法、德机构收藏。近年主要艺术活动有：2009 年 6 月“2009 马爹利非凡艺术人物”巡展首站今日美术馆（北京、上海、深圳等地），2009 年 10 月欧罗巴利亚中国艺术节“镜花水月中国当代女性艺术展"（欧洲当代艺术中心比利时），2009 年 10 月"缪斯的回忆"粉红丝带艺术展墙美术馆（北京），2009 年 11 月"成人童话—女性当代艺术展"别处空间北京，2009 年 11 月"无镜——女性艺术的自我镜像"白盒子艺术馆北京。

44/ 纪连路，1957 年出生，黑龙江哈尔滨人。擅长雕塑。1985 年毕业于鲁迅美术学院雕塑系。现任职哈尔滨师范大学美术学院雕塑系主任，黑龙江省城市雕塑艺术委员会主任。近期主要艺术活动：2008 年与候一民教授合作，制作北京地铁浮雕《国歌》。2010 年主持中国·黑龙江国际木雕节。

183/ 焦兴涛，1970 年生于四川成都，1996 年毕业于四川美术学院，获硕士学位，现为四川美术学院雕塑系副教授。2007 年参加"咏物"——焦兴涛雕塑作品展，2007 年参加"物语"——焦兴涛雕塑作品。2008 年参加"Breaking The Waves"。2009 年参加首届重庆青年美术双年展。

41/ 景育民，1956 年生于山东蓬莱，1982 年毕业于天津美术学院，1992 年任教于天津美术学院师范系，后转入雕塑系，1994 年入全国城市雕塑高级研修班学习，2001 年入中央美术学院高级研修班学习，现任天津美术学院硕士生导师，教授。近年多次参加国内及国际展事并屡获重要奖项。

237/ 江子迪，2010 年毕业于广州美术学院，其作品《断流》获 2010 全国高校毕业生优秀雕塑作品展学术奖。

42/ 贾濯非，1953 年出生于东北辽宁，1968 年下乡务农 (知青)，1973 年第一汽车制造厂工人，1982 年毕业于东北师范大学美术系。1989 年结业于中央美术学院雕塑系教师进修班。现任西安交通大学教授，致力于公共环境艺术创作研究。在作品中特别注重中国传统文化与现代艺术观念的结合，环境造型艺术作品与环境协调统一。认为中国文化传统与现代艺术形式语言、现代艺术理念的结合，是创造中国现代文明的关键切入点，中国人应该创造自己文化脉系下的现代艺术体系，创造一种吸纳了西方文明并仍旧保持东方文明基因特征的新文明。其环境艺术作品多次获重要奖项。

43/ 蒋志强，1982 年毕业于江西景德镇陶瓷学院雕塑专业，任教于厦门大学艺术学院。兼职福建省城市科学研究会环境艺术分会副会长、福建省厦门市室内装饰协会评委会副主任、厦门市杏林区城市建设艺术顾问。多次参加国内外重要展览并屡获或重要奖项。近年主要有：2009 年厦门中·韩·日雕塑家交流展、2010 年锦绣海西——福建省当代美术（晋京）展（中国美术馆收藏）

K

114/ 孔庆坚，1989 年毕业于广西艺术学院雕塑系，获学士学位。2001 年 7 月毕业于中国中央美术学院雕塑系研究生同等学历班。现为广西师范大学美术学院副教授，中国雕塑学会会员，中国工艺美术学会雕塑专业委员会会员。广西雕塑艺术委员会委员。持有全国城市雕塑创作设计资格证。

238/ 康悦，2010 年毕业于西安美术学院，其作品《小花的世界》获 2010 全国高校毕业生优秀雕塑作品展优秀奖。

L

125/ 蔺宝钢，1962 年 6 月出生，1985 年毕业于西安美术学院，现为中国美术家协会会员，西安市城雕委专业委员，中国《雕塑》、《当代艺术》杂志编委，陕西省民盟工作艺术委员会副主任。西安建筑科技大学民盟副主委，西安建筑科技大学艺术学院副院长，博士，教授，博士导师。雕塑学科学术带头人，西建大城市雕塑研究所所长。

115/ 林春，1960 年生于永安。1985 年毕业于浙江美院雕塑系，现为厦门大学艺术学院美术系副教授。1986 年参与组织的“厦门达达”现代艺术展，其作品和活动已被编入国内外艺术史书，如英国出版的 THE20THCENTURYARTBOOK（20 世纪美术）、《中国当代美术史》、《雄狮美术》及日本、法国、美国艺术杂志。2000 年作为艺术访问学者，应邀赴欧洲艺术考察半年。2003 年为厦门市政府策划组织“中国厦门大海——音乐国际雕塑展”并任评委。主要作品：《老蚺》、《廖承志像》、《和平鸽·凤凰树》、《白鹭三角梅》、《白鹭腾飞》、《思想者》、《香港回归祖国纪念碑》、《闽之魂》、《军魂》等。论著：《艺术人——质疑中的实验》、《风格的意义》。

192/ 林胜煌，1972 年出生。中央工艺美术学院雕塑系毕业，东京艺术大学研究生院毕业，现任东京艺术大学客座研究员。近年主要有：2007 年参加中国台湾花莲国际石雕艺术展。2008 年参加阿联酋迪拜国际雕刻艺术节、土耳其伊斯坦布尔雕刻双年展、中日韩现代美术交流展，2010 年中国厦门大海·音乐展特邀、中国黄河口国际雕塑艺术大赛优秀奖、1st INTERNATIONAL IZMIR ART BIENNIAL 特邀（土耳其）；2011 年 TRAMONT，FRAGMENTS’双年展特邀（法国）。

116/ 李春华，祖籍广东始兴，工作生活在广东佛山、北京两地，从事景观建筑设计和雕塑艺术创作工作，注重研究中国传统文化和建筑营造法式在当今雕塑艺术创作中的运用，体现本土哲学思想理念，表达现实关怀，探索形式创新。主要雕塑作品有：《和平·参与·发展》、《天地间》、《硕果》、《发现的雕塑》系列、《喀斯特景观》系列、《中国标准》系列、《新青铜器》系列、《非常机器》系列、《透视的景观》系列，主要景观建筑作品有：佛山陈氏书院、肇庆郑大仙祠。

184/ 李鹤，1972 年生于辽宁省，1996 年毕业于鲁迅美术学院雕塑系，获学士学位，2001 年毕业于清华大学美术学院，获硕士学位，现在清华大学美术学院雕塑系任教，清华大学美术学院党委学生工作组组长，中国雕塑学会会员。2007 年参加中国第三届北方雕塑年度展，2007 年参加“塑本求源”当代雕塑邀请展，2008 年举办“原本”李鹤作品展；2008 年参加“蝶变”中国当代雕塑家邀请展。主要代表作有：“东方红——忠系列”、“生存方式系列”、“原本——元素系列”

185/ 李惠东，1971 年 12 月生于沈阳，1997 年 7 月鲁迅美术学院雕塑系研究生毕业，获硕士学位。主要作品：1994 年 10 月雕塑作品《虚无缥缈的瞬间》入选第八届全国美展，1995 年 9 月雕塑作品《彭大将军》入选《正义和平——纪念反法西斯战争胜利五十周年国际美术作品展》，1997 年 4 月雕塑作品《鼓舞》入选《1997 中国艺术大展——当代雕塑艺术展》，1997 年 5 月雕塑作品《静思》参加 97 中韩雕塑交流展，1997 年 6 月雕塑作品《盾——抗日联军将士纪念碑方案》参加隆重庆祝香港回归祖国辽宁省美术作品评奖大展，1999 年 9 月雕塑作品《犇》参加第九届全国美展。2005 年 8 月作品《急驰》参加蓝色空间主题雕塑展。2006 年 7 月作品《欲望都市》参加中韩当代雕塑艺术交流展。2009 年参加“国家重大历史题材美术创作工程”《鼓舞——民族大团结》。

118/ 李洪军，1960 年生于陕西千阳，1991 年毕业于中央美术学院，2009 年获中央美术学院实验艺术专业艺术硕士学位。多次参加重要展览，引起国内外艺术界普遍关注。近年主要有：1996 年“聚焦中国现代艺术展”（德国慕尼黑），2006 年“首届学院实验艺术展”．中央美术学院（北京）；2009 年北欧艺术节（北京），2010 年“天工开物”德山艺术空间（北京）。2010 年“纸之钻营——李红军个展”（北京·偏锋艺术空间）。

119/ 李江，1969 年 1 月 8 日出生重庆，1993 年毕业于四川美术学院艺术设计专业，

1993 年留学俄罗斯，1998 年毕业于莫斯科国立工业美术大学壁画专业获硕士学位。1998 年至今任职于西南交通大学艺术与传播学院美术学系。四川省美术家协会会员。多次参加国内外重要展事活动并获奖。

117/ 李树，1969 年生于四川成都，祖籍河南焦作。1993 年毕业于四川美术学院雕塑系，获学士学位。现为西南民族大学艺术学院副教授，中国美术家协会会员，中国雕塑学会会员，中国工艺美术学会雕塑专业委员会委员，四川省美术家协会理事，四川省工艺美术学会常务理事雕塑专业委员会主任。

120/ 李思训，中国雕塑学会会员，中国工艺美术学会雕塑专业委员会会员，全国城市雕塑创作设计资格证持有者，湖南省美术家协会雕塑艺委会秘书长，湖南省雕塑院专职雕塑家（设计部主任），湘潭市美协副主席，湘潭大学客座教授。

7/ 李维祀，1937 年生于辽宁黑山，早年毕业于中央美院。著名的雕塑家和美术教育家，曾任厦门大学艺术教育学院副院长，现为中国美术家协会会员、中国雕塑学会会员、中国工艺美术家协会雕塑专业委员会委员、福建省美协顾问。福建省环境艺术学会顾问、厦门市政协委员。

121/ 李迅，1969 年 9 月生于新疆乌鲁木齐市，先后毕业于天津美术学院，获学士学位（1995 年）；俄罗斯国立苏里科夫美术学院，获硕士学位（2004）。现为天津美术学院雕塑系教师、讲师。中国美术家协会天津分会会员、中国雕塑学会会员、中国工艺美术学会雕塑专业委员会会员。

45/ 李学峰，1957 年生于河南淮阳，祖籍河南沈丘。1975 年高中毕业下乡插队锻炼，1977 年考入广州美术学院雕塑系，1982 年毕业。现为河南省美术家协会副主席，河南省雕塑艺术委员会主任，河南美术出版社副总编辑、编审。主要雕塑作品：《锁不住的真理》《家乡人》《老华工》《太行山人》《文明之光 · 火祖遂人氏》《奋进》《创世纪》等。策划和主编大型套书《世界雕塑全集》，深受业内赞誉，在雕塑界产生较大影响。曾赴荷兰参加"欧洲华人学会第九届国际学术会议"，介绍改革开放以来中国雕塑的创作状态和前景展望，并宣读论文《20 世纪的东方雕塑》。

46/ 李先海，1955 年出生，现为自由艺术家。2007 年参加泛雕塑艺术展，2007 年参加中国木雕大赛获金奖，2008 年作品《小川戏》参加第 9 届全国美展，获优秀奖，2008 年参加北京奥运景观城市雕塑巡展。

47/ 李秀勤，1953 年出生于山东青岛，1982 年毕业于中国美术学院雕塑系获学士学位，1990 年毕业于英国曼彻斯特大都会大学美术学院雕塑系获硕士学位，1988 年赴英国斯莱德美术学院研修，1999 年赴美国华盛顿洲立大学讲学，现为中国美术学院雕塑系教授、中国雕塑家协会会员、浙江雕塑家协会理事、浙江美术家协会会员。

122/ 李象群，1961 年生于哈尔滨市，1982 毕业于鲁迅美术学院并留校任教，1990 毕业于鲁迅美术学院雕塑系研究生，获硕士学位。1990~2000 年中央美术学院雕塑研究所任职，现任清华大学美术学院雕塑系教授，院学术委员会委员。北京市人民代表大会代表，中国美术家协会会员，中国雕塑家学会常务理事，0 工场艺术中心艺术总监。2007 年参加英国皇家肖像雕塑年度展，2008 年作品《堆云 · 堆雪》参加北京国际双年展。2009 年《我们走在大路上》作为主题展品参加了《中国美术世界行》的赴法展出。

239/ 李昕阳，2010 年毕业于大连理工大学建筑与艺术学院，其作品《沉没的诺亚》获全国高校优秀毕业生优秀雕塑作品展学术奖。

6/ 李友生，1949 年出生。毕业于山东艺校，结业于浙江美院。山东工艺美院教授。先后担任山东工艺美院担任美术系主任、教务处长、学校学术委员会副主任、院务委员。系中国美术家协会会员、中国雕塑学会会员，山东省雕塑协会副主席。2001年获“山东省德艺双馨艺术家”及“全国优秀教师”荣誉称号。2010年获山东省城市雕塑创作突出贡献奖。

240/ 李震，2010年毕业于中央美术学院，其作品《失衡空间》获2010全国高校毕业生优秀雕塑作品展优秀奖。

186/ 李世伟，1978年12月出于内蒙古包头市。1997年～2001年清华大学美术学院（原中央工艺美术学院）雕塑系，学士。2002年～2005年中央美术学院雕塑系，硕士，师从著名雕塑家钱绍武先生。主要活动：北京Tangle俱乐部室内雕塑设计、延安抗大博物馆大型浮雕制作、中国银行济南分行浮雕设计、中国矿业大学校园雕塑竞标方案设计：《成长》，《飞翔》，《老人》；山东省潍坊市机场浮雕设计制作：《国泰民安》。北京绿岛白帆俱乐部雕塑设计、北京抗日纪念馆大型浮雕和雕塑制作。

187/ 李永康，1994年毕业于中央工艺美术学院环境艺术系，1998年毕业于新疆艺术学院雕塑系，毕业后留校任教，2004年获国家奖学金，赴俄罗斯列宾美术学院雕塑系恰尔金工作室学习，2005年至2008年在俄罗斯列宾美术学院雕塑系恰尔金工作室攻读硕士研究生，师从俄罗斯功勋艺术家、俄罗斯艺术科学院院士阿尔伯特·谢拉费莫维奇·恰尔金和俄罗斯著名雕塑家舍夫琴科，获雕塑专家证书和硕士学位，现在新疆艺术学院美术学院雕塑系任教。代表作品主要有：《失去的记忆》、《古城系列》等。

123/ 李紫晴，生于1963年，中国台湾花莲人，职业雕塑家。主要致力于石雕创作。对石材特性有特殊敏感的把握和领悟。作品浪漫抒情，充满空间张力和想象力。创作勤奋，近年新作主要有：2009南投县私立普台高级中学《极光契静》、2009花莲县国际石雕艺术季主题征件获文化局石博馆典藏中型作品《返影入林》、2009年花莲县国际石雕户外创作营台湾代表选手作品（蜕变）、2009年花莲县玉里镇公所客家生活馆石雕个展、2010年土耳其Luleburgaz市国际石雕户外创作营《花园》、2011年台北黎画廊“女人·最美—石雕个展”。

188/ 李仲如，博士。2003中央学院雕塑系硕士学位，2007中国艺术研究院博士学位。对雕塑理论有深厚的修养，撰写发表了大量论文和专注著，主要有：2010《何鄂的雕塑人生》《中国学院背景女雕塑家创作研究》《禅与道的现代生存：观中国台湾陶艺家李茂宗陶艺创作》《百年中国女雕塑家创作中的女性意识》《修行．雕塑：高瑛石的＜直指系列＞》。出版专著：《踏着时代的步伐走来：叶毓山雕塑》等。雕塑代表作有《状态》、《生活》、《月光》、《蟾宫》等。2010年中国国粹雕塑成就展暨《雕塑》杂志年度提名展。

48/ 刘炳南，1954年生于湖北孝感，毕业于湖北美术学院雕塑专业，进修于广州美术学院城市雕塑专业；曾工作于湖北甲级城市规划研究院环境艺术研究室，高级工程师，1992年毕业于广州美术学院雕塑研究生班，现为广州市楚汉园林雕塑有限公司法人代表、全国城市雕塑资格雕塑家、中国雕塑专业委员会常委、中国雕塑家学会会员。2007年《力的构成》参加广东新人新作大展，2008年创作的雕塑作品被入选中国首届雕塑大展（大陆、港、澳、台共入选雕塑150件）。2009年《博士》入选第十一届全国美展并获银奖。2010年中国国粹雕塑成就展暨《雕塑》杂志年度提名展。

242/ 刘超，2010年毕业于天津美术学院，其作品《山水异象》获2010全国高校毕业生优秀雕塑作品展优秀奖。

190/ 刘从韬，1979年出生。中级环艺师，持有《城市雕塑创作设计资格证书》。中国工艺美术学会雕塑专业委员会会员。2005毕业于莫斯科The Kharkov state academy of art架上雕塑与城市纪念碑专业Вцктор Демнёнко О.М工作室。现任上海欧派城市雕塑资深设计师，2002年KIVE春季艺术沙龙并获得外籍优秀作品奖，莫斯科Tretyakov Gallery现代艺术博物馆收藏。2005年毕业作品收藏于国家艺术家协会博物馆。大型城市雕塑代表作：《豫江情赞》豫江友谊园主雕 2010、《东夷 · 源》山东省青州市东夷文化园主雕 2009 等。

191/ 刘春尧，1972 年出生于重庆，1991 年毕业于四川美院附中，1996 年毕业于四川美院雕塑系，文学学士，2008 年毕业于西南交通大学，文学硕士。1996 年至今，西南交通大学任教，副教授，生活工作于成都。

240/ 刘东旭，2009 年毕业于鲁迅美术学院，其作品《雾露雲霞》获 2009 全国高校毕业生优秀雕塑作品展学术奖。

124/ 刘国柱，毕业于上海大学美术学院雕塑系；于福建崇武半岛独立实践、研究和创作石雕作品五年；于上海创建“布楚艺术创作室”；华东师范大学艺术学院客座教师；创办“36.8℃艺术助学——聋、哑、盲、残人义务教学班。

193/ 刘若望，1977 年生于陕西佳县，2005 年毕业于中央美院助教研究生课程班，现为职业艺术家。2007 年参加 2007 当代雕塑开放展，2007 年参加韩国东崇美术馆雕塑个展，2008 年参加 2008 亚洲当代艺术展，2008 年参加“未来天空——中国当代青年艺术家提名展”。

49/ 刘威，1954 年生于中国重庆江津，擅长雕塑。1982 年毕业于四川美术学院雕塑系。现任四川美术学院教授，中国美术家协会雕塑艺术委员会委员，重庆市高评委员会委员。四川美术学院雕塑系主任。作品入选第六届、七届、八届全国美展，第二届全国青表年美展，首届全国体育美展，首届全国城雕展，建党 70 周年全国美展，毛主席《讲话》发表 50 周年全国美展，中国艺术大展等。并多次获奖，部分作品被国内美术馆收藏。

128/ 刘文德，1965 年生于河北省沧州市南大港管理区，1983 年在南大港管理区文化馆工作至今，1989 年结业于由钱绍武教授执教的“全国首届城市雕塑研究班”。近期艺术成就：2007 年，《祈福》获河北省首届青年美术作品展优秀奖。2009 年，《那村那人那个调》入选全国第十一届美术作品展。

189/ 刘洋，1972 年生，学历：双学士（食品工程、工商管理）。任中国雕塑专业委员会副秘书长，中国雕塑学会会员，班夫国际山地电影节全球巡展中国站执行委员会委员，中国宋庆龄基金会虹基金顾问委员会委员，国家二级足球裁判，网易专栏作家。

241/ 刘宇航，2009 年毕业于天津美术学院，其作品《七个小矮人的危机》获 2009 全国高校毕业生优秀雕塑作品展优秀奖。

126/ 刘艺杰，1960 年生，祖籍山东阳谷，1982 年毕业于西安美术学院雕塑系。1994 年赴美国进行现代艺术及艺术教育考察。当代著名雕塑家、画家、现代艺术策划及景观设计家、中华人民共和国外专局特邀专家，西北农林科技大学艺术系教授。曾被授予“优异艺术人才证书”，被编入《中国当代艺术名人录》、《中国现代美术家大辞典》。曾任西安美术学院雕塑艺术中心主任，西安大唐芙蓉园艺术总监，美国 SOUTHPAW INTIONAL DESIGN DORP. 公司总设计师，曾受聘于纽约市斯坦顿岛植物园东方园林艺术顾问。设计并制作大型铜浮雕《从历史走向未来》，永久陈列于中国北京人民大会堂陕西厅。

50/ 黎明，1957 年出生于湖南长沙，1998 年毕业于广州美术学院，获硕士学位，留校任教。1999 至 2000 年赴欧洲游学，2000 年担任广州美术学院副院长。现为广州美术学院院长、教授、中国美术家协会理事、中国美术家协会雕塑艺委会委员、全国城市雕塑建设指导委员会艺术委员会委员、中国雕塑学会副会长、广东省环境艺术委员会副主任、广州市城市艺术委员会委员。多次参加国内外各种重要展览，屡获重要奖项。代表作主要有：《浪潮》《崛起》《龙脊》《一线》等。2009 年 12 月黎明创作的长沙橘子洲青年毛泽东巨型肖像完成，获得各界高度评价。

51/ 黎日晃，1954 生于香港。1977 香港葛量洪教育学院美术设计科毕业，1984 香港理工学院太古设计学院立体创作延伸课程结业，1998 建立个人雕塑工作室于中国广州，2002 获广州美术学院文学硕士学位，2006 获暨南大学历史学博士学位。现任广州美术学院外聘副教授及硕士研究生导师、澳门理工学院艺术高等学校访问学者、香港艺术馆荣誉顾问。

194/ 洛鹏，1978 年生于上海。祖籍山东。2005 年毕业于广州美术学院雕塑系，获学士学位。2005 年就读于广州美术学院雕塑系研究生，2008 年至今，广州美术学院雕塑系教师。近几年作品有：2009 年《五虎将》获广东省美展优秀作品奖（广州）及入选全国美展（长春）。2010 年作品《执矛者》《盛装舞步》《传统剑法》三件作品入选第十六届广州亚运会雕塑展。2010 年雕塑作品《1949——广州解放》入选广东省“百年风云”重大历史题材美术作品。2010 年雕塑作品《谭纶骑马像》入选江西名人雕塑园。2010 年雕塑作品《大汉骠骑》入选香港双年展。

241/ 柳青，1982 年生于湖南省湘潭市，2001 年毕业于中央美院附中 ,2006 年毕业于中央美术学院雕塑系，获学士学位 ,2006 年进入中央美术学院雕塑系攻读硕士学位。2007 年参加第三届宋庄艺术节“人 · 社会 · 自然”雕塑邀请展，2007 年作品《母亲》参加全国建军八十周年美展，获三等奖，2008 年参加首届中国雕塑大展，获中国雕塑艺术大奖，2008 年作品《外公外婆》参加中央美院第 6 届学院之光优秀作品提名展，获提名奖。

127/ 罗小平，1960 年 7 月出生，1987 年毕业于景德镇陶瓷学院雕塑专业，获学士学位，曾任教于上海同济大学、美国亚利桑那州菲尼克斯梅萨公共学院，现任教中国美术学院上海设计学院。

239/ 梁治华，1981 年生于重庆，2000 年由川美附中保送川美雕塑系，毕业后任教于川音成都美院雕塑系，现川美雕塑系研究生在读。作品入选第十届、第十一届全国美展，获第十届全国美展优秀奖，第三届重庆市文学艺术专项奖。作品还多次参加国内外展览并获奖。

M

195/ 马天羽，1998 年毕业于中央工艺美术学院雕塑专业，学士学位。2003 年毕业于清华大学美术学院雕塑系，硕士学位，曾获平山郁夫奖，美术学院雕塑系教学奖励基金创作奖，光华奖一等奖。2003 年至今，任教于北京服装学院造型艺术系，讲师。中国雕塑学会会员，中国工艺美术协会雕塑专业委员会委员。多次参加国际、国内重要展事活动，多次获重要奖项。近年主要有：2004 年参加北京大山子艺术节 3818 艺术家作品联展 2006 年参加“中国北京奥林匹克公园城市雕塑设计方案”展，佳作奖。参加中国民协“对话传统”全国雕塑邀请展，一等奖、2007 年参加“上海国际雕塑年度展”、“2008 奥运景观雕塑方案征集”展，银奖。2009 年《思翔者》入围第十一届全国美展。

196/ 马辉，1968 年生于西安，1984 年考入西安美院附中，1988 年考入西安美院雕塑系，1993 年毕业获学士学位并入陕西省雕塑院工作至今。中国美协会员、中国雕塑学会会员、中国工艺美协会员，国家三级美术师，持有城雕资格证。作品：2001 年《祥》入选全国第十五次新人新作展，2001 年《山娃》入选“西部西部 · 中国雕塑巡回展”，2002 年《四季屏风》获中国太湖雕塑艺术大奖赛二等奖 2003 年入选“中国生态环保雕塑艺术展”，2003 年入选“蓝色空间艺术作品展”，《唐之韵》入选“首届中国壁画艺术大展”，2003 年《契》入选“2003 中国福州国际雕塑邀请展，2003 年《胜利之歌》延安颂全国美展获二等奖，2001 年《破晓》延安颂全国美展获二等奖，2009 年《初涉》入选第十一届全国美展，2010 年参加中国《雕塑》杂志提名展。

197/ 马强，1970 年 4 月生于陕西省宝鸡市，1990 年考入西安美术学院院雕塑系，1995 年毕业获学士学位并分配至西安白杨化工总厂工作，1998 年入西安美术学院院雕塑系工作，2001 年调入陕西省雕塑院工作至今并客座西安美院雕塑系讲师。国家三级美术师。任中国雕塑学会会员，中国工艺美术学会会员。《中国城市雕塑资格证》持有者。

242/ 马文甲，1982 年出生于沈阳。中国雕塑院青年雕塑家创作中心雕塑家。任 798 艺术区 0 艺术馆策展人及学术部负责人，中国雕塑学会会员，北京大学视觉艺术研究中心《中国当代艺术年鉴》中国雕塑年度报告负责人。

52/ 闵一鸣，1957 年生于西安。毕业于西安美术学院，现生活工作于厦门、北京，职业艺术家。举办参与：2008 年《当代艺术文献》展北京，2008 年韩国 EM 画廊北京，2008 年中国瑞士《艺术互动展》北京瑞士，2008 年《爱拼才会赢》北京，2009 年《798 to 厦门》当代艺术厦门美术馆，2009 年《雕塑年鉴》展北京，2010 年中国集美首届当代艺术展，2010 年中国厦门 · 集美荷兰首届艺术展等。

N

53/ 娜丽莎，内蒙古师范大学雕塑艺术研究院副教授、陶艺系主任、硕士生导师。任蒙古陶瓷艺术学会会长、中国工艺美术学会雕塑艺术委员会委员、内蒙古雕塑学会常务理事、中国雕塑学会会员、内蒙古美术家学会会员。1995 年～ 1997 年公派留学波兰波滋南美术大学雕塑系。2003 年～ 2004 年公派白俄罗斯工业技术大学建筑系城市雕塑访问学者。作品曾多次参加国内外展出，多次获奖。代表作有《牧人的喜悦》、《蒙古舞蹈》、《草原母亲》等。

P

198/ 彭娣，1988 毕业于四川美术学院附中，1993 毕业于四川美术学院雕塑系，现任四川美术学院雕塑系讲师，讲授雕塑。

199/ 潘松，1972 年出生于安徽。1993 年考入中央工艺美术学院装饰雕塑本科，1998 年考入清华大学美术学院雕塑系（原中央工艺美院）攻读雕塑硕士学位。现任教于北京服装学院造型艺术系装饰雕塑专业，副教授，中国雕塑学会理事，中国雕塑学会艺术创作部部长，中国北京 2008 国际雕塑特别邀请展作品监制小组委员，中国美术家协会会员，北京市美术家协会会员。2007 年参加“雕塑与城市的对话——2007 上海国际年度雕塑展”，2007 年参加“北京奥林匹克艺术之梦”——2007 北京国际城市雕塑艺术展，2008 年参加“中国姿态”首届中国雕塑大展。

Q

54/ 钱步辉，1956 年出生，现为中国雕塑学会会员，中国工艺美术学会雕塑专业委员会会员，安徽省城市雕塑评审委员会评委。2007 年作品《花鼓女系列 -1》入选第 8 届深圳“汉玉杯”国际石刻大奖赛并获二等奖，2008 年作品《影子系列——蹴鞠》入选 2008 北京奥林匹克公园，2008 年作品《花鼓女系列 -3》参加探索 · 创新——中国中青年雕塑家作品邀请展。

200/ 钱大有（爱标），来自美国，原籍尼日利亚，自 9 岁就正式学习艺术，在大学，获得了雕塑学位，继而将雕塑艺术表现在表达绘画艺术之中。为了保持环境清洁，用信手拈来的易拉罐，把它们剪成碎片，用在艺术创作之中。爱标的艺术风格独特，被称作“绿色革命艺术家”。作品中展现的形体塑造与其饱满的色彩相辅相成、相得益彰。作品在欧美和非洲国家受到热烈追捧并在多国展览。2008 年 7 月 29 日，在捐赠仪式上将“超越极限”的作品捐赠给了美国体育学院。该幅作品在美国体育学院举办的体育艺术竞赛中获得美国奥林匹克运动委员会颁发的二等奖。该年，瑞士洛桑举办的国际奥林匹克委员会体育艺术竞赛中任评委。2008 年，为奥巴马总统塑像，得到收藏界的赞誉。

129/ 钱斯华，1963 年出生于福建；1981 年毕业于福建工艺美术学校；1987 年毕业于中央工艺美术学院（现清华大学美术学院）装饰雕塑专业；国家一级美术师；中国雕塑学会会员。多次参加国际、国内重要展事活动并屡获重要奖项，主要有：2000 年 TEDA 国际城市雕塑邀请赛，获佳作奖（天津）、《远方的云》中国青年艺术家作品展（德国），2003 年首届北京美术双年展雕塑精品展（北京）受美国 Carrillo’ s 艺术中心邀请创作作品并举办《之间》艺术展（Carrillo’ s Cultural Center/ 美国），2006 年和而不同 · 中国西南雕塑邀请展（成都齐盛艺术馆）“Fondazione ARKAD”年度邀请展（意大利）、15th 2006LA 国际美术展（美国）。

8/ 钱绍武，1928 年出生于江苏无锡，雕塑家、画家、书法家，长期从事美术教育和美术理论工作，曾任国家教育委员会委员和北京市人民政府专业顾问，现为中央美术学院教授、学术委员会常设小组成员，中国工艺美术学会雕塑委员会会长，中国城市雕塑全国艺术委员会常委，中国美术家协会雕塑委员会委员。

201/ 亓大鹏，1977 年出生于山东省安丘市，2006 年 6 月毕业于天津美术学院雕塑系，2006 年起工作于北京，职业艺术家。艺术成就：2008 年 10 月“触、动”后宋庄现象展，北京。2009 年 1 月北京不同空间 NO.5 画家联展，北京 2009 年 7 月十一届全国美展，长春。2010 年 8 月北京市第九届新人新作展，北京。2010 年 10 月第七届中韩国际艺术展，梧州。

130/ 瞿广慈，1969 年生于上海，1994 毕业于中央美术学院雕塑系，1997 年获得硕士研究生学位，现居住及工作于上海。2007 年举办“集体主义”——广慈作品 2005 ～ 2007 展览，2007 年参加“最后的晚餐”展览，2008 年参加“反刍”展览，2008 年参加“The Power”展览。2009 年参加《向祖国汇报——新中国美术 60 年》（北京 · 中国美术馆）2010 年参加《国货——中国艺术家群展》（北京 · 别处空间画廊），2010 年举办个展《鸟儿问答——广慈作品》（北京 · 偏锋新艺术空间）、《飞天使者——广慈作品》（香港 · 香港艺术中心）

55/ 秦璞，1956 年 11 月 15 日生，山东省济南人。中央美术学院雕塑艺术创作研究所。1982 年毕业于江西景德镇陶瓷学院美术系雕塑专业。现为中央美术学院雕塑系公共艺术工作室主任教授、硕士生导师、中国城乡住房部建设环境艺术艺术专业委员会常务理事、中国观赏石协会科学顾问、首都规划建设咨询专家组织专家、中国美术家协会陶瓷艺术委员会委员、原任中央美术学院雕塑艺术创作研究所副所长、中国工艺美术协会雕塑专业委员会副会长、北京市人民政府顾问团第八届环境艺术顾问。

131/ 乔迁，1968 年生于江苏省徐州市，毕业于清华大学美术学院博士。中国民主建国会会员，北方工业大学艺术学院副教授，全国城市雕艺委会委员，中国工艺美术学会雕塑专业委员会副秘书长，青铜文化专家。作品曾入选国内外多次大展，并举办多次个展。作品被国内外艺术机构和个人广泛收藏。

202/ 邱启敬，1979 年生于福建福州，1999 年毕业于福州市工艺美术学院，2005 年毕业于中央美术学院雕塑系，现任中国工艺美术学会雕塑专业委员会会员，中国寿山石研究会常务理事，中国宝玉石协会会员。2008 年举办“孪生”雕塑个展，2008 年举办“大迁徙之‘双城记’”——地景装置事件当代艺术展。2010 参加“共享经典——现代雕塑版画展及设计师原创首饰展”。

244/ 齐霞，生于辽宁省沈阳市，2003 年本科毕业于鲁迅美术学院。2008 年考入鲁迅美术学院国家统招硕士研究生。中国纤维协会会员。大学期间学习成绩优异，多次获得奖学金。多数作品被学院收藏至今。部分作品发表在《染织设计百日通》、《瑞兽图案》、《传统图案在现代设计中的应用》、《装饰花卉——创意过程解析》等书籍，2007 年设计辽宁广播电视大学校园大型浮雕壁画。2009 年参与设计辽宁新世纪商务大厦大型山水壁画设计、2009 年作品《异趣童年》、《异度精灵》、《蔓》三幅被上海斯买特实业布艺设计有限公司选用、2010 年作品《韵》参加并入选于第六届从洛桑到北京国际纤维艺术展。

R

132/ 任光辉，1967 年出生，清华大学美术学院艺术硕士，现任中国美术家协会会员，中国工艺美术学会理事，中国工艺美术学会纤维艺术专业委员会副秘书长，中国壁画学会会员，清华大学美术学院纤维艺术研究所课题组成员有突出贡献的中青年专家。

56/ 任世民，1950 年生于兰州，祖籍山东。中央美术学院壁画系教授。1981 年中央工艺美术学院装饰雕塑金属工艺专业研究生毕业。1986 年德国柏林艺术大学社会文化学专业研究生毕业。1990 年获得法国 DAAD 奖学金。现任教于中央美术学院壁画系。工艺材料教研室副主任、德国艺术家协会会员、中国工艺美术协会会员。中国建筑学会壁画艺术专业委员会，委员、北京工艺美术学会，常务理事、中国壁画学会，常务理事、中国金属艺术学会，副会长、常务理事，德国艺术家协会会员等。担任课程：浮雕、素描、TDP 设计、公共环境艺术设计、立体构成、雕塑等。代表作品：1998 年《呐喊》、《我以我血荐轩辕》北京鲁迅博物馆（汉白玉浮雕）。1986 年《炬》江南大学，主体铜质雕塑。1988 年《和平与希望》中国康复中心，主体不锈钢浮雕。1985 年《希望之门》秦皇岛海港码头雕塑。1990 年《基》杭州。1993 年《她在这》文件录像片。1994 年《东、西柏林》文件录像片。1991 ～ 1996 年先后在德国和法国的柏林、巴博斯伯格、汉诺威、纽伦堡、里蒙日等地举办个展和联展。

204/ 任雪梅，1977 年出生于贵州，2003 年毕业于云南艺术学院，2008 年毕业于华东理工大学，获硕士学位，2003 ～ 2005 年任教于云南艺术学院，2005 至今江苏大学艺术学院教师。2008 年作品《爱滋林系列作品——（盆栽）》入选“中国姿态”首届中国雕塑大展，获青年新锐奖。2009 年参加首届全国高等美术院校大学生研究生公共视觉展、“中国动力——2009 中国国际雕塑年鉴展”。

243/ 任哲，1983 年生于北京，毕业于清华大学美术学院雕塑系获学士学位，现为中国雕塑学会会员。2007 年参加“韩国青州国际双年展”，2007 年参加“雕塑与城市的对话”——上海国际雕塑年度展，2008 年参加“2008 北京 798 艺术节”，2008 年参加“互动时代”——中国雕塑学会艺术交流中心开幕展。2009 年作品《气吞山河》入选第十一届全国美展获优秀奖。

203/ 冉光号，1978 年 7 月出生于贵州印江。2001 年毕业于贵州大学艺术学院雕塑专业；中国工艺美术协会雕塑专业委员会会员；持城市雕塑设计创作资格征书。现任上海欧派城市雕塑艺术总监，作品《童年记忆》获 2005 年上海南京路第六届雕塑邀请展优秀奖。《缘·公车上》获 2006 年中国东盟青年艺术品创作大赛佳作奖。《和弦》获北京“和谐之美”2007 年全国城市雕塑大赛创作佳作奖。《回家》获淮阴中华母爱园“母爱”雕塑展优秀作品。大型城市雕塑作品：《鲁班经》、《锁钥仙机》鲁班故乡——山东滕州等。

S

57/ 孙闯，1952 年生于沈阳，1982 年毕业于四川美院雕塑系，同年留校任教。中国美术家协会会员、中国雕塑学会会员、中国工艺美术学会雕塑委员会会员，教授，研究生导师，四川美术学院学术委员会委员，重庆市重点课程——《泥塑》建设组课题负责人，重庆市精品课程建设——《泥塑》课程负责人。20余件雕塑作品先后入选由中华人民和国文化部，中国美术家协会组织的国家级及全国性美术作品展览，获优秀作品奖4次，获省级作品奖数次，中国美术馆、奥委会收藏作品2件，作品多次被收藏并多次在专业书籍、刊物上发表。

9/ 孙家彬，1941年生于哈尔滨，1966年毕业于鲁迅美术学院雕塑系。1984 – 1998年历任鲁美雕塑系副主任、主任。现为鲁迅美术学院教授，院学术委员会委员，硕士研究生导师，中国美术家协会会员，中国雕塑学会会员，辽宁省城市雕塑指导委员会委员，沈阳市城市雕塑领导小组成员，辽宁省建筑学会艺术顾问，沈阳市政协委员。创作成就斐然，作品多次在全国及省市美展获奖，多次参加国际艺术交流，部分作品立于国外或被收藏。

135/ 孙璐，1969年出生于山东青岛，1993年毕业于山东艺术学院雕塑系，获学士学位。1999年结业于中央美术学院雕塑系，获硕士学位。2007年毕业于中央美术学院建筑学院，获博士学位。现任教于中央美术学院雕塑系，副教授。

206/ 孙龙本，1970年出生，1995年毕业于山东工艺美术学院环艺系雕塑专业，获学士学位，1995年分配临沂师范学院美术学院工作，1998~1999年就读于中央美术学院雕塑系助教进修班，2006年毕业于俄罗斯圣彼得堡列宾美术学院雕塑系，获硕士学位，2006年于俄罗斯国立穆西娜工艺美术学院，攻读雕塑学博士学位，现为中国工艺美术学会雕塑专业委员会会员，俄罗斯美术家协会艺术理论委员会会员，持全国城市雕塑管理委员会颁发的《城市雕塑设计创作资格证书》。

245/ 孙妍，2010年毕业于鲁迅美术学院，其作品《钟馗观醉图》获2010全国高校毕业生优秀雕塑作品展优秀奖。

58/ 石村，1955年出生，1975年毕业于西安美术学院雕塑系，1987年毕业于西安美术学院，获硕士学位并留校任教，现任西安美术学院雕塑教授、硕士生导师，中国美术家协会会员，中国雕塑学会会员，中国雕塑专业委员会副主任。

207/ 申红飚，1968年生于沈阳市，1993年毕业于鲁迅美术学院雕塑系，获学士学位，1995年毕业于中央美术学院硕士研究班，2001年毕业于法国索邦大学造型艺术系，获硕士学位，2001年攻读法国索邦大学造型艺术系，获博士学位，现任中央美术学院雕塑系教师、中国雕塑学会会员、联合国教科文组织造型艺术协会会员、国际蒙古呼麦协会会员。

59/ 沈建国，苏州工艺美术学校毕业。任苏州大学艺术学院教师；高级工艺美术师，苏州市美术家学会会员，中国工艺美术学会会员，中国工艺美术学会雕塑专业委员会委员，中国雕塑家协会会员。全国城市雕塑创作设计资格证书。

205/ 沈烈毅，1969年出生。1995年毕业于中国美术学院雕塑系。现为中国美术学院视觉艺术学院教师，系主任助理。中国雕塑学会会员。

133/ 沈允庆，1989年毕业于四川美术学院雕塑专业，就职于四川雕塑艺术院至今。国家一级美术师，中国美术家协会会员，中国雕塑学会会员，中国工艺美术学会雕塑专业委员会委员，四川省雕塑协会理事。2001 ～ 2010参加各种国际雕塑大展及雕塑创作营活动二十余次。作品收藏于北京、上海、福建、河北、成都、重庆、深圳、香港等。

60/ 师进滇，1952年出生，现生活工作于北京。2007年“花园中的中国”师进滇个人作品展在法国艾克斯展览，2008年“艺术新加坡2008”在新加坡展览，2008年“夏季收藏展”在美国芝加哥安德鲁画廊展览。2010“虚 · 实”师进滇个展Contemporary by Angela Li 画廊、“师进滇——雕塑与绘画”千高原艺术空间（成都）

61/ 隋建国，1956 年 10 月生于山东省青岛，1984 年毕业于山东艺术学院美术系，获学士学位。1989 年毕业于中央美术学院雕塑系，获硕士学位。现为中央美术学院雕塑系主任、教授。1999 年“衣纹研究——隋建国作品展”通道画廊，北京；2005 年“隋建国——理性的沉睡”亚洲美术馆，旧金山，美国；2007“点穴——隋建国艺术展”浦江新城，上海“大提速——隋建国空间影像作品展”阿拉里奥，北京；2008 年“艺术 · 空间 · 广场——隋建国作品展”，香港“公共化的个人痕迹”卓越空间，798，北京；2009 年“运动的张力——隋建国新作展”，今日美术馆，北京；2010 年雕塑——隋建国与他的几个学生，A4 画廊，成都“隋建国的中国制造”Art Issue Projects，北皋艺术区，北京。

244/ 司建伟，1980 年出生于河南内黄，2005 年毕业于河南工业大学设计艺术学院公共艺术专业，中国雕塑专业委员会会员、中国雕塑学会会员。现居中国上海，职业雕塑家 . 主要展览：2009 年“礼赞生命——中国 5.12 大地震抗灾主题雕塑展”（北京中国美术馆）；2009 年徐悲鸿奖 · 2009 宜兴中国城市雕塑大展（江苏宜兴）；2009 年“状态——中国当代艺术展”（南京）；2009 年第五届中国（惠安）国际雕刻艺术节（福建泉州）。2010 年“重识历史”当代艺术展（南京、合肥）。

243/ 申旭栋，2007 年毕业于山西大学美术学院雕塑系，获学士学位，2010 年毕业于清华大学美术学院雕塑系，获硕士学位。现为中北大学艺术系教师。

134/ 尚晓风，1961 年生于北京，1985 年毕业于中国中央美术学院雕塑系，获文学学士学位，1994 年获墨尔本大学维多利亚艺术学院硕士学位，现为中央美术学院雕塑系教授。2007 年作品展览于中央美术学院通道画廊。

245/ 宋艳，2009 年毕业于鲁迅美术学院，其作品《秀 · 哉》获 2009 全国高校毕业生优秀雕塑作品展优秀奖。

T

10/ 唐大禧，1936 年生于汕头澄海，国家一级美术师。历任广州雕塑院院长、名誉院长。现任中国美术家协会会员、中国雕塑学会理事、全国城市雕塑艺术委员会委员、广州省美术家协会副主席、广州市文化联合会委员副主席、广州市美术家协会主席。代表作有《海的女儿》、《创造太阳》、《群山欢笑》、《猛士》张志新烈士、《壮丽诗篇》、抗非典护士《叶欣》，临摹雕塑《思想者》、汕头机场雕塑《凤》等。

65/ 唐满都拉，毕业于中央民族大学美术学院。现任科尔沁艺术职业学院美术系主任。主要作品《科尔沁世纪柱》荣获“2006 年全国优秀城市雕塑建设项目”优秀奖，并入选《中国城市雕塑建设年鉴》。

208/ 唐勇，1969 年生于四川省南江县，1996 年毕业于四川美术学院雕塑系，现任四川美术学院雕塑系教师。

62/ 覃继刚，1997 年 3 月毕业于日本爱知艺术大学研究生院，获雕塑艺术硕士学位。1998 年 8 月归国。现为广西艺术学院美术学院雕塑系副主任，副教授。艺术简历：2004 年 8 月 石雕《海的女儿》入选第三届（惠安）中国国际雕刻艺术展。2004 年 9 月作品《记忆 •MEMORY》入选第十届全国美术作品展。2005 年 9 月 石雕《和谐—相生》获第三届中国曲阳国际雕刻艺术展三等奖。2009 年 10 月作品《那山 • 那水 • 那人》获“第十一届全国美展”提名奖。

11/ 田世信，1941 年生于北京，1964 年毕业于北京艺术学院美术系预科及本科，学习绘画及雕塑，1964 年大学毕业分配至贵州省清镇县一中任教，1978 年调至贵州艺术专科学校任教，后调任中央美术学院。2000年任中国美术家协会雕塑艺术委员会副主任。作为重要艺术家，多次参加国内外重要展事活动屡获重要奖项。2010年参加“《雕塑》杂志十五周年特邀艺术家提名展”，获“金手指奖”（北京），2010在上海术馆举办“田世信雕塑艺术展”（上海）。

63/ 田跃民，1958出生，祖籍河南，山东聊城人，职业雕塑家。1978年，考入山东曲阜师范大学，后追随著名雕塑大师刘开渠、潘鹤学习雕塑。1986年，任职中国国家博物馆研究员，1990年，进修中央美术学院雕塑系；现为山东省雕塑家协会副主席，中国城乡青少年健康基金会雕塑艺术顾问。多座雕塑作品立于北京展览馆、北京电影制片厂、中国石油大学等处。其雕塑马的风格势不可挡，威风八面，气势宏大，深得收藏家们的热爱和收藏。代表作主要有：《李岚清像》、《波尔像》、《孔子论语系列》雕塑等。

209/ 谭勋，1974年生于河北保定，1993年毕业于河北工艺美术学校，1997年毕业于天津美术学院雕塑系并留校任教，2000年毕业于中央美术学院雕塑系研究生学历班，2001年结业于中央美术学院高级雕塑材料研修班。现任天津美术学院雕塑系副主任、中国雕塑学会会员、中国工艺美术学会雕塑专业委员会会员。

246/ 谭旭，毕业于沈阳大学师范学院美术系，后毕业于广州美术学院雕塑系。中国雕塑学会会员，中国美术家协会广东省分会会员。近年艺术成就：2009年《法国油条之一》青涩创想巨人杯·我和我的祖国2009中国当代艺术院校大学生年度提名展”获优秀奖；2009年《法国油条之二》第十一届全国美展；2009年《法国油条之二》曾竹韶雕塑艺术奖；2009年《2007年5月28日》上海A壹艺术创作大赛；2009年《法国油条之二》许钦松艺术奖学金获金奖；2010年《有CREAM的油条》第四届北京国际双年展；2010年《两个康宝浓汤罐头》首届广东大学生美术作品双年展获金奖；2010年《法国油条之二》启点·动象空间当代艺术展第一回展。

64/ 谭云，1952出生，国家一级美术师，建设部全国城市雕塑艺术委员会委员，中国工艺美术学会雕塑专业委员会副秘书长，四川省美术家协会理事、四川省美术家协会雕塑艺术委员会副主委兼秘书长、2001年7月～2009年5月四川雕塑艺术院院长，2009年5月～4月四川雕塑艺术院名誉院长，成都市城市科学研究会常务理事、英国皇家雕塑协会会员。

136/ 谭正，1966年出生，副教授，1991年毕业于四川美术学院雕塑系，现任西南民族大学绘画系副主任、副教授、雕塑专业硕士生导师、四川美术家协会会员、四川省雕塑学会副秘书长。主要艺术活动：2006年，雕塑《搏》获得北京奥林匹克公园城市雕塑设计方案优秀奖。雕塑《圣火》《争分夺秒》获得北京奥林匹克公园城市雕塑设计方案入围奖。2007年《刮沙》当代艺术展成都齐盛艺术馆。《我雕·故我在》首届中国职业雕塑家联展成都非物质文化遗产公园艺术馆。《我雕·故我在》四川雕塑家作品年度展成都虎标行艺术馆。2008年创作大型纪念雕塑《绝不放弃》，捐赠于武警成都指挥学院。作品《锦绣河山》《大爱无疆》参加第三届全国青年美术作品展。作品《大爱无疆》参加《礼赞生命—中国5.12大地震抗灾主题雕塑展》。雕塑作品《蚊子系列》参加中国姿态：首届中国雕塑大展。2010年参加“庆世博”——上海第十届南京路雕塑邀请展四川雕塑艺术展。

132/ 陶肖明，1957出生，毕业于澳大利亚新南威尔士大学，博士。香港理工大学纺织制衣学系教授，国际纺织学会会长。陶肖明教授是国际纺织学会的院士，美国光学学会，物理学会，机械师工程学会及电子工程学会会员，兼任众多国际杂志的编委，英国、澳大利亚等国国家科研基金的国外审查人。其学术专着，《智能纤维织物及服装》，《穿著式电子及光子器件及系统》均为该领域首本专着，具有广泛的国际影响。在美国、英国、澳大利亚、新西兰等国及国内（包括香港地区），多次获得科研奖励及奖金。

246/ 陶旭，2008年毕业于鲁迅美术学院雕塑系，同年攻读鲁迅美术学院雕塑系硕士学位。

W

139/ 温都苏，内蒙古师范大学雕塑艺术研究院院长、教授、硕士生导师。为内蒙古自治区政府文化顾问、呼和浩特市政府文化顾问、中国美术家协会会员、中国雕塑学会理事、全国城市雕塑专业委员会艺术委员会委员、第十一届亚洲艺术节特聘专家顾问。本人作品创作主要以草原文化为创作理念，以蒙古族历史文化及相关素材为表现对象，作品多以天人合一的浪漫主义色彩表达个人情怀，寻求作品的文化取向和精神价值。

210/ 温洋，1973 年出生，1998 年毕业于鲁迅美术学院雕塑系，2002 年从师于齐康院士获得建筑学硕士学位，现为大连理工大学建筑与艺术学院副教授、院长助理、艺术系副主任。主要研究方向为城市雕塑及公共艺术。出版专著《公共雕塑》《建筑风景钢笔手绘表现技法》等 4 部，相继完成国家、省市项目 20 余项，主要有西藏和平解放纪念碑雕塑、安徽凤阳大包干纪念馆雕塑、中国奥运第一人刘长春雕塑等。

67/ 王洪亮，1982 年毕业于鲁迅美术学院雕塑系，1985 年入鲁迅美院雕塑系城市雕塑研究生班，毕业后留校任教。现任清华大学美术学院雕塑系教授，硕士生导师。擅长油画。作品有《祝福》入选第六届全国美展，《生命》入选全国城市雕塑方案展，《和平颂》入选首届全国城市雕塑优秀作品展。论文有《论艺术的形式与内容》、《论城市雕塑与环境》等。

247/ 王浩，2010 年毕业于四川音乐学院成都美术学院，其作品《单行道》获 2010 全国高校毕业生优秀雕塑作品展优秀奖。

250/ 王晶，2008 年作品《对于明天的困惑，来自于对于今天的迷茫》参加四川美术学院雕塑系毕业展。2010 年作品《二战盟军四巨头》参加四川美术学院 70 年校庆展。2010 年作品《二战盟军四巨头》参加第二届中国高校美展并获得三等奖。

248/ 王嘉庆，2009 年毕业于中国美术学院，其作品《穿帮》获 2009 全国高校毕业生优秀雕塑作品展优秀奖。

68/ 王少军，1959 年生于天津，1982 年毕业于中央美术学院雕塑系学习，获学士学位。1982~1998 年在河北画院从事专业雕塑创作。1998 年至今在中央美术学院雕塑系任教，现为中央美术学院教授、硕士研究生导师、雕塑系副主任，全国城市雕塑建设指导委员会艺术委员会委员，中国雕塑学会常务理事、副秘书长，北京市美术家协会雕塑艺术委员会委员。2007 年参加“我雕故我在”——2007 成都首届中国职业雕塑家作品联展，2008 年参加“转型·建构”——2008 首届广东雕塑大展，2010 年中国国粹雕塑成就展暨《雕塑》杂志年度提名展。

69/ 王铁成，1954 年生于甘肃兰州。1982 年毕业于中央工艺美术学院。历任甘肃省美协副主席、甘肃画院副院长。现为中国美协会员、中国雕塑学会会员、北京服装学院造型艺术系主任、教授、国家一级美术师、全国城雕设计资格证获得者。作品入选全国美展并获全国城雕艺术展优秀奖；部分作品被国内外文化机构及美术馆收藏。

12/ 王天任，1939 年生，河南荥阳人。原陕西省雕塑院院长。雕塑家、书法家。国家一级美术师。西北工业大学客座教授。中国美术家协会会员、中国书法家协会会员、中国雕塑协会理事、中国工艺美术学会雕塑委员会副会长。省政协第八届委员。省文史研究馆馆员。作品曾多次在国内外展出获奖。代表作山东济南市城标雕塑《泉》等。与陈启南、张叔瀛，主创大唐芙蓉园大型景观群——《诗魂》、《诗峡》等。

248/ 王维东，2010 年毕业于中央美术学院，其作品《我的几颗小树苗》获 2010 全国高校毕业生优秀雕塑作品展优秀奖。

70/ 王小蕙，1954 年出生于上海，1971 年就职于上海工艺美术厂学习海派木雕艺术，1976 年就学于中央工艺美术学院特艺系，1999 年就学于中央工艺美术学院绘画研究生班，现任教于清华大学美术学院雕塑系，中国雕塑学会会员，中国工艺美术学会雕塑专业委员会会员。

212/ 王向荣，1970 年出生于中国雕艺之都——福建·崇武，成长于民间雕刻艺术世家，1986 年随父在惠安洛阳石雕厂学习石雕工艺、绘图设计等，沿着民族民间的艺术方向走。1993 年随父返乡创办了“崇利达石刻品有限公司”，2000 年创办了“鼎立石业雕刻有限公司”，任总经理及艺术总监，深入研究古建榫卯结构、继承民间传统石雕艺术，关注现代思想和流派，并不断地学习与探索，多次参加国内外学术交流展及国际雕刻大赛并多次获奖。现为中国雕塑学会会员、中国工艺美术学会雕塑专业委员会会员、福建省工艺美术大师、高级工艺美术师。

251/ 王勇，2009 年毕业于四川美术学院，其作品《木牛》获 2009 全国高校毕业生优秀雕塑作品展优秀奖。

138/ 王中，1963 年生于北京，1988 年毕业于中央美术学院雕塑系，现为中央美术学院城市设计学院副院长、城市形象设计学部主任、副教授，硕士研究生导师，北京市人民政府专家顾问团顾问，中国雕塑学会常务理事、副秘书长，全国城市雕塑艺术委员会委员。

71/ 王志刚，1961 年生于兰州市，1982 年毕业于西安美术学院雕塑系，现为西安美术学院教授、雕塑系副主任，中国美术家协会会员，中国雕塑学会会员。

14/ 王则坚，1944 年 2 月出生于福建省福州市，1963 年毕业于厦门工艺美院雕塑系。全国城市雕塑建设指导委员会资格证书持有者，中国雕塑学会会员，全国教育系统劳动模范，福州大学工艺美术学院教授，福建省工艺美术大师，中国工艺美术学会理事。

213/ 魏华，1963 年生于湖南张家界，1989 年毕业于广州美术学院雕塑系，现任职广州美术学院。2007 年参加广东首届陶艺大展，广州美院大学城美术馆；泛雕塑艺术展，上海世贸大厦，2008 年参加三国演义 · 中日韩现代陶艺新世代交流展，2008 年参加亚洲当代艺术展。2010 年参加中国国粹雕塑成就展暨《雕塑》杂志年度提名展。作品曾多次发表于美术杂志，并多为海外收藏家所喜爱。

137/ 魏小杰，1989 年西安美院雕塑系毕业，2000 年西安美院雕塑系研究生毕业。现为郑州大学美术系教授、硕士生导师、系副主任、西安美院在读博士。中国美术家协会会员、中国雕塑学会会员、中国工艺美术学会雕塑委员会常务委员、河南省高等学校艺术教育教学指导委员会委员、河南省教育界书画家协会副主席、河南省美术家协会雕塑艺委会副主任兼秘书长、河南省美术家协会教育艺委会副主任、河南省工业设计协会副会长。主要从事城市景观雕塑、中国传统雕塑的研究。多次参加重要展事活动并屡获重要奖项。作品立于国内多地、部分被诸多机构收藏。

72/ 魏小明，1957 年出生于广西北海，1982 年毕业于中央工艺美术学院，现为清华大学美术学院雕塑系教授。北京美术家协会副主席，中国城市环境艺术委员会特聘为专家委员，国家留学基金委员会评审专家，2009 年获北京市颁发“德艺双馨”奖。主持、参与多项重要艺术展事活动，屡获重要奖项。近年主要有：2009 作为清华大学法人代表主持中国科技馆新馆大型环境艺术项目；分别担任内蒙古鄂尔多斯市政府第 11 届亚洲艺术节“亚洲艺术雕塑主题公园”国际雕塑创作营艺术总监及新疆乌鲁木齐市国际雕塑创作营艺术总监；组织并主持清华大学美术学院雕塑系“对话在平台”——亚洲 12 国艺术家与雕塑系师生学术交流活动；作品《惑鱼》参加“中国动力”——中国国际雕塑年鉴展，参加中华世纪坛“触觉——从卢浮宫到世纪坛”雕塑作品展，参加第十一届全国美展；作品《捕风》参加“岸”——首届月亮河学院雕塑展。2010年大型城市雕塑创作作品《潮》（位于广西北海市）获建设部全国城市雕塑六十周年评审委员会提名奖。诸多作品被个人及机构收藏。

249/ 文豪，2010年毕业于四川音乐学院成都美术学院，其作品《幻相》获2010全国高校毕业生优秀雕塑作品展学术奖。

251/ 吴彤，2001年毕业于鲁迅美术学院雕塑系，现任鲁迅美术学院雕塑系讲师，硕士学位。主要展览2001《幸福的窒息》获全国十大美术院校优秀作品展金奖。2002《幸福的窒息》获辽宁省美展一等奖；《幸福的窒息》获《纪念毛泽东同志在延安文艺座谈会上的讲话发表六十周年美术大展》金奖。2003《如果有一天我们在天堂相遇》鲁迅美术学院作品展。2004《家》入选第十届全国美展；《新衣裳》参加“泰、中、韩”三国交流展（泰国）；《家》获辽宁省美展一等奖；《新衣裳》参加“泰韩中”三国雕塑交流展。2005《汗》参加“韩中美泰”四国雕塑交流展（韩国）。2006《圣雄甘地》坐落于西班牙及奈斯美术馆《家》参加“中美泰韩”四国雕塑交流展（中国）；《超越》获“中国北京奥林匹克公园城市雕塑设计方案”优秀奖。2007《幸福的窒息》入选中国北京合而不同美术作品展；《长征马》入选第二届北方雕塑展。2008《国韵－生旦净丑》获第一届中国雕塑大展－中国雕塑大奖；《国韵－生旦净丑》中国第三届青年美术展优秀奖；《超越》第29届奥林匹克运动会自行车赛区景观雕塑。2009《易筋经》参加“美中韩”三国雕塑交流展（美国）。

211/ 吴金果，1972年生于福建省莆田市，1996年毕业于广州市岭南艺术专修学院雕塑系，2006年毕业于广州市美术学院高级雕塑班，2009年创办广州金果艺术雕塑有限公司。现任：世界艺术家协会理事，中国工艺美术学会雕塑专业委员会会员，中国雕塑学会会员，中国美术家协会雕塑会员，中国当代艺术研究院艺术委员会理事，广东省美术家协会雕塑会员，广州雕塑院客席雕塑家，中国建设文化艺术协会高级环艺师。

13/ 吴树华，1938年3月出生，河南巩县人，1963年毕业于西安美术学院雕塑系。全国城市雕塑设计资格证书持有者，中国美术家协会会员，中国雕塑学会会员，河南省美术家协会雕塑艺术委员会名誉主任，郑州市雕塑壁画院名誉院长。

140/ 吴为山，1962年生于江苏东台市，现为中国艺术研究院美术研究所所长，中国雕塑院院长，全国城雕委艺术委员会主任，南京大学美术研究院院长、教授。美术学、设计学、宗教学三方向博士生导师。香港中文大学名誉院士，韩国仁济大学名誉哲学博士，英国皇家雕塑家协会成员（FRBS），中国美术家协会理事，第十一届全国美术作品展总评委。

66/ 吴信坤，著名华裔雕塑家，1951年生于广东佛山。1981年研究生毕业于广州美术学院雕塑系，师从著名雕塑大师潘鹤。1988年底受国际雕塑协会邀请赴美，先在堪萨斯州大学任客席教授，后成立了自己的工作室及画廊。擅长美国历史伟人、现代名人以及纪念碑纪念像的创作，作品进入许多大型国家级博物馆、体育馆和名人馆及画廊。

249/ 吴永坤，2010年毕业于湖北美术学院，其作品《肃静·回避》获2010全国高校毕业生优秀雕塑作品展优秀奖。

141/ 吴永平，1967年生于浙江，毕业于中央美术学院雕塑系，硕士，中国美术家协会会员，中国雕塑学会会员，副教授，现任教于中央美术学院。曾参加“金泽国际雕塑邀请展”、“瓷的国度•中国陶艺世界巡回展”、“第五回金属雕塑展”、“全韩陶艺家作品邀请展”、“中国当代青年陶艺家作品双年展”、“中国艺术双年展大山子艺术区展”、“中央美术学院美术馆优秀作品展学院之光艺术展”、“中央美术学院雕塑系第四工作室作品展”、“中国实验家具展”、“雕塑百年全国雕塑邀请展”“雕塑让城市更美好雕塑邀请展”等。

247/ 吴庆永，2009年毕业于湖北美术学院雕塑系，获学士学位。同年考入本学校的研究生，师从项金国教授。2005年参加华中科技大学设计展。2007年参加湖北体面块面雕塑展。2008年参加中国第八届艺术节。2010年参加“川上楚天展——四川美院湖北美院交流展”。

73/ 吴雅琳，1956年出生于广东省汕头市，1993年任广州美术学院雕塑系副教授，现为硕士生导师，教研室负责人。

250/ 吴卓，1982年生，2003年～2008年鲁迅美术学院雕塑系，2008年～2011年鲁迅美术学院雕塑系研究生。参展经历：东北青年当代艺术展，2009年鲁迅美术学院雕塑系创作奖展。

74/ 吴祖光，1957年生于北京。现居北京，职业雕塑家。多次参加国内外重要展事活动并多次获奖，近年主要有：2007年参加——艺术北京2007当代艺术博览会（北京农展馆），2008年入选“中国姿态：首届中国雕塑大展”（厦门）、2008年参加《中国美术大事记》出版发行三周年纪念艺术展（北京世纪坛），2010年国粹雕塑艺术成就展暨《雕塑》杂志年度提名展、应邀请参加“心声木鸣”首届中国现当代木雕大展获三等奖（北京国粹苑）、应邀请参加宋庄艺术节——上苑艺术群落展（北京宋庄）、同年在七九八艺术区红三房画廊举办个展《过客》——吴祖光雕塑艺术展（北京798艺术区）。

X

78/ 徐冰，籍浙江温岭，1955生于重庆，长在北京。1977年考入中央美术学院版画系，1981年毕业留校任教，1987年获中央美院硕士学位。1990年移居美国。2007年回国就任中央美术学院副院长，教授，博导。作品曾在纽约大都会博物馆、伦敦大英博物馆、法国卢浮宫博物馆、纽约现代美术馆、西班牙索菲亚女王国家美术馆、美国华盛顿赛克勒国家美术馆、捷克国家美术馆、德国路维希美术馆等艺术机构展出；参加威尼斯双年展、悉尼双年展、圣保罗双年展等国际展。

75/ 徐伯初，1952生于成都，西南交通大学艺术与传播学院副院长。教授，博士生导师。国务院学位办通讯评审委员，奥地利艺术家协会会员，奥地利设计家协会荣誉会员，奥地利职业雕塑家协会会员，四川师范大学视觉艺术学院学术委员会副主任，成都市城市公共环境艺术协会会员，ECE欧洲城市形象设计景观设计师，全国社会科学基金通讯评委，四川省专业技术职称评审委员，四川省突出贡献专家。

253/ 徐殿彬，1984年生，内蒙古呼伦贝尔海拉尔人，祖籍山东。自幼习画。2004～2009年在天津美术学院雕塑专业学习取得学士学位。作品曾多次参加展览并获奖，2009～2010年就职于安徽铜陵新九鼎铜文化产业有限公司任雕塑师一职，2010年任中国（铜陵）国际铜雕艺术展艺术监制一职，现任教于呼伦贝尔大学美术学院。

76/ 徐国华，1959年出生于北京；中国工艺美术学会雕塑艺术委员会委员；中国工艺美术学会漆画艺术委员会委员；北京美术家协会会员。1988年中国中央美术学院油画系研修班学习；1991年中国中央工艺美术学院装潢系毕业。2003年《双鱼》、《海龙》等作品参加王府井“融入自然共享空间主题雕塑展”；2003年漆艺《扬帆》参加“第9届全国体育美展”；2005年漆艺《梦中高原》参加“2005全国现代漆艺展”；2005年雕塑，漆艺作品参加“2005上海国际沙龙展”；2005年《飞翔》参加雕塑杂志举办的“首届中国金属焊接艺术邀请赛”获优秀奖；2003年《双鱼》、《行进》收藏于北京国际雕塑公园；2003年《洄游》收藏于北京海洋馆；2005年《飞翔》收藏于山东省蓬莱市政府。2010年参加中国国粹雕塑成就展暨《雕塑》杂志年度提名展。

77/ 徐光福，1959年出生于四川省雅安市，籍贯四川乐山，汉族。1977年参加工作，1984年考入四川美术学院雕塑系，学士学位。1989年毕业留校，任教于四川美术学院雕塑系、副教授。任中国美术家协会会员，中国雕塑学会会员，全国城市雕塑设计资格获得者。

252/ 徐宏伟，2010 年毕业于鲁迅美术学院，其作品《汉代毕加索》获 2010 全国高校毕业生优秀雕塑作品展优秀奖。

142/ 徐健健，1965 年 6 月出生于景德镇。2004 年毕业于景德镇陶瓷学院，获文学学士学位，江西省高级工艺美术师。景德镇美术家协会常务理事，高岭陶艺学会会员，省级非物质文化遗产代表性传承人。艺术成就：2006 年作品“乘犀得道”获全国第五届陶瓷艺术评比一等奖。2006 年作品“和谐”“渡”等获国际陶瓷博览会银奖和第八届全国陶瓷艺术评比优秀奖。“乘犀得道”被广东省博物馆收藏；“杜甫游春”被《人民日报》社收藏。2008 年作品“胡总书记举火炬”获“华日杯”金奖。“和谐”“节节高”获第五届江西省青年美术作品展一等奖、入选奖等。

253/ 徐永杰，2009 年毕业于中国美术学院，其作品《三元论的圈套》获 2009 全国高校毕业生优秀雕塑作品展学术奖。

214/ 徐悦翔，1972 年出生。任职于兰州雕塑院，甘肃一彩艺术设计有限公司专职雕塑家，中国雕塑学会理事，中国工艺美术学会雕塑专业委员会会员，中国壁画学会会员，甘肃省美术家协会会员，中国工艺美术学会雕塑专业委员会会员，中国壁画学会会员，甘肃省美术家协会会员。获得全国城市雕塑创作设计资格证书。作品参加“中国西部风”雕塑巡回展，“黄天厚土雕塑大展”，“2008 奥运景观雕塑方案征集大赛”，“和而不同”西北地区雕塑展，“中国姿态”首届雕塑大展，“和平·繁荣”雕塑巡展，“传统与现代——铸造城市文明”城市雕塑展，“北京国际美术双年展”，“中国北京奥林匹克公园城市雕塑设计方案”，“第二届中韩现代雕塑交流展”等，部分作品获奖，部分作品被收藏。

143/ 谢彬，1988 年毕业于四川美术学院雕塑系，现为四川美术学院雕塑系副教授、重庆美术家协会会员、中国雕塑家学会会员。作品曾参加第七、第九届全国美展、1992 年当代青年雕塑家邀请展、1997 年中国艺术大展、2002 年“西部风”雕塑巡回展。2007 年上海国际雕塑年度展、2008 年中国姿态 · 首届中国雕塑大展。

254/ 谢国发，2010 年毕业于广州美术学院，其作品《白云下的夕阳》获 2010 全国高校毕业生优秀雕塑作品展优秀奖。

252/ 许迪，2010 年毕业于清华大学美术学院，其作品《相 · 生》获 2010 全国高校毕业生优秀雕塑作品展优秀奖。

149/ 许鸿飞，1963 年生于广东阳江市，1990 年毕业于广州美术学院雕塑系，现任广州雕塑院副院长，中国工艺美术学会雕塑专业委员会会员、中国雕塑学会会员、广东文史馆馆员、大学毕业后一直从事雕塑艺术创作，创作的“肥雕塑”系列作品在社会各界引起了强烈反响，各类报刊杂志刊载了大量作品和评论，电视、报刊杂志等媒体作了多个访问报道。作品多次入选全国及广东省美术展览，在法国、泰国、香港、澳门和国内多个城市成功举办个人雕塑展览，雕塑作品被国内外多个艺术机构、企事业单位和个人收藏。

144/ 许庚岭，中国雕塑学会会员，中国工艺美术学会雕塑专业委员会会员，四川省雕塑协会副会长，川音成都美术学院雕塑系主任、教授。北京人文空间雕塑研究所成员。作品曾参加“中国雕塑年鉴展”、“物界”提名展、刘海粟美术馆雕塑年度提名展、“中国职业雕塑家联展”、中国比利时雕塑家联展、“北京国际城市雕塑展”、九届全国美展等国内国际展览。曾参与策划组织“阳光下的步履”公共艺术展和“林间步履”环境艺术展。

145/ 许正龙，江西上饶人。清华大学博士、美术学院硕导、《学院雕塑》执行主编。作品入选第四届北京国际美术双年展、第十一届全国美展等国家大型展览；获第 3 届全国城市雕塑展、中国·郑州国际雕塑精品展、当代国际金属艺术展、河北国际石雕作品邀请展优秀作品奖；为意大利CASORIA博物馆、北京国家奥林匹克公园、上海城市雕塑艺术中心、长春世界雕塑公园、南昌中外雕塑名家陈列馆永久收藏。出版专著《雕塑学》《雕塑构造》等，其中《雕塑构造》获北京高等教育精品教材奖。

79/ 夏和兴，1956年生于江苏江阴，毕业于景德镇陶瓷学院美术系雕塑专业，现为中国雕塑学会会员，中国工艺雕塑学会副秘书长，现任深圳雕塑院副院长。2007年作品《江湖水》参加深圳第2届国际建筑双年展，2007年作品《杆秤之三》参加全国雕塑家作品联展，2008年作品《杆秤之四》参加第4届中国宋庄文化艺术节，2008年参加第3届西湖国际雕塑邀请展。2010年参加上海世博江南广场雕塑展。

146/ 向京，1968年生于北京，1988年毕业于中央美术学院附中，1995年毕业于中央美术学院雕塑系，获学士学位，现工作生活在北京。作为创作力旺盛的艺术家，活跃于国内外各种重要的艺术展事，屡获重要奖项，受到国内外艺术界普遍关注: 近年艺术活动主要有: 2010年参加上海世博会世博轴雕塑长廊国际雕塑展。2009年《镜花水月——中国当代女性艺术展》（比利时·欧洲当代艺术中心）、《碰撞——关于中国当代艺术实验的案例》（北京中央美术学院美术馆）、《向祖国汇报——新中国美术60年》（北京中国美术馆）、《天使的传说》（伦敦红楼基金会2010年）、《自我画像: 女性艺术在中国（1920～2010）》（北京中央美术学院美术馆）、《绝对距离》（北京空白空间+MK2画廊）、《改造历史2000～2009年的中国新艺术》（北京国家会议中心）、《艺术是什么？》北京时代美术馆。

147/ 夏水涛，1966年生于江苏启东，1989年毕业于南通大学美术学院，1991年入中央美院学习；1992年入韩美林工作室，1993年开始从事公共空间雕塑的设计制作；现为江苏省建筑与壁画协会理事，江苏美协会员，着力研究现代城市雕塑设计与制作。作品发表在《美术》、《美术观察》、《版画世界》等期刊。1997年《美术观察》第5期做了专题介绍，并发表了易英先生为冷杉撰写的文章。1997年文艺出版社出版了《当代优秀美术家大系一一冷杉作品集》（雕塑）。

80/ 项金国，1950年生于湖北，1977年入湖北艺术学院美术系学习雕塑专业，1980年入四川美术学院跟随叶毓山先生学习研究生课程，现为湖北美术学院教授，雕塑系主任。中国美术家协会会员，中国雕塑学会理事，全国城市雕塑建设指导委员会委员，中国工艺美术学会雕塑专业委员会副主任委员。湖北省人民政府特殊津贴专家。2007年作品《焦灼的形态之二》入选“和而不同”中国当代雕塑提名展、作品《火红年代的记忆》入选迎世博2007上海国际雕塑年度展，2008年作品《梅花桩》入选2008奥运景观雕塑方案征集大赛，获优秀奖、作品《江城印象》入选“转型·建构”雕塑大展。多年来，长期扎根雕塑艺术和楚文化的传播、传承，创作了大量优秀的艺术精品。其中《千钧一掷》、《米芾拜石》分别被中国体育博物馆和北京《国际雕塑公园》收藏，作品《力道》被陈列于北京国家主体育馆“鸟巢”奥林匹克公园内。2009年作品《祝融观星》获“新中国城市建设成就奖”。

255/ 项一，1981年出生于湖北，2006年毕业于湖北美术学院雕塑系，2007年入湖北美术学院攻读雕塑材料语言硕士研究生，2009年起任教于西安美术学院雕塑系，中国雕塑学会会员。2007年作品《等待救赎》参加首届中国职业雕塑家联展，2007年作品《虐猫》参加上海“泛雕塑”艺术博览会，2008年作品《宅男》参加“探索·创新”——中国中青年雕塑家邀请展，2008年作品《救命》入选中国姿态——首届中国雕塑大展，获中国雕塑青年新锐奖。2009年5月作品《重见阳光》参加中国美术馆“礼赞生命——中国5.12大地震抗灾主题雕塑展”（北京）。

215/ 萧泰，1970年出生于上海，先后获得华东师范大学美术教育专业学士学位，上海大学美术学院玻璃艺术专业硕士学位，长期从事视觉艺术设计与玻璃艺术创作，现执教于上海第二工业大学艺术设计学院琉璃工作室，高级工艺美术师。2008年作品《BC系列》入选2008中英国际玻璃艺术展，2008年作品《合器系列》入选中国当代手工艺展。参加 2009 年“中国动力——中国国际雕塑年鉴展”。

148/ 薛骏猷，1962 年生，河南修武县人，就职于焦作市文联书画院。现为中国美术家协会会员，中国雕塑学会会员，河南省雕塑艺委会委员，河南理工大学兼职教授。雕塑作品曾入选第七、八、十一届全国美术作品展，第三、四中国体育美术作品展。2000 年为焦作市创作了大型环保景观雕塑《缝山针》；2009 年雕塑《支撑》入选“礼赞生命—5.12 中国汶川大地震坑灾周年纪念雕塑展”；2010 年雕塑《采菊东篱下》入选第四届北京国际双年展。

Y

81/ 俞畅，1957 年出生，1982 年进广州雕塑工作室工作。1986 年在广州美院雕塑系进修。主要作品：《未来属于我》（合作），入选首届全国城市雕塑作品展，获优秀奖；及《和平 • 参与 • 发展》、《憩》、《羊脂球》、《飞翔》等。现任广州雕塑院院长，广州美协副主席，一级美术师。

216/ 叶繁，1996 年毕业于新疆艺术学院美术系雕塑专业，本科学历，文学学士学位。新疆艺术学院美术系雕塑教研室主任，讲师。新新疆雕塑学会常务理事。

256/ 姚富莹，2009 年毕业于广西艺术学院，其作品《弱者的衣装》获 2009 全国高校毕业生优秀雕塑作品展优秀奖。

16/ 姚永康，1942 年出生于江西南昌，1966 年毕业于景德镇陶瓷学院美术系，现任陶瓷学院教授，硕士研究生导师，中国美术家协会会员，江西省雕塑艺术委员会主任，高岭陶艺协会会长，国务院享受政府特殊津贴的专家。

217/ 喻高，1971 年生于北京，1991 年毕业于北京市工艺美术学校环境装饰专业，1996 年毕业于中央美术学院雕塑系，1999 年毕业于中央美院雕塑系，获硕士学位。2000 年至今任教于北京服装学院，2007 年参加“和而不同”雕塑展，2007 年参加“海蓝”艺术邀请展，2008 年举办“庸和”喻高作品展。2010 年在北京发布展出《消磨》系列。

150/ 杨剑平，1961 年出生于江西上饶，1982 年毕业于江西景德镇陶瓷学院雕塑专业。现任中国雕塑学会副会长，中国城市雕塑艺术委员会委员，上海美协雕塑艺术委员会副主任，上海大学美术学院副院长，复旦大学视觉艺术学院美术学院院长、教授。多次参加国内外重要展览并屡获重要奖项；多次以艺术总监身份策划并主持学术展览和公共艺术活动；多件作品为法国、美国等海内外有关机构和私人收藏。

82/ 杨建强，江苏南京人。曾就读于中国城市雕塑研究班，后留学于俄罗斯列宾美术学院雕塑系。现为江苏省美术馆国家一级美术师，江苏省油画雕塑院专职雕塑家，中国美术家协会会员，中国雕塑学会会员，中国工艺美术学会雕塑委员会会员，江苏省雕塑艺术委员会委员。作品计 9 次入选全国性美展，并多次在全国及省市美展中获奖，建成众多城雕作品。近作《时尚一族》2009 年入选第十一届全国美展。2011 年被年江苏省美术馆收藏。青铜浮雕《五百楼船十万兵》2010 年建于南京玄武湖阅武台。

83/ 杨文会，1954 年 10 月生人，中共党员，毕业于天津美术学院设计系，现任河北大学艺术学院院长，教授，从事艺术设计及装饰艺术设计教学，硕士研究生导师。兼任教育部高校艺术类专业教学指导委员会委员；中国工艺美术学会雕塑专业委员会副会长，中国建筑装饰协会常务理事；中国室内设计协会第 23 分会教育委员会主任；河北省地方教材审查委员会第一届委员会委员。

218/ 杨小波，1973 年生于四川，1999 年毕业于四川美术学院雕塑系学士学位，

2000 年至 2002 年任教于云南艺术学院美术学院雕塑系，2002 年至 2005 年四川美术学院雕塑系研究生，受教于余志强教授，2004 年 3 ～ 6 月赴德国卡塞尔艺术学院学习，2005 年 9 至今任教于云南艺术学院美术学院雕塑系。

151/ 杨学军，1961 年出生于广西柳州市。1979 年就读广州美术学院附中。1983 年就读广州美术学院雕塑系。1985 年就读华南理工大学建筑学系，1987 年广州美术学院雕塑系毕业。1987 年任职于广州雕塑院，职业雕塑家。现任中国美术家协会会员，广东省美术家协会雕塑艺委会委员，广州市美协雕塑研究会副秘书长，中国雕塑学会会员，美国政府注册雕塑家。

219/ 杨志刚，1972 年生于河北武邑。1995 年至 1997 年在中央工艺美术学院装雕系进修学习; 1998年至今在深圳、云南、北京等地进行交流与创作; 2008年并有作品“回来看看”“想你了”“舞”等被深圳公司和私人收藏；2009 年参加“第五届中国（惠安）雕刻艺术节石雕大奖赛”展；2010 年参加“心声木鸣—中国现当代木雕大展”；作品《舟》获三等奖。

222/ 袁侃，1971 年生于上海。1994 年毕业于上海大学美术学院雕塑系，同年至今任上海油画雕塑院雕塑家，上海美术家协会会员，中国雕塑学会会员，中国工艺美术学会雕塑专业委员会会员，国家二级美术师。多次参加国内外重要展览，近年主要有：2009 年参加“08标的”上海油画雕塑院研究展、意大利文化部主办当代艺术展，2010 年参加《离合之道》当代艺术家提名展、《相约马赛》上海油画雕塑院马赛高等美术学院交流展。

220/ 易乐平，1971 年生于湖南岳阳。1994 年毕业于江西景德镇陶瓷学院美术系获文学学士学位；1997 年毕业于湖北美术学院雕塑系获文学硕士学位。现任教于湖北省武汉理工大学艺术与设计学院副教授，湖北省动画协会会员，湖北省美术家协会会员，湖北省第六届壁画艺术委员会委员，湖北省美术院特聘艺术家，全国城市雕塑创作设计资格证持有者，中国动画协会会员，中国雕塑学会会员，中国工艺美术学会雕塑专业委员会会员。

221/ 印萍，又名舒晨，1991 年毕业于中央工艺美术学院装饰艺术系金属工艺专业。多件作品被海内外人士收藏，其作品充满婉约的女性情怀，形成了融中西文化于一体，充满情感化的个性作品。并于 1996 年成立印萍铜雕艺术工作室，2001 年以后成立印萍文化艺术有限公司，承揽国内外公共雕塑的设计与制作，以“崇尚艺术，质量先行”的经营理念，得到了合作者的广泛赞誉。现为中国工艺美术学会雕塑专业委员会会员，九三学社成员。由于长期对景观艺术和公共艺术的研究。

84/ 于世宏，1953 年 7 月 7 日出生于天津，1982 年毕业于天津美术学院雕塑系，并留校任教。现任天津美术学院副院长，研究生导师，教授，教育部高校艺术类专业教学指导委员会委员，全国城市雕塑艺术委员会委员，中国美术家协会会员，雕塑家协会会员，天津城市规划艺术委员会委员，天津，美术家协会理事。作品屡次在全国与国际参展并获得大奖。

85/ 于小平，1957 年出生于安徽芜湖，1978 年考入浙江美术学院雕塑系，1988 年湖北美术学院雕塑专业研究生毕业，获硕士学位，现为中国美术学院公共艺术学院副院长、教授、研究生导师，中国美术家协会会员，中国雕塑学会会员，中国工艺美术学会雕塑专业委员会副秘书长。2007 年参加“深圳国际石刻艺术大赛”，2007 年参加“首届中国职业雕塑家联展”，2008 年参加 2008 广东雕塑大展。2008 年参加探索 · 创新——中青年雕塑家作品展。

223/ 闫松岭，1976 年出生于河北，2007 年毕业于天津美术学院雕塑专业，获硕士学位。2007 年至今，任教于天津美术学院公共艺术系，中国雕塑学会会员，中国天津美术家协会会员。获全国城市雕塑设计创作资格证。

254/ 殷双一，2010 年毕业于中国美术学院，其作品《花》获 2010 全国高校毕业生优秀雕塑作品展学术奖。

152/ 殷小烽，1963年生于长春市；1988年毕业于鲁迅美术学院雕塑系，获学士学位；1988年毕业任教于东北师范大学美术学院雕塑系至今。东北师范大学美术学院、院长、教授，博士研究生导师。英国皇家雕塑学会会员、中国美术家协会会员，中国雕塑学会常务理事，中国雕塑专业委员会副秘书长，吉林省美术家协会雕塑艺术委员会主任，长春市城市雕塑建设指导委员会副主任。《美术大观》杂志编委、《雕塑》杂志责任编辑。长春市民进文教委副主任。长春市有突出贡献专家。

256/ 尹悟铭，1980年生于陕西兴平。2005年7月毕业于南京艺术学院美术学院雕塑系，并留校任教，现为雕塑系副主任。参加展览：2005年7月作品《逝去的时尚》《呓语》受邀参加成都双年展。2006年12月作品《初八我的一家》参加南京青年雕塑家联展。2007年5月作品《福》受邀参加第三届江苏陶艺新人新作展。2008年4月作品《印象童年》系列作品受邀参加上海春季艺术沙龙“0880先锋艺术展”。2008年11月作品《立春》在中国美术馆参加全国艺术硕士研究生美术与设计优秀作品展。2008年12月作品《立春》获江苏纪念改革开放30周年美术书法大展创作奖。2009年5月作品《天韵》《天空一片云》受邀参加青岛首届““春潮”当代雕塑艺术展。2009年8月作品《情动五月》入选第十一届全国美术作品展。2010年12月作品《我知——》参加上海全国第五届中青年艺术家推荐展。

255/ 岳艳娜，2010年毕业于四川美术学院雕塑系并获学士学位，2010年考入四川美术学院雕塑系研究生院就读至今。近期艺术成就：2009年7月《思》入选《庆祝建国60周年第四届重庆市美术展暨第十一届全国美展四川美术学院选送作品展》。2010年7月《某年某月某日某时某分》之一，获“‘巨人杯’2010当代艺术院校大学生年度提名展”铜奖。2010年9月《捂》入选“心声木鸣”——中国现当代木雕大展。北京国粹苑。2010年11月《某年某月某日某时某分系列作品》入选罗中立奖学金并获奖。2011年2月《某年某月某日某时某分》参加中国雕塑学会青年推荐计划系列展览。

15/ 叶毓山，1935年出生于中国四川省德阳市，1956年毕业于四川美术学院，1963年毕业于中央美术学院雕塑研究生班，历任四川美术学院副院长、教授，四川美术学院院长，四川省文化厅艺术委员会主任，四川省美术家协会名誉主席，全国城市雕塑艺术委员会常务理事，全国第八届人民代表大会代表，国家级有突出贡献专家。

153/ 俞峥，1968年出生，1988年毕业于福州工艺美术学校（现福州闽江学院）装饰绘画专业，现为自由职业画家。中国美术家协会会员，中国工艺美术学会漆艺专业委员会会员，福建省美术家协会漆画艺委会特邀委员，福建省漆艺研究会会员。2007年，漆画《漆语》获“第二届全国漆画作品展”之“中国美术提名奖”（金奖）。2008年，木胎漆艺系列参加北京798艺术中心“征途漆艺双人展”。福建省美术馆举办“俞峥当代漆艺展”。2010年3月融侨旗山举办“漆心流连——俞峥漆艺个展”。2011年，漆画《老福州》获“福建美术晋京展”最高奖，并被中国美术馆收藏。系列作品多次刊登在《美术》《美术大观》等专业杂志上；并被《福建日报》、《广州文化参考报》、省市电视台等各级媒体报道。多幅作品被中国美术馆等相关专业机构和国内外人士收藏。漆艺工作室被广东华南师范学院定为漆艺教学实习基地。

Z

259/ 周安亮，2010年毕业于四川音乐学院成都美术学院，其作品《流光》获2010全国高校毕业生优秀雕塑作品展优秀奖。

154/ 周存玉，职业雕塑家，高级工艺美术师，现为连云港美林阁文化艺术有限公司和老艺头雕塑有限公司董事长，连云港工艺美术学会会长、中国雕塑专业委员会会员。主持过国家AAAA级景区花果山、渔湾的大型铜雕《三打白骨精》、《神鱼化龙》等设计制作工作。

19/ 朱炳仁，1944 年出生，7 岁定居杭州，清同治浙江绍兴“朱氏铜艺”第四代传人，高级工艺美术师，现为杭州市政协委员，浙江朱炳仁铜雕艺术展馆馆长。

20/ 朱成，1946 年 5 月 4 日出生于四川省成都市，自幼学习绘画，曾于四川大凉山从事油画创作。现为职业公共雕塑艺术家、全国城市雕塑建设指导委员会委员、中国雕塑学会理事、国家一级美术师、四川朱成石刻艺术博物馆馆长（四川省文物局批准）、成都城市雕塑艺术委员会委员、四川美术学院雕塑系客座教授、西南交大传媒艺术学院兼职教授。作品曾多次在国际国内大赛中参展、获奖，如 2007 年参加“回归·交流——祖国内地香港两地”美术展等。

224/ 朱光宇，1968 年出生，1995 年毕业于东北师范大学美术学院，2005 年毕业于鲁迅美术学院雕塑系，获硕士学位，现鲁迅美术学院雕塑系教师。2007 年作品《当下云》参加“雕塑与城市的对话”上海国际雕塑年度展，2007 年作品《囱阵》参加第 3 届北方雕塑年度展，2007 年参加“泛雕塑”展，2008 年参加“中国姿态”——中国首届雕塑大展。

225/ 朱福临，1974 年出生于湖南省新邵县。毕业于广州美术学院雕塑系，现任湖南科技大学艺术学院雕塑系主任。中国雕塑学会会员，湖南省美术家协会会员，湘潭市雕塑艺委会主任，湘潭市美术家协会理事。作品多次获国内各种奖项，曾多次举办个人雕塑展，出版有《朱福临雕塑作品》雕塑专辑。

86/ 朱尚熹，1954 年生于四川达县，1982 年毕业于中央工艺美术学院装饰雕塑专业，现任中国美术家协会雕塑艺术委员会委员，中国雕塑学会常务理事、副秘书长，中国工艺美术学会雕塑专业委员会会长，北京美术家协会理事，英国皇家雕塑家协会会员。爱尔兰雕塑家协会会员。北京人文空间雕塑研究所所长，国家一级美术师。

155/ 张德峰，1961 年出生于北京，1989 年毕业于中央美术学院雕塑系，获得学士学位，1996 年获德国 KAAD 特别艺术奖学金，并在纽伦堡艺术学院雕塑研究生班学习，现任中央美术学院雕塑系副教授。

18/ 张大生，1943 年 12 月生于北京，1961 年毕业于北京产工艺美术学院任教。1980 年毕业于中央美术学院研究生班。1989—1990 年赴法及西欧诸国考察，现任中央美术学院教授，硕士生导师。作品多次参加国内外展出，近年来对以雕塑形式表现寓言题材进行了探索，所作《寓言组雕》在第九届全国美展获铜奖并为中国美术馆收藏。

258/ 张华，2010 年毕业于湖北美术学院，其作品《日记》获 2010 全国高校毕业生优秀雕塑作品展优秀奖。

260/ 张瀚文，2009 年毕业于广州美术学院，其作品《玩具熊》获 2009 全国高校毕业生优秀雕塑作品展优秀奖。

156/ 张峰，1965 年生于辽宁沈阳，1988 年毕业于鲁迅美术学院雕塑系，获学士学位，同年留校任教 2000 年毕业于鲁迅美术学院骨干教师进修班雕塑专业，2006 年毕业于纽约艺术学院，获硕士学位，现为鲁迅美术学院雕塑系副教授。2008 年参加“暗伤 2008”当代艺术邀请展、“走进紫禁诚”当代雕塑邀请展。2010 年举办“张峰个展”（上海索美画廊）、2010 年参加中国国粹雕塑成就展暨《雕塑》杂志年度提名展获金手指奖，天地风采“双城”艺术展（沈阳·大连）、中国当代艺术新浪潮展（美国加州大学美术馆）、具像的 720 小时（北京）。

157/ 张国军，曾就读于中央工艺美术学院雕塑系。现为中国工艺美术学会雕塑专业委员会会员，多件雕塑作品、论文在中国《雕塑》杂志发表，并多次参加国内国际雕塑学术展览活动。

257/ 张鸿飞，2007年毕业于四川美术学院，2009年就读四川美术学院研究生。2004年装饰作品《冥》在037期《当代美术家》出版、2007年装饰雕塑作品《逝》获得2007年四川美术学院毕业创作/设计展览优秀奖、2007年装饰雕塑作品《逝》获得四川美术学院设计艺术学院2007年主题设计竞赛银奖、2009年作品《"角儿"系列》《"十二钗"系列》参加第五届中国现代手工艺学院展暨学术研讨会、2010年12月作品《前方道路》获第二届中国高校美术作品学年展（博硕组）三等奖。

87/ 张琨，1957年生于安徽，1982年毕业于西安美术学院雕塑系，获艺术学学士学位。后任陕西省雕塑院创作员。现任陕西省雕塑院院长、国家一级美术师，中国美术家协会会员，中国雕塑学会会员，美协艺委会委员，全国城雕资格证获得者。国家"三五人才工程"入选者，陕西省体育文化协会副主席，陕西省文联委员，陕西省职称评定委员会艺术委员。西安雕塑委员会委员，西安美院兼职教授，西工大兼职教授，并多次担任文化部中国美协等组办的国家级大展的评委。

158/ 张克端，1960年出生于内蒙古自治区呼和浩特市，1985年毕业于中国美术学院雕塑系，获学士学位，1988~1991年赴法国研修，现为中国美术学院雕塑系副主任、副教授，浙江省雕塑家协会理事。

261/ 张璐祺，2009年毕业于北京服装学院，其作品《消逝的光年》获2009全国高校毕业生优秀雕塑作品展优秀奖。

260/ 张若愚，1978年6月生于湖南，中国雕塑学会会员，2001年就读于广州美术学院雕塑系获学士学位，2009年就读于清华大学美术学院雕塑系获硕士学位。近期艺术成就：2001年《卡拉扬》收藏于广州美术学院美术馆、中国河北石家庄国际雕塑邀请展，2002年中国上海第二届青年雕塑家邀请，2004年中国福建惠安国际雕塑艺术邀请展，2008年"色彩·奥运"北京2008国际美术双年展、曾竹韶雕塑艺术奖学金作品展，2009年清华大学美术学院优秀毕业作品奖、岸·月亮河首届学院雕塑大展、曾竹韶雕塑艺术奖学金作品展。

159/ 张松涛，1969年出生，1993年湖北美术学院雕塑本科毕业。2002年湖北美术学院雕塑研究生毕业，获硕士学位。现任教于湖北美术学院雕塑系。其作品2007年入选"和而不同中国中部当代雕塑展"，2007年入选"雕塑与城市对话上海国际雕塑年度展"，2008年入选"中国姿态雕塑展"，2008年参加"第三届西湖雕塑邀请展"。2010年参加"川上楚天——当代学院雕塑交流展"。

88/ 张松正，1953年4月生。1984年结业于中央美术学院版画系，1988年毕业于河南大学美术系，郑州市群众艺术馆研究馆员，郑州市雕塑壁画院院长。中国工艺美术学会雕塑专业委员会委员副秘书长，中国美术家协会会员，中国版画家协会理事，中国雕塑学会会员，河南省美术家协会常务理事，持有全国城市雕塑设计资格证书。

226/ 张玮，1971年出生于山东省枣庄市，1993年毕业于山东曲阜师范大学美术系，2003年毕业于中央美术学院雕塑系，现生活工作于北京。2007年参加"和而不同"中国当代雕塑提名展，2007年参加中国当代雕塑精选作品展。2009年发布作品《没有逻辑的逻辑——一个不确定方向的运动轨迹》（阿扁之死）。

27/ 张文霞，1985年江西景德镇陶瓷学院毕业。全国城市雕塑委员会持证雕塑家、中国雕塑学会会员、中国工艺美术学会雕塑专业委员会会员、福州市美术家协会雕塑专业委员会副会长。曾参加全国各类美展及雕塑比赛，曾获"中国首届钢铁焊接艺术大赛"优秀奖，北京"奥林匹克公园城市雕塑展"佳作奖。2007年在福州和杭州举办"程俊华．张文霞雕塑作品展"。作品为各类机构及私人所收藏。2006年出版《艺海生涯一张文霞雕塑作品集》，作品编入《海峡城市》、《当代中国美术》、《白领人生》。

17/ 张向玉，1949 年生于天津。1977 年毕业于天津美术学院，同年留校任教至今。现为天津美术学院雕塑系教授，硕士研究生导师，中国雕塑学会会员，中国工艺美术学会雕塑专业委员会会员。多此参加国内外重要展事活动屡获重要奖项。今年主要有：2002 年《吉祥》中国北京·国际城雕艺术展获提名奖。2006 年《角逐》中国北京奥运城塑设计展获“雕塑梦想”佳作奖。2008 年《放飞》2008 奥运景观雕塑巡展获优秀奖，澳门与奥运同行体育雕塑展。2009 年《第一时间》礼赞生命 5，12 雕塑展。2009 年《失·蚀》获天津美展铜奖。2009 年《孕·蕴》环渤海新视线美术大展。

89/ 张永见，1958 年生于山东，1980 年毕业于济宁师专美术专业，现为职业艺术家。多年来参加各类艺术展事并屡获重要奖项，近年主要有：2007 年石雕一组《印花纪》参加“第 3 届中国宋庄艺术节雕塑展”，2007 年木雕一件《蜀都雄起》参加“首届中国职业雕塑家联展”，2008 年，参加第 9 届中国雕刻艺术节，作品《通灵书局——孙武像》获一等奖。2009 年，作品《春风不眠》获第五届中国（惠安）雕刻艺术节三等奖。

160/ 张永强，1991 年毕业于广州美术学院雕塑系。中国雕塑学会会员，中国工艺美术学会雕塑专业委员会会员，广东省美术家协会会员，汕头岭东雕塑院雕塑家，广州雕塑院客席雕塑家。

162/ 章华，1964 年生，1985 年毕业于河北工艺美术学校雕塑专业，1998 年考入中央美术学院雕塑系主要研究生课程班。中国雕塑学会会员、中国工艺美术学会雕塑委员会会员。获全国城市雕塑创作设计资格证书。参加多项全国性美术展览并屡获重要奖项。2010 年中国国粹雕塑成就展暨《雕塑》杂志年度提名展。

161/ 郑玉奎，职业陶艺雕塑家，1964 年出生，毕业于山东轻工美术学校，进修于中央美术学院雕塑艺术研究所，中国工艺美术协会雕塑协会会员。1996 郑玉奎受邀赴新西兰北方陶艺中心交流考察并举办展览。2010.3.12 由澳门文化局主办的《淘氣的陶器——鄭玉奎、宋曉玲陶藝作品展》2010.10.12 应新加坡木兰画廊邀请在新加坡举办为期一个月的“郑玉奎、宋晓玲陶塑作品《东方情趣》展览。并应邀在南洋艺术学院举行讲座，与师生进行创作交流。

163/ 赵军安，1961 年出生，西安市户县人。毕业于哈尔滨师大艺术学院和解放军艺术学院美术系。清华大学美术学院访问学者。现为中国美协会员，北京市城雕委副秘书长。总后勤部军事后勤馆国家高级美术师，大校军衔。对书画、雕塑、诗词、宣传画、摄影均有较深功底。为国防大学、延安吴起、天津运院等创作的毛泽东、周恩来、刘少奇、朱德、邓小平、陈云雕像 20 多尊，受到一致好评。先后有 400 多件艺术作品在中央电视台、人民日报、解放军报、《美术》、《雕塑》、《国画家》等多家媒体播发、展出、收藏或被录入大典。艺术作品曾参加过五年一届的第 8、9、10、11 届全国美展，建军 70、75、80 周年全国美展等多次重要大展，艺术作品 50 多次在各类展出比赛中获金、银、铜、优秀奖。曾获中国美术最高奖项第二届“金彩奖”。先后在北京和西安举办个展。出版有《赵军安雕塑选》、《赵军安画选》、《中国实力派名家十杰赵军安画集》。

164/ 赵莉，1963 年出生，1987 年毕业于清华大学美术学院，现为国家一级美术师，中国美术家协会会员，中国雕塑学会会员。2007 年参加意大利 Nimis 第 7 届国际木雕创作营，2008 年参加中国杭州第 3 届西湖国际雕塑邀请展，2008 年参加北京奥运景观大赛作品展，获优秀作品奖。

258/ 赵灵均，1984 年生，现就读于东北师范大学美术学院雕塑系。近期艺术成就：2007 年雕塑作品《影·给予》入选“和而不同”中国当代雕塑家邀请展提名展，2007 年参与国家重点工程南京大屠杀纪念馆主题雕塑《胜利之墙、冤魂的呐喊》的制作，2008 年雕塑作品《影·给予》入选 2008 中国·长春国际雕塑大会，2008 年参加长白山国际艺术创作营，为中国美术学院李秀琴教授做助手，作品《道口·基石》现摆放于长白山美人松雕塑艺术园，2009 年毕业作品《E 小调的随想》在”2009 年全国高校毕业生优秀雕塑作品展”获“学术奖”，2009 年参与第九届中国长春国际雕塑邀请展，为阿曼雕塑家做助手。作品《落叶归根》现摆放于长春世界雕塑公园。

259/ 赵文，2009 年毕业于湖北美术学院，其作品《潮》获 2009 全国高校毕业生优秀雕塑作品展学术奖。

227/ 赵勇，毕业于西安美术学院雕塑系；中国雕塑学会会员；现工作生活在北京。作为中国雕塑艺术的年轻一代，赵勇多次获得国内大赛奖项，其雕塑作品《纸飞机》参加中国郑州国际城市雕塑艺术年“首届国际雕塑精品展”并被郑州市政府收藏。艺术经历：2005 年“回到架上——步履雕塑群体第五回展”,2005 年奥地利“ischgl 地区第六届国际火雕创作营”,2005 年“黄天厚土雕塑艺术展”（北京世纪坛）,2005 年“黄天厚土雕塑艺术展”（北京世纪坛）,2006 年第五届《蓝色空间——2006 环境文化与人文奥运主题雕塑展》,2006 年第五届《蓝色空间——2006 环境文化与人文奥运主题雕塑展》,2007 年“对话 · 沟通——北京 · 世界”主题雕塑邀请展 ,2008 年第七届《蓝色空间——绿色我们的朋友主题雕塑展》,2008 年“物界 2”娑罗画廊学术邀请展等。

228/ 赵展，1979 年出生于山东。2004 年毕业于天津美术学院雕塑系。2007 年天津美术学院雕塑系硕士研究生毕业并留校任教。现为天津美术学院雕塑系讲师、中国雕塑学会会员。

90/ 赵萌，1982—1998 年中央工艺美术学院工艺美术史论系副教授、副主任。1998—2000 年借调中华世纪坛组委会，艺术总监。2000 至今清华大学美术学院雕塑系任教；教授、系主任、副院长。北京市政府顾问，首都规划委员会咨询专家，中国雕塑学会常务理事，全国城市雕塑艺术委员会委员，中国工艺美术学会雕塑专业委员会副会长，北京市城市雕塑与环境艺术学会副秘书长，《雕塑》杂志副主编。

229/ 郅敏，1975 年出生，1997 年毕业于中央工艺美术学院，获文学学士学位，2007 年毕业于中央美术学院雕塑系第四工作室，获文学硕士学位，2006~2007 年中央美术学院公派赴美国罗德岛设计学院学习，现为中国艺术研究院中国雕塑院讲师，专职艺术家，联合国教科文 IOV 中国分会青年委员，中国中央美术学院雕塑系客座教师，中国雕塑学会会员。2007 年参加“打开陶艺之门——570 英里”2007 中韩现代陶艺家交流展，2007 年参加火与土的赞礼——中国当代陶瓷艺术国际巡回展，2008 年参加中国当代著名艺术家版画巡展，2008 年参加国际陶艺大展（IAC）。2010 年任中国艺术研究院中国雕塑院成立中国青年雕塑家创作中心秘书长。同年参加中国艺术研究院举办中国青年雕塑家创作中心“2010 年雕塑作品展”并主持学术研讨会。

21/ 庄南鹏，1948 年 9 月生，厦门人。毕业于福建工艺美术学校雕塑专业。中国美术家协会会员，福建省美术家协会副主席厦门美术家协会副主席，中国工艺美术学会会员，福建省工艺美术大师，曾任福州大学工艺美术学院院长，教授，《艺术 · 生活》杂志社社长。雕塑代表作有《八爪鱼之秘密》等。

165/ 翟庆喜，1966 年生于黑龙江省哈尔滨市，1990 年毕业留浙江美术学院（现中国美术学院）雕塑系任教，1992 年攻读浙江美术学院首届助教进修班，1998 年毕业于中国美术学院雕塑系在职硕士研究生，1998~1999 年法国巴黎艺术城研修考察，现任中国美术学院雕塑系副主任、副教授、研究生导师，中国雕塑学会会员，浙江省雕塑家协会理事，浙江省环境艺术家协会会员。多次参加国内外重要展事并屡获重要奖项，近年主要有：2009 年浙江省历史重大题材美术创作展（杭州）、日本东京“小件雕塑作品联展”（日本东京）。2010 年嘉德春季雕塑作品拍卖展（北京），具像雕塑作品联展（意大利）。

232/ 查荣荣，2010 年毕业于鲁迅美术学院，其作品《七月、空中的酸橙子》获 2010 全国高校毕业生优秀雕塑作品展优秀奖。

257/ 翟晓林，2010 年毕业于南京艺术学院，其作品《梦商店》获全国高校优秀毕业生优秀雕塑作品展优秀奖。

166/ 宗涛，1990 年毕业于四川美术学院雕塑系获学士学位，中国雕塑学会员，中国工艺美术学会雕塑专业委员会会员，重庆市美术家协会理事，持国家城市雕塑创作设计资格证书，重庆画院专职雕塑家。艺术作品有: 奥运景观雕塑方案征集大赛优秀奖(2007); 中国姿态首届中国雕塑大展新锐奖（2008）作品多次参加包括第十一届全国美展在内的专业美术展览。2008《暖》入选“中国姿态”首届中国雕塑大展巡展（厦门、广州、西安、上海长春、温州），《扣件》入选“金属之声”雕塑学会首届学术邀请展（北京 798 文化创意广场），2009 年《见证》入选第十一届全国美术作品展览（长春世界雕塑园）《扣件》入选中国动力—2009 中国国际雕塑年鉴展（北京际雕塑艺术区、杭州西湖博览会博物馆）、《暖》入选“中国姿态“首届中国雕塑大展北京总展（北京上上国际美术馆，2010 年《热水袋》《晨》参加日本横滨第 36 届 AJAC 海外艺术邀请展（日本横滨美术馆）。

167/ 展望，1962 年生于北京，1981 年毕业于北京市工艺美术学校，1988 年毕业于中央美术学院雕塑系，1996 年毕业于中央美术学院雕塑系研究生课程班，现居北京，任职于中央美术学院雕塑艺术创作研究所，研究员、副所长。1990 年开始从事超写实主义雕塑创作。2007 年参加文脉当代——中国版本——当代艺术展、《能量——身体·物质·精神》今日文献展，2008 年举办雕塑个展《点石成金》、个展“园林乌托邦”（北京·中国美术馆）。2010 年发布作品《1 小时等于 1 亿年——素园造石机》（北京·今日美术馆）。部分作品被美国大都会博物馆永久收藏。

91/ 钟志源，1954 年生，现任广州雕塑院副院长。广东省美术家协会理事，雕塑艺委会副秘书长广州市美术家协会雕塑艺委会副主任。中国美术家协会会员，国家一级美术师。屡次参加国际、国内重要展览并获奖。主要作品：《姑嫂》，入选第六届全国美术作品展，《怒潮——三元里抗英》入选“庆祝香港回归”中国艺术大展并获金奖，1999 年《大道》第九届全国美术作品展并获银奖，《烈胆》入选“共庆澳门回归中国”艺术大展并获银奖，2004 年《清风》入选第十届全国美展并获铜奖，被中国美术馆收藏，2008 年《春天的脚步》（合作）入选“第三届北京双年展”。

后记

《中国雕塑年鉴》（2011）经过前期严密的筹备，从公开征稿，与艺术家沟通，邀请专家审稿，到最后形成定稿，即将交出版社付印，作为编者此时此刻内心却是百感交集的。

以雕塑这一独特的艺术形式记录我们对这一时代的精神追求，并以其独特的方式参与社会文明的建构，是我们深怀于心的文化情怀、历史责任感和职业理想。我们正是怀着这样的理念来接受编写新版《年鉴》工作的挑战。

衷心感谢所有为本《年鉴》提供稿件的艺术家及投稿作者，他们的积极参与支持才使得我们的编辑工作得以顺利进行！感谢本《年鉴》编委会全体成员，他们全方位的学术视角、严谨的工作态度和对艺术精神的充分肯定，保证了《年鉴》的整体学术水准。由于本《年鉴》篇幅有限，我们经过编委会斟酌最终决定遴选出代表各艺术家近两年创作风格的一幅作品来刊登。《年鉴》的整理是一个缜密的过程，我们尽全力做到最好，但恐不免有所疏漏，尚请方家见教。

中国雕塑年鉴编委会

2011 年 3 月 1 日

《大都会·馨》 张峰 110×30cm 青铜 2006年

www.zsyds.com.cn
你放心
我安心
北京中神亚雕塑景观工程有限公司
BEIJING ZHONGSHENYA SCULPTURE & LANDSCAPE PROJECT CO.,LTD
北京中神亚雕塑有限公司
BEIJING ZHONGSHENYA SCULPTURE CO.,LTD
地址：北京朝阳区来广营北路沙子营村南
电话：86-10-64706957 手机：13901330237
E-mail:zhongshenya2006@126.com
上海中神亚景观工程有限公司
SHANGHAI ZHONGSHENYA VIEW PROJECT CO., LTD
地址：上海市复兴中路1290号
电话：021-33689477
中神亚
ZHONG SHEN YA

《桃园三结义》 刘同保 大理石、汉白玉 51×46×143cm 荣获2010年"百花玉缘杯"中国玉石雕精品展金奖

《五方佛》：总高 7.2 米；制作工艺：砂型铸造、铜胎贴金；铸造材质：锡青铜；安放地点：河北赵县柏林禅寺

作品名称：《采莲图》 地点：西安大明宫 规 格：高2.4米 材 质：铜、七彩金

作品名称：《玫瑰花亭》 地点：天津
规 格：高10米 材质：七彩金

北京七彩金艺术设计中心简介

北京七彩金艺术设计中心是雕塑艺术家黄剑主持的专业艺术公司。公司以七彩金雕塑为主体，兼顾各类材质的城市雕塑设计、制作，以及环境艺术策划、文化创意、规划、设计等。

七彩金雕塑艺术是黄剑经过多年的研究探索，创造的一种新型的雕塑材料，具有色彩绚丽、不朽不锈不褪色的特点，其色彩的丰富性和稳定性，突破了室外雕塑色彩单调和难以保持的局限，在雕塑界受到广泛的关注和好评，2006年在美国举办的第二十届国际雕塑大会上被誉为“非常具有色彩表现力的革命性新型雕塑材料”，同时受到全国城市雕塑建设指导委员会、中国建设环境艺术委员会共同认证和推荐。

自2007年以来，七彩金艺术设计中心为各个大城市创做了许多的大型雕塑，如：北京的《明皇贵妃马球图》《走兽》《奥运之峰》，上海的《龙卷——和而不同》，天津的《泰达之花》《玫瑰花亭》《花仙子》，西安的《簪花仕女图》、《马球图》、《采莲图》；哈尔滨的《丁香仙子下凡尘》；白云鄂博的《稀土蓝钻》等.这些雕塑都陈列在各大城市的核心位置，除了雕塑外，我们曾经设计过三座啤酒博物馆，三座大桥。作品多次荣获“中国环境艺术规划奖”“中国环境艺术奖”“中国环境艺术范例奖”“中国环境艺术示范景观雕塑”“奥林匹克公园城市雕塑设计方案”佳作奖，“第十三届中国艺术博览会”金奖，中国首届“泛雕塑展”金手指奖等。

七彩金艺术设计公司本着“生活艺术化，艺术生活化”的创作理念，愿为美化城市形象，提升人民生活文化品质贡献力量。

作品名称：《明皇贵妃马球图》 地点：北京奥林匹克公园
规 格：高3.5米 材质：铜、七彩金

作品名称：《稀土蓝钻》 地 点：包头白云鄂博区 规 格：高17米 材 质：七彩金

作品名称：《丁香仙子》
地 点：哈尔滨群力新区
规 格：高19米
材 质：七彩金

森晖艺术铸造
SEN HUI ART CASTING

森晖

上海欧派城市雕塑

oupai
www.sh-oupai.com

全国城市雕塑重点创作机构（全国城雕委颁发）

“专业的视角、汇聚团队的智慧，由资深雕塑家与设计师组合成的欧派设计团队，为您量身打造当代公共艺术空间。”

欧派雕塑经过近十年的发展，已连续数年跻身全国雕塑行业仅有的几个全面领先的雕塑公司之列。6名设计师持有全国城雕委颁发的《城市雕塑设计资格证》！4800多件作品的成功案例，1600多个客户的选择，1600多个客户的信任！欧派雕塑让我们的城市更美好！

经典案例

山东省青州东夷文化园雕塑群	万科集团 — 琥珀郡、四季花城
河南省“5.12”援建豫江友谊园雕塑群	绿地集团　金地集团　大华集团
南通经济开发区主雕、景观雕塑项目	上海世茂奥林匹克广场
鲁班墨子故乡—滕州市圆雕、巨型浮雕	上海通用汽车集团
滁州市龙蟠河沿岸历史文化系列雕塑	耐克NIKE（中国）公司
青岛中国秋歌城景观系列雕塑	江西省新余市广场系列雕塑群
贵州省毕节民俗风情景观雕塑	承德市武烈河堤系列雕塑
威海市文登学公园系列雕塑	大庆市黎明河景观带系列雕塑
上海南方国际购物中心标志性雕塑	济南小清河景观带系列雕塑群
上海曹安路商业街系列雕塑	昆山“中国航空产业园”主雕
上海恒盛地产·尚海湾豪庭	山东淄博国际陶瓷科技城
上海陆家嘴中建大厦标志性雕塑	南通廉政广场群雕
上海仲盛金融中心标志性雕塑	上海匾文化历史博物馆
张家港科技局科技馆	张闻天纪念馆张闻天像
上海嘉利108创意广场	上海复旦大学法学院雕塑

更多案例请访问公司网站...

上海欧派城市雕塑艺术有限公司　上海市沪青平公路3609弄14号　201703　Tel：021-59751500　59753636　ou-pai@163.com